時ならぬマルクス

批判的冒険の偉大さと逆境（十九―二十世紀）

Marx l'intempestif:
Grandeurs et misères
d'une aventure critique
(XIXe-XXe siècles)

ダニエル・ベンサイド◆著
佐々木 力◆監訳
小原耕一・渡部 實◆訳

未來社

時ならぬマルクス——批判的冒険の偉大さと逆境（十九—二十世紀）◎目次

第三部　無秩序の秩序　科学的実証性の批判家マルクス

装幀――岸顯樹郎＋FLEX

《凡　例》

一、本訳書は、Daniel Bensaïd, *Marx l'intempestif: Grandeurs et misères d'une aventure critique (XIXe-XXe siècles)* (Paris, Fayard, 1995) の邦訳である。訳文は基本的にフランス語原文から作成されている。英語版 *Marx for Our Times: Adventures and Misadventures of a Critique*, translated by Gregory Elliott (London/New York: Verso, 2002) も公刊されており、原著者は高く評価していた。本訳書では、英語版序文を訳出するだけではなく、原著にはない索引作成にかんしてもその英語版を活用させていただくことができた。

二、原著では、大方がフランス語書籍からの引用がなされている。ただし、引用されているヘーゲルやマルクスとエンゲルス等の著作は、原意から外れている文面が多く見られ、原著者自身の過誤も散見される。その場合には、ほとんど断りなく原書に従って訂正されている。その点、英語訳はかなりの程度改善されており、参考にさせていただいた。

三、傍注では、『マルクス＝エンゲルス全集』（大月書店、一九五九―九一）をはじめ、可能なかぎり、邦訳書を掲げている。ただし、網羅的ではなく、訳者たちの一定の価値判断も作用している。それらは、すべて亀甲括弧〔　〕で括り、責任の所在を示している。

四、原著中のイタリック体での強調は、とくに断りがないかぎり、原著者のもので、本訳書では、傍点を付してある。そして、原文で大文字で始まっている語句、たとえば、"Histoire universelle" の訳語は山型括弧〈　〉で括り、〈普遍的歴史〉などと表記した。

五、本訳書の読解を助けるための本文中の訳注は小さな字体で〔　〕に入れて示した。傍注の☆で示した原注についても同様で、訳者による補足注は〔　〕内に収め、原著者による原注部分とは明確に区別できるようにした。傍注のうち★で示したものは全体が訳注であることを示す。

六、訳文は、まず、渡部實と小原耕一が作成し、佐々木力がそれに大幅な改訂の手を入れた。ただし最終的文面の責任は、監訳にあたった佐々木にある。そういった手続き上の諸点については、巻末の佐々木による解説を参照されたい。

時ならぬマルクス——批判的冒険の偉大さと逆境（十九—二十世紀）

イポリット（Hippolyte）のために

序　論　聞こえない雷鳴

『資本論』がこの歴史的運動全体の行方を遮って、その織物を引き裂いた時、そのことは、さながら、聞こえない雷鳴の一撃であり、ひとつの静寂であり、ひとつの余白なのであった。(Gérard Granel, Préface à *La Crise des sciences européennes* de Husserl)

『資本論』はなによりも破壊的な作品である。それが、科学的客観性という道を経て、革命という必然的な帰結へといたるからというよりも、ことばではさほど言い表わしていないが、科学という観念そのものを覆す理論的な思考様式を内包しているから、破壊的なのである。(Maurice Blanchot, *Les Trois Paroles de Marx*, in *L'Amitié*)

イザベル・スタンゲルは巧みにも書いている――「いかなる思想も、それが引き起こす裏切りによって裏切られるのであり、それから、まさにそのことが、その思想に忠実なままでいるのは、それへの抵抗を教える場合もあることをも示している」、と。われわれは、マルクスにたいするこういった抵抗と、彼がその時代から取り出したことに照らし合わせて、彼のことばの多元性のなかに「いまもなお生き生きとしている現実」を探し出した。

この現実性とは、まずなによりも、資本それ自身が有する普遍化の傾向と、それから病的な生命力にある。それはまさに地球大に拡がり、かつてないほど精神なきわれらの時代の精神、商品支配の非人格的力となっている。われらの鉛のように重苦しい地平であり、われらの悲しい宿命なのである。資本が社会の諸関係を支配する限りで、マルクスの理論は現実性を有し、そして、つねに刷新される新しさが、普遍的な商品の物神崇拝の暗黒の部分やその否認を造り出してゆくであろう。

『資本論』は、「ヨーロッパ的人間性[☆1]」の危機の時代に、「白地に黒を何かしら赤」で描いた。この「聞こえない雷鳴」をかき消すどころではなく、世界の加速されてゆく激動は、ついにその雷鳴を認識されるものとしている。

マルクスの三つの批判

本来の、正真正銘のマルクスを、その偽造品と対立させたり、長いこと隠されていた真理を復元したりすることが問題なのではない。そうではなく、正統性の深い眠りを揺さぶることが問題なのである。それほど多元的な著作群は、その解釈の多様性と複数の相対立する解釈とをかいくぐってきているのである。出来あいの「種々のマルクス主義」なるものの矛盾をはらんだ多元性は、社会的象形文字〔解読しがたい文字〕の批判的解読と既成秩序の実践的な転換とを分かちがたく結びつけているテキストの相対的な決定不可能性に刻み込まれている。直接的な批判的ことば、「過剰がその唯一の尺度であるので、つねに過剰である」政治的ことばと、科学的言説の間接的ことばとを際立せて、モーリス・ブランショは、「このちぐはぐさがこれらの言説を全体として支えている」と注意している。すなわち、それらは並置されるのではなく、組み込まれ、混ぜ合わされているというのだ。使用域の多様性は、卑俗な折衷主義と混同されることはないが、「マルクスは、彼において、つねにたがいにぶつかり合ったり、たがいに分離したりする、この言語の多元性と付き合って安穏と生きているわけではない[☆2]」。

実証科学の物理的モデルの魅惑と、「ドイツ的学問」への彼の忠実とのあいだ、それから進歩というセイレーン〔『オデュッセイア』に登場する半人半魚の海の精で美声で歌う。「サイレン」の語源にもなった〕の誘惑と、その人工的な楽園の拒絶とのあいだで引き裂かれたマルクスは、自らの影と戦い、自らの亡霊たちとも格闘しているのである。不決断の矛盾を体験した彼の思想は、徹頭徹尾均質というわけではない。それ以上に、首尾一貫性がないとか、無定見だというわけではない。彼の研究プログラムの核心部は、世界を変革する展望のもとで、万象についてつねに問い質すことができる点にある。それは、折衷的コラージュ〔画布に断片を切り貼りする手法〕や、メディアにおもねったやっつけ仕事《ブリコラージュ》に甘んじているわけではほとんどない。それゆえ、教義《ドクトリン》なのではなく、いくつかの読みとり方の余地のある実践のための理論なのである。どんな読み方でもよいというわけではない。自由な解釈という名のもとに、どんな読み方でも許容されているわけではないし、どんな読み方でも有効というわけでもない。その原文テキストと文脈《コンテクスト》は幾多の制限を規定しているし、それ自身のアポリア〔難問〕に適合しうるヴァリアント〔異文〕の領域の境界を定めている。したがって、誤った解釈をひきおこす余地を残さない。

こうしてマルクスの理論は、ある時は、歴史の意味、その達成を問う、歴史哲学として定義されたり、ある時は、諸階級の社会学であり、階級分類の方法であると定義されたり、また最後にある時は、科学的経済学の試論《エッセイ》と定義されたりする。これらの説のいずれもが厳密な読解に耐えられるものではない。マルクスの理論とは何かについて簡単に言うことはできないとしても、少なくともマルクスの理論ではないものを明らかにすることは可能である。

マルクスの理論は思弁的な歴史哲学ではない。〈普遍的歴史〉の脱構築《デコンストリュクション》を公言するこの説は、いかなる救済も約束しないし、不正義を確実に糾《ただ》すこともしないし、われわれに襟首をつかまえさせるようなごく些細なことをさせることさえしないひとつの歴史の道を切り開く。この「世俗的歴史」は、今度は、闘争と必然性とによってともに規定された不確定の変転として立ち現われる。それゆえ、新しい歴史哲学を一義に建設するのではなく、『政治経済学

☆1　Gérard Granel, Préface à *La Crise des sciences européennes* d'Edmund Husserl, [p. VII] Paris, Gallimard, [1976] 1989.

☆2　Maurice Blanchot, *Les Trois Paroles de Marx*, in *L'Amitié*.〔英訳注〕'The Three Voices of Marx,' in Blanchot, *Friendship*, tr. by Elizabeth Rottenberg, Stanford University Press, Stanford, CA 1997, p. 98-100.〔「マルクスを読む」（原題「マルクスの三つの言葉」、安原伸一朗・西山雄二・郷原佳以訳『ブランショ政治論集　1958-1993』所収、月曜社、二〇〇五）、二〇四―二〇五ページ。デリダも『マルクスの亡霊たち』において、このブランショの小エッセイを引用したうえで、「留保なき同意」を表明している。〕

批判要綱《グルントリッセ》』にそのアルファベットが提示されている「歴史の新しい記述法《エクリチュール》」を探求することが重要なのだ。こうして、『資本論』は、歴史の新しい表現、周期と循環、律動《リズム》と危機、戦略的な好機と不都合な時《コントルタン》といった社会関係としての時間の概念的構成を不可分のものとして実行するはめになっているのである。こうして旧《ふる》い歴史哲学は、一方では商品の物神崇拝への批判のなかに、他方では既成秩序の政治的転覆のなかに、消え去ってしまう。

　マルクスの理論は、さらに、諸階級の経験的社会学でもない。実証的合理性は、配列し、分類し、目録に記載し、目録作成し、なだめ、平定したりするのだが、これとは反対に、マルクスの理論は、社会的抗争の動力学を導き出し、商品の魔術的幻影を理解せしめる。さまざまな敵対諸関係（性的、階層身分的、民族的な）が、階級関係に還元されるというわけではない。階級戦線の対角線が、それらの諸関係を混同させることなく結びつけ、条件づけるのである。こういった観点から見れば、他者（宗教、伝統、血統、教会ないし教区のちがう異邦人）が現実の普遍化過程においてつねにもうひとり別の自分自身となる可能性はあるのだ。だから諸階級は、社会学的分類の対象やカテゴリーではけっしてなく、歴史的生成の表われそのものなのである。

　最後に、マルクスの理論は、当時支配的であった古典物理学のパラダイムに適合的な経済学という実証科学なのではない。進化論の諸科学や、熱力学の進歩の同時代の所産であるその理論は、学問的分業の細分化や一面化された合理性に逆らっている。商品と貨幣の奇妙な舞踏振付が、マルクスの理論を、システムと情報に関するいまなお未知の論理に方向づけようとするにいたってはなおさらである。その理論を、最新のエピステモロジーの意識的パイオニアとなそうとするのがアナクロニズムであろうように、それに劣らず、資本の無軌道な行動が、その理論を未踏の道に連れて行こうとしていることもいよいよ明らかである。逆説的ではあるが、マルクスはそこに旧い形而上学の総合的野望をふたたび見てとり、それを「ドイツ的学問」(deutschen Wissenschaft) としてその正当性をはっきりと主張するのである。この伝統の蘇生がマルクスをして、非線型的な諸論理、傾向的法則、条件的必然性の問題に取り組ませることを可能ならしめている。これらこそ、グラムシが巧妙にも「新しき内在」と名指すであろう規定性なのである。

歴史的理性、経済学的〔本文中では社会学的〕理性、科学的実証性にたいするこれら三つの批判は、共鳴し合い、補い合っている。それらの批判は、歴史の終焉や時間の表象、階級闘争と他の紛争の在り方との関係、物語的学問の不確実性によって労苦が注がれる困難な諸学問のやり方といった今日的な現実的問題点のなかに、分け隔てなく刻み込まれている。歴史哲学でもなく、階級社会学でもなく、経済科学でもないとすると、マルクスの理論とはそれではいったい何なのだろうか？　仮の見出しとして、こう述べておこう——教義的体系ではなく、社会的闘争と世界の変革の一批判理論なのである、と。

可能性の渡し守

歴史の新しい記述法を素描するなかで、マルクスは、経済的、法律的、審美的領域における不都合《コントルタン》な時や非同時性の役割を強調する。抗争の動力学は、この時間の不調和の亀裂と断層において働く。マルクスの思想は、古代ギリシャの原子論、アリストテレス学派の自然学、ヘーゲルの論理学の形而上学遺産が、ニュートンの認識論的モデル、歴史学的諸分野の大発展、生物にかんする認識の激烈な展開と出会うという地点に自らを位置づける。その現在に深く錨を降ろしながら、その現在を越えて、過去と未来に向かってはみ出しているのである。彼の言説の響きが、不都合《コントルタン》な時の技法に無感覚な同時代人たちにとって、実際に聞こえないのはこのためなのである。継承者たちや模倣者《エピゴーヌ》たちにとっては、それを支配的な実証主義のくだらない音楽と進歩に向かって請け合う頌歌に翻訳することのほうがより容易であったのである。

これとは反対に、典型的に同時代的ではない道筋が幾重にも交差する地点にあって、マルクスは今日、可能性への斬新な渡し守として立ち現われている。正統性のかさぶたが剝げ落ちる時、いまや長いこと見向きもされず無視されていた潜在力が覚醒する好機となっている。現在、過去、未来に引き裂かれた時ならぬこのマルクスを求める過程で、われわれは、一世紀にわたる読解と評注の対照的な景観を見てきた。カール・カウツキーかそれともローザ・ルクセンブルク、ニコライ・ブハーリンかそれともカール・コルシュ、ルイ・アルチュセールかそれともローマン・ロスドルスキーのアプローチは、同じマルクスに導くことはない。それゆえその道とその同伴者を選ぶ必要がある。われわれとしては、他の二人の偉大な渡し守に特別に特典を与えることにした。ヴァルター・ベンヤミンとアントニオ・グラムシとである。アウトサイダーとしての彼らの悲劇的運命は、マルクスの異様なことばを、当然のごとくに支配的イデオロギーの言語である馴染みの言語へと性急に翻訳しようとした大多数の公認の信奉者たちにとっては依然として聞こえないままになっていたことをも、彼らが理解するのを可能にしたのであった。進歩としばしば人を欺く約束にたいする無気力な崇拝《キュルト》に反対して、険しく、通る人もほとんどいない、驚くほどに収斂する道を通って、彼らは、マルクスに向かって接近した。『モスクワの日記』（一九二七）から『歴史の概念についてのテーゼ』（一九三九）にいたるまで、ベンヤミンは、時間的抽象化への救世主《メシア》的批判を掘り下げることができた。同じ時期に、グラムシは、敗北の経験をして、『獄中ノート』（一九三〇—三六）において、抗争に内在する不確かさから「予見することができるのは闘争だけである」との結論を引き出すことができた。そこから、戦略としての政治についての、そして決定がはらむ抗いがたいリスクとしての誤謬についての思想が導かれることとなる。

ひとつの理論の生命力は、それが受けるいくつもの反駁によって、さらにはそれが崩壊することなく対応能力を示す変異の数々によって試される。矛盾のこの遊戯とかかわるなかで、われわれはしばしばカール・ポパーや、「分析的マルクス主義」の潮流との対決とをとくに取り上げた。

——まずポパーについて。というのは、われわれから見れば、ほとんど根拠のないポパーによるマルクス的歴史主義への批判は、社会的、政治的、モラル的な対抗改革の地ならしとなった〔フランスにおける〕七〇年代のイデオロギー的反動攻勢を思想的に鼓吹するものであったからである。われわれは今日その対抗改革によって受けた損害を推し測りつつある。ポパーの認識論は議論の余地があるものだとはいえ、それが彼の大雑把な哲学よりも価値があり、またポパー自身がイデオロギー的常套句に堕した俗流ポパー主義よりも価値があることにはなんの疑いもない。

――アングロサクソン系の分析的マルクス主義（ジェリー・コーエン、ヤン〔ジョン〕・エルスター、ジョン・ローマー、エリック・オリン・ライト）について。これらの著述家は終わりつつある今世紀〔二十世紀〕の悲劇的経験に照らして、歴史、進歩、諸階級についての根本的諸問題を八〇年代をとおして提起してきた功績を有している。彼らはゲーム理論や正義論の最近の展開に触発されて、歴史の一般理論（コーエン）や搾取の一般理論（ローマー）を定式化することによって、マルクスをその古びた形態《アルカイズム》から救おうと努めた。それは結果として、そう認められたように、マルクスの理論的中核部分（価値論、抽象労働、価値と価格の関係）を方法論的に解体させるものであった。このことは、抜本的な方法論的個人主義と社会的抗争の批判理論とが両立不可能であることを如実に示すものであった。

一九二〇年代末以降、マルクスの名のもとに率いられた国家的政策〔スターリンによってなされた「社会主義計画経済」〕の破産は、政治経済学批判と歴史の理論、社会的抗争の分析と歴史的生成の知的理解という、二つの異なる研究計画を結合することが不可能であることを、より一般的に立証した。それらの研究計画が一致していると性急に宣言することによって、「歴史的マルクス主義」は、この立証不可能な結びつきにたいする信念からその神秘的な力と結果を引き出すのだとして、社会主義的代替案の必然性を学問的に正当化することに奉仕することにもなった。しかしながら、歴史と学問とモラルの融合は、マルクスの転覆的思想というよりは、むしろ実証主義的な教理問答と国家理性のフリーメーソン主義を特徴づけるものである。真実のところ、死に瀕しているのは近代性への歴史的崇拝であって、既成のマルクス主義なるものは、結局のところ、その変種にすぎなかったのである。

歴史は、不確定なものであり、なにも約束しないし、なにも保証しない。

闘争は、行く先不明瞭なものであり、不正を一挙に糺すということはない。

モラルなき学問は真理の名のもとに善なるものを処方することはない。

本書を構成する三部は、三大批判（歴史的理性の批判、経済学的〔本文中では社会学的〕理性の批判、科学的実証性の批判）を取り上げる。だが、ジャンルの制限に応じるためにも、あれこれの側面を無視したという非難を呼び起こす危険を覚悟のうえで、われわれは選択せざるをえなかった。[☆3] われわれは取り上げた文献テキストをして語らせることをも選択した。テキストの多義性は、しばしば註釈よりも多くのことをより良く語るものだからだ。それゆえ、この選択はアカデミックなものではない。引用章句の組み立てとそれとの出会いは、ひとつの時代の布置状況の輪郭を描き、現在の衝撃への反響と共鳴を呼び覚ますことを可能にする。

私は本書の刊行のためにお世話になったすべての皆さんに感謝したい。彼らは、助言と批判によって、論文や著書によって、文献情報によって、ごく簡単な会話をつうじて、本書の完成に貢献してくれた。とりわけ以下の人たちに感謝したい。アントワーヌ・アルトゥス、ミシエル・ユソン、サミュエル・ジョシュア、ヴァンサン・ジュリアン、ジョルジュ・ラビカ、ニコル・ラピエール、フランシスコ・ルゥサ、ミシャエル・レヴィ、アンリ・マレー、ゾフィー・ウダン、エドヴィ・プルネル、ミゲル・ロメロ、ピエール・ルッセ、カトリーヌ・サマリ、イザベル・スタンゲル、スタヴロス・トンバゾス、シャルル＝アンドレ・ウドゥリ、ロベール・ヴァン。適切なる勧告をしてくれたオリヴィエ・ベトゥルネにも同じく感謝したい。

最後になるが、この本はフランソワ・マスペロに負うところが大きい。その編集上の努力のお蔭で、多くの重要文献が忘却や無視から救われた。こうして彼は、理論的記憶をわれわれに伝え、われわれのために多元主義的な学問上の論争の地平を開くのに貢献してくれたのである。

☆3　飽き足らない読者は、一九九五年秋に Édition de la Passion から出版された拙著、『時の不調和――危機、階級、歴史についての試論』（*La Discordance des temps, essais sur les crises, les classes, l'histoire*）を参照されたい。そこにはとりわけここで紹介した「時の新しい察知」を証明する危機と〔景気変動の〕長波についての章が見いだされるであろう。特権階級と官僚制、性の社会的関係、あるいはグローバライゼーションとアイデンティティの後退との結びつきなどの章についても同様である。『時の不調和』は、『時ならぬマルクス』のある種の附随テーマと補足とを構成している。

英語版への序文　千のマルクス主義からなる群島

本書は、一九八〇年代に行なわれた仕事の成果である。フランス語版原著は、一九九五年十月に出版されたのであるが、姉妹篇の『時の不調和』(*La Discordance des temps*) も同年の刊であった。対抗改革と新自由主義的反動のそれらの年月に遡ってみれば、マルクスは「死せる犬」となってしまっていた。生き残っていたマルクス主義は、あらゆる方面から攻撃にあっていた。マルクスを批判的に読み直すことは、それ自体、『資本論』に内包されているような始祖的批判が廃棄されることはできないという確信に支えられた、抵抗の意思表示、逆流に屈服することへの拒否、不本意に思考することの決意なのであった。というのも、その現実性は、その対象、その根本的で和解しがたい敵――資本自体、すなわち、いまやいつにもまして侵略的で、貪欲な吸血鬼であり、物神的自動機械の現実性なのだからである。

ド・トクヴィルは、一八四八年六月の日々について書いた『回想録』〔第二部IX「六月事件」〕のなかで、砲声が鳴り響いているあいだ、主人の権力に終焉をもたらそうとすることについて思いをめぐらす二人の若い使用人のもとに遣わされた補佐官の恐怖を呼び起こしている。『旧体制《アンシャンレジーム》と革命』の著者は物語っている――彼は、「彼を恐れさせた」、「猿どもの話を聞き知ってしまったことがわからないようにきわめて注意深く」ふるまった、と。それで、この善良なブルジョワは、横柄な小僧どもを解雇し、物置小屋に送り戻す以前に、叛乱が敗北に終わる日を慎重に待った。同じ一節で、トクヴィルは、サントノレ街で、砲火に心配そうに耳を傾ける労働者の一群に出会ったことを回顧している。

これらの男たちは労働衣を着ていた。よく知られているように、彼らにとってこの労働衣は、仕事の時のものであると同時に、戦闘の時にも着るものなのだ。しかし彼らは武器を所持していなかった。だが彼らの目の色は、彼らが武器を手にしようとしていることを教えていた。彼らは嬉しさをかくしきれない様子で、砲声が近づいてきているようだと言っていた。これは反乱が拡大しつつあるということなのだ。私はすでに、すべての労働者階級が、ある場合には実際に、ある場合には心の中で闘争に加わっていると推測していた。この光景はそのことを証明していた。反乱の精神は現実にこの膨大な階級のすみずみにまで、そのあらゆる部分に、それは血液が身体をかけめぐるようにして、ひろがっていた。それはまだ戦闘がおこなわれていない諸街区にも、現に戦闘の場となっている街区と同様に、充満していた。反乱の精神はわれわれの家々、われわれの周辺や下の方にも上の方にも滲透してきていた。われわれが主人だと思っている家の中にも敵がうごめいていたのだった。これはパリをおしつつんだ内乱の空気の如きもので、そうした雰囲気のなかで、どこか人知れずひっこんだ場所でも、その反乱の精神は息づいていたにちがいないのだ。☆1

「暴動の精神」を前にしてのブルジョワ的大恐慌を喚起するこの文章を読むと、一八四八年春にヨーロッパを徘徊した亡霊、コミュニズムの亡霊の口元の微笑を思い浮かべてしまう。『共産党宣言』の公刊から一世紀半が過ぎて、その亡霊は、現実には存在しなかった社会主義の瓦礫の下に消え去ってしまったと思われた。対抗改革と復古の時代が襲来してきていたのだ。フランシス・フクヤマが歴史の終焉を宣告した。フランソワ・フュレーは『ひとつの幻想の死』において、コミュニズムのファイルが閉じられたと主張した。問題は決着してしまったというのだ。市場の永遠性は不動のものとなり、資本主義は全時間を貫く超克不可能な地平となってしまっていた。マルクスと前衛の死？歴史の終焉と、コミュニズムの終焉？

終焉はけっして終わらせようとする仕事をお仕舞いにはしないものだ。歴史は逆流してきている。シアトル、ジェノア、ポルトアルグレのあと、歴史の彩色は蘇生してきている。幽霊は目覚めている。蘇る亡霊は、既成秩序の平和を乱し始めているのだ。二十五年近く前、『ニューズウィーク』誌は、その表紙で、マルクスの死を厳かに宣言したものだった。一九九三年までに、その追悼の仕事は終わった。ジャック・デリダは『マルクスの亡霊たち』のなかで、「マルクスなくして未来はないのである。マルクスの記憶と遺産なくしては」と書いた。「いずれにせよ、一定のマルクスの、……彼の数ある精神の、少なくともひとつの記憶と遺産を抜きにしては」と。というのは、と彼は付け加えている、「それはひとつならずあり、ひとつならずあらねばならない」[☆2]からなのである、と。ジル・ドゥルーズは、『ヌーヴェル・オプセルヴァトゥール』誌の記者に、人々がマルクスはまちがっていたと主張するのが理解できない、マルクスは死んだと主張する時はなおさらであると述べた。世界市場とその変容を分析する緊急の課題はマルクスなしで済ませられるわけはない。「私の次の本、それは最後の本となろうが」、とドゥルーズは打ち明けている。『マルクスの偉大さ』(*Grandeur de Marx*) と呼ばれるだろう」。不幸にして、彼はその企図を完成させるまで生きられなかった。

今日、マルクスは学術会議とセミナーの主題である。彼は、ガリマール社から出版されている名声ある叢書《ラ・プレイヤッド》〔一般に卓越した人物の集団をいう〕に収録されてさえいる。彼は、アカデミズムの世界と出版界での不滅の地位を保持してしまっているのである。彼の未来は保証されているかにみえる。コミュニズムのほうはというと、異なった問題である。そのことばは、永遠に、その名称において犯された官僚的犯罪と結びついていると見なされているのである。あたかも、キリスト教が、禁書、異端迫害、強制的改宗と分かちがたく同一視されたようにである。

☆1　Alexis de Tocqville, *Recollections*, trans. George Lawrence, Macdonald, London, 1970. pp. 142-3.〔『フランス二月革命の日々――トクヴィル回想録』(喜安朗訳、岩波文庫、一九八八)、二四八ページ。〕

☆2　Jacques Derrida, *Spectres of Marx: The State of the Dept, The Work of Mouring, and the New International*, trans., Peggy Kamuf, Routeledge, London and New York 1994, p. 13.〔増田一夫訳『マルクスの亡霊たち――負債状況＝国家、喪の作業、新しいインターナショナル』(藤原書店、二〇〇七)、四四ページ。〕

一八一五年のウィーン会議のあとの王政復古の時代に、ロベスピエールとサン＝ジュストの名前は言及できなくなってしまい、またシレジア人とリヨン人織工の仕事場が怒りで爆発したのだが、コミュニズムは、当初はよき知らせのように囁かれる陰謀めいた言辞、ブルジョワ体制にプロレタリア支配を対置しようとする（ハイネのことばでは）「秘密の呼称」であった。それは平等を目指す地下潜行活動の延長として最初に現われ出た。一八四〇年にベルヴィルでの最初のコミュニスト的宴会が、自由・平等・連帯という共和主義的モットーに新しいことば――コミュニズム――を付け加えることとなった。コミュニズムは、ひとつの教義であるというより、その最初の事例において、現存秩序を止めさせるべきなされるべきこと《アジェンダ》でもとなす希望の、この現実の運動、この不断に更新される経験の蓄積、この高揚なのである。抵抗、反対、叛乱をある人から次の人へ、ストライキを叛乱へと結集せしめる「秘密の呼称」が終わり、片づけられてしまうといったことがどうしてありうるだろうか？

　顧みて、事件の筋道を取り出して、何が黙然とあいまいに織り込まれてしまったのかを発見するのは容易である。マルクスは、ベルリンの壁の崩壊とソヴェト連邦の解体によってその名を冠したさまざまな「主義《イズム》」から解き放たれ、一九九〇年代初頭以来、検疫から自由となった。官僚制によって彼が拘束されているとか、彼を再読し、再解釈する責任を水面下にひょいと沈めてしまう国家による没収がなされているといったような言い抜けはわれわれにはもう要らないのだ。闘争の再興をいっしょに考えあわせることが始まっていなかったのなら、論戦はアカデミックどまりだったかもしれない。フランスでは、一九九五年十二月の赤い怒り、冬の抵抗の大きなうねり、「左翼の左翼」のかよわい再生をわれわれは経験することとなった。

　けれども、展望の地平が崩壊してしまっている時に、抵抗が何を成就できるというのだろうか？　共鳴を止めてしまったよき未来を展望しようとすることについての困った沈黙が圧倒的に支配するなか、二十世紀に積み重なった悲惨な経験をしてしまったあとで、「科学的社会主義」から「ユートピア的社会主義」へと後退し、前者のドグマティックな幻想から逃れ、それらの幻想の起源的跳躍《エラン》の無垢とか熱狂とかの言い訳すらなすことなく、老いさらばえたもの、後者の使い尽くされた奇っ怪な幻想《キマイラ》にただ屈服してしまうといったことは非常に心をそそる誘惑であった。

ふたたびデリダによれば、本質的な問い――つねに新鮮な問いだ――はコミュニズムなのではなく、資本と、それから新しい形態での剰余価値の形成なのである。資本は、明らかに、十九世紀でのように機能しはしない（間抜けだけがこの事実を無視するだろう）。だが、それは機能しているのだ[☆3]。その変幻きわまりない光景から逃れ、その謎に応答し、それがいまどうなっているのかを見ること――これが、マルクスの、そしてコミュニズムの仕事であり続けているのだ。ダニエル・シンガーが述べているように、資本が仕事しているかぎり。

継承することはけっして自律的過程なのではない。正統性の問題を提起し、責任を課すものである。理論的－政治的遺産は直截的なのではない。それは、受領され、貯金されるといったなんらかの所有物なのではない。同時に、〔役に立つ〕道具であり、障害でもあるのであり、武器であり、負い目でもあるのである。それはつねに変容するものなのである。というのも、所有者不在で、使用指示が欠落しているこの継承行為とともに、何がなされるかにすべては依存するからなのである。

エウスタチエ・クゥヴェラキスが強調しているように、マルクス主義は、そのまさに成り立ちからして、「危機の思想」(pensée de la crise)[☆4]なのである。その最初の普及の波は、十九世紀末であったが、ジョルジュ・ソレルがすでに「分解」と呼んだ事態と一致してしまった。当初から遺産の「多元化」を予示していたこの危機と、その時代の挑戦を反映して行なわれた分派闘争の攻勢は、それ以来一貫して理論の分野を通して起こったことだった。こうして、一九八〇年代の危機は、以前の危機と共通の形を有していた。ふたたび、マルクスの基礎的な著作から出現した研究プログラムは、資本主義システム自身の拡大と変容のひとつの時代が提起した諸問題に向き合ったわけなのであった。

☆3　*Ibid.*〔前掲訳書。〕
☆4　Eustache Kouvélakis, 'Crises de marxisme, transformation du capitalisme,' in Jacues Bidet et Kouvélakis, eds., *Dictionnaire Marx contemporain*, Presses Universitaires de France, Paris 2001, pp. 41-56.〔この『現代マルクス事典』は、全体として水準が高く、ベンサイドも繙読を勧めていた。〕

社会運動の実践と形態〔の在り方〕は、社会諸関係、分業、生産組織における変化によってテストされることとなった。「短かった二十世紀」と呼ばれた歴史的な諸事件の終焉は、これらの繰り返し現われる特徴に、半世紀以上も続いたコミュニズムの亡霊の地上での具体化として提示されたもろもろの社会と正統派学説の崩壊を付け加えることとなった。

新自由主義的な対抗改革の衝撃のもとで、一九八〇年代は、戦闘的マルクス主義者が先頭に立つ年月となった。フランスでは、ミッテラン主義が社会昇進の欲求に応《こた》える成功の道を切り開いた。毛沢東主義に幻滅した者たちの大方は、とても長いあいだに馬鹿な役廻りを演じたあとで天使の側につく好機到来とばかりに喜んで、人権的反コミュニズムの隊列をつくった。他の者たちは、「弱い思想」とポストモダンの諦念に浸った。『時代の子どもの告白』(*Confessions d'un enfant du siècle*) のなかで、ミュッセは、終わった過去と不確定的な未来の過渡期を表現する、復古の時代とかかわった、なにかしら漠然とした、浮動的な感覚を呼び戻している。幻滅した一世代は、エゴイズムの衣をまとって生き抜いたのだった。より高貴な事業とか野心とかが不在ななかで、この「目標のない行為のぞっとする海」において、勝利者のシニシズムに有利なように、つかの間の享楽と些細な徳のために、時は成熟した。新しい反動と復古に直面して、われわれは、ミニマリズムとミニチュアリズムに還元される方向へと向かおうとしているのであろうか? われわれは、目標のない行為の暗い海のなかで難破してしまおうとしているのであろうか?

フランスでは、公共サーヴィスと社会保障を防衛しようとしての一九九五年冬のストライキが反新自由主義的転回を刻印し、引き続いて、資本主義的グローバライゼーションに反対するデモによって国際的規模において、それは確認された。「世界は売り物ではない! 世界は商品ではない!」というわけであった。二十世紀の瓦礫のうえに、哲学者のアンドレ・トセルによって「千のマルクス主義」と呼ばれた事象が咲き誇り始めた。[☆5] 空は〔曙を示す〕紫色に転化したわけではないが、しかし、気候は良くなっている。一九九三年には、デリダの『マルクスの亡霊たち』とピエール・ブルデューが主宰した『世界の重さ』が現われ出た。ストライキ運動が準備されていた一九九五年秋には、第一回「国際マルクス会議」が雑誌『アクチュエル・マルクス』のイニシャティヴで開催された。『時ならぬマルクス』が十月に出た。出版界は、「社会的問いの回帰」と並行したこの思想的叛乱に驚いてみせることができただけであった。

それ以来、フォンダシヨン・サン＝シモン（温和なリベラリズムのシンクタンク）が活を入れ直し、他方、戦闘的思索のためのさまざまな空間が左翼の左翼に開かれるようになった。フォンダシヨン・コペルニクスがそうであったが、その出現は、組合と社会運動（フェミニズム、失業者、反人種主義の運動、ATTAC《アタック》等々）の刷新に反響した。この復興は、依然として慎ましいものだったものの、フランスにおいては、新しい社会派映画、批判的雑誌の孵化、マルクス主義によって喚起された文献の出版の増大の隆盛に表現を見いだすこととなった。

このような文脈で、「千のマルクス主義」の枝分かれが、思想がその教義上の束縛を打破するような解放の契機として出現しているのである。それは、過去の一掃ということなしに、悲劇的世紀のトラウマ的経験を初めからやり直し、克服する可能性を示している。多元的で、ともに等しく現実的なこれらのマルクス主義は、推奨すべき物珍しさと未来ある豊饒性とをはっきりと表わしている。しかしながら、それらの新規増殖は、相異と規律的分散化の下で、同一の名称をもった研究プログラムの共通的核心がいったい何なのかという問いを提起している。われわれは依然としてマルクス主義ということを語ることができるのであろうか、それとも、（カタロニアの哲学者のフェルナンデス・ブエイの定式化がそうしているように）「主義《イズム》なしの」マルクスとか、脱構築《デコンストラクト》されたマルクス主義といったことをやらなければならないのだろうか？　アンドレ・トセルが問いかけているように、正当にもマルクス主義的解釈と呼ばれるようなものについての最小の同意事項といったことは何なのであろうか？　彼によれば、これらの千のマルクス主義は、現在と未来において、正当な不一致点の領域を覆う最小限の理論的合意といった問いを提起している。それらの気前のよい多数性は、現実に、理論的核心の散佚と、そのポストモダン的な文化的煮汁への解体を導く可能

☆5　André Tosel, 'Devenir du marxisme: de la fin du marxisme-léninisme aux mille marxismes, France-Italie 1975-1995,' *ibid.*, pp. 57-78.

性がある。

スターリン主義時代の長期の断食生活が再発見の食欲をそそっている。国家マルクス主義の重荷と、異端審問的破門の経験が、同様に、思想の自由への深く、正当な熱望に油を注いでいる。先の時代のその偉大な異端者（エルンスト・ブロッホ、晩年のルカーチ、ルイ・アルチュセール、それのみならず、アンリ・ルフェーヴルとかエルネスト・マンデル）は先駆者であった。エウスタチエ・クゥヴェラキスは、千のマルクス主義が、平穏になった段階（それからは論争の緊急性といったことが奇妙にも不在であるように思われる）で平和共存するであろう、新しい、逆のリスクを低く見積もってしまっている。この危険性は、破壊的企図を強奪されてしまったアカデミズムのマルクス学の礼節へと従属させられたマルクスの制度的恢復といったことと手に手を携えて進んでいる。デリダはすでに、『マルクスの亡霊たち』のなかで、マルクス主義に反対してマルクスを切り離し、政治的至上課題を平穏な釈義へと中性化してしまう誘惑に抗して注意を促していた。

この脅威の根底は、思想的回復のリズムと社会的動員のあいだの不調和に、また、ペリー・アンダーソンによれば、西洋マルクス主義を長く特徴づけている理論と実践のあいだで進行している分裂のなかに、横たわっている。アレックス・カリニコスが強調しているように、[☆6] 理論と実践の統一を誇らしげに固執することによって、マルクス主義は二重の判断規準に従わなければならない。もしそれが理論的レヴェルにおいて手ひどく反駁されていないとするなら、過去の世紀の深刻な政治的敗北によって影響されてしまっていることに疑問の余地はない。

マルクス主義のいくつかの最近の名声ある、未来の展望をもっているように思われる「学派」は、一九八〇年代の新自由主義的反動と社会的敗北の試練にもちこたえられなかった。近年刊の『現代マルクス事典』への寄稿項目は、それらのうち三つに並行してある危機を際立たせている。

いわゆるレギュラシヨン学派が首尾一貫しているものかどうかは、つねに疑惑の種であった。早くも一九八七年になされた実態報告において、ロベール・ボワイエはその難点と行き詰まり点を認めていた。[☆7] その理論は、マルクス主義に言及するのをはっきりと断念し、ミシェル・アグリエッタのますます管理統制主義的な道、ボワイエの因習理論へのこだわり、アラン・リピエッツによって約束された存在しないエコロジー的「新パラダイム」のあいだに引き裂かれてしまい、本格的学派として存立するのをほどなくして止めてしまった。早くも一九九五年、その潮流の創造を刺激するような核心部分は、ポスト・フォーディズム的展望から、世襲的資本主義との歴史的妥協へと転換していた。これにともない、アグリエッタのようにある人たちは被雇用者の株主制度を称賛する者や、人的資源指揮官の助言者に自己転換をはかる者たちが生まれたのである。[☆8]

分析的マルクス主義の潮流も一九九〇年代の分水嶺それ自体を生き延びることはなかった。合理的選択のマルクス主義とそのすばらしいスポンサーとは、帝国主義的グローバライゼーションに反対する社会的な動員と闘争のテストにしくじってしまった。初めから、そのグループは、ロバート・ブレンナー、エリック・オリン・ライト、G・R・コーエンといった問題含みのマルクス主義者と、マルクス主義のいかなる形態とも多くの共通点があるとはけっして主張しなかったフィリップ・ヴァン・パレースとかいう人物とに引っ張られ、ある種の折衷主義によって刻印されてしまっていた。ヤン・エルスター自身、マルクス主義とゲーム理論を真剣に結びつけることは不可能であると考え、方法論的個人主義へと後退するまでになってしまっていた。彼の著作、あるいはジョン・ローマーの著作が刺激的でありうるとしても、彼らのマルクスへの決別は腹蔵ない説明を提供している。[☆9]

しまいに、一九六〇年代と七〇年代のラニエロ・パンツィエリ、マリオ・トロンティ、トニ・ネグリの研究によって例証される、イタリア語で「オペライズモ」（operaismo）として知られる潮流は、過去二十年間の、産業の分散化、

☆6　Alex Callinicos, 'Où va le marxisme anglo-saxone?' in *ibid.*, pp. 79-95.
☆7　Robert Boyer, *La Théorie de la régulation: une analyse critique*, La Découverte, Paris 1987 を見よ。
☆8　無慈悲な次の論考を参考。Michel Husson, 'L'école de la régulation de Marx à Saint-Simon: un aller sans retour?' in *Dictionnaire Marx Contemporain*, pp. 171-182.
☆9　バランスシートに関しては、Callinicos, 'Où va le marxisme anglo-saxone?' を見よ。

工業労働階級の社会的敗北といった変動にもちこたえてはいない。近年失望をかった「労働者主義《オペライズモ》」は、今日ではマルクスの遺産への不満という形でその表われ方を見たように思えることだろう。マリオ・トロンティは「理論的絶望」と述べ、他方、トニ・ネグリの最近の仕事はあいまいなままにとどまっている。『帝国』[★10]を読んでみると、厄介な問題が、帝国主義の新しい形態なるもの――要約的に言えば、「最高段階」――、あるいは、北と南のあいだの支配と不平等の諸関係が世界市場の「摩擦なしの空間」に分解してしまうという質的に相異なる現実――中心を失い、頭部のない、根茎的《リゾーム》な――なのかどうかということがはっきりしていない。同様に、（社会学的に空虚な）「マルティテユード」なる概念が単純な新しい（ポストモダン的な?）呼称、グローバル化されたプロレタリアートのある種の偽名なのか、あるいは資本によって抑圧された多様な主体と彼らの網状になった対抗権力への諸階級の分解なのかどうかもまた、はっきりしていない。

　こんな状態にあってすら、マルクスによって啓発された研究プログラムは強健なままである。アカデミズムの囲いへと逃げ込もうとするのではなく、もしそれが社会運動の再生された実践、とりわけ、帝国主義的グローバライゼーションへの抵抗との有機的関係を確立することに成功するなら、〔その時に初めて〕その研究プログラムは本物の未来をもつ。

　というのは、以下の点に、すなわち、世界の私有化のなかに、資本物神化のなかに、さらには、利潤追求と非人格的な市場法則に従属された飽くことなき空間の征服への熱狂的に加速された死の進路のなかに、マルクスの現実性は、注目すべき表現を見いだすからなのである。マルクスの理論的で戦闘的な著作群は、ヴィクトリア朝のグローバライゼーションの時代に生まれた。鉄道、電信、蒸気船の急速な発展は、現代のインターネットと人工衛星による遠距離通信に相等するものだった。信用（クレジット）と投機は猛烈な勢いで発展し、市場とテクノロジーの野蛮な連合は称賛され、「産業化された殺戮」が現出するようになった。第一インターナショナルの労働者運動が出現したのもまたその時代であった。『資本論』で実行された「政治経済学批判」は、現代性の聖刻文字《ヒエログリフ》の根本的読解と、未だなされ尽くされてはいない研究プログラムの出発点のままなのである。

自由主義的なグローバライゼーションと、いまや公然とそれを弁明する言説の危機は、マルクス主義のルネサンスのための基礎を体現している。このことは、エンリケ・ドゥセルとかジャック・ビデとかの著書といったマルクス学の著作から立証される。さらに、経済学の分野では、合衆国のロバート・ブレンナー、長期波動についてのフランスコ・ルーサ、それにジェラール・デュメニルとジャック・レヴィ、あるいは、フランスのフランソワ・シェスネーやイサック・ジョシュアによるグローバライゼーションの論理についての政治的に方向づけられた研究とかもそうである。デイヴィッド・ハーヴェイによって打ち出された刺激のもとで、「歴史地理学的唯物論」の研究は、空間の産出に関するアンリ・ルフェーヴルによって開かれた研究軌跡を拡大させている。フェミニズム研究は、社会諸階級およびジェンダーないしコミュニティのもろもろのアイデンティティ〔自己同一性〕のあいだの関係性に関する省察を刷新させている。とくにフレデリック・ジェイムソンやテリー・イーグルトンの仕事によって代表されるカルチュラル・スタディーズは、美学的表現、イデオロギー、表現形態の批判のための新しい展望を発展させている。政治哲学批判についていえば、自由主義に関するドメニコ・ロズルドやエレン・メイクシンズ・ウッドとかの論考とともに新しい着想を見いだしている。ルカーチ・ジェルジとかヴァルター・ベンヤミンとかの大物の批判的再読、フランス革命についての批判的歴史記述の検討、若手哲学者によるマルクス文献の新しい読解、法律家とアカデミズム法学者による法律の変貌と不確実性の探究、ジョン・ベラミー・フォスター、テッド・ベントン、ミシェル・ユソン、ジャン＝マリー・アリベー、ジャン＝ポール・ドゥレアージュ、ホセ・マヌエル・ナレドのような著者による政治的エコロジー批判への貢献におけるような科学と技術の役割とそれらの民主的統制にかんする論争、スラヴォイ・ジジェクにおけるラカン派精神分析の独創的解釈、マルクス主義の遺産とハンナ・アーレントないしピエール・ブルデューの研

★10　邦訳がなされている。アントニオ・ネグリ／マイケル・ハート『〈帝国〉――グローバル化の世界秩序とマルティチュードの可能性』（水嶋一憲ほか訳、以文社、二〇〇三）。

究のような著作群とのあいだの対決などに見られるように、政治哲学批判は活性化している。現代の大いなる論戦にかかわっているアレックス・カリニコスの著作群は、戦闘的マルクス主義の可能性と活性とを例証している。

これらの開花は、アカデミズムの解釈の罠を回避してのことであるが、数々の厳格な研究の要求に出会っている。それは、どの程度、われらの現代にマルクスの亡霊が依然として徘徊しているかを示し、現代マルクス主義の不毛性に一九六〇年代マルクス主義の仮想の黄金時代（E・P・トムソンが「理論の貧困」を正当にも攻撃した時代）を対置しようとしたりするのがいかにまちがっているかを論証している。一九八〇年代は、相対的に不毛だったが、しかし新世紀は、数少ないオアシス以上のものを約束している。

分子的な理論活動が以前よりは見えにくくなっていることは疑いない。過去の古い思想家と比較すれば、熟達した思想家は少ない。さらに、エネルギーを結集し結合することができる政治的構想との対話が求められている。しかし、それは、おそらくもっと深く、もっと集団的で、もっと自由で、もっと世俗的なものであろう。そしてそれゆえにこそ、未来における豊饒性が約束されているのだ。

二〇〇二年二月

ダニエル・ベンサイド

第一部　聖から俗へ　歴史的理性の批判家マルクス

「歴史は何ごともなすことはない。」

エンゲルス『聖家族』

第1章　歴史の新しい記述法《エクリチュール》

マルクスは、ある時には経済的決定論の罪を、また、ある時には歴史的目的論の罪を犯していると非難される。それらの重大な罪は、実際、請け合われたハッピーエンドに向かって歴史の流れを加速させる熱狂的主意主義となって、あるいは、進歩という歯車に安住してしまった官僚的受動性となって現われたとされる。

それらの罪にも時には長所がある。カルヴァン主義の救霊予定説には、もともと強力な実践的衝動が本源にあったのだし、ある種の決定論は「率先する精神や政治的意志の極端な緊張」へと進化を遂げることもできた。自由な未来への信頼は、同じく、「モラル上の抵抗の恐るべき力」なのであり、「信心の業に姿を変えた意志」なのであった。グラムシは、この両面価値性を、強靭な信仰心が言論的議論という知的な力に逆らうような大衆の深い宗教感情の現われとして解釈する。[☆1]

一部の「マルクス主義者たち」は、実のところ、いろいろな「筋道」や「廻り道」をたどっての「〈歴史の法廷〉」という隠喩を好んで紡いできた。あたかも最後の審判がくだされる樫の大木の根元に向かって一方通行の道が通じているかのように。この宗教的な表現によれば、時流に逆らうということは、逸脱や誤謬であり、策謀なのである。今

☆1　Antonio Gramsci, *Cahier de prison 10*, Paris, Gallimard, 1971, p. 71; *Cahier de prison 11*, p. 187; *Cahier de prison 13*, p. 408. [*Quaderni del carcere*, Edizione critica dell'Istituto Gramsci, A cura di Valentino Gerratana, Einaudi 1975, *Quaderno del carcere 10*, p. 1266, *Quaderno del carcere 11*, p. 1388, *Quaderno del carcere 13*, p. 1612.]

日、官僚主義諸体制の崩壊は、その大部分がマルクスの思想を知らないで形成され、イデオロギーで固められたこの「マルクス主義」の壁を覆すことになり、彼を再読するきっかけを与えている。マルクスは歴史の終焉という見通しに同意するであろうか？　階級のない社会、〈国家〉の消滅、必要の無制限の充足という視界は、彼をして次のように考えさせることも可能である。すなわち、「このように構想された社会主義社会は、もはやその後のどんな進化も必要ではなく、未来社会に向かってのどんな衝動も起こらないような終局の社会であるにちがいないという考えに人は導かれるはずである。マルクスは自己の社会主義ヴィジョンを表現するために、そのようなことばを使用してはいないが、そのように説明する可能性をすこしも禁じてはいない。こういう解釈が許されるのなら、それは、社会主義を人間同士の対立のあらゆる根源を除去するものとして、そして、そのもとで経験的生活が人間をその本質において実現する条件としてとらえる思考が暗に示唆しているものなのである」。マルクスは自ら、コミュニズムを「解決された歴史の謎」として提示しているし、「それがその解決策だと気づいている」。そうなら、謎の解決は「歴史の終わり」[☆2]を、終局の社会を、歴史の終焉を、意味しないのだろうか？　こういった言い廻しはマルクスのものではない。註釈者たち自身のものである。「解決された謎」としてのコミュニズムという命名は、マルクスがコミュニズムを「現実的運動」[☆3]以外の意味ではけっして理解していないことを明確にしている時代に属するものである。それゆえ、この謎を解く鍵は、それを通じて歴史が、作られる歴史とそれ自身の展開の批判理論とが不可分の関係にあるところの「現実的運動」のなかにある、ということであろう。

一八四五年以来、エンゲルスは、自律的力に格上げされる歴史のいっさいの擬人化をきっぱりと認めない。すなわち、「歴史は何ごとをもなすことはない。歴史はなんら膨大な富を所有しない。歴史はなんら闘争をしない！　すべてこれらのことを行ない、所有し、闘争するのは、むしろ人間であり、現実の、生きた人間である。歴史とは自己の――こういうと、まるで歴史が別個の人格ででもあるかのようだが――目的を完成するために、人間を手段として使うようなものでなく、歴史とは自己の目的を追求しつつある人間の行為にほかならない」[☆4]。なぜなら「人間の歴史の第一の前提は、いうまでもなく、生きた人間的諸個体の現存である」[★5]からだ。歴史の物神崇拝的表現をこれ以上、断固として拒絶することは困難であろう。何ごとかを「なす」歴史、それは今なおつねに人間に代わって、その背後で動くと見なされる聖なる歴史なのである。それは哲学的で思弁的な歴史なのである。それはイデオローグの歴史なのである。世俗の歴史にそれ自身の目的はない。

これらの火の出るような警句はエンゲルスのペン先から生まれたものである。しかし、『聖家族』は、マルクスをも主要な著者とする共著である。一年後、『ドイツ・イデオロギー』が同じことを繰り返し説明している。「後代の歴史が前代の歴史の目的に仕立てられては[★6]」ならない、と。公然と表明されたこの不信感は重大な結果をはらんでいる。目的がすべてを専制的に決定するという立場をひっくり返すこと、それは歴史を意気阻喪させる（歴史がモラルを有しているとの考え方を最終的に放棄する）ことである。歴史の士気を挫くこと、それは歴史を政治化することであり、戦略的思考に道を拓くことである。「歴史の目的」としてではなく、「人類の前史の終わり」として、資本の廃棄を構想することは文学上の気どりとかことばの遊びではない。

ルーゲはすでにこの変化を見抜いていた。「進化とはもはや抽象的なものではなく、充分に政治的であるためにはずいぶんと足りないところがあるにもかかわらず、時代は政治的である」。彼はそれからありとあらゆる結果を引き出すことはできなかった。一八四七年にキルケゴールは、「昨今は、なにもかもが政治的だ」と述べて、時代をひど

☆2　Leszec Kolakowsky, *Histoire du marxisme*, Paris, Fayard, 1987, t. I, p. 200.〔本訳書では、傍点で示した〕強調は私による。あとも同様である。D・B〔ベンサイド〕

☆3　Karl Marx, *L'Idéologie allemande*, Paris, Éditions sociales, 1960, p. 64.〔邦訳全集3、三二ページ。廣松渉編訳『ドイツ・イデオロギー』（河出書房新社、一九七四）、一七ページ。渋谷正編訳（新日本出版社、一九九八）、六五ページ。フランス語版は、マルクスの著作としているが、エンゲルスの創意も大きいとした論点は、廣松渉の功績であろう。〕

☆4　Friedrich Engels, *La Sainte Famille*, Paris, Éditions sociales, 1970, p. 116.〔邦訳全集2、九五ページ。〕

★5　邦訳全集3、一六ページ。廣松版、二三ページ。渋谷版、一六ページ。

★6　邦訳全集3、四一ページ。廣松版、四〇ページ。渋谷版、六八ページ。

く悔やんだ。マルクスは一度自分の考えを言い出すと曲げたりはしないだろう。その他のことは、話は別だが。

ポパー主義の貧困

歴史的目的論を告発する際に、カール・ポパーは、執拗な検察官の役割を演じている。[☆7] 被告席にいるのはヘーゲルとマルクスである。目的因の完遂を運命づけられた歴史に関するヘーゲル的茶番は――彼に言わせれば――「うんざりするほど長く続いた」。「開かれた社会」と「閉じられた歴史」（その最後のことばはすでに書かれているというのであるが）とは相容れない。ヘーゲル的歴史主義の最後の首尾一貫した化身であり、ヒューマニズムの陣営における「思想的第五列」[★8] である「マルクス主義」は即刻消滅させねばならない。マルクスは、なにしろ「これまでのところもっとも純粋な、もっとも発展した、もっとも危険な形態の歴史主義」の偽れる預言者なのだから。彼はとりわけ「社会的予測」と「歴史的預言」とを取り違えていること、歴史の因果性を自然の因果性へと還元していることに責任を負っているのである。本来の作動因を目的因に転倒させ、現在を歴史の専制的な権力に服従させてしまうマルクスは、歴史的目的論のために科学的決定論の権威を巧みに利用したというわけである。もろもろの社会の進化はなんらかの諸原因によって支配されているという理に適った考えは、こうした思いちがいによる混同がなければ、歴史主義やその実践的害悪をもたらすはずはなかった、というのである。

歴史主義は、ポパーによれば、現世救済のための宗教である。神の審判は歴史を通してそこで現出する。ところが、「このことばに通常与えられている意味では」、歴史は「存在しない」。それは統一した意味のある構造としての歴史ではないし、それゆえ歴史の意味（意義もなければ方向を指し示す矢印もない）などない。[☆9] もし〈歴史〉なるものがわれわれの裁判官でなければならないとしたら、それはかぎりなく既成事実を祝福することだろう。その不吉な法廷はあらかじめ征服者の陣営にあることになり、それはその傲慢な支配を永続させるだろう。

勝利する陣営が変わるまで。
裁判や判事たちを荷物として持ち運んでしまって。

社会科学を「社会進化の法則」の学習のように定義づけられた歴史に還元することによって、歴史主義は反自然主義者と親自然主義者の二つの流派に分かれることになるだろう。能動的な前者は、歴史の流れを自分の思うように曲げようとするだろうし、受動的な後者は、進化の諸法則に従うことになるだろう。これらの法則が、観察期間を超えて妥当するかどうかを知ることができないわれわれは、ひとつの不動かつ普遍的な法則を把握したと確信することはけっしてできないだろう。歴史の全能は、こうして認識にとっては破滅的な相対主義に陥ることになるだろう。☆10

マルクスはこのような思想構成に名をとどめてはいない。行動主義との疑いをもたれた彼は、反自然主義者の陣営に席を並べるはずだが、反対に、物理学や化学への関心は彼を親自然主義者に押しやるだろう。☆11ポパーは、歴史主義とユートピアとのあいだの、歴史の法則と歴史の進路を強いる確固たる意志とのあいだの、逆説的な同盟関係を非難することによって事態を切り抜けている。認識論的厳密さという口実のもとで、そこで問題となるのは、あらゆる革

☆7　Karl Popper, *La Société ouverte et ses ennemis*, 2 vol., Paris, Seuil, 1979.〔小河原誠・内田詔夫訳『開かれた社会とその敵』全二部（未來社、一九八〇）。武田弘道訳『自由社会の哲学とその論敵』（京都・世界思想社、一九七三）〕

★8　第五列とは、本来の味方であるはずの集団の中で、敵方に味方する者。スペイン内乱のマドリード攻防戦の際、フランコ側の四個部隊を引き連れたモラ将軍が攻囲軍に呼応する第五番目の内応部隊が敵の中にいると公言したことに由来する。

☆9　「虚構された「歴史の意味」においてではなく、われわれの仕事、われわれ自身が行なっていることのうちに、われわれ自身の正当化を見いださねばならない。〔……〕歴史はいかなる目的をもたないにせよ、われわれは歴史にこのようなわれわれの諸目的を課すことができる。歴史はいかなる意味をももたないとはいえ、われわれは歴史に意味を与えることができるのだ。〔……〕自然と歴史に目的と意味とを導入するのはわれわれなのである」（Popper, *op. cit.*, t. II, p. 184〔小河原誠・内田詔夫訳『開かれた社会とその敵』2、二五七―二五八ページ〕）。

☆10　『歴史主義の貧困』の化けの皮をはがすことになるのだが、ポパーは、マルクスやヘーゲルというよりむしろコントやスチュアート・ミルから借りた引用の道化役者をおあつらえ向きに利用する（Karl Popper, *Misère de historicisme*, Paris, Presses Pocket, 1988〔久野収・市井三郎訳『歴史主義の貧困』（中央公論社、一九六一）。岩坂彰訳『歴史主義の貧困』（日経BP社、二〇一三）〕）。

命的企図の歴史主義的主意主義と、合理的改良主義の「ピースミール社会工学」という、二つの政治方向を対立させることとである。「自然諸科学におけるのと同じくらいに社会諸科学における実践的結果に通じる主要な道」として、こつこつとした修復、修繕の仕事は、こうして強い科学的厳密さをともなうことによって尊いものとなる。

一九七〇年代から、そして『歴史主義の貧困』の成功以来、この議論は今日の反マルクス主義に共通の根拠となった。現実には、マルクスの学問的読解が熱心になされることになって、逆に、彼の認識論的批判が促されることとなった。ポパーは当時、学問にいそしみ、真実を歴史に併合させようとしていた公認マルクス主義の法外な主張に反駁するのにはもっともよい位置を占めているように見えたのだ。

三〇年代のカルナップとウィーン学団との論争のなかで、ポパーは、〔科学的〕発見と大胆な推測のまたとないチャンスを取り逃がしたとして、論理実証主義を非難した。意味のない言明を排除することによって科学を論理的に浄化することは、幻想をともなうものであった。相対主義でなくなるという要求に従うために、科学的認識の批判的かつダイナミックな構想は、反駁の試練に身をさらさねばならないとされた。このリスクをともなう認識論によれば、反駁の余地のなさは知の欠陥ですらあるのである。その預言を反証の試練にさらすことなく、たえず新たな正当化の根拠を見いだす「反証不可能な」言説（マルクス主義や精神分析のそれ）は、まさに非科学に特徴的なものなのである。

誰もが認める多産なポパー的認識論――『科学的発見の論理』、『客観的知識』、『推測と反駁』――は、それでも、科学性のすべてを彼独自の規準に還元してしまう時、イデオロギーに陥ってしまう。貧弱な哲学である『歴史主義の貧困』（この著作がちょうどマルクス主義がスターリン的正統派と甚だしく同一視されていた一九四三―一九四五年に書かれたことは特筆しなければならない）および『開かれた社会とその敵』はこの混乱をよく示している。しかしながら、客観的認識が主権者たる主体なき社会進歩として存在する世界は、不完全に規定されたものであり、部分的には預言不可能であるとポパーが主張する時、彼は自分の想像するマルクスからさほど離れてはいないのである。

人間の知識が累積的なものであるとしても、「われわれは、明日にならなければわからないことを、今日予知することはできない」とポパーは述べている。知識の増大は、歩むにしたがって道程を修正する。だから、「厳密に論理的な理由」で「歴史の将来のなりゆきを予測する」ことは禁じられる。反省的な認識を通じて、歴史の展開は内在的に新しいものを産み出すが、その役割と意味はただちに定着することはけっしてなく、今後の修正と解釈の留保条件付きで、仮に与えられるものなのである。マルクスはたしかに、いわゆる精密諸科学のそれと同じくらい厳密な諸法則を経済学のなかで追究すると宣言するのだが、「特定の傾向性を示す諸法則」の非線型的で頑強に抵抗する論理で、永久にうまくゆくことはない。ところが、ポパーによれば、法則と傾向性の混同は、「進化主義と歴史主義の中心的教義」に責任がある。彼は「進歩の法則を〔……〕歴史の一般事実の研究と分析により発見する」ことにあるとするスチュアート・ミルの『論理学体系』をその証拠にしようとする。「その法則は、ひとたび正しいものと確認されたなら——とミルは説明する——将来の出来事を予測可能にするものでなければならない。ちょうど、代数学の無限級数でわずかな項を見たあと、その構成の規則性の原理を発見し、級数の残りの項をいくつでも望むだけ予測できるようになるのと同じようにである」。コントやミルによって述べられた歴史的継起の法則は、まったくのところ「適用を誤まったメタファーの寄せ集め以上のものではなかった」。

☆11　一般に、ポパーはマルクスの思考について、皮相で不確かな認識を示している。「マルクスの史的唯物論、あるいはこれまでに述べてきたかぎりでのマルクスの史的唯物論の批判と評価に進もう。すると二つの相異なる側面を区別することができる。その第一は歴史主義（歴史法則主義、歴史信仰）であり、〔……〕思うにこの主張は破棄されねばならない。その第二は、経済学主義であり、社会の経済組織〔……〕は、あらゆる社会制度、特に制度の歴史的発展にとって基礎的であるという主張である。この主張は、「基礎的」という用語が日常的な漠然とした意味で受け取られ、過度に強調されることがない限り、完全に健全である。〔……〕マルクス自身は疑いもなくそうしたのである。マルクスはヘーゲル主義のもとで育ったから、「実体」と「現象」との古代の区別、またそれに対応している「本質的」なものと「偶然的」なものとの区別によって影響されていた」〔前掲『開かれた社会とその敵』2、一〇二—一〇三ページ〕。あるいはまた、「しかし、実のところ『資本論』は主として社会倫理についての論文であるが、そこでの倫理的諸理念は決してそのものとして表現されてはいない」〔同前、一八三ページ〕。*Pour l'incertain* (Paris, Syllepse, 1990)〔『不確かなもののために』〕なる標題のついた小エッセイで、Jean-Loup Englander は、ポパー主義的認識論によって、マルクスの科学主義的誘惑を改めるように努める。それは現代科学の発展に照らしてみても、ポパー自身の認識論を問うことなくマルクスを「ポパー化」するよりも、マルクスを再検討するうえで妥当なものであろう。

ここからどんな結論が引き出されるのか？　社会的、心理的、歴史的な現象にかんする認識は、永遠にイデオロギーあるいは神話という不可解な領分に属してしまうのだろうか？　反証可能性を科学の排他的な判定規準に仕立て上げてしまうことが、このような結論へと促す。リッカートとディルタイの伝統に従って、ポパーは科学的知識において、説明諸科学を理解諸学問から分かつ。前者は一般的なものと量化可能なものを扱い、後者は特定的なものと質的なものを扱う。「歴史学の特徴は、法則や一般化への関心よりも、現実の単称的で特定の出来事への関心にあるというこの見解を、歴史主義者はよく古ぼけていると攻撃するが、私はこの見解を擁護したい」。

自然諸科学のそれと比肩されうる預言能力という夢は、あらゆる色合いの歴史主義に共通する重大な罪となるだろう。ポパーは、社会的および歴史的な発展は、純粋に不確かなものにすぎないと考えている。すなわち、「諸傾向が存在するのである。あるいはもっと精確にいえば、諸傾向という仮定はしばしば統計学的技巧として有効である」。肝心なことは、諸傾向を物理諸法則とは混同しないことだろう。諸傾向なるものを法則にしてはいけないのだ。

コントやスチュアート・ミル以上に、この信条表明は「マルクス主義」に狙いを定めている。ところが、マルクスは歴史の預言可能性というこの理想を追求してはいないのだ。『資本論』は歴史諸法則の科学なのではなく、「政治経済学批判」なのである。彼は〈普遍的歴史〉なるものの首尾一貫性を検証しようとしたのではなく、排除しあうことはないもののたがいに対抗する諸傾向と時間性とを解きほどこうとしたのである。特定的な歴史的局面（一八四八年の諸革命、南北戦争、パリ・コミューン）の説明にあてられた文献は、ポパーの不審尋問にたいして逐一答えを出している。それらはたんに文学上の傑作（快く認められるように）であるばかりでなく、自らを作っている歴史の認識の見本例なのである。この歴史的現在は結果と原因の機械的連鎖における鎖の環ではなく、可能性に充ち満ちた現実性なのであって、そこでは法則を成さない諸傾向を読み解くなかで、政治が歴史に優先しているのである。

ニュートン的物理学の規範に反抗するもうひとつの認識の予兆がこうして表わされる。それは別な仕方で実効性のある知識と、現実に働きかける能力を産み出す。ポパーは特異な出来事についてのすべての説明は「歴史的と言いうる」ことを認める。それがなぜ、いかにして起きたのかを説明することは、とどのつまり「歴史を語る」ことである。もともとの歴史なるものを特徴づける、状況証拠に基づいた調査に忠実な「物語体の諸学」は、かくして拒否という短絡的裁きを免れるのである。「物語体の諸学」は同じ歴史についていくつかの語りを認め、しかもその多元性が物語られたことの実質を無効としないことを要請する。政治経済学批判から幾多の進化論諸学説を経て精神分析にいたるまで、多くのいわゆる人間諸科学はこのタイプの知識を実践しているのである。未来を予測するという「歴史主義者」の主張にたいする論戦は、だから、取るに足りないけんかのように思われる。もし預言が、「他のもろもろの社会的出来事、なかんずく、それらの出来事のなかで預言が預言するものと相互作用をもちえる、ひとつの社会的出来事であるならば」、その預言はまた、予告された出来事を創造したり、出来事の発生を早めたり、その出来事を払いのけたりすることに貢献しうるものともなりうるであろう。[☆12]

分析的マルクス主義のアングロサクソン学派の著名な代表者であるヤン・エルスターのようなマルクスのテキストにひじょうに注意深い読者が、同じような苦情を自らの責任で繰り返し述べているのを見るのは、さらに驚くべきことである。彼は「とりとめのない意図、すなわち、いずれの特定の当事者のせいにはできないでもっぱら歴史のせいにすることができると考えるような思惑をもつ機能主義的概念[☆13]」に訴える諸論文の目録を作成することに専心する。マルクスにあっては、スミスの見えざる手や、マンデヴィルの蜜蜂の例に倣って、〈歴史〉とは諸個人に、彼らが知らないうちにその偉大な意図を完遂することを余儀なくさせる共同の運命の偉大な世話役の役割を演じるのだという。エルスターはそこに、機能的説明への著しい性向と歴史哲学とのあいだの緊密な関係の結果を見ている。「マルクス

☆12　ディドロは、歴史認識は、その不十分さのゆえに蓋然論的であるとは考えていない。蓋然性とは、それ自体として偶然的である対象に定量的計算を適用することに根ざすものである。「出来事の可能性において考えられた量は、推測の技術を産み、そこには偶然性のゲームの分析が生まれる」。

☆13　Jon Elster, *Karl Marx, une interprétation analytique*, Paris, PUF, 1989, p. 36.

が行動の在り方だけでなく特定の出来事をその目的への貢献に応じて説明することを正当なことだと考えたのは、それこそまさにマルクスが、歴史はひとつの目的――コミュニズム社会の到来――に向かって導かれていると信じたからである」[☆14]。それゆえ、青年期のテキストは「完全に一貫した目的論的姿勢」を表わしている、というのである。

　エルスターはそれでも『聖家族』と『ドイツ・イデオロギー』はこの問題提起とは明らかに矛盾していることを認めねばならない。誠実なマルクス読者としての彼は、マルクスが以下のように、一八四五―一八四六年に旧《ふる》い哲学的良心と「決着をつけた」ことを知らないふりはできないだろう。「それぞれの世代はそれ以前のあらゆる世代から彼らに遺贈された諸材料、諸資本、生産諸力を利用し、したがって一方ではまったく変化した状況下に、受け継がれた活動を継続するとともに、他方ではまったく変化した活動をもって古い状況を変更する。歴史とはそのような形での個々の諸世代の連綿たる継続のことにほかならない。ところがそのような形の連綿が思弁的手管によってねじ曲げられて、たとえばアメリカ発見ということの土台にフランス革命の勃発を助けるという目的があったとされたりするように、後の歴史が前の歴史の目的とされる」[☆15]のである。あるいはまた「このシュティルナーのやり方に従って、いつも歴史の最新の結果を「それが自らにもともとほんとうに課していた任務」として描くことによって、歴史に「唯一無類の」行き方を与えることは、途方もなく容易なことである」。「たとえば土地所有の制度が自らに「もともと課していた」本来の「任務」は人間を羊によって駆逐すること――スコットランド等々で近ごろ現われてきた帰結――であったとか、またはカペー家の宣言はルイ十六世を断頭台へ送るという「任務」を自らに、「もともと課していた」のだとか言えば、これはあっといわせる」。とくに、「いまやついに人はこう言うことができる」[☆16]式の決まり文句は、こうした護教的なものの観方のパスワードなのである。

　歴史のこれ以上のラディカルな世俗化、「思弁的手管」やその懐古的諸幻想のこれ以上の頑強な拒絶を想像することは困難である。現在および来たるべき歴史は過ぎ去った歴史の目的なのではない。平凡な「世代の継承」なら、それは退屈な鯨の系統学以上の意味をもつことはない。旧い皮を脱ぎ捨てるこの過渡期から、マルクスは「過去偏執狂」的要素はなにももってはいなかった。彼は究極の約束や最後の審判に向かって歩いていたのではない。彼の批判は、現に存在する苦悩と切り離せないのだ。「未来を構成して永遠に決着を宣言することがわれわれの仕事でないとすれば、われわれが現在やりとげなければならないことは、いよいよ確実である。ここで私が言おうとしているのは、現存するいっさいのものの容赦ない批判のことである」[☆17]。エルスターは自分の見解と矛盾するこれらのテキストを挙げるのであるが、それはこれらの文献を偶発的で一貫性のないもののように示すことでそうした矛盾をただちに厄介払いするためなのである。彼が認めるのはただ、『ドイツ・イデオロギー』とその他の労作とのあいだに見てとれる対照」についてなんの説明もないことだけである。あたかも「未来から現在へと進むが、それ以外の方向には向かわない」発展の図式のために、すぐにも忘れられてしまうある種の重大な理論上の欠陥がそれにかかわっているかのように。『ドイツ・イデオロギー』が『聖家族』の諸テーマを手直しし、体系化したものであるだけになおさらのこと、この説明は無定見である。

これらのテーマは「腕力による決着」なのである。ところで、階級闘争と政治経済学批判の視点から旧来の哲学的認識を清算することは、同時に、思弁的歴史哲学と決着をつけることでもある。それは、「世俗的な歴史」[☆18]の名において、「聖なる歴史」を失楽園と約束の地とともにひっくり返すことなのである！

それは現在を考えることであって先の未来を考えることではない。

これらのテキストの明確な反論に出会っても、エルスターはめげることはない。マルクスは「コミュニズムの到来

☆14　Jon Elster, *Karl Marx...*, *op. cit.*, p. 52.

☆15　Karl Marx, *L'idéologie allemande*, *op. cit.*, 1960, p. 65-66.〔邦訳全集3、四一ページ。廣松版、四〇ページ。渋谷版、六八ページ。〕

☆16　*Ibid.*, p. 169.〔邦訳全集3、「III　聖マックス」、一三二ページ。〕

☆17　マルクス「アーノルド・ルーゲへの書簡」一八四三年九月。〔邦訳全集1、「『独仏年誌』からの手紙」、三八〇ページ。〕

☆18　マルクスはまさにプルードンを、聖なる歴史と観念の形式的系統学の領域に留まっているとして非難する。「要するに、それはヘーゲルの使い古された文句であり、歴史ではないのです。それは世俗史――人間の歴史――ではなく、聖史――観念の歴史です」。「パウル・アンネンコフへの一八四六年十二月二十八日付の書簡」、*Correspondance*, t. I, p. 449.〔邦訳全集27、三九一ページ。〕

は時期尚早かもしれないし、アジア的生産様式と同じように、コミュニズムは歴史の行き詰まりになる[19]と思い描くことはけっしてなかったのではないか、というのだ。マルクスの歴史へのアプローチはすべて「おそらく目的論のもっとも一般的な名目のもとに包摂するにまかせるものであり、マルクスにあっては、資本を支える見えざる手が、目的論の二つの大きな形態のなかのひとつなのであり、もうひとつの形態は、その過程はついには自滅することで終わるという必然性である」。慎重で控えめにおそらくとしているのは、先のような証明がとても推測に見合うものではないからなのである。

それらの証明は状況に応じて書かれた書簡や論文だけにとどめられる。ロシアや、英国ブルジョワジーを登場人物として使い、歴史を「近代の宿命」に仕立て上げるのは、流行のジャーナリスティックなやり方なのである。そこには歴史の擬人化的な表現の徴候が見てとれるが、しかし、そこに凝縮された目的論的見解についての反論の余地のない証明を見いだすことは、少なくみても不当である。「歴史的必然性」の概念が、目的論的であると同時に決定論的な問題性として引き合いにだされることは可能である。その概念は、『資本論』で探究されている、「傾向」または「傾向的法則」を表わしているとすることもまた可能なのである。出来事の特異性に開かれている歴史的必然性とは、実際は何なのであろうか？　一八四九年にマルクスは『新ライン新聞』で、「国民がまるごと中世的野蛮に陥る時代遅れの社会形態」に戻るよりはむしろ「諸君をすっかり自由にする新しい社会の創設のために産業が必要な物質的手段を作り出す」近代ブルジョワ社会のもとにあって、労働者や小ブルジョワに耐え忍ぶことを勧めている。マルクスのうえに後継者の影とエピゴーネンたちの解釈を投影させながら、エルスターの回顧的読み方は、歴史の意味についてのスターリン的説教の下書きを見ようとしている。「スターリン主義の古典的正当化を得るためには、小ブルジョワジーを農民に、近代ブルジョワ社会を社会主義の本源的蓄積に置き換えればよい[20]」。

マルクスは「開かれた社会にたいして信念をもっていた。そのことを私は疑わない」とポパーは書いている。さらにエルスターがこれに輪をかけて言うには、「われわれはコミュニズムについてのマルクス理論の中心にある個人の尊重は保持し続けなければならないが、しかし畜殺場行きを運命づけられた羊と同じように諸個人を扱おうとして、コミュニズムの到来以前に諸個人をないがしろにすることを許すような、この歴史哲学にたいしてではない」[☆21]。無理解か戯画化にもかかわらず、この心配は現実の困難をうっかりとさらけだすことになっている。ポパーとエルスターはマルクスを一括して扱うことを拒否する。彼らは実際に、自分たちがマルクスのせいにしている歴史哲学と自分たちがマルクスに認めている開かれた抗争の理論とのあいだに首尾一貫性を打ち立てることができないのだ。だから彼らは、折衷主義的で一貫性のない思想家に貶める羽目になる。「開かれた社会への信念」と閉じられた歴史への崇拝、個人のコミュニスト的優先扱いと大衆にたいする歴史的無関心をどのようにして両立させるというのだろうか？

マルクスは、スピノザに無知な大部分の批評家たちには理解されない「内在的目的論」を実行する。ユートピアにかんしてであるが、それは、未来の恣意的な発明としてではなく、「真実を基軸とする意図」として、巧みな変身を代価に生き延びる。

もはや未来都市でもないし、より良い世界でもない。

そうではなく抗争のなかに深く根を下ろした解放の論理なのである[☆22]。

☆19　Jon Elster, *Karl Marx...*, *op. cit.*, p. 417.

☆20　Jon Elster, *Karl Marx...*, *op. cit.*, p. 167.

☆21　Karl Popper, *La Société ouverte et ses ennemis*, *op. cit.*, p. 134.〔前掲邦訳『開かれた社会とその敵』2、一八四ページ。〕Jon Elster, *Karl Marx...*, *op. cit.*, p. 168. ルイ・デュモンとミシェル・アンリは、マルクスの著作のなかに個性についてのラディカルな理論をみている。Louis Dumont, *Homo aequalis* I, Paris, Gallimard, 1977; Michel Henry, *Marx, une philosophie de la réalité*, Paris, Gallimard, 1976.

☆22　Karl Marx, *L'idéologie allemande*, *op. cit.* Yirmiyahu Yovel, *Spinoza et autres hérétiques*, Paris, Seuil, 1991.〔ヨベル『スピノザ　異端の系譜』（小岸昭／E・ヨリッセン／細見和之訳、人文書院、一九九八）の原本は Yirmiyahu Yovel, *Spinoza and Other Heretics*, Princeton University Press, 1989. 本書の後続する章で参照したのはこの英語版である〕を見よ。マルクスの著作におけるユートピアの冒険については、Henri Maler, *Convoir l'impossible*, Paris, Albin Michel, 1995 の精細なテーゼを参照のこと。

マルクスが歴史哲学者として誹謗されるわけなのであるが、この問題についての彼の発言はヘーゲルの遺産と決別する時期に属している。「決着」のあとには、マルクスに歴史哲学の痕跡はもはや見られない。それはもはや彼の問題ではない。彼は戦場を変えたのだ。

新しい記述法《エクリチュール》のアルファベット

それゆえ、『聖家族』と『ドイツ・イデオロギー』は、どんな歴史的超越性の観念にも決定的に背を向けている。歴史にたいする宗教性はきちんと清算されている。「ヘーゲルの歴史哲学は、このドイツ的歴史記述全体の最後の、宗教的幻想の「もっとも純粋な表現」へともたらされた帰結である。この歴史記述において問題となるのは、現実的利害でもなく政治的利害ですらなく、純粋な諸思想なのである。というのは、その場合にはまた、聖ブルーノ〔・バウアー〕にとっては一連の諸〈理念〉として現われざるをえず、それらの〈理念〉のうちのある〈理念〉が他の〈理念〉を食いつくし、最後に「自己意識」のなかで没するからであるし、また、いっそう徹底的に、現実的歴史全体についてなにも知らない聖マックス〔・シュティルナー〕にとっては、この歴史的経過が、たんなる「騎士」、盗賊および妖怪の歴史として現われざるをえなかったのであり、この歴史の諸幻想から、彼はもちろん、「救いようのなさ」によってしか救われることができないからである。このような考えはまことに宗教的である」。[☆23]

一八四四年にシュティルナーが告発したのは「神学的蜂起」としての神に対するヒューマニスト的蜂起であり、「信心深い人たち」として抽象的〈人類〉への信仰に改宗した無神論者たちである。人はかつて信仰心と手を切ったことはないではないか！　人は一度として行き過ぎた世俗化には走らない！　今度はマルクスが世俗化の戦場にあって「〈唯一者〉」に挑む。歴史は〈理念〉なるものの完成であり、過去は現在の戴冠式に向かって踏みしめられた道であるとする哲学者たちを、マルクスは容赦なくこきおろす。「理論が、万一、真に歴史的な諸問題を論じることに着手するにしても——たとえば十八世紀のような問題——、それは、諸表象の歴史だけを、それらの表象の基礎となっている諸事実と実践的な諸発展から切り離して提供するのであり、そしてこの歴史すらそれを提供するのはただ、この時代を真の歴史的時代、すなわち一八四〇—四四年のドイツの哲学者の闘争の時代の不完全な前段階として、それのまだ局限された先ぶれとして叙述するという意図があってのことにすぎない。ある非歴史的な人物と彼の諸空想との名誉をいっそう鮮やかに輝かせるために、それ以前の歴史を書くというこの目的にはやはり、すべての真に歴史的な出来事に、歴史への政治の真に歴史的な介入にさえも触れず、そのかわりに真摯な研究にではなく歴史のモンタージュと文学的なゴシップ史に基づく物語を提供するということがふさわしい[★24]」。

エルスターはどのようにして、この非宗教的で非目的論的な問題提起をマルクスの思想における不可解な一種の気まぐれに帰することができるというのだろうか？　それどころか、これは、問題を解明し説明する決定的時機にかかわっているのであって、ほかでもなくその時機にマルクスは「歴史の歩み」についての「真に宗教的な考え方」と決定的に手を切ることになるのである。彼は、これらの不完全な諸段階の到達点として構想される現在へと導くために構成された大きな「物語」や他の「歴史のモンタージュ」に背を向けるのである。マルクスを「十九世紀の普遍史〔世界史〕の偉大な作者」に仕立てあげる、昔もいまも存在するフクヤマのような人たちにはお気の毒だが！　マルクスにとって〈普遍的歴史[★25]〉なるものは（悪しき）小説でしかないのだ！

いまや問題なのは、もはや生きた諸個人が慎ましい被造物であるとする宗教的な抽象の産物としてではなく、抗争的な諸関係の現実的な発展として、歴史を真剣に考えることなのである。

まず脱神聖化の場で誤りを犯したシュティルナーにたいして、マルクスは文字どおり観念論的な歴史だとして痛烈な非難を浴びせる。「これまでの叙述のなかで歴史をただ抽象的な諸思想——あるいはむしろ抽象的な諸思想についての彼の諸表象——の産物とのみ解しており、いずれはすべて「聖なるもの」に解消するところのこれらの表象によ

☆23　Karl Marx, *L'idéologie allemande, op. cit.*, p. 71.〔邦訳全集3、三五—三六ページ。廣松版、五四ページ。渋谷版、八〇—八二ページ。〕

★24　邦訳全集3、三七ページ。廣松版、五六—五八ページ。渋谷版、八四ページ。

って支配されたものと見なしている。経験的世界にたいするこの「聖なもの」、思想、ヘーゲル的絶対理念の支配を彼はいま現に存在している事実上の状態だとする。すなわち、俗界にたいする「聖者たち」、イデオローグたちの支配、すなわちヒエラルヒーだというのである。このヒエラルヒーにおいては、先に前後相継いで現われたものが同時に並び存するわけである。それゆえ、そこでは共存する両発展形式の一方が他方を支配することになる。かくて青年は子どもを支配し、蒙古人は黒人を、新時代人は古代人を、献身的なエゴイスト（公民《シトワヤン》）は普通の意味でのエゴイスト（ブルジョワ）を支配する〔……〕、「精神の世界」による「事物の世界」の「滅却」はここでは「事物の世界」にたいする「思想の世界」の「支配」として現われる。ところで、このことの当然の成り行き上、「思想の世界」がはじめから歴史のなかで行なっている支配が、歴史の終わりのところではまた、思想家たち〔……〕の、事物の世界にたいする現実的支配〔……〕として示されることになり、そうなると聖マックスが「事物の世界と思想の世界との持ち主」となるためには、あとはもうイデオローグたちの思想と表象を向こうに廻して闘い、それをやっつけさえすればよいことになる[☆26]」。支配を弁護するこの神聖な記述は、「歴史の終わり」の献堂式を、〈理念〉の名で支配する思想家たちの専制のうちに見いだすのである。

　次いでプルードンに対してマルクスは、カテゴリーの基体《イポスターズ》を告発する。「不変の諸法則、永久的な諸原理、理想的な諸カテゴリーとして考察される経済的諸関係が、活動的でかつ現に活動しつつある人間に先だって存在していたということに、いちおうしておこう。さらにまた、これらの法則、これらの原理、これらのカテゴリーが、開闢以来、「人類の非人格的理性のなかで」まどろんでいたということに、いちおうしておこう。われわれがすでに見たように、これらいっさいの不変不動の永遠性をもったものとしては、歴史はもはや存在しないのである。たかだか、観念のなかの歴史、すなわち純粋理性の弁証法的運動のなかに反映されている歴史が、存在するだけである。弁証法的運動においては、諸観念はもはや相互に「区別され」ない、と言いだすことによって、プルードン氏は運動の影と影の運動とを廃棄してしまった。この二つのものによって、少なくとも歴史のまがいものを作りだすくらいは、まだなしえたであろうに」[27]。この観念の歴史は、矛盾対立を含み、限定された、偶然性に富む諸関係のいたずらとしての歴史の否定ですらある。非人格的理性の実体が非人格的歴史の実体化と並走する。ところが、歴史は、活動的で行動する人間と無関係に存在することはない。

〔『哲学の貧困』を公刊した〕一八四七年以来、思弁哲学に親密な〈普遍的歴史〉のページは立派にめくられたわけなのだ。ヘーゲルにとっては、「すでに起こったことと、いまなお起こりつつあることとのすべてが、まさに彼自身の推論のなかで起こることなのである」。歴史の哲学は、もはや哲学の、彼独特の歴史の歴史でしかない。もはや「時代の順

★25　‘Histoire universelle’ が原語だが、ドイツ語の ‘Universalgeschichte’ に淵源するものと思われる。カントに見られるし、ヘーゲルにおいてその概念が顕著に謳い上げられる。〈普遍的歴史〉にあっては、生きた人々が生活する現実の歴史ではなく、哲学者の観念のもとに歴史の歩みが統括されてしまう。このような歴史の観念に対抗したのが、若いマルクスとエンゲルスの『ドイツ・イデオロギー』なのであり、そして彼らの新しい思想的立場が〈歴史的唯物論〉（historischer Materialismus）なのである。ベンサイドも指摘しているように、一般に「唯物史観の公式」として言及される、マルクス『政治経済学批判』序文（一八五九）にも、解釈しようによっては、そのような「普遍的歴史」の名残りがみられる。ベンサイドは、〈普遍的歴史〉の概念とそれへの批判のアイディアをベンヤミンの『歴史の概念について』（歴史哲学テーゼ）、なかんずく、テーゼXVIIから得たのであろう。野村修編訳『ボードレール他五編』『ベンヤミンの仕事2』（岩波文庫、一九九四）、三四三—三四四ページ、浅井健二郎編訳『ベンヤミン・コレクション1』（ちくま学芸文庫、一九九五）、六六一—六六二ページ、同『ベンヤミン・コレクション7』（二〇一四）、五八四、五八六—五八七ページ、を見よ。これらの邦訳においては、「一般史」の訳語が採用されている。本訳書においては、“Histoire universelle” に〈普遍的歴史〉、“histoire universelle” に「普遍史」、また、もっと現実的な “histoire mondiale” には「世界史」という訳語を充てている。

☆26　Karl Marx, *L'Idéologie allemande*, *op. cit.*〔邦訳全集3、一六四—一六五ページ。〕マックス・シュティルナーの『唯一者とその所有』は一八四四年に刊行されている。〔片岡啓治訳『唯一者とその所有』全二冊（現代思潮社・古典文庫、新装版一九九五）〕

☆27　Marx, *Misère de la philosophie*, in *Œuvres, Économie*, I, Paris, Gallimard, «Bibliothèque de la Pléiade», 1965.〔邦訳全集4所収、『哲学の貧困』。〕同じ批判が一八四六年十二月二十八日の有名なアンネンコフ宛書簡にある。「プルードン氏は歴史のなかに明確な一連の社会発展を見ます。彼は歴史のなかに進歩が実現されていることを見いだします。最後に彼は、人間は個人としては自分が何をしたかを知らず、自分自身の運動を思いちがいしていたということを、言い換えると、人間の社会的発展は一見したところ、その個人的発展とは異なり、分離され、独立しているようにみえることを見いだします。彼はこの事実を説明することはできず、したがって普遍的理性が顕現するという仮説はまったくの創作です。神秘的原因を、つまりなんの意味ももたない空文句を創作することほどやさしいことはありません」〔邦訳全集4、三八九ページ〕。

序に従った歴史」は存在しないのであって、「悟性における観念の継起[☆28]」が存在するにすぎない。思弁哲学にたいする自分自身の批判をそっくりマルクスにぶつけることが許されるためには、その責任の重さはあまりにも明白である。自分が何を拒否したのかを自覚しているマルクスは、その結果生じる任務を同じように自覚している。それはもうひとつの歴史の記述法の創造以外のなにものでもない。

歴史はおのれを普遍化するが、それは歴史がその〈理念〉の完成をめざしているからではないし、また歴史がその有意義な統一性を回顧的に引き出すところの目標にたいして憧れをいだいているからでもなく、ごく簡単に言って実際的な普遍化の過程に応じてそうするのである。もしも「人間たちの現実の経験的在り方」が、すでに「世界史の観点から」展開しており、もしも「世界史を生きている経験において普遍的な人々」が、「局地的な諸個人」にとって代わっているのなら、それは経済とコミュニケーションの現実の世界化〔グローバライゼーション〕のためなのである。そのとき歴史は諸個人の無関係な抽象化を免れて、その結果「諸個人の普遍史的在り方」、換言すれば、諸個人のじかに普遍史と結びついた在り方となるのである。歴史は、現在が過去のあらかじめ決定された目的ではないのと同様に、もはや運命の成就ではないのである。[☆29]

十年後にマルクスは『政治経済学批判要綱《グルントリッセ》』への「序説」の草稿でこれらの考え方をふたたび取り上げる。彼は「ここで述べなければならない諸点、そして忘れてはならない諸点に関連した注意書き」の形で八点を箇条書きふうに書きとめている。

「(一) 戦争は平和よりも早くから発達している。――戦争によって、また軍隊のなかなどで、賃労働、機械装置などのようなある種の経済的諸関係が、ブルジョワ社会の内部でよりも早くから、どのように発展してきたかの方式。生産力と交易諸関係との関係もまた、軍隊のなかではとくに明白である。

(二) 従来の観念的な歴史記述の現実的な歴史記述との関係。とりわけ、いわゆる文化史――それはすべて宗教史と国家史である——のそれ。（ついでに、従来の歴史記述のさまざまの方式について、若干のことを述べることもできる。いわゆる客観的歴史記述。主観的歴史記述。——道徳的歴史記述など——哲学的歴史記述。）

（三）第二次的なものと第三次的なもの、一般に、派生的な、移植された、本源的でない生産諸関係。ここでの国際的諸関係の影響。

（四）この見解の唯物論についてのもろもろの非難。自然主義的唯物論との関係。

（五）生産力（生産手段）と生産関係という諸概念の弁証法。その限界が規定されるべきであるところの、そして実在的区別を止揚しないところの一つの弁証法。

（六）物質的生産の発展の、たとえば芸術的発展との不均等な関係。一般に進歩の概念は、通例の抽象のかたちで把握されるべきではない。芸術などについては、この不均衡の把握は、実践的－社会的諸関係それ自体の内部での不均衡の把握ほどには、まだ重要ではなく、困難でもない。たとえば教養の関係。アメリカ合衆国のヨーロッパとの関係。しかしここで論究しなければならない本当に困難な点は、どのようにして生産諸関係は法律諸関係と比べて不均等な発展の道を歩むのか、ということである。そこでたとえば、ローマ私法の近代的生産にたいする関係。

（七）この把握は必然的展開として現われる。だが偶然の権利を認めること。どのように認めるのか。（とりわけ自由の権利を認めること。）（交通手段の影響。世界史はいつも実存したわけではない。世界史としての歴史は結果である。）

（八）出発点は当然に自然的規定性にかんして。主体的に、また客体的に。諸種族、諸人種など。」[☆30]

これらの簡潔な注意書きは、歴史の新しい記述法のために「観念的歴史」の概念を脱構築することをめざしている。

☆28　*Ibid.*, p. 78.〔邦訳全集4、一三三ページ。〕
☆29　Karl Marx, *L'idéologie allemande*, *op. cit.*, p. 64-67.〔邦訳全集3、三〇—三二ページ。廣松版、三七—三九ページ。渋谷版、六七—六九ページ。〕

現実の歴史の発見という大転換にしたがって、この新しい記述法はごく単純にいって「政治経済学批判」となるであろう。普遍史の思弁的概念との断絶を掘り下げる、このプログラム的テキストは、社会的活動の異なった領域間の不均等な発展あるいは不均等な関係の概念を、また進歩という抽象的概念への批判的アプローチを、さらに歴史的偶然と歴史的必然とのあいだの問題をはらむ関係を取り入れるものである。肝心なことは、時間の流れと意味が一致するような、進路において線型的で、動機において均質な歴史の表象とは縁を切ることである。現実の歴史と書かれた歴史との関係は、諸事実のカオスに秩序をもたらすと見なされる物語に還元させるわけにはゆかないだろう。

当時までに実践されてきた客観的ないし主観的ないし哲学的な歴史記述法《エクリチュール》の試行は、現実的歴史についての知的理解を産み出すことができない観念的歴史に行き着いてしまっていた。歴史の新しい記述法は、理論上の革命を意味するものである。有意義で透明な全体性を獲得するかどうかはもはや問題ではない。たとえば、戦争は、社会の論理には直接的には還元できない独自の政治的かつ技術的な論理を有している。それは、社会の諸関係全体とは対応していないか、あるいは、それらの関係の未来の形態を先取りしている社会的諸関係を発展させるものなのである。もっと一般的には、どんな社会構成体も、他から派生し転移された、自生のものではない生産諸関係によって織り成されているものなのであるから、その諸関係を理解するためには「国際諸関係」を介在させなければならない。物質的生産と芸術的生産のあいだ、法律上の諸関係と生産諸関係とのあいだには、離脱、ずれ、不一致、「不均等な関係」、そして「不均等な発展」がある。ある具体的な社会構成体なるものは、支配的な生産関係の均質性に還元することはできない。異なる生産諸形態（物質的、法律的、芸術的）は、同じ歩幅で進むことはない。おのおのの生産形態は自分のリズムと固有の時間性をもっているのだ。

それだから、〔マルクスによって〕産み出された「新しい歴史記述法」は、不都合な時《コントルタン》や非同時性についての決定的な概念を取り入れている。『資本論』初版の序文は、ここで『政治経済学批判要綱』の註解と共鳴し合う。「近代的な窮境とならんで、一連の伝来的な窮境がわれわれをしめつけているが、これらの窮境は、古風で時代遅れの生産諸様式が、時勢に不都合な（zeitwidrig〔時勢に合わない〕）社会的政治的諸関係という付随物をともなって、存続していることから生じている。われわれは、生きているものに悩まされているだけでなく、死んだものにも悩まされている」。[★31] この時代錯誤とこの不都合な時《コントルタン》は、『政治経済学批判』への一八五九年の序言にある下部構造と上部構造とのあいだの硬直した「対応関係」に満足している人たちを驚かすことになる。

マルクスはこれとは反対に時の不調和を強調しているのである。[☆32]

これは〔いくつかの〕テキスト間の矛盾なのか？　そうかもしれない。しかし、なおこの点については『要綱』と『資本論』とのあいだの連続性を強調しなければならない。「対応関係」とは適合という意味をともなうものではない。「対応関係」とはただたんに可能性の範囲を限定するだけなのである。それとは逆に、不都合な時《コントルタン》とは、政治、美学、理論の現実の在り方なのである。だから、「あらゆる死んだ世代の伝統が、生きている人間の頭のうえに悪夢のようにのしかかっている。そこで、人間は、〔……〕これまでにまだなかったものをつくりだす仕事に熱中しているように見えるちょうどそのときに、〔……〕過去の亡霊を呼びだしてその助けを求め、その名前や、戦いの合言葉や、衣装を

☆30　Karl Marx, *Grundrisse*, I, Paris, Éditions socials, 1977, p. 44.〔傍点の〕強調個所はマルクス自身によっている。断りがないかぎり、強調は著者によるものである。〔資本論草稿集翻訳委員会訳『資本論草稿集①』（大月書店、一九八一年）、「『経済学批判要綱』への序説」、「4　生産、生産諸手段と生産諸関係、〔……〕」、六二—六四ページ。この著名な「序説」は、一八五七年八月下旬以降に綴られた。直後に、『政治経済学批判要綱』は書き出されている。一八五七年十二月八日付、エンゲルス宛書簡は告げている。「政治経済学の批判の」「要綱（Grundrisse）を明らかにできるように、毎晩気が狂ったように仕事をしている」。前掲『資本論草稿集①』、四三ページ。〕

★31　マルクス『資本論』第一巻aの「序言〔初版への〕」（新日本出版社、一九九七）、一〇ページ。

☆32　ジャック・デリダのペンにこの不都合な時（contretemps）がふたたび見いだされる。「磨耗について、人はもはや説明〔増田訳では「勘定」〕をしなくなっており、一つの歴史の進歩におけるただ一つの時代の磨耗としてはもはやわからなくなっているのだ。成熟でもなく、危機でもなく、断末魔でさえない。〔……〕不都合な時〔増田訳では「不時の出来事」〕（Contretemps）。This time is out of joint.〔……〕時代の蝶番がはずれてしまった。時間からして、すべてが狂い、正しくなく、もしくは不調であるように見える」（*Spectres de Marx*, Paris, Galilée, 1993, p. 129〔デリダ『マルクスの亡霊たち』（増田一夫訳、藤原書店、二〇〇七）、一七二ページを参照〕）。

借りうけ[☆33]」るのである。現在はいつも、別の時代のこれらの衣装やこれらの古着を身にまとい、偽名を名乗り、ついには生来のことばを忘れてしまうほど新しいことばに習熟するまでは使い尽くされた母語のことばを用いながら、演じられるのである。過去は、その航跡のうちに消えてしまうどころか、現在にまとわり続ける。政治は、きわめて正確にいえば、これらの不調和な時間と時間の交差する点なのだ。フロイト的考古学のなかに、われわれはこれらの活動的な残存物とこれらのもつれた時間をふたたび見いだすであろうが、そこにおいては、一度形成されたものはなにひとつ滅びず、保存されているすべてのことがふたたび表に現われてくることがありうる。[☆34]

不均質な時間性をたがいに接合させることによって、マルクスは、歴史的発展の非線型的な記述表象を開始し、比較研究に道を拓く。パルヴスとトロツキイによって一九〇五年以来唱道された「結合・不均等発展」の概念、そして、エルンスト・ブロッホによって展開された「非同時性」の概念は、長いあいだ利用されないままだったマルクスの直観と軌を一にしているのである。[☆35]

一八四八年の諸革命の前夜は、亡霊の雰囲気がみなぎっていた。もちろんコミュニズムの亡霊である。しかし、シュティルナーもまた、人間が「ひとつの不気味な」幽霊に自ら変貌をとげるのを見る。〔幽霊となって徘徊するのは、ただに人間なるものだけにとどまらず〕「あらゆるものがそうである！　あらゆる隅々に亡霊あり！」。聖霊も、真理も、法、秩序、善、名誉、祖国その他も幽霊たちであり物神たちである。非人間化された人間性は、おのれ自身の理想のもとで自己を喪失する。人間性は、鶏鳴の前に無に還る呪われた霊のように徘徊するのだ。[☆36]

この亡霊の話はさまざまな出来事をはらんでいる。亡霊や幽霊たちは、調子の狂った時間の隙間や、切り離されたひとつの時代に滑り込み、自分たちの到来を正確に予告するのである。

『要綱』の覚書は、この歴史性の革命から生まれる主要な結果を強調している。歴史的発展の不均等性は、ニーチェであれば述べるであろうような「生起するすべてのものの絶対的均質性」を想定する、一方通行の進歩のイメージとは両立しない。進歩は、普遍史の拒否から無傷のままで現われることはできないだろう。マルクスは控えめながらこのことを銘記している。一般的にいって、進歩を一種の宿命や摂理（技術的進歩は社会進歩や文化的進歩を機械的にもたらすというような）とする「習慣的な抽象形態のもと」で進歩の概念を考える必要はもはやないのである。この抽象形態は、均質で空虚な時間の概念を想定している。ただ時の流れによってのみ、経過する時間（ダーウィンに言わせれば、「時の手」★37）は進歩を生産するのである。踏み固められたこの道には、減速も逸脱も休憩もない。これに反して、社会的、法律的、文化的な領域のあいだでの不均等発展は、自動的でも画一的でもない進歩についてじっくりと考察することをわれわれに求める。歴史は静かな長い流れではない。技術的進歩は社会的（あるいはエコロジー的

☆33　Karl Marx, *Le Dix-Huit Brumaire de Louis Bonaparte*, Paris, Éditions sociales, 1968.〔邦訳全集8、一〇七ページ。初版からの植村邦彦訳『ルイ・ボナパルトのブリュメール18日』（平凡社ライブラリー、二〇〇八）、一六ページ。〕

☆34　Sigmond Freud, *Malaise dans la civilisation*, Paris, PUF, 1971, p. 11-15.〔「文化の中の居心地悪さ」（嶺秀樹・高田珠樹訳『フロイト全集20』（岩波書店、二〇一一）、七三ページ。〕

☆35　二十世紀初頭、歴史家たちは、この不都合な時（contretemps）の奇妙な効果について関心をもった。Xénople は、*La Théorie de l'histoire*〔歴史の理論〕において、社会の諸事実は、「平等で並行した歩みに従うとは限らない」ことを強調する。あるものは「休憩し、力を回復するように、また自分に先行するものに、ずっとあとになって追いつくかのように」後方にいる。その時、他のものは改めて「突進する前に」退くように見える。Robert Bonnaud は、*Les Alternances du progrès* において、Paul Lacombe, *De l'histoire considérée comme science* (1894) と、フランス語の *La Théorie de l'histoire* が一九〇四年に出版された著者の Xénople をとりわけ引用する。彼はそこに「律動《リズム》学」への誘いを見いだす。その嵌め込みと重なり合いに富んだ「律動《リズム》の、局面の、エピソードのそれぞれの転機」をめぐる屈折した時代区分は、複雑な時間性の組み合わせ模様の思い切った探求へと誘う。ロベール・ボノーにも、われわれは同様のことを読み取れるだろう。Robert Bonnaud, *Le Système de l'histoire* (Paris, Fayard, 1989), *Y-a-t-il des tournants historiques mondiaux?* (Paris, Kimé, 1992), *Les Alternances du progrès* (Paris, Kimé, 1992) を読まれたい。最後の本はとりわけ律動学の必要性を主張している。「経済学者たちが、それ自身の量的循環によって質的循環に連れ戻され、栄光の三〇年の終焉によって、また、ある者たちは、コンドラチェフの波動の下降部分として描くことによって、それらの至福に着想を得て、同じ動機でヒルシュマンの波動を子細に検討し、それを仕上げ、修正し、そこから感興を得ることによって素描を重ねることが可能なのであろうか。質的リズムは存在する。リズムの科学は存在する」(p. 87)。

☆36　Max Stirner, *L'Unique et sa propriété*, Paris, Stock, 1978, p. 72&275.〔片岡啓治訳『唯一者とその所有』、上巻、五六―五八ページ。下巻、九六ページ。ベンサイドは原典に則して引用せず、シュティルナーの文意をとって援用している。〕

★37　ダーウィン『種の起原』上巻（八杉龍一訳、岩波書店、新版一九九〇）、一一六ページ。渡辺政隆訳『種の起源㊤』（光文社古典新訳文庫、二〇〇九）においては、一五九ページが対応するが、「時の手」なる語句は明示的に訳されてはいない。

な）退行という裏面を有している。こちらでは進歩だが、あちらでは退歩なのだ。「進歩は分岐する。進歩はそれ自身の敵なのである」[★38]とロベール・ボノーは書いている。進歩は前線と方向を変えるのだ。

Zeitwidrig!（不都合な時！）　非同時代性。非線型性。

領域と時間の不調和。

交代と断絶でリズムをとる時間。

政治と戦略とで引き裂かれる時間。

循環と系譜との律動的な矛盾に開かれた「歴史的唯物論」は、「自然主義的唯物論」と混同されることはありえないだろう。それぞれは、経済的循環、有機的循環、エコロジー的循環や、地質学、気候、人口などのどっしりした諸傾向が介在する時間的多元性を分かちもっている。屈折する時は、ソフィストたちのカイロス〔絶好のタイミング〕でその直前に告げられる機会や幸先よい瞬間によって圧倒されてしまう。時の継続はもはやひとつの原因のようには作用せず、ひとつのチャンスのように作用する。その範囲を限定しなければならない生産諸力と生産諸関係との弁証法は、「現実的な相違を宙吊りにする」ことはない。偶然はもはや不測の事態や因果関係の寄生物なのではなく、「必然的展開」の直接的な相関物なのであり、必然性の裏返しなのであり、この必然性から生まれる偶然なのである。それは、自由が気紛れではなく、ある拘束からの自由であるのと同じなのである。歴史的発展は、規定されているのだが、接合点や岐路、叉状や転轍に満ち溢れている。

喫煙したり……、禁煙したり……[★39]。

この概念上の革命は、歴史のカオスに秩序を導き入れるような一般史を廃棄する。この革命は、本来的歴史、反省された歴史、哲学的歴史といったヘーゲルが査定し直した歴史記述法《エクリチュール》を再吟味することを可能にする。歴史は本性にしていつの時代でも普遍的であるといったことはまったくない。歴史がそうなるのは現実の普遍化〔世界化〕の過程を経てのことである。その時に初めて、歴史は生成する普遍化として考え始めることが可能となる。いかなる規範的ヨーロッパ中心主義にも抗して、この単純な見解が、比較人類学、比較歴史学に道を拓くのである。

早くも一八四三年の『ヘーゲル法哲学批判』への序説で、マルクスは、近代の諸民族と革命を分かちもつのではなく王政復古を分かちもつことを運命づけられたドイツ史の逆説的な特異性をしっかりとつかんだ。革命はフランスでは政治的であるが、ドイツでは哲学的となる。これは、見あたらない革命の幻想的パロディにすぎないという卑俗な意味ではなく、経済的、政治的、哲学的な領域のヨーロッパ的規模での不均等発展を表わしているという意味である。これらの不均等性の組み合わせのもとでは、先進は後進であり、逆に後進は先進ともなる。ドイツの政治的かつ経済的な「後進性」は、ドイツの哲学的「先進性」を規定するのにたいして、英国の経済的「先進性」はその内部に政治的かつ哲学的な「後進性」をはらんでいるのである。先進と後進とが相殺されることなく重なりあう。双方が非対称的な組み合わせを形成する。マルクスはこの時間の配置のされかたに不都合な時《コントルタン》が生ずることについて考えるようにとわれわれを促しているのだ。「われわれドイツ人は自分たちの後史を思想のなかで、すなわち哲学のなかで経験した。われわれは現代の歴史的な同時代人ではないが、その哲学的な同時代人なのである」☆40。

同時代的ではない同時代人。

悪しき同時代人。

歴史は一方通行を認めない。何世紀も連続する歴史を縦に切って見ることはできない。横に切ることも認めない。一方が他方の生活を考えるあいだに、他方は一方の思想を経験する場合、哲学と歴史、経済と政治がたんなる「対応関係」の落ち着いた調和のもとで相互和解にいたることはけっしてないからである。想像上の時間の規範との関連で

★38　Bonnaud, *Les Alternances du progrès*, p. 11.

★39　この一行は、英語版では省略されている。

☆40　Karl Marx, *Contribution à la critique de la philosophie du droit*, Paris, Alfred Costes, 1952.〔邦訳全集1、四二〇ページ。〕「何が同時代的なのか?」と、Michel Serres は問う。われわれが、型付け、ヒダ付けされた時間に従って、「旧い、近代的な、未来派的な仕草を絶えず同時に行なっている時から」(*Eclaircissements*, Paris, Flammarion, «Champs», 1993)、と。

「遅れ」として考えられた時代錯誤は、結局は、異常の残滓としてではなく、現在の本質的属性として、自己を押しだそうとする。非同時性は、時機についての無関心な不均等に還元されることはない。非同時性もまた、新しい歴史的空間－時間のなかで結合されるそれらの時機の発展でもあるのだ。[☆41]

われわれは土台と上部構造のメッカーノ組立て玩具〔金属部分をボルトとナットで組み立てて形をつくる玩具〕とはほど遠いところにいる。そうかといって、歴史的理性批判は、無力で、噂や怒りからなる形式的美しさにとらわれた観想に終わるというわけではない。生産力と生産関係の弁証法は、歴史的発展を明らかにする。しかし、これらの諸概念は現実を究め尽くすものではない。マルクスは「現実的な相違を宙吊りにしない」この弁証法の「限界」を強くわれわれに想起させる。というのは、説明的な必然性は偶然を排除せず、歴史の「いかにして」は闘争の偶発性を「必然的」に指し示すからなのである。

「普遍史」はひとつの運命やひとつの記述法の完成ではない。（とくにコミュニケーションの発達による）意識の実効的普遍化の推移の結果として、普遍史は説明を要する歴史的産物なのであって、それ自体説明的原理なのではない。

歴史は哲学的意味をもたない。それにもかかわらず、歴史は、政治的に理解可能であり、戦略的に考察可能である。『要綱』によって予告された歴史の新しい記述法は『資本論』において実行される。とはいえ、その索引とテキストの双方が証明しているように、『資本論』にはもはや〈歴史〉なるものそれ自体としての問題はもはや存在しないのである。

サルとドングリと人間と

マルクスの決定論に反対するいくつかの論争は、純然たる無知か、彼の理論とある教義的「マルクス主義」とのあいだの意図的な混同に由来するものである。だから、コラコフスキーは、「未来の学説としてのマルクス主義」について次のように自問する。「どんなマルクスの専門家でも、マルクスがその足跡を引き立たせようと努めながら見抜いていた歴史の意味は、彼にとってはただその回顧的な調査研究から引き出されたものではなく、その方向が明らかになるのが第一に人類の未来についての予測を通してであることを否定することはできないであろう。なにはさておき、われわれが過去の意味を把握することができるのは、現代社会がわれわれをまちがいなく導くところの新しい世界の見通しを指示することによってなのである。ほかでもなくそこには、マルクスがけっして否定しなかった青年ヘーゲル派としての視点がある。人類の未来の統一に照らして見た時にはじめて、われわれにとって過去の普遍史の意味は明らかになる。だから、そのことによってコミュニスト的預言を受け容れようとしない立場をなおもマルクス主義的なものとして容認することは不可能であったであろう。この構成要素が骨抜きにされるようなマルクス主義は、マルクス主義であることをやめるであろう[☆42]」。マルクスは、反対に、ここで彼のものと見なされている「青年ヘーゲル派」の視点をきっぱりと拒否する。

いったん受け容れた考えに行き詰まったコラコフスキーは、論理的歩みと歴史の哲学を混同しているのである。マルクスが人間の解剖のなかにサルの解剖の手がかりを見る時、彼は「ブルジョワ社会は、もっとも発達した、もっとも多様な、歴史的生産組織である」ことを明確にしている。それゆえ、「それの諸関係を表現する諸カテゴリー」は、同時に、「すべての滅亡した社会諸形態の編制と生産諸関係との洞察を可能にする。それは、ブルジョワ社会がこれらの社会諸形態の残片と諸要素とをもって築かれたものであって、そのうちの部分的にまだ克服されていない遺物がこの社会のなかで余命を保っていたり、ただの予兆にすぎなかったものが成熟した意義をもつものまで発展していた

☆41　レーニンは「弱い鎖の環」の理論で、トロツキイは「不均等・結合発展」と永続革命の理論で、この「歴史の新しい記述法」の戦略的結果を引き出す。

☆42　Leszek Kolakowsky, *Histoire du marxisme, op. cit.*, t. I, p. 537.

りする、等々だからである」[☆43]。この推論のなかに歴史の決定論的ないしは目的論的な考え方の証明を見るのは、乱暴な誤読である。これは認識の問題である。もっとも発達した形態は、もっとも発達していない形態の秘密を露呈するものである。そのことは、人間がサルの運命であるとか、人間の考えられうる唯一の発達であるとか、人間の現実に可能な唯一の将来であるとかをけっして意味しない。実際に人間をサルの成れの果てのように考えさせる理由はどこにもない[☆44]。両者のあいだにはたくさんの分岐点があるのだ。

獄中からグラムシはユーモアを交えて、マルクスに帰せられた「卑俗で宿命論的で実証主義的な進化主義」なるものを茶化している。「たとえば、問題をこんなふうに立てることもできるだろう。どんな「ドングリ」も自分がゆくゆくは樫の木になると考えるかもしれない。もし「ドングリたち」にイデオロギーがあるとすれば、それはまさしく自分たちは樫の木を「孕んでいる」と感じるイデオロギーであるだろう。だが現実には、一〇〇〇個のうち九九九個のドングリは豚の餌になるか、せいぜいサルシッチョ〔ソーセージ〕やモルタデッレ〔大型ソーセージ〕を作るのに役立つにすぎない[☆45]」。

それゆえ〈歴史〉に終着点はないということなのである。〔ブルゴーニュ地方の遺跡〕ソリュートレ期の岩石はない。登頂を達成したいとの思いを抱かせる丘はなく、無我夢中で平原を渡り、勝ち誇った視線の前に広がるであろう頂《いただき》はない。意味の懐古的な啓示などない。あるのはただ世俗のモルタデッレであり、月並みなソーセージなのである。

認識の時間的カテゴリーは、最後の言葉をもつ者の未来のカテゴリーではなく、過去を理解できる鍵を届ける現在のカテゴリーなのである。発達した形態が萌芽的な形態を、複雑なカテゴリーが単純なカテゴリーを解明できるということは、この発達があの胚にとって唯一の可能な未来であることを意味しない。ブルジョワ経済学のカテゴリーはもちろん他のすべての社会形態について新しい視点を設定するのを可能にするが、それは割引きして(cum grano salis)受け取るべきである。というのは、ブルジョワ経済学のカテゴリーは、これらの社会構成体に特有の諸カテゴリーを強いて作り上げようとはしないからである。ある社会がほとんどつねにその必然的な発生源として過去を思い描く傾向があるという、その回顧的幻想を非難しつつ、マルクスは一種その裏返しの決定論を拒否する。以前の諸社会は——とマルクスは述べている——「発展させたり、萎縮させたり、戯画化したりなどしながら、〔ブルジョア経済学の諸カテゴリーを〕包含することはできるが、つねに本質的な区別においてである。いわゆる歴史的発展というものは、一般に次のことに基づいている。すなわち、最後の形態が過去の諸形態を自分自身にいたる諸段階と見なすということ、そして、この最後の形態は、稀にしか、しかもまったく限定された諸条件のもとでしか、自分自身を批判することができないので〔……〕、つねに一面的に過去の諸形態を把握するということに基づいている」☆46。最後の形態が過去の形態と取り結ぶ一方的関係は、豊かな可能性を取り除いてしまい、そこから偶然性を切除することによって必然性を損なってしまうからである。

歴史を歴史によって説明しようとして、われわれは堂々巡りをしてしまう。その循環を打ち壊す必要がある。問題の立て方をひっくり返そう。全体に穴を穿《うが》つことだ。説明原理として歴史から出発するのではなく、説明しなければ

☆43　Karl Marx, *Grundrisse*, I, p. 39.〔前掲『資本論草稿集①』、『経済学批判要綱』への序説、「3　経済学の方法」、五七—五八ページ。トーマス・ホッブズの『市民論』（一六四二）、『物体論』（一六五五）が駆使した「分析－総合」の対概念をさらに高度に彫琢した経済学方法論が展開されたのは、この「政治経済学の方法」においてである。マルクスの「上向法」とは、古典ギリシャ以来の「総合」が発展してできた概念である。〕

☆44　*La Violence capitalisée* (Paris, Cerf, 1986) において、Bernard Guibert は、歴史の「解剖学的」分かり易さの刺激的なコメントを載せている。「「歴史のわかりやすさ」は事後に実行される。論理は凝縮された歴史に基づいている。だから、時代錯誤はそれ自身、不可逆性によって方向づけられている。その軌道に資本を伴う、光（空間および時間）の円錐は、歴史それ自身と回顧的歴史とは別のあらゆる歴史のわかりやすさを禁ずる。資本は自分の歴史を要約する。この意味でのみ人間の解剖はサルの解剖の鍵なのである」(p. 29)。

☆45　Antonio Gramsci, *Cahiers de prison 6, 7, 8, 9* (Paris, Gallimard, 1983), p. 498.〔*Quaderni del carcere*, Edizione critica *Quaderno del carcere 9*. p. 1192.〕同じノート（*Cahier de prison 9*）で「物神崇拝の歴史」を検討する際に、グラムシは、先行する歴史のなかにまるで「人が鶏肉を受精卵の中に探す」のとまったく同じように、具体的事実の歴史的起源を探ろうとするような錯覚を激しく非難している (p. 477)。

☆46　Karl Marx, *Grundrisse*, I, *op. cit.*〔前掲『資本論草稿集①』、五八ページ。ベンサイドは、もっとあとの「資本主義的生産に先行する諸形態」からの引用であるかのように書いているが、これは誤りであろう。〕

ならないものとして歴史を提起することが大事なのだ。

それゆえ新しい歴史の記述法《エクリチュール》は、生産様式の真の内部構造の解明を必要とする。論理の理法は、そういう観念をもつ無邪気な人たちが経験的歴史と執拗に混同し続けるところの発生論の理法に優っているからである。科学的預言に扮した歴史的預言の形では、この認識は表現されない。マルクスはその反対に（「創造されるべき」）規範的状態や、社会がそれに従わねばならない理念的状態の発明者を告発する。彼の反ユートピア的な意図は、可能性の束を解きほぐすことにある。これは歴史の必然的進路を預言するためではなく、現瞬間に現われる諸分岐点を考察するためなのである。[☆47]

その理論が現代的なものの奥底に潜入しているのは、できものや皺や折り目で充満している時間の結び目をほどくためである。ブルジョワ経済の諸法則を展開するためには、「生産諸関係の現実の歴史を記述する必要はない」。とはいえ、この生産諸関係を、それ自体歴史的に生成した諸関係として正しく観察し演繹するならば、それはつねに、「この体制の背後にある過去を指し示すような、最初の諸方程式——たとえてみれば自然科学における経験的諸数値のようなもの——に到達するのである。とすれば、これらの示唆は、現在あるものを「正しく把握すること」とあいまって、「過去の理解——これはひとつの独立した仕事であって、これにもいずれは取り組みたいものだが——への鍵」をも提供してくれる。同様にしてこの正しい考察は、他方で、生産諸関係の現在の姿態の止揚——それゆえ未来の予示、生成している運動——が示唆されるにいたる諸地点に到達する。一方では前ブルジョワ的諸段階が、たんに歴史的な、すなわちすでに止揚された諸前提として現われ、他方では今日の生産諸条件が、自己自身を止揚する諸条件として、それゆえまた、新たな社会状態のための歴史的な諸前提を措定する諸条件として現われるのである[☆48]」。

それ以上でも以下でもない。

認識の新しい時間性がここにはっきりと現われる。昨日の諸社会は、それ自身において、すなわち、それらの直接性においては、歴史的なものではない。昨日の社会は、現在の衝撃のもとで、歴史的になるのである。過去の認識は、廃れた古着に手を通したり、過去のなかに紛れ込んだり、あるいは普遍史の完成された絵図を一望のもとに見渡してみたりすることではない。普遍史は、支配者然として上空飛翔したり、ざっと目を通したりできるような水平的秩序ではないのである。

それは垂直的秩序でできている。現代という深層のなかで掘削したり杭を打ち込んだりする作業が必要なのだ。そこには未来への門として過去のトランクを開ける鍵が埋め込まれている。それは、腕前を見せるためではない。わずかなドアの隙間から揺れる松明の光を頼りに、未だ決着のつかない願い事の情景を垣間見させるためである。未来の予示には予告された目的の確実性はない。それは「一運動の誕生」でしかないのだ。過去においてたえず方向転換を遂げてきた現瞬間は、おのれ自身の廃止、おのれ自身の止揚、要するに、おのれ自身の生まれつつある歴史性を自覚している。そのようにして、今度は現瞬間が「社会の新しい状態の歴史的前提」となるのである。すでに自己を否定しつつある新しい状態について、現在は、決定的なことは何も知ることができないし、肯定的なことは何も語ることができない。現在は、目を眩ますような束の間の可能性の火花が噴き出す否定の瞬間を、空中でとらえることができるだけである。

苦肉の策に訴えるようなことには乗り気でないマルクスは、後世の大鍋にかかった火に油を注ぐのを拒むように、未来の下書きを描《か》きなぐるような自分を拒否する。彼は節操のないペテン師たちが細部にわたる改革を闇市で進んで投げ売りする完璧な社会の青写真をでっちあげることはしない。マルクスは明朝のおぼろげな陽の光が差し込んでくる扉のあいだにそっと足を滑り込ませるだけにとどめるわけなのである。☆49

☆47　「マルクスは具体的歴史の問題に関心を抱くたびに、必然性の概念は交代の概念によって置き換えられた」(Agnès Heller, *La Théorie des besoins*, Paris, UGE, 1978, p. 108)。

☆48　Karl Marx, *Grundrisse*, I, *op. cit.*, p. 400.〔邦訳『資本論草稿集②』(一九九三)、一〇〇ページ。〕

もしマルクスが自らの責任で、〔絶対〕〈精神〉のヘーゲル的弁神論を踏襲していたなら、コミュニズムに向かう生産形態の機械的連鎖は、回復された天国に導く道程の一段一段にはっきりと切り込みを入れることになっただろう。マルクスのロシアにかんするヴェラ・ザスーリッチ宛の有名な書簡は、歴史にかんする直線的な観方をきっぱりと否定する。☆50 彼はそこでロシア社会のために資本主義的蓄積の苦しみを免れることのできる可能性を主張する。ロシア農村共同体と、最高度に発達した国々の工業の発達との組み合わせが、その可能性を正当化するのだ、と。耕作の集産的労働ともっとも発達した技術（化学肥料、農業機械）の組み合わせは資本主義的農業経営の生産性より高い生産性をすぐに達成する可能性がある。「なぜなら、ロシアでは独特の状況の組み合わせのお蔭で、依然として国の階級的基準のもとに築かれている農村共同体は、その原始的性質から徐々に解放されて、国の階級的基準上の集団的生産要素として、そのまま発展する可能性がある。つまりは、これこそまさにそこからあらゆる実利的な後得財産を自分のものとすることができ、しかも恐るべき混乱に見舞われることのない資本主義的生産の同時代性なのである」。この一八八二年の書簡は一八五七年の『要綱』の序説のメモに導入されていた同時代性の概念を再現したものである。すなわち、同時代的でない（それぞれの国の）状況の（国際的）同時代性は、いわゆる歴史的正常態のさまざまな段階を押しのけるのを可能にする！　一八四五年から一八八二年のあいだに、走破した理論的行程は相当なものである。マルクスにとって敵はいつも同じ、すなわち歴史的物神崇拝なのである。

　一八七七年の『オテーチェストヴェンヌイエ・ザピスキ』〔「祖国日誌」とでも訳すべき標題〕編集部への書簡は、明らかに『聖家族』と『ドイツ・イデオロギー』のテキストへの共鳴なのである。私（マルクス）の批評の言わんとするところは、（わが批評家にとっては）「西ヨーロッパでの資本主義の創生にかんする私の歴史的素描を、社会的労働の生産力の最大の飛躍によって人間の最も全面的な発展を確保するような経済的構成《フォルマシオン》に最後に到達するために、あらゆる民族が、いかなる歴史的状況におかれていようとも、不可避に通らなければならない普通的発展過程の歴史哲学的理論に転化することが、彼には絶対に必要なのです。しかし、そんなことは願いさげにしたいものです〔……〕。いちじるしく類似した出来事でも、異なる歴史的環境のなかで起こるならば、まったく異なる結果をみちびきだすのです。これらの発展のおのおのを別個に研究し、しかるのちに、それらを相互に比較するならば、人はこの現象を解く鍵を容易に発見するでありましょう。しかしながら、超歴史的なことがその最高の長所であるような普通的歴史哲学理論という万能の合鍵によっては、けっしてそこに到達しえぬでありましょう」[★51]。マルクスは一般的で超歴史的現実の発展の限定された予見不可能性の上にメッキを張ったようなすべての概念図式を決定的に拒否する。そのことは、エピゴーネンたち（社会民主主義者やスターリン主義者）が、生産様式の機械的な継起を思い描くのを妨げることはなかった。この見事な〔生産様式の〕配列を乱してしまう恐れのあった、アジア的生産様式のような数々の生産様式をごまかして隠してしまうことになっても仕方ないことである。[☆52]

法則と不確定性、傾向と出来事、経済的な決断と政治的な分岐点、これらの組み合わせをいかに考えるべきなので

☆49　ここまでたどり着いて、エルスターと同じくらい周到な、ある著者が「歴史哲学と歴史の分析を混ぜ合わせ、混同しているマルクスの一貫した傾向」を告発することに執着している時、理論の盲点と悪しき法則のどちらが優位なのかを、われわれは依然として自問する（Jon Elster, *Karl Marx...*, *op. cit.*, p. 586）。

☆50　Maurice Godelier, *Les Sociétés précapitalistes et le mode de production asiatique*, Paris, Cerm, 1967, p. 318-342.

★51　邦訳全集19、一一七ページ。

☆52　レシエク・コラコフスキーの覚書のように、「アジア的生産様式のカテゴリーは、マルクス主義的歴史哲学にあっては、細部の問題でしかないように見えるかもしれない。しかしそれでも現にあらわれているマルクス主義のたくさんのステレオタイプや、とりわけ歴史決定論と進歩にかんするこれらすべてのステレオタイプをわれわれが見直さざるをえないひとつの主題を表わしている」（*Histoire du marxisme, op. cit.* t. I, p. 504）。せいぜい言えるとすれば、このことくらいである。スターリン的正統派にとって、この点を排除することは明らかな賭けであった。人類の大部分が封建主義と資本主義のあいだの年代記的継承とは無関係な生産様式のもとで生活しているとしても、統一された発展の図式も、——誰もわからない——幾段階をつうじての革命の理論も、「ポスト資本主義」とか社会主義に必要な「過渡期」として現実に存在する社会主義を提示する手段も、もはや存在しない。この「ポスト」は実際になんの意味もない。官僚制的諸社会はけっしてポスト資本主義的であったことはない。時期的にいっても、官僚制的社会は、支配的な世界資本主義システムと同時代的なものではなかったし、労働生産性の観点から見ても、その生産性が帝国主義的中心のそれに追いつくことはなかった。官僚制的社会をよりよく理解するためには、支配と従属の世界的システムの接合およびその空間‐時間の非同時代性に応じて歴史を考察する必要があったのではないか。

あろうか？　そして資本主義的生産様式を超えたところへと導く「過渡期」をどう考えるべきなのであろうか？　資本の発生から四百年になる、散発的で不均等な過渡期は貴重な指示を与える。過渡期は経済力や経済関係だけを基礎として成し遂げられてきたわけではなく、その間、幾多の戦争があり、征服があり、国家の介入、宗教戦争、法改革などがあったのである。[☆53]

　マルクスは矛盾した二つの考えのあいだで引き裂かれているように見える。

　一方で、彼は社会主義への過渡期を、資本主義への過渡期のように長期にわたる経過を経るものと考えることを厭わない。この仮説に従えば、資本主義はそれ自身が自己を否定する条件を発展させ、望まれた時期に急激な変化が現われてくる。というのは、そもそも「人間はつねに、自分が解決しうる課題だけを自分に提起する」[☆54]からなのである。第二インターナショナルのカウツキー的正統派は、その解釈を偏った観方で発展させた。革命はここでは、社会過程の有機的で、ほとんど自然的な成熟という性質を帯びている。革命は、革命を起こす必要がなくとも、いわば起こるものである。教育者という限定的な役割を担わされた党は、大衆の意識を啓蒙し、経験の教訓を伝え、選挙の票と組合加入で大きくなる糸球を管理することで手一杯である。

　他方で、マルクスは、ブルジョワ革命とプロレタリア革命との非対称性を見事に把握している。ブルジョワジーは政治権力を管理する以前に生産手段を保有している。時間を思いどおりに操れるブルジョワジーは、有機的知識人を産み出し形成する。プロレタリアは、これとは反対に、有無を言わさぬ支配をこうむる。労働のなかで自らの自律性を喪失し、商品として自らを売る必要に追い込まれることによって、彼らは疎外の鉄の環に組み込まれる。商品の激しい鞭打ちのような圧迫のもとで、支配的なイデオロギーの喧騒のなかを堂々巡りするのを余儀なくされているため、党派的な最良の教育（宣伝）だけでは、彼らプロレタリアの隷属性を打ち破るには充分ではない。叛乱、蜂起が必要なのである。革命的政治は、物神崇拝の魔法が打ち破られるこれらの特別の瞬間をとらえることにある。

　過程の成熟と行動の不確かな偶発性をいかにして両立させるというのか？　成熟性の緩慢さと偶発性の敏速性をい

かにして結合させるというのか？　それによって革命の数日が、突然に数世紀に匹敵するようなリズムの変化をいかにして制御するというのか？　革命がちょうどよい瞬間に矛盾の結節点を——早すぎも遅すぎもせずに——断ち切るのをいかにして確実に準備するというのか？　早すぎたとすれば、移行は不可能となり、〔一八四四年パリで執筆された〕『経済学・哲学草稿』ですでに明確に非難されている「粗野なコミュニズム」〔第三草稿「2　社会的存在としての人間」〕と同じ轍を踏むことになる。遅すぎれば、その時、人類は、神のみぞ知るどこかのガレー船〔奴隷や囚人にこがせた軍艦〕に積み込まれることになるだろう。一度しくじって痛い思いをしたことをまたいつの日か再製できるという保証もなしに。革命はけっして定刻どおりには起こらない。執拗に約束の時をたがえるものである。革命は、「その時はすでに過ぎた」と「未だその時ではない」とのあいだの地獄のような弁証法、言い換えれば、「未だその時ではない」から「すでにその時だ」と「未だその時ではない」から「すでに時は過ぎた」のあいだのすさまじい急展開を余儀なくされているようにみえる。[☆55]

社会主義革命の心を悩ませる難問はこの異常な状態を絶頂に押し上げる。どのようにして無からすべてが生育するというのか？　瀕死の重傷を負うことなく、どのようにしてこの大跳躍を成し遂げるというのか！

一八四八年の諸革命以来、マルクスは、プロレタリア革命の特異性を意識している。ブルジョワ革命は十八世紀の革命のように「成功から成功へとあわただしく突進」した。すぐに革命は「絶頂に達してしまう。こうして、社会は長い二日酔いにとりつかれてしまい、そうしてからはじめて、しらふで、疾風怒濤の時期の成果を消化することができる」。ところが、プロレタリア革命は、「たえず自分自身を批判し、進みながらもたえずたちどまり、すでになしとげられたと思えたものにたちもどっては、もう一度新しくやりなおし、自分がはじめにやった試みの中途半端な点、

☆53　Maurice Godelier, "Les contexes illusoires de la transition au socialisme," *Actuel Marx*, numéro spécial, *Fin du communisme*, Paris, PUF, 1991 を見よ。

☆54　Karl Marx, *Contribution à la critique de l'économie politique*, Paris, Éditions sociales, 1977.『政治経済学批判』への一八五九年の序言。〔邦訳全集13、七ページ。〕

☆55　Jacques Derrida, *Glas*, Paris, Denoël, "Méditations," 1981, p. 305.

弱い点、けちくさい点を、情け容赦もなく、徹底的に嘲笑する。この革命が敵を投げたおしても、その敵は大地から新しい力を吸いとって、まえよりも巨大な姿となって起きあがり、革命にはむかってくる結果としかならないようにみえる。この革命は、自分の立てた目的が茫漠として巨大なことに驚いて、たえずくりかえし尻ごみするが、ついに、絶対に後戻りできない情勢が作りだされ、諸関係自身がこう叫ぶようになる。ここがロドスだ、ここで跳べ！」[☆56]。

ブルジョワ革命とプロレタリアの革命は、その時間性によっても異なっている。政治権力の獲得は、ブルジョワジーにとっては、すでに打ち立てられたヘゲモニーの達成である。プロレタリアートにとっては、社会的で文化的な解放の鍵である。ブルジョワ革命は遂行された改造を承認する。プロレタリア革命は不確定の混沌とした時期を切り拓く。搾取関係と市場交換の契約は、無意識のうちにブルジョワジーとプロレタリアートの対立を再生産するのにたいし、どんな社会装置も、商業的カテゴリーの衰退や非資本主義的秩序の再生産を保証しない。時間は自分の骨を折り、自らのうえにうずくまり、突然膨れ上がる。

『ルイ・ボナパルトのブリュメール十八日』の数ページは今日ふたたび特別な関心を呼ぶことになる。経済と政治のあいだには、自然発生的な一致がないことを自覚しているマルクスは、調和を回復する役目を担う「状況」に最後のことばを託す。というのは、なにものも社会的抗争や、その抗争が炸裂する日付を命令することはないからだ。騒乱や革命は理論の命令に従うことはない。それらは時ならぬ時、時流に逆行した時に起きるのであって、日々の労働の旧態依然の流れのなかにはけっしてふさわしくはない。そこから政治や出来事の特異性が発生する。その藪に覆われたような時間性は、マルクスとエンゲルスが通俗的に非難の対象とされている「歴史の行進」に符合することはまずない。しばしば鋭利な決定論だと疑いをかけられたエンゲルスは、決定論的な見通しの裂け目として、政治を申し分なく把握していた。「私の見るところでは、本来の植民地、すなわちヨーロッパの住民によって占領された国々、カナダやケープやオーストラリアはみな独立するでしょう。これに反して、ただ統治されているだけの土着民の住んでいる国々、インドやアルジェリア、それからオランダやポルトガルやスペインの諸領地は、あらかじめまずプロレタリアートによって受け継がれてから、可能なかぎり、急速に自立の方向に導かれなければなりません。この過程がどのように進展するであろうか、それを言うのは難しいことです。〔……〕しかし、それからこれらの国々が、同じように社会主義的な組織に到達するまでには、社会的および政治的などんな諸段階を通らなければならないかということについては、われわれは今日のところではただかなり無意味な仮説を立てることができるだけだ、と私は思います[☆57]」。

〈普遍的歴史〉なるものを脱構築する

目的論的歴史観だという非難を正当化する余地のあるマルクスのテキストは、当時発展真っ只中の生物学によって影響を受けている[☆58]。こうして多くの隠喩は資本を有機体と呼ぶことになる。「資本の行程は生成、増大、すなわち、生体の発育といっしょである。血液循環と比べられることがあるのは、それが貨幣の形式的な循環ではなく、資本の実質的な循環だったからである」。競争は、その「内部の生きた組織」を再生産し、発展させる。

より首尾一貫性をもって一瞥するならば、機械論的決定論への非難は進歩の曖昧さを理由にしていることがわかる。実際に、あとに続くものが先行するものに比べて進歩を形成すると評価するために、仮借のない因果性または最後の審判を仮定する必要はまったくない。規準はあくまで比較の問題なのである。マルクスは一八五八年以来、習慣や因襲と容易に混同される「進歩という抽象概念」を忌避するが、彼はそのことをどのように理解しているのだろうか？

☆56　Karl Marx, *Le Dix-Huit Brumaire*... *op. cit.*〔邦訳全集8、一一一ページ。平凡社ライブラリー版、二二ページ。〕

☆57　フリードリヒ・エンゲルス、一八八二年九月十二日のカール・カウツキー宛書簡。〔邦訳全集35、書簡集、三〇七ページ。〕

☆58　十九世紀の生物学は、政治経済学批判のそれと一致する体系的な問いかけを浸透させていた。物理学とちがって、生物学は機械的因果関係のうえでは機能しないが、意義深い構造のうえで機能する。そこから目的論的恣意的視野が生まれる。そのようなひとつのアプローチの豊饒さを守りながら、ゲオルグ・カンギレムは、超越論的目的論と彼のいう有機的目的論を区別する。すなわち、有機体全体を前面におくことは、なんらかの摂理的な意図をそれに授けることを余儀なくさせるものではすこしもない、ということである。

彼の論理全体は、進歩についての一方的な量的概念に対置されている。人と人との関係を冷酷な金銭関係や単純な商品の積み上げに還元することは、文明の証《あかし》にはなりえない。不可欠であるとしても、ただ生産力の発展だけが十分条件を構成するわけではない。もっともしばしば引き合いに出される規準は、技術的というよりはむしろ社会的なものである。このことは、男性の女性との関係（一八四四年『経済学・哲学草稿』）、強制された労働によって縛られ疎外される時間（『政治経済学批判要綱』）にたいして、自由で創造的な時間の獲得、欲求の発展と多様化による類と個人的人格の充実化が示しているところである。

年代的順序はいかなる意味でも保証にはならない。このことを納得するためには、エンゲルスの『ドイツの農民戦争』のすばらしいページを読むだけで充分である。現実の歴史においては、敗者が間違っていたとは限らないし、勝者が正しかったとは限らない。進歩の「交代」についての被抑圧者の批判的眼差しは、別なところでは資本主義にたいして認められていた文明開化的な使命を否定しているようにさえ見える。「問題は、人類がその使命を果たすのに、アジアの社会状態の根本的な革命なしに、それができるのかということである。できないとすれば、英国が犯した罪がどんなものであるにせよ、英国はこの革命をもたらすことによって、無意識に歴史の道具の役割を果したのである。だから古代世界が崩れ落ちる情景が、われわれの個人的感情にはどんなに悲痛であるとしても、歴史の立場からすれば、われわれはゲーテとともに、次のように叫ぶ権利をもっている。「この苦しみがわれらの快楽を増すからには、どうしてそれがわれらの心を苦しめよう」[☆59]〔……〕」。この結論を疑う余地はない。そのうえ、マルクスが合州国によるテキサスとカリフォルニアの併合を前にしてとった態度は、これを裏づけている。同様に「歴史のない民族」は歴史のある民族の活力のために犠牲となるし、さらに植民地化は、その恐怖にもかかわらず文明的な近代化を共有するのだ。ダヴィドとかヴァン・コルのような第二インターナショナルの内部で植民地化を公然と支持した者は、これを理由にして、二十世紀初頭の帝国主義的遠征にたいするほとんど無批判的な支持を正当化したのである。[☆60]

それでもマルクスは未解決の矛盾を前にして、むしろ危機感を表明する。もし、ひたすらもしであるが、人類がアジアにおいて社会関係の革命化に成功しなければ、英国の植民政策の役割は「進歩的」であろう、と。その時に、ただその時だけ、われわれは、それが犯罪行為によって行なわれたことを忘れることなく、英国が遂行した役割を考察することが可能であろう。相対的進歩というこの考え方は、前と後の貧弱な比較関係に還元されるものではない。その考え方は、失われた機会と発揮されなかった潜在力とを考慮に入れる。専制的封建国家に比べての「進歩」とは、失われた可能性に比べてみると、もはや必ずしも進歩となるとは限らないのである。アジアにおける英国植民地主義の役割を、その大罪を赦免するためではないからといって進歩的だと冷静に考察するだけでは不充分である。政治的視点は歴史の分析とは符合しない。ゲーテの左記の引用には胸の痛くなるような矛盾が示されている。私的所有の支配のもとでは、生産諸力は「一面的な発展しかすることができ」ず、「大多数にとっては破壊力とな[☆61]」るのである。

問題はまさにそこにある。マルクスは〈普遍的歴史〉なるものの概念を脱構築するのである。どの現在も、可能性のある発展が複数あることを示すものである。しかし、すべての可能性が正常な状態を測る指標をもっているわけではない。第二インターナショナルならびに第三インターナショナルの多数正統派は、資本主義の異常さを臨床医学のことばで好んで論じた。スターリニズムに反対した人たち自身が、官僚制的社会に「変質」とか「歪曲」という語彙をしばしばあてはめた。こうして、奇形性と健全な発展を対置させるマルクスなき「マルクス主義」は、まぎれもない奇形学的言説を自らに割り当てた。つねに洞察力のあるグラムシは、ブハーリンの『史的唯物論[★62]』が過去を非合理的と判断し、「奇形学についての歴史的概説」を提案するようなものだとしてこれを批判した。[☆63]

☆59　Karl Marx, “La domination britannique aux Indes” (1853), *New York Daily Tribune*, 25 juin 1853, in Karl Marx, *Œuvres*, Paris, Gallimard, «Bibliothèque de la Pléiade», t. IV, 1994.〔邦訳全集９、一二七ページ。〕

☆60　Roman Rosdolsky, *Le Problème des peoples sans histoire*（フランス語では未公刊）を見よ。マルクスとエンゲルスの諸著作は、レーニン、ローザ・ルクセンブルク、ブハーリン、ヒルファーディングらが現代帝国主義として特徴づけた著述よりも前の刊行であることを想起することが大切である。第二インターナショナルの諸会議や植民地問題については、Stuart Schramm et Hélène Carrère d'Encausse, *Le Marxisme et l'Asie*, Paris, Armand Colin, 1965 を見よ。

☆61　Karl Marx, *L'Idéologie allemande, op. cit.*〔邦訳全集３、五六ページ。廣松版、一一六ページ。渋谷版、一三九ページ。〕

ところでダーウィンも正常と病的との問題含みの関係を自覚していた。「奇形をたんなる変異と区別する明確な境界線は引きえない〔……〕。私の考えでは、奇形とは構造がある一部で、種にとって有害あるいは無益の著しい偏差を示し[☆64]」ているものである。この理論上の難しさは歴史のために生物学から離れる時に、いっそう重大になる。カンギレムが洞察したように、正常と病的との区別は、運動に内在する価値判断を想定している。「正常なまたは病的な事実は、それ自身としては存在しない。生物学的異常または突然変異はそれ自身は病的なものではない。それらが表わすものは別の可能な生命規範である。それらの規範が、安定性、繁殖能力、生命の可変性にかんしては、以前の特定の規範より劣っているならば、それは病的と言われるであろう。もし場合によって、これらの規範が同じ環境下では同等なものであり、他の環境下ではより優れていることがあきらかになるなら、それは正常と言われるであろう。正常な状態とはそれらにとって規範性に由来するものである。病的状態とは生物学的規範の欠如のことではない。それは別の規範であるが、比較していえば、生命によって拒絶された規範である[☆65]」。類比的には、歴史には異常というものはなく、あるとしてもせいぜいところ変則事例にすぎないとも言えるであろう。ナチズムとかスターリニズムを、全体としてユニークな歴史的現象として見るよりむしろ病的形態として扱うことは、それらの現象が無軌道となって現われた当の正常な社会により高い評価を与えると同時に、それらの一過性的な「逸脱」の特別の射程範囲を過小評価することにも通じるのである。スターリニズムとかナチズムは怪物でも例外でもない。それらは「別の可能な生命規範」に属しているのである。それらとは当然闘うべきであるが、それが稀有な歴史的規範だから闘うのではなく、それ自身の独自の判断規準を主張するひとつの投企として、闘うべきなのである。

生命のように、歴史は形態を変化させ、行動様式を創造する。ヘーゲルに生きたものの論理として構想された歴史の論理を、マルクスに生きたものの論理として構想された資本の論理を見いだしたとしても、別に驚くにあたらない。生命は、死に打ち克とうとし、エントロピーの増大に反作用することによって、それ自身の価値を設定する。人は自分自身の苦痛に抵抗する社会を想像することも可能である。拒絶される形態は、正常と病的とのあいだの明確な分界線によって拒絶されるのではなく、自分自身の病的状態にたいしてたえず再現される抵抗の名において拒絶されるのである。グラムシはおそらく「生成中の歴史のどの瞬間にも合理的なものと非合理的なもの」との闘いがあることをつかんだ時、そのことについて心にとめていたであろう。「非合理的とは、結局のところ勝利することがないこと、すなわち、実際的な歴史になることは一度もないが、しかし実際には、それが必然的に合理的なものと結びついており、それが考慮しなければならない歴史の一契機であるがゆえに、それもまた合理的なものであることを意味すると理解しておこう。というのは、歴史において一般的なものがつねに勝利し、特殊的なものもまた、それがほかならぬ一般的なものの一定の発展を規定する限りでおのれを認めさせるために闘うからである。唯一闘争だけが、その結果をもって、その直接的な結果ではなく、永続的な勝利において表現される結果をもって、何が合理的で何が合理的でないかを、すなわち、合理的なものがそれなりの仕方で継続し過去を止揚するからこそ勝利するに「値する」ところのことを決定するであろうからである」☆66。正常性と合理性はつねに部分的で一時的なものである。いつでも確認が必要であるという留保条件付きだが。仮定された「正常的」とか「合理的」とかが未来を保証するとはなにも教えはしない。不完全であってさえ、正常は正常であることに変わりはないが、その規準の問題が問われてくる。神がほんとうに死に、学問が道を説くことをしないとすれば、ふたつの解決しか残っていない。あるいは、〈歴史〉の審判がつ

★62　フランス語原文では、*Manuel de sociologie populaire*. ブハーリン『史的唯物論』（佐野勝隆・石川晃弘訳、青木書店・現代社会学大系7、一九七四）にほかならない。廣島定吉訳（白揚社、一九二七）には「マルクス主義社会学の通俗教科書」なる副題が付いている。その書は、フランスやイタリアでは前記標題で知られているのであろう。ベンヤミンも、ベンサイドも、この書を俗流唯物論の著作ととらえる。

☆63　Antonio Gramsci, *Cahier de prison 11, op. cit.*, p. 215.［*Quaderni del carcere, Edizione critica, Quaderno del carcere 11*, p. 1417. グラムシはそこで、過去の哲学についての評価をしたためている。］

☆64　Charles Darwin, *L'Origine des espèces* (1859), Paris, Garnier-Flammarion, 1992, p. 52&92.［八杉龍一訳『種の起原』上巻、第一章、二〇ページ、第二章、六六ページ。渡辺政隆訳『種の起源(上)』、二九ページ、九〇ページ。］

☆65　Georges Canguilhem, *Le Normal et le pathologique*, Paris, PUF, 1991.［滝沢武久訳『正常と病理』(法政大学出版局、一九八七)、一二四ページ。］

☆66　Antonio Gramsci, *Cahiers de prison 6, 7, 8, 9, op. cit.*, p. 17.［*Quaderni del carcere, Edizione critica, Quaderno del carcere 6*, p. 689-690.「過去と現在」についての文面。］

ま先立ちでこっそりとふたたびやってきては、寓話の最後のことばを宣告するか、あるいは、階級的な観点が自己言及的なやり方で「その」規範を決定するかである。この場合に、肝心なことはもはや超越的正常性ではなく、戦略的選択の方法にのっとって、希求としての必要性であると同時に実際的な可能性でもあるところの、望ましいものを表現する内在的合理性である。

この後者のほうの仮説は、マルクスの問題提起により合致しているように思われる。[☆67] 彼が〈家族〉と〈歴史〉との共同の非神聖化によって批判を開始したのは、別に偶然ではまったくない。歴史の進路はこの時以来、もはや歴史に方向を与えるたったひとつの足跡に従うことはないのである。それはたえず再生される大枝小枝を吹き飛ばす。おのおのの批判的分岐点は独自の問題を提起し、そして独自の答えを要求するのだ。

思弁的歴史哲学の批判は、概念領域を根本的に再編し理論上の優先性を変更するようにマルクスを導くのである。

一方で――とジャン＝マリ・ヴァンサンは説明する――「階級闘争は、先史時代に対する、閉ざされた過去の優先性にたいする闘いとしてこれを考えるべきであるが、それは神秘的で隠れた過去にかんする未開拓で未活用の潜在力の再現実化のための闘いをも意味する。この直線方向では、かつてその法的有効性を認められなかったことの復活なしに、社会進歩とか止揚とかが成功することはありえない。進歩の戦線は、それによって時間性の習慣的な限界を乗り越える。この戦線は、ブロッホがいうように、幾多の時代をかいくぐる柔軟な時間性のもとで確立される。さしあたってなにも本当には演じられていないのだから、なにごとも決定的に演じられることはなかったのである[☆68]」。他方で、歴史についての打ち砕かれた物神は、別様に考えることを可能にするもろもろのカテゴリーを解き放つ。世界史の廃墟のうえに浮上するのは、資本の「律動学《リズム》」であり、危機の概念化であり、これからは政治が歴史に対して「優位を占める[☆69]」歴史性なのである。『ドイツ・イデオロギー』においてマルクスは「歴史への政治の真に歴史的な介入[★70]」を想起している。その介入は、それ自身の神話の消滅を前提とした、実在の歴史のわかりやすさを予告している。

いわゆる「マルクス主義的歴史哲学」が対象となっている評論がとどまるところを知らないほど多いことと、この概念上の革命にはごくわずかな関心しか払われていないこととのあいだにある不均衡には驚く。それにもかかわらず、『政治経済学批判要綱』以降、思弁哲学の意味での歴史は、理論的言説《ディスクール》からは身を引いている。そして『資本論』がこの歴史的運動全体の行方を遮って、その織物を引き裂いた時、そのことは、さながら、聞こえない雷鳴の一撃であり、ひとつの静寂であり、ひとつの余白なのであった」[☆71]。

われわれはいまだにその沈黙を聞きとることを学び終えてはいないのだ。

☆67　戦略的思考はマルクスにおいては下書きの状態のままである。それは事実上、第二インターナショナルには欠けていたのだが、この思考はレーニンによってはじめて完全に展開されることになる。われわれはこのテーマについてHenri Malerの研究を参照している。彼にとっては、戦略とユートピアはたがいに相容れない二つの極であり、ユートピアの批判は「戦略的定義による」ものである。ところがマルクスにとっては、戦略的な発言は模索中だったのであろう。すなわち、戦略とは、「理論の言語で表現される歴史の翻訳でしかないだろう。戦略の誤った出発は不案内なユートピアの内密の回帰を許すことになる」。

☆68　Jean-Marie Vincent, *Critique du travail*, Paris, PUF, 1987, p. 45. Stéphane Moses, *L'Ange de l'Histoire*, Paris, Seuil, 1991, et Daniel Bensaïd, *Walter Benjamin, sentinelle messianique*, Paris, Plon, 1991 をも参照。

☆69　Walter Benjamin, *Paris capitale du XIXe siècle*, Paris, Cerf, 1989, p. 405.〔ベンヤミン『パサージュ論』第三巻（今村仁司・三島憲一ほか訳、岩波現代文庫、二〇〇三）、六ページ。〕

★70　邦訳全集3、三七ページ。廣松版、五八―五九ページ、渋谷版、八四―八五ページ）。

☆71　Gérard Granel, préface à Husserl, *La Crise des sciences européennes*, *op. cit.* [p. VII.]

第2章　調子はずれの時（分析的マルクス主義について）

復古の時がやってきた。

秩序の復古なのか？　無秩序に見合うかぎりでの。

進歩の復古なのか？　それを疑うことは許される。

階級闘争を不明瞭にすることは、市場のもつ魅力や、地域的で些細なもめごとの拡大には好都合である。

ドイツ、ラテン系ヨーロッパ、中央ヨーロッパは、理論的マルクス主義の生きた温床として長いあいだ影響を及ぼしてきた。刷新の風はいまや北から吹いているように思われる。「分析的マルクス主義」ないし「合理的選択」と呼ばれる潮流が、テキストに基づくしばしば緻密な研究を産み出している。分析的マルクス主義（Analytical Marxism）とは、一九八六年にジョン・ローマーによって刊行された論集の宣言的タイトルであり、その執筆者には、ヤン・エルスター、ジェリー・コーエン、エリック・オリン・ライト、ロバート・ブレンナー、アダム・プルズエウォルスキー、フィリップ・ヴァン・パレースらが名を連ねている。これらの著者の多くは、「方法論的個人主義」と「方法論的集産主義《コレクティヴィスム》」を対立させることでは一致している。ライトはこの潮流を「新たな影響力をもつアカデミックなマルクス主義の内部のひとつの知的傾向」と特徴づける。ほとんどすべての決定的に重要な実践的諸問題にかかわる研究者間の不一致を過小評価せずに、ライトは彼らのあいだで、以下の点について共通の方法論的約束が結ばれていることを強調している。すなわち、慣例上の科学的規範の尊重、体系的概念化の重視（「諸概念の定義およびこの論集のなかで相互に依存する諸概念のあいだに論理的一貫性があることに特別の注意を払うこと」)、諸概念を「体系的モデルの明確な利用と相互に関連づける論法の展開について注意深く特定すること、説明的な理論においても規範的な理論においても諸個人の意図的な行動を重要視すること」である。「方法論的個人主義」にたいして同僚たちよりも慎重なライトは、率直に次のような問題を提起する。「これらすべてのあとにマルクス主義に残るものとはなんなのだろうか?」[☆1]。

それゆえ、これらの著者たちは、「マルクス主義」が「真正の社会科学の地位」を切望すべきであるという確信を共有している。語用論《プラグマティック》やゲーム理論に刺激された彼らの分析的アプローチは、科学は何をなすのか、その規準とは何かについての合意を前提としている。経験的探究は決定的役割を演ずる。「特定の定義を擁護するため」、また諸概念のあいだの論理的な相互依存関係を吟味するために、多くの時間を割かねばならない。「実り多い理論の発展に必要な条件は、論理的に首尾一貫性のある諸概念を彫琢することである」。こうしてライトは、ゲーム理論から借り受けた「時として高度に形式化された」抽象的モデルに助けを求めることを正当化する。ついには、この問題が彼らのグループ内でもっとも議論を呼んだにもかかわらず、強調されるのは、「ミクロ的基礎」であり、理性的当事者の振舞なのである。[☆2] 一般均衡理論、「合理的選択」のモデルや新古典派の理論は、優先事項の形成を理論づけ、唯物論的心理学の基礎を予見させる諸道具を提供する。

エレン・メイクシンズ・ウッドは、この「合理的選択のマルクス主義」を、「ローマーの搾取理論＋コーエンの歴

☆1　Eric O. Wright, *Interrogating Inequality*, London/New York, Verso, 1994, p. 181-182. これらの疑問はすでにJohn Roemer, (ed.), *Analytical Marxism* で提起されていた。「どうしてこの種の研究がマルクス主義的と言われるのか?　私はそうであるべき理由に確信がもてない」(Cambridge University Press/Éditions de la Maison des Sciences de l'Homme, Cambridge and Paris, 1986, p. 2)。

☆2　ライトは分析的マルクス主義と目的論的個人主義のまったく単純な同一視に異議を唱える。実際、分析的マルクス主義者の多数は、目的論的個人主義に批判的であったし、人間の行動を解釈するのに抽象的理性のモデルに排他的に助けを求めることに反対であった(Wright, *op. cit.* p. 190)。

史理論」として紹介する。この組み合わせには、アプリオリに明らかなものはなにもない。諸階級が個人的利益の相互作用のなかで解体するや、歴史はゲームの果てしない繰り返しのなかで動きを止めなければならないようである。諸政党は継続性も進歩もなく受け継がれる。資質や動機に無関心な組み合わせのもとでは、意味は消え失せる。とはいえ歴史がそこに現われるさまざまな形象の型どおりの反復で終わってしまうことはない。歴史は、社会的には通用しなくなった所有形態と搾取形態を排除することで前進する。「歴史は、一定の秩序のなかでは、さまざまな搾取形態を必然的に消滅せしめるようである」とローマーは述べている。私的所有制のもとで生産財がますます機能しなくなる程度に応じて、歴史的な時間の矢は、拘束するテクノロジー的決定論と、所有の社会化の不可避的過程を同時に表現するのだという。

マルクスは歴史的規範の理論家か？

スターリン主義的反革命にたいする毅然とした反対者のなかにすら、歴史的規範なるものへの郷愁がしばしば感じとれる。革命は「変質」し、「逸脱」するだろう。常軌を逸したり、われを忘れた〈歴史〉は、多少とも長い廻り道や脱線をしたあげくに、ついには元の鞘に収まるだろうというのである。

こうしてエルスターとコーエンは、官僚主義的全体主義という前代未聞の社会構成体が二十世紀に出現したという事実の挑戦に応答しようとする。スターリニズムは歴史の合理的表象においてどのような位置を占めることができるのだろうか？　スターリニズムはあらゆる進歩の思想を破壊し、歴史を喧騒と怒りのシェイクスピア的美学に立ち返らせることを教えるものなのだろうか？　そこに含まれる今日的な意味は何なのだろうか？　提起されたこれらの問題は正当である。それへの答えは危なっかしい。エルスターは『資本論』の序文をとりあげて、望ましいコミュニズムの諸条件は、「それらが出現することになっているとしたら」、内生的な仕方で現われるはずだ、と考える。なぜなら、それらの諸条件はかならず現われるとは限らないからだ。この結末にたいする説明のつかない信仰は、頑固な目的論的前提を露呈することになってしまうであろう。「コミュニズムの時の鐘は鳴るだろう。したがって、その出現に必要な諸条件はいつかは整うであろう。その意味で、マルクスの発展図式は未来から現代へと向かうが、それ以外の方向には向かうことはない。彼は、コミュニズムが時期尚早に到来し、アジア的生産様式のように、歴史の行き詰まりとなる可能性を想定してはいなかった」[☆3]。

「時期尚早に」なることばはぞんざいである。歴史の正確なリズムについての論争は、一般的には、一八五九年の『政治経済学批判』への序言の周知のいくつかの章句に注意を払うよう促している。「人間は、彼らの生活の社会的生産において、一定の、必然的な、彼らの意志から独立した諸関係に、すなわち、彼らの物質的生産諸力の一定の発展段階に対応する生産諸関係に入る。〔……〕社会の物質的生産諸力は、その発展のある段階で、それらがそれまでその内部で運動してきた既存の生産諸関係と、あるいはそれの法律的表現にすぎないものである所有諸関係と矛盾するようになる。これらの諸関係は、生産諸力の発展諸形態からその桎梏に転化してしまう。その時に社会革命の時期が始まる。〔……〕ひとつの社会構成は、それが生産諸力にとって充分の余地をもち、この生産諸力がすべて発展しきるまでは、けっして没落するものではなく、新しい、さらに高度の生産諸関係は、その物質的存在条件が古い社会自体の胎内で孵化されてしまうまでは、けっして古いものに取って替わることはない。それだから、人間はつねに、自分が解決しうる課題だけを自分に提起する」[☆4]。

その啓蒙的な意図にもかかわらず（あるいはそのせいで）、この文章はマルクスが解決していない、より多くの問題を提起している。G・コーエンの解説は、生産諸力を経済構造から切り離すことから始める。生産諸力は、関係を構成するのではなく、最初の、推進力としての特性ないしは対象を構成するからだ。ついで彼がこだわるのは、対応

☆3　Jon Elster, *Karl Marx, une interprétation analytique*, Paris, PUF, 1989, p. 417.
☆4　Karl Marx, *Contribution à la critique de l'économie politique*, *op. cit.*〔邦訳全集13、六―七ページ。〕

関係の概念である。生産諸関係は「その一定の発展段階での生産諸力に対応する」からである。そこから以下の有名な定式となる。「ひとつの社会構成は、それが生産諸力にとって充分の余地をもち、この生産諸力がすべて発展しきるまでは、けっして没落するものではない」。コーエンはここから「われわれがマルクスに帰することができるのは、歴史哲学だけではなく、歴史理論とも命名可能なものである。この歴史理論は発生する事態について距離を置いて反省される構成物ではなく、その内的動力学の理解のための貢献となるものである」[☆5]と結論づける。

自分の主著の書名〔『マルクスの歴史理論――ひとつの擁護』〕に忠実に、コーエンは、その理論の断固たる「擁護」を提示する。彼は『ドイツ・イデオロギー』から『剰余価値学説史』にいたるまで、生産諸力の発展段階に基づく生産諸関係の厳密な規定についての目録を作成する。というのは、「資本主義的生産が労働の生産性を必要な水準にまで引き上げないうちは、どんな革命も勝利することはないからである」[☆6]。〔そうでなければ〕いったんは支配階級が収奪されたとしても、労働者階級は社会主義的共有制を打ち立てることは不可能であろう。「高度な生産性にとっての絶対に必要な前提」なしには、強制的な社会化は窮乏の全般化にしかならないであろう。生産手段の国家的専有は、賃金受給者の現実的解放にいたるどころか、「粗野なコミュニズム」の形態のもとでのサラリアート（賃金受給者階級）の一般化を意味する恐れがある（「粗野なコミュニズム」をわれわれは今日では、「官僚制的集産主義」と翻訳することもできよう）。社会関係の変革の「時期尚早」な試みは、最悪の条件下での資本主義的復活を余儀なくされるであろう。

ここではいくつもの問題が混同されている。ユートピア的コミュニズムに対して、マルクスは社会主義の可能性の諸条件を強調する。彼の力強い表現によれば、窮乏の社会化は「ありとあらゆる古い汚物を復活させる」ことにしかならないだろう。このことを想起することはけっして無益なことではない。だから生産至上主義への批判はしばしば無邪気さを誘うのである。生産諸力についての悪しき無邪気さを告発し、その両面価値性《アンビヴァレンス》（潜在的破壊と同じく進歩の要素でもある）を強調することが重要であるとしても、二十世紀の災禍は充分にその妥当性を示すものであって、ゼロ成長と採集経済に基づくロビンソン〔・クルーソウ〕的生活形態をふたたび引き合いに出す必要はないのである。

社会的に中立な、それだけあればすむ唯一の生産諸力の可能な発展などというものは存在しない。異なる社会的、エコロジー的結果をもたらすいくつもの道は、つねに構想可能である。しかし、より少ない労働時間を基礎にして社会的に新しい多様な欲求を充たすこと、したがって強制労働からの人類の解放は、必然的に生産諸力の飛躍的発展によってもたらされるのである。

プロレタリアートがこの変革において、要《かなめ》の役割を果たすとしても、それはとりわけ技術的・社会的分業が、社会的需要に応じるための経済を意識的（政治的）に組織化する諸条件を作りだすからなのである。生産の効率的な社会化は、だから（生産力の）発展の一定の水準を要求するのである。ますます世界化される経済のもとでは、その限界値は国ごとに固定されているわけではない。相対的で変動しやすい限界値は、世界経済のふところのなかの依存と連帯の絆の強弱に応じて異なるからである。発展の度合いが小さいほど、その国は国際的な力関係により多く依存することになる。

こうした幾多の制約を認めるためには、コーエンが以下に述べているように、第二インターナショナルの決定論的な正統派理論によって鼓舞された「歴史理論」を「擁護」する必要は少しもないのである。「私が守るもの、それは古い歴史的唯物論であり、歴史とはなによりもまず人間の生産能力の発展であるとする伝統的な考え方である。社会諸形態は、それらの形態がこの発展を可能にしたり妨げたりする程度に応じて、成長したり衰退したりするからである」[☆7]。コーエンは、資本主義は「人間の自然にたいする支配の拡張した程度に応じて」必然的であった、と述べている。心地よい新ユートピアに逆らって、コーエンは生産諸力の優位性に固執する。「マルクスが生産関係は生産諸力

☆5　Gerald Cohen, in John Roemer, *op. cit.*〔ベンサイドは、*Karl Marx's Theory of History, A Defence*, Clarendon Press, Oxford, 1978 をも参照している。〕
☆6　Karl Marx, *Theorie sur la plus-value*, Paris, Éditions sociales, 1978.〔邦訳全集26、『剰余価値学説史』II、第18章「リカードウ雑論、リカードウ結び（ジョン・バートン）」、七八九ページに見える英文引用文にほぼ該当するものと考えられる。「資本主義的生産が、すでに労働一般の生産力を、このような革命が起こりうるのに必要な高さにまで発展させている、ということが前提されている」。〕
☆7　Gerald Cohen, in John Roemer, *op. cit.*

に対応すると言う時、生産諸関係が生産諸力に適合していることを意味するのである」。「対応」を「適合」に置き換えてみたところで、われわれは蚤《のみ》の一跳びほども前進しない。諸関係と諸力とは、対応あるいは適合のなかに存在するのだろうか？　この場合の対応は、可能性の場を規定している。対応とはつねに同じ意味をもつ適合関係を示唆するわけではない。生産諸力が最終審においては決定的なものである。しかし「最終審において決定的」なのはつねに解決と同じくらいの困難さの指標である。だから生産諸力は人間労働の力の充実を含んでいる。生産諸関係は労働の生産性と力量をバイアスとして生産諸力を規定する。生産諸力の発展と階級闘争は、おたがいに対して外的なのではない。それらは、歴史的発展を理解するに際してもっとも抽象的なものからもっとも具体的なものまで異なる規定水準を表わしているにすぎない。[☆8]

エリック・O・ライトは、コーエンに従って「歴史の理論」を定理の形で要約する。

（1）資本主義はそれ自体が自己自身の桎梏となる。

（2）その諸矛盾は社会主義の前提諸条件を造りだす。

（3）それらは同時に諸矛盾を解決できる（プロレタリア）階級をも産み出す。

（4）資本主義に取って替わる代案は社会主義以外にはない。

この論理構成は排中律の原理に従っている。だから官僚制的体制は、必然的に資本主義に取って替わる（たとえそれが国家資本主義であろうとも）、あるいは、社会主義に取って替わる（たとえそれが「現存」社会主義であろうとも）代替的カテゴリーに当然ながら入ることになる。この二項対立の図式のあまりの生硬さに気づいて、ライトは二つの異文を導入することによってそれを修正するのである。

（3ｂ）プロレタリアートの変革能力は無限定に封じられる可能性がある。

（4ｂ）社会主義とは別のポスト資本主義の代案を想像することは可能である。

これらの訂正は、誤ってマルクスのせいにされた「歴史的唯物論」の骨化した理解を柔軟にするものではほとんどない。「歴史的唯物論」の公理のひとつはつねに、「歴史の発展は唯一の発展の軌道に沿って生ずる」ものであり、たったひとつの道しかなかったのであり、歴史の幾多の分岐点はこの余儀なくされた道の途上での幾多の迴り道を表わすものにすぎないのだ[☆9]、というのである。

生産諸力の発展としての歴史と、階級闘争の歴史としての歴史をどう両立させるというのか？　エルスターはそこに「マルクス主義の主要な困難性」をみる。「階級闘争が生産諸力の飛躍的発展を鼓舞するメカニズムだという痕跡はない[☆10]」。この仮説を深める代わりに、彼もまた「目的論的歴史観」というジョーカーを切ってみせる。マルクスには「歴史哲学と機能的説明のための嗜好とのあいだにきわめて親密な関係〔Aの型が起きたのは、AがBの原因だったからである式の〕が存在するというのである。マルクスが行動様式だけではなく、その目的への貢献に応じて個々の出来事を説明するのを正当なことだと考えたのは、まさに彼が歴史はひとつの目的に向かって進むものだと信じていたからである[☆11]」。「方法論的集産主義と機能的説明と弁証法的演繹法のアマルガム」として、マルクスの理論を要約したエルスターは、ニュアンスの違いも遠慮も気にかけない。「マルクスのすべてのアプローチは、おそらく目的論のもっとも一般的な見出しのもとに包摂されるだろう。資本を支える見えざる手は、マルクスにおける目的論の二つの大きな形態のひとつであり、もうひとつは、過程は結局は自己を破壊することで終わる必然性である[☆12]」。物神崇拝の神秘化と超

☆8　Isaac Johsua は、*La Face cachée du Moyen Age* (Paris, la Brèche, 1988) において、諸生産力の優先性の配置を逆転せしめており、そこで、彼は「生産力至上主義」のイデオロギー的効果を読み取っている。「中世の推進力の矛盾は、生産諸力と生産関係とのあいだにあるものでは少しもない。そうではなく、その矛盾は、直接に、生産関係それ自身のあいだにあるものなのである〔……〕。われわれは、生産関係の変化が優先し、かつ生産諸力の変化をコントロールするということを主張したい」。
☆9　Eric O. Wright, *Interrogating Inequality, op. cit.*, p. 59.
☆10　Jon Elster, *Karl Marx..., op. cit.*, p. 429.
☆11　*Ibid.*, p. 429.
☆12　*Ibid.*, p. 689.

自然的な出来事の向こう側に、マルクスは、人間をたがいに維持する客観的関係という世俗的な現実があることを暴きだすというのである。エルスターが踏襲する機能主義は、彼自身の「方法論的個人主義」に逃げ込んだ古典的志向性の影の射程範囲のように見える。奇異で偏向した法則と、偶然というほころびをもつ必然性とをつかみかねたエルスターは、諸力と諸関係、下部構造と上部構造で出来たうんざりするメッカーノ玩具を悲しげに分解したり組み立て直したりするのである。

それでは、それらの出来事の特定の、偶発的な特異性において「ブリュメール十八日」、南北戦争、パリ・コミューンなどを分析してみせ、資本主義的発展の問題を歴史的に開かれたものとしたマルクスにあって、歴史の目的によって説明されたこれらの「個別的な出来事」はどこに存在するのだろうか？　エルスターには、あたかも階級闘争の様態が生産諸力の発展にたいして外的であり無関心であるかのように、また、あたかも階級闘争が生産諸力によって規定されながら起こるわけではないかのように、生産諸力と階級闘争を切り離してしまい、自らの言明で作為的に分離してしまったことを、ふたたび結合することがもはやできない！　自らの労働力の搾取に抵抗することによって、賃金労働者は、新たな生産諸力を解き放ち、新たな生産性の鉱脈を発見しようとする。この生産力の発展の「内的」または「内在的」な法則は、超越論的で目的論的な幻影を少しも意味するものではない。生産諸力の飛躍は敗れた文明の衰退や消失と相容れないものではない。ローマはいつでも征服されうるし、未開世界での諸帝国の没落といったことは、なにもSF映画製作者やSF作家によってでっち上げられたものではないのだ。

生産諸力の一方的な優位性に惑わされて、コーエンとエルスターは道を誤る。マルクスが、歴史の記述法《エクリチュール》を刷新するために経済の周期とリズムを丹念に調べるのにたいし、彼らは見つかりもしない理論を組み立てることに執着し、かくして歴史発展の厳格に内在的な表象に属する「過渡期」の実在的な矛盾をすり抜けてしまう。モーリス・ゴドリエは、資本主義から社会主義への移行を、封建制から資本主義への移行に似せて考察しようとしたマルクスの逡巡を指摘した。いわば自然界の遺伝法則にのっとって、コミュニズムは資本を支配できるそれ以前に、資本のまさにその胎内から生まれるはずだという。未来社会の胚珠は、資本の胎内にいた長い期間のあとに、いまある社会の毛穴のなかで発育するのだという。ある意味では（しかしある意味でだけだが）たしかにそういうことはある。資本の集積は、労働力の集中、生産能力の上昇、協働労働の拡大、特定の傾向を示す生産の社会化、先例のない科学と技術の飛躍的発展、知的労働の生産諸力へのますます増大する統合を産み出すからである。階級闘争は新しい可能性と新しい権利を同時に開花させる。

勝ち誇ったように現われるものとはほど遠く、歴史はひとり勝ちのゲームに終わることはない。蓄積された歴史の発展は科学と技術の発展によって方向指示される。新しい生産様式の出現は、以前の様式の唯一可能な出口ではないし、考えうる唯一の超越なのでもない。それは現実的可能性の特定の分野に記述されているにすぎない。年代誌的な機軸に基づいて前進と後退という言葉で歴史の進歩を評価するのは、相変わらず特定の現在の未開世界、すなわち、われわれの時代の未開世界の、未曾有で独創的ではあるが申し分なく現代的な諸形態に対して警報を発する代わりに、過ぎ去った過去への回帰、または生き残った残存物の形態のもとでの災厄をイメージさせるだけなのである。

機械的でも一方的でもない意味に理解されると、生産諸力は、ここでその役割を再発見する。生産諸力と生産諸関係は、それによって人類がその生存条件を生産、再生産する過程の二つの側面である。いつでも起こりうる消滅がないかぎり、生産諸力の発展は累積的であり、不可逆的である。その結果生まれるのは、社会と文化の自動的な進歩ではなく、あくまでその可能性にすぎない。さもなければ、あらゆる解放の可能性はまったくの倫理的主意主義か、まったくのユートピア的自由裁量に従うことになるだろう。生産諸力の発展が、そのフィルムを巻き戻すことのできないように矢印付きで方向が指示されているとなると、人は資本制から封建制に、封建制から古代都市には戻れないことを意味する。歴史は後戻りしない。しかしながら、歴史は、偽りの古着を身につけて、最悪の新しさをひそかに覆い隠すこともできるのである。

社会主義か、それとも未開社会か？　「社会主義か現状維持か」でも、「社会主義かより小さな悪か」でも、「社会主義か後戻りか」でもないのだ！　前進か後退かでもない。正真正銘の岐路なのである。可能性の弁証法、これもまた累積的である。解放のための潜在能力の消滅は、得体の知れない未知の、同じくぞっとするような脅威を造りだすものなのである。

対応性と最適性

エルスターにとっても、コーエンにとっても、生産諸力の優位性は、「その発達のレヴェル、変革のテンポ、あるいは同時にその両者が関係」する可能性がある。だから体制の変革の可能性と現実性が依存するところの対応性（ないしは不調和）によって理解されることを明確にすることが大切である。破綻した対応性は生産諸力の絶対的な凍結としてではなく、最適性の喪失として現われる。「その理論は、その後の展開のために何が最適の諸関係なのかを生産諸力のレヴェルが規定することを明言する。そのうえさらに、最適な諸関係は自己の価値を認めさせようとする傾向をもっていることを強調する。これがおそらくマルクスのもっとも一般的な理論的立場をもっとも良く把握する解釈であろう[☆13]」。ひとつの社会構成体は「それが生産諸力にとって充分の余地をもち、この生産諸力がすべて発展しきるまでは、けっして没落するものではない」（そしてそこでは「新しい、さらに高度の生産諸関係」が想起されている）と断言している一八五九年の序言の一節、同じく、生産諸力の大転換を加速させるうえで資本が果たした進歩的役割についてマルクスが叙述している讃嘆すべきページは、実際には最適性という言葉で理解することは可能である。そこで生産諸関係は、破綻した対応性に応じて古臭くなるはずだからである。

革命的変革は、生産諸関係が生産諸力に比べて「最適に近く」なった時に、日程にのぼるという。この観方は、ロシア革命の事件としての真相とともに社会主義建設の官僚主義的破産をも明らかにするともいう。「コミュニズムは、資本主義よりも技術的に優れたものになる以前にさえ、この点〔個人の発達〕で資本主義よりも優れたものとなることは、まったく可能である〔……〕。コミュニズムの優位性は、その革命が起きた最初の国を除き、すべての国でコミュニズム革命（が起こる理由）を明らかにするであろう。世界史の舞台でのコミュニズムの最初の出現は、多少とも偶発的であるかもしれないが、その一方でそのさらなる普及は合理的な根拠に基づくものとなるだろう。明らかなひとつの条件は、革命は最初の国で余りにも早く起きるべきではない、ということである。コミュニズムはそのほうがより効果的だからとの理由で先駆的な国で起こるだろうという考えはひとまず措くとして、コミュニズムが――ただちにしろ、あるいは結局にしろ――生産諸力を資本主義よりも急速に発展させうる、そういう時機に起きた――そうでなければ次に続く国々を鼓舞するのに成功する余地はないわけだから――とすれば、そういうことは、本質的に重要なことであることに変わりはないのである」[☆14]。現実性と可能性は通約不可能なものであるから、肝腎な問題は出発点の問題ということになるだろう。いま主張されたような投企状態のコミュニズムの優位性は、検証不可能である。その実践的な優位性が、次に漸進的で合理的なその普及を担保するであろう。最初の勝利が必然的に「偶発的」であるのはこのためである。要するに、一九一七年に賽は悪い方に振られたのだ。籤運《くじ》がなかったし、出だしが悪かった。もっと競争力のある生産関係の凱旋を開始するかわりに、勝負は振り出しに戻ってしまった。

この歴史の不条理に直面して、エルスターはトロツキイを援用する。「しかし、歴史は、経済的文化的諸条件が社会主義にとって機が熟したちょうどその瞬間に、プロレタリアートのディクタートゥーラのための約束期限が切れるほど理性的には構成されることはけっしてない[☆15]」。トロツキイにとっても、マルクスにとってと同様、歴史はそんなに単純なものではない。政治的危機と経済的諸条件の成熟は、どうしても一致はしない。事実、エルスターは輪をかけて大げさに言う。「私が言いたいのは、この二つの要因〔経済的と政治的〕は、一致しない一貫した傾向があるという

☆13　Jon Elster, *Karl Marx..., op. cit.*, p. 61.
☆14　Jon Elster, *Karl Marx..., op. cit.*

ことである」[☆16]。いくつもの時計は、同時刻に合わせて調整されてはいない。時間性は等速運動はしない。言語のような構造をとる政治は、無意識なもののように移動したり、凝縮したりする。合理的でないことだけでは満足しない歴史は、ほんの少し背徳的なところがあるというのだろうか？

　生産諸力の圧力のもとでの資本の暴落という機械論的図式よりは巧妙に、エルスターのテーゼは、問題を解かずに移動させてしまう。生産諸力と生産関係との最適の対応性を確定することができなければならないであろうが、彼はそのことをきわめて用心深く避ける。まず最初の困難は、生産諸力の確定それ自身に関係している。「生産諸力の発展の概念は、いろいろな理由であいまいである。規模の経済学〔生産規模の拡大による製造原価の縮小を意図する経済の在り方〕の活用が生産諸力の発展に符合するのかどうかはよくはわからない。同じく、生産諸力は、それがある環境と一定の人口的条件下で、より重要な過剰生産を可能にする際に、発展を遂げるものなのかどうか、あるいは、現実的な、場合によっては変化した条件下で、より大きな過剰生産を可能にする際に、発展をとげるものなのかどうか、よくわからない」[☆17]。実際、生産諸力についての概念は、マルクスにおける大部分の基本諸概念に共通する困難を引き起こす。それらの基本概念を数え上げることは、概念規定のレヴェル次第で異なってくる[☆18]。

　こういうわけで、対応性の概念は、相対的な相互性の関係を含んでいる。のちに社会的再生産全体に関連してくるところの近似値として、最適性と次善性は、生産ないしは分配の経済的水準だけで定量的にこれを規定することはできないだろう。しかも、マルクスが対応性の名目で搾取や不正義を時として受け容れるように見えるのはこのためなのである。リカードゥは生産のための生産を欲するが、「これは正当である」とマルクスは言う。正当か？　本源的蓄積と企業の専制支配が歴史的理性の新しい狡智だとでもいうのだろうか？　たとえ「最初は多数の人間個人や階級全体さえも犠牲にして」行なわれるにしても、生産のための生産は、「人間の生産力の発展、すなわち自己目的としての人間自然の富の発展以外には何も意味しない」[☆19]のである。政治経済学の観点であって、政治経済学批判の観点ではないリカードゥの観点からすれば、プロレタリアを家畜や機械と同一視しているとしても、それは卑劣ではない。

なぜなら、資本主義的生産関係の枠内においては、事情はまさにそういうものだからなのである。

「これこそがストア派的、客観的、科学的である」とマルクスは皮肉っている！

　叛乱と蜂起によってもうひとつの実際の歴史的可能性を表わす、労働（生産）力それ自体でなければ、どんな尺度をもってしても、生産様式が限界に達したと確定することはできないのである。どんな機械的法則も、革命の勝利の

☆15　Léon Trotsky, *Histoire de la Révolution russe*, Paris, Seuil, 1967.〔山西英一訳『ロシア革命史』全三巻（角川文庫、改版一九八四）、藤井一行訳全五冊（岩波文庫、二〇〇〇―二〇〇一）。引用文中の「プロレタリアートのディクタートゥーラ」(dicture du prolétariat) という概念は、以前は「独裁」と訳されていたが、現在、各国共産党のみならず、トロツキスト諸党においてもどう解釈されるべきか議論の最中であるので、‘dictatura’ の表音表記のままとした。ラテン語の ‘dictatura’ とは、古代ローマにおける特定の「執政官《ディクタートル》」(dictator) への一定期間の「委任統治」の意味であったが、近代になると「主権独裁」を意味するようになった。ベンサイドの議論は、カール・シュミットの『独裁』（一九二一年刊）に依拠したものであり、彼は二〇〇二年十月の東京大学講演で、そのことを明言した。ベンサイドの議論に基づいた議論は、佐々木力『21世紀のマルクス主義』（ちくま学芸文庫、二〇〇六）第二章の「プロレタリア独裁」についての議論（七九―九五ページ）中で展開されている。一般に、ベンサイドによる「プロレタリア・ディクタートゥーラ」論は、階級に基づきながらも、政治的に複数主義的で、分権制を強調するものであった。〕

☆16　Jon Elster, *Karl Marx…, op. cit.*

☆17　*Ibid.*

☆18　そのうえ、「物質的生産諸力」という概念は、われわれが物質的は形式的とは対立し、なんら限定された概念を含まないということを忘れるなら、判断を誤らせるおそれがある。そのように物質的生産諸力はけっしてありふれた物質性に還元されうるものではない。この概念が何度も表わされる事態は、それら物質的生産諸力が、労働の組織、科学的知識、および生産方法と同じくらいに、自然資源（原料、エネルギー）および技術的資源（機械、方法）を含んでいることの証拠である。生産関係のボンネットの下のエンジンの役割とはほど遠く、物質的生産諸力はそれ自身が、労働の組織の角度からも、知の生産的使用の角度からも、生産関係によって決定されるのである。コーエンによる「歴史的推進力」の図式を批判して、ミシェル・ヴァデは指摘している。「力と手段とは、普通の理解力では、ふたつの異なったカテゴリーである。実際はことはそう簡単ではない。もはや単純な労働ではない労働にあっては、とりわけ発達した資本主義の生産（産業の機械化）においては、生産諸力は手段であり、生産の諸手段は生産諸力である。諸力と諸手段とは相互に移行する。生産の諸力と諸手段のさまざまな種類が並び、多義性が読め、奇妙さと思いがけない空隙が現われる一覧表の上で、それを見つけるかのようにしてそれらの間の絶対的差異をあくまで主張しても無駄である」(Michel Vadée, *Marx penseur du possible*, Paris, Klincksieck, 1993, p. 398)。

☆19　Karl Marx, *Theorie sur la plus-value*, t. II, *op. cit.*, p. 125.〔邦訳全集26、『剰余価値学説史』II、第9章「いわゆるリカードゥの法則の発見の歴史に関する覚え書き」、一四三―一四五ページ。〕

不可避性を統轄することはできない。「対応性」は二つの用語（下部構造と上部構造）を単純に一致させたものではない。それはただ矛盾しない関係、もしくは形式的に両立しうる関係を示すにすぎない。[20] これとは逆に、時の不調和は、ひとつの時代の全般的性格を決定するのである。

「社会革命の時代」、とマルクスは言っている。

それは現実的可能性の一束なのであって、それ以上のものではない。

世紀の黎明期のロシアでは、社会主義は「時期尚早」であったのか？　この質問は参照すべき歴史的規範を前提する。「歴史理論は変則的に起こったことを説明することができないとわれわれはすでに指摘したが、だからといって、われわれは、正常性の規準について明らかにしたわけではない」[21]。それにはそれ相当の理由がある。歴史上現われる特異な諸形象のなかで、いかにして正常性（normalité）を定義するのか？「正常に」機能していることを健全だというのなら、それは同義反復《トートロジー》である。ましてやコーエンは社会関係が問題となる時に、そのことを強く感じている。「おそらく、われわれは、生産諸力の生産関係への適合と同様に、生産力の増大傾向を、正常な社会の際立った特性と見ることはできないであろう。正常な社会についての概念全体は、健全な有機組織についての概念よりも、もっと不明瞭であり、それを応用するのは容易ではないということを覚悟してかからなければならない。歴史の主題は洗練された概念化には抵抗するものだということを覚えておく必要がある」[22]。

慎重なコーエンは、それでも、生産諸力の優位性に、原因を示すというよりも説明的な意味を託する。彼は潜在性について三つの度合いを区別する。

（1）ある条件のもとでは、xはyになるだろう。
（2）ある正常な条件のもとでは、xはyになるだろう。
（3）あらゆる正常な条件のもとでは、xはyになるだろう。

法則の形で言明されたこれらの度合いは、改めて歴史の前提となる正常性に着目するよう指示する。特異な状況に代わって、「正常な諸条件」とは何を意味するのだろうか？　歴史の必然性と可能性は、「差し迫る破局……それとどう闘うか」を予告したレーニンのように、条件付きの預言しか許さない！　物理的預言とはちがって、先廻りの歴史的予測は戦略的投企として表現される。

これがレジ〔スター〕と合理性との変化なのである。

放射状に延びる平面が直線に取って替わる。

というのは、歴史の発展は対応性と不調和の単調な交替には還元されることはないからである。合理的なものと非合理的なものとの各瞬間における闘いにおいては、非合理的なものは、実際には、合理性の裏返しであり、「無視してはならない歴史の一契機[☆23]」なのである。一度たりとも実際的な歴史にならないであろうことが、非合理的なものなのである。

分析的マルクス主義の理論家たちは、資本主義はどうあっても長続きはしなかったのかどうかを知ろうとあれこれ考えるにちがいない。歳の功で未熟さを補いながら、彼らは及第点をとることに努め、変化がちょうどよい時に起こってくれそうな正確な分岐線を世紀中に引くことくらいのことはできるだろう。マルクスはこの種の年代学的投機に耽ることはない。彼にとっては、実際に可能なことが演じられるその時代の矛盾と葛藤を把握すれば充分なのだ。

☆20　「ドイツ語では、correspondre（sich entsprechen）と se contredire（sich widersprechen）とは、直接的に対立する。フランス語にはこのようなものはないので、われわれはドイツ語ならただちに察知されることをわかりやすくするために discordanse（不調和）を採用する。Correspondance（対応性）は Überstimmung とも言われる。Stimmen は、ことばのさまざまな意味に合致することを意味するのだが、これは Bestimmung（determination）と同じ語根を有する。これらの対応性（correspondances）は翻訳不可能である」（Michel Vadée, *Marx penseur du possible, op. cit.*, p. 154）。

☆21　Gerald Cohen, in John Roemer, *op. cit.*

☆22　*Ibid.*

☆23　Antonio Gramsci, *Cahier de prison 6, op. cit.*〔本書第1章の末尾（七一ページ）に長い引用がある。第1章の注66を参照。〕

「時代は戦争と革命の時代なのだ」、とレーニンはいう。

あとのことは政治の問題であって、預言の問題なのではない。すべては、「闘いと必然性によって」、どちらか一方が欠けてもだめで、両方あいまって引き起こされるものなのである。この世の時間は、歴史においては、「規則と未来の有為《うい》転変との結合として」現われるのである。[☆24]

断続と不都合な時《コントルタン》

この点について説明した幾多の文献を無視して、エルスターはマルクスのなかに、「普遍史の理論、すなわちそのもとで生産様式が歴史の舞台に相次いで現われるところの順序の理論」を執拗に見つけだそうとする。『ドイツ・イデオロギー』とその後の数々のテキストとのあいだの対照を説明することはできないことを覚悟のうえで、「完全に首尾一貫した目的論的姿勢」をマルクスに帰そうとさえする。「さもなくば、おそらくエンゲルスの影響[☆25]」だろう、と。この説明は無定見であり、いい加減である。それなのに一八四六年の諸テキストには、全体としてのまとまりを欠く若さゆえの軽率さはまったく見られない。それらは、『聖家族』からの厳密な継続性の一環をなしている。『要綱』と一八五九年の『政治経済学批判』はその忠実な反響を伝えている。「いわゆる歴史的発展というものは、次のことに基づいている。すなわち、最後の形態は過去の諸形態を自分自身にいたる諸段階と見なすということ、そしてこの最後の形態は、稀にしか、しかもまったく限定された諸条件のもとでしか、自分自身を批判することができないので〔……〕つねに一面的に過去の諸形態を把握するということに基づいているのである[☆26]」。歴史の展開は、避けることのできない、したがって、正当な現在の総仕上げのために力を貸すものだと考えて、過去を振り返る回顧的な幻想のすべてを、これ以上かたくなに歴史のとる方向のせいにすることはできないであろう。

生産諸力と生産関係の対応関係、歴史の必然性と可能性。ここでわれわれは、社会の変革、「時期尚早の」革命、失敗した過渡期の問題に立ち戻る。じつにはっきりと非難していた「超歴史的な図式」をマルクスのせいにすることでは飽き足りず、エルスターは、コミュニズムの早すぎた到来の無残な結果を検討する代わりに、定刻どおりにやってくるコミュニズムを思い描いていたとマルクスを非難する。この時期尚早はほとんど意味をもたない。日々の作業で順序よく配置された連鎖のなかのひとつの従順な環として組み入れられているような出来事は、もはや出来事ではなく、たんなる因習である。歴史は出来事に含まれる特異性で成り立っている。出来事は、想像上の約束期限との関係で時期尚早と言えるかもしれないが、現実の可能性についての揺れ動く展望においてはそうは言えない。マルクスの決定論を非難する人たちは、彼を不充分な決定論者であると非難する人たちとしばしば同じなのである。「合法」マルクス主義者であるストゥルーヴェにとっても、またメンシェヴィキにとっても、一九一七年のロシアの社会主義革命は、恐ろしいほど時機尚早に見えたのだ。この問題はいま、総括の時に再浮上している。歴史のテンポを尊重し、客観的諸条件とロシア資本主義を成熟するに任せ、ロシア社会に自らを近代化する時間を与えたほうが、より賢く、より望ましかったのではないだろうか?と。

この譜面を書き、拍子を取っているのは誰なのか?

エルスターによれば、「二つの亡霊がコミュニズム革命にとりついている」。「ひとつの亡霊は、コミュニズムのためにはまだ機が熟していない国における、先進的な革命的思想と悲惨な状況との混合物に乗じた早すぎる革命の危険である。もうひとつの亡霊は、危険な状況の芽を摘むための厄介払いの革命、言い換えれば、上から導入された予防的改良の危険である」[☆27]。亡霊が時機尚早の革命であれば、実際には熟しすぎた革命でもあるにちがいない。光り輝く

☆24 Jean Toussaint Desanti, *Reflexions sur le temps*, Paris, Grasset, 1993, p. 25.
☆25 Jon Elster, *Karl Marx...*, *op. cit.*
☆26 Karl Marx, *Contribution à la critique de l'économie politique*, *op. cit.*, p. 171.〔『政治経済学批判〔要綱〕』序説の邦訳については、邦訳全集13、六三三ページ、前掲『資本論草稿集①』、五八ページ、大内力訳『経済学批判』(岩波文庫、一九六〇)、三一〇—三一一ページ、を見よ。〕
☆27 Jon Elster, *Karl Marx...*, *op. cit.*, p. 710.

未来のうっとりさせるような子守唄にもはや屈しないと決意して、コーエンは、「衰弱した資本主義は、社会主義の建設ではなく、資本主義体制の潜在的には逆転可能な転覆」[☆28]を可能にするだけであることを記憶にとどめておくほうを選ぶ。彼は、一八五九年の「序言」の形式的な罠を免れることには必ずしも成功していない。「反資本主義革命は時機尚早かもしれないし、それゆえ社会主義的目標のもとで挫折するかもしれない」。歴史的諸条件の未熟さに還元されるスターリニズムの説明は、経験的事実に基づかずに、機械的宿命論に有利に、一九一七年の権力の奪取についても、一九二三年のドイツ革命の時機についても、ネップ〔ソ連邦の「新経済政策」NEPのことで、一九二一年以降、一定の市場経済を取り入れた経済体制〕の意義や検討可能な経済政策についても、頭から無効にしてしまうのである。

資本主義の衰退は既成体制の転覆を可能にするであろうか？　それもよかろう。それは事実として（ipso facto）「社会主義の建設」を可能にはしないのではないか？　それは話が別であり、言いすぎだ。それは可能性についての決定的に重要な考え方を軽々しく弄ぶものだ。可能だということで、現実的可能性の意味での強さだと理解するならば、転覆と建設とは、いやおうなく結びついてはいないが、条件付きでは両立可能である。そうでないと、転覆は面子を保つことで燃え尽き、諦めのなかで終熄してしまうにちがいない。マルクス（そしてレーニン）は、もっと具体的である。彼らにとって肝心なことは、ロシアで「ただちに」コミュニズムを樹立することではなく、社会主義的移行の地ならしをすることである。彼らが想定したことは、生産諸力の発展に応じて、「成熟の度合い」に基づいて、諸国をランク付けすることなのではない。その代わりに、ロシアにおける社会主義の現実性についてヴェラ・ザスーリッチに寄せたマルクスの返答は、二つの要因を強調している。依然として集団的な農地の所有形態の存在、ロシア資本主義の発展と生産諸力の全世界的な発展との結合がそれである。[☆29]革命の「成熟度」は、統一された均等な時間に基づいてたった一国で決められるものではない。それは時間の不調和のなかで算定される。不均等・結合的発展が、その可能性を現実のものとする。鎖は弱い環において切断される。社会主義的移行は、それにひきかえ、そもそも国際的展望のもとでしか構想することができない。これらの直観的理解を体系化したものである永続革命の理論は、頑固な決定論的歴史観の名でつねに反対され、スターリン主義の正統派はまさに、マルクスの理論を、もはやアジア的生産様式の居場所がなくなっている「超歴史的」図式の骨組に矮小化してしまったのであった。

一九一七年以降のロシア革命の運命、官僚主義的テルミドール反動、スターリン的テロル、収容所の悲劇は、いわゆる時機尚早論から機械的に生まれた結果なのではない。経済的、政治的、文化的状況が決定的な役割を演じたのだ。だからといって、それらの状況は、具体的歴史、世界の状態、政治的な勝利と敗北などとは無関係な、不可避の運命を構成していたわけではない。一九一八―一九二三年のドイツ革命、第二次中国革命、イタリアにおけるファシズムとドイツのナチズムの勝利、ウィーンの共和国防衛同盟[★30]の制圧、スペイン市民戦争、人民戦線の挫折は、ロシア革命それ自体にとってと同じくらいの分岐点を表わしたのである。

この傾向的発展を、全体的に普及した物神崇拝と社会関係の物象化から結果的に生じるこの発展の否定性とどのようにして両立させるというのか？　賃労働と資本との死のワルツが、勤労者の肉体的精神的荒廃、人間の物への服従、支配的なイデオロギーとその幻想効果への万人の従属を再生産する、とマルクスはくりかえす。革命の時機尚早論はコーエンとエルスターが予想もしない方向をとる。この時機尚早論は、いわば構造的であり本質的である。それはあれこれの国のことでも、あれこれの時機のことでもない。政治権力の獲得が、社会的変革と文化的解放に先行するかぎりで、始まりはいつも、のるかそるかの賭けであり、致命的となる恐れさえある。宙吊りになった時間は、官僚主義的侵犯と全体主義的な権力奪還にとっての好機となってしまうのだ。

☆28　Gerald Cohen, in John Roemer, *op. cit.*

☆29　マルクスからヴェラ・ザスーリッチへの手紙の論点について参照のこと。同時にトロツキイ『永続革命論』、レーニン『ロシアにおける資本主義の発展』および「四月テーゼ」、Alain Brossat, *La Théorie de la révolution permanente chez le jeune Trotsky*、並びに、E・H・カーと Theodor Shanin の歴史著作をも参照。

★30　一九一八年、オーストリア革命によってハプスブルク王朝が崩壊するや、ウィーンは「赤いウィーン」と呼ばれたが、社会民主党とキリスト教民主党が対立し、それぞれが準軍事組織をもつにいたった。一九二三年、前者はこの同盟を組織し、一九三四年に解散を余儀なくされた。その後二度にわたる国名変更ののち、オーストリアはナチスに蹂躙された。

エルスターにとって、「マルクス的な歴史哲学」に従えば、「資本主義は、コミュニズムに向けての避けて通れないひとつの段階であった」。ある発展の開始点のみから見て、コミュニズムが現実的可能性に転化するかぎりで、資本主義はその諸条件を揃えるのに寄与するのである。この月並みな自明の理は、コミュニズムというあらかじめ決められた目的に向かって、いつでもどこでも必然的（避けられない）段階となる資本主義の換位命題〔主語と属語が入れ替わった命題〕を認めることはない。（a）コミュニズムは資本主義の成長が寄与する一定段階の生産諸力の発展（労働生産性、労働力の熟練、科学と技術の大発展）を前提とする、というのと、（b）資本主義はコミュニズムに向かう行進途上での避けてとおれない段階であり、助走をなすものである、というのは、同じことではない。二番目の定式は、「最後の形態は過去の諸形態を自分自身への諸段階と見なす[☆31]」という、マルクスによってあれほどからかわれた幻想に落ち込むものなのである。

歴史的必然性と現実的可能性

リスクを犯すこともなく意表を突くこともない「定刻どおり」に起こる革命とは、出来事なき出来事であり、一種の革命なき革命であろう。可能性を現実のものとする革命は、本質的に言って、時ならぬ革命であり、ある程度はつねに「時機尚早な」ものなのである。創造性をはらむ不用意さを伴うものなのだ。

人間が解決できる問題だけを自分に提起するのなら、すべてはタイミングよく起こるはずではないのか？　かりにひとつの社会構成はそれが包容できるすべての生産力が発展しきるまではけっして消滅しないのであれば、どんな代価を払っても、運命をこじ開けようとするのはなぜなのか？　一七九三年に所有権にたいする生存権の優位性を宣言したのは時機尚早であったのか、それとも病的なことだったというのか？　政治的平等と同じ理由で社会的平等を要求することはどうなのか？　マルクスはその反対のことをはっきりと言っている。新しい権利の出現は抗争の現実性を表わしている。革命は、人間が歴史的に解決できることの兆しなのである。時代に適合的ではない適合性のもとで、革命は、都合のよい時と不都合な時、早すぎると遅すぎる、もうすでにと未だにのあいだでいっしょに起こる現存の力と潜在性なのである。おそらく、なのであって、最後のことばは言われてはいないのだ。

解放の客観的条件が熟していない時に、被抑圧者の側に立つことは、目的論的見通しを裏切ることではないのか？　スパルタクス〔古代ローマの剣士で、奴隷叛乱を起こした〕の、ミュンツァーの、ウィンスタンレイの、バブーフの「時代錯誤的」な闘いは、予告された目的のために必死に日取りを決めたであろうか？　その逆の解釈のほうがマルクスの思考にはふさわしいようである。予定調和的などんな歴史の方向も、どんな予定説も、抑圧にたいする忍従を正当化するものではないのだ。現実的でなく、時代にそぐわず、いやしくも同時代的とはいえないもろもろの革命は、「超歴史」に基づいてあらかじめ設計された図式とか、「時間を超越した青ざめたモデル」に、組み込まれることはない。革命という出来事は、〈普遍的歴史〉なるものの秩序立てには従ってはいないのである。

革命は地面すれすれに、すなわち苦しみと屈辱から生まれる。

人が叛乱するのにはつねに道理がある。

もし「対応性」が正常性の意味をもつというのなら、挑発という名の不寛容に打ち勝った者の立場に賛同しなければならないのか？　マルクスはためらいも保留もなく農民戦争、英国革命のレヴェラーズ〔水平派〕、フランス革命の平等派、ヴェルサイユの制圧に献身したコミューン戦士たちの味方なのである。

革命の時代は、調子はずれの時の泥沼化のなかでいつまでも終わらず、生産諸力は被害と破壊の数々とともに成長し続け、進歩の影の部分は光の部分に優ると、人は想像するかもしれない。アンリ・ルフェーヴルは、この「発展な

☆31　アジア的生産様式という困難な問題をはぐらかして、スターリンは具体的歴史を、生産様式が継起する「超歴史的」図式に還元しようとした。このイデオロギー的操作は、政治的利益（「一国社会主義建設」、国際的同盟、四つの階級のブロック）に直接繋がっていた。〔ここで引用されている「最後の形態が過去の諸形態を自分自身にいたる諸段階とみなす」という文章は、第1章の注43および第2章の注26にも出てくる。『資本論草稿集①』、『経済学批判要綱』への序説、「3　経済学の方法」、五八ページ、参照。〕

き成長」に言及している。そこでは生産諸力と生産関係の分裂は増大する非合理性によって表現されている。

現在は、開かれた歴史の中心的な時間のカテゴリーである。創世と終末の神話から解放された現在は、闘いと決断の戦略的思考として、「これからは歴史にたいして優位を占める」政治の時代である。「過渡ではない現在、そのなかで時間が立ちどまり、停止した現在の概念を、歴史的唯物論者は、抛棄することはできない[☆32]」。

聖アウグスティヌスは神に懇願した。神よ、あなたはどのような仕方で、未来のことを、むしろ現在を、預言者たちに教えるのでしょうか。「そもそも」、年代記的に継起する順序によって縛りをかけられた時には、過去、現在、未来の三つがあるとは言えないのです。むしろ私たちには、三つの時がある、すなわち「過去についての現在、現在についての現在、未来についての現在」があるといえるでしょう[☆33]。現在はその意味を再配分し、「ありそうなこと」の最先端にある潜在性の分野を発掘し、新しい好機を創造するのである。

これらの絡み合い、交差し、織り交ざった時には、抗いがたい運命の神託的な預言の居場所はもはや存在せず、あるのはただ条件付きの予測のための「もしかして」生じるかもしれないことを予告するための居場所なのである。そしてそれは不信心の都市国家（cité）がその伝統を忘れた時にのみ起こる。不可避性に背く預言者は宿命に挑む。それはもはや最初のきっかけから最終的に朽ち果てるまで坂道を駆け下りたり、あるいは原因と結果の連鎖のなかを疾走することではない。神託とはちがって預言は条件付きである。期待することを諦めた通俗的メシア主義とは反対に、能動的なメシア主義は、現在の苦悩に働きかける。「なぜなら、救世主《メシア》が近くにいるか遠くにいるかと、メシアの名を語ることによって自らの行動を左右することができるような、メシアの到来をうかがう時間はないからである。もろもろの掟から生ずる義務はメシアの到来に左右されない。われわれがやるべきことをやったあとに、神がわれわれやその子孫たちにメシアに相見る機会を認めるなら、そのほうがまだましであろう。〔……〕ダニエルは、終末の認識がいかに深遠で、しかも漠然と隠されているものであるかをわれわれに説明する。だから、加護の記憶の支配者たちが、——多くの人たちが終末は来ているがメシアは到来していないことを知って路頭に迷うのを恐れて、こうした投機的思惑買いに失敗したわけだから——メシアの到来のための時間の終末を予測するようなことは思いとどまるほうがよいとわれわれに言い含めるのは、このためなのである。本当のところ、加護の記憶の支配者たちは、こう言ったのだ。「時間の終わりを予測する者の息の根が止まらんことを☆34」。

実際には預言者は「期待の熱情」に身を委ねることはない。預言者は、どんなに悪いことが起ころうとも、それを告発することによって運命の判決の裏をかこうと工夫をこらすものなのだ。条件付きとはいえ、このメシア的預言は、予告された出来事への、信頼をこめた、あるいは諦められた期待ではなく、その出来事が到来する可能性への目覚めなのである。既知のことがたえず可能なことを修正する反省された認識、その時間的在り方は、現在であって、未来なのではない。

だから、預言とは、あらゆる政治的戦略的な言説の象徴的な形象である。『差し迫る破局、それとどう闘うか』において、レーニンは、闘う手段の条件付きの表明が一見避けられない事態を避けられうるものに転化することを確信して、そこに現われる諸傾向を読み取ろうとする。

☆32　Walter Benjamin, *Paris capitale du XIX*^{e} *siècle*, Paris, Cerf, 1989, p. 405.〔最初の引用は『パサージュ論③』（今村仁司・三島憲一ほか訳、岩波現代文庫、二〇〇三）、「K：夢の街と夢の家、人間学的ニヒリズム、ユング」、六ページ。二番目の引用は、前掲、野村修編訳『ボードレール他五篇』『ベンヤミンの仕事2』（岩波文庫、一九九四）、テーゼXVI、三四三ページ。浅井健二郎編訳『ベンヤミン・コレクション1』（ちくま学芸文庫、一九九五）、六六一ページ。〕

☆33　Saint Augustin, *Confessions*, XX.〔『アウグスティヌス著作集』第5巻II『告白録』（下）（宮谷宣史訳、教文館、二〇〇七）、第一一巻第一九章—第二〇章、二三七—二三九ページ。〕ハイデガーにおいては、これとは反対に、死をめざす存在は、現在を未来の制約(condition)下に置く。過去の優先性が年代的記述を決定するのに、歴史性においては、未来が時間性の有限性の表現として優先する。「真正な歴史は可能性からの回帰のそれなのに、真正でない歴史は過去の負荷から自らを逃れるために近代らしさを求める」。Françoise Dastur, *Heidegger et la question du temps*, Paris, PUF, 1990. Françoise Proust, *L'Histoire à contretemps*, Paris, Cerf, 1994 をも見よ。

☆34　Maïmonide, *Épître de la persécution et Épître au Yemen*, in *Épîtres*, Paris, Gallimard, «Tel», 1993, p. 42 et p. 85. ユダヤ人には未来を預言することが禁じられていた。

もし〔……〕なら、破局は確実だ、というのは、破局は宿命的ではないからである。

諸階級の「論理的に不可能」な平等化にたいして、マルクスは「歴史的に必然的な」階級の廃止を対置する。この歴史的必然性は、機械的な宿命性をまったく意味しない。経済学の特殊性は、偶然と法則についての諸概念を再検討し、「思弁的‐抽象的な意味での」必然性と「歴史的‐具体的な意味での」必然性とを区別することを強く要求する。グラムシは書いている。「効果的で能動的な前提が存在するときには必然性が存在するが、人間においてはそのことの意識が活発となり、集合的意識に具体的諸目的を提起し、民間信仰のように力強く作用する諸信念および諸信仰の総体を構成する」[☆35]。

内在的な「歴史的必然性」は、そうなるはずの、またそうなるかもしれないことを述べるのであって、確実にそうなることを述べているのではない。「実在的な可能性と必然性は、見かけのうえで区別されているにすぎない。この必然性は同時に相対的でもある」[☆36]。現実的可能性は必然性に転化する。この必然性は、あの可能的なものと現実的なものとの「自己反省していないような」統一から始まる。必然性は、いまだ自己自身に基づいて偶然性として自己を規定したわけではないのである。なぜなら、ヘーゲルが付け加えて説明するところでは、即自的に現実的な必然性は、同じく偶然性であるからである。「このことは、まず次のように現われる。すなわち、現実に必然的なものは、形式上は必然的なものであるが、内容的には制限されたものであり、内容によってその偶然性をもつ。〔……〕自体的には、ここに必然性と偶然性の統一がある。この統一は絶対的な現実性と呼ばれるべきである」。

デモクリトスとエピクロスにおける自然哲学に関する学位論文《テーゼ》で、マルクスは、この弁証法を申し分なく論じている。「偶然は現実的なものであるが、現実的なものは可能性の価値しかもたない。だが、抽象的可能性は実在的可能性のまさに対蹠物である。後者は、悟性のように、厳しい限界のなかに制限されているが、前者は、空想のように、無制限である。実在的可能性はそれの客観の必然性と現実性とを基礎づけようと試みるが、抽象的可能性にとっては、説明される客観が問題なのではなく、証明する主観が問題である。対象はただ可能であり、思惟されうるものであるはずである。抽象的に可能的なもの、思惟されうるものは、思惟する主観の邪魔にはならず、彼にとってなんらの限界でもなく、なんらの躓きの石でもない。この可能性が実際また現実的でもあるかどうかは、どうでもよい。なぜなら、関心はここでは対象としての対象には及ばないからである。〔……〕必然性は、有限的自然においては相対的必然性として、決定論として現われる。相対的必然性はただ実在的可能性から導かれうる。〔……〕実在的可能性は相対的必然性の解示である」[☆37]。可能性は相対的必然性を経由しての、必然性と偶然性とのゲーム、形式的必然性から絶対的必然性への運動の一環をなす。それは抽象的または一般的可能性とは異なるように、単純な形式的可能性（または無矛盾性）とは区別される。一定の可能性である限り、それはそこから「可能性が同時に矛盾か、不可能性が生じる」ところの「不完全さ」を自身に持ち込むことになる。

「可能性の思索家」であるマルクスは、そこでいくつかの方法に賭ける。偶発的可能性、これについては現実性との関連が（ヘーゲルによれば）偶然性を規定する。（アリストテレスによれば）与えられた形式（可能態から現実態への移行は、すなわち偶然と必然性とのこの上ない統一の瞬間であるだろうという）を受け入れるための定められた能力としての「可能態」、ついには歴史的可能性（現実的なものないし実効的なもの——wirklich）は偶然的可能性と可能態との統一と言えるのであろう[☆38]。『資本論』はそのほかのことは語っていない。いかなる絶対的必然性も、ラプラスの魔[★39]も。偶然と必然性はたがいに排除しあわない。出来事の一定の偶然性は恣意的でも気紛れでもない。それはた

☆35　Antonio Gramsci, *Cahier de prison 11*, *op. cit.*, p. 273-277. [*Quaderno del carcere 11*, p. 1477-1481.]

☆36　Friedrich Hegel, *Science de la logique*, Paris, Aubier, 1949, t. II, p. 208.〔山口祐弘訳『論理の学』第II巻（作品社、二〇一三）、二〇一—二〇二ページ。武市健人訳『大論理学』中巻（岩波書店、二〇〇二）、二四二—二四四ページ。〕

☆37　Karl Marx, *Différence de la philosophie de la nature chez Démocrite et Épicure* (1841), in Œuvres, Philosophie, Paris, Gallimard, «Bibliothèque de la Pléiade», 1968.〔邦訳全集40、『マルクス初期著作集』、二〇四ページ。〕マルクスの可能性のカテゴリーについてはMichel Vadée, *Marx penseur du possible*, *op. cit.*, et Henri Maler, *Congédier l'Utopie*, Paris, L'Harmattan, 1994を見よ。

☆38　まず可能性として『資本論』に現われる恐慌は闘争と諸事件とのゲームによって現実のものとなる。

だ形式的ではないひとつの因果性を表わすのみである。「口実のようにして、些細な偶然によるあれこれの原因を利用したのは、出来事それ自体であるということによって、人は真理にさらに接近するのである」[☆40]。

必然性は闘争の地平を形作る。

偶然性は運命の定めを払いのける。

『資本論』第一巻の最後から二番目の章「資本主義的蓄積の歴史的傾向」は、資本がその固有の矛盾の重さで確実に瓦解するという説への多くの機械論的信条告白とともに、多くの論争を吹き込んだ。マルクスは書いている。「資本主義的生産は、自然過程の必然性をもってそれ自身の否定を生み出す。これは否定の否定である」[☆41]。

まことに奇妙な文章である。彼は、一方では、資本の集中、科学と技術の産業への応用、農業の資本主義的組織化、大規模な生産手段の矛盾錯綜する社会化、商品関係の世界化への諸傾向を明晰に予測している。これらの予測は広く実証されている。他方で、彼は資本主義的発展から、絶対的貧困化と増大する社会的分極化の法則を引き出しているように見える。それでもラサールと彼の「賃金鉄則」にたいするマルクスの論争は、この貧困化の機械的解釈を禁じている。ところが、資本の集中と「資本主義的生産の仕組みそのもの」がプロレタリアートの大衆化、その抵抗、組織化、団結の自動的な高揚という結果を伴うとする考え方は、少なくとも部分的には、『資本論』の全般的論理とは決別している。

「資本主義的生産の内在的法則」を強調することは、ここでは、歴史的「宿命」の客体化と自然化に通じることになる。闘いの不確かさは否定の否定という形式主義のなかで失われる。まるで、そのたったひとつの流れによって、時間がその待ち望まれた時刻を歴史の文字盤に定刻どおりに告げるであろうことを保証できたかのようである。それでも「歴史は何もなさない」のである。しかも人間が選択していない状況のもとで、人間が歴史を創り出すのである。

第一巻のなかでもよく議論の的になるこの章は、単純な不器用さをそこに見いだすにしてはあまりにも傑出した位置を占めている。それはむしろ、自然主義の科学的モデルの影響（「自然的過程の不可避性」）と、開かれた歴史の弁証法的論理とのあいだの未解決の矛盾を強調している。エンゲルスは『反デューリング論』のなかで、「否定の否定」を抽象的なからくりや誤った予測につきものの形式的口実にする月並みな解釈と闘おうと努めた。「マルクスにおいては、否定の否定はどういう役割を演じているのか？〔……〕マルクスがこの過程を否定の否定と呼んでいるのは、そうすることでこの過程が歴史的に必然的なものであることを証明しようとしているのではない。その反対である。彼は、この過程が実際に一部はすでに起こっており、一部はこれから起こらざるをえないということを歴史的に証明したあとで、それに付け加えて、この過程を、一定の弁証法的法則に従って行なわれる過程と呼んでいるのである。それだけのことである。だから、ここでは否定の否定が過去の胎内から未来を分娩させる産婆役を務めなければならないとか、マルクスは、否定の否定を信用して土地および資本の共有制の必然性を納得せよと要求しているとかと、デューリング氏が主張するのは、これまたデューリング氏のまったくのなすりつけなのである。狭い考え方からすれば、たとえば、形式論理学や初等数学をたんなる証明用具と考えることもできるであろうが、デューリング氏が弁証法を同じようにたんなる証明用具と見なしていること自体、弁証法の本性にたいする認識をまったく欠いたものである」。

以下のことはしっかり覚えておこう。（1）否定の否定は新しい「機械仕掛けの神」（Deus ex machina）でも歴史の産婆

★39　フランスの数学者ピエール＝シモン・ラプラスによって『確率の哲学的試論』のなかで未来の決定性を論じる時に、仮想された超越的知性の概念。エーミール・デュ・ボワ＝レイモン（一八一八―一八九六）が、「ラプラスの霊」と名づけ、「ラプラスの魔」なる表現に転化した。

☆40　Friedrich Hegel, *Science de la logique, op. cit.*, p. 226.〔参考までに邦訳文を記しておく。山口訳『論理の学Ⅱ』、「むしろ逆に、そのようにそれだけでは些細なこと、偶然的なことは、内的精神によって初めて動機として規定されているのである」（二一九ページ）。武市訳『大論理学』中巻、二六三ページをも参照。ちなみに、第９章、三七六ページにも同じ引用が出てくる。〕

☆41　Karl Marx, *Le Capital*, livre I, tr. J.-P. Lefebvre, Paris, PUF, 1993, p. 856-857.〔社会科学研究所監修／資本論翻訳委員会訳『資本論』第一巻b（新日本出版社、一九九七）、一三〇一ページ。〕

でもない。（2）その法則だけを信用して、それに掛け売りしたり、未来に関する手形を振り出せるようなものではない。「歴史の必然性」は、カードで占ったり預言を表明することを許さない。それは可能性の領域で作用し、そこでは一般的法則が個別的発展をつうじて適合してゆく。弁証法的論理学と形式論理学はどう考えてもうまく折り合わない。この危機的な地点に達すれば、「きわめて一般的」な法則は言葉を失う。この法則は政治あるいは歴史に席を譲らなければならない。念には念を入れてエンゲルスはくりかえす。「それでは、否定の否定とは何か？　それは、自然、歴史および思考のきわめて一般的な、まさにそれゆえにまたきわめて広く作用している重要な発展法則である。それは、以上に見てきたように、動植物界でも、地質学でも、数学でも、歴史でも、哲学でも効力をもっている法則であって、〔……〕たとえば、大麦粒が発芽してから実を結んだ植物が死滅するまでにこの大麦粒が経過する発展過程について、これは否定の否定である、と言ったところで、その発展過程について何も言ったことにはならないのは、自明のことである」。大麦の実が否定の否定に属することを知っているだけで、「大麦をうまく栽培することも〔……〕できないのは、ちょうど弦の大小によって音色が規定されるという法則を知っただけでは、いきなりヴァイオリンを弾くことができないのと同じである」。だが、「aをかわるがわる書いたりまた消したり、バラをつかまえて、かわるがわる、それはバラである、バラでない、と主張するような、子供の遊びに類する否定の否定をやったところで、こんな退屈な手続きをとる人の愚かしさのほかには、何も出てきようがないのは、明瞭である」[☆42]。

弁証法的法則にその一般性以上のものを要求することは、空しい形式主義に行き着くことになるであろう。一粒の大麦の実と同じく、歴史的出来事は、否定の否定から演繹することはできない。どんな定式も、具体的状況の具体的分析に取って替わることはできない。そのことについては『ドイツ農民戦争』、『ブリュメール十八日』、『フランスにおける階級闘争』もまた、同様の実例を提供している。やっかいな問題はもはや、マルクスのせいだと不当に非難が加えられた決定論の問題ではなく、可能性のなかには、「正常」な発展と、逸脱したさまざまな奇形が存在するという問題なのである。[☆43]

『資本論』第一巻の出版の十年後に出た「資本主義的蓄積の歴史的傾向」についてのエンゲルスの論評は、こうして、当時の知的背景のなかでは充分に理解しうるあいまいないくつかの点をきれいに片づけている。彼が、この点について介入する必要を痛感したことと、この意味で発言に踏み切ったことは驚くべきことである。『反デューリング論』が、マルクスとの緊密な協調のもとに仕上げられただけになおさらのことである。『資本論』で論争になったこの章は、その時以来、問題点を明らかにし、それを修正するこの論評ともはや切り離すことはできなくなっている。

一定の必然性は、偶然の反対物ではなく、一定の可能性の必然的な帰結である。否定の否定は、消え去るはずのことを教えるのであって、これから起きるはずのことを上から指図するのではないのである。

限定的条件付きの進歩

生きているものの歴史と同様、社会の歴史は「きわめてありそうもないし、過去を振り返ればまったく論理的なのだが、予測することは絶対に不可能な出来事の集まりからなっている」[☆44]。一九〇九年にウォルコットがカナダのロッキー山脈でバージェス頁岩《けつがん》として知られる化石を発見した。彼は、もっとも単純なものからもっとも複雑なものへの

☆42　Friedrich Engels, *Anti-Dühring*, Paris, Éditions socials, 1969, p. 162-172. 〔邦訳全集20、一三八―一四八ページ。粟田賢三訳『反デューリング論』上巻（岩波文庫、改版一九七四）、二二三―二三八ページ。〕

☆43　エルネスト・マンデルはしばしば歴史の「廻り道」と「逸脱」について語っている。それでも彼は、問題は歴史的決定論というよりはむしろ正常性の問題であることを明らかにしている。すなわち、「しかしながら、資本主義が無限に続きうるとか、それは崩壊によって罰を受けるとかいう知的疑問は、社会組織のより優れた形態によって入れ替わるという思想、つまり社会主義の不可避性と混同されるべきではないということは強調されねばならない。社会主義の避けられない勝利という結論に達しなくとも、資本主義の不可避的な転覆を予見することは完全に可能である〔……〕。このシステムは生き残ることはないが、しかし社会主義にせよ野蛮にせよ、それらに道を譲ることはありうる」（Ernest Mandel, *El Capital, cien años de controversias*, Mexico, Signo XXI, 1985, p. 232）。

☆44　Stephen Jay Gould, *La Foire aux dinosaurs, réflexions sur l'histoire naturelle*, Paris, Seuil, 1993.

進化をあらわす図表に、これらの有機生物を是が非でも入れようとした。七〇年代に、研究チームによるこの図表の検証が再開されたが、この解剖学上の特異現象をもうひとつの可能な規範として受け入れる一連の専門研究論文を通じて、〔この発見は〕「静かな革命」だということにされた。ロッキー山脈に棲息するバージェスの動物（オパビニア、ハルシジェニア、アノマリカリス）は今日ではもはや既知種の原初形態とは考えられていない。それらの生物はただたんに、生物のカンブリア紀の爆発、有機体の構成要因、潜在能力発育不全となったものであることを物語っている。

このような発見は、連続する進歩の段階や、多様性や複雑性の増大による「逆三角錐」現象によって象徴化された、進化についての支配的な考え方を打ち砕いているのである。歴史は種の多様性を増やすのであるが、枝を取り払い、解剖学上異なった有機組織のあいだの当初の格差を狭めてしまう。バージェスの頁岩の解釈は、コペルニクス革命とダーウィン革命のあとに出現したわけであるが、人類中心主義に新たな衝撃を与えることになる。人間は宇宙の一偶然事か、「進化のクリスマス・ツリーのうえに乗っているくだらないもの」にすぎないのだ。もはや「われわれ以前に存在したものすべてを、偉大なる地ならし、われわれの未来の姿の前触れとしてわれわれを思い描くこと[☆45]」は許されるものではないだろう。この無遠慮な観方は、人間の化身を、五〇〇〇万年ものやっつけ仕事と試行錯誤の本来的目的にしてしまったのだ！　地質学は、その独自の道をたどって、「来たるべき歴史は過ぎ去った歴史の目的地」であり……、ホモ・サピエンスはオパビニアの目的地であると信じ込ませたがる「思弁的技巧」に対して、若きマルクスの批判を深めさせることになった。「可能な道順の多様性は、明らかに、最終的結果を当初から予測することができないことを示している」。

人類よ、まったく無信心になるためには、いまひとつの努力を！　なにものもいまあるもの以外にはなりえないという回顧的幻想、および事物は絶えず変化するという漸進主義的幻想を捨てるために[☆46]。軍事的政治的勝利が歴史における真実や正当性の証明にはならないのと同じく、死後の生は古生物学においては証明する意味をもたない。死後の生は、まさに説明されなければならないことなのである。俗流ダーウィン主義者とは異なり、ダーウィンは、個別的な異変や自然淘汰による環境変化への適応上の回答が必ずしも進歩（どういう規準にしたがって？）を形成せず、むしろ計画も方向性もない進化を形成することに気づいていた。その進化論、「とりわけ歴史科学」においては、勝者たちは、将来の世代に自分たち自身の遺伝子コピーをより多く伝えるのであって、「それがすべてである」[☆47]。「厳密にベイコン的原理にしたがって」、淘汰は、不確実な遺伝子変異とその適応を通じて指導的な威力を行使する。ダーウィン自身は進歩という言葉でこのことを表現することを拒む。「それ以上のことばもそれ以下の言葉もけっして発しないでいただきたい〔……〕。長いこと熟考を重ねたうえで、発達においては進歩に導くような生得的な傾向というようなものはなにも存在しない、と私は確信せざるをえない」。進化は枝分かれか、藪状なのであって、一段一段昇る梯子のようなものではない。従来の進化の形はもっとも発達した形態の下絵を表わしてはいない。子孫たちがすでに多様化しているのにたいしいて、非同時代性は「時代遅れの」先祖たちの死後の生を正当なものと認めるのである。

再解釈されたバージェスの頁岩は、目的のない進化の偶然性や、規範的というよりはむしろ説明的な原理としての歴史の偶然性を復権させる。風変わりな出来事や不完全な出来事は、しばしば規則正しい事態よりも雄弁なのである。「途方もなくありそうになく、回顧的に振り返れば、完全に筋が通っていて、厳密にそれを説明することも可能ではあるが、予測することは絶対に不可能で、その再現などまったく考えられない、そういう出来事の集まりとして、生命の進化の壮大な光景を眺めること」[☆48]をわれわれはすでに余儀なくされているのだ。

自らの発見にもかかわらず、ダーウィンは、その時代の進歩主義的イデオロギーから免れることが困難であった。

☆45　Stephen Jay Gould, *La vie est belle*, Paris, Seuil, 1991, p. 42.

☆46　グールドは反対に「期待される怪物」と「区切られた平衡」について主張する。彼は書いている。「限られた変化は、すくなくとも知覚できない蓄積と同等に重要である」そして地上の歴史は、安定した状態を次に来るものに引き渡すことに頑固に抵抗するシステムへ無理強いする、「一連の不定期な拍動によって節分される」（*La Pouce du panda*, Paris, Grasset, 1982）。

☆47　Stephen Jay Gould, *Le Hérisson dans la tempête*, Paris, Grasset, 1994, p. 32.

☆48　Stephen Jay Gould, *La vie est belle*, op. cit.

彼のディレンマは、ある程度は、『種の起源』に〔自分自身の〕考えの歴史的根拠」を認めたマルクスのディレンマと同じものであった。ダーウィンのダーウィン主義は、実際には、環境決定論でも、販売競争についての単純な動物的たとえ話でもない。いくつかの最新のダーウィン解釈に先行して、マルクスは、推進的な原理としての「遺伝による蓄積」から着想を得ている。（必然的な）出来事の蓄積と（出来事に関する）発明との弁証法について強調しながらも、マルクスは機械論の罠にはまることがない。「いろいろな有機体そのものが「堆積」によって形成されるのであり、それらは生きている主体の「諸発明」や漸次に堆積した諸発明でしかない☆49」。

ダーウィンの時間は「手ちがい☆50」により突然変異を起こす。

エティエンヌ・バリバールは、「歴史は悪しき側面によって進む」というマルクスの厄介な発言を補完して、次のように付け加えている。それでもやはり、歴史は進む！　実際に「勝ち戦さでの敗北」の「不調」や「失敗」が、思いもかけない役割を果たすことは稀ではない☆51。

バリバールは、この「悪しき側面」の卓越した役割を強調する。プロレタリアートの抑えがたい行進による統一された世界という幻影を打ち砕く、敗北という役割である。一八四八年以後は、一八七一年以後と同じように、事件の衝撃は進歩の観念への批判を呼び起こした。衝撃は「特異な史実性」を考えることを強いた。この結論は、進歩の絶対的な歴史的尺度という仮説とはほとんど両立しない。マルクスの努力は、二つのことの帳尻合わせを狙っている。すなわち、世界史の（「浮揚する普遍」の）抽象化から自由であるためには、絶対的特異性（「たった一回しか起こらないこと」）の常軌を逸したカオスに陥らないこと、そして進歩のジョーカーに頼らないことである。普遍化がひとつの過程であるかぎりでは、進歩は直説法現在ではなく、前未来〔未来における完了を表わす時制〕でのみ活用できる。ただし留保と条件付きで。しかし、日々の進歩が失ったものより多くを獲得することにあるとすれば、その評価は損得の差引勘定であることを余儀なくされる。これは、結局、尺度それ自体の時間性を軽視することに帰着する。その日の利益は翌日の損失であり、その逆もあるという理由で。

進歩の日常的概念は、固定した比較の目盛りと最終的な要点評価の一覧表を想定している。昨日および今日の自由主義的オプティミズムにとっては、「あらゆる変化は進歩の方向をとるから、その進歩にたいして後退はありえない」。言い換えれば、歴史の進歩への信仰は「偶然性を排除」[52]する。その点については、こう言っても言いすぎではないだろう。すなわち、両大戦間期の社会民主主義とスターリン主義の政治屋たちは、かの静寂主義で気脈を通じ、どんなに高くついても、破局の再発のなかに「遅れ」や「減速」しか見ないのである、と。

ベンヤミンは、『歴史の概念について』〔歴史哲学テーゼ〕の第三テーゼで、進歩についての回顧的で決定的な規定性を口に出してはならない最後の審判のイメージによって言い表わしている。「さまざまな事件を、大事件と小事件との区別なく、ものがたる年代記作者が、期せずして考慮にいれている真理がある。かつて起こったことはなにひとつ、歴史から見て無意味なものと見なされてはならない、という真理だ。たしかに、人類は解放されてはじめて、その過去を完全なかたちで手に握ることができる。言い換えれば、人類は解放されてはじめて、その過去のあらゆる時点を引用できるようになる。人類が生きた瞬間のすべてが、その日には、引きだして用いうるものとなるのだ——その日

☆49　Marx, *Théorie sur la plus-value*, t. III, *op. cit.*, p. 343.〔邦訳全集26、『剰余価値学説史』III、第二一章、三八四ページ。〕
☆50　Michel Serres, *Eclaircissements*, Paris, Flammarion, «Champs», 1994, p. 202.
☆51　Étienne Balibar, *La Philosophie de Marx*, Paris, La Découverte, 1993.〔杉山吉弘訳『マルクスの哲学』（法政大学出版局、一九九五）。〕
☆52　Georg Simmel, *Les Problèmes de la philosophie de l'histoire*, Paris, PUF, 1984, p. 222.〔生松敬三・亀屋利夫訳『歴史哲学の諸問題』（白水社、一九九四）、二三九、二四一ページ。本文でベンサイドは引用箇所を要約したり加工したりしているが、以下の文章に典拠していることはまちがいない。それぞれの引用の該当箇所は、「この様な類型を代表するのは、ある種の千年王国的信仰、ならびに自由主義的なオプティミズムである。これを基礎にすれば、たしかにいかなる変化もそれ自体で進歩でありうることになる。たとえわれわれの手のとどく諸価値と比べてその変化が退歩を意味しようとも。全体としての世界過程のなかでは退歩などということは可能ではなく、停滞という形式での遅延があるだけだというわけである」（二三九ページ）、「歴史が進歩を示しているという主張は、要するに、ふつうは実在的なメカニズムの諸力とわれわれの理想表象とのあいだにあるまったくの偶然性という関係を排除するものである」（二四一ページ）に符合する。〕

こそ、まさに最終審判の日である」[53]。出廷して顕彰される瞬間の徹底的な要約列挙、比較のためのそれらの引用は、最後の時、すなわち、開かれた歴史の地平を避ける最後の審判の限界点においてはじめて考えられることなのである。だから、進歩の意味は、救済された人間の夢のなかで宙吊り状態にある。それまでどんな整理もどんな分類も、暫定的なままである。歴史家の秩序正しく勝ち誇った議論の裏をかいて、年代記作者の忍耐強い調査は、もろもろの出来事を記録する。それらの出来事のどれも無視されることはない。というのは、その重要性は、ずっとあとに、未来の衝撃的な復活となって現われるかもしれないからである。

進歩の抽象化と〈普遍的歴史〉なるものは結びついているのだ。

後者の完成だけが、進歩の抽象化によって走破された道を有効なものとすることができるだろう。人類が自分の達成した仕事を満足な眼差しでじっとみる、その目的がなかったら、そして最後のことばが語られるありそうにもない日が来なければ、世俗の歴史は意味を喪失して息を引きとることだろう。

影のようにして進歩のあとについてゆく退歩によって歴史的にも社会的にも二重に規定されているために、進歩は、けっして絶対的でも決定的でもない。資本が遂行する進歩は、「この隷属の形態変換に、すなわち封建的搾取の資本主義的搾取への転化にあった」[54]。抽象的に「進歩的」な農民収奪は、「血に染まり火と燃える文字で人類の年代記に書きこまれている」。ロシアにおける農地改革の災厄（森林伐採、農地不足）を前にして、エンゲルスは、人的およびエコロジー的被害を、近代化による避けられない臨時的費用のように見なすことを許さない。「そして、われわれは、これらのいっさいが結局は人類の進歩の原因として役だったにちがいないという考えによって、われわれ自身を慰めなければならないでしょう！」[55]。つねに執行猶予状態の進歩は、また、歴史の勝利の行進の模範的な光景にはあまりふさわしくない、敗者に加えられる耐えがたい暴力の、もろもろの改良策の、技術的洗練の進歩でもあるからだ。

商品生産の全般的普及は、交換と交通の世界化をもたらすが、世界市場は、支配と従属のヒエラルキーのもとに構成される。階級闘争の国際的進展は、狭い党派意識の地平を突き抜け、連帯の論理を普遍化し、すべての抑圧関係の廃棄のもとで自分自身を否定することを目標とする。ところが、抗争の力学は、新たな分裂、新たな分岐、新たな民族的、宗教的な自主独立主義を結晶化せしめる。風俗習慣の違いを和らげるどころか、万人の万人との交流は空間と時間において戦場を拡大する。生産、諸科学、技術の飛躍的発展は、前代未聞の欲求と能力を明らかにし、嗜好、創造、差異で着飾った豪奢な亡霊をちらつかせる。だが、物象化と疎外は、人間の姿を、それ自身の物神からなる光景

☆53　Walter Benjamin, *Sur le concept d'histoire, Écrits français*, Paris, Gallimard, 1991, p. 340.〔前掲、野村修編訳『ベンヤミンの仕事2』、三二九ページ。浅井健二郎編訳『ベンヤミン・コレクション1』、六四七ページ。〕より散文的にジンメルは、「消失点、無限に投げ出された限界点としての歴史の統一性を構想することを提起する。すなわち、この点に近づくにしたがって、歴史の織物の初めから綻びていた諸要素はしだいに互いに片方がもう一方へと結びついているものとして、そして、たった一つの布を成すかのように現われるであろう」(*op. cit.* p. 187.〔前掲邦訳『歴史哲学の諸問題』、七九ページ〕)。「たしかに、この政治という概念によって生という多種多様な織物から一本の糸が引き出され、この糸を支えかつこの糸に支えられて現実が織り込んでいる他の糸に対してこの糸がひとつの独立の織物に加工されるのだと言っては、少々極端すぎるかもしれない。なぜなら、そこには、一本の糸の諸断片がそれ自身において関連づけられる連続性が欠けているからである。むしろ織物の諸断片が問題なのであり、それも部分的に、全体の内部で相互に結びついているだけなのであって、考察者が提出する独裁的で統一を強要するひとつの観点によってはじめてひとつの「歴史」を形成するのである」〔本文ではこのジンメルの文言をベンサイドが言い換えて使っているものと思われる〕。この問題提起にたいする反響をレイモン・アロンに再確認できる。「どんな歴史も、その意味は進化の約定によってしか定められてはいないであろうから、終わることはない。世界史は伝記であって、人類の自叙伝をほぼ語りうるかもしれない。つまり、全存在の意味のように人類の意味は、もし冒険が完結されるという場合にのみ、終わりを告げられるであろう」。終わりを告げられて、歴史は同時に独特かつ体系的なものとなるだろう。すなわち「全体性は唯一の将来のそれである」(Raymond Aron, *La Philosophie critique de l'histoire*, Paris, Vrin, 1969)。ジンメルとアロンが（織物の）歴史的統一の回顧的一貫性を強調するのにたいして、ベンヤミンは、贖罪の瞬間が唯一暴くことができる過去の宙吊りにされた意味を強調する。

☆54　Karl Marx, *Le Capital*, livre I, Paris, Éditions socilales, 1965.〔邦訳『資本論』第一巻b、一二二〇ページ。〕

☆55　フリードリヒ・エンゲルス「ダニエリソーンへの手紙」、一八九二年三月十五日付。〔邦訳全集38、書簡集、二六五ページ。〕アントニオ・ラブリオーラは自然の進化と社会発展を混同する《Madonna Evoluzione》をきっぱりと告発する。「史的唯物論に固有の発展方向、すなわち具体的にいえば進化の方向と、いまでは聖母マリアのように清く慎ましい進化（Madonna Evoluzione）について語りこれを崇める多くのイタリア人の頭脳を数年来襲っている脳の病《やまい》と私が呼んでいるところのものとを混同することは、私には許されませんでした」(ジョルジュ・ソレル宛第七書簡〔アントニオ・ラブリオーラ『社会主義と哲学』（小原耕一・渡部實訳、同時代社、二〇一一）、一三二―一三三ページ〕)。

を前に茫然とする平民に変えてしまう。増大する労働の生産性は、共生性と意識の正常さの新たな形態にうってつけの、個人的および集合的な創造性のための時間を自由に解き放つ。しかし、あらゆる富とあらゆる交換を抽象労働時間によって推し測る「惨め」な尺度は、信じがたいほどの潜在力の解放を、失業、社会的排斥、身体的（肉体的）およびモラル的悲惨に、変貌させてしまうのだ。

進歩にかんする大いなる幻滅は、滅茶苦茶な歴史の万華鏡的形象に思いを巡らせることになるかもしれない。道徳的憤怒や審美的歓喜、明日なき叫びや謎の沈黙のためにしか席はないのかもしれない。激憤する闘争心しか残されていないとしても、いかにして戦闘のカオスから逃れるか？　知力と判断力の原理をどうやって救い出すのか？　おそらく、それ自身の矛盾の罠に落ちた進歩の規準を再考することから始めることによってであろう。マルクスが提案した規準はそう悪いものではない。実際的な歴史を普遍化すること、欲求と能力による個人ならびに類を豊かにすること、自由な創造の時間のために強制労働を排除すること、男女間の情愛のこもった社会関係へ転換すること、これである。これらの規準は、工業生産の統計とか、世論調査の満足度などより比較にならないほど内容が豊富である。

なぜ他のことよりむしろこれらの規準なのか？　それはただたんに、それらの「価値」が、人間の自然および人間自身との社会的関係の内在的産物であり、あらゆる神的超越性を除き、人間それ自身の人格化の歴史的文化的結果だからである。事実と価値、モラルと政治、責任と確信とは、相互の無関心のうちに切り離されて歩むことはもはやない。歴史的物神崇拝、進歩の抽象化、意味の囲いを根本的に斥けることによって、マルクスは生産諸力と生産諸関係との貧しい弁証法よりも希望をもたせる潜在能力を解放する。

「人間の能力の成長」は、ジェリー・コーエンによれば、「歴史の中心的なプロセスである」。「この成長の必然性は」――とコーエンは書いている――「なぜ歴史が存在するのかを説明している。〔……〕ヘーゲルにとって、人間は歴史をもっているが、それは意識が自己を認識するようになるためには、時間と行動が必要だからである。マルクスにとっては、自然に打ち克つために、人間は時間と行動を必要とするからである」[☆56]。歴史と政治（抗争の戦略として理解される）の分離は「この成長の必然性」が解明されることなく歴史の思弁的表象への再転落を引き起こす。この分離は進化と進歩の法則にごくあっさり共鳴するかのようである。「新しい生物は、古代の絶滅した生物よりもあいまいな意味でではあるが一般に高等に見える。新たに改良されて登場した種類の生物は、あまり改良されていない古参の生物に生存闘争によって勝利したという点で高等なのだ」[☆57]。この言明は年代順の継起と因果関係をとりちがえている。「マルクスは、歴史のなかに直線的な進歩の形態を見ていない」ことを認めるヤン・エルスターとしては、「生産諸力の永続的進歩についてのマルクス理論と、自然の絶え間ない破壊という、いっそう悲痛なヴィジョンとのあいだの興味深い対比」を銘記することで満足してしまう[☆58]。進歩と後退をそれらの矛盾した統一において考えることができない彼は、理論的な不調和にしか気づかない。生産諸力の技術的飛躍に還元された進歩と、打ちひしがれた社会的統合とのあいだの脈絡は絶たれている。残るのは、技術の実証的探求のオデュセイアの旅と、新しい魂の弁神論とのあいだの苦心の接着だけである。

歴史の合理性を強調することと切り離すことのできない漸進的進化の考え方は、マルクスがけっしてそれを払拭することに成功しなかった〈普遍的歴史〉の哲学の最後の厄介事であろう。エティエンヌ・バリバールは、その点については、分析的マルクス主義の結論に従っている。しかしながら、彼は、進歩の概念は実際には『資本論』から消えていると指摘している。「マルクスの関心を引くことは、進歩ではなくて、そこからとりわけ弁証法的概念を打ち出した経過または過程である。進歩は与えられるものではないし、計画されるものでもない。それは過程を構成する敵対関係の発展の結果から生ずるものでしかありえない。それゆえ、それはつねに相対的である。ところが、その過程

☆56　Gerald Cohen, in John Roemer, *op. cit.*
☆57　Charles Darwin, *L'Origine des espèces, op. cit.*, p. 392.〔渡辺政隆訳『種の起源(下)』（光文社古典新訳文庫、二〇〇九）、三八三ページ。八杉龍一訳『種の起原』（岩波文庫、新版一九九〇）、下巻、二四五ページ。〕
☆58　Jon Elster, *Karl Marx…, op. cit.*

はモラル的（精神的）概念でも、経済的（自然主義的）概念でもなく、論理的かつ政治的概念である」。〈普遍的歴史〉の進化論的かつ進歩主義的考え方をマルクスのせいにしたバリバールは、ロシアにかんするマルクスの最後の著述を、「外部から来た質問の圧力のもとで生じた驚くべき急転」のように解釈する。こうして、「マルクスの経済主義」はその反対物である「反進化論的諸仮説の集合」を生み出したというわけである。

このマルクスの遅ればせの急転という仮説は、劇的で有無を言わさないものではあるが、ほとんど納得できるものではない。一八四五年以来、世俗の歴史のために物神崇拝的な、または「超歴史的」な歴史の拒否は、矛盾した形ではあるが、進化論的一般化（一八五九年の「序言」がその影響を証言している）と共存しえたということは、この際、認めることにしよう。それでもやはり、均質的で線型的な世界史の亡霊が、バリバールがその重要性に気づいた厄介な歴史の概念によってたえず払い除けられていることに変わりはない。「マルクスは既存の説明モデルに助けを求めることがますます少なくなり、そしていよいよ、真に先例のない合理性を構築したのだ。この合理性は、あれこれの時機に参考にすることはできても、力学のそれでも、生理学や生物学的進化のそれでも、形式的な葛藤や戦略の理論のそれでもない。階級闘争は、その条件とその形態の絶え間ない変化において、それ自身でそれ独自のモデルとなるのである」[☆59]。

真に先例のない合理性！　それは歴史的理性の批判、政治経済学の批判、科学的実証性の批判の合流点にあるわけなのだ。

☆59　Étienne Balibar, *La Philosophie de Marx, op. cit.* 実証主義的でない合理性については、以下の文献をも参照。George MacCarthys, *Marx's Critique of Science and Positivism*, Dordrecht, London, Boston, Kluwer Academic Publishers, 1983.

第3章　時の新しい読み取り方

ルイーズ・ミシェルは、コミューン戦士シプリアーニがパリ市庁舎の時計の時間を止めようと突然強い思いに駆られた時の状況を語った。一八三〇年〔七月革命〕の反乱に立ち上がった叛徒たちの仕草を自分でも気づかずに繰り返しながら、シプリアーニは、壊れた時計の文字盤めがけて発砲した。一八七一年一月のいやな天気の日の四時五分のことだった。同じ瞬間に、彼の友人サピアは、胸のど真ん中を銃弾で撃ちぬかれて殺された。

時間とは何か？　そして、それをどう語るべきなのか？

新しい歴史の記述法《エクリチュール》もまた、新しい時間の認識の仕方であり、新しい時間の記述法《エクリチュール》である。諸事件によって区切られた歴史は、秩序と進歩の結合によって調整された〈普遍的歴史〉という有意の単位をもはやもってはいない。「それでも前進する」循環と螺旋の、革命と復古の、「もろもろの歴史の季節風[☆1]」ともろもろの振幅からなる渦巻が、歴史の断層から現われてくる。

歴史の夢と悪夢

ボシュエによれば、摂理とは、〈普遍的歴史〉を通じて、その創世以来、「この世の終わりに完成されるはずの姿を

☆1　Robert Bonnaud の、とりわけ前掲〔第1章注35〕の *Les Alternances du progrès*〔『進歩についての別様の考え方』〕には律動的な語彙による造詣深い詞華集が見いだせるであろう。

準備するものとして、たゆまず一貫して続けられてきた構想を引き続き追求する」ものである。世俗化されたこの偉大な構想は、カントにおいては、「自然の意図」となる。そして人間は、「それぞれがしばしば他人と対立して自分自身の意図を追求し」ながら、「いまだ知られていない、この自然の意図の促進に協力している」[★2]。『世界市民的見地における普遍史の理念』（『世界史の理念』）の第一命題は、目的論的秩序を主張している。「被造物の自然的素質はすべて、いつか完全かつ目的に適って解きほどかれるように定められている」[★3]。運命の意志への忍従を説くどころか、必然性が条件法と重ね合わされて成立する、こうした目的を承認することは、市民的な自由原理としてとどまる。「その最終段階の時代は、少なくとも人間の理念において自らの努力目標でなければならない」[★4]。

より一般的に言えば、ドイツ古典哲学は、とかくその哲学のせいにされる幾多の歴史主義的図式に抵抗する。歴史の目的についての物語や伝説に惑わされて、注意深い読者は、イエナの哲学のなかに[★5]、歴史的理性への批判が生まれつつあるのを発見してびっくりすることになる。すなわち、空虚な（抽象的な）時間と、充実した（闘いに充ちた）時間の対立、進歩についての抽象的な（一方的に量的な）解釈の拒絶、歴史の意味のまったく形式的な一般化の拒否である。「歴史は終わった」、そして「もう何もなすべきことはない」と宣言することによって、コジェーヴは、これとは反対に、歴史の成就の意味においてヘーゲルを拡大解釈した。しかし、ドイツ語は、「めがけた目標」と「最終段階」とを同時に表わす〔フランス語での〕“fin”の両義性にはなじまない。ヘーゲル的カテゴリーは、「終焉」（Ende）あるいは「終結」（Schluss）というよりも、むしろ「結果」（Resultät）ないし「目標」（Zweck）のカテゴリーに入る。

自然と運動との具体的単位の契機である空間と時間は、ヘーゲルにおいては、「時間を稼ぐために空間を譲る」ことをつねに心得た戦略家たちの周知の変換可能性の関係を維持している。ふつうの表現として、空間は存在し、時間もまた存在する。しかし、哲学は「このもまたと闘う」と、ヘーゲルは述べる。というのは、時間は「空間の真理」[☆6]だからなのである。ヘーゲルはこうして、線型的時間という抽象的表現を斥ける。すなわち、過去、現在、未来の諸形態は、いまの特異性においてふたたび見いだされるからなのである。

ヘーゲルの歴史哲学と、それを疑問視させる論理学との遊離は、幾多の戯画的解釈を産み出すことにもなる。これらの紋切型の解釈とは反対に、ヘーゲルは人類社会の生成のなかに「盲目的運命の抽象的で非合理的な必然性」[★7]をみることをきっぱりと拒否するのである。もし「普遍史」が法廷であるとしても、それは「たんなる力による審判」ではなく、自意識と魂の自由の発展なのである。「普遍的な世界精神の歩み」は、大小の情熱、主観的な「視点」、そのもとでは特殊な諸形態が消失する諸契機を超越する。しかし、具体的歴史は、もはや「純粋思惟の抽象的諸概念における単純な進歩」でもないし、「空虚な時間のなかでの進歩」でもない。それは現在に重なる「闘い、に充ちた限りなく充実した時間[☆8]」に属している。「〈精神〉が背後に残してきたかに見えるさまざまな要素は、それの現在の深みを形成するものでもある」。だから、哲学においては、「問題なのはつねに現在」なのである。哲学においては？　政治においてはどうなのか？　現在とそのもろもろの可能性の最終的決着にかんしては、政治が歴史に優先する。ウィーン

★2　カント「世界市民的見地における一般史の構想」（「世界史の理念」）、篠田英雄訳『啓蒙とは何か』（岩波文庫、一九七四）所収、二四ページ。福田喜一郎訳「世界市民的見地における普遍史の理念」、『カント全集14』、『歴史哲学論集』（岩波書店、二〇〇〇）、三―四ページ。

★3　前掲岩波文庫版、二五―二六ページ。前掲全集版、五ページ。

★4　前掲岩波文庫版、二七ページ。全集版、六ページ。

★5　イエナはドイツ中東部の都市で、イエナ大学は初期ドイツ観念論および初期ドイツ・ロマン主義の活動拠点として重要な役割を担った。

☆6　天体物理学者たちは、空間の時間にたいする比率を計算することを引き受ける。すなわち、宇宙の銀行にあっては、時間の一秒は三〇万キロメーターの空間に相当するだろうと言われている（Trinh Xuan Thuan, *Mélodie secrète*, Paris, Fayard, 1989）。

★7　長谷川宏訳『法哲学講義』（作品社、二〇〇〇）、六九七ページ。上妻精・佐藤康邦・山田忠彰訳『法の哲学』、『ヘーゲル全集9b』（岩波書店、二〇〇一）、五五二ページ。ヘーゲルがベルリン大学講義用に作成したテキストは、『法哲学要綱』（*Grundlinien der Philosophie des Rechts*）と呼ばれ、そのフランス語訳が *Principes de la philosophie du droit* である。ベンサイドはフランス語訳の §§ 341-346 を参照している。

☆8　Friedrich Hegel, *Leçon sur l'histoire de la philosophie*, Introduction du cours de Berlin, 1820, Paris, Gallimard, Folio-Essai, 1993.〔長谷川宏訳『哲学史講義』上巻（河出書房新社、一九九二）などを調査したが、ヘーゲル『哲学史』のいずれの邦訳も、一八二〇年のベルリン大学講義時の序論は、おそらく底本が異なるために、訳出していない模様である。〕

条約〔ナポレオンが歴史の舞台を退いてから一八一五年のウィーン会議で締結された〕を有するヨーロッパでのこの優位性は、悲しいかな、突然方向を変えてしまった。思弁哲学が自由について非実践的な観念を牛耳っていたのにたいし、一般史は、偉人たちが自分たちをいつも凌ぐような役割を演じたあとで、空薬莢《やっきょう》のように落ち込んでしまう当の生成の形式主義に、ふたたび転落してしまったのであった。

汝自身をよく知るこの〈精神〉の弁神論は、歴史を「理性の諸契機の必然的な発展」に還元する。判決にかかわる聖務の手ごわさはここから生まれる。世界の歴史は「世界の審判」に転化する。とはいえ、この形式的な合理化は、物理的時間という、絶望するような無意味さに対する叛乱を完全に鎮静化することはない。「歴史は〈精神〉が出来事の形で自らを形成する行為である」[☆9]。歴史の生成過程における出来事の役割分担を語ることは、存在すること（だが存在しえなかったかもしれない）と、存在しないこと（だが存在するための力を使い果たしてはいない）とのあいだに、可能なことの突破口を切り拓くことを意味する。

歴史の望ましい目的、という固定観念は、ヘーゲルよりもコントとクルノーにおいてじつにはっきりと表われる。前者は、歴史を実証的精神の礼賛の場で成就すると見るし、後者は歴史を意味もなく延々と続く言論市場において息を引きとるものと見る。

「革命の組織的終結を指揮する」緊急性に迫られて、コントは、革命なき進歩の歴史を夢見る。実証的精神は、これからはそれだけで「あらゆる重要な歴史的局面を、同じ根本的な進化の同じくらい重要な特定の諸局面として適切に表現することができるのであり、そして、その根本的な進化においては、共通の進化への特別な関与を定める不変の諸法則に従って、おのおのの局面がその先行局面から生じ、後続の局面を用意する」。「不変の法則に支配される」この進化は、大きな不安を払いのけたり、危険を冒さずに蓄財する願望を裏切ったりする。実証主義の勝利は、「社会に秩序」を回復させ、ついには「真に正常な事物の状態」を保証するであろう[☆10]。

クルノーにとって普遍史は、ジャーナリズムのもとで終結する。出来事は種々の現象かスポーツにおける快挙として自己消滅する。「雑誌が歴史に取って替わる」。偉大なる歴史物語の崩壊、という以上にうまく言い表わすことはできないだろう。

ヘーゲル以後、歴史の時間をどのように考えるのか？　ポール・リクールによれば、ヘーゲル主義からの出口は、

☆9　Friedrich Hegel, *Principes de la philosophie du droit*, §§341-346.〔長谷川宏訳『法哲学講義』、六九六―六九七ページ。上妻精ほか訳『法の哲学』下巻、『ヘーゲル全集9b』、五五一―五五二ページ。〕Eugene Fleischmann, *Hegel et la politique*, Paris, Gallimard, «Tel», 1993をも参照のこと。

☆10　Auguste Comte, *Le Fondateur de la société positiviste à quiconque désire s'y incorporer*, 8 mars 1848（『誰でもそこに溶け込もうと望む実証主義社会の創設者』一八四八年三月八日）。マルクスとコントの思考を混同するためには、たとえこの混同が第二、それから第三インターナショナルの「正統派マルクス主義」によって広められているとしても、ずいぶんと多くの虚偽が必要である。だからブハーリンの『社会学民衆教程』〔ブハーリン『史的唯物論』（青木書店・現代社会学体系7、一九七四）。第1章注62を参照〕は、そこに「物理学および自然諸科学の方法への形式論理学の応用」（*Cahier de prison 11*, p. 201. [*Quaderno del carcere 11*, p. 1402-1403.]）をみたグラムシの憤激を買うのである。グラムシは、因果律と正常態の研究が、歴史的弁証法に取って替わられている、と説明している。その際グラムシは、「教科書化」（*Cahier de prison 11*, p. 222. [*Quaderno del carcere 11*, p. 1424.]）しようとする時期尚早の意図を告発し、「社会学として理解される歴史と政治の理論」がそこから生じるところの「俗流進化論」を非難する。この社会学は、と彼は述べている、「進化論的実証主義に依存する形で、歴史‐政治科学の方法を作りだそうとする試み」（*Cahier de prison 11*, p. 230. [*Quaderno del carcere 11*, p. 1432.]）にほかならない。いわゆるその法則とは、「たいていがトートロジー〔同語反復〕や誤謬推理」、「観察された事実そのものの複写」であり、いかなる意味でも「原因となる意義」（*Cahier de prison 11*, p. 231. [*Quaderno del carcere 11*, p.1433.]）をもっていない。『資本論』のなかでマルクスは、脚注の目立たないメモでしかコントについて触れていない。「オーギュスト・コントとその一派は、資本の主人の永遠の必要性を明らかにしようと努めた。同じ理由で、そもそも彼らは封建領主のそれを明らかにすることもできたであろうに」。一八六六年七月七日のエンゲルス宛書簡で、マルクスは自分の判断を明らかにしている。「僕はいまついでにコントを研究している。というのは、英国人たちやフランス人たちがこいつについて大騒ぎをしているからだ。彼らをそれに惹きつけるものは、百科全書的なもの、総合的なものだ。だが、ヘーゲルに比べれば惨めなものだ（コントは専門の数学者および物理学者としてはヘーゲルよりすぐれているとはいえ、ヘーゲルはこの分野においてさえ全体としては無限に彼よりも偉大なのだ）。しかもこのくだらない実証主義は一八三二年に刊行されたのだ！」（邦訳全集31、書簡集、一九六ページ）。彼らの目から見れば、実証主義は、古典経済学に帰せられる学的尊敬にも、ユートピア主義者に帰せられる政治的尊敬にも値しない。

　コントとマルクスは相容れない。ことごとく反対である。一方は革命の完了と秩序の強化を考え、もう一方は転覆と革命の永続を考える。実証主義者マルクスを中傷する連中は、このれっきとした証拠には目を閉じて、まるでコント的な社会学と政治経済学批判との根本的な対立関係がある隠された暗黙の了解のうちに肩を並べることも可能であるかのようではないか！

「究極の筋立ての解読」を断念すること、すなわち、歴史の意味上の単位と人類の倫理上の単位とを一挙に打ち立てることも可能な、「筋立て中の筋立て」を解読するのを諦めることを意味する。★11 この〔ヘーゲル主義からの〕脱出は、マルクスの名前、すなわち壊れた政治的時間の多様なリズムと周期に従って時間を多元化するマルクスのやり方と切り離すことはできない。時間はもはや歴史の原動力、活力を与えられた隠れた原理ではなく、生産と交換の葛藤を含む社会関係である。

それ以降、現在はもはやたんなる時間の鎖の環ではなく、可能性の淘汰の契機となる。歴史の加速は、速さに有頂天になった時間の加速ではなく、手に負えない資本の回転の結果である。革命的に行動することは、歴史をつくる力量を抑制することを至上命令とすることではなく、その結果が不確かな抗争への参加《アンガージュマン》である。不確かで条件付き、断続に充たされているために、不可能な歴史的生成の全体化は、多元的な過去と未来を前に展開されるものである。☆12 どんな時代にしても、歴史的現在は完遂された歴史の帰結を表現し、（ふたたび）始まる冒険の発端を切り拓く力を表現する。これは、すなわち、そのもとで「人間が自分自身の歴史をつくる」ところの「発見され、与えられ、伝えられた」状況の概念と戦略的には同じものと見なされる文字どおりの政治的現在ということなのである。政治はそれ〔歴史〕をつくる方法である。可能性の実践的意味は、定かならぬ未来への逃走に誘い込まれたユートピアをそこから払いのけるのである。

もし、希望と恐怖、願望と欲求、慎重な計算と冒険的な賭けまで含めた、きわめて広大な期待の展望が遠ざかるにつれて、経験の空間が縮小するものなら、この可能性の実践的意味は崩壊する恐れがある。未来への一定の照準を定めることなくしては、期待は空廻りする。繰り返される過去の追憶は、いつも決まって錯乱に変わるものだ。「期待がユートピアのうちに逃避してしまい、伝統が死んだ堆積物に変わってしまう時」、現在はそれ自身の危機の病いにまるごと身を委ねることになる。その際、政治闘争は、その成功の保証もなく、緊張が不調和な時間の冷淡な断絶にいたらないように努めるのである。終結（fin）にあらざる目標（but）の追求を支えることができるのは、一定の期待と追憶だけである。
「ヘーゲルの普遍史も、歴史の夢である」[☆13]。
マルクスはその夢を追わない。
目覚めの合図を与えて、彼はむしろ悪夢を中断させてしまうのだ。

社会関係としての時間

旧い形而上学の空間－時間の組み合わせにおいては、空間は不動の客観性と数学的永遠性のもの静かな要素として現われる。つねに運動する時間は、しかるべき場所に収まってはいない。過去はもはや存在しない。未来はいまだ存在しない。現在は、そのつどまったく同一のものでも、まったく別のものでもない瞬間の連続のなかで姿を消す。時

★11　ポール・リクール『時間と物語』III（久米博訳、新曜社、二〇〇四）、三七三ページ。

☆12　「〈すること〉は現実〔フランス語版では全体性（totalité）〕が全体化し得ないようにするのである」（Paul Ricœur, *Temps et Récit*, t. III, Paris, Seuil, 1994, p. 417〔リクール、前掲書、四一六ページ〕）。

☆13　Maurice Merleau-Ponty, *Éloge de la philosophie*, Paris, Gallimard, 1953, p. 67.〔モーリス・メルロ＝ポンティ「哲学をたたえて」、木田元・滝浦静雄訳『哲学者とその影』、『メルロ＝ポンティ・コレクション2』（みすず書房、二〇〇一）所収、五六ページ。〕マルクスについての普通の解釈に逆らって、メルロ＝ポンティは世界史という夢から目覚めるべき要求を巻き起こす理論的大変動を完全に把握していた。すなわち、「マルクスこそは、人々の生活に内在する歴史の合理性を発見したわけです。歴史はもはやたんに、合理性ばかりか存在の権利までも哲学が与えてくれるような〈事実や現実のあり方〉なのではなく、歴史は、いっさいの意味がそこで形成される〈場〉〔……〕です。〔……〕実践が、最初から、普遍的ないし全体的歴史の理念によって支配されているのではありません。マルクスが未来を考えることは不可能だと力説していたのを、思い起こしてください。事物の経過を外から導くのではなくて、むしろその経過のなかから、生じてくるような〈ひとつの論理〉が透かし模様として見えてくるのは、それはかえって過去や現在を分析した結果なのです。〔……〕したがって、普遍的歴史というものは存在しないのであり、おそらく、われわれが前史から抜け出すことはとうていありえないことでしょう。歴史的意味は、人間相互間の出来事に内在し、そしてそれと同じように脆いものです〔……〕。普遍的歴史に頼ろうとするいっさいの試みは、意味を出来事から切り離し、実際の歴史を無意味にしてしまう〔……〕のです」（*op. cit.*, p. 68〔前掲書五七―五九ページ〕）。

間は、この几帳面な現在の変形・変態という形でしか存在しない。その執拗な変わりやすさが、同じ現在と別の現在という論理に挑戦するのである。「この挑戦が時間なのである」[☆14]。

時間を世俗化して考えることによって、近代科学は、この時間の存在にかかわる苦悩を回避できると信じてしまったのだ。ルネサンス以降、社会生活における時間は太陽時間に取って替わる。暦の暗黙の了解を示すいろいろな記号や季節による時刻の不規則性は、同一時刻が平然と区分して刻まれてゆくなかで消えてゆく。時計の種類や文字盤は増える。スピノザが「熱情の幾何学」を起草した年、ゼンマイ・バネ仕掛けによるエネルギーの貯蔵は、ホイヘンスをして「正確で携帯可能な時計の新たな発明」を可能にした[★15]。神と崇められる時計屋と人間機械の時代がやってきたのだ。

取引交換の全般的普及は人間諸関係を脱神聖化する。爾来、時計の抽象化と貨幣の抽象化が肩を並べて進む。時、それは金《かね》なり。金《かね》、それは時なり。主要な時間は、資本の時間となる。「じつに奇妙な性質を備え、ファンタスティックな勘定の成行きにまかせて変化し、線型化され、分割される」[☆16]資本の時間に。物理学の荒涼たる空間と時間が、いまや、自然ならびに経済についてのあらゆる知識の形式的諸条件を表現する。仮象と世俗にたいして絶対と真実の意気揚々たる連合を神聖視するニュートンは、物理学の「絶対的な、真実の、数学的な」時間、空間、運動を、「相対的、仮象的、世俗的」な時間、空間、運動に対置せしめる。

生かされることなく得したり失ったりするこの時間は、刈り込まれ計算される時間なのであって、もはや、神々や前兆の、日々の労働の、暦と告解の時間なのではない。この時間は、悪霊がせせら笑っているかのように、社会的絆の裏で糸を引いているように見える。時間は、たんなる「時間の抜け殻」に還元された人間の活動力をはじめとして、あらゆる物事の商取引上の尺度となる。経済学での時間は、しかしながら、時計のような機械的な時間とも、持続性をもつ心理学的時間とも、革命と復古を伴う政治的時間とも異なるものである。おそらく歴史は、バラバラで通約不可能なこれらの時間のあいだの「断層帯」か、そのあいだに「架けられた橋」でしかないであろう[☆17]。

見えざる手の悪戯《いたずら》。市場の手、時の手。アダム・スミスにとって、「市場の手」は社会の絆を調和的に織り上げる。ダーウィンにとって「時の手」は、大きな分岐点をなす小さな相違を包み込む。災いをじっと我慢し、トンネルの出口か、危機（なにごとも永遠ではないし、時計が呵責ない時を刻むたびにそのことを証明しているのだから、危機は長続きしないと考えて）の終わりを待てば充分と信じる、雄弁家やジャーナリストは、時間が過ぎ去るに任せるのである。

そうはいっても、時間はなにもかなえはしない。しかも時間に手はない。時間はわれわれのために働いてくれるわけでも、正当な判断をしてくれるわけでも、傷の手当をしてくれるわけでもない。時間は物事の流れというたったそれだけの事実の結び目をほどいてくれるわけではない。それには別な種類と別の観点の出来事の指が必要なのである。飽くことなき食欲のクロノス〔ギリシャ神話の時の神〕は終わったのだ。マルクスにおいては、プルーストにおいてのように、失われた時は時計の神の資格をもたない時間なのである。思い出も音楽もない、手に負えない歴史のたんなる

☆14　Paul Ricœur, *Temps et Récit, op. cit.* それゆえ、われわれは、「運動と時間を全体として」認識しなおし始めるのである。この運動は、その運動を分割する言語の流出のそれである。どうやって、出来事の体験された時間と動詞の文法的時間とを区別するのか？　ことばは時間から切り離せないであろう。それは同じ時間性である。「時間における言葉と言葉における時間の相互約束」の罠にはまって、われわれは、「時間において、時間によって自分たちに説明」し、「時間にかんして時間を語る」ことを余儀なくされる。

★15　精確に言えば、この言明は間違いである。オランダの秀逸な数学者にして、パリの王立科学アカデミーを率いたクリスティアーン・ホイヘンス（一六二九―一六九五）は、無限小幾何学を駆使して、精巧な振子時計を考案したが、それは重力定数に左右されるために、海上での経度測定には不適格であった。彼の時計学の最高傑作は、一六七三年刊の『振子時計』である。むしろ、硬い鋼鉄によってゼンマイを精錬し、それによって海上クロノメーターを作り上げた時計職人のジョン・ハリソン（一六九三―一七七六）のほうが、海上時計製作に成功し、後年の大英帝国を海洋帝国になすことに大きく貢献した。この点にかんしては、マイケル・S・マホーニィ『歴史の中の数学』（佐々木力編訳、ちくま学芸文庫、二〇〇七）、第5章「ホイヘンスと海上経度の測定」を見よ。

☆16　Éric Alliez, *Les Temps capitaux*, I. *Récits de la conquête du temps*〔『時間の征服の話』〕, Paris, Cerf, 1991, p. 24.

☆17　Paul Ricœur, *Temps et Récit, op. cit.*, p. 176.

目安でしかなく、どうしようもないほど時計や貨幣の抽象化の、絶対的に空しいその時間は、ヘーゲルが嘆く「漸進性とはまったく無関係な変化」によって陰鬱な時代を招来させる。市場の流行と死を身動きできない状態にすることによって、再発見された時間は、救われた成果と創造的な活動力の時間となるだろう。

ニュートン物理学の時間的規則性に魅せられながらも、マルクスは、デモクリトスとエピクロス、アリストテレス、ヘーゲルから出発して時間についての思考を続ける。エピクロスの時間は、世界の能動的形式であり、「現象を永遠に燃やし尽くす存在の火」であり、「変転としての変転」である。時間は「感覚によって知覚され」、また「偶発性として考えられる」「物体のもろもろの偶発性」を通じて、おのれを表現する。「それゆえ、自己内反省した感官知覚が時間の源泉であり、時間それ自身である」[☆18]。

先に予告した歴史の新しい記述法《エクリチュール》は、救済の聖なる時間とも、物理学の抽象的時間とも決別する。すなわち、リズムや始元の感覚を再発見し、規則性と斬新さとを結合し、時間――そのカテゴリー（危機、周期、回転）はこれから創造されるものなのであるが――の概念を構築することである。資本は社会的時間の矛盾をはらんだ特異な概念的有機体なのである。この時間のラディカルな非神聖化は、厳格な歴史的内在性の表象を補強する。マルクスはその先にはほとんど進むことができない。彼の政綱上の先取り的予測は地平線をくまなく捜査する。しかし政治経済学批判は、ある地点を超えてまで危険を冒すことができない。すなわち「生産諸関係の現在の姿態の止揚――それゆえ未来の予示、生成してゆく運動――が示唆されるにいたる諸地点」を超えてまでは。「〔……〕今日の生産諸条件が、自己自身を止揚する諸条件として、それゆえにまた、新たな社会状態のための歴史的な諸前提を措定する諸条件として現われる」[☆19]。それ以上ではないのである。

時間の経済学――「すべての経済学は、結局のところここに帰着する」。しかし、われわれがいま打ち鳴らす音を耳にするところの、その周期の拍子をとり、その欲動を鳴り響かせ、その欲望を震わせる資本の運動のなかに刻まれる時間についても、事情は同じであろうか？　周期、回転、危機。引き裂かれた時間はおのれを運動させる。これらの時間性を接合するマルクスは、開拓者として振る舞っているのだ。「まず彼にとっては、周期、回転、回転時間、回転の周期など時間要因に関連するあらゆる概念的なカテゴリーを鍛え上げることが必要であった。時間要因の研究を怠ったとしてマルクスが古典理論を非難したのは正当なことである」[☆20]。

盗まれた時間について書かれている『資本論』第一巻は、無遠慮な視線を避けながら、生産地下道で騙し取られる剰余価値の驚くべき秘密を暴露している。資本の変態と流通の書である第二巻は、時間に関する机上の空論を踏査している。総再生産の過程を扱う第三巻は、競争と剰余価値の利潤への転化を通じて、抗争と危機の生きた時間にふたたび出会う。

第一巻で、線型で表わされる生産時間は、剰余価値の謎を暴き出す。まやかしの現象として現われる交換に隠れて、生産錬金装置の置かれている地下室では、必要労働と余剰労働との配分を決めるたえざる闘いが行なわれ、この闘いが搾取率の揺れ動く線影を規定する。時間を二つの部分に分けるバール〔目安線〕は、階級闘争に応じて、おのれの位置を移動させる。見かけのうえでは月並みな機械的動きを示すにもかかわらず、その過程で商品が価値の抽象化へ還元され、労働が質のない時間の抽象化に還元されるこの生産時間は、そもそも最初から社会的時間なのである。ある立派な工場主はマルクスにこう言ったものだ、「毎日、法定時間より一〇分多く働かせることを私に許していただけ

☆18　Karl Marx, *Différence de la philosophie de la nature chez Démocrite et Épicure*, *op. cit.*, p. 54-57.〔邦訳全集40、『初期著作集』、二二七ページ。〕マルクスはルクレティウスにも通じている。ルクレティウスにとって、「時間もまたそれ自身で存在するものではなく、過去、現在、未来を感覚でとらえうるようにする諸事物とそれら事物の流れである」〔ルクレティウス『事物の本性について』第一巻（岩田義一・藤沢令夫訳、筑摩書房・世界古典文学全集21、一九六五）、四五九―四六一行。樋口勝彦訳『物の本質について』（岩波文庫、一九六一）、三一ページ。ただし、後者では、散文として次のように訳されている。「時もまた同様で、それ自体独立せる存在ではなくして、事件そのものから感覚が派生して、過去に何が起ったか、次に現在の状況は如何、さらに将来は何うなるであろうか、を感得するだけである」。〕〔ルクレティウスの *De Rerum natura* の邦訳標題は、より剴切には、『自然について』ないし『自然論』と解釈的に名づけられるべきであろう。〕

☆19　Karl Marx, *Grundrisse*, I, p. 400.〔『資本論草稿集②』、『経済学批判要綱』第二分冊（一九九七）、一〇〇―一〇一ページ。〕

☆20　Henryk Grossmann, *Marx, l'économie politique classique et le problème de la dynamique*, Paris, champ livre, 1975.

れば、あなたは毎年一〇〇〇ポンドを私のポケットに入れることになります」、と。

専制的なこの嘆かわしい時間は、人を隷属させ、体を蝕む。それは仕事の道具と同じように人を見なしているのである。言い換えれば、「どの人間も毎日二十四時間だけ死んでゆく。しかし、どの人間を見ても、彼がすでに幾日死んでしまっているかは正確にはわからない。それでも、このことは、生命保険会社が人間の平均寿命から、きわめて確実な、そのうえはるかに重要なことなのであるが、きわめてもうけの多い結論を引き出すことを妨げはしない。労働手段についてもそうである。ある労働手段、たとえば、ある種類の機械が平均してどれだけ長持ちするかは経験から知られている」[★21]。資本地獄への転落は、このように悪魔の錬金術を明らかにする。そこでは、「時の原子は金儲けの要素である」。そして労働者は「人間化した仕事の時間」へと還元される。

マルクスは、工場についての報告やアンケート調査がその慣例のしきたりを暴露しているこのような時間による横暴を、驚くほどの注意深さをもって観察している。「日労働の開始は、公共の時計、例えば鐘の音がそれに合わせて調整されている近所の鉄道の時計によって表示されなければならない。工場主たちは、一日の労働の始業時間、終業時間、休憩時間を定めた太字で印刷された告知を工場内に掲示しなければならない」。時計の大掛かりな監視下で、「分散された時間の切れ端」狩りは、すでに開始されているのである。それは持続時間を労働強度に変え、一回目に失ったものを二回目に稼ぎ出し、労働それ自体を「濃縮化」するために「日労働の隙間」を詰め直すことを狙いとしている。

『資本論』第一巻では、資本の二律背反（使用価値と交換価値、具体労働と抽象労働）が商品にできた割れ目から湧き出ている。使用価値と交換価値との統一は、時間性の葛藤を表わしている。抽象的／一般的労働の時間は、具体的／個別的労働によってはじめて存在する。これら二つの時間の関連のなかに置かれる価値は、社会的時間の抽象化として白日のもとにおのれの姿を現わすのである。その代わりに、時間は測定されねばならない尺度としては不可欠である。社会的に必要な労働時間を規定するためには、資本の総運動を参照することが求められてくる。[☆22]

『資本論』第一巻に現われる尺度の謎は、第二巻では流通からふたたび現われてくる。商品に寄り添う剰余価値は、もし剰余価値がその変態の周期ごとに再生にいたらなければ、ふたたび消えてしまう可能性がある。剰余価値は資本の回転周期を止めてしまうことによって増加したり増殖したりする。価値を定める労働時間と向き合う流通時間は、まずは障害か否定として、剰余労働時間からの控除および必要労働時間の間接的増加として、それゆえ積極的な価値創造としてではなく、ありうる価値減少の脅威として現われる。[☆23] 流通が剰余価値を産み出さないとしても、流通の加速は速度に応じて剰余価値を増殖する。「それゆえ、ここでは実際、資本にたいする労働の直接的関係には起因しない、価値規定の一契機が入ってくるのである。同一資本が所与の時間内に生産過程（新価値の創造）を反復できる割合は、明らかに、生産過程そのものによって直接に措定されているのではない条件である。〔……〕さて、生産物のなかに実現されている労働時間のほかに、価値創造の〔……〕契機として入ってくるのは、資本の流通時間である。労働時間が価値を生みだす活動として現われるのにたいして、資本のこの流通時間は、価値喪失の時間として現われる。〔……〕だから、流通時間は、積極的な価値創造的要素ではないのであって、〔……〕つまり実際には、流通時間は剰余労働時間からの控除、すなわち必要労働時間の増大なのである」[★24]。「資本にたいする労働の直接的関係には起因しない、価値規定の一契機」が入ってくることで、流通のこの「否定的時間」は、しかしながら、この流通の動きの激しい加速による価値増殖に貢献する。第二巻は、かくして「資本の効率、価値とは無関係な膨張と収縮の新しい指数」を開発する。

★21　邦訳『資本論』第一巻a（新日本出版社、一九九七）、三四七―三四八ページ。

☆22　「価値は持続可能性であるからして、直接的効用には限定されない。たとえば、それは人間の必要と満足の継続性にかかわる。持続、時間はそのように価値を構成する要素である」(Eugène Fleischmann, *Hegel et la politique, op. cit.*, p. 309-311)。

☆23　Karl Marx, *Grundrisse*, II, p. 30&126.〔『資本論草稿集②』、二一四―二一五ページ。ベンサイドは二個所指定しているが、英語版の注19では *Grundrisse*, p. 538-9 となっており、本文中の注の位置も異なっており、次注に対応する。〕

★24　邦訳『資本論草稿集②』、すなわち『政治経済学批判要綱』からの引用で、文面は、二一五ページ。英語版の注19ではこの引用文を指示している。

流通時間は、資本のさまざまな変態に対応した部分に分解される。生産財の一連の購買は、その間の資本が貨幣－資本の状態である期間に対応する。すなわち、販売の期間、商品－資本の形態にある期間に対応する。その常軌を逸した競争で、資本は、トライアスロン選手の敏捷さで扮装を変えながら跳び廻る。そして、全体性と見なされる資本は、「空間における並置によって同時に異なる諸段階を占有する」。おのおのの部分は、ある局面、ある形態から、相次いでおのおのの部分に移り、相次いでそれらのおのおのの局面や形態で作動するのである。すなわち、「それらの形態はこのように流動的な諸形態であり、それらの同時性はそれらの継起〔関係〕によって媒介されている。どの形態も他の形態に後続し、また他の形態に先行するのであり、一方の資本部分の一形態への復帰は、他方の資本部分の他の一形態への復帰によって条件づけられている。どの部分もたえずそれ自身の循環を経過するが、しかしまさに資本の他の一部分がつねにこの〔所定の〕形態にあるのであって、これらの特殊的諸循環は総過程の同時的かつ順次的な諸契機をなすにすぎない。三循環の統一においてのみ先述の中断に代わって総過程の連続性が実現される。社会的総資本はつねにこの連続性をもち、社会的総資本の過程はつねに三循環の統一をもつ」[★25]。資本の蓄積においては、場所とシークエンスの二重機能は、空間と時間のじっと動かない並置状態を乗り越え、歴史的空間－時間の、ヘーゲル的な「もまた」を達成するのである。

再生産の時間は資本の有機的な時間である。労働時間と循環（流通）時間は過程全体の統一のなかで結合されている。もし価値が時間の抽象化であり、時間がすべての富を測定するとしても、「社会的に必要な」労働時間は、拡大再生産と資本の蓄積における時間の自己展開によって、事後にしかこれを規定することができない。資本自体の拡大再生産を保証するために、資本は、生きた労働をたえず消費し、使い尽くす。万一死活的な跳躍に失敗した場合に、万一使用価値が交換価値に符合しない場合に、また万一大車輪が故障した場合に、危機の不整脈が起こる危険を冒してまでも。[☆26]

機械的な生産時間、化学的な循環時間、有機的な再生産時間は、こうして政治の時間という歴史的時間の謎の動機を決定するまでは、円環のなかの円環のように、たがいに巻きつきあい、絡みあっているのである。

計られる時間と計る時間

経済学はすべて「時間の経済学」である。時間のカテゴリーは政治経済学批判の中心にある。多くの皮相な読者は、この事実確認に満足して、経済学がたんに節約だけを意味するのではなく、時間の合理的な組織を意味することを忘れてしまう。時間は社会関係の尺度である。だが尺度の尺度とは何か？　時間の尺度とは何か？

歴史がそれ自体で自己自身の認識であるように、時間はそれ自体で自己自身の尺度であろう。時間は長いとか短いとかいわれ、したがって測定可能である。しかし現在は広がりをもたない。人は時間を測っていると信じているが、人が測っているのは間隔にすぎない。永遠性が崩壊するところで、どのようにしてこのたえまない消失を測ることができるのか？　現在は過去も未来も測ることはできないだろう。聖アウグスティヌスはこの謎にとりつかれた。曰く、「私は物体が動くのを見る時には、時間によってその運動の持続を測っている」が、「時間の正確な測定に代わることが可能な完全に均等な運動は存在しないということは、大いにありうることである」。

ところが、われわれは、それが喜びか苦痛か、期待か忘却に従って、均質とはいえ異なる時間を測っている。超越論的指向対象としての抽象的時間と、具体的で実存的で運動に内在する時間との狭間にあって、聖アウグスティヌスは、本質に還元できない時間を、「諸運動のあいだの持続の関係」として、言い換えれば、「他の運動と比べて」持続する運動の尺度として定義した。しかし、「われわれが物体の運動を測るのは時間を通じてであるとすれば、時間そ

★25　ベンサイドは、Karl Marx, *Grundrisse*, II, p. 97 を指示しているが、これは誤りであろう。英語訳も『資本論』第二巻を指示している。邦訳『資本論』第二巻（新日本出版社、一九九七）、一六五―一六六ページ。

☆26　生産時間、流通時間、総再生産時間は、『資本論』の三つの巻に対応している、と言われた。この部分においては、われわれは Stavros Tombazos, *Les Catégories du temps dans l'analyse économique*, Paris, Cahiers des Saisons, 1994 なる注目すべき研究から着想を得ている。

れ自体をどのようにして測ることができるのか？」[27]。このような尺度が構想可能となるためには、たえず「おのれを変造し多様化」しているもの、諸運動の多様性を画一化し、持続時間を空間化しているものを一時中断させる必要があった。古典物理学の「絶対」時間が、同質的均一的に流れるためには、運動の尺度、現実の時間の時間－尺度を抽象化する必要があった。同じように、資本は、そのつどそれぞれ特異な技量であったり、よき仕事であったり、労苦であったりする特有の時間を、抽象的な社会的時間に還元するのである。

　このようにして新しい時間テクノロジーは、具体労働の抽象労働への還元を可能にする。「マニュファクチュアの内部で機械工業のための準備が形成されるための二つの物質的基礎は、〔懐中〕時計とミューレ〔ドイツ語の‘Mühle’、英語の‘mill’、フランス語では‘moulin’で、風力や水力で製粉などを行なう機械。織機にも応用された〕であって、〔……〕時計は、自動装置が実用目的に応用された最初のものだ。一様な運動の生産にかんする全理論が、時計において発展する」[28]。時計は自動装置の発想を生み、かつ「ヴォーカンソンのこの種の試みが、英国の発明家たちの想像力に特別な影響を与えた」。この資本主義的生産の論理は、マルクスをして、その後テーラー主義によって開発された労働の抽象化の実践的方法と、時計製造技術や抽象労働やオートメーションのあいだの関係とを、見事に先取りするのを促したものであった。ロボットは、搾取関係を支える単純な媒体、生きた抽象労働、あるいは「擬人化された労働時間」である「無特性の労働」を完成させたものであり、その最終的な真理の姿である。存在から時間へのこの還元は、自己自身にたいしてよそよそしくなるものとしての疎外の本質そのものである。

　今日、マルクスの思考は、しばしば古臭いニュートン主義として提示される。ところが、「時間を発展から切り離すこと」は、マルクスの考えでは、「思弁的技巧の傑作」を表わす！　内容と形式、尺度と実体の二律背反はそこから生まれる[29]。運動はどのくらいの時間に値するのか？　空間（持続時間の切片、文字盤の針で掃かれる面積、砂時計か水時計の流動量）としてしか現われないこの時間とは何なのか？　そしてどういうわけで、運動が時間を計測するというよりもむしろ、時間が運動を計測するというのであろうか？

時間が測られるのか？　時間が測るのか？

その相互の規定性の重圧のなかでがんじがらめに縛られた時間と運動は、逆説的な相互性のめまぐるしい関係のもとで計測される。「われわれは、時間によって運動を測るだけではなく、逆にまた運動によっても時間を測る。そのわけは、運動と時間とはたがいに他によって限定されるものだからである」[☆30]。『資本論』では、時間の反射法則性が、価値とその変態の謎を解明してくれる。それ自身が「不変の価値」である「不変の価値尺度」を、どのようにして決めるのだろうか？　言い換えれば、「価値それ自身が商品の規定である以上、不変の価値の商品とは？」。諸商品が自分の交換価値を貨幣で表現できるためには、「価値として〔諸商品を〕質的に均等化」する「単位」を仮定しなければならない。したがって「不変の価値尺度」を追求する問題は、実際には、ただ、「価値そのものの概念やその性質の追求を表わす、まちがった表現にすぎなかった」のである。価値の決定そのものは、労働時間、すなわち「商品生産のなかで独自に現われる」社会的な労働の生成において解決される。商品がその商品のなかに結晶化された労働の質によって計りうるためには、異なる労働は「等しい単純な労働に、平均労働に、普通の不熟練労働」に還元され、

☆27　Saint Augustin, *Confessions*, XXI et XXVI.〔宮谷宣史訳『アウグスティヌス著作集5』II『告白録』（下）（教文館、二〇〇七）、二四〇—二五六ページ。服部英次郎訳『告白』下（岩波文庫、一九七六）、一二四—一三三ページ。〕

☆28　マルクスからエンゲルス宛一八六三年一月二十八日付書簡。〔邦訳全集30、書簡集、二五八ページ。〕

☆29　ここにはフォイエルバッハの着想が読み取れる。彼にとっては、「対立した、あるいは矛盾した諸規定を、現実に適した仕方で、同一の事物のうちで結びつける手段は、ただ時間だけ」なのである (Ludwig Feuerbach, «Thèses provisoires pour la réforme de la philosophie» et «Principes de la philosophie de l'avenir», in *Manifestes philosophiques*, Paris, UGE, 1973, p. 153&241.〔松村一人・和田楽訳『将来の哲学の根本命題　他二編』（岩波文庫、一九六七）、八四ページ。船山信一訳「将来の哲学の根本命題」、『フォイエルバッハ全集2』『中期哲学論集』（福村出版、一九七四）所収、一四八ページ。〕

☆30　Aristote, *Métaphysique*, Paris, Presses Pocket, 1992, p. 31-35. Livre XII, Chapitre VI.〔意味内容としては出隆訳『形而上学』、『アリストテレス全集12』（岩波書店、一九六八）、四一三—四一七ページに相当すると思われる。ベンサイドが実際に引用している文章は〕*Leçons de physique*, livre IV, chap. XVIII, Paris, Presses Pocket, 1991.〔出隆・岩崎允胤訳『自然学』、『アリストテレス全集3』（岩波書店、一九六八）、一七五ページに当たると思われる。ただし引用されている文章は仏語版の“Livre IV, chap. XVIII, §6”からである。〕

「強度のより高い時間」は「外延的により長い時間」と同じ大きさに数えられなければならないのだ。その場合にはじめて、諸商品に含まれている労働時間の量は、「時間で、等しいひとつの尺度で、計られる」[☆31]。

このように価値（の分量の大きさ）は、「時間で計られる」か、もっと正確に言えば、「使用価値[★32]を生産するために必要な」労働時間で測られる。抽象労働が価値に付加する価値の分量は「正確に、それ自身が持続される時間に等しい」[☆33]。もし価値と持続が等しいと言われるならば、それはそれらが共通の尺度で計れる時間を有しているからである。しかし、価値を計る時間は時間一般ではない。尺度としての時間は観念的にしか存在しない。実際に、時間はつねに必要労働時間として社会的に規定される。というのは、時間は自己自身で、直接的に、その固有の尺度であることはできないだろうからである。尺度はそれ自身が計られなければならない。「価格と価値のあいだの区別、商品はそれの生産物である、その労働時間によって測られるばあいの商品と、商品がそれとひきかえに交換されるところの労働時間の生産物とのあいだの区別――この区別は、商品の現実の交換価値が表現されるための尺度としての第三の商品を必要とする。価格は価値に等しくはないからこそ、価値を規定する要素――労働時間――は、諸価格が表現される要因であることはできない。なぜならそのばあいには労働時間は、自分自身を規定するものでありながら同時にまた自分自身を規定しないものとして、自分自身に等しいものでありながら同時にまた自分自身に等しくないものとして、自己を表現しなければならないことになるからである。価値尺度としての労働時間は、ただ観念的に存在するだけなのだから、価格の比較のための材料としては役に立つことができない」[☆34]。労働時間を社会的に規定する資本の生成を追求することによって、政治経済学批判は、この計られる尺度の神秘の解明に取り組むのである。

ひとつの商品の価値は、もしその生産に必要な労働時間が同じく不変であるならば、不変であることに変わりなかろう。ところが、その時間は労働の生産性とともにつねに変化する。だから、社会的労働時間の規定は、時間の形式的定義と矛盾することになる。となるとつまり、一般化された商品交換を通じて社会が認める時間ということになる。

販売と購買のサイクルが断ち切られるために、社会的労働時間が社会によってもはや有効とは認められない以上、「社会的なものが社会的なものを排除する」ことになる、とマルクスは述べている。労働力の価値はその固有の（再）生産と結びついた価値の変動を引き起こす。かくして、ひとつの機械の価値は、実際にその生産に必要であった時間によって規定されるのでなく、その再生産に現実的に必要な時間によって規定されるのである。資本が生産的には可及的速やかに自己を消費する必然性はそこから生まれるのである。

それゆえ、時間と資本の運動は、相互に規定しあうのである。（社会的）時間は、その回転が時間の社会的実体を規定するところの資本の蓄積を計る。こうして時間は、価値の尺度として、またその実体として同時に現われる。〔「構成要素として価値の実体である労働時間は必要労働時間であって、したがって労働時間は与えられた一般的社会的生産の諸条件において要求される労働時間である」。☆35〕この実体は、社会的生産の変わりやすい諸条件に応じて、たえずおのれの姿を変える。異常なまでに神秘的なこの実体は、それは計るものが計られるものとともに変化する尺度と同じく、まったく奇妙なものである。

☆31　Karl Marx, *Théorie sur la plus-value*, t. III, *op. cit.*, p. 158-160 et 359.〔邦訳全集26Ⅲ、一七一―一七二ページ、四〇二ページ。〕相反する概念、「社会的に必要な労働時間とは、量ではなくて脈絡、関係、調整原理である。それは自らにおいて演ぜられるある違いの跳ね返りを受けてしか量で測られるものとはならない。それは均衡のとれない経済に固有の現実的矛盾が提起されるべきひとつの矛盾を含むものである」（Stavros Tombazos, *Les Catégories du temps dans l'analyse économique*, *op. cit.*）。

★32　フランス語版 'la puissance de travail' および英語版 'labour capacity' は、それぞれ「労働能力」と訳されているが、『マルクス・エンゲルス全集』第三〇巻（英語版）に収録されている「経済学批判（一八六一―一八六三年草稿）第一分冊」では 'use value' と訳されている。マルクス『資本論草稿集④』（大月書店、一九七八）の「経済学批判（一八六一―一八六三年草稿）第一分冊」では「使用価値」の訳語が使われている。

☆33　Karl Marx, *Manuscrits de 1861-1863*, Éditions sociales, 1980, p. 39 et 89.〔『資本論草稿集④』、「経済学批判（一八六一―一八六三年草稿）」第一分冊（一九七八）、四七、一二九ページ。〕

☆34　Karl Marx, *Grundrisse*, I, *op. cit.*, p. 71.〔『資本論草稿集①』、一一〇―一一一ページ。〕

☆35　Karl Marx, *Grundrisse*, I, *op. cit.*, p. 135.〔ベンサイドは、『要綱』フランス語版のこのページを指示しているが、『要綱』中に、この引用文は見あたらない。本書の英語版ではこの文章の引用は割愛されている。おそらく、ベンサイドの引用個所の過誤に気づいた訳者が、ベンサイドの合意のもとで削除したものと見なされる。〕

価値は、それ自身が計られる対象とともに変化する計測の手段として、それ自体が柔軟で変化する、商品生産に社会的に必要な労働時間によって規定されるのである。

「貨幣として自立するようになった」価値であり、自動装置の吸血鬼である資本は、商品がある時は貨幣として、ある時は生産手段として、ついで新たにまた商品として現われる循環過程を駆け巡る。こうした時間の諸変態は貨幣として自己を表現するのである。「空間規定からみて、一般的な商品として現われるとすれば、いまや貨幣は時間規定からみてもまた、一般的な商品として現われる。貨幣はどんな時でも富として保存されている。貨幣に特有の耐久性。それは、虫にも錆にも犯されない財宝、蓄蔵貨幣である。すべての商品は束の間の貨幣にすぎないが、貨幣は不滅の商品である。貨幣はありとあらゆるところに存在している商品であるが、商品は局地的な貨幣にすぎない。しかし蓄積は、本質的には、時間において進行してゆく過程である[☆36]」。こうして時間と貨幣との親密な関係が明らかになる。「時間のもとで」繰り広げられる蓄積の観念は、社会関係に先行して存在する抽象的時間の指示対象に戻るように見える。しかしながら、資本の過程は「同時に資本の生成であり、資本の成長であり、資本の生活過程」である。「何かを血液の循環にたとえようとしたなら、その何かとは、形式的な、貨幣の流通ではなく、内容豊富な、資本の流通なのであった」と、マルクスは述べている。循環の中断は「頭に血が昇った」ように脳卒中をもたらす。だから資本の代謝、血液循環、心停止にかかわることである。「資本がその一般的な概念にしたがって考察される時には、資本のいっさいの契機が、資本のうちに内包されて現われるのであるが、資本が実在的に、すなわち多数の資本として現われるようになると、それらの契機は自立的な実在性を獲得するのであり、またはじめて姿を現わしもする。このような競争のなかで、また競争を通じて行なわれる生き生きした器官形成は、あとではじめて、より拡く展開されることになる[☆37]」。

自分の研究の対象自体に導かれて、マルクスは、持続の多元化を追求する。あらゆる歴史的超越性に抗して、彼は、独得な時間を構想する。そこで時間は、もはや物理学の均等な指示対象でも、神学の聖なる時でもない。周期と波動、時期と危機として組織される歴史的経済的リズムに従順な、『資本論』の世俗的時間は、生産や循環とは反対の時間性、労働と資本の敵対的な諸要求、貨幣と商品の対立する形態を結合する。

尺度と実体を結合する資本は、運動する社会関係なのである。

存在論的批判とメシア的批判

ブルジョワジーは、〈歴史〉なるものを旗印として、権力にのし上がった。英雄的な家系図がなくとも、彼らは、時間と貨幣の神をも恐れぬ暗黙の了解を正当な資格としてもっていた。彼らの仕事は進歩に奉仕した。進歩は彼らの仕事を作った。そのことから、最良はつねに確実であり、最悪はこの最良の陰の射程範囲にすぎないといった敬虔な確信が生まれた。歴史的理性が国家理性と結びつくやいなや、当初は大胆さと不服従の担い手であったあのオプティミズムは護教的となってしまった。

早くも一八七一年に[★38]、ニーチェは「歴史の行き過ぎ」の幾多の危険、すなわち、完成された正義を具現したという思い込みの時代の傲慢さ、「つねに有害な人間の老化信仰」、自分自身が「遅れてやってきたエピゴーネン」であるという感情、「利己主義的目的に仕える実用的な器用さ」、「歯止めなき軽蔑と冷笑の支配」を白日のもとに暴いた。この時代を蝕む「歴史家の熱狂」のもとでは、「歴史の力」への賛美は、たんなる「成功への賛美」に変わり、「実在的なものへの崇拝へと導く」。「まず歴史の力の前に背を屈め、頭を低くすることを習った」者も、「結局はどんな力に

☆36　Karl Marx, *Grundrisse*, I, p. 171.〔『資本論草稿集①』、二五九ページ。〕
☆37　Karl Marx, *Grundrisse*, II, p. 10-13.〔『資本論草稿集②』、一八二ページ。〕
★38　ベンサイドがここで念頭においているのは、『反時代的考察』の第二篇「生に対する歴史の効用と害悪について」であろうから、原文の一八七一年は一八七四年とされるべきであろう。

たいしても機械的に賛同を繰り返すことになるだろうし、操り人形のように踊ることだろう」。

マルクスは――彼をあくまで無視しようとするのはなぜか？――歴史的理性にたいするこの批判のパイオニアである。そこには神秘的批判と世俗的批判、夢想的批判と革命的批判が互いに衝突をやめることなく、時にはたがいに合流し、混じり合うとてつもなく大きな理由があるのである。マルクスは、衝突するこの二つの批判のあいだの渡し守のひとりなのである。『天体による永遠』[★39]（一八七一年）のブランキ、『反時代的考察』（一八七一年[★40]）のニーチェ、『クリオー』（一九一三年）のペギー、『進歩の幻想』（一九〇八年）のソレルも含め、後世の人たちがそのあいまいさについて、いつまでも議論することになるのである。一九一四年八月、惨禍のうちに始まった「戦争と革命の時代」は、これらの諸世界間の空間をますます小さくすることになるだろう。このとき歴史的理性批判は、白兵戦による死闘的論争となる。

ルカーチとハイデガーだって？　むしろハイデガーに対抗するベンヤミンだ[☆41]。

季節や日々の質と時計や貨幣の陰気な無関心とを対立させるだけでは充分ではない。均質で空虚な時間の批判は、その持続時間を生きた人々に関心を寄せる心理学的および審美的批判と、時間の概念上の革命を伴う社会的批判とに、振り分けられる。余儀なくされた行程と目的に反抗するマルクスは、彼のほうから、かくもしばしば彼のせいにされたところの、「すべての人民に否応なく強いられた一般的行進の歴史‐哲学理論」を拒否する。なぜなら、「一般的な歴史‐哲学理論の合鍵」では、わかりきったことを骨折って証明することにしかけっしてならないだろうからである。マルクスは、この「超歴史的」図式をすべて斥けたが、これと同じように、ハイデガーは「超時間的モデルで粉飾した」歴史の教育を告発する。「歴史研究の主題」は、ハイデガーにとっては、「一回だけ生起したものでもなければ、また、その上のほうに浮かぶ普遍的なものでもなく[☆42]」て、死に臨む実存の可能性なのである。模範的な物語や金箔に縁どられた伝説でできた世界的な一大絵巻であるどころか、抽象的普遍性と出来事の一回性との間の緊張のなかで、歴史は、存在しえなかったかもしれないし、まちがいなく消滅することを約束された諸形象が現われる、可能性の砂上で記述されるのである。闘いも、〈存在〉も、時間のなかには存在しない。それらは、時間に執着する者によって、社会関係としての存在の時間的諸特性の総体によって規定される。

時間性は存在しない。それは「おのれを時間化」する。マルクスにとっては、時間性は、闘争の不確かな政治的諸形象が姿を現わす生産と再生産の過程から出発して、現在においておのれを時間化する。ハイデガーにとっては、時間性は未来においておのれを時間化する。そして未来の優位性は「極端な可能性の先行」として現われ、かつ死に臨む存在の正当性を認めることである。このように、「ある形で未来から湧き出てしまった」ものなのであるが、それが未来を開かれたまま維持しているのである。

ハイデガーは、ありふれた時間の実存的な陳腐さから「存在の時間性を解放」しようと意図する。「始原の時間の均等化」に由来するが、時間にかかわる諸制度の慣習から取ってこられた、日付を確定できる、公式の時間しか表わさない日常的概念を彼は拒む。「いまの続きとして次から次へと続く進行」のように理解された、時間表示計に基づくありきたりの「計算された時間」は、運命のように定められた科学技術を、「時間の属性なるものに向けられた」瞑想に対置させる。質的持続の量と空間への転化に対しては、時間の流れのなかで通過し、かつたえず通過しながら「時間として留まっている」もののなにものにも還元できない独創性が対峙する。[☆43]

★39　ブランキ『天体による永遠』（浜本正文訳、岩波文庫、二〇一二）を見よ。一八七一年に執筆、一八七二年刊。ブランキは、「少数者による暴力的蜂起を企てる冒険主義者」として社会民主主義的潮流によって歴史の暗闇のなかに葬り去られたが、復権の狼煙をあげたひとりがベンヤミンである。彼の「歴史哲学テーゼ」XIIを見よ。

★40　実際の刊行年は、一八七三―七六年。歴史について論じた第二篇は、七四年刊。ただし、一八七一年に普仏戦争でのプロイセン側の勝利に酔ったドイツ人「教養俗物」を批判しようとして著作を構想し始めたので、この誤解を生んだ可能性もある。

☆41　リュシアン・ゴルドマンは、一九六八―一九七〇年の講義で、ルカーチとハイデガーの対比を行なっている。危機に関する比類のない感覚で『存在と時間』の重要性をただちに見抜いたヴァルター・ベンヤミンは、ルカーチよりもはるかに両大戦間の「アンチ・ハイデガー」であった。

☆42　Martin Heidegger, *Être et Temps*, Paris, Gallimard, 1992, p. 460.〔細谷貞雄訳『存在と時間』下巻（ちくま学芸文庫、一九九四）、三四五ページ。高田珠樹訳（作品社、二〇一三）、ページ。五八六ページ（独文原著では、S. 395）。〕

その世俗的リズムを解読することによって、マルクスは、日常時間の非宗教化をいっそう尖鋭化させる。時間は、労働と悲しみ、苦しみと愛というわれわれの時間以外のものではないことを確信して、彼は、この貧しい「存在的」時間の概念構制を考え、時間と運動がたがいに規定しあうところの周期、回転、非線型的弾道のなかに潜り込む。もし『資本論』が「社会的存在の存在論」として読まれうるとしたら、それはたんに厳密に否定的な存在論として読まれるからにすぎない。

ハイデガーは存在論化し、そして再神聖化する。

マルクスは世俗化し、そして脱存在論化する。

二人とも――マルクスにとっては「超歴史的」な、ハイデガーにとっては「超時間的」な――歴史家としての理性のモデルを拒否する。歴史研究の休むことなき知性は、ハイデガーにあっては、抽象的すぎる普遍性と、具体的すぎる特異性とのあいだに潜入する。だから彼は、マルクスがその計画を表明していた別の新たな歴史の記述法《エクリチュール》に共鳴するのである。可能性が願望のなかに深く根を張る、未来に指図される歴史と、戦略的可能性が現在の闘争と結び合ったりほどけ合ったりする歴史とのあいだの相違は、それでもなお克服できないまま残るのである。

ハイデガーは、ヨルク伯爵のディルタイ宛の書簡を、長々と引用している〔『存在と時間』第七十七節〕。歴史については、「大事なことは何が物議を醸し、何が一目瞭然なのか、ということではない」。肝心なことは「潜勢力としての歴史の根本的性格を深く洞察」し、そうするために存在的なものと存在論的なものの相違にすぐにも取って替わられた、「存在にかんするものと歴史的なもの」の総称的相違を練り上げることである。この存在論的なものによる歴史的なものの不正な罷免は自明なことではない。存在と現存在との関係が、世界の絶対者が取り除くことを主張する超越論的主体と経験的客体の乖離を回復させるのにたいして、総称的相違は存在的なものと歴史的なものとを分離するのである。小手先のごまかしは尾を引くものだ。存在的なものとしての進歩は、ハイデガーにとっては、存在論的には軽蔑されてしかるべきものとなる。歴史的なものとしての進歩は、ルカーチにとっては、政治的に批判されるべきものであるが、だからといって貴族階級の立場からの〈存在〉への蔑視を余儀なくされているわけでは少しもない。ハイデガーの「世界的《コスミック》‐歴史的ヴィジョン」と、「マルクスの実践的‐歴史的ヴィジョン」とのあいだの共通性について、また、「世界を問題化する際」の彼らの「共通の背景」と「共通の根源性」について、一面的に強調するためには、多くの軽率さや無分別さが必要であった。だから眉をひそめることもなく、ハイデガーは「基本的には、マルクスが言わんとするところを理解するよう援助の手をわれわれに申し出ている」とする主張まで現われたのである。☆44 無理矢理比較することなどできはしないのだ。〈存在〉の歴史性と階級闘争は重なり合うことはない。歴史性は、いわゆる歴史以前の規定として、言い換えれば、一種の先史または背後史として介在する。死に臨む存在が「秘められた理性」を保有する、こうした歴史性とは異なり、ハイデガーにおいて歴史は、あるときは存在していること（l'étant）（現在にたいしてもはや影響を及ぼすことのない過去として理解された）であり、あるときは過去（特別な優位性をもたずに由来したものという意味で）であり、あるときは時間とともに変化する現存在のすべてであり、最後にあるときは伝承的なもののことである。これらの四つの意味が歴史の偶発性の総計に達する。ハイデガーにとって、歴史家のように歴史を主題化することは、精神諸科学において歴史的世界を組み立てるうえでの必要条件なのである。

　行動と力を有する人間の特権である「記念碑的な歴史」は、ニーチェの目には、忘れられた敗者を無視して、過ぎ去った栄光を保存するために功名争いをする人間への回顧的信仰を表現するものであった。この功名争いは、過去に

☆43　Martin Heidegger, *Être et Temps*, *op. cit.*, "Temp et Être," in *Questions IV*, Paris, Gallimard, 1990.〔「時と有」、ハイデッガー『思索の事柄へ』（辻村公一／ヘルトムート・ブフナー訳、筑摩書房、一九七三）所収。〕この点にかんしては、Françoise Dastur, *Heidegger et la question du temps*, Paris, PUF, 1990 も参照。

☆44　この詞華集は、Pierre Bourdieu, *L'ontologie politique de Martin Heidegger*, Paris, Editions de Minuit, 1988〔桑田禮彰訳『ハイデガーの政治的存在論』（藤原書店、二〇〇〇）〕のなかでとりあげられている。最後の言い廻しはジャン・ボーフレのもので、その他のものはアンリ・ルフェーヴル、フランソワ・シャトレおよびコスタス・アクセロスのものである。

おいて飛躍を遂げ、昨日および永遠の犠牲者を踏みつけにすることによって前進する。もはや存在しないことへの未練にくよくよする通常の人間の情熱のような「好古的な」歴史は、過去の栄華の保存と畏敬の嗜好を表わすのであるが、習性に成り果てた伝統の「干からびた信心」のうちに消え失せてゆく。そして最後に「批判的歴史」は、「その過去の一部分を抹消」し、「それを裁判に引きずり出す」ことを決心する。これら三つの歴史への取り組み方は、エリートだけが審美的観点から接近するところの歴史性においては合一するのである。

ヘーゲルは、過去を現実化する。青年ヘーゲル派の徒たちは未来を現実化する。過去は決定されている。未来は、決定されうるにもかかわらず、決定されてはいない。現在は過去と未来を決定する。現在はきわめて小さいが有限の間隔であり、その間隔において起こった出来事は過去でも未来でもない。このリズムとシークェンスとの争いは、ニーチェにとっては、「時代に抗して (gegen die Zeit)、そうすることによって時代に向かって、望むらくは将来の時代のためになるように」活動する意志を表わすのである。彼は「等しきものは等しきものによってしか認識することはできない」と宣言する。さもなければ、「諸君は過去のものを諸君の水準にまで引き下げる」ことになるのだ。「歴史記述にしてきわめて稀な精神の持ち主の頭から跳び出したものでなければ信用するな」とニーチェは言う。彼は、同じ息の下から、過去にたいする現代の批判的優位性を強調するが、ただしそれは、その批判がそれに基づいて過去を解釈することが許される「現代の最高の力」を表現する限りでのことである。「諸君は諸君のもっとも高貴な性質をもっとも強く緊張させることにおいてのみ、過去のもののうち何が知るに値し、保存するに値し、偉大であるかを推測するであろう」[☆45]。時間を再表現する能力は、現在と、その現在が事実崇拝に抗して過去とのあいだで維持する対等なもの同士の、偉大なもの同士の関係とがもつ唯一の力に属しているのである。

ハイデガーはそれに反して「時間の通常的概念」から産み出された過去、現在、未来のあいだの関係の「流布されている意味」を時間性から締め出そうと考える。今‐あの時‐往時は通常の日付確定の構造を指示している。「未来からはじまる」時間の「時間化」は、どんな時間性をも、死に臨んで在ることの見通しのなかに刻み込むことになる。

その結果もたらされるものは、恐れなき苦痛であり、その偽らざる体験は時間の厳格な脱政治化を伴ってくる。実際に、時間の時熟（die Zeitigung der Zeit）は、地平的脱自というありふれた図式の修正を求める。地平的脱自のもとで、われわれは、それについてあえて思考することなく、われわれの日常生活を想像してしまうだろうからである。未来はわれわれの方に向かってやって来るものであり、現在（Gegenwart）とは「そうあって欲しいこと」または「そうあって欲しくないこと」である。過去は偽らざることに向かって投げかけられた飾り布である。いまだにあるべくして過去にその意味とか無内容さを伝えること、それは場合によりけりである。未来の先取りは、過去のなかに、「目につかない、挫折させられた、あるいは抑圧された潜勢能力」を切り拓く。未来の先取りは、現在にたいする過去の支配を撤回するまで「過去を未来の方向に向けて再び切り拓く」のである。

時間と言語の内奥で、言葉の時間性は過去に向かっては無駄な枝を刈り取られ、未来に向かっては分枝される。こうして文法的論理は、可能性の分岐として未来の経験を措定する。線型的な過去のなかで方向転換する前に、未来はその現在の生成のうちに自らを選別する。それにひきかえ、人は、未来の線型性を過去の分枝に由来するものとは理解できない。☆46 人はそれを理解できないのか？　疑いなく「時間の論理」に従えば、である。だが、「時間の政治」において「刈り取られた可能性」は何に転化するのか？　可能性は目がくらむような歴史の屑籠のなかに永久に呑み込まれてしまうというのか？　それとも、なんらかの周到な屑拾いが、それらの可能性を救いだすことはできるのだろうか？　かつてあったものは一連の色あせた時間に還元することはできない。だから、過ぎ去った状況を呼び戻すこと

☆45　Friedrich Nietzsche, *Considérartions inactuelles*, II, Paris, Gallimard, «Folio», 1993, p. 134.〔『反時代的考察』（小倉志祥訳『ニーチェ全集4』、ちくま学芸文庫、一九九三）、第二篇「生に対する歴史の利害について」、一八〇ページ。〕

☆46　「それに引き換え、過去に向かって枝分かれを伴う未来への線型性は何と対応しているのかを理解することは困難である」（Jean-Louis Gardiès, *La Logique du temps*, Paris, PUF, 1975）。われわれの未来の経験は「おのおのの枝が多様な可能性のひとつをそのなかで示す分岐的図式と符合しえる、一般的には、すべての枝が刈り取られるのは、未来の時間が現在となるその瞬間においてだけである。その起源が現在によって印され、それをわれわれが過去と呼ぶところのただ一本の線となる唯一の例外を除いては」。

によって、「かつてあったものへと歩み寄るということは、これまでのようにそれを歴史学的なやり方で取り扱うのではなく、政治的なやり方で、つまりは政治的なカテゴリーによって取り扱うということなのである」[☆47]。歴史を政治的に取り扱うことは、その戦略的な時機と介入地点の視点から歴史を考察することである。「機転を利かす」(la présence d'esprit) とは、その「現在の技法」(art du présent) の、すぐれて政治的な特性である[☆48]。

過去に出廷するよう喚問することは、不可逆的で変更不可能な時間の公準に反する。批判的歴史は、あったことを取り消すことはできないが、あったことの意味を再配分することはできる。しかしながら、過去を再び巻き込むことは、対立する二つの方向をとる恐れがある。

ハイデガーとともに未来に基づいておのれを時間化する時間性は、存在論的である。ベンヤミンとともに現在の対《つい》となったメシア的可能性は、政治的である。

ハイデガーにあっては、「期待という働きのなかにも、可能なものから跳び離れ、現実のものに着地しようとする動きが作用している。期待されているというのは、このように実現が期待されているということなのである。可能なものには、現実のほうから現実のほうに向けて、期待どおりに現実の内に引き入れようとする力が働いている」[☆49]のである。だがこの期待は、死と死が差し迫っていることについての思考に先廻りする。ベンヤミンにあって、政治的〈戦略的〉期待は、この存在論的期待の厳格な否定として表われる。ハイデガーが、〈存在〉の再臨を祝うために「在ったこと」を開かれたままの状態で維持するのにたいして、ベンヤミンは、救われるのを待つ過去の痕跡を片づけるために、狂気と神話の茂みを刈り込む。メシア的期待は、予告された到来の消極的確信ではけっしてなく、可能性の出現に注意を払う猟師の緊張した待ち伏せ場所なのである。

「時間の事件叙述的ではない思考」を練り上げる「マルクス主義者の方法」は、ジャック・ランシエールに言わせれば、「過去を説明するのに相応《ふさわ》しいだけの未来の優位性」へと導くものである。だから「未来のもつ諸力の未熟さと発達の遅れ」は、足踏みとか、後戻りとか、「現在の諸任務の遂行に代わる過去の反復[☆50]」とかに責任が帰せられた。この構造的な方法にたいするランシエールのさりげない告発は、この問題の真剣な吟味をたくみに回避するものであるが、その責任はランシエールに任せよう。マルクスへと回帰する道は、踏み込めないものでないにしても、少なくとも多様で変化に富んでいる。支配的な「方法」やその「超歴史的」な図式から離れたところに、ベンヤミンとグラムシの道があるのであるが、他のどの道よりもその正当性においてひけをとらない。

彼らにとって、歴史の顆粒のようにザラザラした時間は、始まりの成就でも終わりの追跡でもない。エルンスト・ブロッホにあっては、未来の優位性は、希望のユートピア的地平をかたどる。ハイデガーにあっては、それは死に臨む存在に先んじる瞑想につきまとう。ホワイトヘッドにあっては、それは待ちかまえる崩壊から現在を救い出す。ベンヤミン的な時間のカテゴリーは、現在について三つの意味に整理される。すなわち、過去の現在、未来の現在、現在の現在、である。過去はすべて、過去となる現在のなかでよみがえる。現在はすべて、現在となる未来のなかで消え失せる。時代と諸事件の布置状況のもとで、現在は別の現在に際限なく訴えかける。こだまと共鳴の不連続な働きにしたがって。

「歴史的時間の弁証法的概念」においては、過去の現在は、未来の現在に対応し、記憶は期待に対応する。「われわれは期待されているのだ」。このメシア的負債を背負ったこの現在を予見することは、すぐれて政治的な任務なので

☆47 Walter Benjamin, *Paris capitale du XIXe siècle, op. cit.*, p. 409.〔ベンヤミン『パサージュ論③』、「K：夢の街と夢の家、人間学的ニヒリズム、ユング」（今村仁司・三島憲一ほか訳、岩波現代文庫、二〇〇三）、一四一―一五ページ。〕

☆48 Françoise Proust は、前掲の *L'Histoire à contretemps* のなかで適切にも政治を「現在と不都合な時の芸術」と定義する。そのマキャヴェッリ論でサミ・ナイールは「政治抜きの歴史というものはない」と同じ結論に到達した（Sami Naïr, *Machaivel et Marx*, Paris, PUF, 1984, p. 93）。〔ベンサイドの脚注は、前注と本注が統合されてひとつになっている。〕

☆49 Martin Heidegger, *Être et Temps, op. cit.*, p. 316.〔細谷貞雄訳『存在と時間』下巻（ちくま学芸文庫、一九九四）、八三ページ。高田珠樹訳（作品社、二〇一三）、三九一ページ（独文原著では、S. 262）。〕

☆50 Jacques Rancière, *Les Mots de l'histoire*, Paris, Seuil, 1992, p. 66-67.

ある。

いまや政治が歴史に優先する

時間の謎は多くの誤解の原因となっている。労働時間は、まずもって、死んだ労働の抽象性と生きた労働の具象性とのあいだの、均質な持続と多様な強度とのあいだの対立の場である。スタヴロス・トンバゾスはこれらの矛盾の稀に見る情景を経験する。彼は指摘する。「資本はまさしく、時間の概念的構成である。それは、ひとつのものでもないし、単純な社会関係でもなく、生きた合理性、能動的な概念であり、マルクスが再三言っているように、活動中の抽象なのである。『資本論』は、その歴史の論理学なのである」[☆51]。

線型的時間と周期的時間、尺度と実体、存在論的時間と物理学的時間との二律背反を止揚して、新しい時間性が姿を現わす。「活きている経済的合理性に内在する抽象的な論理法則と、歴史的時間とのあいだには、どんな分離関係も存在しない。存在するのは、相互の交通と受胎の関係である。前者は、具体的歴史的な、経済‐制度的で政治的な諸形態のなかで自己を実現するが、周期的に危機に陥り、飛躍を繰り返して進化する。利潤率の変動と危機によって、資本は歴史のリズムをとり、機械的に規定することなく歴史の方向を誘導する。資本は偶然性を廃止するのでなく減少させる。歴史はあらかじめ定められた運命というものをもたない。大きな危機は、歴史の均質な時間を中断させる時機であり、蓋然性と可能性の時である。資本は具体的な内容を産み出しながら、それらの内容との抗争に入る。つねに可能であり、場合によって多少ともありそうな、これらの抗争を止揚するのが、資本が資本自身と取り結ぶ講和であり、この講和が新たな成長の時期を資本に保証するのである」[☆52]。

時間性の葛藤としての使用価値と交換価値の関係は、因果関係と平衡についての古典的法則の無力さが現われるひとつの論理に依存している。資本の不整脈に固有の不均衡は、「均衡に基づく分析へのひとつの補足よりもずっと多くのものを要求する。すなわち、数学的に処理できない、同一性の論理よりもすぐれた、異なる諸概念を要求する」[☆53]。

マルクスがこの不均衡の論理の鍵を握っていたなどと言い張るのはばかげているだろう。しかし事実は、古典的決定論のカテゴリーと、その決定論と結びついている時間についての表象とを超えたところに政治経済学批判がこの論理を導いている、ということなのである。

引き伸ばされ、板挟みになった時間。濃縮した、ぎくしゃくした、ずたずたに引き裂かれた時間。危機に瀕する時と、さくらんぼの実る時[★54]。

「いま」の繰り返しは、おのおのの瞬間にメシア的チャンスを与える。このように、「過渡ではない現在、そのなかで時間が立ちどまり停止した現在の概念を、歴史的唯物論者は抛棄することはできない。というのは、この概念がほかでもなく、かれがかれ自身の手で歴史を書いている〈その〉現在という時間を、定義するものだからだ」[☆55]。すなわち、通路ではなく、枝分かれであり分岐点であるところの宙吊り状態の現在である。時間の入口の上でじっと動かない人にとっては、戦略的現在である。したがって、時間《タン》と不都合な時《コントルタン》の技法である戦略は、実際に、時間の様態としての現在であり、もっともすぐれた力能《ヴェルチュ》としての「機転を利かす」ことなのである。

☆51　Stavros Tombazos, *Les Catégories du temps...*, *op. cit.*, p. 11.

☆52　*Ibid.*

☆53　Stavros Tombazos, *Les Catégories du temps...*, *op. cit.*

★54　原文は、"Temps des crises et des cerises." 明らかに、フランス語の語呂合わせであると同時に、"temps des cerieses" が「青春」を意味することからの洒落であろう。

☆55　Walter Benjamin, *Thèses sur le concept d'histoire*, thèse XVI.〔野村修編訳『ベンヤミンの仕事2』、三四三ページ。浅井健二郎編訳『ベンヤミン・コレクション1』、六六一ページ。〕その定式はほとんど『反時代的考察』におけるニーチェのそれと酷似する。「一切の過去を忘却して瞬間の敷居に腰をおろすことの可能でない者、〔……〕目まいも怖れもなく一点に立つ能力のない者は幸福の何たるかをけっして知らぬであろう」〔『反時代的考察』、『ニーチェ全集4』（小倉志祥訳、ちくま学芸文庫、一九九三）、第二篇「生に対する歴史の利害について」、一二四ページ〕。

「歴史の大陸」の発見、または「歴史の科学〔学問〕」の発案者としての資格は、マルクスに帰せられるにもかかわらず、彼は世界史を構築しない。批判と政治を結びつけるマルクスは、紛争をはらんだ合理性の諸概念を鍛え上げる。政治化された歴史は、世界を変革するために行動することを望む人たちにとってわかりやすいものとなる。

「いまや政治が歴史に優先する」[☆56]。

政治がだって？　それは時間の壁を乗り越える出来事についての思考である。その優位性は、歴史と記憶との、期待と追想との、戦略的投企と再構成された過去との相互の規定性に由来する。〈普遍的歴史〉なるものにかんするもろもろの思弁哲学は、因果関係そのものを具現する「均質で空虚」な時間をあらかじめ想定している。古典物理学と労働‐商品のあの抽象的時間は、その流れを中断させる諸経験によって打ち砕かれる。だから、歴史的理性にたいするベンヤミンの批判は、「必然性の時間を可能性の時間[☆57]」へと導く。メシア的潜在性が仮象の宿命性を蝕む謎の歴史の時間、そこでは現在のおのおのの瞬間が、思い出されたおのおのの期待が、本来の意味を引き受ける。世界史の要約的意味が、最後の審判の沈黙のなかで失われるのにたいして、「歴史的時間についての弁証法概念」は、実際には、破局、危機的瞬間および進歩についての因襲的カテゴリーの方向転換を伴うのである[☆58]。

いまや破局《カタストロフ》は「逸した機会」の概念に道を譲る。

危機的瞬間は、「現状維持」の惨めな延長という概念に道を譲る。

そして最後に、本物の進歩は、自発的な加速化としてではなく、時間の画一性の中断としての「最初の革命的措置[★59]」の――厳密に出来事に関する――概念に道を譲る。

引きちぎられたメシア的時間は、存在の、その開始と凋落の均質的な歴史という神話を破壊する。「歴史的唯物論」のなかに、風変わりな気取りや残念な誤解を見ようとする読者には悪いが、ベンヤミンは、マルクスのなかに、歴史的理性批判と、社会関係としての時間の新しい表象を再認識するのである。この批判的時間性は、時代錯誤や不都合《コントルタン》な時と同様に、どれも過去には属していない可能性の気がかりな同時代性について考えることを可能にする。

それはまた、なぜ「古い悪魔」がつねに時代と無縁でかつ申し分なく現代的であるのかを理解させてくれるのである。

　まちがった俗説は、無力なメシア的「待望熱」を皮肉る。それとは反対に「メシア的概念」は、可能であるにすぎないことの緊張と不安を表現する。不思議なほど「科学が確認したことを塗り替える」力をもつ追想と同じように、メシア的待望は活発である。「追想のこの弁証法的革命」のなかでは、起きたことの宿命性も、既成事実の独裁もない。ベンヤミンは、そのかわりに、中断および通路《パサージュ》のために「進歩の観念を止揚した歴史的唯物論」を提案する。☆60「記憶の義務」やその他の追憶的教育学とは異なり、追想は、「敗者の諸世代の名でおこなわれる抑圧された過去のための戦闘」である。それは、記憶のうえの和解とか、合意のうえの回想とか、解決済みの問題とかでは少しもなく、「復活した者の衝撃」であり、ブランキにはお馴染みの「刷新的な動乱」である。だからヘブライ的伝統を「回想すること」は、出来事の命運を決める駆引きの一環であるのだ。「記憶はいつも戦争のことだ」と。これがまさに、差し迫る危険の意味を研ぎ澄ます政治の優位性の結果なのである。神への郷愁も信心の誘惑もいっさいもたないベンヤミンは、歴史の物神崇拝にたいして歴史の政治化を対置するのだ。

　多くの剛毅な精神の持ち主が思い違いに身を委ねていた決定的に重要な怪しげな時期に、ベンヤミンは、職業政治

☆56　Walter Benjamin, *Paris capitale du XIX siècle*, *op. cit.*, p. 405.〔ベンヤミン『パサージュ論③』（今村仁司・三島憲一ほか訳、岩波現代文庫、二〇〇三年）、「K：夢の街と夢の家、人間学的ニヒリズム、ユング」、六ページ。この訳書では、「これからは政治が歴史に対して優位を占める」となっている。〕

☆57　Stéphane Moses, *L'Ange de l'Histoire*, Paris, Seuil, 1992, p. 23.

☆58　Walter Benjamin, *Paris capitale du XIXe siècle*, *op. cit.*, p. 492.〔前掲ベンヤミン『パサージュ論①』、「D：倦怠、永遠の回帰」（今村仁司・三島憲一ほか訳、岩波現代文庫、二〇〇三年）、二七三ページ、同③、「N：認識論に関して、進歩の理論」、二一六ページ。〕

★59　前掲訳書『パサージュ論③』、二一六ページ。

☆60　Stéphane Moses, *L'Ange de l'Histoire*, *op. cit.*, p. 163.「ユダヤのメシア主義の歴史哲学の最も正確な定式はおそらく次のようなものであろう。あまりに多くの拘束、あるいは、もともと歴史の意味があって、それは絶対に予測できない。しかしそれは全体を理解するには余りに十分ではない」(*ibid.*, p. 195)。

家のあいだに空しく追求されていた明晰性と「神経を逆撫でする」毅然たる態度を発揮する。一九二七年二月、彼は膝の上にスーツケースをのせて涙ながらにモスクワをあとにした。彼の心痛はもっぱら、愛のためではなく、勝利者たちの党、彼らの権力欲、「黄金探し」への熱狂、彼らによる反革命が進行中であるのを目撃したからなのである。一九三七年に彼は人民戦線の大いなる幻想を共有することなく、大いなる降伏と大いなる惨禍をもたらすことになる小さな譲歩を告発した。ナチズムの勝利ののち、社会民主党系の政治家やスターリン主義者の圧倒的な責任を、彼はきわめて正確に位置づけた。すなわち、それは、彼らに共通する「進歩の意味」、「大衆の力学」、および彼ら独自の装置の力にたいする麻酔をかけられたような知覚麻痺の信頼感である。この三つの信頼感は、忍従という官僚政治的文化と呼ばなければならないものの本質を構成している。[☆61]

合理的なものと非合理的なもの、実際の歴史にいたる可能性と、一時的あるいは最終的に歴史から排除される可能性とが、瞬間ごとに向かい合う。闘争だけがそれに決着をつける。社会の将来を予見するのを「科学的」だと僭称するのは、嘲笑に値する。「実際に「科学的」に予見することができるのは、ただ闘争だけであって、闘争の具体的な時機までは予見することはできない[☆62]」。

実際、予見は戦略的にしか立てられない。

それで、かりに、時間は、通俗的批判では推定できない意味において、不整合で、穴だらけで、メシア的であるとしよう。「革命の頻度」にじっと耳をすますマルクスは、「律動の誤差」を探求する。物を打つ音や振動のなかに出来事が現われる際の潜在的なものの働きがあることに驚いて、彼は、物理的な時間を脱構築し、社会的な時間を再構築するのだ。この途切れ途切れに脈打つ歴史は、『ブリュメール十八日』で想起された、なにごとも起こらない諸事実の連続としての「出来事のない歴史」とは正反対のものである。

新たに来たものと久しぶりに戻ってきたものとでごった返す革命は、それでも典型的な出来事にはちがいない。時代にそぐわない、時ならぬ革命は、結局、「現在はけっして起こる」ことはない。いつも早すぎるか、そして遅すぎるかである。革命は政治の周縁に出没する。その先には、考えられうる限界を超えた、不確かな大地、名もない国々が広がっている。頭で考えても近寄ることのできない戦争は儀式と神話に属するものと、長いあいだ古代人は考えてきたと言われる。われわれの時代は、認識可能な視界のなかに幾多の戦争と革命をうちに抱えてきた。われわれの時代は反乱と思考を結びつけてきたのである。

きわめて早い時期に、マルクスは「革命はすべて従来の社会を解体する。そのかぎりで、それは社会的である」ことを理解した。彼はまた「革命はすべて従来の権力を打倒する。そのかぎり、それは政治的である」ことをも理解した。だが、と彼は言う。「政治的精神をもってする社会革命なるものが言葉の言い換えであるか、あるいは不合理であるかにつれて、社会的精神をもってする政治革命はそれだけ合理的になる」。いやしくも革命というものは、「現存権力の打倒と従来の諸関係の解体」、それゆえなによりもまず「政治的行為」である。革命なしには社会主義は実現できない。「社会主義は、破壊と解体を必要とするかぎりで、政治的行為を必要とする。しかし、社会主義の有機的活動がはじまり、その自己目的、その魂が現われるようになると、社会主義は政治的ヴェールをかなぐりすてる」[☆63]。

☆61　Walter Benjamin, *Thèses sur le concept d'histoire*, thèse X.〔野村修編訳『ベンヤミンの仕事2』、三三六ページ。浅井健二郎編訳『ベンヤミン・コレクション1』、六五四ページ。〕

☆62　Antonio Gramsci, *Cahier de prison 6* (p. 17 [*Quaderno del carcere 6*, p. 690]), *Cahier de prison 11* (p. 202 [*Quaderno del carcere 11*, p. 1403]). グラムシにとって、クローチェの誤まりは「闘争の契機を考慮に入れない」(*Cahier de prison 10*, p. 33 [*Quaderno del carcere 10*, p. 1227]) ことにある。開かれた闘争の弁証法は、決定と行動ごとに、本質の現われしか見ないのではなく、政治における誤りの可能性を取り戻す。この結果、起こりうる誤りはもはや存在せず、存在するのはただ裏切りと失敗だけということになる。言い換えれば、間違うことは、それだけですでに有罪となる（全体主義的論理の第一原理）。グラムシにとっては、これとは反対に、構造の諸傾向は「必然的に実現されるはず」とは言われていない。機械的な史的唯物論が「過ちの可能性を考慮せずに、あらゆる政治行動を構造によって、直接的に、決められたもののように見なす」のにたいして、グラムシは、ある政治行動が完全に「計算違い」で起こるおそれがあることを知っている。「もし、構造のなかに、教会のなかのあらゆるイデオロギー闘争についての、直接的で根本的な説明を見つけようとするなら、ずいぶんと骨折るにちがいない。多くの政治‐経済的小説は、こういう理由のために書かれてきた」と彼は書いている（*Cahier de prison 7*, p. 189 [*Quaderno del carcere 7*, p. 872-873]）。

打倒として、革命は政治的行為である。

解体として、革命は社会的過程である。

革命は、同時に、諸帝国の土台をゆっくりと侵食する、長い時間のかかる知的でモラル的な革命であり、そして固有の大変動の驚きのなかで反乱に転化する革命である。断絶と継続、伝統と本物の新しさの統一、混ざり合った時間の組み合わせとして、革命は、考えうることが選択の不確かさのなかで消えかかってゆく限界を描きだす。こうして革命は、政治経済学批判を超えて、接合点と分岐点で散りばめられた諸概念で装備した戦略的理性の戸口で身構える。

この世界は、「爆発、動乱、危機」の世界である。その世界の諸矛盾は、決断の力において解決されるのだ。

☆63　Karl Marx, *Gloses critiques en marge de l'article «Le roi de Prusse et la réforme sociale par un Prussien»*, in *Œuvres*, III, *Philosophie*, Paris, Gallimard, «Bibliothéque de la Pléiadé» 1982 (p. 112).〔邦訳全集1、四四六ページ。〕

第二部　闘争と必然性　社会学的理性の批判家マルクス

「万事は闘争と必然に従って生ずる。」

ヘラクレイトス、断片

『ル・ヌーヴェル・オプセルヴァトゥール』誌〔N・O〕：あなたの御意見では、いま緊急に促進されなければならない左翼の価値とは何なのでしょうか？
マルグリット・デュラス：階級闘争です。
N・O：なんですって？
M・デュラス：階級闘争を再生させること以外に、私には見当がつきません……。
Le Nouvel Observateur　一九九二年四月二日号。

第４章　階級か、それとも失われた主体か

「今日までのあらゆる社会の歴史は、階級闘争の歴史である」〔『共産党宣言』冒頭の一文〕。生産諸関係にかんするものでも、歴史的発展にかんするものでも、マルクスの思想の中心にあるのは「階級闘争」である。しかしながら、「マルクス主義的」常識は、階級の概念が現われる標準的テキストを引用するのがどんなに容易で、それからまた、それに反して、その正確な定義を見つけだすのがいかに難しいかということを知らないままであるようにみえる。できることはせいぜい若干の教育的な近似的定義を拾い集めることくらいであろう。「数百万の家族が、彼らをその生活様式、〔利害〕教養の点で他の諸階級から区別し、それと反目させるような経済的生存諸条件のもとで生活しているかぎりで、彼らはひとつの階級を作っている」。あるいはまた「資本も地代もなく、純粋に労働によって、すなわち一面的・抽象的な労働によって生きてゆく人間[☆1]」というプロレタリア（プロレタリアートではない）の簡潔な特徴づけがある。一八八八年に『共産党宣言』の新版を出す際に、エンゲルスは脚註でこう説明している。「プロレタリアートとは、自分で生産手段を持たないので、生きるためには自分の労働力を売るほかない、近代の賃金労働者の階級のことである[★2]」。これでも物足りない。ことのついでに行なわれたようなこうした定式によっては、参照すべき定義を構

☆1　『ブリュメール十八日』および『一八四四年の経済学・哲学草稿』を参照。〔『ルイ・ボナパルトのブリュメール十八日』、邦訳全集8、一九四ページ。平凡社ライブラリー版、一七八ページ。邦訳全集40、第一草稿、三九六ページ。長谷川宏訳『経済学・哲学草稿』（光文社古典新訳文庫、二〇一〇）、二八ページ。〕

★2　邦訳全集4、四七五ページ。大内兵衛・向坂逸郎訳『共産党宣言』（岩波文庫、一九五一）、三三ページ。

成することはできないだろう。

こうした欠陥によってあわてた多くの著述家たち（シュムペーター、アロン、ダーレンドルフ）は、マルクスにもその責任があるというわけだが、科学と哲学、経済学と社会学の混同を躊躇なくこの欠陥のせいにしている。なるほどマルクスは定義に基づいて（諸規準の列挙に基づいて）行動することはほとんどなく、諸概念（生産的／非生産的、剰余価値／利潤、生産／流通）の「規定性」に基づいて行動する。これらの概念は全体性の内部で有機的に接合しあいながら具体に近づいてゆく。階級に充てられた『資本論』の（未完の）第五十二章は、こんなふうに私たちをあやふやな精神状態のままにとどめておこうと気を配っているのだ。ラルフ・ダーレンドルフは、骨片に基づいて大トカゲの骨格を復元でもするように、（『資本論』の）先行の五十一の章のなかから取り出された断片に基づいて彼のありそうな題材を再構成しようと試みている。この試みは、ほとんど説得力のあるものではない。[3]『資本論』の中断されたページは、あるときは経済の優位（市場に対置される計画）、あるときは政治の優位（「プロレタリアートのディクタートゥーラ」）、あるときは近似的な権力社会学（「労働者国家」）に由来する形式的な特徴づけにしばしば還元される、発達した資本主義社会における諸階級の発展の（諸階級の内部での変容や差別化についての）理解にとっても、また、非資本主義的（あるいは官僚的）社会の理解にとっても、重大な結果を伴う多くの問題を未解決のまま残している。[4]

得がたい社会学

「まことに奇妙なことであるが、われわれの知るかぎり、マルクスは明らかに彼の思想の中核のひとつであったものを体系的にまとめあげようとはしなかった」[5]。シュムペーターは、この努力がのちに再開されるかもしれないことを予想している。「そのある点は彼自身の心のなかでも未解決のまま残されていたのかもしれないし、あるいはまたその現象についての純経済的な、過度に単純化された概念を強調したがために自ら困難に陥り、それが階級理論の十分なる成熟を妨げたのかもしれない」ことも、あながちありえないことではないからである。それよりもっとずっと「奇妙」なことは、諸階級についてのシュムペーターのこの判断が、同じく「彼の思想の中核」であることになんの疑いもない方法の叙説、恐慌の理論、明確な時間理論の不在についても、たくみに応用されかねないということである。自分自身が仕掛けた罠に捕らわれたマルクスが、マイナーな諸問題を解決することで気晴らしのために時間を過ごしたのだと思い込んで。

もっとも、いったいなんのためにマルクスはその時間を過ごしたというのだろうか？　恐ろしいできものの手当てをしたり、家族の労苦を分かち合ったり、債権者を追い返したり、借金返済のために原稿料を稼いだり、フィリップス伯父をがみがみしかったり、浩瀚な書簡集を保管したり、労働者の運動に協力したり、組織したりするためである。なによりも『資本論』を書いたり、書き直したりするためである。

おそらく満足ゆくものではないが、必ずしも「過度に単純化」されてもいない諸階級の「形成中」の理論の鍵を追求しようとしなければならないのは、ほかでもなくそこなのだ。極度の単純化は、むしろシュムペーター自身の仕業である。マルクスは――と彼は述べる――社会構成体の発展が分業、その組織、その国家との法律上の関係についての複雑な微分法を生み出さないうちに、それらの抽象化の際に、諸階級を生産様式の構造的に潜在する状態として凍結させる。これこそ『資本論』の論理をおろそかにするものだ。目的はいつもつねにことの発端のなかに含まれてい

☆3　Ralf Dahrendorf, *Class and Class Conflict in Industrial Society*, Londres, Routledge and Kegan. Traduction française: *Classe et conflit de classe dans les sociétés industrielles*, de Gruyter, 1972.

☆4　「限定された抽象」については、「新しい内在」についての本書第8章を参照していただきたい。この論理に基づいて、階級関係を他の闘争的関係（位階制、性、民族）の様態と比較すれば、明快になったかもしれない。関心のある読者はこの点について拙著 *La Discordance des temps*, Éditions de la Passion を参照することができるだろう。

☆5　Joseph Schumpeter, *Capitalisme, socialisme, democratie*, Paris, Payot, 1983, p. 31.〔中山伊知郎・東畑精一訳『資本主義・社会主義・民主主義』（新装版・東洋経済新報社、一九九五）、一五ページ。〕

る。こうして、流通と総再生産の諸結果は、階級闘争と社会的に必要な労働時間の決定とを「前提」とする価値と剰余価値のなかにすでに存在するのである。抽象から具体へとすすむ諸階級の理論は、この視点から見ると、定義や分類の静止的ゲームに還元することはできないだろう。この理論は、闘争によって構成される諸関係システムに向かうように指示されているのである。この闘争の複雑性は諸政論（『フランスにおける階級闘争』、『ブリュメール十八日』、『フランスにおける市民戦争』）において充分に展開されているが、そこでマルクスはこの問題について最後の断を下すのである。

シュムペーターは階級の概念にいくつかの可能な語義があることをよく心得ている。同じ数の「教科科目」で漏れなく仕切られた知的分業の虜《とりこ》である彼は、経済学と社会学のような異なる学科の、熟慮のうえでの糾合をそこにみる。理論に生命を与えるこのジャンルの結合が彼を魅了するのだ。「かようなやり方が分析の活力を昂進せしめることについては、なんらの疑いもありえない。ここでは幽霊の乗り移ったような経済理論の諸概念が息吹きはじめる。血の気のない定理であったものが、いまや塵芥と狂騒とに満ちた社会へと (agmen, pluverem et clamorem) 乗り出していく[☆6]」。彼には科学にとっての脅威に見えるこの豊饒な魅力を斥けるシュムペーターは、しかし抽象から具体への運動を無視するほうを好むのである。彼にとって「社会層を分かつ原理は、生産手段〔……〕を所有するか、あるいはこの所有から排除されているかという一点にかかっている。かくして基本的には、二つの、しかもただ二つの階級のみが存在することになる[★7]」。

これこそが極度に単純化された「定義」なのだ！

賃労働と資本の単純な対立は、マルクスにあって、社会構成体のレヴェルに位置づけられてはいない。この対立は、特定の抽象化の第一のレヴェル、すなわち生産の領域のレヴェルにある。その奥深い構造のなかで、おのおのの社会は基本的階級の闘争的対立に導かれるのである。

生産の領域におけるこの階級的諸関係の規定性は、まさに分析の最初の言葉を構成するものでしかないので、マルクスはこれに満足しない。階級闘争に還元可能な人類の歴史は原始共同体の解体のあとで書かれた歴史でしかないという、エンゲルスの説明を無視したシュムペーターは、原始共産制と来たるべき階級なき社会を唯一の例外として、「非歴史的な時代」を含むすべての社会にまで階級概念を不当に拡大して解釈することを告発する。こうしたやり方は、これらの社会の適切な有機的関連性をうやむやにし、階級を「純経済的現象に限定し、しかもきわめて狭義の経済的現象」に単純化することになるだろう。マルクスならば「いっそう深遠な階級観[☆8]」を自らに禁じたであろう。これは政治的な隘路になる。実際に、この階級還元的な規定は、「巧妙な同義反復《トートロジー》」の形で「分析的戦略の大胆な一撃」を可能にしたかもしれない。なぜなら、私的所有がこの規定の中心におかれたとき、その廃止は階級のない社会に自動的に帰着することになるだろうからだ。

シュムペーターによれば、階級は、同時に、その構成員の「たんなる集合以上の「何ものか」、ないしはそれとは異なった「何ものか」であり、〔……〕階級とは、それとしての一体性を自覚したものであり、それとしてみずからを醇化したもの[☆9]」である。この確認のことばは、それを明確にすることで極端な事例や個々の規定にかんする多くの誤った論争が避けられるような、ひとつの論理的問題を提起する。マルクスによれば階級の概念は、階級を構成する

☆6　Joseph Schumpeter, *Capitalisme... op. cit.*, p. 71.〔前掲邦訳書、四六ページ。〕

★7　前掲邦訳書、一六ページ。

☆8　〔前掲邦訳書、二九ページ。〕より手が込んではいるが同じような非難は Anthony Giddens, *A Contemporary Critique of Historical Materialism* (University of California Press, 1981) にあらわれている。彼によれば、階級関係が社会の構造原理として考察可能なのは資本主義のもとにおいてだけである。しかしながら社会は、階級関係に還元できない多様な搾取形態や支配形態をかいくぐってきている。したがって彼は、階級紛争をすべての社会構成体の説明原理とすることと、資本主義社会それ自体に関して過度の説明力をマルクスに与えるということから成る、二重の還元主義によってマルクスを告発しているわけである。この批判は社会関係における支配と搾取のあいだの接合についてのある種の再検討をよりどころとしている。ギデンズのこれらのテーゼについては、Eric O. Wright, "Giddens' Critique of Marxism," *New Left Review*, No. 138, mars-avril 1983 を見よ。

☆9　Joseph Schumpeter, *Impérialisme et classes sociales*, Paris, Flammarion, Champs, 1984 も参照のこと。〔都留重人訳『帝国主義と社会階級』(岩波書店、一九九三)、一七三ページ。〕

個々の単位が担い手となるひとつの属性にも、これら極端な事例の総和にも、還元することはできない。その階級概念は他の何がしかのものである。単純な総和ではなく関係をあらわすひとつの全体である。この古い問題は論理的に思考する人たちをたえず悩ましてきた。「社会諸科学において階級の用語は、それをひとつの特性として表示するために使われる数理諸科学においてとは別の意味をもつことを、われわれは忘れてはならない。ブルジョワジー、プロレタリアートは社会階級である。だからブルジョワジーやプロレタリアートをあれこれの個人の特性と見なすのは誤った意味になるだろう。社会諸科学においては、階級の用語をメレオロジー〔méréologie 部分と全体の形式論理的関係を研究する学問〕的意味にとるのが適切である。プロレタリアートは人間の一集団、構成された対象であり、個々のミツバチがミツバチの群れを構成する断片であるように、プロレタリアートに属する個々のプロレタリアは、太陽系の構成的な断片なのである。所与の社会階級を構成する人間たちは、もちろん相互に依存しあうが、生気のない対象あるいは動物の群れの構成的な断片と同じ仕方で相互に依存しあうだけではない。ここで社会的性質の、特に人間の依存関係が問題になってくる。たとえば、伝達するための言語の使用や意識的な協働などから生まれる依存関係である。しかしそれによって、社会階級とその階級の構成員たちの関係が、構成された対象とその対象自身の構成的な断片とのあいだで打ち立てられている関係であるという事実は、なにも変わらないのである」[☆10]。だが弁証法は論理的形式主義と折り合いが悪い。

階級をそれを構成する諸個人の現実態よりもすぐれた現実態と見なすことは、社会、歴史あるいは階級を同じような神秘的主体に変形させる物神崇拝的幻想に陥ることにならないだろうか？　マルクスはまさに「ひとりの人間のように社会を扱う」プルードンを非難する。この「人間社会の虚構」を糾弾する彼は、「ひとつのことばでひとつのものを作る」人たちをからかうのである。彼のアプローチは、古典的心理学の合理的主体のイメージに合わせて、階級を、ひとりの人間として、あるいは統一的で自覚した主体として扱うことを禁ずる。他の諸階級との闘争的関係においてしか階級はない。『ドイツ・イデオロギー』の手稿の余白欄外に「哲学者たちの場合における階級の先在」[★11]と傍注を付したマルクスは、個人を支配する抽象化の単純な「見本」という規定に還元される階級概念や、個人にたいする階級概念の優位性を哲学者たちが正式に受け入れるように算段する。そこでマルクスはシュティルナーを批判の対象にする。「聖マックスの場合にしばしば見られる、各人は彼の現在のすべてを〈国家〉のお蔭によっているという命題は、ブルジョワはブルジョワという類の一見本にすぎないという命題と、根本において同じものである。この命題は、ブルジョワたちの階級は、彼らを構成する諸個人以前にすでに存在したということを前提にしている」[★12]。あるいはこうも述べる。「人格的諸関係は必然的かつ不可避的に階級的諸関係にまで形成されていって固定する」[★13]。だからといって、人格的な関係の階級的関係への結晶化は、想像上の人格の基体化された遊戯のなかにこれらの関係を解消させるものではない。諸階級のダイナミックな現実態は、純粋な客観性という無気力な領域には入ってこない。階級の結束力はたんなる個人の寄せ集めの形式的統一に還元することはできない[☆14]。青年期のこれらの文章は、明らかに『資本論』で丹念に作成された概念と混同されることはないだろう。しかしながら、これらの文章は、偉大な主体として階級を代表したり、また階級を個人間のたんなる組織網へと還元したりするのを最終的には排除する。

マルクスに学問の型にはまった規準に従う「社会学」を求めるのはナンセンスだ。彼ほど（その月並みな意味で）社会学的なところが少ないものはいない。彼の「批判的社会学」はネガティヴ社会学か、でなければ「アンチ社会

☆10　J. Kotarbinsky, *Leçons sur l'Histoire de la logique*, Paris, PUF, 1964.「メレオロジー」はポーランドの論理学者 Stanislaw Lesniewscki の諸テーゼに関連している。

★11　邦訳全集3、七一ページ。廣松版、一二二ページ。渋谷版、一四三ページ。

★12　邦訳全集3、七一ページ。廣松版、一二二ページ。渋谷版、一四二ページ。本文中の「聖マックス」は、あとの二者では「聖サンチョ」になっている。

★13　邦訳全集3、四七三ページ。

☆14　Michel Henry にとって「生産諸力、社会諸階級は第一に重要な現実でも説明原理でもない。説明されなければならないのはまさにそのこと自身である〔……〕」。「それらを「マルクスの思想」に反する根本的諸概念にしてしまったのは「マルクス主義」である」(*Marx, une philosophie…, op. cit.*, p. 226-239)。

学[☆15]」なのである。社会学的研究は有益な情報を産出することはできるが、情報は思想を産み出すことはないし、事実のみの情報は知識を構成するものではない。ブハーリンの『史的唯物論』なる教程[★16]にたいする批判を繰り返すなかで、グラムシは二つのアプローチのあいだの取り下げ不可能な対立関係を強調している。物理学および自然科学の方法に形式論理学を適用しようとして、「教程」は俗流進化論に行き着く。教育学的意向にもかかわらず、討論、論争、彫琢の段階にある理論にかんしては「教程化する」考えそれ自体が唐突である。「学問は絶対に「体系」を意味するとごくふつうに信じられており、だから、どんな体系らしきものも組み立てられる。〔……〕「教程」では弁証法についてのどんな説明も行なわれていない」。その欠陥のそもそもの理由を二つ挙げることができる。「社会学として考えられた歴史と政治の理論」か、「結局は、形而上学的ないしは機械論的（俗流）唯物論となるところの哲学」である。「実践の哲学を社会学」に還元する試みは、実際には「ポケットのなかにすべての歴史をもっている」かのような人を欺く怪しげな意向を露わにする。重要なことはむしろ、個別学問としての社会学とは何か、文化の歴史的発展におけるその役割とは何かを知ることである。「俗流進化論」をよりどころとする社会学は、グラムシの目には、「進化論的実証主義に依存する形で」社会的なものを理解しようとする試みを表わしているのだ。これとは反対に、既成秩序にたいする批判的視野のなかで、「叙述が社会学ではないものとなるためにもっとも適切な文学表現の形式を見つけだす[☆17]」ことが必要であろう。

『資本論』が社会学的ではない叙述であるのはこのためなのである。

『資本論』の生成は、断絶と継続とが結び合わされている完全な「理論的大事」をなしているのである。この変化は、諸階級の概念化にたいし影響を及ぼさないわけにはいかないだろう。一八五七—五八年の経済恐慌の衝撃のもとで、マルクスはひどく興奮して「洪水の前に概略を明らかにするために[☆18]」、『政治経済学批判要綱《グルントリッセ》』の執筆に打ち込んでいた。差し迫る緊急の仕事というわけなのだ。この時にマルクスは「ほんの偶然で」ヘーゲルとその『論理の学』

を再発見した。

偶然は時に必然性をはらむものだ。

知識は単純な事実の寄せ集めではない。「困難は事実から認識へ移行する時にあり」、論理的諸カテゴリーのそれらの内容との関係のなかにある。「啓蒙の時代は、その形式的で抽象的で空疎な思考によって、宗教の全内容をなきものにし」、「一般論、抽象論、生気のない使い古された合理主義の冷水しか残さなかった」。しかしながら、これら抽象論にロマンティックな「生命」や「自然」の混沌とした無媒介の具体的なものを対置するだけでは充分ではない。部分的な規定性は一方的なものであり、全体に接近する真の具体者によって止揚されなければならない。体系を欠いた哲学は「学問の名に値しない」。「内容は全体の一要素となる時、はじめて正当な位置を与えられるので、全体を外れれば、根拠なき前提や主観的確信に堕してしまう。哲学書の多くは、自分の考え方や思いを主観的に表現しただけにおわっているのだ☆19」。

それゆえヘーゲルの『論理の学』は、経験主義の根本的批判を繰り広げるのである。思考のなかに真実を追求する

☆15　社会学の用語は一八三八年のコントの『政治哲学講義』第四十七講に現われる。革命的懐胎の時代は政治哲学、自然法ないしは古典経済学の時代であるから、社会学はポスト革命期のイデオロギー的産物として出現する。十九世紀末から二十世紀初めのかずかずの学会、雑誌、大会が大きく開花する時期に、社会学は社会的なものの脱政治化（帰化）の企てとして、また、階級闘争の解毒剤として、体系化される。コントにとって（すでに）肝腎なことは、革命を「終わらせる」ことであった。社会法則の名のもとに、デュルケムは「革命は奇跡を起こすのと同じくらい不可能である」（Émile Durkheim, "La philosophie dans les universités allemandes," *Revue internationale de l'einseignement*, vol. XIII, 1887）ことを立証しようと努力することになる。この批評について、また「社会学のなかの社会学」については、Goran Therborn, *Science, Class and Society*, NLB, London, 1976を参照のこと。もともと社会学は、政治学を社会学的決定論に還元するために生物学（Bichat, Cabanis）や力学から着想を得てきた。「社会学はブルジョワ革命ののち、政治学に関する言説として頭角を現わし、プロレタリア革命の脅威のもとで経済学に関する言説として成熟した」（G. Therborn, *op. cit.*, p. 417）。

★16　ブハーリン『史的唯物論』（青木書店、一九七四）にほかならない。第1章注62を参照。

☆17　Antonio Gramsci, *Cahier de prison 11*, p. 221-229, *Cahier de prison 12*, p. 311. [*Edizione critica italiana, Quaderno del carcere 11*, p. 1423-1431, *Quaderno del carcere 12*, p. 1515.]

☆18　一八五七年十一月八日付のフリードリヒ・エンゲルス宛書簡。

代わりに、経験主義は「経験に訴えかけ」、真実なるものは「実在のなかに在り、知覚のために存在しなければならない」ことを前提する。こうして経験主義は自由の原理（人間は自分自身で見なければならない）を認めるが、普遍性は「大きな数とは別のものである」、とヘーゲルは異議を唱える。カントの批判哲学は――とヘーゲルは述べる――「経験を唯一の知識の基礎と見なす」誤りを経験主義と共有している。

『資本論』の生成は、この経験主義とカント哲学への批判を前提しているのである。マルクスを誹謗するほとんどの人たち（「階級の社会学」はそのもっとも明白な事例である）は、月並みに反対方向の道に進み、経験的知覚の形而上学的カテゴリーの名のもとに弁証法的全面性の未完の規定性を批判する。一八五七年の「序説」でマルクスは「多数の諸規定の総括」および「多様なものの統一」[20]として、抽象から具体への移行についてはっきりと述べている。具体は統計的調査の直接の経験的与件ではなく、概念的構築物であるか思考における具体なのである。

学問的認識の可能性は、経験的与件とこの構築された具体とのあいだの乖離のなかにある。部分にたいする全体の支配から出発する一八五七年の『要綱』のプランは、もはや古典経済学の叙述的カテゴリーに従うものではない。歴史的探究でも「生産の諸要因」の分析でもなく、ひとつの体系とその歴史についての弁証法的総合を予告するのである。現実の諸社会の解釈上の抽象化としての「資本」は、資本主義的生産様式のなかで全体性の鍵となる。それゆえ、「いっさいを支配するブルジョワ社会の経済力」[21]としての資本が「出発点とも、また終結点ともならなければならず、そして土地所有に先立って展開されなければならない」[22]。

『資本論』を六巻本でという当初のプランは、国家についての一巻と対外貿易（ないしは世界市場）についての一巻を想定していた。書かれなかったこれらの巻の主題は四巻の最終プランによって余すところなく研究されていたというわけではない。マルクスは、これらの二つの別巻が、新たな概念規定や新たな具体性を取り入れることになるかぎりで、自分の固有の課題の枠を超えたところに彼を連れて行くことになるだろうと指摘して、このいきさつについて釈明している。こうして国家の研究は、生産と法の制度化、分業、イデオロギー装置との関係を解明することがどうしても必要になるだろう。世界市場の研究は、諸階級間、諸民族間、諸国家間の関係の研究が是非とも求められてくるであろう。しかしながら、国家と世界市場はまだ消えてなくなったわけではない。再生産の諸契機とその媒介、これらは一貫した前提となっており、いわば、「すでに与件」[☆23]となっているのだ。

生産と搾取関係

諸階級は『資本論』の勢いのなかで、またそれによって明らかにされる。この解明が、論理的には第三巻の「生産の総過程」をもって成就されるとしても、生産過程において幾度か、この問題は扱われている。

（1）階級の分極化は第一巻の労働日に関する第三節の章に現われる。「そしてたとえば、資本主義的生産の歴史において労働日の規制は、労働日の制限のための闘争として立ち現われる。全体としての資本家、すなわち、資本家階級と、全体としての労働、あるいは労働者階級とを対立させる闘争である」。生産（資本／労働）水準に、厳密な意味での諸階級（闘争の水準）に照応するこの抽象的なくだりは、必要労働と剰余労働（全体としての再生産の水準）との時間の配分のための恒常的な衝突をすでに前提している。

☆19 Friedrich Hegel, *Encyclopédie des sciences philosophiques*, Paris, Vrin, 1987.「哲学の各部分は哲学として全体をなし、自己内で完結した円環をなすが、哲学的理念は、その円環のなかに、特別の性格と一貫性をあたえられて存在する。個々の環は、それ自体が総体性をなすがゆえに、その場の限界線をも突破し、もっと広い領域へと踏みこんでいく。こうして、全体は、多くの環がそれぞれに必然的要素としてつながって、一つの環をなすという形をとる。環のもつ独自性を体系化したところに全体の理念があらわれ、その理念は同時にそれぞれの環のうちにもあらわれている」〔『哲学の集大成・要綱』、第一部『論理学』（作品社、二〇〇二）、「序論」、六三―六四ページ〕。

★20 『政治経済学批判要綱』への「序説」を意味する。邦訳『資本論草稿集①』、五〇ページ。邦訳全集13、六二八ページをも参照。

★21 邦訳『資本論草稿集①』、六〇ページを見よ。ベンサイドが引用している文章は、フランス語版とも異なっている。

☆22 Karl Marx, *Contribution à la critique de l'économie politique, op. cit.*, p. 171.〔『資本論草稿集①』、『要綱』への「序説」、3「経済学の方法」、六〇ページ。〕

☆23 『資本論』のプランと一般的論理については、拙稿"Introduction aux lectures du *Capital*," in *La Discordance des temps, op. cit.* を参照。

（2）マルクスは次に（第四篇の「分業とマニュファクチュア」の章で）、次のように説明する。すなわち、部分労働を「ある人の終身の職業」に転化させてしまおうとするマニュファクチュアの傾向は、「それ以前の諸社会が職業を世襲化させ、それをカーストに石化させ、または、一定の歴史的諸条件がカースト制度に矛盾する個人の変異性を生み出す場合には、それを同職組合に骨化させるという傾向に照応している。カーストおよび同職組合は、動植物の種および亜種への分化を規制するのと同じ自然法則から発生するのであって、ただ、ある程度の発展度に達すると、カーストの世襲性または同職組合の排他性は社会法則〔法律〕として制定される点が違うだけである」[☆24]。

（3）階級の問題は「資本主義的蓄積の一般法則」にかんする章の第七篇でふたたび現われる。「資本主義制度の内部では、労働の社会的生産力を高めるいっさいの方法は、個々の労働者の犠牲として行なわれるのであり、生産を発展させるいっさいの手段は、生産者の支配と搾取との手段に転化し、労働者を部分人間へと不具化させ、彼を機械の付属物へと貶め、彼の労働苦によって労働の内容を破壊し、科学が自立的力能として労働過程に合体される程度に応じて、労働過程の精神的力能を労働者から疎外するのであり、またこれらの方法・手段は、彼の労働条件をねじゆがめ、労働過程中ではきわめて卑劣で憎むべき専制支配のもとに彼を服従させ、彼の生活時間を労働時間に転化させる[☆25]〔……〕」。それが敵対的な搾取関係の説明を前提とするかぎりで、労働価値と剰余価値の理論の展開は、第一巻以降の諸階級についての理論的アプローチの開始を示すものである。だが、一部を切り取られた断片的なこの生産者と完全に規定された階級とのあいだには、いまだに多くの媒介物が残されている。

（4）プロレタリアートに神秘的な主体のイメージを与えるのとははるかに異なり、マルクスは第一巻以後、プロレタリアートの状態の矛盾と、マルクスの考えでは人類の未来がかかっているその解放の謎とを、世界でもっとも明確に提起する。「資本主義的生産が進むにつれ、教育、伝統、慣習によって、この生産様式の諸要求を自明の自然法則として承認するような、労働者階級が発展する。充分に発達した資本主義的生産過程の組織はあらゆる抵抗を打破し、相対的過剰人口のたえまない生産は労働の需要供給の法則を、それゆえ労賃を、資本の増殖欲求に照応する軌道内に保ち、経済的諸関係の無言の強制は労働者にたいする資本家の支配を確定する。経済外的な直接的な暴力も相変わらず用いられはするが、しかし、それはただ例外的であるにすぎない。ものごとが普通に進行する場合には、労働者は「生産の自然法則」に、すなわち、生産諸条件そのものから発生し、それらによって保証され永久化される資本への労働者の従属に、まかせておくことができる」[☆26]。ブルジョワジーが「不断の国家介入」なしでは済まされなかった資本主義的生産の「歴史的創成期」では、事情は違っていた。疎外と物神崇拝は生産関係のなかに深く根を下ろしている。搾取の諸条件は、生産者をして肉体的にも精神的にも傷ついた存在と化し、普通の事態の流れのなかでは、従属が従属を再生産し、国家が生産的秩序の明らかな保証として自己の地位を維持しえるところにまで達している。

では、どのようにして無から全体が生育するというのだろうか?

これがまさに従属と疎外から生まれる解放の未解決の不可解な神秘である。この神秘は階級闘争の政治的対決のなかにその回答を見いだす。闘争だけがこの悪循環を断ち切ることができるからである。

『資本論』第一巻は、階級についての系統的で完成された概念を展開していない。賃労働と資本のあいだの搾取関係は階級の規定性のうちの最初の、もっとも抽象的な概念でしかない。このレヴェルでの階級の問題は二重の観点から介在してくる。それは、

——カーストと同職組合の社会に比べて、労働力の形式的自由に基づいた近代的諸階級の特殊性を導入するためであり、

——搾取関係の前提、すなわち、労働力の再生産にとって社会的に必要な労働時間を規定する階級闘争を導入するためである。

☆24　Karl Marx, *Le Capital*, livre I, Paris, PUF, «Quadrige», 1993, p. 382.〔邦訳『資本論』第一巻b(新日本出版社、一九九七)、五八九ページ。〕
☆25　*Ibid.*, p. 724.〔邦訳『資本論』第一巻b、一一〇三―一一〇四ページ。〕
☆26　Karl Marx, *Le Capital*, livre I, *op. cit.*, p. 829.〔邦訳『資本論』第一巻b、一二五八ページ。〕

流通と生産的労働

『資本論』第二巻は生産と循環の一体性のなかで階級関係を扱う。流通する資本は、われわれの眼前でその変態のたえずやり直される驚異を成就する。その驚異はひとつの外観から別の外観へと飛躍を遂げる。貨幣（A）は生産（P）手段となり、次に商品（M）となり、次に新たに貨幣（A′）となり、以下同様となる。労働者が生産手段（資本主義的生産過程の条件そのもの）と切り離される時、すなわち、生産手段が他人の所有物としての労働力の所有者と対決する時、「資本家と賃金労働者との階級関係は〔……〕すでに現存し〔……〕ている」[☆27]のである。

――「それは、売買であり、貨幣関係であるが、しかし、買い手は資本家として、売り手は賃労働者として、前提される売買であり、この関係は、労働力の具現のための諸条件――生活諸手段と生産諸手段――が他人の所有物として労働力の所有者から分離されるとともに、与えられている」。

――「こうして、貨幣資本の循環を表わす定式〔……〕が、すでに発展した資本主義的生産の基礎上でのみ、資本循環の自明な形態であることは、おのずから明らかである。なぜなら、それは、社会的規模での賃労働者階級の現存を前提するからである」。

――「産業資本は、そこにおいて剰余価値または剰余生産物の取得だけでなく、同時にその創造も資本の機能となっている、資本の唯一の定在様式である。それゆえ、産業資本は、生産の資本主義的性格の条件となる。産業資本の定在は、資本家と賃労働者との階級対立の定在を含む。〔……〕労賃の前貸しの正常な形態は、貨幣での支払いである。この過程は、比較的短い期限内に絶えず更新されなければならない。なぜなら、労働者はその日暮らしだからである。それゆえ、労働者にたいしては、資本家はたえず貨幣資本家として、また彼の資本は貨幣資本として、相対さなければならない」。

『資本論』第一巻で階級関係は生産者としての労働者と産業資本家としての資本家とのあいだの敵対的な搾取関係として、必要労働と剰余労働とのあいだの分割として現われた。第一巻は資本の諸変態の循環を展開する。この過程は売買行為の継続である。ここでは搾取関係は、労働力の売り手である賃金労働者としての労働者と、貨幣資本の保持者としての資本家とのあいだで現われる。この関係における駆引きの争点は、もはや労働時間の分割という角度ではなく、商品としての労働力の紛争的交渉の角度から把握されている。

流通過程についてのもっぱら経済的記述としてしばしば理解されるこの第二巻は、ビアジョ・デ・ジョヴァンニに階級政治論の題材を提供している。「資本の循環形態は階級の形態論それ自体にとって決定的となっている」とビアジョは述べている。「その敵対関係は生産における矛盾の激しさが弱々しくそこに反映される程度に応じてではなく、矛盾がこの過程のすべての形態に応じて崩壊し、その多様な形態において辛抱強く再構築される程度に応じて、循環の空間に対応する」[☆28]。流通過程は第一巻の生産的形象の単純性を破壊し、それらの現象学を複雑化する。第一巻は「社会的形象」とそれらの形象がたがいに取り結ぶ関係を構築する。

実際に、通俗化に走る人たちのほとんどが第一巻に範囲を限定するが、第二巻においても諸階級の形態学を追求するのは、それにおとらず正当なことなのである。流通の領域に固有な労働力の売買関係は、第一巻で暴露された搾取関係と同じく階級関係を構成するものなのである。搾取が可能となるためには、労働者と生産手段が切り離されていることが、どうしても必要であった。そして、この分離状態は「ただ、労働力が生産諸手段の保有者に販売されるこ

☆27　Karl Marx, *Le Capital*, livre II, Paris, Éditions sociales, 1965, t. I, p. 33, 53, 57.〔邦訳『資本論』第二巻（一九九七）の第一節「第一段階」、五六ページ。同前、六〇ページ。同前第四節「総循環」、九七ページ。ただし、最後の引用文は英語版の引用文と異なっている。英語版では以下の文章（同前第二節「第二段階」、六二ページ）が引用されている。「賃労働者は、労働力の販売によってのみ生活する。〔……〕したがって、彼がその自己維持に必要な購入〔……〕を反復しうるためには、彼にたいする支払いがたえず比較的短い期限で反復されなければならない。それゆえ、資本家は賃労働者にたいして絶えず貨幣資本家として、また彼の資本は貨幣資本として、相対さなければならない」。〕

☆28　Biagio De Giovanni, *La teoria politica delle classi nel capitale*, Bari, 1976, p. 16.

とによってのみ、したがってまた、労働力の流動体——流動化〔労働すること〕の限界は、労働力それ自身の価格の再生産に必要な労働総量の限界とはけっして一致しない——も買い手に所属するということによってのみ、取り除かれるからである」。[☆29] その際、マルクスはこう説明する。「資本関係が生産過程中に出現してくるのは、ただ、この関係自体が流通行為のうちに、買い手と売り手とが相対し合う異なる経済的基本諸条件のうちに、彼らの階級関係のうちに、実存するからにすぎない。〔……〕こうして、貨幣資本の循環を表わす定式G—W…P…W′—G′〔『時ならぬマルクス』原著では、A—M…P…M′—A′〕が、すでに発展した資本主義的生産の基礎上でのみ、資本循環の自明な形態であることは、おのずから明らかである。なぜなら、それは、社会的規模での賃労働者階級の現存を前提するからである」。

そして、この結果、現われてくるのが階級闘争なのである。

『資本論』の各巻は、こうして、その固有の規定性を伴っている。[☆30] 第一巻では階級関係は搾取関係という最初の根本的な規定性を受ける。第二巻では、階級関係は新しい本質的に重要な規定性を受けるが、生産労働あるいは間接的な生産労働という最終的な規定性ではない。この最終的規定性は多くの論争や誤解を生み出してきたものである。だが、流通の領域に階級理論の最後の言葉を追求するのはなぜなのか？　マルクスは第三巻の総再生産の研究の枠組のなかで、はじめてこの問題を系統的に取りあげる。

総再生産と未完の章の謎

ここで新たに言語使用域を変更したい。生産と総再生産にかんして、階級は剰余価値の強奪や生産的および非生産的労働の範疇だけによってもはや規定されるのではなく、生産における搾取関係、賃金関係、流通における労働の生産性—非生産性、総再生産における所得の配分の組み合わせによって規定される。

となると、再生産に参加する公共部門の賃金労働者をプロレタリアートに含めることはできるのか？　——第二巻の流通の観点から見ると——非生産的労働であったものは、資本の全体的な運動の観点からその非生産的労働を考察するなら、第三巻の間接的には生産的な労働となるという結果をともなうのか？　実際に『資本論』の論理からは次のような結論を引き出すことができる。すなわち、彼らの雇用者に剰余価値をもたらし、生産労働者がこうむる条件に匹敵する搾取条件に服従する、流通の領域（商業、信用、宣伝）の労働者は、同じ階級規定に入ってくる。第三巻は総生産過程を扱うとしても、〈国家〉の媒介をそれとして導入することを求める再生産（教育、健康、住居）の諸条件を取りあげない。『剰余価値学説史』でマルクスは、ただ、（教師は生徒にたいしては生産的ではないが、彼らの企業に対しては生産的である「教育工場」に言及し）資本主義的生産に向けた非物質的労働の「過渡的形態」を想起し、集団的労働者の概念について強調している。☆31

どう考えても、『資本論』の論理的構成からは逃れることはできない。

第三巻で階級はひとつの特別の章の主題となっているが、系統的アプローチの理論的条件は、要するに、揃っている。生産過程における剰余価値の強奪および流通過程における労働力の売りというレヴェルでの階級の部分的規定性は、競争、利潤率の調整、資本の機能的特化、所得の分配の全体としての運動にこれからは統合されるのである。

☆29　Karl Marx, *Le Capital*, livre II, *op. cit.*, t. I, p. 33.〔邦訳『資本論』第二巻、五六—五七ページ。同、六〇ページ。『資本論』第二巻において、Gは貨幣資本、Wは商品資本、Pは生産資本を表わす。〕

☆30　Biagio De Giovanni, *La teoria politica*..., *op. cit.* によれば、第二巻は階級政治理論の要点を含んでいる。この論争的なアプローチは、階級関係は生産における搾取関係に還元されるという一般に認められた考え方に反対するものであり、よく過小評価される第二巻の重要性に注意を喚起している利点はある。しかしながら、再生産におけるその規定性の運動を論理的に追跡するかわりに階級理論を循環のレヴェルに固定化してしまう欠陥をもっている。

☆31　「彼らは、全部を一緒にすれば、一作業場として、これらの生産物の生きた生産機械なのである。それは、ちょうど、総生産過程を考察すれば、彼らが、自分たちの労働を資本と交換して、資本家の貨幣を資本として、すなわち、自己増殖する価値、自己増大する価値として、再生産しているのと同様である」（*Théories sur la plus-value*, *op. cit.*, p. 481〔邦訳全集26、『剰余価値学説史』Ⅰ、五二三ページ〕）。「工場を形成する共同的労働者を考察するならば、その結合された活動は物質的に、また直接的に総生産物となって、つまり商品の総量として現われる」（*Un chapitre inédit du «Capital»*, Paris, Pars, UGE, p. 226）。

その際、階級だけは同じ社会的機能を遂行する個々人の総和以外のものとして立ち現われる。「これまで述べたことから明らかなように、個々の各資本家も、特殊な各生産部面のすべての資本家の総体も、総資本による総労働者階級の搾取およびこの搾取の度合いに、一般的な階級的共感から参加しているだけではなく、直接に経済的に参加しているのである。なぜなら〔……〕平均利潤率は、総資本による総労働の搾取度に依存するからである。〔……〕ここには次のこと、すなわち、なにゆえ資本家たちは、自分たちどうしでの競争ではにせ兄弟である事実を示しながら、労働者階級全体を相手に真のフリーメイスン的同盟を結成しているのか、ということの、数学的に正確な証明がある」[☆32]。それゆえ階級関係は、企業内におけるパトロンと労働者の直接対決に矮小化することはできない。社会的現象としての搾取は、つねに、競争の物質代謝、平均利潤率の形成、社会的に必要な労働時間の決定を前提するのである。

未完成のままに残された有名な第五十二章は次の事実確認で始まる。「労賃、利潤、および地代を各自の所得源泉とする、たんなる労働力の所有者、資本の所有者、および土地の所有者、すなわち賃労働者、資本家、および土地所有者は、資本主義的生産様式に基づく近代社会の三大階級を形成する」[★33]。それゆえ「三大階級」（それだけではないが）は最終的に収入によって規定されるようにみえる。

典型的な資本主義国として、英国は、『共産党宣言』で予告された基本的な階級の増大する両極化傾向をよく例証している。資本主義的生産様式は「生産手段をますます労働から切り離し、分散した生産諸手段をますます大グループに集中させ、このようにして労働を賃労働に転化させ、生産諸手段を資本に転化させる」傾向にある。だが、「この国においてさえ」、「階級的編成は純粋には現われていない」。「この国においても中間および過渡諸階層が（農村では都市でよりも比較にならないほどわずかであるとはいえ）、いたるところで〔階級間の〕境界決定を曖昧にしている」。言い換えれば、現実の社会構成体は生産様式のむきだしの骨組みにけっして還元されることはない。両極化は、しかしながら、階級戦線を複雑化する中間的な立場や身分や階級のスペクトルを吸収することなく作用する。マルクスはこの漠然とした事態を資本主義的諸関係の一種の都市的純粋性によって晴らしてしまうどころか、都市が農村とくらべ、この漠然とした事態をいっそう強めることを認める。われわれは階級概念を簡略化するにはまだ遠いところにいる。この問題を解明するためには、社会学の直接的なデータには背を向け、理論に立ち戻らなければならない。

「まず答えなければならない問題は、階級を形成するのは何か?ということであり、しかもその答えは、賃労働者、資本家、土地所有者たちを三大社会階級の形成者にするのは何か?という別の問題に答えれば、おのずから与えられる」[★34]。言い換えれば、収入が階級を相互に規定する。つまり、資本、土地、労働力の所有者が三大階級を形成するのである……。

罠はふたたび完全なトートロジーに終わる。

だがひとつの階級とは何か?

「一瞥してわかることは収入および収入源が同じであるということである」。それゆえ、労賃、利潤、および地代が、ひとつの階級を形成する広大な社会集団の公分母というわけであろう。

だが「たんに一瞥してのことにすぎない」……。

マルクスはこの一瞥したところでは満足しない。次の異論がすぐに確認事項を訂正する。「とはいえ……」。それゆえ、とはいえ、「この立場からすれば」、すなわち収入の分類基準から見ると、記述的社会学の分散に滑り込むことになるだろう。「たとえば医師と役人も、二つの階級を形成することになるであろう。というのは、彼らは二つの異なる社会的グループに属し、その二つの各グループの成員たちの収入は同一の源泉から流れてくるからである」[★35]。

☆32　Karl Marx *Le Capital* III, Paris, Éditions sociales, *op. cit.*, t. I. p. 211-212.〔邦訳『資本論』第三巻a（新日本出版社、一九九七年）、三三三―三三五ページ。〕
★33　邦訳『資本論』第三巻b（一九九七）、第五十二章「諸階級」、一五五三ページ。
★34　前掲邦訳書、一五五四ページ。
★35　前掲個所。

これでは終わることはないだろう。階級は社会階層別の身分やカテゴリーのなかに解消するだろう。「同じことは、社会的分業によって労働者ならびに資本家および土地所有者が――たとえば土地所有者ならば葡萄山所有者、耕地所有者、森林所有者、鉱山所有者、漁場所有者に――分裂していく、利害関係と地位との無限の分裂についても言えるであろう[★36]」。

ここで「マルクスの草稿は中断している」、とエンゲルスはことば少なに註釈する。

恐るべき理論的な中断についてだ。

カール・レンナーからラルフ・ダーレンドルフにいたるまで、中断された草稿の筋道をたどりなおし未完の章を再構成しようという試みは、枚挙にいとまがない。ダーレンドルフにとって、マルクスにおける階級理論は「社会の階層化理論ではありえず、全体的な社会変革を説明するための道具」にしかならないであろう。問題は、一定の時代の一定の社会が何に類似するかではなく、いかにして社会構造を変えるかということなのである。しかしながら、ダーレンドルフの読解は、「階級理論はマルクスの著作において社会学的分析と哲学的思索のあいだにある不確かな関連を表わしている」という考え方によって縛られている。「一連の引用を系統的に整理し一貫した文脈のなかでそれらの引用を接合」しようとするとき、ダーレンドルフは、未完の章の論理に従うどころか、『資本論』の領域から抜け出し、別の分析レヴェルを参照するよう仕向けるような、利害関心やイデオロギー、階級闘争や階級意識の理論に危険を冒してまで身を投ずるのである。彼は『ドイツ・イデオロギー』（「個々人は、彼らが他の階級にたいして共同の闘争を行なわなければならないかぎりでだけ、ひとつの階級を形成する[★37]」）や『哲学の貧困』（「だからこの大衆は、資本にたいしてはすでに一個の階級である。しかし、まだ、大衆それ自体にとっての階級ではない〔……〕。階級対階級の闘争はひとつの政治闘争である[★38]」。「労働者階級が階級として支配階級に対抗し、外からの圧力によってこれに強制を加えようとする運動は、すべて政治運動です。たとえば、個々の工場なり個々の組合でストライキ等によって、個々の資本家から労働時間の制限をかちとろうとする試みは、純粋に経済的な運動です。これにたいし、八時間労働法等の法律を勝ち取るための運動は政治運動です[★39]」）の断片を取り出している。この組み立て作業に没頭して、ダーレンドルフは、こうしたアプローチが若きマルクスの人間学的な疎外概念と深い関連をもっており、剰余価値、利潤、資本蓄積の理論によって必然的に修正されることを忘れている。

未完の章の空白のページを前にして、いまいちど問題性を切り換えようと身構えるマルクスを想像するほうが、より一貫した態度だというのであろう。具体から具体への道はけっして最短ではない。その道はしばしば行き止まりとなる。ただ収入によって階級を規定することは、理論操作概念としての階級の果てしない崩壊や消滅に導くものである。一八五七年の「序説」に基づいて、この長い『資本論』の行程の途中で出会ったすべての規定、すなわち、剰余価値を説明する搾取関係、役割の順番で労働者を商品の売り手および買い手にする賃金関係、直接および間接の生産的労働、社会的分業、収入の性格と額などを、その一体性において把握しなおす時であろう。この仮説は、社会階層別の一覧表を作成したり統計を並べたり、職長か熊のようながさつ者か坑内班長かといった極端な事例についてあれこれ考えたりしないマルクスの考え方に、より合致しているようにみえる。

実証的社会学が「社会的事象を物として扱う」べきだと主張する時、マルクスはそれらの事象をいつも関係として扱うのである。彼は一回限りで規準や属性によって自分の対象を定義することはない。彼はその多様な規定性のロジックに従う。彼はひとつの階級を定義することはない。彼は諸階級間の闘争の関係を把握しようとする。彼は階級のレッテルが貼られた社会的現象の写真を撮ることはしない。彼は闘争の力学のなかに階級関係を見る。ひとつの単独

★36　前掲邦訳書、一五五四―一五五五ページ。
★37　邦訳全集3、五〇ページ。廣松版、一二四ページ。渋谷版、一四四ページ。
★38　邦訳全集4、『哲学の貧困』、一八九ページ。
★39　この文章は、『哲学の貧困』中には出てこず、一八七一年十一月二十三日付、マルクスのF・ボテ宛書簡に出てくる。邦訳全集33、二六六ページ。英語版では割愛されている。

の階級は、理論的対象にはならず、無意味である。

それゆえ未完の章は具体を規定する際の追加の一歩としてこれを読むことは可能である。総生産過程のレヴェルで規定された諸階級は、家族、教育、国家、さらにこれを超えていわゆる政治闘争を言外に意味する新しい諸規定を受け取ることはできるだろう。その際、政治闘争としての階級闘争から生産様式へと通ずる、逆方向の道から出発して、『資本論』の未完の道を逆方向の道と交差させることも必要であろう。こうして放置されたままの国家にかんする書は、得がたい階級理論の逃げ道となるのかもしれないが、最終的に筆を中断させたこの理論が死んでも、(階級理論にとっての) 唯一の障害物を構成するものとはならないであろう。

社会諸階級と政治的代表

すべての規定——経済的な規定だけでなく政治的な規定——は「階級闘争〔……〕を覆い隠している、こういうわべの外観☆40」の背後に寄せ集まっている。諸政党の対決は、階級闘争の実態を覆い隠すと同時に、それを表現する。それを神秘化された形態で暴露する。さまざまな形態の所有のうえに、社会的生存諸条件をもとにして、「さまざまに違った、独特の形態をもった感覚、幻想、考え方、人生観からなる上部構造全体が成立する。それらは、この階級全体が自分の物質的基礎のうちから、またそれに応じた社会諸関係のうちから造りだし、形作るものである」。それゆえ「歴史上の闘争ではなおさらのこと、諸党のことばや空想と、その実体、その実際の利害とを区別し、その観念とその現実とを」区別しなければならない★41。

これはどこか精神分析的研究と類似する革命理論である。政治的代表性は社会的性質の単純な表現ではない。政治的階級闘争はひとつの本質の表面的な輝きではない。言語のように明瞭に表現される政治的階級闘争は、社会的諸矛盾の移動や凝縮を通じて作用する。そこには夢があり、悪夢があり、思い違いがある。政治の固有な分野において階級関係は、それらを規定する両極の敵対関係に還元できない一定の複雑性をもたらす。

（1）生産関係は国家と有機的に接合されている。「フランスのブルジョワジーの物質的利益は、まさにこの広範で複雑多岐な国家機構を維持することと、きわめて密接にからみあっている」★42。この結びつきはまさに、それを通じて階級分派がさらに分化し、政治的代表性が丹念に作りだされ、同盟関係がたくらまれる結びつきである。それはまた階級関係と国家の官僚機構がそこに干渉し、前資本主義的社会の位階制構造を永続化する結びつきである。こうして、「官僚制は、中央集権制の低い、野蛮な形態にすぎず、そこでは中央集権制は、まだその対立物である封建制になおつきまとわれている」★43。そして官僚制は二代目ボナパルトにとっては気に入らないわけではないのであるが、それは彼が「社会の現実の諸階級のほかに、ひとつの人工的な階層《カースト》を造りだすことを余儀なくされており、この階層《カースト》にとっては、彼の統治を維持することが胃の腑の問題なのだから」☆44である。

（2）生産関係の敵対性によって規定される基本的諸階級からはじまって、この有機的接合は分化を多様化する。『フランスにおける階級闘争』から『フランスにおける市民戦争』にいたるまで、マルクスは社会的諸関係と政治的代表性との弁証法に注意深く従っている。「民主主義者は、小ブルジョワジー、すなわち二つの階級の利害がともに中和しあっている中間的階級を代表しているという理由で、自分たちはおよそ階級対立を超越していると思いこむ。民主派といえども、ひとつの特権階級が自分たちに対立していることは承認するが、しかし、彼ら自身はまわりの残りの国民全部といっしょに人民を構成している、と考える」☆45。たとえ中間諸階級が基本的諸階級の分極化の影響をこ

☆40　Karl Marx, *Le Dix-Huit Brumaire de Louis Bonaparte, op. cit.*, p. 47.〔邦訳全集8、一三二ページ。平凡社ライブラリー版、六一—六二ページ。〕

★41　前掲書、一三二—一三三ページ。平凡社ライブラリー版、六三ページ。

★42　前掲書、一四四ページ。平凡社ライブラリー版、八六ページ。

★43　前掲書、二〇六ページ。しかし、註記によれば、一八五二年の初版にあったこの文章は一八六九年版でマルクスが削除した文章である。平凡社ライブラリー版、一八八ページ。平凡社ライブラリー版は初版を底本としているが、第七章の当該の箇所については（訳注29）で、第二版で書き換えられたくだりを紹介している。

☆44　Karl Marx, *Le Dix-Huit Brumaire..., op. cit.*, p. 133-134.〔邦訳全集8、一九八ページ。平凡社ライブラリー版、一八五ページ。〕

うむるとしても、それ自身の役割を演じることには変わりない。パリ・コミューンにおいて「歴史上はじめて、下層および中層の中間階級（中小ブルジョワジー）は、労働者革命の周囲に公然と結集して、それこそが彼ら自身とフランスとを救う唯一の手段である、と宣言した！〔……〕。コミューンが実施した主要な方策は、中間階級を救うためにとられた措置である」[☆46]。十二月十日会[★47]はルンペン・プロレタリアート、すなわち「あらゆる階級のこれらのくず」から生まれたものと解釈されている。「慈善協会を作るという口実で、パリのルンペン・プロレタリアートが秘密の諸支部に組織され〔……〕、落ちぶれた放蕩者とか、ぐれて冒険的な生活を送っているブルジョワの子弟とかのほかに、浮浪人、兵隊くずれ、前科者、逃亡した漕役囚、ぺてん師、香具師《やし》、ラッツァローニ〔こじき、ルンペン・プロレタリアを意味するイタリア語〕、すり、手品師、ばくち打ち、ぜげん、女郎屋の亭主、荷かつぎ人夫、売文文士、風琴ひき、くず屋、鋏とぎ屋、鋳かけ屋、乞食、要するに、はっきりしない、ばらばらになった、あちらこちらと揺れ動く大衆、フランス人がラ・ボエム〔ボヘミアン〕とよんでいる連中」[☆48]がいた。

（3）プロレタリアートが潜在的に解放的階級であるとしても、その潜在能力は自動的には実現されない。『資本論』は社会関係の物象化そのものに固有の、階級意識の発展に立ちふさがる障害物を明らかにしている。政治的成功や挫折の特有の影響が、生産関係に固有のこれらの障害物に付け加わる。「労働者は征服する力であるという名誉を捨てて、運命に屈従したものであり、また、一八四八年六月の敗北のため彼らは数年にわたって闘争能力を失ってしまった」[★49]。階級闘争の非・線型性は結局のところ資本の支配下でのその構造の特殊性をあらわしている。「十八世紀の諸革命のようなブルジョワ革命は、成功から成功へと慌ただしく突進し、劇的効果をたがいに競いあい、人も物も絢爛たる光彩につつまれて見え、有頂天が日々の精神である。しかし、それは短命で、すぐに絶頂に達してしまう。こうして、社会は長い二日酔いにとりつかれてしまい、そうしてからはじめて、しらふで、疾風怒濤の時期の成果を消化することができる。ところが、十九世紀の諸革命のようなプロレタリア革命は、たえず自分自身を批判し、進みながらもたえず立ちどまり、すでに成し遂げられたと思えたものに立ちどまっては、もう一度新しくやり直し、自分がはじめにやった試みの中途半端な点、弱い点、けちくさい点を、情け容赦もなく、徹底的に嘲笑する。この革命が敵を投げたおしても、その敵は大地から新しい力を吸いとって、まえよりも巨大な姿となって起きあがり、革命にはむかってくる結果としかならないようにみえる。この革命は、自分の立てた目的が茫漠として巨大なことに驚いて、たえず繰り返し尻ごみするが、ついに、絶対にあと戻りできない情勢が作り」[☆50]だされた。

（４）最後に、社会の構造と政治闘争の関係は国際的な諸民族間の従属と支配の諸関係によって媒介される。こうして、「英国人は社会革命に必要なあらゆる物質的条件をもっている。彼らに欠けているのは、一般化する精神と革命的情熱である」。これには、体質や風土となんの関係もない理由がある。「英国はたんに他の諸国にならぶ国として扱われるべきではない。——英国は資本の本国として扱われるべきである。〔……〕英国のブルジョワジーは、アイルランドの貧困を利用して、貧しいアイルランド人の強制移住によって英国における労働者階級の状態を低下させたばかりか、プロレタリアートを二つの敵対する陣営に引き裂いた」。ほかでもなくこの意味で、「他国の民族を隷属させる民族は、自分自身の鉄鎖を鍛えるのである」[☆51]。「英国のプロレタリアートが事実上だんだんとブルジョワ化してゆき、その結果、全国民中でもっともブルジョワ的なこの国民が、究極はブルジョワジーと並んでブルジョワ的貴族とブル

☆45　*ibid.*, p. 54.〔邦訳全集8、一三八ページ。平凡社ライブラリー版、七二ページ。〕
☆46　Karl Marx, *La Guerre civile en France*, Paris, Éditions sociales, 1968, p. 220.〔邦訳全集17、五二二ページ。〕
★47　ルイ・ボナパルト（一八〇八―一八七三）の後援団体で、「十二月十日は、彼がフランス大統領に当選した日にちなむ。こういった第二帝政期フランスについては、マルクスの『ルイ・ボナパルトのブリュメール十八日』（一八五二年刊）のほかに、ベンヤミン「ボードレールにおける第二帝政期のパリ」、浅井健二郎編訳『ベンヤミン・コレクション４』（ちくま学芸文庫、二〇〇七）所収、を見よ。
☆48　Karl Marx, *Le Dix-Huit Brumaire...*, *op. cit.*, p. 76.〔邦訳全集8、一五四ページ。平凡社ライブラリー版、一〇四ページ。引用文中の「ラ・ボエム」（la bohème）の詳細な語義については、前注のベンヤミン「ボードレールにおける第二帝政期のパリ」の一七一ページ、ベンサイド自身も両方を参照している可能性がある。
訳注（＊３）を見よ。〕
★49　前掲邦訳全集8、一五一ページ。平凡社ライブラリー版、九八ページ。
☆50　Karl Marx, *Le Dix-Huit Brumaire...*, *op. cit.*, p. 19.〔邦訳全集8、一一一ページ。平凡社ライブラリー版、二二ページ。〕
☆51　マルクス「総評議会からラテン系連合評議会へ」（一八七〇年一月一日付通達〔邦訳全集16、三八〇―三八二ページ〕）。

ジョワ的プロレタリアートをもつようになるだろう」[52]。

だから、階級の社会構造は、政治的代表性や政治的葛藤を機械的に規定することはない。ある国家、またはある党が階級的性格をもっているとしても、それらの国家や党の相対的な政治的自立性は、その「性質」の表われ方に幾多の広範な変種をうみだす可能性を与えるのである。ほかに還元不可能な政治の特異性は、国家の、もろもろの党の、ましてやもろもろの理論の社会的特徴づけを、いちじるしく危険な演習に仕立てあげてしまうものである。

『哲学の貧困』と『ブリュメール十八日』のいくつかの断片に基づいて、社会構造と政治的代表性のあいだのこの非・対応性はしばしば対自的階級と即自的階級のあいだのギャップという形で扱われてきた。「数百万の家族が、彼らをその生活様式、利害、教養の点で他の諸階級から区別し、それと反目させるような経済的生存諸条件のもとで生活しているかぎりで、彼らはひとつの階級を作っている。分割地農民のあいだにたんなる局地的な結びつきしかなく、利害の同一性ということから、彼らのあいだにどんな共同関係も、全国的結合も、政治組織も生まれてこないかぎりで、彼らは階級を作ってはいない。だから、彼らは、〔……〕自分の階級的利益を自分の名前で主張する能力がない」[53]。一方では、「……かぎりで」分割地農民は階級を作っている。他方で、「……かぎりで」彼らは階級を作っていない。それゆえ彼らは客観的に（社会学的に）階級を作っているが、主体的に（政治的に）は作っていないのである。

客観と主観、存在と実体は階級の生成において結合されている。階級関係の力学のなかで、意識の主観性は構造から恣意的に自己を解放することはできないし、存在の客観性は意識から受動的に自己を切り離すこともできない。この問題性は、そのあいだで時間が中立的仲介者の役目をするであろう、即自から対自へ、無意識から意識へ、前意識の社会性から意識的政治性への必然的移行についてのいっさいの機械的な考え方に反対する。階級的な意識と無意識はよこしまな重圧のなかで絡みあい、たがいに騙しあうことをやめないのだ。

マルクスにおいてはめったに使われることはないが、即自的階級と対自的階級の概念は、青年期の著作に特徴的なプロレタリアートの哲学的表象に属している。これは一八四三年九月のルーゲ宛の有名な手紙のなかで説明されている。そのなかでマルクスは、プロレタリアートが「それを獲得しようと思わない場合にも獲得しないではいられない」[★54]ものである「自己自身についての意識」を想起している。同じような表現は『哲学の貧困』でふたたび現われる。それらの表現は歴史的主観性の自己発展の問題性の一環であり、意識と意識することの学としてヘーゲル現象学の根強い影響とともに、晩年のルカーチが「社会的存在の存在論[☆55]」として主張したことについてのノスタルジアを表わしている。いくつかの青年期の著述では、プロレタリアートは、実際に存在論的にはまだ、「プロレタリアートとして自分自身を廃止」するのを余儀なくされているように見える。その運命はいわばその存在によって決定されるだろう。つまり、それは、「プロレタリアートとは何か、そして、その存在に従ってプロレタリアートが歴史的になすよう余儀なくされるであろうことは何か」ということなのである。

この運命は一八五二年三月五日のヴァイデマイヤー宛書簡で依然際立った形で記述されている。そこでマルクスは自分自身の功績を次のように要約している。「僕が新たに行なったことは、（1）諸階級の存在は生産の特定の歴史的発展諸段階とのみ結びついているということ、（2）階級闘争は必然的にプロレタリアート・ディクタートゥーラに導くということ、（3）このディクタートゥーラそのものは、いっさいの階級の廃絶への、階級のない社会への過渡

☆52　Karl Marx, *Communication du Conseil général de l'Association internationale des travailleurs*「国際労働者協会総評議会の通報」、一八五八年十月七日付のエンゲルスからマルクス宛書簡〔邦訳全集29、書簡集、二七六ページ〕。〔ベンサイドの脚注では Lettre à Engels, 8 septembre 1858 となっているが、邦訳全集にこの日付のマルクスの手紙は見あたらない。〕

☆53　Karl Marx, *Le Dix-Huit Brumaire...*, *op. cit.*, p. 126.〔邦訳全集8、一九四ページ。平凡社ライブラリー版、一七八ページ。〕

★54　邦訳全集1、『独仏年誌』からの書簡、三八二ページ。

☆55　André Tosel はこの存在論が「歴史哲学を相続するもの」と述べているが、「その確実性を共有するわけでもないし、存在論が完成され劇的に開かれた客観的目的論の要素のなかで消失するという主張を請け合っているわけでもない」（*Idéologie, symbolique, ontologie*, Paris, Éditions du CNRS, 1987, p. 100）。トセルが、それがマルクスの「主張」や彼の確実性において弱体化されている哲学であったとしても、このような存在論は『聖家族』以来見捨てられた歴史哲学と再び関係を結ぶだろうと強調しているのは正しい。同じ論集で Costanzo Preve ははっきりとこのことを主張している。「社会的存在の存在論として、歴史的唯物論は倫理学、美学、自然哲学、歴史哲学で構成されている」、と。

期をなすにすぎない、ということを証明したことだ」[56]。

マルクスのヘーゲルについての解釈は原典に即して思う存分堪能されてきた。『共産党宣言』にかんする著述でラブリオーラはこう書いている。「近代のプロレタリアートは、その不可避的に革命的な行動から必然的に共産主義があらわれてくるに違いない具体的な主体として、実証的な力として、現代史のなかにあり、そこに身を置き、そのなかで成長し、発展を遂げる」[57]。『歴史と階級意識』でルカーチは、全体性によって媒介された、即自と対自のこの弁証法をよりたくみに発展させる。「プロレタリアートの立場からは自己認識と総体性の認識とは一致するのであり、かれらはこのような認識の主体であると同時に客体なのである」。結果的にはここから、組織と党の問題についての一種の理論的ウルトラ・ボリシェヴィズムが現われる。「対自」の実現として仕上げられたこの党が、「プロレタリアートの階級意識またはその歴史的使命の確信の担い手となるという」「崇高な役割」をおびた「プロレタリアートの階級意識の形態」となる。レーニンよりももっと「レーニン主義的」なルカーチは、逆説的ではあるが、『何をなすべきか?』の著者がまさに避けようとした党と階級の混同に落ち込む。第二インターナショナルの支配的な言説においては、この混同は党と階級の多面的な歴史的運動を同一視する傾きがある。ルカーチにおいては、この混同は階級を党に吸収しようとする。「このような意識過程の担い手こそがプロレタリアートなのだ。プロレタリアートの意識は歴史的弁証法の内在的結果としてあらわれるのだから、それ自身弁証法的にあらわれる。すなわち、プロレタリアートの意識は歴史的に必然的なものの表現にほかならない」[58]。

『要綱』や『資本論』は、これとは反対に、存在論のために喪に服する作業として、それがなければどんな彼岸の世界、どんな二重底、本物と本物でないもの、学問と存在論のどんな二元論にとってももはや居場所がない、根本的な脱存在論化として現われる。存在と現存在のあいだにはもはや始元時の矛盾はないし、その背後で依然明らかにならないなにか別のものが隠されているようなこともないのである。商品、社会的労働時間、諸階級の出現は、それらの存在の出現と仮装として手のつけられないほど混乱した状態にある。存在は現存在のなかで解消され、階級的実態は階級関係のなかで解消される。哀れな哲学的呪文に矮小化された、即自の対自へのぼんやりとした啓示は、それ自身の概念的無力さのなかで消滅するのである。

『資本論』第一巻は結論で、プロレタリアートの「歴史的使命」と、資本主義的生産の飛躍それ自体と集積のなかにあるプロレタリアートの実践的可能性の諸条件とについての考え方をふたたび取りあげている。ところが、『資本論』では、物象化の地獄のように恐ろしい周期という反対の理論もまた記述されているのである。

（１）生産手段の使用におけるこの節約は「資本に固有な力として、また資本主義的生産様式に特有な、それを特徴づける方法として現われる」[★59]。このような考え方がなおのこと奇妙には感じられないのは、「事実の外観（der Schein）がそれに一致し、また、資本関係が、労働者を、彼自身の労働の実現の諸条件にたいする完全な無関心、外化と疎外の状態（Ausserlichkeit と Entfremdung）に置くことによって、実際に内的関連（innern Zusammenhang）を覆い隠している」[★60]からなのである。「生産手段」が彼にとって「搾取の手段」である以上、労働者はそれらの手段を無関心か、敵対心をもって考えようとする。彼は、労働の社会的性格（他人の労働）に対して、まるで「よそよそしい力」[☆61]でもあるかのように立ち振る舞うのである。

★56　邦訳全集28、書簡集、四〇七ページ。

★57　アントニオ・ラブリオーラ「共産主義者のマニフェストを記念して」、小原耕一／渡部實訳『思想は空から降ってはこない――新訳・唯物史観概説』所収（同時代社、二〇一〇）、一七ページ。

★58　ルカーチ『歴史と階級意識』（城塚登・古田光訳、白水社、一九七五）、第一章「正統的マルクス主義とはなにか」、五六―五七ページ、第二章「マルクス主義者としてのローザ・ルクセンブルク」、九一―九二ページ、第四章「物象化とプロレタリアートの意識」、三一七ページを見よ。平井俊彦訳『歴史と階級意識』（未來社、新装版・一九九八）、二〇二ページ。未來社版では第一章、第二章は訳出されていない。

★59　邦訳『資本論』第三巻ａ（一九九七）、一四五ページ。

★60　前掲個所。

（2）「けれども、ことがらは、一方では労働者すなわち生きた労働の担い手と、他方では彼の労働諸条件の経済的な、すなわち合理的で節約的な使用とのあいだの疎外（Entfremdung）および無関心にとどまるものではない〔……〕」。「労働者の生命および健康の浪費」、「彼の生存諸条件そのものの切り下げ」、肉体的心理的損傷は、利潤率を高めるための諸手段となっている。[☆62] したがって、「資本はますます、資本家をその機能者とする社会的な力として（als entfremdete gesellschaftliche Macht）、また個々の個人の労働が創造しうるものとはもはやまったくなんの関係ももたない社会的な力――しかし、物事（eine Sache）として、そしてこの物事による資本家の力として社会に対立する、疎外され自立化された（verselbständigte）社会的な力であることを示す。資本が形成してゆく一般的な社会的な力と、この社会的な生産諸条件にたいする個々の資本家たちの私的な力とのあいだの矛盾は、ますます激しく発展してゆく」[★63]。

（3）利子生み資本の形態における資本の外化（Veräusserlichung）によって、資本関係はそのもっとも外面的で物神的な形態、「資本関係の疎外された形態」に到達する。そこにおいて「純粋な物神的形態」（seine reine Fetischform）が成就される。資本の「規定性」は「消滅」し、その「現実的諸要素」が「目に見えなくなっている」生きた資本はいまや純粋な物として現われ、貨幣は懐胎し、「眠っていようと起きていようと、〔……〕それには利子が生え育ってくる」[☆64]。利子生み資本においては「資本物神の観念」が完成されている。すなわち「堆積された、しかもそのうえ貨幣として固定された労働生産物に、生まれつきの秘密の質によって、純粋な自動装置として、幾何級数的に剰余価値を生み出す力をそなえさせる観念〔……〕、過去の労働の生産物、過去の労働そのものが、それ自体として、現在または将来の生きた剰余労働の一片を身ごもっている」[★65]。「〔……〕利子生み資本においては、資本の自己再生産的性格、自己増殖する価値、剰余価値の生産が、摩訶不思議な素質として純粋に現われる」[★66]。

（4）資本は「労働力の諸生産物および活動諸条件――まさにこれらのものがこの対立を通して資本において人格化されるのである」。この結果、「ひとつの、一見してきわめて神秘的な一定の社会的な形態」[★67]が現われる。労働にたいして自立化された、疎外された形態としての労働手段の形態（これは人間学的実体の喪失とまったく同じものではない）。「諸生産物が生産者たちにたいして自立的支配力となる」のと同じように、土地所有者[★68]において「土地が人格化[★69]」される。この結果また、「社会的な諸関係を、これらの物そのものの属性に転化させる（商品）、また〔……〕生産関係そのものをひとつの物に転化させる（貨幣）、神秘化的な性格[★70]」が生まれる。こうして「魔法にかけられ、さか立ちさせられた世界[★71]」が立ち現われる。

　自立化した社会関係としての価値は、自然法則のように個々人に押しつけられる。その価値の構成諸部分が「たがいに自立的な諸形態に骨化する[★72]」。企業者利益と利子とへの利潤の分裂は、「剰余価値の形態の自立化を、剰余価値の

☆61　それは労働それ自体の種差的で抽象的な一般的性格の代償である。「価値は、人間が彼らの諸労働を、互いに、同等かつ一般的な諸労働として〔……〕取り扱いあうということに基づいている。これは〔……〕一つの抽象であ」る（*Manuscrits de 1861-1863. op. cit.*, p. 241.〔『資本論草稿集④』、経済学批判（一八六一―一八六三年草稿）第一分冊、三七一―三七二ページ〕）。

☆62　労働者の調査や「既成」の多くの証言がこのことをふんだんに物語っている。Simone Weil, *Journal d'usine* は「思考することをやめる」ようにというこの日常的な誘惑についてほぼ臨床学的に書いている。こうした「状況は思考を萎縮させ、稲妻のようなひらめきによる以外に反乱は不可能となった」、と。「明らかに苛酷な変わりない抑圧が直接的反応として引き起こすのは、反乱ではなく屈従である。アルストムでは日曜日以外に私が反乱を起こすことはほとんどなかった。〔……〕思うに、引き起こすことも、避けることも、予見することさえできない例外的な瞬間以外は、必要性という圧力のほうが、いつでも秩序を維持するためには充分にきわめて強力である」。

★63　邦訳『資本論』第三巻a、四四七―四四八ページ。

☆64　「利子生み資本においては、この自動的な物神――自己自身を増殖する価値、貨幣を生む貨幣――が純粋に仕上げられており、資本は、この形態においては、もはやその発生のなんらの痕跡を帯びていない。社会関係は、一つの物の、貨幣の、自己自身にたいする関係として完成されている」〔邦訳『資本論』第三巻a、六六四―六六五ページ〕。

★65　前掲書、六七九ページ。

★66　邦訳『資本論』第三巻b（一九九七）、一〇七二ページ。

★67　前掲邦訳書、一四三一ページ。

★68　ベンサイドの引用しているフランス語原文では、“le propriétaire financier”となっているが、“le propriétaire foncier”のことであろう。

★69　邦訳『資本論』第三巻b、一四四九ページ。

★70　同前、一四五三ページ。

★71　同前、一四三一―一四五九ページ。

★72　同前、一四五五―一四五六ページ。

実体、その本質にたいする剰余価値の形態の骨化を、完成する」。利潤の一部分は実際に生産から完全に引き離される。「資本は当初、流通の表面で、資本物神、〔……〕として現われたが、それは、いまやふたたび、利子生み資本の姿態において、そのもっとも疎外された〔……〕ものとして現われる」★73。

抽象的労働時間の発見はいやおうなしに商品の物神崇拝の発見に導かれる。そこから、「魔法にかけられ、逆さまにされ、さか立ちさせられた世界」、「富のさまざまな社会的諸要素相互のこの自立化と骨化」、「諸物の人格化と（生産諸関係の）物化」（Verdinglichung と Versachlichung）、……要するに、紛れもない「日常生活の宗教」★74が現われるのである。

こうした条件のもとで、どんな奇跡によって、プロレタリアートは、この魔法にかけられた世界の呪いから自らを解き放つことができるであろうか？　その難問《アポリア》を過小評価することなく、矛盾を乗り越えることを期待して、その出発点としなければならないのは、またしてもマルクスである。商品世界の神秘化は社会的諸関係を物として表わす。彼はこの関係を闘争的な関係として概念把握する。その関係を静止状態のままで写真を撮る代わりに、マルクスはその関係の奥深い運動を洞察する。個々人の分類指標を探し求める代わりに、その曲線と境界線が揺れ動く、大衆の分極化の方向を明らかにする。分類化の原理の探究に向けて動き出すかわりに、彼は、それに到達することがなくとも、全体性をめざす規定性の終わりのない道のりを走りぬく。主体と客体を切り離す代わりに、彼は恋人同士のような主体と客体の絡み合いと転倒から出発する。階級は分離可能な現実態としては存在せず、存在するのはただ現実の闘争の弁証法である。現実態は、闘争のもっとも生き生きした、あるいはもっとも自覚的な形態が弱まるときも、消えてなくなることはない。不均質で不均等な意識というものは、労働力の売りと搾取への抵抗ではじまる闘争に固有のものである。そして、この闘争はもはや終わることはないのだ。

★73　同前、一四五七ページ。
★74　同前、一四五九ページ。

第5章　闘いはゲームにあらず（ゲーム理論と正義論に直面するマルクス）

自由主義の攻勢、官僚体制の破綻、階級闘争の衰退は、階級闘争、商品カテゴリー、契約理論のあいだの不可解な混交を助長している。それぞれの立場に重要な相違があるにもかかわらず、「分析的マルクス主義」のすべての代表者たちは、エリック・オリン・ライトを除き、「方法論的個人主義[☆1]」を標榜している。エルスターにとって、「すべての社会現象は、原則として、その資格、目標、信条、行動をもってひとりひとりの個人を予想させるような仕方で説明することが可能である」。社会紛争は「相互作用としての搾取」から生まれる。これに反して、マルクスの「方法論的集産主義《コレクティヴィズム》」は、階級ないし歴史を未分化に抽象化することによって、個人、個人の願望、個人の利害、個人の嗜好を解体させてしまうことを意味するのだという。

しかし、『ドイツ・イデオロギー』でマルクスは、歴史や社会や階級の基体化をきっぱりと断罪している。それでもエルスターは、『要綱』には集産主義的アプローチ（個人的振舞を偉大な社会的主体に解消すること）と、「ミクロの動機」や「ミクロの行動」に注意を払う個人主義的アプローチが、共存していることを認める。「最高に巧妙なやり方は」――とエルスターは述べる――「私的な利益それ自体が特定された利益であり、社会によって定められた諸

☆1　とくに次を見よ。Gerry Cohen, *Karl Marx's Theory of History: a Defence*, Oxford, 1978; Jon Elster, *Making Sense of Marx*, 1985 (traduction française: *Karl Marx, essai d'interprétation analytique*, Paris, PUF, 1989); John Roemer, *A General Theory of Exploitation and Class*, Harvard University Press, 1983; さらに *Analytical Marxism*, Cambridge University Press, 1986. また次をも参照。Philippe Van Parijs, *Qu'est-ce qu'une société juste?*, Paris, Seuil, および *Actuel Marx*, n°7, *Le Marxisme analytique anglo-saxon*, Paris, PUF, 1990.

条件の枠内でしか、また社会が与える手段をもってしか、人はその利益を達成することができない。したがって、その利益は、これらの条件や手段の再生産と結びつけられている、ということである。これは私的個人の利益であるが、その内容も実現の形態と手段も、すべてのものから独立した社会的諸条件によって与えられている」。[☆2]そのとおりだ。だが、それが「巧妙なやり方」というわけなのだろうか？

だからといって、社会的に規定された諸個人は、まるでそっくり同じ代表たちとなるような階級のなかに消えてなくなることはない。搾取関係（平均利潤率の確立）は労働にたいする資本の集合的利益を規定する。生身の資本家は、厳しい競争の法則にたがいに反対しあう。同様に、剰余価値の強奪に共同で抵抗することに関心をもつとしても、プロレタリアは労働市場ですさまじい競争と敵対にたえずさらされている。マルクスは二つの先端をしっかりと握りしめている。彼は集団の横暴な捨象と利己的な個人の捨象のどちらの肩ももたない。エルスターが没頭する引用の抜き書きは、奥深い思考の運動を破壊し、『資本論』のプランを決定的に左右する問題点を覆い隠している。「彼〔マルクス〕は、ヘーゲルが存在論のために行なったことを想起させるやり方で、経済学的カテゴリーの一方を他方から演繹することは可能だと信じていた。しかしながら、ヘーゲル的なカテゴリーとはちがい、経済学的カテゴリーはその歴史的出現の順序に従って年代順に交互に引き継がれるものである。それゆえに、どういうわけで論理的な継続は歴史的継起と関連がありながら一貫した回答をもたらすことができないのかについて、マルクスは自問せざるをえなかった。もしわれわれが『要綱』や『資本論』の最初の数章を要約しようとするなら、論理的な、あるいは弁証法的な継続は、生産物―商品―交換価値―貨幣―資本―労働という段階を含むことになるだろう……。同じシークェンスがあらまし見いだされる」。

あらまし、だって！　これは『資本論』の書き出しとプランにかかわる決定的問題である。マルクスは十年のあいだ、疲労困憊してくたくたになるほど手直しに手直しをかさね、そのうえで最初に商品（むしろ生産物一般でなく）を選択したのである。エルスターは「個人的経済当事者の動機のなかに」、「貨幣の概念的分析」からは引き出すことができない倹約と投資についての説明を追求する。これは本質的問題をはぐらかすやり方だ。資本主義は一般的な商品生産である。資本はまず、二つの社会の接点にある流通の領域で結晶化する。厳密に言って、資本主義的生産様式が支配的になるのは、資本が生産を掌握し、生産的資本がそれ自身に商業資本と金融資本を従属させる時である。その時、商品は総体的な社会関係を要約する。残りのものはそこから現われてくる。自己評価を高める価値としての資本は、個人的経済当事者やその動機と同じように具体的である。自立してもいないし最高主権者でもない、合理的計算に基づくこれらの主体は、なにも明らかではない理性の観念、言語の用法、利益の定義を前提する。実際、正しく理解すれば、個人的利益、その合理的探究、その継続のために発揮される至高の意思とは何なのか？　利益、理性、意思は、哲学的先入観で重く満たされた概念である。

当事者の「動機」は古典経済学的な心理学にかかわる問題であることを表わすにもかかわらず、マルクスは資本を社会関係と見なす。この見地からみると、節約と投資は、まず搾取率や固定資本の更新や（資本の）回転率の速さに現われる意図しない変動を表わす。集産主義と方法論的個人主義とのあいだの人を欺くようなミラー・ゲームをわずかでも拒否するとすれば、「分析的マルクス主義」はその言明それ自体において鯉と兎の交尾〔外見は似ていても本質的にまったく異なるものの混成〕のように見える。われわれはこれを歴史理論にかんして立証しようとしてきた。正義と搾取の理論に関しても同じようにすることにしよう。

法律的でない正義という概念

方法論的個人主義は、社会における個人間の相互交換を支配することもできる公平な手当ての支給原理を規定する正義論と進んで結合する。社会階級は、あるいは、それらの抽象化においてなにものにも還元できない利益の現実を

☆2　Jon Elster, *Karl Marx…, op. cit.*

覆い尽くす「方法論的集産主義」の純粋な想像上の産物ともなるし、あるいは、個人の動機の不安定な集合体を基礎とした有用な分類の手口ともなるだろう。その時、すべては集団と個人の打算的な関係のなかで演じられるのだから、ゲームの理論が階級理論よりももっと操作に役立つとされる。こうして分析的マルクス主義は、マルクスが仕上げた社会階級の概念をそっくり修正することに導くわけなのである。

ローマーとエルスターの著作にはじまって、問題は実り豊かな交流のきっかけを作ることとなった。[☆3] ノーマン・ジエラスはとりわけ、資本主義の糾弾がマルクスにあっては正義の原理に基づいているのかどうかの問題を提起する。彼はこの仮説に反対する論拠の調査からはじめる。

――契約（労働力の売買契約を含む）の論理からいって、「売られた」労働力は資本家に属し、法によって決められた制限以外にいかなる制限もなく、その労働力を利用することは法的に許されることになる。剰余価値を生みだすこの驚異的な商品の力は、買い手にとってはただ「もうけ物」になるであろうが、「売り手」にたいして不正義となることはないであろう。

――したがって、賃金関係は、「正当」とか「不当」とかと見なされることはないだろう。事実、正義の概念は歴史的である、すなわち、特定の生産様式にたいして相対的であるだろう。奴隷擁護社会の観点からみれば、奴隷制度以上に「不当」ということはないのであり、搾取は一般化された商品生産の契約上のルールに従えば、「不当」ということはないであろう。

――理論的には異論の余地のある分配上の正義の概念は、搾取は所得の分配を改革することによって修正されたりもするし、除去されたりもするという実際的な幻想を育むことになるであろう。そこで、賃金制度を基礎にした公平な報酬を要求することは、奴隷制度を基礎として自由を要求することと同じく、愚かなこととなるであろう。

――公平の諸原理を想起することは、老朽化する運命にある〈国家〉や諸制度の永続性が担保されていなければ考えられない形式主義をいやおうなく伴うことになるであろう。コミュニズム社会は「正義を超えた」ところにはっきりと位置づけられることになるであろう。こうして「平等権」は、それが正義の領域のなかに位置するというそのこと自体において、依然としてブルジョワ的権利なのである。これとは反対に、商品という抽象的等価原理に対置される需要の原理はもはや分配上の公平原理ではない。

ジェラスは、この一連の論拠にたいし、同じくマルクスの読解に基づく対称的な反論を対置する。

——マルクスが交換を等価交換と見なすとすれば、それは流通の形式的な観点からみた場合だけのことである。生産の観点からみれば、賃金関係は等価交換と見なすことはできないだろう。ここから「無償」で提供される「剰余労働」の概念が生まれるのである。

——マルクスが搾取関係に関して、「盗み」について非常に頻繁に語るのは、このためである。剰余労働の強奪は資本家にとっては適法で正当であるとしても、この場合には、法の普遍性を表現する被搾取者の観点からみれば、やはり「盗み」であることに変わりはない。彼が資本家の盗みについて述べていることから、「われわれは独立した超越的な正義の規準が存在しているとの結論に達することができる」[☆4]。

——だから、経済構造を超えて法は存在することができないという考えは、相対主義的意味ではなく、自由時間の、より一般的には社会的富の分配にたいするマルクスの熱烈な関心によって示された現実主義的意味で、これを理解することができるだろう。

——それゆえ、（実定法に基づく）制度としての正義と広義の正義を区別すべきであろう。「マルクスは正義について法的でない考え方をもっていた」。必要と努力は彼にとって個人所有よりもより適切で、不確かで不可解な「豊かさ」を示すためにジョーカーに訴えてでも時間稼ぎの手にでることよりも現実主義的な、分配の規準を構成する。

☆3　とくに *New Left Review* の記事を参照。Norman Geras, "The Controversy about Marx and Justice," *NLR*, mars-avril 1985; Ellen Meiksins Wood, "Rational Choice Marxism: Is the Game worth the Candle?," Joseph MacCarney, "Marx and Justice again," Norman Geras, "Bringing Marx to Justice: An Addendum and Rejoinder," *NLR*, Septembre 1992.

☆4　Norman Geras, "The Controversy about Marx and Justice," *loc. cit.*, p. 58.

——それゆえ、資本主義は、それが被抑圧者の抵抗を引き起こすという理由だけでなく、それが不正義であるという理由で断罪すべきであろう。

テーゼとアンチテーゼを説明したあとで、ノーマン・ジェラスは自分のジンテーゼ〔総合〕を「マルクス対マルクス」のタイトルで提示する。

（a）賃金関係は等価交換を表現するのであろうか？　イエスともノーともいえる。商品の交換としてならイエスであり、生産関係としてならノーである。すなわち、同じひとつの現象にかんしては「二つの観点」は正当であろう。この場合、「適切な」観点はどちらなのだろうか？　マルクス解釈者のもっとも大きな誤解に従えば、マルクスは交換における等価と同時に不等価交換を強調するのをやめなかったことになる。被抑圧者にとって搾取は許しがたいということは、彼の考えでは搾取は不当であることを意味しない。それというのも、このような判断は既成の正義の概念を前提にしているからである。それでもマルクスは、搾取は盗みだと繰り返す！　盗みが不当でありえない理由は何なのか？　搾取は不当であると同時に不当でないことを認める必要がある。搾取は、それを正当化するブルジョワ法の観点からみると不当ではない。搾取に反対だと自己主張する被抑圧者の法的観点からすれば不当である。この二つの法、すなわち既成の法と生まれつつある法のどちらかに決断を下さなければならない。その判断が正しいと保証してくれるものはなにもない。それでは、二つの原理を判断しうる最終的規範がなければ、二つの正義原理の選択は、とどのつまり利害の冷静な打算に行き着くということなのだろうか？

（b）ノーマン・ジェラスはひとつの打開策を提言する。「マルクスは資本主義は不正なものとはっきり考えていたが、そうではないとも考えていた」[☆5]。奇妙な逃げ口上だ。マルクスの自分自身にたいするこの不透明性は、一方では正義と法的規範とを、他方では正義と消費財の分配とを混同するあまりにも狭い正義の概念に由来するものであろう。しかしながら、マルクスは、ほとんど不本意ながら、直接的ではないが「傾向的」な普遍性とも合致する、もっと広義の正義の概念を明らかにするのを避けることはできないであろう。その時、私的所有という権利はモラル的普遍性の名のもとでは不当と見なされうるかもしれない。ジェラスはこのような解釈がもちうる逆説性を自覚している。「まさに自然法の概念に相当することを私がマルクスのせいだとしていることを、一部の人は疑いなく不快なことと見なすことであろう。自然法の伝統に対する彼の敵対的態度を見れば、それはまったく理解可能である」。しかしながら、『資本論』を含め、「譲り渡すことのできない生存条件」として土地を特徴づける定式が見られる。私的所有を横取りとし、搾取を盗みとするさまざまな告発に近いこのような定式は、潜在的な自然法理論の仮説を強固にしうるものとなるであろう。

（c）最後に、正義は豊かさのなかで解決できるであろうか？　豊かさそれ自体の概念は、それが絶対的ミニマム、柔軟で制限のない需要概念、あるいは合理的で（そして自己規制された）需要システムに関係していることから、さまざまな意味を帯びる。ジェラスはこの最後の意味を考慮する。その時から正義の概念そのものは変形するが、だからといって制度とともに消えてなくなることはない。その概念は形式的平等（法の概念それ自体に固有の法形式主義）の領域から、需要の原理を支配する現実の不平等の想定へと移行する。この論理からすべての結論を引き出すことができなかったマルクスは、とりわけ『ゴータ綱領批判』での仕事で一種の「規範と価値の言語にたいする焦燥感」の犠牲となって、『共産党宣言』で予告された自由や正義の「廃絶」に結びついた混同が定着するのを放置したのであろう。

こうしてノーマン・ジェラスは両立不可能なものを両立させようとする。正義の概念それ自体が生産の領域と無縁であるかぎり、搾取の不正な性格について論ずることは実際、意味をもたないだろう。論理的に関連するカテゴリーとして正義と盗みを扱うのを義務づけるものはなにもないだろう。資本家は完全に労働者から盗むことができるが、だからといって彼自身の正義の理念に背くことはない。ジェラスのジンテーゼは、結局のところ、脈絡のない支離滅

☆5　Norman Geras, “The Controversy...” *loc. cit.*, p. 70.

裂な権利に基づいているのである。マルクスが自分の思ったとおりに考えなかったのだとすれば、一杯食わされたのだ！　苦境に追い詰められたジェラスは、「自分自身のカテゴリー拒否にくらべても一貫性がないにもかかわらず、マルクスは超歴史的観点から資本主義を不正義と糾弾する」[☆6]ことを証明しようとする。こうしてマルクスの理論はいかなる関係性もないカテゴリーを基礎にして資本主義社会を告発するというわけなのである。マルクスの理論は正義の相対主義的概念を展開しているように見えるにもかかわらず、この理論に貫通しているのは法的制度に還元できない（広義の）正義の別の観念だということになる。正義についての相対主義的概念と超歴史的概念との形式的な二律背反が行き詰まりにいたらざるをえないにもかかわらず、現実には運動と媒介があり、正義の漸進的発展があるだろう、というのである。奴隷制度と封建制度がそれぞれの時代により優秀な制度という名のもとに断罪すべきであったのと同じように、資本主義とその特有な正義の表現は断罪すべきものであろう。そうなると問題はあげて、この優位性を定義し、これを決定するものを規定することにある。ここで正義論はジェリー・コーエンによる歴史の理論と接合することになる。コーエンにとって、もろもろの生産様式が継起することは、通約不可能な社会システムが意のままに連続することではない。それは社会主義をたんなる好みの問題とするのでなく、「客観的傾向」あるいは「必然性」の問題とする共通の規範的尺度であることを含意するのである。

　どの正義論もそれを決定するのを許さないとすれば、資本がこれほど頻繁に盗みだと非難される理由は何なのだろうか？　「搾取を不等価交換だと記述することは、それが盗みだということをただちに述べることだ」とジェラスは認めている。なぜマルクスはこれほど何度もこの盗みに立ち返るというのか？　正義の概念が疑わしいもの、あるいはブルジョワ的なものと判断されるなら、それと結びついている搾取の概念が疑わしくないのはなぜなのか？　市場で労働力を「買う」ことによって、資本はどんな公正原理も蹂躙しているわけではない。労働力を商品として消費することによって、その代わりとして、資本は労働者から彼の時間だけでなく、その人間性をも奪うのである。

解釈に煩瑣なところがあるにもかかわらず、この論争は行き詰まりにあるように見える。『資本論』の論理を犠牲にして語彙分析をあまりにも際立たせてしまうと、支離滅裂という便利な論拠や『資本論』の精神分析的研究に逃げ込むことでことは済まなくなる。「それゆえ彼〔マルクス〕は思い違いに陥っていたのだ。その明確な正義論は彼の思考のなかに暗黙のうちに残されていたより広義の正義概念に異を唱えるものであったし、それと相容れないものであったのである」。この混同を晴らすためには、マルクス主義の倫理的内容を認め、これを一貫してひとつの異議申し立てとし、ただ単純に受け容れがたいものを受け容れることの拒否として、それを理解するだけで充分であろう。

大山鳴動して鼠一匹のたぐいなのだろうか?

社会階級や生産的労働の概念に二重の意味があるのと同じように、マルクスのなかに正義の理念について二重の意味（固有の生産様式の超歴史的であると同時に相対的な広義と狭義の二重の意味）があることを発見するためには、こんなにも多くの努力と廻り道が必要であったというのか? 狭い特有の意味で現実の不平等と制約に基づいた形式的正義は、労働力を売って生き残るために余儀なくされる賃金の契約的自由と同じように、限定的で空しいものであることがわかったとしても、これに驚くことはまったくない。搾取関係のなかに正義と不正義の矛盾した統一性があること、すなわち、労働力の購買の形式的正義と商品としてのその搾取の現実的不正義とのあいだに統一性があることを確認しても、なおさら意外ということはない。この二重のゲームは、商品支配の一般化された二重性と合致している。これは使用価値と交換価値、具体労働と抽象労働、生産と流通の二分化を延長し再生産する。『資本論』の内的論理は、テキスト上の明白な不統一を打ち消してしまうのである。

自然法の普遍性に逆説的に（ジェラスによれば挑発的に）訴えることも同様である。ただし、「傾向的」普遍性について語ることによってジェラスがそうしているように、問題は本来の抽象的普遍性ではなく、実効的な普遍化の過程であることを理解するのを条件とすれば、である。部分的で不公平な階級的正義に対して、分配をめぐる形式主義

☆6　Norman Geras, "Bringing Marx to Justice," *loc. cit.*, p. 37.

を克服し、不平等と特殊事例に対応しうる具体的な正義の成育が強調される。『ゴータ綱領批判』で予告されたあの限界点への移行も、コミュニズムの地平を想起させるためにありあまる豊饒に訴えることと同じく、空しい見せかけと判断することもできるかもしれない。彼らもマルクスの問題性の心臓部にあって、やはり同じように空しく、正義には分配的正義しかないという考えに反対する。

しかしながら、この論争の活発さは、そのきわめて現実的な射程距離を示している。官僚主義的計画化の崩壊を前にして、「市場社会主義」の弁護論は、ゲームの理論の貢献や自由主義的な規制緩和化の行き過ぎを修正した正義原理に訴えている。マルクス主義の歴史的優位性の証拠を、公言された科学性に求めて失敗して以後、いまや、その倫理的および人間主義的な次元を控え目ながら回復することが問題となろう。冷厳な経済主義的言説と熱烈な道徳的信仰告白とのあいだのこのシーソー・ゲームは、事実と価値、学問と倫理学、理論と実践の疑わしい分裂を永続化しているのである。

エレン・メイクシンズ・ウッドは、彼女が命名する「合理的選択のマルクス主義」(rational choice Marxism) の問題点にたしかに気づいている。すなわち、そのマルクス主義によれば、社会は、さまざまな資源を備えており、それらを可能なかぎりもっとも合理的に利用しようとする個人によって形成されるのだという。[☆7] 官僚主義的集産主義の破綻のあと、この論法は市場社会主義、分配における正義、個人主義倫理学を結び合わせる規範理論を構築するのを可能にするかもしれない。要するに、これは、人間の顔をした社会主義に向けてコンセンサスに基づく道の復活を狙う、ロールズ的正義論とコミュニケーション行為を基礎とする、今日の時代に合わせた適応策の試みである。この企画は率直な見直しである。(方法論的個人主義に準ずる) 分配にかかわる搾取理論は、剰余価値理論と対立する。搾取関係は実際には相対的利点の配分に還元される。こうして「合理的選択のマルクス主義」は、商人の制約をすでに所与であると見なし、経済的動機づけを個人の合理的選択に厳密に従属させるものとして扱うようにと導かれるのである。現実に、「合理的選択を動機づける個人の能力は、まさにそのことを説明することが重要なミクロ経済的過程から導き出されなければならない」☆8。

方法論的個人主義は、階級への所属が与えられた特定の資質に基づく個人の選択を対象とするという逆説的な考え方を実際に支えている。この「選択された」階級という考え方を発展させて、アダム・プルゼウォルスキーは、すべての社会学的決定論に割当的な階級概念を対置する。メイクシンズ・ウッドは、人は自分の党とか自分の労働組合として階級を選択するのか?という気の利いた質問でこれに応答する。交換関係は、その関係が暴露し同時に覆い隠す拘束的な生産関係をつねに前提する。この初歩的知識を放棄するなら、たとえそれが分析的であっても、「マルクス主義」についてふたたび語ることは、少なくとも当を得るものとはならない。構造の論理と（間個人的）主体の復帰を両立させる「合理的選択」という主張は、腹話術的構造を具現することに還元される、抽象的には最高のミクロ主体のユートピアで終わるのである。「選択」についていえば、自由主義的個人主義とほどほどに古風なユートピア社会主義とのこの不思議な婚礼においては、選択すべきものはなにもない。

そのモデルは、ひたすら動機づけとゲームすることだけになってしまう。

☆7　Alan Carling は、この「合理的選択のマルクス主義」の潮流のなかに、その方法論的立場は著しく異なっているとしても、Jon Elster, John Roemer, Adam Przeworsky、加えて、Robert Brenner や Gerry Cohen のような著述家を取り込んでいる。Norman Geras は独特な立場を占め、この合理的選択のマルクス主義の硬い中核にたいして距離をとっているようである。すなわち、ゲーム理論と方法論的個人主義の結合、あるいはまた、「コーエンによる歴史理論＋ローマーによる搾取理論」というわけである。後者についていえば、「歴史的唯物論の中心問題は階級闘争への特別の参照を強く求めており、この闘争の理解がゲームの理論によって解明されている〔……〕。階級分析は個人のレヴェルでのミクロな基礎づけを必要とする〔……〕」（Alan Carling, "Rational Choice Marxism," *NLR*, novembre-décembre 1986）。

☆8　Ellen Meiksins Wood, "Rational Choice Marxism...," *loc. cit.*, p. 49.

有限のゲーム、無限のゲーム

偶発的事態の精密な一覧表に沿って、ヤン・エルスターは搾取概念について次のような結論に到達する。「このように集められたすべてのさわりの文章は、さまざまな生産様式における階級として現われるおよそ十五の集団について言及している。すなわち、アジア的生産様式における官僚や神権政治家、奴隷制度における奴隷、庶民、世襲貴族、封建制度における領主、農奴、同業組合幹事、職人、資本主義下の産業資本家、金融業者、土地所有者、農民、小ブルジョワジー、賃金労働者である。それゆえ、重要なことは、いま列挙した集団とも、階級概念に関連した理論的制約とも両立する定義を組み立てることである。とくに、階級が少なくとも有力な集合的当事者でありえるように、階級を定義しなければならない。同じく、集合的当事者の利益はあれこれの形でそれら当事者の経済的状況から生まれるものでなければならない。これらは一般的な制約であるが、少なくともいくつかの命題を清算するのを可能にする。収入に基づく集団は階級ではないし、倫理的、宗教的、言語的な規範によって自己規定する集団はなおさら階級ではない」[☆9]。エルスターは、生産手段の所有（あるいは非所有）関係を、唯一搾取関係に基づく階級配分と同じく、あまりにも大雑把な規範であると見なしている。「階級概念が社会闘争や集団的行動との関連で、ある意味を有している、とわれわれが考えたいのであれば、階級を搾取という用語で定義してはならない。というのは、搾取する者と搾取される者の分岐線をどこに引くのかは正確にはだれにもわからないからである」。その逆に、「支配と従属の用語で階級を定義すると、まだ充分に構造化されていない行動様態に、あまりにも大きな余地を与えることになるからである」。

その結果、エルスターは、与えられた資質とか行動様態の用語で一般的な階級を定義することを提案する。「これらの与えられた資質には触知可能な財産や触知不可能な才能、より安定した教養上の特性などがある。行動様態のなかには、働いているのか働いていないのか、資本を貸しているのか借りているのか、土地を賃貸しているのか賃借しているのか、モラル的人格の管理において命令を与える側なのか命令を受け取る側なのか、という事実に言及する必要がある。このように列挙することには網羅的であろうとする野心がある。階級は、何を所有しているかに応じて、彼らが自分の与えられた素養をもっともよく利用したいと思うならば、同じ活動に専念しなければならない人々の集団である。この定義が広義の理論的観点からみて、完全に満足のゆくものだと私が信ずるとすれば、この定義は方法論的にはわずかな希望の余地を残すであろう。多様な客観的機能を認めることは、触知不可能な素養を認めることと同じように、ひとつの弱点なのである。もちろん、かてて加えて、このように組み立てられた概念は、結局のところ、社会的紛争の説明においてマルクスが期待したものより有益でないことが明らかになる恐れがあるのだ」[☆10]。

この階級の定義は、与えられた資質をできるだけよりよく利用する合理的な制約に従っている。エルスターは階級闘争を、勝負のはじめに「触知不可能な資質」に基づいてカードが配られるゲームに矮小化することに議論の余地があることを認めている。それは有限のゲームか無限のゲームかというアナロジーを説明するのに慎重であっただろうか？　それは正確な開始と期間をもつ有限のゲームなのである。このゲームは限定された時間と空間の範囲内における契約上のルールにしたがって演じられる。それは勝利やタイトルを栄冠とする決定的な動きによって終わる。これとは反対に、無限のゲームは始まりも終わりもない。空間や数の制限を認めない。無限のゲームの勝負のひとつひとつは、「新しい時間的視界のうえではじまる」[☆11]。そのルールはゲームの過程で変わるかもしれない。それは勝利か敗北

☆9　Jon Elster, *Karl Marx, une interprétation analytique, op. cit.*, p. 435. エルスターは「モラル的にも思想的にも、伝統的な意味でマルクス主義者でいることは今日ではもはや不可能」と考える。この文章はあまりにぶしつけなので罠にかかる心配はない。「伝統的な意味」のマルクス主義者ということで、「正統マルクス主義」の党——社会民主党やスターリン主義的党——によって伝播された政治的理論的立場を意味するとすれば、モラル的にも思想的にも、このようなマルクス主義者でいることはもはや不可能だ、とわれわれは難なく言うべきであろう。しかしながら、この不可能がもっぱら今日や昨日のことであるなら、われわれは異議申し立てしなければならない。長いあいだ不可能であったことが、たんに曰く言いがたいほどの不可能となったのだ。エルスターが今日的に伝統的マルクス主義を捨てるというのは、伝統的ではない、代替用のマルクス主義、「分析的マルクス主義」を示唆しているのである。これは、現実には、マルクスの理論の、遠廻しではあるが、やはり、体系的な清算なのである。

☆10　Jon Elster, *Karl Marx..., op. cit.*, p. 446.

かで終わらないが、新しい可能性の領域を切り開く出来事、すなわち永遠の誕生と永久の再開という出来事で再燃する。違いは丈の大きさである。

有限のゲームは歴史の終わりにかんする言説のモデルとして役立つかもしれない。結論を運命づけられた有限のゲームは、過去を現在に応じて合理化し、「勝利まで続く道に事前に再会する」ことができる。こうして有限のゲームは未来にたいする過去の凱旋を祝福する。その際、戦略的な予見は、その後のすべての研究を無効にする前もっての説明に還元される。これと反対に無限のゲームは結果の審判を逃れ、開かれた未来をとっておく。ゲームのプレイヤーは「可能性を承諾」し、「意表を衝かれる期待」のなかでゲームを続ける。意表を衝かれるたびに、過去は新しい始まりを表わす。「未来がつねに意表を衝くものであるかぎりで、過去はつねに変化である」。問題はもはや知られた姿形の反復や熟達のために自己を鍛えることではなく、将来において未完の過去を再演する発明にも自由に対処しえることである。遠い地平線に向かって神経を集中する無限のゲームのプレイヤーは、時間を消費しない。時間を生み出すのだ。おのおのの瞬間は、未来に向けて動き出す、「それ自身が未来で一杯」の「出来事の始まり」である。有限のゲームのプレイヤーは、同じ原因は確実に同じ結果を生むという知識を振り返ることで満足するが、無限のゲームのプレイヤーは、「われわれが知識と思っていたことを考え直すようにわれわれを促す[☆12]」物語に没頭する。

階級闘争はむしろ無限のゲームを表わすことになるだろう。始まりもなく、制限もなく、試合終了もない。キックオフの笛を鳴らしたり、ルールの遵守を見張ったり、勝利者に栄誉を与えたりするための審判もいない。最後のことばはけっして発されることはない。ゲームは、見世物と同じように、続行しなければならない。記憶は先行の試合の敗者および勝者のすべてのキック経験と重なってくる。視界が朦朧となって、くたくたになるまでゲームは続くのだ。そこにおいて、どう見てもありそうにない救世主のような起死回生の突進があれば、これまで歩んだ道のりの暫定的な方向を改めて設定することにもなるだろう。

「これまでのすべての有限のゲームをどのように無限のゲームのなかに保持し続けるというのか?」

試合の取るに足りない勝利にたいする無関心と同時に、同じように取るに足りない勝利の幻覚にたいしてどのように抵抗するのか？　歴史の意味を確認するためでなく、たえずゲームの制限を取り払うことによってその可能性を変更するためには、どのように闘うのか？　その回答はおそらく、ビスマルクが散文的にそれに与えた意味でなく、機械的時間の破局的連鎖を中断させることも可能な覚醒戦略という意味で、「可能性の技術」としての政治学にある。

無限のゲームとして、階級闘争は暫定的な勝利（および妥協）しか認めない。だが、この比較もそれなりの限界をもっている。ゲーム理論は「演じることを強制されるならば、なにも演じることはできない」、そして「演じなければならない人は演じることができない」を原則としている。エルスターは彼が「さまざまな客観的機能と触知不可能な資質」を受け容れたことを釈明する際、この問題がわかっているのである。個人的にいえば、ある階級から別の階級に移ることによって、人はゲームを変え、持ち札を変える。近代社会においては、社会的移動性は配置転換や昇進を可能にする。だから、一定の制限はあるが、個人はゲーム台を囲みながら自分の階級、自分の持ち札、自分の位置を選択する錯覚をもつかもしれない。見事な成功はこの自由の神話を維持する。集合的にいえば、その役割は、社会的再生産によって、個人と変わりなく、しっかりと配分され永続化されることになる。

闘争はゲームではない。抗争なのである。

被抑圧者はこの闘争であっさりと踏みつぶされる罰を受ける条件で抵抗することを運命づけられている。闘うという死活的に重要な責務は、ゲームの形態のあらゆるモデルを禁ずるのだ。始まりも終わりもないこの抗争では、力と

☆11　James P. Carse, *Jeux finis, jeux infinis*, Paris, Seuil, 1988 を見よ。

☆12　James P. Carse, *Jeus finis...*, *op. cit.* 一九四四年に刊行された Von Neumann と Morgenstern の創始本（*Theory of Games and Economic Behaviour*）〔銀林浩・橋本和美・宮本敏雄監訳『ゲームの理論と経済行動』全三冊（ちくま学芸文庫、二〇〇九）〕は、一方で、競争と交渉の経済的状況と、他方で、当事者たちの運と能力を混ぜたゲームとの類似した関係を明らかにして見せた。研究された事例のほとんどはゼロサム・ゲームという結果であった。ゲーム理論への熱中はそれ以来、経済分析のすべての部門に広まったのだが、動力学的状況ならびに継続される勝負への記憶や反復の影響を測るための努力を伴っていた。

ともにルールも変化する、体と体をぶつけ合う情け容赦ない格闘なのだ。

正義のこちら側とあちら側

ローマーとエルスターには、階級論を正義論に従属させる一般搾取論を確立する完全な資格がある。しかしながら、彼らがマルクスから着想を得ていると主張する程度に応じて、彼らはマルクスの理論、すなわち搾取の理論の強力な中核との関連において、彼らの分析を明確に位置づけなければならない。ところが彼らは、正義論に合致する搾取の個人化によって、遠廻しにそれを行なっている。[☆13] その前提を見いだすために、エルスターは加重窃盗〔白昼の窃盗〕として搾取についての多くの告発に立ち戻っている。「反対の意味でのマルクスの多くの命題にもかかわらず、『資本論』の搾取理論ならびに『ゴータ綱領批判』で説明されているコミュニズムの理論は、正義の諸原理を組み入れていると私は主張するだろう」[☆14]。そこにはノーマン・ジェラスが詳述する意見のひとつが認められる。しかしながら、「搾取という用語が不正義と道徳的公正のニュアンスをもつ強力な価値負荷的意味を担っている」ことを確認し、そこから社会的正義や社会的不正義の概念が事実として、分配的正義論を言外に意味するとの結論を引き出すのには充分ではない。実際に『ゴータ綱領批判』全体が「公正な賃金」や「標準労働日」を肯定的に定義する誘惑に反対している。搾取が個人的不正義でなく階級関係であるかぎりで、搾取の否定は正しい分配にも、剰余労働のたんなる廃止にもなく、あるのは社会的過剰生産とその充当の民主的統制にある。

エルスターはそのうえさらに、あらゆる正義論と明らかに無関係なマルクスの多くの文章を引用している。『ドイツ・イデオロギー』では、コミュニズムは達成すべき正義の状態としてこれを定義していない。「コミュニズムは、われわれにとって、作りだされる状態、現実が従わなければならない理想ではない。われわれがコミュニズムと呼ぶのは現実的運動であり、その運動は現在の状態を廃棄するのである」[★15]。負の労働は公正な手当て原理を発展させることに矮小化されない。「労働者階級は実現すべき理想をなにももっていない。彼らのなすべきことは、ただ崩壊しつつある古いブルジョワ社会がそのものの胎内にはらまれている新しい社会の諸要素を解放することである」[★16]。同じ論理に従って、『資本論』第三巻は自然的な公正概念をばかげたものとして力強く拒否している。「生産当事者たちのあいだで行なわれる諸取引の公正は、これらの取引が生産諸関係から自然な帰結として生じるということに基づいている。法律的諸形態――この形態においては、これらの経済的取引が関与者たちの意思行為として、彼らの共同の意思の発現として、また個々の当事者にたいして国家によって〔その履行が〕強制されうる諸契約として現われる――は、たんなる形態であるから、この取引の内容そのものを規定することはできない。それらはこの内容を表現するにすぎない。この内容は、それが生産様式にただしく照合するならば正当である。それが生産様式と対照をなすならば不当である」[★17]。

これ以上明瞭なことはないだろう。マルクスには、正義について、非歴史的な一般的定義はないのである。正義の概念は社会関係に内在するものである。おのおのの生産様式はそれ自身の正義観をもっている。それゆえ、別の説明なくして「不公正」な搾取を宣言することにはなんの意味もないのだ。資本の観点からすれば、搾取は企業家のリスクや主導性や責任性を補償するものと見なされている。搾取は、それが法律的分野と生産様式のあいだの有名な「対応関係」を共有するかぎり、公正であるようにみえる。搾取が異議を申し立てられるとしても、それは不正義にたいして向けられた正義や絶対的無権利にたいして向けられた純粋権利の名において異論が申し立てられるわけではない。

☆13　John Rawls, *Théorie de la justice*, Paris, Seuil, 1987〔川本隆ほか訳『正義論』（紀伊國屋書店、二〇一〇）は矢島鈞次監訳『正義論』（一九七九）の改訂版。〕; *Individu et justice social*, collectif, Paris, Seuil, 1988; Philippe Van Parijs, *Qu'est-ce qu'une société juste?*, Paris, Seuil, 1991 を見よ。

☆14　Jon Elster, *Karl Marx...*, *op. cit.*, p. 299.

★15　邦訳全集3、三一―三二ページ。廣松版、三七ページ。渋谷版、六五ページ。

★16　『フランスにおける内乱』、邦訳全集17、三二〇ページ。

★17　邦訳『資本論』第三巻ａ（新日本出版社、一九九七）、五七二―五七三ページ。

そうなら、あまりに単純すぎることになろう。実際に、二つの権利の表象は、形式的に敵対的な法律的論拠の名において対立しあっている。「権利に対する権利という二律背反はない」。その続きは知られている。二つの対等な権利のあいだで決定的なのは力である。同じように、権利は、力に単純に還元されるものではないが、たとえその正当性が初期に確立される際にそうであったとしても、けっして力にまったく無縁でないことも真実なのである。

一部のマルクス批判者はここに危険な欠陥をみる。権利ははるか先に消滅するものだという名目のもとに、正義の実証的理論の欠落は、官僚主義的な自由裁量に固有の空白を残すことになるだろう。何ページかに「加重窃盗」の言い廻しが散見されるからといって、そのことに基づいてマルクスの立場をまちがって解釈することはあまり許されることではない。『賃金、価格、利潤』での表現にあいまいさはない。「賃金制度を基礎としながら、平等な報酬、それどころか公正な報酬さえ要求することは、奴隷制を基礎としながら自由を要求するのと同じであります。諸君が何を正当ないし公正と考えようと、問題外です。一定の生産制度のもとでは何が必然で不可避的なのかが、問題なのです[★18]」。それゆえ、ここで問題なのは正義論ではなく、正義についての異なる別の考え方であって、これは現存秩序の打倒を前提する。これらのあいまいさのない数行に注目したあとで、エルスターはそれらの行を簡潔な註釈から取り除いてしまう。「これらのくだりでマルクスは、資本主義的搾取は正当であると強調しているのではなく、もっぱら資本主義的搾取が正当であるように見えると言っているのだ」、と。エルスターにとって自分の一般的正義論を放棄してしまうのは、たしかに困難なことなのである。

それゆえ、マルクスは資本主義的搾取が正当であるとも不当であるとも考えていない。彼はただ、資本主義的生産様式、その論理やそのイデオロギー的価値からみて、これを不当だと繰り返し述べることはできないだろうということを確認しているにすぎない。正義について決定をくだすことは態度を決めることを意味する。ところがエルスターは妥協を追求する。資本主義的取引の歴史超越的正義を否定するマルクスは、ただ「それらの歴史超越的性格を否定したのであって、正義を否定したわけではない。これは〔……〕引用された断片的文章の唯一強引でない解釈である。

これらの文章は権利と正義の相対的性質を裏づけるためにいかなる論拠を与えるものではない」。この解釈はまさにもっとも強引な解釈である。法律学的形式主義とすべての人にとって平等な尺度に基づいた平等性への批判は、終始一貫したマルクス主義の問題提起である。アレン・ウッドは「分析的マルクス主義」の諸テーゼにたいしてこのことを力強く想起している。「マルクスは平等の観念を拒絶する。なぜなら彼は実践的にはこの平等の理念が階級的抑圧の口実となっていると考えるからである。〔……〕平等の権利システムはきわめて不平等な富の分配を実現することになるだろう。〔……〕権利として平等をみるマルクスの態度と目標として平等をみる彼の態度を区別する必要があるだろう〔……〕。平等の権利の理想にたいする姿勢はきわめて批判的である。マルクスが平等の概念を攻撃する主な理由のひとつは、その概念が人々の頭のなかでは権利と正義の概念と密接に結びついているからである。〔……〕彼は実際に資本が労働者を搾取し抑圧していると考えているが、権利や正義に基づいて搾取や抑圧を非難するわけではない」[☆19]。権利と正義は、自己言及的なループに基づいて自己自身で打ち立てるべきものである。それゆえ、態度をはっきりさせるということは、それと不可分の形で、それに力を与えることによって権利を打ち立て、権利の威厳性にまで高められた力を正当化することなのである。それゆえマルクスは、「平等は」もともとブルジョワ的起源の「本質的にはつねに政治的概念である」と考えたであろう。

エンゲルスは『反デューリング論』のなかで、平等の要求はつねに二重の意味をもっていると指摘している。平等の要求はつねに二重の意義をもっている。一方で、それは社会的不平等にたいする本能的な革命的回答であり、他方でブルジョワ的な平等の要求にたいする反発をあらわしている。「どちらの場合も、プロレタリア的な平等の要求のほんとうの内容は、階級の廃止という要求である」[★20]。この分析の一貫性を無視して、エルスターは、一般的な正義論をもともとマルクス（とエンゲルス）のものにするのだ。「マルクス主義の搾取理論と利潤と盗みを頻繁に同一視す

★18　邦訳全集16、一三〇ページ。長谷部文雄訳『賃金・価格および利潤』（岩波文庫、新版一九八一）、七三ページ。

☆19　Allen Wood, "Marx and Equality," in John Roemer, *Analytical Marxism*, Cambridge University Press, 1986.

る議論は、われわれがそれに分配的正義の理論を貸与してはじめて意味をもつ、と私は思う」。この貸与はあまりにも気前がよすぎる！　『ゴータ綱領批判』で素描された過渡期の問題提起に立ち返ることは、そのことの証明をもたらすことになるだろう。フィリップ・ヴァン・パレースは、明記された二つの原則（「各自はその労働に応じて」と「各自はその必要に応じて」）はロールズとマルクスの比較を困難にすることを認めている。最初の原則は分配的平等の「こちら側」に、二番目の原則は「あちら側」に位置づけられるというわけである。こちら側とあちら側、優雅な言い廻しであるが、マルクスは分配的平等の部面に立つことはけっしてなかったのである。

次の関連する三つの問題は決定的ポイントを例証している。

（1）「公正な分配」の問題は、『ゴータ綱領批判』で真正面から取り上げられている。「事実」、とマルクスは書いている。「今日の生産様式の基礎のうえでは」、今日の分配は「唯一の「公正な」分配」ではないのか？　この考え方そのものは、社会的産物とは何か？　それはだれに所属するのか？　それをどのように配分するのか？という、ひとつひとつの歯車が新しい難問を提起するイデオロギー装置を揺るがすような「繋ぎのことば」として鳴り響いている。マルクスは生産者たちのあいだの平等な分配という錯覚に陥ることはけっしてない。社会的再生産が個人的消費に還元することができないことは明らかである。すべての複合的社会において、過剰生産物は必要である。難問を解く鍵は優先順位とつねに議論の余地のある需要とに対応した、消費ファンドと蓄積ファンドを打ち立てることを可能にする政治的調停機構にある。これとは反対に公平な分配のテーマは、単純な平等主義をデマゴギー的に美化するおそれがある。「まずこの「労働収益」ということばを、労働生産物という意味にとろう。そうすれば、協同組合的な労働収益とは社会的総生産物である。ところで、この社会的総生産物からは、次のものが控除されなければならない。第一に、消耗された生産手段を置き換えるための補填分。第二に、生産を拡張するための追加部分。第三に、事故や天災による障害にそなえる予備積立《ファンド》または保険積立《ファンド》」★21。これらの控除はけっして正義によって算定できるものではない、とマルクスは説明している。

いったんこれらの控除が実行されると、総生産物の残りの部分は、消費資料としての使用にあてられる。「だが、各個人に分配されるまえに、このなかからまた、次のものが控除される。第一に、直接に生産に属さない一般管理費。〔……〕第二に、学校や衛生設備等のようないろんな欲求を共同でみたすためにあてる部分。〔……〕。第三に、労働不能者等などのための基金。つまり、今日のいわゆる公共の貧民救済費にあたる基金」[★22]。したがって個々人への分配はこの社会的分配の内部およびその範囲内でしかおこなわれない。「労働の全収益」[★23]は、すでにいつのまにか、「全ならざる」労働収益に転化している。もっとも、「私的個人としての生産者から失われるものは、社会の一員としての彼には、直接または間接に還元されるのではあるが」[★24]。それゆえ分配の問題構制は搾取の問題性と対称的である。総再生産は個人的分配に優先する。だから資源の充当の重要な決定はまず政治的選択にかかっているのである。

（2）「平等な権利」の問題は『ゴータ綱領批判』のなかのしばしば引用され註釈されるくだりで扱われている。「だから、ここでは平等な権利は、まだやはり――原則上――ブルジョワ的権利である。もっとも、もう原則と実際とが衝突することはない。ところが、商品交換のもとでの等価物の交換は、たんに平均として存在するだけで、個々の場合には存在しないのである。こんな進歩があるにもかかわらず、この平等な権利はまだつねにブルジョワ的な制限につきまとわれている。生産者の権利は生産者の労働給付に比例する。平等は、等しい尺度で、すなわち労働で測られる点にある」[★25]。しかしながら、現実の諸個人と具体的労働は平等ではない。それゆえ平等の権利は一般化された商品

★20　邦訳全集20、一一一ページ。粟田賢三訳『反デューリング論』上巻（岩波文庫、新版一九七四）、一八〇ページ。
★21　邦訳全集19、一八―一九ページ。望月清司訳『ゴータ綱領批判』（岩波文庫、一九七五）、三二―三三ページ。
★22　邦訳全集19、一九ページ。望月清司訳、三三―三四ページ。
★23　ベンサイドのフランス語原文からの引用では「労働の総生産物」（le produit intégral du travail）となっているが、原文によって訂正した。本書英語版も同様の訂正措置を講じている。
★24　邦訳全集19、一九ページ。望月清司訳、三四ページ。

生産に固有の抽象化、とりわけ労働の抽象化と肩を並べてゆく。匿名の労働者ないしは個人的な天分や嗜好のない無資格の人間しか考えないとすれば、彼は「不平等な労働のための不平等な権利」のままである。マルクスは、「だからそれは、〔内容からいえば〕すべての権利と同じように不平等の権利である」と強調している。法律的な形式主義は実際に平等でないことを平等であると仮定している。人間をその抽象的労働力に、すなわち、時間の残骸に還元すると、人間にとってそれは可能となる。こうした形式的平等は進歩を構成する（「権利は、社会の経済構成およびそれによって制約される文化の発展よりも高度であることは、けっしてできない」[26] 以上、それが問題なのではない）が、形式的平等は実際の不平等と同じように切り離すことはできないのである。実際的な違いを勘定に入れた具体的権利は、それゆえ、「平等であるよりも、むしろ不平等でなければならないだろう」[27]。

（3）最後に、『哲学の貧困』や『政治経済学批判』ですでにとりあげられた労働証明書の問題は『ゴータ綱領批判』における新たな展開の対象となっている。この問題が幾度かの論争のなかで豊かにされるとしても、本質的な論拠はほとんど変わっていない。エルスターは、彼がなんとかしてマルクスの功績として認めたがっている正義論にとっては決定的な、この論争の意義がわかっていない。三つの文献が論争の全容を明らかにしている。

――『哲学の貧困』でマルクスは、「等しい労働量を交換しあう直接労働者にすべての人間を変えること」[28] によって平等な分配の定式をプルードンが適用しようと意図していることにたいして論争を仕掛けている。この考え方は英国の古い社会主義的伝統に吹き込まれている、とマルクスは指摘している。そこで『労働の劣悪さ、労働の改善策』の著者、〔ジョン・フランシス・〕ブレイは一時間労働の証明書に基づく生産者間の直接交換を提案する。このような空想の結果は一目瞭然である。ピエールが十二時間の労働をし、ポールが六時間の労働しかしないとすると、ピエールは自分の労働の産物を消費するか、浪費のあとでポールによって実践された怠惰の権利を享有するしかないだろう。「誰でもポールになりたいと思うであろう。ポールの地位を獲得するための競争が、怠惰の競争が、起こるであろう」[29]。このばかばかしい仮説は官僚主義的な乱脈と怠慢の現実と関係がなくはない。その衰退の現実的諸条件を保証する代わりに価値法則のたんなる廃止を布告することは、全般的な不合理性へ一直線である。「ところでだ！　等しい労働量の交換は、われわれに何を与えたか？　過剰生産、価値低下、労働過剰、および、それに続く失業、要するに、われわれが目のあたりに見ているような、現代社会に構成されている経済的諸関係である。そして労働の競争だけがその例外なのである。〔……〕それゆえ社会の全構成員が直接〔独立の――ドイツ語版〕労働者であると仮定すれば、物質的生産のために使用されねばならない労働時間の数量があらかじめ協定されているという条件においてのみ、等量の労働時間の交換ということが可能なのである。しかし、このような協定は私的交換を否定するものである」[☆30]。

ここにまさに本質的な問題がある。生産と分配は社会的実践である。直接的労働者のあいだの労働量の（社会的に無媒介の）直接的交換は、悪しきロビンソン・クルーソー状態である。交換は共通の尺度を仮定する。尺度を決定するのが市場ではないとしても、ひとつの取り決めであるかもしれない。だが、この場合、個人の交換はもはや分配の原動力ではないし、分配における正義は一般的な取り決めに従う時にはじめて力を発揮することができる。「今日、資本と、労働者相互の競争の結果として存在することが、明日、労働と資本との関係が断ち切られた場合には、生産力の合計と現存する需要の関係に基礎を置いた取り決めという事実に変わるだろう。しかし、こうした取り決めは個人的交換を断罪するものであり、ここでもまたわれわれは最初の結果に到達したことになる」[★31]。なぜなら、生産物の交換様式はそれらの生産様式と有機的に結びついているからである。こうして個人的交換はただちに搾取によって特徴づけられた生産関係の一環をなすのである。「階級対立がなければ個人的交換は存在しない」。分配における正義は

★25　邦訳全集19、二〇ページ。望月訳、三六―三七ページ。
★26　邦訳全集19、二〇―二一ページ。望月訳、三七―三八ページ。
★27　邦訳全集19、二一ページ。望月訳、三八ページ。
★28　邦訳全集4、九六ページ。
★29　同前、一〇四ページ。
☆30　Karl Marx, *Misère de la philosophie, op. cit.*, p. 49.〔邦訳全集4、九六―一〇四ページ。〕
★31　同前、二二四ページ。

この最初の敵対関係を免れることはできないであろう。個人的交換の幻想は、商品の物神崇拝によって封印されたイデオロギー的表象に典型的に依存している。「ブレイは実直なブルジョワの幻想を、自分が実現したい理想に仕立てあげる。個人的交換を、そこに見いだされる対立的要素をすべて取り除いて浄化することで、彼は自分が社会に導入することを望むような平等主義的関係を見いだしたと信じている。ブレイは、自分が世界に適用することを望むような平等主義的関係、あの矯正的理想そのものが現実世界の繁栄であると思っていないし、その結果、現実世界の美化された影にすぎない基礎の上に社会が再構築されることなどまったく考えられないとも思ってはいない」[★32]。労働証明書の制度が結局のところ分配における正義の素朴な変種であることを認めるとしても、マルクスは、正義論についてはきっぱりとした回答を与える。なぜなら、これを、矯正的理想や、涙の谷〔現世のこと〕の美化された影が再発見された天国という形をとるというイデオロギー的幻想のせいにしなければならないからである。

――十年後、『政治経済学批判』はジョン・グレイ[☆33]の提言を標的にする。商品と引き換えに、生産者は商品に含まれているだけの労働量を証明する受領証を受け取ることになるだろう。こうして生産者は一労働週、一労働日、一労働時間の銀行券を保持し、銀行の倉庫に収納されている商品の等価物のための取得証書としてこれを利用するというものである。この解決策は簡略化する動機から生まれている。時間は価値の内在的な尺度であることを確認したグレイは、時間にもうひとつ別の、貨幣という外在的尺度を付け加える理由を自問する。これは、なぜ交換価値が価格として表現されるのかを自問することとともに、流通と競争が媒介を受けもつ、この論理的な変形を廃止することを主張することに帰着する。この複雑な問題を解決する代わりに、グレイは「商品は社会的労働の生産物として直接たがいに関係しあうことができると想像する」。これは、物々交換経済への復帰を主張し商品の謎とその神秘的性格を安あがりに払いのけようということにほかならない。なぜなら諸商品は「直接には個別化された自立した私的労働の生産物であって、これらの私的労働は、私的交換の過程でのその譲渡によって、一般的社会的労働であるという実を示さなければならない」からである。すなわち、商品生産を基礎とする労働は、「個人的労働の全面的な譲渡によってはじめて」社会的労働となるのである。貨幣は、全面的譲渡を通じてこの必然的な移行にかかわるが、全面的譲渡がなければ、私的労働も、測り知れなく莫大なものとなり、それでいてたがいにとって無関係なものとなってしまうであろう。それゆえ、グレイの誤りは、商品に含まれている労働時間を「直接に社会的」なもの、すなわち、「共同体労働時間、すなわち直接に連合した諸個人の労働時間」だと前提しているところにある。グレイは商品生産を基礎にして商品でない物の流通を組織することができるという幻想をいだいているのだ。「生産物は商品として生産されなければならないが、商品として交換されてはならない、というのである。グレイは、この敬虔な願望の達成を国民銀行にまかせる」。ところで、「商品が直接的に貨幣であるという、言い換えれば、商品にふくまれている私的個人の特殊的労働が直接的に社会的労働であるという独断は、もちろん、ある銀行がこれを信じ、それに従って営業することによって、真実となるわけではない[☆34]」。

——最後に『ゴータ綱領批判』では、労働証明書の問題が、別の角度から取り上げられている。すなわち、もはや商品生産の枠組みにおいての正当な調整としてではなく、「資本主義社会から産まれたばかり」で、すべての「旧社会の母斑」をまだ帯びているコミュニスト社会での問題としてである。そこでマルクスは、個々の生産者は、（予備、蓄積、管理その他の共同の積立《ファンド》に必要な一般的控除をしたうえで）彼が社会に与えたのと正確に同じだけのものを個人的に返してもらうという考え方を吟味する。こうして個々の生産者は等しい社会的労働量を表わすものを、労働時間で書かれた証明書と交換することができる。彼は「自分がひとつの形で社会に与えたのと同じ労働量を別の形で返してもらうのである」。マルクスから提起される異論は、尺度が生産の社会化によって考えられうるものになっている以上、もはや錯覚を呼び起こす尺度の性格に基づくものではなく、その尺度が意味する公平な原理そのものに基づ

★32　同前、二二五ページ。
☆33　John Gray, *The Social System: A treatise on the Principle of Exchange*, 1831.
☆34　Karl Marx, *Contribution à la critique de l'économie politique*, *op. cit.*, p. 339.〔邦訳全集13、『経済学批判』第一篇「資本一般」、第二章「貨幣または単純流通」、六七、六八、六九ページ。『資本論草稿集③』（一九八四）、二九五、二九六、二九七ページ。〕

くものである。形式的に等しいこの交換は、実際には、新しい社会が解放されるのに最大の苦痛を伴う旧社会の「痕跡」を有している。「ここでは明らかに、商品交換が等価物の交換であるかぎりでこの交換を規制するのと同じ原則が支配している。内容も形式も変化している。なぜなら、変化した事情のもとではだれも自分の労働のほかにはなにも与えることができないし、また他方、個人的消費手段のほかにはなにも個人の所有に移りえないからである。しかし、個人的消費手段が個々の生産者のあいだに分配される際には、商品等価物の交換の場合と同じ原則が支配し、ひとつの形の労働が別の形の等しい量の労働と交換されるのである」[★35]。それゆえ、ここでは、労働証明書制度への批判は舞台を変える。コミュニズムへの移行という脈絡のなかで、この批判はさらに根本的な「同権」への批判の方向で深められるのである。

労働証明書にかんする論争のすべてはおそらく以下のように要約することができる。「価値が価値と価格に二分されるとすれば、同じ労働時間はそれ自身にたいして等しいと同時に等しくないものとして表わされる。これは労働証明書を基礎にしては不可能である」[☆36]。貨幣形態はこの二分化と同じ形式である。

価値よ、抽象労働よ、さらば

分析的マルクス主義の個人主義的公準は、搾取を個人間関係に還元し、階級闘争をゲーム理論と同じものととらえる。いわゆる囚人のディレンマはこの観点からみると、集合的利益と個人的利益のあいだの矛盾を示している。一部の伝説では、マルクスは階級意識の名でこの対立関係を無邪気にも無視したそうである。これとは反対にマルクスは、この矛盾のからくりをきわめて正確に記述している。「すべてがうまくいっているあいだは、競争は、一般的利潤率の均等化のところで明らかにしたように、資本家階級の兄弟的結合の実践として作用し、その結果、資本家階級は各自が行なった賭けの大きさに比例して共同の獲物を共同で分け合う。しかし、もう利潤の分配ではなく、損失の分配が問題となるやいなや、各自はできるだけ自分の損失分を減らして、それを他人に転嫁しようとする。資本家階級〔全体〕にとっては損失は不可避である。しかし、その場合、個々の各資本家がどれだけの損失を負担しなければならないのか、一般にどの程度まで損失をともにしなければならないのかということは、力と狡知の問題となるのであり、そうなれば、競争は、反目する兄弟の闘争に転化してしまう。個々の各資本家の利害と資本家階級の利害との対立がはっきり現われるのであり、それはちょうど、前にはこれらの利害の一致が競争を通じて実際に貫徹されたのと同じなのである」[★37]。対称的現象はプロレタリアの側でも生じるが、搾取に直面するプロレタリアの共同の利益は、労働市場での競争によって掘り崩されるのである。

エルスターはそこから次の結論を引き出す。「客観的目標」はけっして目的を構成することはできないだろう。それは、「成員である諸個人の利益」と一致する場合にはじめて、あるいはそれと一致させられる場合にはじめて、現われるのである。それゆえ客観的目標は、選択の志向性が記述される可能性の地平を描いている[☆38]。このような場合、試合がたった一回しか行なわれないならば、集団的行動は失敗するにちがいない、とゲームの理論は結論づける。ところが、諸階級の闘争は、永続性と持続性のなかで展開される。階級闘争は諸経験を記憶することと伝達なのである。

★35　邦訳全集19、二〇ページ。望月訳、三五―三六ページ。
☆36　Stavros Tombazos, *Les Catégories du temps...*, *op. cit.*, p. 221.
★37　邦訳『資本論』第三巻a（一九九七）、四二八―四二九ページ。なお、英語版は注42において、引用文の出典を『哲学の貧困』であるとして、仏語版とは別の以下の文章を引用している。「実際生活においては、競争、独占、およびそれらの敵対関係が見いだされるばかりでなく、さらに公式ではなくて運動であるところの、それらの総合もまた見いだされる。独占が競争を生みだし、競争が独占を生みだす。幾多の独占〔独占者――ドイツ語版〕が競争から生じ、競争者たちが独占者となる。独占者たちが部分的な〔経営者〕連合によって彼ら相互のあいだの競争を制限すれば、競争は労働者たちのうちで増進する。だが、一国の独占者たちに対抗してプロレタリアの集団が増大すればするほど、諸国の独占者たちのあいだの競争が、ますます制御しがたいものになる」（邦訳全集4、一七〇ページ）。
☆38　これは、機能能力についての旧式の心理学の現代的形態にすぎない心理学に通じた個人的主体を仮定している。

いま一度言う、闘争はゲームではない。

「不労所得者」の問題は、集団的行動を免れ、争いを傍観するほうが個人的には有利かもしれないという考え方を説明するのにしばしば使われる。合理的に物事を考える個人が協働しなければ、この問題はひっくり返る。そうなると、よく考え抜かれた自分たちの個人的利益が彼らをして不労所得者になるように駆り立てるような場合でも、なぜひとつの階級の成員たちは協働することになるのかを説明しなければならない。

現実の紛争の多くの要因（歴史、伝統、文化）はゲームの形成からは免れる。こうして現実のストライキが示すのは、ストライキ破りを演ずる不労所得者（彼は勝てば共同の儲けの恩恵に浴し、負ければ雇用者の配慮の恩恵に浴する）の利益は、闘争の継続期間をはるかに超えて不労所得者が自分の仲間から受けるであろう多少とも公然たる報復と相反することになる、ということである。さらに、もっとも精巧な情報シミュレーションも、記憶の影響の中期的な結果を予見するのには最大の障害となる。ところで、実際の紛争では、かつての経験の個人的および集合的記憶は、すべての戦略的行動にとって本質的に重要な側面なのである。

組合活動家はすべてこの矛盾の経験をもっている。ストライキに立ち上がる人はストライキが失敗すれば、自分の賃金を危険にさらし、制裁を受ける恐れもある。ストライキが成功すれば、ストライキに参加しなかった人たちは、どんなにわずかなリスクも犯さずに、獲得された利益を享受するだろう。ストライキに参加しなかった不労所得者は、二股をかけていつでも勝つことができると思っている。ストライキが失敗しても、彼はなにも失わないし、勝てば、他の人たちと同じく利益を得る。しかしながら、理屈だけでいえば、個人当事者は不労所得者になるよう誘われるだろうという計算は、記憶にすら残らない有限のゲームの範囲に限定されるのである。

エルスターは、「成熟した」労働者階級は、黄色系組合員（利己主義的打算）ならびに赤色系組合員（前衛の焦燥感）の「不労所得者」を避けることによって「待機することができなければならない」と結論する。これは、近代化された形の、カウツキーの「時間どおり」という古い夢の再現である。社会主義運動はもはや、紛争のリズムや運に従順な闘争の学校ではなく、プロレタリアートが同じ歩調で前進し時ならぬ挑発の裏をかくことを習得する忍耐と規律の学校である。じつに現実的な社会的矛盾は、教育によっても理論によっても解決されない。この社会的矛盾は、具体労働／抽象労働、人間／市民、私／公、生産者／消費者など、資本主義社会を特徴づける全般的二分化に固有なものである。こうして、おのおのの資本家は競争相手である資本家の労働者がいっそう多く消費し、自分自身の労働者がより少なく消費することに関心をもつ。「各資本家は自分の労働者たちに倹約するように要求するが、それは自分の労働者たちにたいしてだけである。というのは、資本家は労働者（生産者）としてしか彼らにかかわりあっていないからである。とりわけ、労働者以外の人たちにはかかわっていない。なぜなら資本家は、消費者としてしか彼らを相手にしていないからである」。行動調査の一般的な評価によれば、集団的行動はその集団がもっとも重要であるほどには重要でない。その節制に対応する各当事者の損失が少なくなる程度に応じて、「不労所得者」の利益はその集団の大きさによって増大するというのである。こうした理屈を自前で引き受ける分析的マルクス主義は、現実の諸問題を指摘しながらも、階級闘争をひとつの抽象作用に還元してしまうのだ。けっして合理的計算の総和ではないこの闘争は、その出来事と「融和する諸集団」[☆39]の論理を共有しているのである。

マルクスが階級闘争の中心的位置に執着することで、エルスターによれば、「ますますもっともらしさが欠けてゆく」ようにみえる。彼は「思想的規律」の全面的欠如を証言してみせるという。この辛辣な評価はなによりもまずひ

☆39　集団的階級利益の一貫性に関する討論を通じて、階級概念は思考の具体（決定論で形成される総体）あるいは実効的な経験的現実を参照するよう指示するものなのかどうかを知ることが実際には問題である。シュムペーターは階級をいろいろな人で満員となったバスと比較する。その逆に、エドワード・P・トムソンにとって、即自的階級は物ではなく、ひとつの出来事、「ハプニング」である。最後に、穏健な構造主義の信奉者であるジェラルド・コーエンにとって、階級は文化的政治的形成過程をかいくぐるものの、そのことに還元されない。過程そのものが構造の永続性のうえに立脚している。これらの討論の時間の大部分はマルクスにおける階級概念の無理解を示している。彼にとって、思考の具体性と実際の現実、集合的利益と個人的利益の根本的な分離はほとんど意味をもたないだろう。階級が物でなく関係である以上、階級を育成する闘争のなかで階級は存在し、顕在化するのである。

とつの無理解を表わしている。階級闘争の中心的位置は、マルクスにとって、敵対関係の現象的記述から現われてくるものではない。生産と交換の関係に固有なこの中心的位置は、他の紛争形態とも接合された生産様式の構造それ自体を表現する。それゆえ、ある時は階級関係に従って、ある時はさまざまな紛争に参加した集合的な当事者たちに従って、ひとつの社会を把握することは問題になりえないだろう。資本主義的生産様式のもとでは、階級関係は、歴史の闘争力学の解読を可能にする鍵を構成するのである。

このことから、エルスターと同じように、「客観的に定義された階級は〔マルクスにあっては〕階級的意識を獲得するか、でなければ消滅するか」の傾向をもっており、階級以外の集合的な当事者は「時間の経過とともに周辺に追いやられる」[☆40]傾向をもっている、と結論を引き出す必要があるだろうか？　実際に、マルクスの多くの文書は、「歴史的な党」あるいは「広義の党」を階級の多面的組織の運動と同一視している。束の間の党ないしは狭義の党は、一定の情勢のもとで限られた役割を果たすように招請された一時的な組織に還元される。この構想は長いあいだ第二インターナショナルにおける党概念の基礎に横たわっていたものであり、ドイツ社会民主党はその花形であった。すなわち、労働者階級に与えられるすべての組合的《サンディカル》、共済的《ミュチュアリスト》、連合結社的《アソシアティブ》な形態を擁し、統括する党である。こうした視野においてみれば、「集合的な当事者」や「社会運動」が「歴史的な党」として階級構成的な広大な運動に溶け込むよう招請されるのを想像することはできよう。また、（生産様式の支配力が特定の社会構成体の諸矛盾を同期化させ同質化させるには充分でないかぎりで）「現代的でない」紛争の存在を予想することもできよう。これらの矛盾はたがいに無関心のままで向かいあっているのでなく、階級関係を横断しているのである。すなわち、それは性、民族性をめぐる敵対関係であり、エコロジカルな争点にかかわっている。それだから、女性の解放政策は、その反資本主義的次元に還元されない。その代わりに、その政策は、身体の商品化や分業がこうした抑圧の形を作り変えたやり方から出発することなくしては、抑圧の根元を見いだすことはできないだろう。さらに、エコロジカルな偉大な挑戦を打開するためには盲目的な市場法則を廃止するだけでは充分でないとしても、ラディカルなエコロジーは、商品の論理と私的利益の支配を追及することなくしては考えられないのである。

エルスターは、階級闘争を斥けるために、階級闘争は画期的な変革にとってだけ決定的であるという「より広い歴史的展望」を想定する。「言い換えれば、人は、歴史の流れに沿ってけっして階級闘争に還元できない社会紛争が系統的に存在することを留保なく受け入れ、しかし同時にこれらの紛争は新しい生産関係の樹立においてはなんの役割も演じないと主張することができるだろう」。これは、経済紛争と非経済紛争を区別して、非経済紛争を優先させることで階級闘争の中心的位置を取り繕うことを狙った戦術的回答であろう。現実に、マルクスの観点から言えば、直接的でなくとも階級闘争に還元不可能な紛争の存在を認めることには、いかなる困難もない。マルクスの具体的な政治的あるいは歴史的分析は、基本的な階級に媒介的な形で関係するこれらの敵対関係で満たされている。いったんこの相対的自立性が認められれば、正真正銘の問題は、媒介の関係と、異なる矛盾の特有な接合関係を解明することである。このような作業は、生産関係一般が依存する抽象化レヴェルでは実現できないであろう。社会構成体の結節点で、具体的闘争のなかで、一言で言えば、闘争がその正しい政治的表現を見いだす位置転換と凝縮の作用のなかで、抽象化は行なわれる。階級関係だけでなく、国家、制度的組織網、宗教的および法律的代表機関が介入してくるのは、このレヴェルにおいてなのである。

マルクスを階級闘争の経済主義的還元だと批判することによって、エルスターは誤った道を進んでいる。なるほど俗流マルクス主義が、経済を物質の重さと同じだと進んで考えて、根無し草の政治や空しく消えてゆくもののイデオロギー的儚さに反対しているのは事実である。政治的および法律的決定はそれが行為に表現されるやいなや、それなりの物質的重みと濃度をもつのである。その実際の展開においては、階級闘争は経済的反対に還元されるわけではない。

俗流マルクス主義とマルクスの理論を混同する方法論的個人主義は、結局のところ、価値法則、抽象労働の概念、

☆40　Jon Elster, *Karl Marx..., op. cit.*, p. 525.

労働－価値説などにはじまって、マルクス主義のいくつかの支柱を捨ててしまうのである。「労働が不均質なものである以上、労働の貢献度を共通の尺度で推し量ることはできないだろう」[☆41]、と。しかしながら、「政治経済学批判」のかけがえのない要所はほかでもなくここにあるのだ。どんな非凡な才能によって、交換や生産物や不均質な労働についてのどんな精緻な分析によって、共通尺度で測定可能になるというのか？　価値が個人の需要や消費に基づいて計量可能であると仮定されるやいなや、社会的規定性は崩壊する。消費者としての労働者の選択の自由は、『資本論』のなかの労働力の価値概念の基礎にある消費固定指数（固定消費率）の仮説とまったく合致しない」からだという。これ以上乱暴なナンセンスを冒すのは困難である。マルクスは、「消費固定指数（固定消費率）」に基づいて商品に凝縮されている社会的労働時間の量的計測化を主張したことはけっしてない。市場の判定、一般的に認められた需要の歴史的発展、すなわち、階級闘争と力関係に対応して、その規定性は事後に機能するのである。その規定性がたえず流動的で変動するのはこのためである。

エルスターの大失敗は『資本論』の一般的論理の無理解と、価値と価格と賃金についての、社会的需要と実際的な消費についての混同の無理解に由来している。マルクスは、労働価値論に固執しているのだという。価格の推移は見た目の外観以上には上昇しないから、価値の計算は資本主義制度の本質をよりよく暴露し告発するのを可能にするからというのがその理由である。価格は正確にはたんなる外観ではなく、価格の外観の特定の表現であり、現われである。価値に還元不可能な外観は、マルクスにとってなおさら、どうでもよいものではないのである。資本の秘密は、暴露であると同時に隠蔽であるというこの解読不能な関係のなかで効果を発揮するのである。

エルスターが無分別なのにはそれなりの理由がある。その理由は、いつものように、方法論的要請に由来している。「目に見えないのであるから、その行動について意図的に説明する根拠のまったくない価値に準じて、個人の行動を説明することはできないであろう」[☆42]というわけだ。じつに奇妙な方法である。「個人の行動」は不可思議な価値法則から引き出すことができないことは疑いない。だが、これ見よがしの良識にもかかわらず、エルスターの定式は、イデオロギー的前提で満たされている。どういうわけで「目に見えない」原因は行動の説明に関わりをもつことができないのか？　政治経済学批判も心理学もともに、目に見えないだけでなく「欠如している」（神経症の病因学のための陰茎欠如《アブサンス》）原因の固有の有効性を認めている。そこでエルスターは明確にしなければと気遣い、行動の「意図的」な説明について語っている。意図的な説明か、それとも意図的な行動か？　彼は、合理的な選択に促されて、自分自身でよく考えたうえで、明白な理由を備えた主体として行動する動機を説明しているのだと主張している。主体についても、理由についても、これこそ素晴らしい形而上学的な賭けだ！

エルスターは個人の行動について論じているのだ、と異論がでることだろう。集合的な行動が本質的なものの目に見えない世界とのなんらかの関係を取り結ぶことができると考えることをなにも禁止することはできない。そのとおりであるが、このような仮説はわれわれを方法論的集産主義の地獄へまっしぐらに送り込むことになるだろう！　方法論的個人主義はこれとは反対に、個人的行動の優位性を、それゆえ政治経済学批判を社会心理学によって取って替えることを厳密に守ることを要求する。

たしかに「分析的」な考え方ではある。

だが、どうして「マルクス主義的」だというのか？

一度ゲームのなかで抽象労働が放棄され、価値論が斥けられ、そして階級が解体されたとすると、かつてジョルジュ・ソレルが「マルクスのマルクス主義」と呼んだもの（そして今日われわれが「批判的マルクス主義」として冗語法を畏れずに命名することができるもの）のうちで、何が残っているというのか？　脱構築された彼の思想のなかで、その時以来残っているものは脈絡のない断片だけである。「商品の労働‐価値はもっぱら労働の消費という条件のも

☆41　Jon Elster, *Karl Marx...*, *op. cit.*, p. 691.
☆42　*Ibid.*, p. 690.

とでしか定義できないし、それゆえ労働の報酬の変化に敏感でない、ということがたしかにマルクスの意図のなかにあった」[☆43]。『資本論』の論理において、この文はなにも意味しない。どういうわけで商品の労働－価値はもっぱら労働の消費という条件のなかでしか定義することができないというのか？　この労働とは、そもそものはじめから、競争、利潤率の傾向的平均化、総再生産において歴史的に考察される需要によって社会的に規定される時間と労働力のことなのである。これらの需要の社会的な承認は、労働時間、社会的保護、報酬に関する永続的な闘争を通じて行なわれる。生産の領域における労働時間の消費はひとつの抽象化である。それは労働時間を社会的に決定する総再生産過程を前提する。

始まりはつねに終わりを前提する。

ところが、エルスターは執拗にこう繰り返す。「マルクスは、どういうわけで多少とも集中的な労働を労働時間の共通の標準計測器に還元することができるのか」、また、「どういうわけで、実際に還元不可能なまでに不均質な労働の存在がマルクス経済学にとって非常に大きな躓きの石をなすのか、けっして説明することはない」、と。それだけではない。これは資本主義経済の問題そのものである。これにたいしてマルクスは、商品のあまりにも聖書的な単純さの背後に隠れて、その「神学的な空理空論」、使用価値と交換価値の二分化、労働の具体労働と抽象労働への二分化を区別することによって答える、というわけである[☆44]。

ごく厳密に言えば、方法論的個人主義と『資本論』の論理は両立不可能である[☆45]。「価値は抽象労働で表わされ、労働時間で測られるという解釈の誤り」を告発することによって、チャン・ハイ・ハックは細かい点まで明確に説明している。「これとは反対に、価値形態で表現されるのが抽象労働であり、価値の大きさの形態で表現されるのが労働時間の尺度なのである〔……〕。商品の価値は、労働の量を直接測定することができない以上、これを労働時間で表現することはできないのである〔……〕。なぜなら労働の単位で直接測定することが可能な時間は抽象的労働ではなく、具体労働の時間でしかありえない〔……〕。このことは、価値はその価格形態でしか把握することはできないし、それゆえ、その形態によってしか価値を測定する尺度はないのだということになる」☆46。

それゆえ、抽象労働は社会的労働形態である。

方法論的個人主義がそれを無視するのはこのためである。その時からマルクス批判の全体系は崩壊する。なぜなら、「価値を作りだすのは、それ自体としての労働ではなく、生産にかかわる特定の社会的条件を表わすものとしての労働、すなわち抽象労働だけである」。たしかに抽象労働の概念は、それでいていつまでも問題を提起することになっ

☆43　Jon Elster, *Karl Marx…*, *op. cit.*, p. 184.

☆44　マルク・フルールベイがジョン・ローマーに関連して指摘しているように、「それを規定する概念そのもの、すなわち抽象労働に言及せずに、労働価値説を斥けるというのはじつに逆説的である」（Marc Fleurbaey, "Exploitation et inégalité: du coté du marxisme analytique," *Actuel Marx*, n°7, Paris, PUF, 1990）。

☆45　ローマーに倣って、フィリップ・ヴァン・パレースは、はっきりとこの矛盾を強調する。労働－価値という形で個々の労働者の貢献を評価することは、きわめて微妙な問題である。それは、熟練労働は未熟練労働よりも多くの価値を作りだすと見なされ、それゆえ、複雑労働の単純労働への還元の適切な手順が前提されているという理由だけではない。さらに、所与の一定期間に労働者が作りだす価値の量は、同一の財を生産する他の労働者たちの相対的生産性と比較して得られた、その相対的生産性に左右されるからである。ところが、原則として同一と認められうる生産物を個人的に生産する労働者たちの場合にこの生産性は見積もることはできるとしても、同じく原則として、その財が多くの労働者によって実施された多面的な作業の共同の産物である一般的な場合には、その生産性は同じように見積もることはできない。それゆえ、特定の一労働者（あるいは一労働者集団）によって提供された社会的必要労働が実際の労働時間数よりも、いわんや彼が消費する財のなかに組み込まれた価値よりも、小さいか大きいかを決定することは、一般的には不可能なのである（Philipe Van Parijs, *Qu'est-ce qu'une société juste?*, *op. cit.*, p. 104.）。しかしながら、ヴァン・パレースはここで、協働の、複雑な、合成の労働にたいする分析的な方法の限界を確認することで満足している。しかし、この行き詰まりはもっと根本的である。一般化された商品生産社会において、商品は社会関係総体の不可欠の媒体である。労働はただちに社会関係である。消費された労働力を共通の尺度で測定できるのは、もっぱら抽象的社会労働である。そこでヴァン・パレースは、初歩的な理論的障害物からより本質的な障害物へと移りながら、以下のことを想起する。「労働者が権利としてもっていることを規定するのに、労働は適切であるとしても、問題にしなければならないのは、実際に提供された労働のことであって、平均的な技術的条件において同一の財を生産するために平均的な能力をもつ一個人に必要とされたであろう労働のことではない」（*ibid.*, p. 105）。

☆46　Pierre Salama, Tran Hai Hac, *Une introduction à l'économie politique*, Paris, Maspero, 1993, p. 15.

た。一部の人たちにとって、一般的労働としては、論理的抽象でしかない。すなわち、どう見ても均質ではない労働の均質性を想定する同一単位で測定可能な仮説でしかないのである。他の人々にとっては、これとは反対に、それは生理学的実態であり、その具体的な形態とは関係なしに労働の活動性全体のなかにあるエネルギー消費量なのである。となると、そのどちらでもないということになる。「この形態は、一方では、その内的規定性をなす社会関係を参照するように指示し、それだけでなく他方では、その外的規定性である物質的支持媒体を参照するように指示することになる[☆47]」。

具体労働は、使用価値が価値として消滅するようにして、抽象労働として消えてなくなることもない。社会的労働においては、その一体性はつねに緊張し紛争の火種を残している。腕前や手練手管や能力の多様性を均質で空虚な時間に還元することは、つねに暴力行為である。労働時間の排他的要請に基づいてすべての富を測定し存在するもの相互の関係を取りしきっても、ますます鋭く苦痛を伴うこの矛盾をなくすことはできない。量を測ることはできないし、標準計器による時間の尺度では還元不可能な芸術作品（あるいは創造一般）は、労働として芸術作品それ自体を否定することによってこのような形式的な均等化を図ることはできない。『要綱』でマルクスは、知的労働を豊かにし、その充実化を図る労働の歴史的傾向がこうした尺度をますます「みすぼらしい」ものに転化することを予見していた。

この二律背反的な量化は、その内部にそれ自身の限界をかかえている。特殊的なものを普遍的なもののなかで、労働強度を均等な継続時間のなかで否定する時間の抽象化は、社会関係として資本を量化することにほかならない。「労働時間それ自体は、そのものとしてはただ主体的にだけ存在し、活動の形態でだけ存在している。そのものとしての労働時間が交換可能（それ自体商品）であるかぎりでは、それは量的にだけでなく、質的にも規定されており、差異的なものであって、けっして一般的な、自分自身に等しい労働時間ではない。それだけでなく、労働時間が主体としては、交換価値を規定する一般的な労働時間に照応していないことは、特殊的な諸商品と諸生産物とが客体として、交換価値を規定する一般的労働時間に照応していないのと同様である[☆48]」。こういうわけで、使用価値を形成し交換価値を規定するかぎりで、みずからに対立する同じ時間なのである。

複雑労働の単純労働への還元は交換過程で日ごと行なわれる。実際の労働時間は平均的な強度の時間に翻訳されなければならない。生産者と消費者、売り手と借り手のあいだを結びつけるために、調整原則が介入するやいなや、この媒介物は貨幣ではなく、より根本的には抽象労働である。これは、一見解決不可能な、同一単位による測定可能性の単純な問題に答えることを許さない。使用価値と価値の対立関係は、より根本的には、「時間性をめぐる闘争」を参照するよう指示する。抽象／一般労働時間はそれの否定である具体／特殊労働時間なくしては存在することができない。部分的労働行為を凌駕し包摂する普遍性としてある抽象労働は、感覚能力を備える現実態ではない。さらには異なる個人の労働のたんなる平均値でもなく、現実に働く存在がその「単純な器官」に転化する社会的抽象である。こうして、それが生産の領域であらわれるような搾取関係は、つねに総体的（あるいは再生産の）社会的関係を前提する。「ひとつの商品の生産に必要とされる労働時間が不変であれば、その商品の価値の大きさは不変のままであろう。しかし、その労働時間は、労働の生産力が変動するたびに、それにつれて変動する。労働の生産力は、いろいろな事情によって規定され、とりわけ、労働者の熟練の平均度、科学とその技術学的応用可能性との発展段階、生産過程の社会的結合、生産手段の規模とその作用能力によって、さらには自然諸関係によって、規定される[☆49]」。

☆47　*Ibid.*, p. 26. そのうえ、同じ論理に従って、チャン・ハイ・ハック（Tran Hai Hac）は、きわめて正当にも、「変形」という難しい問題を取り上げる。「人が物事を取り上げる際のある側面だけで、交換価値の生産価格への変形の、経済的ないしは歴史的な具体的過程を理解することは、不可能であることは明らかである。それが不可能であるのは、生産価格への交換に続いて起こる価値への交換がないからなのである。交換価値は、論理的、概念的な見地からみた場合にはじめて、生産価格に先行する。一方の他方への移行は、資本一般のレヴェルから競争する資本のレヴェルへの価値法則の発展でしかないのである。言い換えれば、交換価値と生産価格の概念は、異なる抽象化の二つのレヴェルで把握された、同一の経済的歴史的な実態と関係しているのである」（p. 62）。

☆48　Karl Marx, *Grundrisse*, I, *op. cit.*〔邦訳『資本論草稿集②』、『要綱』、一五九ページ。〕

☆49　Karl Marx, *Le Capital*, livre I, *op. cit.*, p. 54.〔邦訳『資本論』第一巻 a、六八ページ。〕

公正の両義性

階級理論と正義論のあいだの和解の試みにはロールズの影がつきまとっている。方法論的個人主義にたいして用心深いロールズは、社会契約を個々の妥協の総和として理解せずに、直接的にはその社会的次元においてとらえる。「社会の基本構造」は、「その根本的な原理と義務とを割りふり、社会的協働から生ずる利益の配分を構造化するところの単一の制度のなかで主要な社会的諸制度が配置される仕方」[☆50]として立ち現われる。ロールズもまた、個人レヴェルで立場の利点を計算することの難しさを認める。

しかしながら、彼の公正としての正義の政治理論は、きわめて不確かな二つの作業、すなわち、社会紛争の平定化とイデオロギー的影響の一掃という作業に立脚している。これまでの討論と説明の流れに沿ってみると、彼の正義論は、まずコンセンサスの理論として確立されている。近代民主政治が和解不可能な包括的学説・理論（哲学的ないしは宗教的）の共存によって特徴づけられているという事実確認から出発して、ロールズは、この「多元主義の現象」は社会的協働を必ずや台無しにするもっとも議論の余地のある問題、不確実性の広がり、もっとも重大な紛争を、政治日程からすっかり取り除くことを強いるものと考える。こうして、寛容、節度、公正の徳目によって支配される政治的なものの領域は、一種の合意に基づく禁欲主義によって、合理的かつ平和的に克服可能と見られた係争問題だけに絞られるのである。この「重なり合うコンセンサス」は、政治的な正義観と「長期的な均衡のもとでの社会的一体性の維持」に関する取り決めを可能にするであろう。この論理を支える二つの柱は「基本財」と「正義の基本原理」のなかにある。立派な形式論理でいうと、結論はそうすれば諸前提と諸定義のなかに含意されている。

「基本財」には、「他の願望がどういうものであれ、合理的な存在ならば望むであろうと考えられるすべてのこと」が含まれている。この言明は、合理性と、社会における存在の個人的振る舞いとも関連した願望（要求）についての定義の共有が達成されたことを想定している。ほかでもなく実現されたこれらの願望に応じて、基本的財産の配分、すなわち、初歩的な（思想と表現の）自由、運動と職業選択の自由、公職の権限と特権、広義の所得と富、最後に自尊心の社会的基盤の配分の公正さは、評価されるのである。☆51

「基本原理」についていえば、二つの要請に要約される。「（1）各人は万人にとっての自由と権利の同一の体系と矛盾しない形で、万人にとっての平等な基本的自由と権利のもっとも充実した体系を対等に享受する権利を有している。（2）社会的経済的な不平等は以下の条件を満たすことで認められる。すなわち、これらの不平等は（a）もっとも恵まれない社会の成員が最大限の利益を得られるような形の不平等でなければならない、（b）公正な機会均等の条件のもとで万人に開かれた身分や職務にたいして付加されるべきである」☆52。それゆえ不平等は、それが「もっとも恵まれない人々の期待にたいして一定の機能的な貢献」をもたらすかぎりにおいて正当なものである。この仮説は、「ケーキの分配」によって常識が例証するところの成長のイデオロギーの性質を帯びている。すなわち、ケーキが大きくなるかぎり、たとえもっとも大きな取り分がより早く大きくなり、両者のあいだの違いが広がるとしても、ケーキのもっとも小さな取り分も、同じように大きくなり続けることは可能だ、というものである。正義論はこのように穏健的な社会的自由主義《リベラリスム》の一貫した法的－倫理的な補完のようにも見える。恐慌、規制緩和、社会的保護政策の削減の影響に直面して、社会的自由主義の今日の成功は、懐古的であると同時に非現実的な調子を帯びている。飛躍的に

☆50　John Rawls, *Justice et democratie, op. cit.*, p. 37. Paul Ricœur はロールズの方法論的立場が方法論としての個人主義と集産主義のディレンマから逃れようとしていることを強調している。「社会は、その社会の基本的構造の概念そのものと共通の外延をもつ用語の意味で分配の演算子である。たしかに役割や身分の分配があり、長所と短所、利得と負担の分配はいうまでもない。そればかりか義務と権利の分配がある。人はまさに持ち分を配分する限りで社会に参加する〔……〕。仮説としての契約がひとつの取り決めを見通して、ぞうさなく共同で行なわれる選択であるのは、このためである。契約によって社会は会衆派的、相互扶助的な現象としてじかに扱われる。同時に、われわれは全体論か方法論的個人主義かのオールターナティヴの外にある。分配の絆によって、人々はじかに受取人となる。たしかに社会は基本の構造をもっている。社会は諸制度の組織であるが、すべての制度は現実の人々に持ち分を配る。だから、正義の対象は、基本的社会現象の分配的――相互扶助的――構造なのである」（"Le Cercle de la démonstration," *Lectures I*, autour du politique, Paris, Seuil, 1988）。

☆51　John Rawls, *Justice et democratie, op. cit.*, p. 88 et 17.

☆52　*Ibid.*, p. 52.

発展する社会的不平等が、もっとも恵まれない人たちの最大の利益のためにあるという道理はどこにあるのか？　どういうわけで、社会的に排除されたすべての人々に職務や身分が開かれているなどと主張するのか？　それから、どういうわけで、無権利の人々のために機会均等が存在すると言い張ったりするのか？　もしそれが、「社会的葛藤への新しいアプローチ」や、いわゆる「相互の儲け」戦略や、「力関係の古典的な図式からの脱却」を可能にする交渉の方法の口実として役立たないというのであれば。

言い換えれば、闘争から忍従への移行である。

抵抗から協調への移行だ。

危機の激しさは「基本原理」と現実に存在する不平等との矛盾を赤裸々に示している。正義論は、政治的に制御可能と想定される社会的葛藤を除去することによってしか、この矛盾を乗り越えることはできない。なぜなら、社会的自由主義は、「もちろんのこと、これらの考え方が適切な正義の諸原理によって明確にされた限界を尊重することを条件に、近代生活の現象として財産についての考え方の多元性[☆53]」を受け容れるからなのである。悪循環は気が遠くなるような渦巻きのなかにふたたび閉じ込められる。合意は、共有財産制を仮定するが、それはもはや従来の「財産についての概念」に基づくのではなく、「民主主義国家における市民を自由で対等な人格と見なす概念と一致する、正義についての共有された公的な観念」に基づくものであるという。要するに、この合意は、現実の闘争がたえずその独自のルールを創造しその独自の限界を押しのける際には、（そのルールと限界にかんする）合意を前提するというわけなのである。

こうして、この理論的構築物の真の要石である「重なり合うコンセンサス」の出現のためには、「哲学の他の構成部分、とりわけその永遠の問題や論争にたいしてできるだけ独立し自律したものとしてとどまろうとする」政治哲学が求められる。安定した境界線は、永遠の哲学的諸問題と、公正についての（受容可能な）一時的な多くの政治問題とを切り離すことになるだろう。それゆえ重なり合うコンセンサスは力関係に対応するたんなる暫定協定（modus vivendi）ないし妥協点に還元されることはない。このコンセンサスが存在するのは、「基本的な諸制度を統治する政治的な正義観が容認されたすべての価値を包含する一般的学説・理論として理解された、ひとつひとつの包括的な学説・理論によって受け容れられる」場合である。宗教信仰と同じ理由で、これらの学説・理論は、私的信条のレヴェルへと押し返される。問題は、快適な生活についての倫理的思索を放棄することではなく、ロールズやハーバマースをもって、「公正な社会」とはちがい、合理的な討論に従順に従ってゆくものでないことを認めることである。

この作業は、和解させることのできない包括的な学説・理論のあいだの対決の基本的土台としてではなく、対決の結果として理解された社会紛争を考慮の外に置くことであり、現実離れした空中浮揚状態のコンセンサスに政治を矮小化してしまうところにある。同じく、力の役割は法的関係によって糊塗される。最後に、国家は、教育者としての、包括的な学説・理論とその絶対への渇望にたいする公的な法空間の中立性の保証人としての理想化された使命を自らに託すものとなっている。この中立性は三つの命令権からなっている。「（1）〈国家〉は、どのようなものであれすべての市民が採用した財産についての考え方を実現する平等の機会を、すべての市民に保証しなければならない。（2）〈国家〉は、他の学説・理論よりもむしろ特定の包括的学説・理論を有利にあつかったり、それを推奨したり、あるいはその学説を支持する人たちを肩入れするような便宜をはかるようなことはなにもしてはならない。（3）〈国家〉は、この種の措置の結果を無効にしたり、その埋め合わせをする措置がとられなければ、別の考え方でなく特定の考え方をすべての市民が採用する公算を強めるようなことはなにもしてはならない」[☆54]。現実から遊離した審判官、コンセンサスの夜警として、この実体のない幽霊のような〈国家〉は、現実の〈国家〉とはあまり関係がない。すなわち、反ストライキ法や反移民法、社会関係の再生産におけるその役割、そのイデオロギー装置、その強制装置や力

☆53 John Rawls, *Justice et democratie*, *op. cit.*, p. 171.
☆54 John Rawls, *Justice et democratie*, *op. cit.*, p. 302.

の独占権の行使とは関係がない〈国家〉なるものなのだ。それゆえ、ロールズが結論のところで諸前提として取り入れた政治的和合を再発見するからといって、驚くことはなにもない。「さらに、政治的価値観の葛藤は、政治的観方が重なり合うコンセンサスによって支持されるときには、著しく縮減される」というのである。CQFD〔ラテン語のQED「そのことが論証されるべきことであった」に相当するフランス語の表現で論証が成功裏に終了した時に使われる〕……

社会的紛争の隠蔽は、コンセンサスの透明性におけるイデオロギー的不透明性の解消を相伴うものである。契約は、ロールズによれば、「正常で申し分なく完全に協働的な社会の成員」を想定している。「ひとつの財産観をもつことができる有能な存在は、この観方を形成したり修正したり合理的に追求し続けたりすることができる有能な存在である。すなわち、われわれにとって生きるに値する人間的生活である、ということである」。こうして、正常な存在、財産についての共有観念、合理的な行動など、正義の形式的前提がアプリオリに与えられる。信仰や信念を考慮の外に置く能力をもつこの社会は、合理的で至上権を有する主体によって全面的に構成される。それゆえ、矛盾する諸観念が存在するにもかかわらず、「重なり合うコンセンサスが存在できないような」困難は存在しないのである。このためにはイデオロギーが善意のなかに解消されうることを認めるだけで充分なのだ。より正確には、ロールズにとって、イデオロギーは存在しないか、存在しても煙幕のようなものに限定されているようにみえるのだ。イデオロギーは起源もなく、物質性もなく、独自の効果もない。もろもろの包括的理論への共鳴は社会的関係も社会的関心も表わさない。それは自由な、あるいは気まぐれな意識のたんなる選択から生じるものなのだ。その時、コンセンサスのためには信仰や信念を考慮の外に置くことは容易である。

正義についてのこの透明な合理性は、ごく当然のことではあるが、コミュニケーションの、これまた透明な合理性と結びつく。言語行為の理論は、あいまいさのない言明や全面的文脈の存在それ自体を言外に意味する。さらに、ハーバマースにとって、すべてのコミュニケーションは不可欠の同質的語彙に基づいた理想的な合意を仮定する。

こうしてこの合意は「主体のないコミュニケーション形態」のなかに拡散された「手続き上の主権性」を志向する。

すべての利害関係者が公的権力によって下された決定の受け容れ可能性を間主観的に確立することを可能にする討論と論理の公的空間、統一的で等質的な主体には還元できない、このコミュニケーション的理性は、実際には、「人民的意志の間主観的な解体」のうえにその正統性を築き上げるのである。こうして権力の現実遊離（王家のように強大な、あるいは政治的な「身体」の解体）は成就され、純粋な「立憲的愛国主義」がその実践的翻訳であるところの政治的な非宗教化の諸条件が揃ったと見なされるのだ。

しかしながら、その意図は称賛に値することは疑いない。最後の審判という観点からの普遍史の意味の徹底的な要約を放棄することは、この作業を空しいものとする。語彙の領域は開かれており、ことばはけっして確かなものではない。紛争の戦線でむやみに信号を繰り返し送ることは意味を確定するどころか、意味を不確かなものにする。学者もまた言葉で考えるとすれば、学問論争は当事者たちが少なくとも解決すべき諸問題についての発言に一致があるかぎりで、豊かさを獲得するのである。それにひきかえ、政治論争は発言の用語についての最初の不一致によって特徴づけられる。利害がまっこうから対立しあったり、それが物神崇拝の領域へと一気にイデオロギー的に組み込まれてゆくという事態を免れることはできない。人は誤った「考えをもつ」から、あるいは教え込まれたことに影響をこうむるから、まちがって考えるわけではない。商品の物神崇拝の実際に夢幻的世界に人間は生きているから、まちがって考えるのだ。コミュニケーションは、合意や平静の側にはなく、つねに両者のあいだ、平和と戦争のあいだ、合理的協定と押しつけられた妥協のあいだの蝕まれた領域で成立する。それゆえ、戦略的に行動する闘争的実践によるその歪みは避けることができない。

抽象的で歪められた資本の普遍化にたいして、細分化された神性や物神崇拝が猛威をふるう虐政にたいして、コミュニケーション的理性は、イデオロギーによってぞうさもなく罠に捕らえられた回答をもたらすものである。社会主義と民主主義のあいだに有機的な絆を確立するために、ハーバマースはまったく想像的なやり方で類として自己を構成する人類の利益のなかに階級的利益を解消する。生産のパラダイムはコミュニケーションのパラダイムのために消え去ってしまうのだ。

社会的諸関係はコミュニケーションの関係となる。

こうして道徳的意識は個人の実践的理性から遠ざかり、社会的なコミュニケーション過程に逃れようとする。相互的合意の普遍的な条件は一種の内在的な倫理的規範性を命じるものと見なされる。場合によっては、干渉する権利と義務をぼんやりと想起することによって販売用の商品説明や道義的至上命令や権利規範が混同されるのとちょうど同じように、権利と倫理が正義の概念のなかで混ぜ合わされるのである。

その時、多元化された啓蒙主義の超個人的な理性は、救われるかもしれない。しかしながら、この救済は、実践的な間主体性と超個人的な理性のあいだの証明不可能な同一性を仮定している。生産（および再生産）関係と支配から根本的に切り離されたこの間主観性は、ロールズの正義論の間主観性と同じように、抽象的で形式的である。現実が（コミュニケーション関係や言葉の残酷性においてさえ）不公平であり暴力的である時、間主観性は平和的な全般的相互性を想定するのである。☆55

その方法がその結果によって判断されるとするなら、ロールズの方法は、自由、平等、所有の実践上のディレンマにうまく抵抗することはできない。彼にとって基本的な自由はもっぱら政治的な自由である。すなわち、「思想の自由と良心の自由、政治的自由と結社の自由、ならびに人格の自由と無欠性の概念に含まれる自由、そして最後に法治国家に保護される権利と自由」である。というのは、基本的な自由を真に本質的に重要な自由に制限することが重要だからである。それらの自由の規定そのものがその自由の一覧表を厳密に制約することを強く求めるのである。なぜなら、「われわれが自由の枠を広げるたびに、本質的に重要な自由の保護を弱め、自由の体系の内部でうまく制御できない不確定な均衡に起因する諸問題、適当に制限された優先性の概念のお蔭でわれわれが避けようと期待した諸問題をふたたび作りだす恐れがあるからである」。この自由の体系は、雇用、住居、教育、健康など、法的な用語でただちに言い表わすことができる社会的自由の要求に一度も対応していないことを条件に、維持されている。要するに、正義論は、（所有の権利も含め）厳密に政治的な自由と、一七九三年以降、生存権の主張によって要約された自由とのあいだにある、フランス革命によって赤裸々になった二律背反を、黙過させようと主張している。伝統的に「多くの人々」（急進的民主主義者や社会主義者）によって加えられる形式主義という非難にたいして、ロールズは「第二原理」（格差原理）に依拠することによって答える。これで彼は、それを一括して採択するか却下するかしなければならないようにして、自分の理論の引き締めを図ることが可能となる。「社会のもっとも恵まれない成員が自分の目的を実現するために、自由に使うことができる多目的手段は、基本財の指標によって計測された社会的経済的不平等が実際の不平等と開きがあるなら、さらにもっと貧弱なものだということになる」。だが、ほかの社会的規制の方法といっさいの仮定上の比較を原則として拒否するなら、このような主張をどのようにして証明するというのか？（「ほかの社会における状況も、自然状態も、もろもろの正義の考え方を評価するうえでなんらかの役割を演じることはできない」☆56。）

それゆえ、このモデルは、その前提を無条件に受け容れる条件で機能する。いったん基本的自由を制限するリストが承認されれば、そこから生まれてくるのは残りの自由ということになる。相手方の一方が他方の相手方にたいして

☆55　「アーペルの理想的なコミュニケーション共同体の主体は、それがエクトプラズム（心霊体）ではないとしても、血肉の存在というよりもむしろそれ自体が理想的主体であるという衝撃的印象をしばしば私に与える。ハーバマースにおける対話の状態についていえば、それがいっさいの葛藤が消えてなくなり対話そのものが結局余計なものとなる諸聖人の交わりを私に想起させることを、私は繰り返し述べる機会をもった」（Javier Maguerza, *Desde la perplejida*, Madrid, FCE, 1990）。Giorgy Markus, *Langage et production*, Paris, Denoel, 1982 も参照のこと。ヴィルフレード・パレートはすでに公言されたことの曖昧さをなくしてしまう完全なコミュニケーション辞典を夢見ていた。この点についてグラムシは以下のように指摘している。「プラグマティストは、誤りの原因としての言語について抽象的に理論化をはかる〔……〕。だがいったい言語からその隠喩的で敷衍化された意味を取り去ることは可能であろうか?」〔Antonio Gramsci, *Quaderni del carcere*, Quaderno 11, §24, Il linguaggio e le metafore, p. 1428〕。同時にグラムシは、結局は法がその正義の根拠を失い、たんなるゲームのルールのようなものになってしまうまで、論理的形式主義と「法律的心性」の形式主義とのあいだにある緊密な類縁関係を強調している。

☆56　John Rawls, *Justice et democratie, op. cit.*, p. 162, 183, 60.〔英文の原標題は、*Political Liberalism*, New York: Columbia University Press, 1993.〕

対称となる関係（「この意味で双方が対等である」）として定義される政治的自由は、社会的不平等にたいして無関心になる。さらに、基本的自由と両立可能であるためには、所有権は、「生産手段や自然資源を所有する権利」や「万人が社会的所有の生産手段や自然資源の制御に与《あずか》る権利」を故意に棚上げする。これは、個人の自立性の充分な物質的土台である、「個人的所有物の排他的使用権を獲得し、これを自由に処理する権利」を意味するにすぎない。階級関係が個人間の法律的関係に解消されるのと同じように、所有関係も、人格化された有限な所有権の背後で消えてゆくのである。

ロールズは、「閉鎖的な制度」として「秩序正しい社会」の形式的性格を平然として主張する。「この社会への所属が前提とされているので、これとは別の社会によって提供される利益と比較することは、相手側にとって問題になることはない」と彼は述べている。ゲームのルールは最終的に確定されているわけだから、「われわれの結論がより広い文脈にとって同じように有効であるかどうかは、別問題だ」[☆57]というわけだ。現実の檻のなかで堂々巡りすることを運命づけられたわれわれとしては、この現実を可能性に応じて推し量ることは禁じられているのである。こうして、この正義論はいささか弁解的になる。資本の世界と市場の横暴を経済世界のうちで最良のものとして描きだすことができないので、これを可能な法律的世界のなかの最良のものと評価することに心が動いている。しかしこれは、最初に選択された正義原理が「万人にとってもっとも合理的なものである」ことを前提条件と人が認めることを想定している。これは、「秩序正しい社会の自由で対等な市民」のあいだにもっともよく共有された、暴力を使わずに反対の理性を自分の価値として認めさせようとする「理性」の名においてしか、考えられないことは明らかである。この理論はぐるぐる廻り、結論として、それ自身の前提にふたたび帰る。「公正としての正義論の目的は、近代民主国家のもっとも深く根を下ろした確信と伝統と調和した、政治的社会的な正義観を仕上げることにある」、と。それによってこの契約の各市民がその市民に与えられている運命と位置とを無視することが想定されている「無視のヴェール」は現実には市場の「見えざる手」を公然と覆い隠しているのである。

この手が見えないままでいるのには、その目は盲目でなければならないのである。

公正な分配と平等権に関する討論において、マルクスは、一方的に分配を強調することによって生産の決定的問題を巧みに回避しようとする俗流社会主義を非難した。「いつの時代にも消費手段の分配は、生活諸条件そのものの分配の仕方の結果にすぎない。〔……〕俗流社会主義者は（そして彼らをつうじて今度は民主主義者の一派は）、ブルジョワ経済学者から、分配を生産様式から独立したものとして考察し、また扱い、こうした理由で社会主義を本質的に分配を中心に回転するものとして描き出すしきたりを、受け継いでいる」[★58]。その正義論の補強を衰えた福祉国家に提案することによって、ロールズはこの古い伝統とよしみを結ぶのである。

フィリップ・ヴァン・パレースについていえば、所得の分配に限定されない分配の理解を提案することによって、異論を巧みにかわしている。「生産手段の所有、投資の制御、職場内の権限、就職は、購買力と同じく尊重すべき分配に変わりない」[☆59]。よろしい。だが、しだいに近づいて見ると、職場内の権力、投資の制御、生産手段の所有は、まさに生産手段の革命を想定しているものなのだ。実際に、就職が完全な権利と見なされるとすると、労働力の商品的性格を廃止することになるだろう。

他の部面で、ヴァン・パレースは、現実的な分配問題を避けるために、あまりにもよく提起される豊饒というジョーカーを演じることを拒否する。エコロジー的危機の発展は、この「機械仕掛けの神」への信仰を決定的に破綻させたかもしれない……。この危機を左右する重大性を説明できなければ、このように微妙な問題を含む論争はきわめて混乱したものとなる。正義の理論家たちは生産関係をひっくり返すことなく、分配の領域に実際に介入するが、その

☆57　John Rawls, *Justice et democratie*, *op. cit.*, p. 57 et 77.
★58　「ドイツ労働者党綱領評注」、邦訳全集19、二二ページ。望月訳『ゴータ綱領批判』、三九―四〇ページ。
☆59　Philippe Van Parijs, *Qu'est-ce qu'une société juste?*, *op. cit.*, p. 263.

時、俗流社会主義に反対するマルクスの批判のほうが当を得たものとなる。価値法則の根源に迫ることなく、どのようにして失業問題を分配上の正義という形で提起するというのか？　あるいはまた、正義論は生産手段の所有への異議申し立てに導いていくような助成の在り方の教育学として現われる。これは疑いなく支配的な解釈ではないので、もろもろの立場を明確にするほうが好ましいであろう。官僚主義主導のもろもろの経済学の破綻の総括やエコロジー的危機に固有の疑問は、マルクスよりももっと明確な形で（法律的次元まで含む）社会主義への過渡期を考えるように、われわれを急き立てている。宣言された諸原理や実践がもはやたがいに対立しあうことがなくなるやいなや、批判的な正義論は、この脈絡においては、貴重な貢献となるかもしれない。なぜなら、「ブルジョワ的権利の狭い領域」は、長期的な過程においてしか実際に乗り越えることはできないであろうからである。

決定論の再犯

ジェリー・コーエンによれば、ひとつの階級は、それが生産諸力の発展と調和をはかり、階級それ自体を解放することによって全人類の利益を満足させる時に、歴史的に優位に立つことができる。その階級は、「それが生産諸力と呼応して前進をとげるがゆえに、力を獲得し維持する」。この命題は多くの困難を引き起こす。「方法論的個人主義」の観点からみると、人類の利益を定義することは、ある集団、ある階級の利益を定義することよりももっとずっと難しい。階級的利益と生産力の一致は、生産諸力の発展の唯一の道を想定する。最適な発展と最大限の発展とがもはや一致しなければ、この最適性は価値判断を伴うものとなる。「客観的」な最適性を規定することができなければ、「分析上の最大限」は倫理的至上命題に向けて大きく跳躍しなければならない事態に追い込まれることになる。

歴史の進歩の思想と正義の結合関係をいかにして両立させるのか？　社会関係はなぜ変貌するのか？　そういうことが逆境にあってではなく、順境にあっても当然のこととして行なわれるのはなぜなのか？　フィリップ・ヴァン・

パレースは進歩の仮説をロールズの格差原理に一致させようと努める。「「非進歩性」から代替への過渡、移行の問題は、マルクス主義歴史理論の著しくあいまいな点である」。生産様式が進歩的であることをやめると、そこに内在する不平等性（「資本主義的搾取から生まれる不平等性」）は、――所得と権限の平等性は、不平等性が万人に平等な状況のもとで与えるであろうものよりも多くの所得と権限を与えることを可能にする場合を除けば、つねに優先されなければならないという――「格差原理」に応じることをやめるであろう。変化のかなりトートロジー的なこの法則は個人的諸関係の「相互作用として」資本主義的搾取の概念を前提するのである。

しかしながら、階級闘争から身を引かせることができるものはなにもない。

一方で、事情を知ったうえでその効率性が落ちつつある制度を拒否するために、もっとも恵まれない集団の運命を異なる諸制度において比較することは、歴史的にも不可能なことである。この点でより一貫しているロールズは、彼らの「利点」と別の制度で提供される利点とを比較することは、相手側にとって問題になりえないと示唆している。このような比較はいずれも制度の論理に内在するものであるか、あるいは「現存する」制度間の比較としてでなければ考えられないものである。

他方で、「格差原理」によって命じられる歴史的発展の思想は、もっぱらもっとも恵まれない人々に還ってくる基本財の量に応じて、ある社会を公正と見なすことに導く。これは、もっとも恵まれない人々の運命を改善するのに貢献可能な不平等を公正なものと命名することによって、売れ残りの最小幸福感を最大幸福感にしたてあげることであろう。これは、まるで後者が前者の結果や当然の帰結ではないかのように、搾取をめぐる社会的紛争の戦線を排除のほうへ場所を移すことである。[☆60]

☆60　“Rapport Minc”（*La France de l'an 2000*, Paris, Odile Jacob, 1994）は平等と連帯に対する術策として公平のテーマが通常自由主義的に使われることを申し分なく説明している。「実証的な差別の視点は一部の公共サーヴィスの無償原則の見直しに導くおそれがある。この差別がもっとも恵まれた階層のためにもっとも頻繁に機能するからである。現在まで無償制度はフランスの平等観と一体をなしている〔……〕。実際には、一部の人のために確実な差別をすることは、他の人々の無償制を手直しすることを意味する」（p. 93）。

「ゲーム」の変わりやすい総和が増えてもっとも恵まれない人々の条件の相対的な改善を可能にする限り、正義論は搾取を正当化する。搾取がもっとも弱い立場の人々を犠牲にして不平等を増大させるのに資するときにはじめて、不平等ははじまるであろう。ヴァン・パレースはジョン・ローマーによって与えられた搾取の一般的定義を自分の責任でふたたび取り上げる。「ある集団は、万一、ひたすら万一であるが、この際いろいろな刺激策や段階的収益の効果は考慮からはずして、社会の生産手段の釣り合いの取れた分け前をもって身を引くような場合には、ある集団の運命はより良くなるが、残余の集団の運命はより悪くなるということが真実であるならば、前者の集団は資本主義的に搾取されているのである」。ことがまったく明瞭であるためには、以下の補足説明が必要であろう。すなわち、資本主義のもとで機能するような搾取は公正でないかもしれないが、だからといって、搾取はそれ自体において不公正であるわけではない[61]、と。してみると、この搾取それ自体とは何なのか？　実践的にいっても、歴史的にいっても、搾取はつねに、奴隷制の、封建制の、資本制の、または官僚制の、特定された搾取である。資本主義的搾取は、それをこうむっている階級の立場からいえば、公正ではない。それゆえ正義それ自体の理論はなく、あるのは、この理論が修正し、緩和しようとする生産様式に関連する正義であって、共有のケーキを大きくするために富者の役割をよりよく果たすように富者を助けるのでなしに、富者の富を分配することはなんの役にも立たないという古くからの誤った良識に、驚くべき形で立ち返ってくるのだ！

ヴァン・パレースにあって方法論的個人主義は、間個人的関係の網の目のなかで階級関係を木っ端微塵にすることに導く。その結果、搾取概念の重大な修正が起こる。社会関係を特徴づける代わりに、搾取概念はいまや、規定ゲームのことを指す。「効率の効果を除去することによって、構造的に不変の資格決定に基づいて仕事の財が公平に配分されるならば、事態が悪化する（あるいは改善する）ものとして、職の搾取者（あるいは職の被搾取者）を定義することは可能である[62]」。術語の変化はそれなりの重要性をもっている。搾取は労働力にかかわるものでなく、状況、職、職業財、いわば新しい形の金利収入の資源にかかわるものなのである。ヴァン・パレースは、正しい意味での経済的資本とともに文化的資本ないしは組織的資本について語ることによって、ブルデューがグローバルな規制を犠牲にして資本主義を多元化する仕方で、(雇用資本を仮定する)この職の搾取概念を構想している。[☆63]

そこから引き出される結論は雄弁に事態を物語っている。紛争の前線は搾取者と被搾取者のあいだをもはや通らずに、被搾取者自身のあいだを走っている。「職をもっている人たちとなんの職ももたない人たちのあいだの階級闘争は、福祉国家資本主義のもとでますます突出した役割を演じている」。支配的言説を強固にし、「持てる者」として多少とも安定した職をもつ賃金労働者に罪責感を与えるのがこのことである。雇用と所得の共同の権利の擁護のための集合的連帯の対蹠地で、逃れることのできない結果は、いうまでもなく、欠乏の共有である(職の共有ではなく、非賃金収入にもついでに気を配る、失業と賃金所得の共有である)。こうして、失業者は「富の再分配よりも職の再分配」でずっと多くのものを得られるというわけである。

この代替案は、社会的にも経済的にも不合理である。

一方は他方なしではうまくゆかない。職の再分配の考え方そのものは、争う余地のない安定した労働量を想定する。その際、問題はまさに、満足させるべき需要はどのくらいのものか、またテクノロジーの発展によって可能となった生産性の利得分を社会的に有用な雇用へとどのようにリサイクルするか、ということである。社会的需要とその優先

☆61　John Roemer, *A General Theory of Exploitation and Class*, *op. cit.*, p. 158.
☆62　Philippe Van Parijs, "A revolution in Class Theory," *Politics and Society*, N° 4, 1986-1987.
☆63　しかしながら、方法論的個人主義とちがい、世界の貧困の社会学は、社会関係の総体にかかわっている。この社会学は、「搾取の入口」にとどまることによって「進行中」の一連の原因を取り上げる。アンリ・マレーは社会変革をもはや考えないことを諦めることなく、この変革が遮断されているようにみえる状況に衝突する社会学のシグナルをそこに見ている。預言的要請と官僚主義的要請とのあいだで苛まれる社会学は、社会的要請から逃れることしかできない科学の要請に閉じこもることになるだろう。要求されたその自立性は、「乗り越えることのできない孤独」の報いを受ける。理解することに関心をもつ人々とは理解できないし、理解することができる人々はそれに関心をもたない(Henri Maler, "Politique de la sociologie," in *Futur antérieur*, n° 19-20, 1993)。

性の決定と相関関係にある雇用の分配は、二つの理由で必然的に富の分配を危険に陥れる。すなわち、生産財の充当（投資の制御と方向指導）として、さらに、再生産周期を高潔な志をもって一周するのを可能にするような最終消費のレヴェルで使用可能な所得として、である。

「雇用の搾取」をなかんずくひとつの搾取形態としたあとで、ヴァン・パレースはさらに先へ進む。実際に彼の分裂した方法は、結局のところ、このきわめて特有な搾取の在り方を支配的な紛争のバネにしようとするものなのである。「階級分裂よりももっと意味深長な雇用の分裂」はいまや「階級構造の中心的な構成部分」になるだろう。失業や不安定状態《プレカリテ》にたいして労働者や失業者や社会的に排除された人たちの階級的戦線を対置する代わりに、「雇用に乏しい人たちの運動」[☆64]を優先的に提起する（しかも脱政治化された倫理的緊急性のかげにかくれて――正義論がこれを義務づけるのだ！）ことによって、分裂にさらに分裂を重ねることになるのである。

窮乏以外に共有する余地が残されていない不況の時に、「格差原理」は、もっとも貧しい人々のためにゲームを続けるのか（これは、負の税金、賃金と失業の分け合い、慈善運動の擁護論者がかげながら主張していることである）、それとも勝手に逃げろ、待避せよ、の掛け声のなかで……無原則に消え去ってゆくのか？　ヴァン・パレースによれば、社会変革の定理は、この場合、資本主義の当面の未来についての不吉な預言に行き着いてしまう。「格差原理がもはや不充分である時、当該社会の（支配された、または支配する）成員たちはやがて、これらの不平等を正当で公正なものとして感じ取るのをやめる。支配される者の反乱は、そこでいっそう強化され、支配する者の抵抗は弱められる。この時、生産様式の変革のための時期は熟する」[☆65]。

方法はそれだけの値打ちはあるし、その産物もそれだけの値打ちがある、というわけだ。

ひとつの体系の形式的な循環は、そこに入るか入らないかのひとつの選択を課す。筋骨たくましい自由主義の船首像であるロベール・ノジックは、ロールズのあとの政治哲学者は彼の理論の枠内で研究しなければならないか、でなければ、なぜ彼らはそうしないのかを説明しなければならないだろうと考えている。たしかにまったくそれをしないいくつかの方法はある。正義論によってマルクスの批判を軽減する試みは、実際に、有名な鯉と兎のアクロバティックな交尾に属するものだ。正義論と政治経済学批判は非和解的なのである。私的領域の保護として考えられた自由主義の政治学は、個人的利益を調和的なものと見なす、夜警国家と自由な意見市場の神聖同盟を封印する。マルクスの批判は正反対の遠隔地にある。『資本論』の第一巻、とりわけ協働と分業に関する諸節（「相対的剰余価値の生産」にかんする篇）は、社会的労働の集合的生産性に個々に影響を与えることの不可能性を明確にしている。正義論が契約上の手続きについての原子論や相互協定の形式主義的虚構（そこでは個人が「互恵に向けられた協働という冒険のパートナー」となるであろう）に依拠しているのにたいし、搾取の社会関係は、これを間主観関係に還元することはできないのである。

☆64　実際にここではっきりとした形で現われてくるのは、失業者、不安定労働者、安定した賃金労働者のあいだの接触を維持しようと努める失業者と社会的に排除された人々の運動（失業反対でともに行動しよう、権利を全面に、など）である。
☆65　Philippe Van Parijs, *Qu'est-ce qu'une société juste?*, *op. cit.*, p. 94. ヴァン・パレースは、この過渡期のシナリオは「ローマーに思想的に影響されている」ことを明確に述べている。

第6章　さて去年《こぞ》の階級はいまいずこ？★1

階級闘争の歴史的役割の評価は、闘争それ自体に従って揺れ動く。パリ・コミューン以後、生成途上の社会学は、社会階級の概念にたいして、エリート、「中間」階級、「指導」階級、「中流」階級など社会集団を際立たせて表現する語彙を対置したものだ。☆2 六八年五月、イタリアの「熱い秋」、ポルトガル革命は、突如として、階級闘争を再び第一線に浮かび上がらせた。八〇年代の支配的言説は階層別・階級別分類を新たに強調した。当時、階級概念は、「なによりもまず類別的な概念」として、あるいは社会的異種混交性のなかにわずかでも秩序をもたらし、「形式的にも妥当な分類」を設けることを可能にする「情報フィルター」として、広く再定義された。☆3 われわれはいまこういうところにいる。

経済的危機と自由主義政治とが、利潤と賃金の分配のために、労働の立法化と組織化、柔軟さ〔規制緩和などの〕の全般的普及に関して、かつてない激烈な闘争によって表現されている時に、このイデオロギー攻勢は、納得されるものであると同時に逆説的でもある。

排除は、搾取に取って替わるわけではなく、むしろ搾取の必然的な結果であり裏腹の関係である。実際に生産過程からの放逐は、「排除された者」から生産の手段と目的の再取得の可能性を奪う。その時の彼らの狼狽は、彼らの奪われた念願と同時に君臨する価値のヒエラルヒーの象徴でもある、消費の幻想に対する散発的な爆発によって表わされる。この反乱は、社会的労働時間をあらゆる富の尺度とし、定期的に「敗者」を輩出する、搾取関係のもっとも深いところに根差しているのである。

「都市の政治学」への最新流行の熱中について言えば、それは、新しい「危険な諸階級」を狙いとした安全対策と得意先保護対策の混ぜ合わせによって、急増した紛争を都市化する思惑を表わしている。

搾取の一般理論

社会諸階級の歴史的役割への異議申し立ての根底には、二つの主要な問題、すなわち、「現実の社会主義」といわれる諸国における社会関係の難問と「中間諸階級」の社会-戦略的な頭痛の種とが控えている。ジョン・ローマーとエリック・オリン・ライトは、「分析的マルクス主義」の見地から、これに応える系統的な二つの試論を提出する。[☆4]

インドシナ危機や中越紛争が発生して以降、ジョン・ローマーは理論的見地から官僚主義的体制の政治を包括的に理解しようとして、そこから「社会主義の発展法則」を引き出した。彼はこのために、資本主義的搾取が特殊ケース

★1　"Mais où sont les classes d'antan?" が原文であるが、十五世紀フランスの詩人フランソワ・ヴィヨンの「去年《こぞ》の雪いまいずこ?」(Où sont les neiges d'antan?) が念頭に置かれているのであろう。

☆2　ヴィルフレード・パレートはその際、階級間の文化的障壁の除去を可能とする社会的移動や「エリートの循環」について強調する。ロベルト・ミヘルスは彼の寡頭制の鉄の法則を擁護する。カール・レンナーは非生産的労働から「サーヴィス労働」の考え方を引き出している。タルコット・パーソンズは平行して社会階層化の分析的理論を発展させている。階級の言葉の用法自体が、一九一四年以前に頻度のピークに達するとともに、両戦争間(一九二四―二八、一九三三―三四、一九三八―三九年)、あるいは第二次世界戦争後(一九五三―五八、一九七〇―七二年)に変化している。ところが、「中間階級」なる表現は、第二次世界戦争前夜、五〇年代、一九八一年以降とりわけ使われている。Hélène Desbrousses, "Définition des classes et rapports d'hégémonie," *Classes et catégories sociales*, Erides, 1985 を見よ。また、Larry Portis, *Les Classes sociales en France*, Paris, Éditions ouvrières, 1988 を参照。

☆3　Andrès de Francisco, "Que hay de teorico en la 'teoria' marxista de las classes," *Zona Abierta*, 59/60, Madrid, 1992.

☆4　John Roemer, *A General Theory of Exploitation and Class*, Harvard University Press, 1983; *Analytical Marxism* (sous la direction de J. Roemer), Cambridge University Press, 1986. Eric O. Wright, *Class, Crisis and the State*, London, New Left Books, 1978; *Classes*, London, Verso, 1985; *Interrogating Inequality*, London, Verso, 1994.

にすぎない、「搾取と諸階級の一般理論」を提言する。

彼の搾取と諸階級のあいだの「対応原理」によれば、労働力を買う生産者はすべて搾取者であり、それを売る生産者はすべて被搾取者である。この原理は明白な事実でも真理でもなく、「定理」である。階級規定や搾取規定は最適化の行動の結果として体系の内部に現われる。「個々の最適化は階級構造を規定する」。もし労働市場が導入されるならば、諸階級が形成され、階級の帰属は搾取関係に対応する。その際、問題は対応原理がもっぱらひとつの特別な生産様式、すなわち資本主義生産様式のためだけに有効であるのかどうか、ということである。人が価格の均衡を知る前に商品に組み入れられた労働時間を知ることができない以上、「労働‐価値は市場に左右される」。ローマーはそこから、剰余労働の強奪は搾取関係の決定的特徴ではないとの結論を引き出し、それを「労働価値論とはまったく無関係な言語で再定義」することをめざしている。こうした（労働価値論の）放棄は、実際には、多様な生産様式に適用可能な一般理論なるものの条件となるのである。

資本主義の主要な制度的刷新は、契約的な労働交換を非強制的なものに転化することにあるという。もし位階《ヒエラルヒー》制的な人格的従属のいかなる結びつきも、「自由労働者」をして無償労働を提供するようにもはや義務づけることがないとすると、過剰生産の取得（横領）と蓄積をどのように説明するのか？　労働価値論はこの難問にたいするひとつの回答を提案する。ローマーは正義論によって修正された搾取の再定義をこれに対置するのである。「一個人あるいは個人の一連合は、その個人またはその連合が現行の分配よりも有利な代案をもっているならば、搾取されているのである。こうして剰余労働に基づくマルクス主義の搾取理論は、所有関係と労働価値論の言語で表現された、もっとも一般的な理論の特殊ケースのように見える」。それゆえ、資本主義的搾取関係を超えて、この『一般理論』は、奴隷的、封建的、あるいはまた「社会主義的」搾取にもよく当てはまるものとなる。[☆5]

この『一般理論』は社会関係の徹底したモデル化を提案するものとなる。「マルクス主義的な意味での搾取は、労働交換制度がなく、過剰生産がなく、経済における富の蓄積がない時でさえも、存在しうる」。その時、搾取は生産された商品の交換によって媒介され、「不等価交換」に属することになる。こうして搾取と階級の出現は、直接的な労働の搾取過程というよりもむしろ、私的所有と商品競争の制度のなかに、その根本原因を見いだすことになるだろう。「資本主義的搾取は、労働過程で起こることではなく、生産設備の際立った所有ということに根本的な特徴がある」[☆6]。このように理解すると、搾取が財の不等価交換の結果生まれることは可能であり、諸階級は、労働市場が必ず存在しなくとも、信用市場に対応して結晶化されることは可能である。この仮説は、一方の島には労働市場はあるが信用市場がなく、もう一方の島には信用市場はあるが労働市場はないという、二つの架空の島の比較によって説明される。いずれの島も同じ階級分化が発展を遂げるのを見るであろう。ローマーはそこから、主要な強制が、所有関係の維持を狙いとする強制であり、「搾取と階級を理解するために副次的に重要」な余剰労働を抽出するために企業内で行使される強制であると結論するのである。

この推論は、『一般理論』にとって本質的に重要な、搾取と疎外の揺るぎない区別を打ち立てる。なぜなら、この搾取が除去されうるのは、それが資本主義に特有なものであっても、それでいて労働過程における権力と疎外の関係は廃止されることはないという意味においてなのである。だから、「社会主義的搾取」が起こりうる可能性は、『ゴータ綱領批判』の有名な定式（「各人はその労働に応じて」）に登録されることになる。この定式は能力や資格に基づく不平等をけっして排除しない。コミュニズム（「各人はその必要に応じて」）が、この「社会主義的搾取」の廃止を特別の歴史的任務とするであろう。

分析的マルクス主義の一般化はここで、労働価値論、抽象労働の概念化など『資本論』の批判的内容が見えなくなる抽象化の段階に達する。この受難のカルヴァリの丘に登る際に〔「留」と呼ばれるイエス・キリストが〕足をとめた地点に

☆5　John Roemer, *A General Theory*..., *op. cit.*, p. 192.
☆6　*Ibid.*, p. 95.

立ち返ることとしよう。

（1）価格の均衡を認識する前に人は商品のなかに組み込まれた労働時間を規定することができないと論じるローマーは、ここから（彼自身のことばによれば）「異端を唱える人のように」「労働－価値は市場に依存する」と結論づける。この異端性は彼が思っているよりも大きくはない。商品に組み込まれた労働時間が「社会的に必要なものであるかぎりで」、労働時間が過去に遡って、あるいはアポステリオリ〔後験的〕に、総生産を通じて決定する価値は、じつに市場に依存することになる。ここから『資本論』の論理的な循環性が生まれる。そこまではローマーは、彼が想像するマルクスからも遠く離れてはいない。むしろ〔マルクス主義の〕修正は生産と交換の分離にある。俗流マルクス主義が搾取を生産関係に還元する時、ローマーは搾取を所有と交換の関係に還元し、「労働市場はマルクス主義的意味で搾取を規定するために必要ではないだけでなく、マルクス主義的意味で諸階級を規定するためにも必要ではない」と主張するのである。

（2）そのため、労働過程で行使される制約は、所有関係の維持に関連して搾取の「副次的」側面になるだろう。これに反して、マルクスにあっては、生産と交換は、資本が労働過程を革命化し、労働の組織化を形成するように、相互に規定しあう。機械とそれに相応する労働の在り方との発展は付随的なものではない。それは搾取関係の肉体そのものである。工場の専横は社会関係を要約する。もちろん社会主義運動につきまとう労働崇拝にたいするローマーの留保意見、ならびに階級闘争を生産の領域における資本－労働対決に還元しようとするいっさいの試みにたいする彼の不信感を理解することはできる。だが彼はもっとずっと先へ行く。具体的な搾取関係についての彼の相対的観方は、彼の価値論の拒否と完全に一致している。「剰余価値の生産が生産に属する時、その取得は交換に属する」と彼は述べている。古典経済学に立ち返って、彼は『資本論』の道を逆進する。マルクスが生産と交換の様式の内部で接合する（生産と交換の）領域を彼は切り離す。搾取関係は、まさにひとつの生産と交換の様式のなかでの総再生産関係であって、労働価値論と剰余価値論は、そのもっとも奥深い秘密のヴェールを取り去るのである。

（3）厳格な言明にもかかわらず、労働価値論の放棄は、むしろ混乱した定式に導くのである。こうして資本主義的搾取は、労働時間や労働力に言及することなく、一方の階級の他方の階級による労働の取得として定義される。資本主義的搾取は、相手側の巧みさか素朴さに基づく不均等な商品交換に還元される。賃金労働者が買った商品の籠に、彼自身で働いた時間よりも少ない時間しか含まれていない場合、その労働は搾取されたと言われるだろう。自己の再生産に社会的に必要な時間を超えて機能する労働力という商品に備わるきわめて特殊な能力は、このような言葉遣いにおいては消失するのである。賃金と財産籠の公平な交換の研究とはちがって、労働価値論は、搾取関係がそれに還元されることなしに始まる剰余価値の生産の特殊な契機を、総生産過程のなかに書き込むのである。

古典経済学の語彙に立ち返ることは、ローマーにおいては、労働価値論や現実に均質な労働についての（実際には架空の）思想と混同された抽象労働の概念の明らかな放棄を示すものである。労働の、他に還元できない異種混合は、交換の表現方法を測り知れないほど多くの要素に転化し、搾取それ自体を傾向的に定義不可能なものに転化してしまう。☆7

（4）ローマーは、既存の充用の代替に準ずる充用を前提するゲームの理論から派生する搾取の一般理論に有利なように、労働価値論の放棄を提言する。二つの理論を比較すれば、異なるタイプの搾取を区別することは可能だというのである。ゲームの理論によれば、試合から身を引くことは、一定の制度における搾取の最終的な試金石を構成するものとなる。だから農奴は、封建社会では搾取されることになるだろう。というのは、農奴たちは、賦役を履行する義務もなく、猫の額ほどの小さな土地と自活の手段をもってゲームから身を引くとなれば、より多くの分け前にあずかることになるからなのである。これらを形式的に実行することによって、将来的利益がどういうものになるかはともかく、農奴たちは、歴史はゲームではないという事実に突き当たる。封建的「ゲーム」を離れることによって、農

☆7　*Ibid.*, p. 179. マルクスのなかに、プロレタリア化の側面をとおして生産者の「準均質化」をみることに満足することによって、ローマーは抽象労働の重要性と生産条件と商品生産の一般化のあいだの論理的関係についての自分の無理解を裏づけている。

奴はおそらく賦役から解放されるが、その代償として彼らは、それまで領主の負担で行なわれてきた軍事的保護を自分たちで保証したり、自分たちの生命を危険に晒したりしなければならなくなるのではないだろうか？　彼らはまた、本源的蓄積の苦しみを受けたり、資本主義的「ゲーム」におけるプロレタリア化の過程の最終段階では、失業者やホームレスになったりするかもしれない。ゲームからの撤退というあくまで遊戯上の仮説は、現実の闘争のすさまじい束縛とは対応しない。「個人的な最適化」の産物としてではなく社会関係として考えられた階級関係は、その運命の裏をかくにはわずかな希望しか残さない。たしかに、人はおのおのそのプロレタリアとしての境遇を免れる形式的自由はもっている。万人がそれを試みようとしなければ、という条件付きであるものの。自由な労働者の個人的自由には、その階級の集合的な非自由という裏面があるのだ！　プロレタリアートから一斉に逃避することはない！[☆8]　資本の監督下にあって、労働の契約上の交換が、ローマーがそう僭称するように、制度的にも「非強制的」であることはないのである。

（5）『搾取の一般理論』は剰余価値の強奪ではなく、時間と空間のなかで作用する不等価交換モデルに基づいている。「不等価交換と分業は、すべての国が同じ技術的潜在力と同じ熟練労働力を有している時でさえも生ずる。貧しい国の労働力部門と、富める国の資本の強力な集中化が行なわれる部門の再配分をわれわれは系統的に確認するが、しかしこれは、資本の制約のもとでの最適化の行動の結果であって、技術的なノウハウが不足している結果ではない。この不等価交換を生み出すための経済外的な帝国主義は必要としない。すなわち、貿易の表現術語は、諸国とそれらの差異化された富の最善行動を前提した、自由貿易体制への競争的解決なのだから、政治的に外部から強制される必要はないのである」[☆9]。労働価値論を斥けたローマーは、所与の社会においても、また国際的規模でも、交換は本来不均等であると述べる。質の異なる労働と生産物を測る共通の社会的尺度の確立を可能とする「抽象労働」が欠如しているために、これらは手の施しようもなく通約不可能なものとなるのである。その時、交換の不均等な性格は何によって作られるというのか？（個人あるいは国の）自然資源の最善利用には多少とも時間がかかるという事実にあるのか？　この不等価交換が「経済外的帝国主義」なしでも済むのは、疑いなくこのためだ！　しかしながら、現実に存在する世界市場との絡み合いのなかで行なわれる不均等・結合発展は、経済と同時に通貨、政治と同時に軍事、教育と同時に文化の面での支配と従属の位階制によって構造化されている。商品生産が周辺にとどまっているかぎり、不等価交換は最初は野蛮な力の行使（贅沢消費品めあての略奪）の結果から現われるかもしれない。生産と交換の商品規制は、生産のために社会的に必要な抽象的時間を自己に強いることによって成り立っているのである。交換の不平等性、生産物の自然的時間性からではなく、不均等な労働の社会的生産性から生まれるのである。世界的に統一した労働市場がないために、もっとも豊かな人々にとって有利な富の移転は、不均等に生産的な労働力の競争の影響のもとでの交換（不等価交換でない）の条件の漸進的悪化によって、国際的規模で実施されているのである。☆10

（6）マルクスの理論とゲームの理論を和解させようとして、ローマーはその大部分が二重の階級規定についての彼の無理解に起因する支離滅裂な状態に嵌まり込むのである。歴史的な、広義で、階級と搾取は、賃金労働の資本主義的搾取に還元できない、きわめて異なる現実と剰余労働の強奪の様態を指し示すことが可能である。支配と搾取の関係は、奴隷制社会と商品生産が一般化した社会とでは、異なった形で密接に絡み合っている。狭義で、「政治経済学批判」は、資本主義的搾取関係とそれが規定する階級関係に分析の照準をあわせている。この現実の概念的理解をあいまいにする『一般理論』は、この理論が敷衍して獲得しようと主張することの正確さを失い、同じく納得のゆくような歴史的時期区分をも不可能にする。エルスターによる外挿化はこうした無定見を強調したものなのである。

問題は、異なる社会における集団行動を説明するために階級が同じように決定的な役割を演じるのかどうか、ということである。所有と非所有の対立が階級の概念を特徴づけるにはあまりにも漠然としていることを考慮して、彼は

☆8　Gerald Cohen, "The Structure of Proletarian Unfreedom," in *Analytical Marxism*, *op. cit.*, p. 244-254.

☆9　John Roemer, *A General Theory...*, *op. cit.*, p. 60.

☆10　Thomas Coutrot et Michel Husson, *Les destins du tiers monde*, Paris, Nathan, 1993 を見よ。

その一般的定義を提唱する。「階級とは、彼らの所有するものに応じて、彼らが自分たちの財産をもっともよく利用しようと望むなら、同じ活動に参加しなければならない人々の集団である」。これらの財産には、譲渡可能な財産と同じく譲渡不可能な能力や文化財が含まれている。搾取はもはやそれ自身の再生産に必要な時間を超えた労働時間の消費を根拠としているのでなく、ローマーにおいてのように、不等価交換を根拠に成立している。（1）「すべての商品は資本主義のもとで搾取されている。そして搾取されているのは労働力だけではない。その結果、労働の搾取は利潤を説明するものではない」。（2）支配は搾取の単純な裏面ではない。（3）異なる疎外を剰余価値の表現で推し測ることは可能であるが、それで大きな利益が生まれるわけではない。（4）生産手段を前にしての不平等は搾取ということばで測ることはできない。ローマーの結論は次のようなことになるであろう。「搾取理論はわれわれがもはや必要としない住家である。たくましい家族を育てるための鞭としては役立ってきたが、いまやわれわれはその理論と手を切るべき時である」[☆11]。この審判には驚くべきところはなにもない。労働価値論の放棄は、論理的に、搾取理論の放棄に導くのだ。対応原理によって、搾取理論の放棄は、その次に、集団、当事者、行為者のミクロ社会学に有利なように、階級概念の放棄に導くことになるであろう[☆12]。

ローマーは「そのモデルは〔現実の〕歴史についての論議を主張するものではない」として自分のモデルの抽象性を認める。たしかに歴史はなにも作りはしない。しかしながら、歴史が同じ過ちを繰り返すことはある。『一般理論』は、中越紛争やブレジネフ的停滞の時期の「現実の社会主義」の（経済的）分析は可能だとみる。資本主義的搾取と社会主義的搾取は一般的搾取の変種を表わすものだという。実際に、「現実の社会主義」は、剰余価値の強奪のない（能力の）社会主義的搾取と（身分の）位階制的搾取の結合物として理解されるが、その際、社会主義的搾取は技能資格にたいする物質的刺激の形態をとる。この刺激が廃止されて一般的な生産性の低さによって分け前は最悪という事態の悪化を招くことになれば、この特殊な搾取は、正義論にしたがえば、一定の期間社会的に必要なものと見なされることにもなるわけなのである。

ローマーによれば、社会主義的搾取は、それがまさに資格、免許、能力、才能の不平等性を意味するかぎりで、「各人はその労働に応じて」の分配定式のなかに記録されることになる。社会主義は労働関係における疎外と闘いはじめるだろうが、ひとりコミュニズムと「必要に応じて」の分配だけが社会主義的搾取に打ち勝つことになるだろう。その時、二つの問題が提起される。

（i）位階制《ヒエラルヒー》的搾取は社会的に必要か？

（ii）勤労者は資本主義制度のなかでより良い分け前にあずかることになるだろうか？

二番目の問題への回答が「いな」であれば、一番目の問題への回答は「しかり」である。これとは逆に、二番目の問題への回答がイエスなら、一番目の問題への回答は「いな」である。これらの問題はモデルの表現形式では解けない。二つの問題への回答が二つとも「いな」でありうるような、結合された不均等発展の法則に支配された空間・時間において、行動は展開される。寄生的な官僚主義的搾取とノメンクラトゥーラの特権は、ソ連邦においても、中国その他においてもけっして必要ではなかったとみることは可能だが、しかしながら、そのことから、勤労者は資本主義下でたしかにより良い分け前にあずかれたのだと結論づけることはできない。ベルリンの壁の崩壊のあと、この二分法的代替案が約束された市場の地で多くの幻想を培った。以前か以後か、ここか他の場所か、の選択はいつもあまりにも単純すぎる。官僚主義的搾取（あるいは略奪）は、その世界的現実において資本主義と比較できないし、未だに存在しない民主主義的社会主義と比較はできないが、それが被抑圧者にたいして加える非合理性と苦痛とからみて、容認できるものではなかった。しかしながら、当該の住民たちにとって、資本主義と商品独裁の復活は、より良い保

☆11　John Roemer, "Should Marxists be interested in Exploitation," in *Analytical Marxism, op. cit.*, p. 262.

☆12　概念的曲芸と引き換えにいえば、商品（*commodities*）の搾取、あるいは物の搾取とは何を意味するのか？　彼ないし彼女から奪い取った剰余価値の尺度で個人的に疎外を推し測るという考え方について言えば、それは測定マニアに属する。

証ではなかった。彼らはスウェーデン的もしくはフランス的な生活水準を期待した。支配と従属の世界的関係のなかに組み込まれるなかで彼らが受ける実際の運命は、むしろ新しい第三・五世界のそれである。理論的な撤退原理に基づく共同の運命にたいする投機は、この大混乱・大激変において等質的な社会的軌道はないという事実を過小評価している。ゲームの「プレーヤー」（この場合には勤労階級や民族）は分裂している。カードの一般的な再分配においては、つねに若干の勝者と多くの敗者はつきものである。

一九八三年にローマーは、平等で階級のない社会主義社会の夢をユートピアととらえた。彼によれば、社会主義革命は、すべての搾取形態ではなく、特殊資本主義的な搾取形態の除去に限定されていた。当時、決定的に重要な問題は、その廃止が被抑圧者の状態をさらに悪化させるとすれば、搾取は社会的に必要なものと考えられたかもしれないという意味で、「社会主義的搾取」はこの局面で「社会的に必要」であったのかどうか、ということである。「現実に存在する社会主義社会において、社会主義的搾取は社会的に必要であり、これと同じように、資本主義的搾取はマルクスの目からみて社会的に必要で進歩的な原因であったであろう、というのが私の確信である」[☆13]。ロールズ的正義論にこのうえなく明確に吹き込まれたこの推論は、穏健な自由主義についてのロールズの弁護論的結論と同じく、官僚主義的社会主義についての弁護論的結論に到達している。社会主義的搾取が（特権に基づく）位階制的搾取からの干渉のない、物質的刺激をとおしての能力の搾取だけに還元されたものであったなら、そういう社会は、「無条件」に社会主義的なものと見なすことができたであろう。だが、「歴史は、その配分には偶然的なものはなにもない他の形態の不平等が存在する事実によって、ややこしくなる」。

特権が一定の時期の生産力の最適な発展に資するかぎりにおいて、位階制的搾取が社会的に必要なもの（そして寄生的でないもの）であることを予想することも可能である。しかも、これは、しばしば、さまざまな変種においてではあるが、指導的な官僚の自己弁明的な論拠であった。ローマーは、官僚主義的体制に媚びる危険に自分が置かれていることを強く感じている。だが、彼は自分自身の理論の虜になっている。ゲームから身を引くことによって勤労者がより良い分け前にあずかれるならば社会主義的搾取もあってしかるべきであろう。しかし、どこへ行くためなのか？　資本主義的搾取にふたたび落ち込むためか、それとも、その潜在的な有効性を立証することができていない自主管理的社会主義に向かってゆくためなのか。結果は明白である。「位階制的搾取が社会的に必要でありランダムな形で配分されるのだとすると」、なんの理由で現実に存在する社会主義を批判するというのか？　ロールズ的専門術語によれば、このような体制は「公正」と見なされるだろう。[☆14]「社会主義のもとでの経済的搾取の理論」を導入することを自分の目的に定めたローマーは、「社会的必要性」の主観的評価の考え方を取り入れることによって、自分のジョーカーを打ち落としてしまうのだ。正義とは異なるこの必要性の評価は、部分的には集合的意識の判断に属するものであろう。若がえる資本主義の成果を前にしたマルクスのように、人は、それを承認するか甘受するかせずに搾取形態の社会的必要を認めることができるだろう。「資本主義が本来進歩的で資本主義的搾取が社会的に必要であったにもかかわらず、それは正義ではなかった。正義の概念は必要悪の存在を容認するのである」[☆15]。その時、叛乱や不服従の程度は不必要性についての力学的規範のひとつになるであろう。マルクスにあっては、現行のゲームで最悪の不運を味わったプレーヤーのためにもうひとつの仮設的ゲームにおいて残された運命から叛逆は起こるものではなく、搾取関係それ自体に内在する紛争の仮借ない論理から叛逆は起こるのだ、ということを別にすれば。

『一般理論』は、〈国家〉資本主義、経営者階級の権力、資本家なき資本主義といった、「現実の社会主義」のほとんどの特徴づけを満足のゆくものにしてはいない。同じ時期のフランスのイデオローグよりも着想にすぐれ、より真剣

☆13　John Roemer, *A General Theory..., op. cit.*, p. 241.
☆14　*Ibid.*, p. 248.
☆15　*Ibid.*, p. 276. ローマーにとって、労働－価値に基づく搾取理論は資本主義にしか適用されないだろうし、歴史的唯物論の一側面を表わすものでしかないだろう。脇に置かれたもうひとつの側面は、それによって歴史的唯物論が彼の決定論的預言、すなわち階級闘争を実現しようとするメカニズムのなかにある。だから、「マルクス主義的歴史理論のこの二つの面の関連を与えることになるのが、ほかでもなく不正義の社会学なのである」（同前、p. 289）。

なローマーは、商品をグローバルな調整手段とし、搾取が強奪された剰余価値の取得という形態をとる資本主義社会と、計画によって官僚主義的に規制される社会との構造的な違いを強調する。二番目の社会の場合には、富豪は資本家よりも豊かでなく、労働力の実際の市場はなく、経済的特権は政治権力の独占に由来する。ところが、これらの相違はソ連邦の解体以後に検証されているものなのである。生産的資本の欠乏は、グローバルな商品規制の回復の途上における困難のうちでも、もっとも小さな困難というわけではない。

ローマーにとって、官僚の特権的立場は、資本主義的搾取というよりもむしろ位階制的搾取に属するものである。所有にたいするその統制はその支配から生じるのであって、その逆ではない。官僚の特権的立場が商品的規範の復活と結合されるやいなや、社会主義的搾取は正しい意味で資本主義的搾取の復活を生みだしている。モデルから歴史へと戻るや、闘争はゲームにたいするその権利をふたたび主張し始めるのだ。

進歩の法則を守ることを気遣うローマーは、その一般的搾取論を、「歴史は、一定の順序でさまざまな搾取形態を必然的に除去するようにみえる」というジェリー・コーエン（の主張）に基づいて、歴史理論と結合させる。俗流ブルジョワ経済学と政治経済学批判との違いは、ブルジョワ経済学がその社会関係を覆い隠そうと熱心に努力するのにたいし、政治経済学批判は、資本主義的搾取を一定段階では進歩的と判断しながらも、〔その搾取を〕その名称で呼ぶことを躊躇しない事実にあるのだという。同様に、革命的コミュニストは、官僚制的専制政治の特権や犯罪と、その歴史的規定性を理解しながら闘うことができたのにたいして、テルミドール的官僚のほうは、そう名指しされることを拒否し、官僚主義的搾取の現実を強固に否定したのである。ローマーによる歴史的唯物論の見地からみて、「動力学的な意味で、社会的に必要とされない搾取形態を継続的に除去することを通じて、歴史は進歩する」。前夜の被搾取者は当日から翌日にかけてより多くの分け前にあずかれるわけではない。要するに、リズムと過渡期の問題なのである。このような問題構制は歴史と正義を切り離すには都合がよいかもしれない。「資本主義が本来進歩的で資本主義的搾取が社会的に必要であったにもかかわらず、そのいずれも公正なものではなかった。正義の概念は必要悪の存在を許容するわけなのである」。[☆16] だが、もし正義の原理が尊重されなければ、この搾取が社会的に必要である理由はどこにあるというのか？

労働－価値（社会的に、それゆえ歴史的に、必要な労働時間）の理論を除去することによって、『一般理論』は、ゲームが闘争を除去するように、歴史性を排除する。形式化の抽象的論理が勝つわけなのだ。

中間諸階級という頭痛の種

『剰余価値学説史』でマルクスは、中間階級の数的成長をないがしろにしているとしてリカードゥを批判している。同じような指摘は、『資本論』の未完の章にも現われている。このことを強調するのは、中間諸階級の不可避的な消滅についての機械的視点と矛盾する。

たえず再生される社会的差異化は、彼の見解では、ただそれだけが歴史的発展のわかりやすさを保つことができ、階級間の根本的関係の理解をより不可欠なものにするのである。

『一般理論』は、ローマーによれば、「社会主義的搾取」の問題の解明を狙いとするものであるとすれば、エリック・オリン・ライトの研究は中間階級の問題に取り組むものである。[☆17] ライトは「そのすべての複雑性」において階級の一般概念を考え、中間階級の矛盾した現実をよりよくつかもうとする。彼の「ミクロ的基礎づけ」の研究は、社会学やゲーム理論の警報の合図に応えるものなのである。

しかしながら、ライトは、ミクロ社会学的分析がやむなく方法論的個人主義への賛同を伴うことには異議を唱える。

☆16　John Roemer, *A General Theory...*, *op. cit.*, p. 271-273.
☆17　次も見よ。“What is Middle About of Middle Class,” in *Analytical Marxism*, *op. cit.*; “Rethinking Once Again the Concept of Class Structure,” in Eric O. Wright et al., *The Debate on Classes*, London, Verso, 1989.

「〔これらの階級構造は〕方法論的個人主義がそう主張しているように個人的な財産に還元可能である」とか、階級理論の因果的過程は「個人間の相互作用のレヴェルで正しく描き出すことは可能である」とかとは、「私は一度も主張したことがない」[☆18]。

自分の継続的な試論や試行錯誤に再び立ち戻りながら、彼は二つの種類の回答を探っている。最初の問題提起で、彼は、支配の位階制的規準と搾取の経済的規準を結合することによって、中間階級の問題を解決しようと試みた。組織網と軌道の力学を介入させることによって、彼は、階級構造、階級形成、階級闘争のあいだの関係をすべて満足のゆくような理解の前提条件として、「階級構造の一貫した概念を丹念に練り上げ」ようとした。労働者階級と中間階級の一部とのあいだの永続的な同盟の戦略的配慮に導かれて、彼は「階級関係における矛盾する立場」の概念に行き着いた。この最初の問題提起は搾取を「超過分の取得」と定義する。こうした一般的な定式は、労働価値論に問題が起こらないことを予想して新たに危険を冒そうとするものだ。ブルデューにあって支配する被搾取者と支配される搾取者が見いだされるのと同じように、ライトにあっては、「矛盾する立場」が「いくつかの階級に同時に所属する」ことが可能なのだ。賃金労働者としては搾取されるが、その位階制的機能を通じて支配的な幹部は支配関係から見れば、資本家的な立場、所有関係から見れば、プロレタリア的な立場に置かれることになる。

プーランツァスによる生産様式と社会構成体の区別に従うこのアプローチは、階級構造と階級形成の相違に基づくものであるが、それには二つの大きな弱点が含まれている。一方で、このアプローチは、搾取関係を犠牲にして支配概念を特別に重視する傾向があり、他方で、一般的には国家装置の、特殊的には官僚制社会の内部で階級の問題を扱うことをほとんど許さない。『諸階級』におけるライトは、いろいろな規準でできた自分のカクテルが、階級闘争を他の諸階級とのあいだの闘争関係に還元したり、階級概念を利益と権力の諸集団の断片からなる社会学に解消するのをみることに不安を感じている。実際、権威と支配の関係を強調するのは官僚制社会の特異な闘争性にとってはふさわしいが、搾取と支配のあいだの折衷的な妥協は、理論的な弛緩作用を代償にしてしか、都合の良い分類の道具にはならない。それゆえ、（諸集団や諸階層の果てしない断片化の危険を冒して）支配の規準を特典化することを決意するか、あるいは、搾取関係の優位を認めることに立ち返るかしなければならない。

こうしてエリック・オリン・ライトの最初の試みは、奇妙な二者択一に帰着してしまう。搾取関係と支配関係の組み合わせは、結局のところ諸階級の形成が営まれるところの総再生産と政治的闘争のレヴェルで考えられうるものであろう。一部の社会構成体において、政治的あるいは宗教的権威によって固定化された位階制的関係が、支配的なものになりうるであろう。ところが、資本主義的生産様式においては、経済が社会関係の構造化を規定する。搾取関係が支配的立場を占めることになるのはこのためなのである。☆19

搾取関係の優位性に立ち返るライトの第二の問題構制は、ローマーの「多元的搾取」論に着想を得ている。搾取概念を固有の資本主義社会にあてがい、社会関係についての他の不平等な形態を支配と呼ぶかわりに、ローマーは（生産手段の所有に基づく）資本主義的搾取と、（身分に基づく）封建的搾取や、（「組織財」の統制に基づく）「社会主義的」搾取とを区別する。これはたんに用語上の利便性の問題ではない。そのいずれの場合でも、搾取の言葉は従属や抑圧の主観的感情ではなくて、不平等を再生産する資源や富の分配を参照するよう指示するものである。ライトについて言えば、彼は、その不公正な取得がさまざまな搾取の様態の基礎になっている次の四つの型の資源を区別する。すなわち、（a）その直接的搾取が封建的な労働力財、（b）その搾取が資本主義的な資本財、（c）その搾取が国家主義的な組織財、（d）その搾取が社会主義的な能力財（肩書き、免許、資格）、である。この類型論は、「継続的に

☆18　しかしながら、前注の「階級にかんする討論」に寄せた論文で、ライトは次のような横滑りを避けることができないでいる。「個人として資本家であるということは、経済的な充足感が剰余労働の抽出に依存していることを意味する［……］。労働者としては、労働力を売ることがうまくいったかどうかにかかっている」。ひとつの階級の成員を物質的利益を分けあう個人として描くことは、彼らが集合的行動と経済的充足感および権力の個人的な追求に関して同じディレンマを共通してもっていることを示唆するものである。さらにまた、階級概念を「なによりもまず分類的概念」ととらえる Andrés de Francisco は、階級理論は「諸個人の分類から出発することになるだろう」、と書いている（"Que hay de teorico...," *loc. cit.*）。

除去」される歴史のシークエンス（封建主義—資本主義—国家主義—社会主義）を説明することによって、たんなる生産様式に対応する被搾取階級と搾取階級を定義するのだ。哀しいかな、線型的な歴史的決定論にふたたび落ち込む危険を冒してまで！

エリック・オリン・ライトは、この第二の解決策の困難性を正直に認めている。どういうわけで、免許の保持者が資格のほとんどない、あるいは無資格の労働の搾取者であると言い、ただたんに彼自身は搾取されていないとは言わないのか？　人はここで、等価の社会的労働時間を表わす財とサーヴィスに対抗して、社会的労働時間の等価交換に基づく搾取度ゼロを定義する、古くからのめずらしい「公正賃金」の問題にふたたび出会うわけなのである。搾取する者も搾取される者もいない、この広大な「グレーゾーン」に「中間諸階級」の難問が導くところのことについて、驚くことはなにもないのである。しかしながら、利得の分割線を引くいかなる簡単な手段も存在しないのだ。「少なくともわれわれが搾取関係に基づいて階級の概念を組み立てようとするなら、階級関係を明確にするには相対的に曖昧な基礎である」[☆20]。資格の不平等性が階級関係の分析のために正当なものとなるのは、もっぱら資格が権力へのアクセスや所有に直接介在する瞬間からのことである。幹部が（労働力として）被搾取者であり、（組織資本の保持者として）搾取者であるなら、資本主義的搾取の除去ともっぱら組織的搾取に基づいた社会にたいし、彼ら幹部は、客観的な関心をもつはずであろう。実際にはそういうことはないのである。

エリック・オリン・ライトが相次いで想定する解決策は、それゆえ、彼自身の目からみても不満足なものであることが露呈される。[☆21]「矛盾した立場」の問題構制によって、中間諸階級は、労働者階級と資本家階級に同時に位置づけられている。（資格や組織の）副次的な搾取は、他方で、それらの階級内部の間接的地位や軌道を規定する。それゆえ、支配のない相互的（看守／囚人、子ども／親）な搾取関係は階級関係ではない。「資本主義的労働過程は、資本家がそこで労働者を支配する能力をもっている関係構造として理解されなければならない」。ライト自身がそのことを強調しているように、「そこで問題は、この新たな複雑性の目録が理論を豊かにするのか、それとも混乱をいっそう激しくするのかということなのである」。

ローマーは純粋に経済的な表現で搾取を規定する。ライトの階級概念は、これにひきかえ、とくに政治的である。階級関係を「取得と支配の関係の一体性」として特徴づけることによって、ライトはマルクスの理論からあまり遠く離れない。有資格者は無資格者を「支配」しないし、相対的な特権層は事実として従来と異なる階級を構成することはない。相互的な問題ではあるが、「ローマーの若干の分析にあるように、支配が無視されるか相対化されるなら、階級概念が社会的闘争や歴史的変革のためのその説明能力の多くを失うことになる」。それゆえライトは、階級の優位にたいする粗野な信仰から階級の因果的役割への開かれたアプローチへと移行することを提案するのである。[☆22]

☆19　これとは反対に、階級の規定に搾取と支配の二重の規準を幅広く適用する際、アントニー・ギデンズは、資本主義的生産様式に搾取の規準の優位性を置いている。封建制のもとで、また他のすべての階級社会において、権威の手段の統制が決定的になるのにたいし、そこでは生産手段の私的所有が、グローバルな社会的権力の、即自的および対自的な根源となるであろう。こうしてギデンズは、「諸階級の社会」（言い換えれば、諸階級への分裂が社会的組織の中心的原理である資本主義社会）と、「諸階級に分裂した社会」（すなわち、諸階級が決定的な構造的原理を構成していない社会）とを区別する。このような区別は、たんなる巧妙な手口のように見えるかもしれない。しかしながら、人類の全史をそれがとくに資本主義下で展開されるような階級闘争に割り引きして考えることを言外に意味するとなると、ギデンズが社会的闘争をブルジョワ社会における階級闘争に「還元」することに反対している場合、それが別の意味をもつことになる。彼にとって、強制的な横領と所有は所有と搾取と同じくらい重要な規準を殺してしまう要因となるのである。それゆえ、支配の優位が不正に押しつけられ、階級理論はヴェーバー的な集団の社会学のまえで消滅する。ギデンズにたいするエリック・O・ライトの主な批判は、このことではない。むしろ、おのおのの社会構成体に固有の理論の必要性は、階級理論を歴史理論から切り離して、総体的なわかりやすさをすべて不可能にすることに帰着するのである。「階級分析が一般的性格の社会理論の基礎となるための理由はもはや存在しないであろう。これがギデンズの批判のなかに含まれる主要な挑戦である。マルクス主義者はこの挑戦をきわめて真面目に受け取らなければならないだろう」。そのとおりだ。だが、階級概念の個別的な受容と一般的な受容の弁証法は、一定の社会構成体の固有性と総体的な歴史的闘争運動を和解させることによってこの挑戦に取り組むことを可能にする。

☆20　Eric O. Wright, *The Debate on Classes, op. cit.*

☆21　ヴェーバー社会学にとって、計画はいっそう容易である。階層化は市場での関係のなかで直接機能するから、実際に階級概念は特殊な生産様式に結びつけられる必要はない。それはもはや中央の敵対的な両極化に基づくものでなく、諸集団や諸階級の果てしない断片化を可能にするのである。

この論争の戦略にかかわる争点は二重である。

（1）既成の秩序に必然的に順応することなく、闘争の戦線を多元化し階級闘争を断片化するように導かれる、中央での調整関係なしに、いくつかの異なる不平等な取得様式を同列に置くこと。統一的な政綱や権力についての戦略的駆け引きにこだわることをやめるこのアプローチは、理論的には、テーマ別の連合、圧力集団、各種の同盟関係の実践を基礎とする。たしかに社会的当事者を与えられた現実態としてではなく、「構築されるべきもの」として理解することは、完全にまっとうなことである。しかし、階級がまだ存在するかどうかを自問するだけでは充分ではない。この闘争の形態が宗教的あるいは共同体的な他の対決の諸形態よりもすぐれた解放の論理を発展させるかどうかも決定しなければならない。このような選択がたんなる主意主義とか敬虔な誓いといったものでないことを示すためには、実在的なものと構築されるものとの関係が存在すること、言い換えれば、構造的な紛争を中心にして複数の紛争の一体化を図り、これがグローバルな商品規制とこれを保証する政治権力の中央集中的な役割に対応することが必要である。これがそういうものでないならば、搾取と搾取によって起こる散発的な反乱とのばらばらな戦線のうえに政治戦略はもはや立てられず、できるのはただその場しのぎの虹のロビー活動である。

（2）もうひとつの結果は、市場へのアクセスに基づいた（剰余価値の強奪や横領に基づくのでなく）一般的搾取理論は「市場社会主義」を強化する、というものである。ローマーとヴァン・パレースはそれぞれの仕方でこれに取組んできた。ローマーは、あたかも分配が実践的に生産を自由に操ることができるかのように、（消費通貨とストック通貨の）二重通貨制度を考案した。この難しさを自覚しているヴァン・パレースは、分配はこれもまた生産手段にかかわりうるものであって、これがわれわれを再び出発点に連れ戻すことを認めている。「コミュニズムへの資本主義的道」で、ヴァン・パレースは、ひとつの矛盾について屁理屈で言い逃れしようとせず、モラル的に受容可能な条件のもとで万人が生きてゆくことができるような個人の普遍的な所得権を提案している。生産手段の喪失と生存手段の喪失のあいだに関連性がないために、実際には労働力を売ることにいかなる社会的拘束もないからである。[☆23] 拘束がなく、より多くの労働市場、より多くの予備軍、労働力のさらなる価値低下。しかしながら、労働価値説は、天真爛漫な自由主義－コミュニストの記憶のなかにふたたび甦る。無条件の生存権もまた、参加型民主主義が「現実の社会主義」と両立できないのと同じく、現実に存在する資本主義と両立することはできないのである。世俗的世界において、普遍的所得は、最低限所得や援助を伴う排除という形態をとる。ヴァン・パレースの苦心の作は、もはや夢を見させるほどの力ももっていないのだ。それらの著書は、どんな優先順位にしたがい、どんな労働過程に基づき、いったいだれが投資を決定するのかもわからずに、混合所有に基づいた市場コミュニズムの反動的ユートピアを思い描いたのであった。

だれがだれを搾取するのか？

一九五〇年代にアラン・トゥーレーヌの労働社会学が階級意識を犠牲にして集団意識を特権化してみせた。「作業中の、また職場外での人間のあいだに確立される関係の重要性と多様性のために、これらの人間は、根本的と見なされる状況や社会的諸関係の特殊な型によって原理的に規定される抽象的カテゴリーのなかの一部分としてよりも、具体的な特殊集団と自らを考えるようになる」。当時の流行のテーマは、社会的統合のテーマであった。個人が生産者としてではなく「消費者として」自分の要求を表現するさい、階級概念は無効なものとなった。労働者階級は一度として「社会学的共同体」であったためしがないとするセルジュ・マレは、「社会学的な概念としての労働者の状態と、経済学的および政治学的な概念である生産関係におけるこの階級の自立した存在という事実を混同している」として、

☆22　Eric O. Wright, *Interrogating Inequality, op. cit.*, p. 71, 247.
☆23　Philippe Van Parijs, "A Capitalist Road to Communism," *Theory and Society*, 1986. また次も参照。"Les paradigmes de la democratie," *Actuel Marx*, Paris, PUF, 1994.

トゥーレーヌを批判した。彼は、労働者階級の消滅よりもむしろ、労働者階級内部の変動（専門労働者の大量輩出、ホワイトカラー賃金取得者《サラリアート》の拡大）に力点を置いた。くりかえし起こったこうした論争は、実際の社会的変化やより直接的にはイデオロギー的発展（個人主義の推進と競争弁護論は階級的連帯の解体と押し戻しと相伴って進んでいる）に対応しているが、これらの変化や発展は社会的諸運動の分析を今日の時代に合わせて行なうことを切実に求めている。

なんとしてでも階級の定義を見つけだしたいと願うのであれば、マルクスよりもむしろレーニンにそれを求め（それもしっかりと求め）なければならない。「階級と呼ばれるのは、歴史的に規定された社会的生産の体制のなかで占めるその地位が、生産手段にたいするその関係（その大部分は法律によって成文化されている）が、社会的労働組織のなかでの役割が、したがって、彼らが自由にしうる社会的富の分け前を受け取る方法と分け前の大きさが、他と違う人々の大きな集団である」[☆24]。たしかに最良のこの教育的な定義は三つの規準を接合している。

（a）生産手段にたいする位置（この位置のなかにレーニンは所有の法律的定義――法律――を介在させる）。

（b）労働の分割と組織とにおける位置。

（c）（賃金の、ないし非賃金の）性質、それだけでなく収入の大きさ（額）。

「人々の大きな集団」に関しては、これ以上極端な事例や個々の事例に関する不毛な社会学的な実践演習はやめるべきだろう。階級関係の力学は抽象的な分類原理ではない。

統計の経験的資料を階級用語での批判的解釈にゆだねようとする一貫した試みによって、その概念的な妥当性を試してみることは可能だ。一九七五年のフランスの国勢調査によると、就労人口のおよそ八三％が（一九六八年の七六％にたいし）この時期に賃金取得者であった。賃金取得階級《サラリアート》の全般的な発展の構図のなかで、上級・中間幹部および事務系従業員は、これらの同じカテゴリーの内部での重要な変化ともあいまって、もっとも著しい成長を遂げている。一九六八年から一九七五年までの労働者の数は絶対数で五一万人増えており、上級幹部は四六万四千人、「中間幹部」

は七五万九千人、事務系従業員は九四万四千人増えている。しかしながら、これらの総計データによって、階級用語で直接的に解釈することはできない。たとえば職長は労働者として数えられており、技術者は中間幹部として数えられている。ところが総計データでは、上級および中間幹部よりも労働者と事務系従業員のほうが総体的に高い増加をみていることが確認できる。就労人口の全体のうち、いわゆる労働者の割合は（一九五四年の）三三％から一九六八年の三七・八％、そして一九七五年の三七・七％へと変移しているが、この期間中に労働者の総数は五〇万人増加している。

総数三一〇万人をもって、事務系従業員のカテゴリーは店舗従業員のカテゴリーよりも速く増加しているが、彼らのうちには、七万七千人の郵便局員・郵便配達員を含む公共企業や国営企業の職員の数も入っている。店舗従業員は七三万七千人の賃金労働者を数えるが、そのうち過半数は女性である。レーニンの問題構制によれば、これら従業員の圧倒的多数は、（a）自分たちの労働用具を所有していない、（b）分業において従属的な立場を占め、権威のある役割を行使せず、そのうちの大部分が手労働に従事している、（c）彼らの賃金収入は有資格労働者のそれよりもしばしば低い。時代時代に応じて、鉱夫や鉄道員や冶金工のロボット像と引き写しにされるひとつの階級の象徴的でイデオロギー的に誇張されたイメージを捨てさえすれば、要するに、彼らは大挙してプロレタリアートに属することになるのである。

「中間幹部」は一九五四年以降、その当時の六％から一九七五年には一四％、二八〇万の賃金労働者へと急速な前進をみている。彼らが属する統計上の項目は基本的に四つのカテゴリーにまとめられる。「教諭および文科系職業」、彼らのもっとも生産的な役割と有資格の熟練労働者に近い賃金によって中間管理職幹部と対立関係にある技術者、「医療、ソーシャル・ワーカー関係の中間幹部」、そして最後に幹部養成配備の役割、すなわち、行政管理機関、銀行、通商関連企業で従業員の指導・監督の役割を遂行する「中間管理職幹部」（幹部養成配備の役割は、彼らの平均賃金

☆24　Lenine, *La Grande Initiative*, Moscou, *Œuvres*, t. XXIX, p. 425.〔邦訳全集29、「偉大な創意」、四二五ページ。〕

と「中間幹部」カテゴリー全体の平均賃金のあいだに約二〇％という著しいひらきがあることによって証明される）。

それゆえ一九七五年の社会職業的調査を分析すると、次のような結論を引き出すことができる。

（1）いわゆるブルジョワジーは就労人口のおよそ五％を代表する（実業家、大商人、農業経営者、自由職業人の一部、教会および軍隊の上層指導部、「上級管理職幹部」の大部分）。

（2）伝統的な従来の小ブルジョワジー（独立自営農業従事者、職人、小商人、自由職業人および芸術家）は就労人口のおよそ一五％を代表する。

（3）「新興小ブルジョワジー」はそのなかの八％から一五％を代表し、そのカテゴリーには上級・中間管理職幹部の一部のほかに、ジャーナリスト、宣伝・コマーシャル関連業者、賃金受給者となった自由職業人、上級学校・中級学校の教員、初級学校の教員（この点はしかしきわめて議論の余地のあるところである）が含まれる。

これらすべての場合に、プロレタリアート（産業労働者、店舗従業員、銀行・保険・公共サーヴィス関連部門の従業員および農業部門の賃金労働者）は、就労人口の三分の二（六五％から七〇％）を構成している（この国勢調査からは、いわゆる家庭主婦や就学中の若者は排除されている）。

一九八二年の国勢調査は危機の最初の全体的な結果を記録しているが、命名法の変更によって混乱を生んでいる。しかしながら、就労人口に占める賃金生活者《サラリアート》の全体の割合は増加を続け、一九六二年の七一・八％、一九七五年の八二・七％にたいし八四・九％に達した。一九七五年以降後退しはじめていた産業労働者の割合は（一九六八年の三五・九％にたいし三五・七％）、三三・一％に落ち込んでいる。絶対数でこのカテゴリーは、一九七五年から一九八二年にかけて依然〇・五％増えており、その増加率は一九六二年と一九八二年のあいだに平均一〇・二％の伸びで、安定している。こうした平均的動向の推移は有資格労働者のあいだにある深刻な格差を覆い隠している。有資格労働者の数は増え続けている（＋一〇・二％）が、専門労働者の数は後退している（－一一・六％）。「事務系従業員」のカテゴリーの成長率は、一九七五―八二年の七年間に二一％（一九六二年以降は九五％）である。彼らは絶対数で四六〇万（労働者の七八〇万にたいし）である。だが、社会職業的な割合評価は失業の影響を隠蔽している。産業界での七〇万の純雇用喪失と就業労働者数の実質的な落ち込みがみられるからである。もう一方の極では、就労人口に占める上級・中間管理職幹部の割合は、一九五四年の八・七％から一九八二年の二一・五％に移っている。しかしながら、一九七五年の国勢調査の解釈によれば、小ブルジョワジーという大雑把な命名のもとで同じ階級全体を構成することはできないだろう。このなかの一部は実際には、プロレタリアートの上級階層に属し、もう一部はブルジョワジーに属しており、残りの部分は新興小ブルジョワジーや「職務上の小ブルジョワジー」を構成しているが、一九七五年以降のその拡大は爆発的とはまったく言えないものである。

それゆえ、新興小ブルジョワジーの進出によるプロレタリアートの相対的摩滅と産業労働者の衰退が見られるのであるが、このことの結果として質的変化が起こったとまではいまだに言えない状況である。ところが、プロレタリアート内部の差異化の進行は連帯感を阻害し、階級意識をあいまいにしている。これらの差異化は、一部の有資格労働者のための昇進的な社会的移動ともあいまって、生産単位での脱中央集中化、流動的な労働再編、増大する社会関係の個人化の結果起こっている。増殖のレヴェルで、都市の成長の頭打ち（一九八二年の国勢調査以降、住民二万人以下の都市は平均を上廻る増加をみせている）、生産における格差と就学延長が維持されたままであること、消費部門と余暇部門の民営化などが、新しい世代の階級固定化に破壊的な結果をもたらしている。「排除の文化」の終焉はみられるだろうか？　組合組織率は著しく減少しているが、この現象は、ヨーロッパ規模ではあまりに不均等であるため、それぞれの国の特殊事情を示すまでにはいたっていない。ひとつの社会階級への帰属意識は一九七六年の六六％から一九八七年の五六％へと後退している。労働者のあいだでは、働く者の世界に属しているという心情は、一九七六年の七六％から一九八七年の五〇％に変わっている。若者のあいだでは、この後退はさらにいっそうはっきりしている。ストライキ活動の直線的でない後退傾向は、失業の比重増大によって説明可能であるが、一九七六―一九七七年以降から現われ、一九八六―一九八九年の回復と一九九三年の新たな回復を伴っている。

これは社会学的な問題ではなく、むしろ、これらの傾向の政治的可逆性の問題――言い換えれば、社会変化、諸闘争、意識の影響のあいだの関係――であって、これには関心をもち続けなければならない。

マルクスが再生産の基礎を築くために生産から出発するのにたいして、ほとんどの社会学的分析は消費や分配の諸集団を通じて階級を規定しようとする。地位や賃金の差異化によって、勤労者は自分自身が搾取者になる傾向をもつであろう。だれを犠牲にしてなのだろうか？　この推論は不可避的に、所得の角度だけから階級の問題を取り上げ、賃金受給勤労者のあいだでだれがだれを搾取するのかの問題を追求することに導くのである。ボードゥローとエスタブレは、この論理をできるだけ遠くへと突き進めた。[☆25]

『フランスにおける小ブルジョワジー』[★26]のなかで、彼らは（ジャック・マルモールといっしょに）、給与幅が（二つの極のあいだの空白部分を伴いながら、xより低い極と$3x$よりも高い極のあいだに）いくつかの固定化の極や地点があることを示していることを確認した。第一の集団、すなわち、国民生産の発展によってもっとも恩恵にあずかり、とりわけ賃金生活者の老齢化による幹部の給与への無関心を高めたり、小幹部が株主になる可能性を引き上げたりする集団の給与の成長率のあいだに不均等があることを明らかにした。このことから、彼らは、エンジニア、技術者および幹部の給与が、彼ら自身の労働力の再生産に社会的に必要な時間だけでなく、労働の組織において払われた忠実な業務と引き換えに雇主によって返還される剰余価値の一部を表わしている、との結論を引き出した。彼らはこうして、労働力の再生産に対応する正当な賃金給与の計算に到達した。価値が価格の変動の背後で自己を隠すのをやめないことを忘れて、彼らは、「労働力の正価」を（$x + x/10$）フラン〔本書公刊当時の貨幣はフラン〕で評価し、そこからついに、論理の筋道として、給与・賃金生活者の四〇％が稼ぎのほかに剰余価値の返還でさらに利益を享受し、一方は国家のヒエラルヒーに、他方は企業の専制政治に結びついて、国家公務員、民間企業のエンジニア、技術者および幹部従業員に再分割された新しい小ブルジョワジーに属していると考えるにいたったのである。

この分析方法は、それが労働力の平均的価値の価格（賃金）への量化や搾取率の個別的計算を正当なものと想定しているかぎりで、学問的には議論の余地があった。『だれがだれのために働くのか?』でボードゥローとエスタブレは、「等価労働」の方法、言い換えれば、ひとつの生産物に組み込まれた、それぞれの部門の生産性に基づく異なる労働量を固定化する、同一の通貨価値に組み込まれた労働量計算を導入することによって、彼らの提言に磨きをかけた。こうして彼らは、三つの偉大なる消費者、すなわち、家族世帯、企業および国家を割り出したのである。家族世帯は消費財を消費し、不動産を蓄積する。企業は原料を消費し、資本を蓄積する。国家は原料を消費し、資本を蓄積するのだ、と。

家族世帯の消費構造において、さまざまな社会的カテゴリー（自由職業の場合は除く）の食費は釣り合いがとれている。より一般的に言えば、社会的需要が同じならば、予算は比較可能な範囲内にあるだろう。ところが、もっとも食い違う予算項目は、文化、ヴァカンス、家内設備、住居の項目であるから、それによって消費構造は異なってくる。[☆27] このため生活様式、資産水準（本当のところ、文化は予算項目としては豊かな階級にしか存在しない）の結果としてのライフスタイルや知的労働と肉体労働（肉体労働は緊張緩和をいっそう求める）の分割のあいだには、仕切り線が存在することになるだろう。家族は、こうした消費の選択のなかで際立って重要な調停の場としてとどまるだろう。近代的なアウトドアや余暇とともに、社会化傾向はあらゆる生活世界で後退するであろうし、社会的連帯の緩みは、「核家族化住民」を誕生させるきっかけとなることだろう。

階級的な見地からみて、これらの傾向の結果はどういうものとなるであろうか?「あるいは、生産体制全体において人間の労働を特徴づけるすべての構成要素を、人は生産関係を通じて理解するのか。もちろん、その根底には、

☆25　Christian Baudelot, Roger Establet, P.-O. Flavigny, *Qui travaille pour qui?*, Paris, Maspero, 1979.
★26　Christian Baudelot, Roger Establet, et Jacques Malemort, *Le Petit bourgeoisie en France*, Paris, Maspero, 1974.
☆27　Christian Baudelot, Roger Establet, P.-O. Flavigny, *Qui travaille pour qui?*, *op. cit.*, p. 76.

基本的な関係（剰余価値の強奪、人間の人間による資本主義的搾取の形態）が横たわっている。だが、この基本関係に由来し、この関係を可能にする他のすべての関係がこの基本関係の構成部分をなしている。すなわち、資産額、収入の取得方法、資本主義によって脅かされたり進展をとげたりする身分、労働の肉体的ないしは知的な性質などがそれだ。生産関係の概念がこのように使われるとするなら、これ以外にそれとわかるかたちでライフスタイルや予算を説明することができるのは明らかである。しかし、この考え方からもっとも重要な結果が現われてくる。同じくらいの予算、同じくらいの生産関係、同じくらいの社会階級が存在する、すなわち、明確な需要とはっきりとした物質的関心を有する同じくらいの諸集団が存在することになる。でなければ、単純図式（二つの階級）や二元論や政治的簡略主義に力を得て、生産手段の所有者と労働力の所有者の古くからの区別を守りつづけるかである。だが、そうなると、予算のなかにも労働のなかにも読み取りうる、ブルジョワでもプロレタリアでもない多くの人々の集合的存在を否定せざるをえなくなる[☆28]」。

必要なもの（あるいはたんなる労働力の更新）と余計なものとのあいだのどこに仕切り線は走っているのか？　わが著者たちはこう自問する。彼らの要点一覧表のなかでは、産業労働者や農業賃金受給者を除き、すべての人々が「過剰消費」することになるであろう。こうして二人の著者は四つの社会学的な「大群」に到達する[☆29]。

（a）実業家、非就職の財産家、小商人、非就業の中間富裕層。
（b）賃金受給の中間層（幹部や事務系従業員）。
（c）プロレタリア（一般工員、有資格労働者、農業部門の賃金受給者、非就業の貧困層）
（d）独立自営農業従事者（消費ではカテゴリー c に近く、財産ではカテゴリー a に近い）。

消費の記述的社会学のために批判的階級論を放棄した人は、結局のところ、果てしなく分割可能な諸集団の寄せ集めのために、事態の趨勢を曇らせて見えなくさせてしまうのである[☆30]。

プロレタリアはもはや赤くないのか？

その著書『プロレタリアートよ、さらば』でアンドレ・ゴルツは「マルクス主義の危機」を、なんらかのイデオロギー的頓挫ではなく、労働者階級の変化のせいにする。それはまず、労働者運動それ自体の危機であるだろう、と。株の大暴落や戦争でも資本主義は生き延びた。損害がなかったわけではないが、生き延びたのである。なぜか？　なぜなら、資本主義自身の規範と必要に基づく生産力の発展がその基礎を据えたと見なされた社会主義的変革とますます相容れなくなるからである。労働で片輪にされたプロレタリアートの日常の運命と、その解放の使命とのあいだの矛盾は、無力を証明しながら、解消されてゆくであろう。資本主義は結局、「その過半数において自らを生産手段の持ち主にする力のない労働者階級」を生みだすしかないであろう。このようにして、「従来とは異なる合理性の名のもとでのその否定は、労働者階級それ自身を含むあらゆる階級の解体を表わす、あるいは、予示する階層からしか生まれてくることができない」[☆31]というのである。

無はいかにして全体に転化するのか？という矛盾に立ち返ろう。

この無を突き詰めることによって、ゴルツは答える。

☆28　*Ibid.*, p. 121-122.

☆29　*Ibid.*, p. 135.

☆30　面白いことにエマニュエル・トッドが最近、いくつかの良識的な資料を想起することによって評判になった。工業における雇用が一九七五年と一九九〇年のあいだに就労人口の三八・五％から二九・二％に後退したとしても、無資格の労働者のほうが専門労働者よりも、この下落によってずっと強い打撃を受けている。トッドはまた、中間階級なる雑嚢的カテゴリーがその担い手となっているイデオロギー的機能（すべての男女にとっての昇進の夢）を強調している。「量的に支配的な中間階級の構想は、統計的にはばかげたものであり、第三セクターの理想化された考え方から出発している」。これとは逆に危機の激しさは、階級紛争の二極性の永続性を想起させるものであろう。

☆31　André Gorz, *Adieux au prolétariat*, Paris, Galilée, 1980, p. 29.

このためには、聖マルクスによる革命的叙事詩の偉大な主題のために敢えて休暇をとらなければならない。階級概念は、彼のなかの戦闘経験からではなく、抽象的な歴史的至上命令から生まれてくるであろう。「プロレタリアであることをその真理性において認めることを可能にするのは、彼らの階級的使命の意識である」。生身のプロレタリアが自分の心のなかに何を描き、何を信じているかはこの際問題ではない。重要なのはただ彼らの存在論的な運命だ。あるがままの君になりたまえ！ということだ。要するに、「プロレタリアであることはプロレタリアにたいして超越的なのである」。[☆32]この哲学的な基体化論はキリスト教とヘーゲル主義と科学主義の怪しい混合物から生まれてくるものであろう。この基体化論によって自称する前衛が、階級としての存在と当為としての存在のあいだの仲介役を演ずるのを可能にしたのではなかったか。だれもその階級を分裂させる諸問題を一刀両断に解決することができない（とりわけ、それは労働によって疎外され片輪にされた実際のプロレタリアートではない）時、最後の言葉は、有罪を宣告することも無罪放免することもできる力を備えた、腹話術師のような〈歴史〉に委ねられたのであった。

マルクスにとって、労働は解放過程の中心にある。抽象的総労働は、独立した職人や小生産者から彼らの狭い個体性を奪い取り、彼らを普遍世界に投げ出す。集合労働によっていっさいを専取することは「すべてに転化する」ことを可能にするであろう。専取と転化が必ずしも一致しないことを別にすれば。前衛が分散した無言の階級の存在を横取りしたのと同じように、官僚制度は魔法を解かれたプロメテウスの化身として立ち現われる。こうした代用物や代替物は結果的に、労働者階級がその完全な潜在力を発揮することができるためには、いまなお脆弱すぎる資本主義のさらなる発展から生まれてくるかもしれない。不幸にして――とゴルツは述べている――昨日まで「新しい労働者階級」に託された希望に反して、技術進歩は、大量の有資格の教養あるプロレタリアートの形成に導くのではなく、無資格者の、排除された者の、あらゆる種類の不安的生活者の大衆を構成する差別化と一点集中化へと導く。言い換えれば、専門的労働者の力の増大は「ひとつの逸脱現象でしかなかった」というわけだ。社会におけるプロレタリアートの比重はマルクスの予見に従って増大したとしても、個人として、また集団として、彼らの無力な状態からプロレタリアを引き出すことはなかった。「集合的労働者は相変わらずプロレタリアの外にとどまっていた」。最後に――とゴルツは指摘している――「マルクスの理論は、つまるところ、いったいだれが集合的横領を実行し、その横領が何からなり、だれが実行し、労働者階級によって獲得された解放的権力はどこにあるのか、さらには、社会的協働のためにどのような政治的媒体がその自発的性格を保証するのか、個人的労働者と集合的労働者、プロレタリアとプロレタリアートの関係はどういうものか、について説明したことはない」。このことから、「集合的労働者の国家的制度化」と「結合された生産者の掌中への生産手段の集合的横領」とのあいだの混同が生まれたのである。

これらの正当な疑問から、ゴルツは慎重さを無視して、架空の戦闘的態度にたいする批判に移る。戦闘的精神は、彼によれば、階級としての自己を再発見するために個人としての自己を喪失することを命ずる、無からすべてへの大反転にたいするまさしく宗教的な信仰にあるというのである。「単一性としての階級は活動する架空の主体であるが、この主体はひとりひとりの個人と現実のすべてのプロレタリアにたいして外的であり超越的である」。階級が、その名のもとで官僚たちが敬虔な忠誠心を権利として要求する、この自動機械的物神に転化したことは、ひとつの事実である。社会－人格、歴史－人格、そしてすべての神秘的な人格化および具象化、言い換えれば、他に還元できない間個人性が消滅するありとあらゆる超越性を粘り強く批判したマルクスにその責任を負わせることは、真摯なこととはいえない。その感情のほとばしりによって心を奪われたゴルツは、結局は、プロレタリアートの権力のなかに、「その資本によって疎外されたブルジョワジーとプロレタリアートによって疎外されたプロレタリアという、資本の左右対称的な逆転現象」を認めて、これを告発するのである。しかしながら、官僚による権力の簒奪は、スターリン的反革命の数百万の犠牲者によって証明された、社会的および歴史的な強権発動を構成するものなのである。

☆32　エリック・O・ライトは、さらに、労働者階級の構成的立場は古典的マルクス主義のなかに、当然収斂すると想定される、物質的利害、共通の体験的経験、共同闘争の適性を含んでいると考えている。ところが、これらの三つのファクターはもはや一致しない、とライトは述べている。

これが『プロレタリアートよ、さらば』のあらゆる両義性なのである。この著書はその疎外の具体的状況のもとで、労働者階級の解放的能力に関して現実的な諸問題を取り上げている。だが、それは、一貫して、この疑問点を、少なくとも一方的なイデオロギー的超‐解釈を加えて混ぜ返している。搾取と搾取概念の系譜学の社会的諸条件のなかで、プロレタリアートの名のもとでの独裁の開花に何がもっとも寄与したのかは、もはやよくわからないのである。

「完成されたプロレタリア」は抽象的総労働の提供者でもあると、ゴルツは述べている。プロレタリアが消費するすべてのものは買われ、生産するすべてのものは売られる。消費と生産のあいだに目に見える関連性がないために、具体的労働への無関心という必然的な結果を伴っている。そして、労働者は、彼がもはや行なわない労働の傍観者となってしまうのだ。『資本論』第一巻の預言者的な結論は、この精神朦朧のなかでは消えてしまう。「資本による労働者の否定の否定はもはや起こらない」、と。しかし、この書の論争的な章は唯一の生産の領域における解放を約束することはない。資本の鉄の論理を打ち砕くことは、労働を通じた抑圧と解放の形式的弁証法ではなく、政治的突入を伴うものである、とマルクスは述べている。

批判は戦略へ、すなわちマルクスからレーニンへと引き継がれる。

ゴルツはこの土壌の変化を漠然と読み取っている。彼はこの政治的なものの呼び出しをよくわかっている。だが、よく知られた国家的形態においてしかこれを把握していない。「人民的あるいは社会主義的権力の構想は、〈国家〉がすべてであり、社会は無であるという政治的構想と混同されている」からだ。これがまさに、スターリン主義的と社会民主主義的との二重の様態のもとで、二十世紀全体を通じて、多数を握る労働運動が与えた回答なのである。そして、もしこれが唯一考えうるものでないとしても、同じことが資本主義の発展そのものからも生じるのだ。党との縁故関係の確立、政治的調停の後退、国家の増大する自律化、「独占資本主義から国家資本主義への」歩みは速く、あっというまである。実践的な文化的能力を示すことができなかったために、マルクスはプロレタリアートに自己の抑圧を否定する架空の存在論的能力をほどこした、というわけである。

『労働の変容』において、ゴルツは、プロレタリアートとその社会的実践の変化に立ち返っている。階級の細分化と分解、雇用の不安定性、脱資格化、不確実性のほうが、新たな労働者専門職化に勝っている。「労働者階級の一部特権層が理工科学《ポリテクニスム》、労働における自治および能力の永続的な充実化にアクセス可能に見える同じ瞬間に、労働運動の内部での自主管理的潮流の理想であったすべてのこと、この理想が実現されるために必要にみえる条件は、その方向を変えてしまう。自己組織の可能性や増大する技術的力量に接近するのは、労働者階級ではない。大衆の除け者化や不安定化と引き替えに新しいタイプの企業に統合されるのは、特権的な勤労者の小さな中核分子である」[☆33]。危機によって刺激を受けて、競争が労働者たちのあいだで猛威をふるい、連帯感を崩壊させている。労働の物質的実体の喪失は、彼らの押収された創造性の再取得の可能性を労働者から奪い取っている。

「要するに、労働は変わってしまった。労働者もしかり」。

この三十年間に、個人別の年間常勤〔フルタイム〕労働時間は二三％後退した、とゴルツは指摘している。労働は、社会的身分証明と階級的帰属の主要な源泉ではもはやなくなっている。「われわれは労働の文明から抜け出しつつあるが、抜け出しながら後退し、後退しながら、自由時間の文明に入りつつある」。そこで次のような結論が当然出てくる。「労働によって生まれる緊急な必要性に基づいて社会の社会主義的変革を期待したり、その結果、ひとり労働者階級のみの行動によってこの変革を成し遂げようと期待することはもはや不可能である。労働と資本の対立は変わりなく存続するが、従来的な階級分析に属さないし、背景としての労働の場所も、また理由としての搾取関係もかかわりない幾多の対立によって覆い隠される。昨日の専門職業的労働者とはちがい、近代の賃金受給生活者は、自分たちの職業や役割との一体化を通じて、生産にたいする自分たちの影響力を意識したり、社会にたいする実力を主張する権利を意識したりすることができない。彼らが資本主義を問題視するように導かれるのは、彼らが借家人、共同体

☆33　André Gorz, *Métamorphoses du travail*, Paris, Galilée, 1989, p. 94.

の住民、公共物の利用者、親、教育者、生徒、失業者として自分たちの労働や企業の外で体験する経験にしばしば基づいている」[☆34]。

七〇年代末以降、産業労働者の現勢は絶対的衰退をみている。だが、この後退現象は、労働者階級を一定の時代の活発で象徴的な中核に還元してしまう倒錯した視点に対応する、プロレタリアートの全体的浸食作用のように見える。プロレタリアートは一八四八年当時（シュレジエン地方の機織工のほかに、『共産党宣言』で取り上げられているプロレタリアは、おもにパリの零細工房の職人か手職人労働者である）[☆35]、コミューン当時（第二帝政のブームと工業化のあと）、一九三六年六月当時〔人民戦線時代〕あるいは一九六八年当時では、その構成もイメージも同じではない。プロレタリアは、交互に、手工業労働者、鉱夫や鉄道員（エーミール・ゾラやポール・ニザンの小説世界）、冶金工（ルノワール、ヴァイヤン、ヴィスコンティの作品世界）などによって代表されている。そして、歴史はそこで止まってはいない。だが、鉄鋼業や造船業の不振の破壊的影響はプロレタリアートの消滅を意味せず、むしろ新たな変化を予告するものである。

労働者と労働とが同じだとする考え方の弱まりは、真実の問題を提起する。だがゴルツは、質料とその変化にたいするいっさいの知的影響力のない一部のサーヴィス業や監督業に基づいて、過度な一般化を行なおうとする危険を冒している。彼はそこから誤って革新的な結論を引き出すのである。その結論によれば、資本主義的搾取への異議申し立ては、あたかもそれが現在まで工場で制限されてきたかのように、これからは企業の外で再び繰り広げられるだろう、というものである。搾取関係が生産に深く根ざしているとしても、『資本論』の論理全体がそのことに還元されないことを示している。労働運動ははじめ企業内部の運動として組織されたのではなく（労働運動は神権をもつ企業から法的に排除されていたからなのではないだろうか）、社会運動、市民運動、都市運動、文化運動として組織されたのである。長期間にわたる紛争の展開、摂理国家の樹立、選挙に基づく政治的代表性と企業内の労働組合的権利の制度化との遊離の増大の結果として、労働の場への労働運動の囲い込みや、組合の実践活動を労働力にかんする交渉に限定する傾向が現われている。〈国家〉‐民族の危機、代議制の正統性の失墜は、賃金関係の変貌とまったく同じように、組合運動の実践を弱体化し、地域（都市部）、市民権（移民）、エコロジーあるいは文化の部面での闘争の再展開を促すのに貢献している。

プロレタリアートの破壊力の喪失を強調することによって、アンドレ・ゴルツは、六〇年代初めに彼が異議を唱えていた一部の論拠を自前のものとしてふたたび採用している。当時、階級の批判的潜在力は、多くの社会学者の考えでは、相対的繁栄、社会的統合、「現実」の魅力によって無に帰していた。それ以来、権利の剝奪や排斥によって消えてなくなりそうである。連帯の絆や批判的な集合的意識の発展に立ちはだかる障害に関する討論が必要であることは疑いない。だが、政治的な偶発事件や意外な出来事に腰砕けする、あまりにも性急で一本調子に事態を推し測ることのないように気をつけなければならない。六八年五月の一年前、フランスは「うんざりするほど退屈な国」と見られていたのだ……。

プロレタリアートの解放力と手足を切断された労働への隷属状態との矛盾は、増大する社会的分極化、数のうえでの発展、集中力、相伴って進む意識の向上によって自動的に乗り越えられるという公準を、ゴルツは拒否する。このような楽観主義的な見通しによれば、生産にたいする管理や労働の合目的性の奪回は、疎外された労働者が本来の彼自身に戻るのを促すというのである。階級の隊列における競争によって引き起こされ維持される分裂は、この傾向に逆行する恐れがあるだろうが、しかしそれによって階級を廃止することはないだろう。

エルネスト・マンデルは、搾取する階級と搾取される階級の非対称的運命を引き合いにだすことによって、この困難を解決する。「勤労階級に固有のあらゆる分断化——機能、民族、性、世代などの境界線に基づいて繰り返し起こ

☆34　André Gorz, *Capitalisme, écologie, socialisme*, Paris, Galilée, 1991, p. 107.
☆35　Michaël Löwy, *La Théorie de la révolution chez le jeune Marx*, Paris, Maspero, 1970〔ミシャエル・ロヴィ（正しくはレヴィ）『若きマルクスにおける革命理論』（山内昶訳、福村書店、一九七四）〕における共産主義者同盟の社会学を見よ。

るすべての分裂現象──にもかかわらず、資本主義下での勤労者の一般的な連帯性に内在する構造的な障害物は存在しない。あるのはただ意識水準の相違である。そしてこの相違は、空間と時間において、この一般的な階級連帯の実現を多少とも困難に、多少ともちぐはぐで調和のないものにする。ブルジョワ階級の連帯性については同じことをいうことはできない。増大する利潤のうちの多少とも大きな取り分を彼らの闘争の本質的に重要な目的とする繁栄の時代においては、階級連帯は資本家同士のあいだでは容易に確立される。だが、危機の時代にあっては、個々の資本家にとって重要なことが、多少とも利益を獲得することではなく、資本家として生き残れるか否かであるかぎりにおいて、競争はもっとずっと粗暴な形態をとる。〔……〕きわめて明らかなことだが、私がいま述べたことは、資本家間の競争には当てはまるが、〈資本〉と〈労働〉のあいだの階級闘争にはそれ自体として当てはまらない。階級闘争ではこれとは反対に、危機がいっそう強化されるにつれて、支配階級の連帯が強化されるのを見るのである。強調しなければならない重要なことは、資本を所有する階級と賃金で生活する階級それぞれのあいだの階級連帯の根本的な非対称性である。〔……〕なぜなら、賃金生活者間の競争は外部から押しつけられるもので、この階級の性質そのものに固有のものではないからである。それとは反対に、賃金生活者は、本能的に、また正常に、協働と集合的連帯のために闘うのである」。

この傾向が実際に繰り返し現われるとしても、断片化への対抗的傾向も同じく永続的に現われる。いま引き合いに出された非対称性は、資本家間の競争を当然なものと見なし、賃金生活者のあいだの競争を人為的な（「外部から押しつけられた」）ものと見なす。これは、生きた物神としての資本が社会全体にその法則に従うよう命じ、労働市場に投げ出された資本の所有者のあいだの競争と賃金生活者のあいだの競争とを切り離しがたく維持する生産様式をめぐる競争を過小評価することに通ずる。時には対立関係にある社会的相違を単純な「意識」の水準の「不均等性」に還元してしまうことは、困難を見えなくさせてしまう。だからマンデルはついに、プロレタリアートの必要条件として要求される存在論に見あった連帯を押しつけることによってこれらの不均等性を取り除くために、永遠なる神の前

で修復と平均化という重要な役割を引き受ける時間に、信頼を寄せるにいたるのだ。☆36

ゴルツは、歴史的主体のこの凱旋行進を支える根拠を疑問視する。テイラー主義、分業と労働の科学的組織は、自分の実践的主権を意識する労働者を取り返しのつかない形で消滅させてしまうことになっただろう。主体としての階級と結合された生産者という思想は、彼によれば、教養、倫理観、伝統を身につけた専門職労働者の特有の意識の投影にほかならない。当時権力を熱望した労働者階級は、悲惨で、根なし草の、無知な大衆ではなく、社会における潜在的にヘゲモニー的な階層であった。評議会主義は、生産ならびに社会を運営する自分自身の能力を信頼し、炭鉱を鉱夫に、工場を労働者に、と要求するこの労働者階級の先進的な表現であったであろう。生産の場は、その結果、構築すべき新しい権力の特権的な場と感じ取られていたし、工場はもはや決定の中心から切り離されたたんなる経済単位ではなかったのである。

これとは反対に、巨大工場では、労働者評議会の考え方それ自体が、一種の時代遅れになってしまったかもしれない。雇主側のヒエラルヒーが労働者のヒエラルヒーに取って替わった。唯一の想像可能な対抗権力（管理や拒否権）は副次的な駆け引きの道具に縮減されるであろう。ここから、制度化され従属させられた組合構造それ自体によって、自己組織と自己管理の意思が吸収される事態が生じる。労働者権力の明らかな物質的不可能性は議会代表制のたんなる社会的レプリカである統合化された組合権力に余地を残すことになるであろう。官僚は主体なき権力の特権的な道具と装置として、社会の中心的な指導者像となるであろう。専門的工員（OS: Ouvrier Specialisé）と粉々になった労働の時代は、二十世紀初めに革命的な社会主義運動と労働組合運動の偉大なるユートピアであった労働者文化と労働のヒューマニズムに忌鐘を鳴らすことであろう。労働は、十九世紀に獲得された物質を加工し自然を支配するその創造的な活動性の意味を失うであろう。脱物質化された労働は、もはや「物質にたいして行使された力のお蔭で人間が人間を実現する活動」をもはや構成することはないであろう。

☆36　Ernest Mandel, *El capital, cien años de controversias*, *op. cit.*, p. 228-229.

「ユートピアを変える」[37]必然性はここから生まれる。

言い換えれば、個人の自律的な活動と社会的労働とはたった一点で一致するのだから、機械の硬直性や社会的束縛を除去することはできるだろうという、「大企業家的ユートピア」の基本的前提を捨てることである。啓蒙時代のプロメテウス的な相続人であるマルクス的ユートピアは、「合理化の完成された形態、すなわち、理性の全面的勝利と全面的理性の勝利、科学による自然支配とこの支配の過程の科学に基づく反省的支配」であったであろう。これからは、「社会の二元化は、すべての男女のためにフルタイムで夢中に働くという不可能なユートピア（の実現）によってではなく、その資格を奪ったり、細分化したりすることなく、みんなのために労働時間を縮減する労働の再分配という幾多の定式によって、妨げられることになるだろう」[38]。そこから、ゴルツは、労働による、また労働にたいする解放の希望が時代遅れになった、と結論づける。生産労働が今後感覚的な経験から切り離され、それが衰えつつある少数者に委ねられるとするなら、「労働を開花する創成物《ポイエーシス》にいま一度転化させることができるのはだれなのか？　たしかにそれは圧倒的多数の賃金生活者諸階級ではない」。労働を社会化の本質的に重要な要因と見なすことをやめ、労働を他の多くの要因のなかのたんなるひとつの要因と考える以外に、この悪循環からの出口はないだろう。この結論は当然の帰結である。「人格的開花のために自律的活動を念願することは、あらかじめ労働転換を前提としないのである。〔……〕旧い労働概念はもはや通用せず、主体はその労働の結果に対してだけでなく、その労働それ自体に対して距離をおいて考える」[39]のである。

マルクスの問題構制とのこのあからさまな決裂は、新しい解放的主体と新たな戦略の研究に道を開くものである。これは、労働のなかで自己解放を図るというよりもむしろ、自由時間の領域の奪還からはじめることによって労働からの自己解放を図るという問題である。したがって、「葛藤の場が労働の場から集合的生活のより幅広く変化する戦線に向かってしだいに移動してきた〔……〕以上、社会の社会主義的変革を実現しうる主体の問題は、階級分析の慣用的カテゴリーに基づいてこれを解決することはできない」。しかしながら、この新しい主体（なぜならこの分析方法は主体についての古くからの問題提起から逃れられないからであるが）は、あいまいなどっちつかず状態から脱け出すことができない。それは、「もはや階級的対立関係という形では定義することができない多次元の社会的運動として提起されている〔……〕。この運動は、本質的には、集合的および個人的な自決権のための闘争だからである」[☆40]。

その戦略的結果という観点からみるなら、根本的な刷新は古い歌を呼び戻す。国家を攻撃し労働を掌握することができないこの多形的で根茎《リゾーム》的な主体は、自由時間のなかでそのヘゲモニー的資質をもつ対抗文化を丹念に練り上げることが求められる。『プロレタリアートよ、さらば』のなかで、ゴルツは、「権力奪取の思想は根本的に見直されるべきである。権力は事実関係においてはすでに支配的な一階級によってしか取ることはできない」、と主張する。こういったことはまことにプロレタリア革命の戦略的な難問ではある。経済的で文化的な権力の獲得がブルジョワジーにとっては政治権力の獲得に先行するのにたいし、プロレタリアートにとっては、政治権力の獲得が社会的・文化的変革の口火を切らなければならないだろう。

いかにして無から少なくとも何かを生長させようとするのか？――これが頭から離れないライトモチーフなのである。

六〇年代にリュシアン・ゴルドマンは、回答にかえて、オーストリア・マルクス主義的発想の「革命的改良主義」を提起した。プロレタリアートが少数状態に置かれていたために昨日はまだ克服困難であったこの矛盾は、歴史的発展そのものによって解決されるだろうというのである。社会的に多数でますます教養を身につけたプロレタリアートは、その自主管理的な対抗権力をしだいに拡大し、いわゆる政治権力の獲得の前提としてそのヘゲモニーを築き上げ

☆37　André Gorz, *Métamorphoses du travail*, *op. cit.*, p. 22.
☆38　*Ibid.*, p. 95.
☆39　André Gorz, *Capitalisme, écologie, socialisme*, *op. cit.*, p. 113-123.
☆40　André Gorz, *Capitalisme, écologie, socialisme*, *op. cit.*, p. 139, 163.

ることができるであろう。政治的多数派が社会的多数派とふたたび結合する時、その最後の行為は平和裏に選挙に依拠して権力を獲得することがありえただろう。三〇年の歳月の流れはこの楽観主義をほとんど裏づけることはなかった。戦後の繁栄の年月が予告した社会的均質化と文化的自治は危機の結果に抗うことはできなかった。労働があくまで疎外され疎外するものである時、余暇における解放をいかにして想像するというのか？　文化的領域がますます商品生産に従属させられている時、いかにして集合的で創造的な文化を発展させるというのか？　支配的イデオロギーが主として一般化された商品生産の幻想世界を通じて押しつけられる時、いかにして〈国家〉の支配を免れるというのか？　プロレタリアートの解放的力量についての疑問が少なくとも現実的な意味を帯びるとすれば、相続権を奪われた人々や社会的に排除された人々の「非階級」の力量をいかにして信ずるというのか？

非産業的なこの新しいプロレタリアートが「社会的労働のなかにその可能な権力の源泉をもはや見つけだすことはない」と主張することは、その源泉にはない徳性を周辺に押しのけてしまうことである。農村による都市の包囲のあとにくるのは、不安定性が浮遊する世界による生産の包囲であるのか？　この新しいプロレタリアートを本来腐敗する「権力」ではなく、ますます増大する自治の空間を征服することを余儀なくされる「非・勢力」(non-force) として定義することは、徳性を無力と見なし、（たしかに批判すべき）生産第一主義を「絶対的主観性」において乗り越えることを追求することになる。「非・生産者の非・階級」だけがこの根本的行為を可能にする」――とゴルツは書いている――「なぜなら、非・階級は、生産第一主義の凌駕、蓄積の倫理学の拒否、そして、あらゆる階級の解体を同時に具現化するからなのである」[☆41]。

一九八〇年に、危機がその社会的、モラル的影響を生みだす前に、ゴルツは前の時代の幻想をなお保持することができた。十年後、階級脱落者《デクラッセ》や下層階級をよりよき世界の新たな擁護者にする、この強制的排除から生まれる解放的な徳性を信ずることは、もはや不可能である。もっとも貧しい人々の事業を支持するとの口実で、個人的主権の優位を機軸とした非・労働のこの新しいイデオロギーは、どちらかといえばむしろ、「真の道」は労働の外ではじまるであろうと考える、途方にくれた中間諸階級の（「革命的ブルジョワジーという思想」との関係を復活させる）ユートピアの晴れ着姿である。ゴルツは「経済的目的をもたない活動から女性を解放すること」[☆42]を自己の目標とすることによって資本主義的合理性を強固にする女性運動を非難するまでにいたったのだ！　真の目標は、非商品的な家庭内活動から女性を解放することではもはやなく、家庭の枠を超えてこれらの活動の非経済的合理性を拡大することであるという。それ自体が疎外された家内活動が、疎外された賃労働の裏側であり補完物であることをものの見事に忘れた、このような言明が、不安定生活の支えとなるように定められた近接地域の雇用創出や個性化された新サーヴィス業についての幾多の提案に先んじて行なわれている始末なのである。

他方で、官僚独裁の崩壊のずっと前に、ゴルツは、個人はその社会的存在と全面的に一致することはできないという事実を正しくも指摘した。「全面的」に社会化可能なその存在を仮定することは、その秩序のもつ普遍的な情念としての「社会主義的モラル」に基づく抑圧装置を動揺させる。「ほかでもなく全体主義的諸国家のこの脈絡において、個人的意識は、ひとつのモラルの唯一の可能な土台として非合法下に自己の姿を表わす。モラルはつねに叛逆から〔……〕、客観的モラルに対する叛乱からはじまる」[☆43]、と。しかしながら、この打開策は、自律的社会と糾弾することの許されない国家との、自由時間の解放された領域と労働の疎外された領域との平和的な共棲を地ならしすることにはならないのだ。しばしば流血の解決をみることによって、平和的共棲が不可能であることは、すべての歴史的経験が証明しているところである。それはむしろ、社会と国家との、個人と階級との人為的に発令されたいっさいの吸収同化を拒否することにある。

☆41　André Gorz, *Adieux au prolétariat*, *op. cit.*
☆42　*Ibid.*
☆43　*Ibid.*, p. 139.

マルクスとレーニンが語ったのは、〈国家〉の衰退ないしは消滅であって、その廃止ではない。その衰退は、過程としてしか、無が実際に全体に転化する（そういうことが万一起これればの話であるが）際の時間としてしか理解することはできない。相対的な窮乏や分業が存続するかぎり、〈国家〉がふたたび窓から入り込んできてどうにも厄介払いできない邪魔者となることは避けられない。それの実際的な衰退は、発令すればできるというものではない。この衰退は、消滅－建設の過程、すなわち、そこで社会が国家をコントロールし、もはや代理委任されてはならない役割をしだいにわがものとする、そういう過程を通じて革命的出来事を長引かせる権力の二重性の形態を意味するのである。このようなアプローチは、権力の制度的な構築物と法の領域の相対的自律性を考えること、しかもそのいずれもが当然、法を作る（「プロレタリアートのディクタートゥーラ」が余儀なくさせる）であろう力から生まれると仮定せずに、考えることを促しているのである。

この道を歩み始めるかわりに、ゴルツは、必然性を廃止することの不可能性を確認する。自由時間の延長は、履行し続けなければならない疎外された強制的労働と共存するだろうというのだ。必然の領域は社会的に必要なものの生産のために必要とされる活動を含むであろう。ここに政治的なものの越えられない機能が生まれてくる理由がある。「必然の領域と自治の空間の分離、共同体的機能の必要性を法律や禁止事項や義務として表現すること、要するに、慣例とは異なる別個の法の存在、社会とは異なる別個の国家の存在は、人格の自律性とそのアソシアションの自由が君臨する領域が存在しえる条件そのものなのである」[☆44]。このように、いましがた要求された分離は、たんに公と私の幻想的に復元された統一性と正反対のことをする。歴史の動力学をすべて度外視すれば、この分離は、国家の他律性と市民社会の自律性とのあいだの武装平和を地ならしすることになる。自由と必然の二律背反の影響を受けることを観念して、「明らかに成文化され限定された」必然を要求することで、この分離は満足する。ユートピアを変えようと誇り高く呼びかけられた結果、われわれはいま、生ぬるい（散文的にいえば、法律的および国家的な）ユートピアに連れ戻される。それは、危機の時代に合わせたぼろ着をまとったユートピア、官僚制の槌と自由主義の鉄床のあいだに挟まれた、賃金受給者と消費者としての新しい小ブルジョワジーの逃避場所なのである。

ゴルツは、現実との密着した関係もなしにプロレタリアートの哲学的概念について砂上の理論を組み立てた、といってマルクスを批判する。この批判は根拠がなくもない。現実を変革するには無力なドイツ哲学を止揚しようとして、若きマルクスは、まず、哲学とプロレタリアートのあいだの、「思考するすべての人々と苦悩するすべての人々」とのあいだの、「思考するところの苦悩する人間や、苦悩するところの思考する人間」[☆45]とのあいだの思弁的な連合のなかに解決の方向を探ったのだ。当時プロレタリアートは、「普遍的性格をもつ」形成されつつある階級（「ブルジョワ社会のどの階級」でもない「ブルジョワ社会の一階級」）であり、また、ひとつの特殊な不正ではなく紛れもない純然たる不正の犠牲者であり、それ自身のなかにブルジョワ社会の解体と同時に人間の全面的奪還の使命を担う階級なのである。それゆえ、これは、じつに「政治経済学批判」以前の哲学的展開である。翌年のシュレジエン地方の機織工の叛乱は、マルクスによって、プロレタリアートの本質の物質的表現として新たに提示されることとなった。

現実のプロレタリアート（英国における労働諸階級）にかんするエンゲルスの調査によれば、政治経済学批判は、資本との総合的な関係におけるプロレタリアートの具体像（商品化された労働力としての）を練り上げている。この道を方法論的に踏襲するかわりに、敢えてそこから身をかわすためか、あいにくなことにゴルツは、話をもっとも短くはしょってしまうのである。彼は、その使命が否定の否定として若きマルクスの「哲学的」プロレタリアートの使命と再接合する「非・生産者の非・階級」に助けを求めるのだ！　今日、自分自身の労働も含めていっさいを奪われた社会的な被排除者よりもより良く、普遍的性格をもつ形成されつつある階級、純然たる不正の犠牲者、ブルジョワ社会の解体による人間の奪還の担い手を表象しうるのはだれであろうか？　プログラムに組み込まれた一元的な社会

☆44　*Ibid.*, p. 165.
☆45　一八四三年五月のアーノルド・ルーゲ宛のマルクスの書簡〔邦訳全集1、「『独仏年誌』からの手紙」、三七九ページ〕。この問題については、次を見よ。Georges Labica, *La Statut marxiste de la philosophie*, Paris, PUF, 1976.

を爆破するために招請されたこの新しい主体は、むしろ、資本の再生産を通じて諸階級を粘り強く規定することと比べれば、神話としての後退の前兆なのである。

搾取関係は階級関係の中心にある。マルクスにとって、必要労働と剰余労働の概念は、競争の代謝と全体の過程によって遡及的に規定される。分析的マルクス主義の著述家は、搾取をひとりひとりの当事者の消費と関係づけることによって搾取を特定してしまう……。最初の者〔分析的マルクス主義者ヤン・エルスター〕にとって、搾取されるとは、「消費される財を生産するために必要とされる以上に長く働く」ことを意味する。アンドレス・デ・フランシスコにとって、諸個人は、彼らの特殊な利益を最大に引き上げるために階級関係に入る。「われわれは個人間の関係の定められた全体として諸階級について語らなければならないだろう……。階級的な社会理論の前提条件として個人主義的階級理論を提案する」☆46。

反対に、マルクスにとって、搾取関係ははじめからあるものであって、個人関係ではなく社会関係にほかならない。搾取率（pl/v）は協働と分業の分析によって説明される階級関係を表わしている。協働は生産的任務の空間的同時性に基づいて時間の節約をもたらす。一〇人の労働者の一〇〇時間労働日は、連続的な一〇時間の連続的一〇労働日よりも生産性は高い。結合された共同の生産力は個人的力を加算するよりも大きい。搾取関係（pl/v）の枠は、それを中心に闘争が構造化されている、必要労働と剰余労働のあいだの横列線を表わしている。この搾取関係は、総再生産の過程、それゆえ階級闘争を前提する。労働力の再生産にとって社会的に必要な労働時間の総体的な規定から離れた、個人的搾取の考え方は、理論的にはちぐはぐなものなのである。

『ドイツ・イデオロギー』以来、マルクスは、形式的階級の一連の範例の規定に個人を還元したり、哲学者のあいだで「〔ブルジョワたちの〕階級がそれを構成する諸個人に先立ってすでに存在★47」した階級として記述することを批判する。『要綱』で彼は、古典経済学のロビンソン物語や諸階級の個人的関係の総和への還元をどちらの側に偏することなく拒絶する。「スミスやリカードゥが端緒として立てた個別的な〔……〕猟師や漁夫として生産する個人は、十八世紀のロビンソン物語という幻想ではない構想物のひとつに属する」[★48]。『資本論』全三巻では、結局、個人と階級の相互規定は、社会関係の動力学的全体性に基づいて把握される。労働日の制限のための闘争は、「総資本家」（すなわち資本家階級）と「総労働者」（すなわち労働者階級）のあいだで戦われる。労働者と生産手段の切り離しが起こり、「生産諸手段が、労働力の所有者にたいして他人の所有物として相対する」瞬間に、「……資本家と賃労働者との階級関係はすでに現存し〔……〕ている」のである。最後に、「個々の資本家も、特殊な各生産部面のすべての資本家の総体も、総資本による総労働者階級の搾取に、参加して」おり、「平均利潤率は、総資本による総労働の搾取度に依存する」のである。競争がブルジョワジーを分裂させるにもかかわらず、ブルジョワジーが「労働者階級全体」を相手に真の「フリーメイスン的同盟」を結成しているのは、このためである。[☆49]

　剰余価値の強奪による搾取は、商品の使用価値と交換価値への二分化ならびに労働の具体的労働と抽象的労働への二分化を意味する。「商品の交換関係または交換価値のうちに自らを表わしている共通物とは、商品の価値である。ある使用価値または財が価値をもつのは、そのうち〔抽象的〕人間的労働が対象化または物質化されているからにほか

☆46　Jon Elster, *Karl Marx..., op. cit.*, p. 234. Andrès de Francisco, "Que hay de teorico en la teoria marxista de las clases," *loc. cit.*, & "Théorie classiste de la société ou théorie individualiste des classes," *Viento Sur*, 12 (décembre 1993). *Zona Abierta* (59/60, 1992) の同じ号で Val Burris は、搾取について拡大敷衍した定義を与えている（「外国人労働をわがものにする個人あるいは階級の能力」）。だが、階級関係は経済的搾取に還元され、支配の関係は副次的なものと見なされている。剰余価値の取得（横領）はもっぱら生産過程で起こるという考え方は全体的な過程の役割についての無理解を示している。生産における剰余価値の抽出はまだ市場と総再生産を前提する取得（横領）なのではない。

★47　邦訳全集3、七一ページ。廣松版、一二二ページ。渋谷版、一四二ページ。

★48　邦訳『資本論草稿集①』、二五ページ。

☆49　*Le Capital, op. cit.*, II, p. 33 et III, p. 211.〔邦訳『資本論』第二巻（新日本出版社、一九九七）、五五―五六ページ。『資本論』第三巻a（一九九七）、三三三―三三五ページ。〕Suzanne Brunhoff が次のように書く時、彼女はこの分析方法に完全に忠実である。「階級概念は紛争的な経済的および社会的関係を素描する。……労働者が提供する剰余労働は、直接的にも間接的にもあらわれてこない。階級概念は個人と個人の合理的選択から出発する経済的分析の道具ではない」（"Ce que disent les économistes," *Politis*, 4, 1993）。

ならない。それでは、どのようにしてその価値の大きさは測られるのか？　それに含まれている「価値を形成する」実体、すなわち労働量によってである。労働の量そのものは、その継続時間によって測られ、労働時間はまた、時間、一日などのような一定の時間部分を度量標準としてもっている。一商品の価値がその生産のあいだに支出された労働量によって規定されるとすれば、ある人が怠惰または不熟練であればあるほど、彼はその商品の完成にそれだけ多くの時間を必要とするのだから、彼の商品はそれだけ価値が大きいと思われるかもしれない。しかし、諸価値の実体をなす労働は、同等な人間的労働であり、同じ人間的労働の支出である。商品世界の諸価値に表わされる社会の総労働力は、たしかに無数の個別的労働力から成り立っているけれども、ここでは同一の人間的労働力として通用する。これらの個人的労働力のそれぞれは、それがひとつの社会的平均労働力という性格をもち、そのような社会的平均労働力として作用し、したがって、一商品の生産に平均的に必要な、または社会的に必要な、労働時間だけを必要とするかぎり、他の労働力と同じ人間的労働力である[★50]」。

この抽象労働の概念がなければ、価値論は、実際には、ぶらぶら働き、ぶらぶら過ごすために浪費された時間が価値の創造者だなどというばかばかしい主張にいたることになるだろう。労働力の消費は、まず個人的なものではない。それは「同じ人間的労働」であり、「社会的に必要な」「社会的平均労働力」を前提する。この平均はひとり生産の領域だけでは定められない。平均は競争の代謝、平均利潤率の確立、階級闘争によって設定されるもろもろの欲望の歴史的認識を前提する（もろもろの欲望は直接的な消費の欲望に限定されず、教育、文化、幾世代にも共通する環境の要因を含む再生産の欲望に拡大される）。

それゆえ抽象労働は、言い換えれば、欲望の体系によって、不足の普遍性によって歴史的に規定されるものである。異なる労働の同等性は、労働の現実の不同等性の捨象を前提する。これらの異なる労働の「労働力支出に共通する性格」への還元は、交換から生じるものである。マルクスはその点を〔『資本論』第一巻〕第二篇・第四章「貨幣の資本への転化」で強調している。「食物、衣服、暖房、住居などのような自然的欲求そのものは、一国の気候その他の自然の独自性に応じて異なる。他面では、いわゆる必需欲求の範囲は、その充足の仕方と同様に、それ自身ひとつの歴史的産物であり、それゆえ、多くは一国の文化段階に依存するのであり、とりわけまた、本質的には、自由な労働者の階級がどのような条件のもとで、それゆえどのような慣習と生活要求とをもって形成されたか、に依存するのである。したがって、労働力の価値規定は、他の諸商品の場合とは対照的に、歴史的かつ社会慣習的《モラーリッシュ》な一要素を含んでいる。とはいえ、一定の国、一定の時代については、必要生活諸手段の平均範囲は与えられている。……労働力の生産に必要な生活手段の総額は、補充人員すなわち労働者の子供たちの生活諸手段を含むのであり、こうしてこの独自な商品所有者の種族が商品市場で自己を永久化するのである」[★51]。労働力がモラル的および歴史的な要素を含むとしても、また労働力の再生産が幾世代の交代を含むとしても、その再生産に社会的に必要な労働時間の規定は、……階級闘争を前提しているのだ！

それゆえ社会関係としての資本は、支配関係と競争関係を一体化したものなのである。生産のレヴェルで、剰余価値率 pl/v は、競争関係とは無関係に、階級関係を表わしている。総（再）生産のレヴェルでは、利潤率 $pl/c+v$ が競争関係によって媒介された搾取関係を表わしている。ピエール・サラマとチャン・ハイ・ハックはいわゆる転換論争において、よく誤解される剰余価値と利潤の概念的な違いをはっきりと強調している。「だから、階級関係のレヴェルは搾取率の存在によって構造化されているのと同じように、間資本家関係は、競争において搾取率が個々の資本家に押しつけられる形態としての一般的利潤率の形成によって構造化されるのである。この意味で、一般利潤率は、資本一般のレヴェルで先行して規定された交換価値の転換された形態である。交換価値の資本一般のレヴェルから競合する資本のレヴェルへの発展は、交換価値の生産価格への転換の名で呼ばれる。この転換は、資本の分析の抽象化レヴェルから別のレヴェルへの移行にほかならない。その際、転換は、資本家の没頭する利潤のための闘争が勤労者階

★50　邦訳『資本論』第一巻a、六五—六六ページ。

★51　邦訳『資本論』第一巻a、二九二—二九三ページ。

級から強奪された剰余価値の合計に限定されることを意味する。資本家たちは、階級関係のなかで抽出されたもの以上のものを分かち合うことはできない。言い換えれば、交換価値の価格への転換は、資本一般のレヴェルで、競合する資本家たちのあいだで引き出される剰余価値の細分化を表わすのである」[☆52]。剰余価値の分配の合計と形態は、剰余価値の抽出に依存している。搾取はそれゆえ、個別的労働時間で比較される消費財の個別的充用によって、これを規定することはできないだろう。

☆52　Pierre Salama et Tran Hai Hac, *Introduction à l'économie de Marx*, Paris, La Découverte, 1992, p. 55.

第三部　無秩序の秩序　科学的実証性の批判家マルクス

「そうすると、限界はどこにも存在しえず、矢の飛ぶ先は、たえず先から先へと延びてゆくこととなるであろう。」

ルクレティウス『自然論』

「もっとも偉大な手品師とは、その魔力が自分にもかかわりのないものに見え、それ自身のなかにある強力な顕現のように見えて、まるで同時に自分自身を魔法にかけることができるような魔術師のことをいうのであろう。」

ノヴァーリス『断片集』

第７章　別のやりかたで学問する

マルクスはまったく相反する二つの批判にさらされる。ある時には、経済的決定論だと非難され、別のある時には、その反対に、それがなければ科学性（scientificité）で巧みに飾り立てられた「似而非《えせ》学問」でしかなくなるような因果関係や預言可能性の幾多の要請に背を向ける見かけ倒しの理論だといわれる。どちらの批判にも一斑の真実はあるが、いずれの批判も本質から外れている。

自然諸科学の成功に魅せられたマルクスは、それらを鼓舞する「科学する意思」によって罠にかかったことは疑いない。『資本論』初版の序文は「すべての科学」にあてはまる性格を想起している。序文は、諸科学を政治経済学批判の典型と見なしている。「商品形態」は「経済の細胞形態」として現われる。資本主義的生産の「自然法則」は社会的敵対関係を生みだす。社会は「それ自身の運動をつかさどる自然諸法則」を究めようとする。これらの法則は「鉄の必然性をもって」立ち現われる。単純化できない特異性をしっかりと記憶にとどめておくためにも、すぐにも矯正されるこの必然性は、「諸傾向」[☆1]のより穏やかな形態を帯びる。

英国的科学の甲高い歌声に幻惑されたマルクスは、「ドイツ的学問」（science allemande）〔ドイツ語では‘Wissenschaft’だが、著者は一貫してフランス語‘science’を使用している〕の絆と、ライプニッツとゲーテの、フィヒテとヘーゲルの声が混ざり合うひとつの歴史のささやきとによって引きとめられ、思いとどまっているようにみえる。乗り越えられることのないこのデ

☆1　Karl Marx, préface à la première édition du *Capital.*〔邦訳『資本論』第一巻a（新日本出版社、一九九七）、一〇ページ。〕

ィレンマが実り多い成果をやがて明らかにすることになる。科学になろうとしている哲学と政治学になろうとしている科学の狭間で、すなわち英国的科学とドイツ的学問のはざまで、批判の鋭利な切っ先のうえでバランスをはかるマルクスの思想は、「有機的力学」に向かう、またその亡霊がまだわれわれの道具的理性にまとわりついている「周辺科学」かあるいは「なにかしら一杯詰まっているもの」(remplissements)〔侮蔑的には「埋め草」〕に向かうサインとなっているのである。

ドイツ的意味での学問

マルクスの学問とのかかわりは、「正真正銘」の学問をその物理学的モデルに還元する認識論の虜になっている多くの読者をあわてさせる。これとは反対に、「ドイツ的学問」の概念においては、哲学といまなお密接な関係をもつ学問の、一見古風な表象と、ヨーロッパ諸学の危機(Krise)を乗り越えたとされる新しい学問の先取りとの出会いが演じられる。シュムペーターはしぶしぶとではあるがこの厄介な新しさを感得している。「マルクスの結合は化学的である。すなわち、マルクスは結論を生みだす議論そのもののなかに経済史的事実を導入したのである。彼は経済理論がいかにして歴史分析に転化されうるか、また歴史的物語がいかにして理論的歴史に転化されうるかを体系的に理解しかつ教えることにおいて、もっともすぐれていた最初の経済学者であった[☆2]」。「幽霊の乗り移ったような経済理論の諸概念が息吹き始める。血の気のない定理であったものが、いまや塵芥と狂騒とに満ちた社会へ乗り出していく」――この分析に吹き込まれた活力の湧出に敏感なシュムペーターは、しかしながら、経済的であると同時に社会学的な諸概念や諸命題のこの異端の結合を斥けるのだ。理路整然とした普遍的な知的分業に挑みかかるのがこの結合である。「マルクス体系に独自の特徴は、これらの歴史的事件や社会制度自体をも経済分析の説明過程のなかに入れていること、あるいは専門語をもってすれば、それらを与件としてではなく変数として取り扱っていることに存する[☆3]」。

実際、マルクスの「学問」は、人を戸惑わせる学問である。概念的な秩序が戦闘の肉感的無秩序のなかで休みなく崩壊する、生きた生物の陶然とさせる探究において、その学問は、共時態と通時態を、構造の普遍性と歴史の特異性を、混ぜ合わせる。

実証的諸科学と思弁的諸哲学とは、長いあいだ相互に有利な取り決めに基づいて共存してきた。科学は「思考しない」としても、哲学者は証明できない思考の広大な領地を持ち分として取っておくことができたし、科学的であるものは、その代わりに、最終的真理の独占権を受け取ることができた。ハードな諸科学の変貌、その目的の批判的検討、現行の規制的諸規準と両立しない学的慣行の拡散は、この妥協を断ち切った。いまや科学が思考し、その結果、科学がことばで考えることは許される。意味の不一致を判定する一義的で透明な記号体系がなければ、これらのことばは確かなものではない。かつてないほど不確かでさえあるのだ。

古典物理学の諸概念は「具象的概念」である。ところで、「われわれのことばが深く沁み込んでいるところの直観的な表象の必要を断念する」[☆4]すべを知らなければならない。われわれの想像上の脈絡の糸のうえで人の心を惹きつけたり、あるいは不安にさせたりするような多くのファンタジーと踊り廻るあまりにも風変わりな状況を翻訳するのに適した用語をどこで見いだすのか？　人は一定の状態を理解したのかもしれないし、比喩や寓話だけが、それを連想させるすべを知っているのかもしれない。慣れ親しんだ幾多の表象が衰えてゆくもろもろの世界の境には、もはや沈黙するか舌の震えを聞くこと以外に二者択一はない。辞書、分類法、命名法が破綻するところで、隠喩《メタファー》や詩の豊かさを復権することがどうしても必要になった。時間の矢、ブラックホール、二重螺旋《らせん》〔ケンブリッジ大学のワトソンとクリッ

☆2　Joseph Schumpeter, *Capitalisme, socialisme, democratie*, Paris, Payot, p. 69-73.〔中山伊知郎・東畑清一訳『資本主義・社会主義・民主主義』（東洋経済新報社、新装版一九九五）、七〇ページ。〕
☆3　*Ibid.*〔前掲邦訳、七六ページ。〕
☆4　Niels Bohr, *Physique atomique et connaissance humaine*, Paris, Gallimard, «Folio-Essai», 1991.〔井上健訳『原子理論と自然記述』（みすず書房、新装版二〇〇八）〕

クが一九五三年に発見した遺伝子のＤＮＡ構造〕、ビッグバンやビッグ・クランチ、奇妙な引力作用子《アトラクトゥール》、花綱《はなづな》状のフラクタル〔ラテン語の「フラークトゥス」(fractus)（折れた）に由来するマンデルブローが創造した数学理論〕、水の記憶〔復元力〕など、われわれはいまこんな状況にあるのだ。二重の無知という状況から切り離せなくなった科学には、もはや絶対はなく、あるのはもうひとつ別の相対的な絶対なのである。今度は、別であることのこの関係を知らなければならないが、メタ科学、あるいはライプニッツがはかなく夢見た普遍「記号法」(Caractéristique)という聞き取りにくい最後のことばに向かっての死に物狂いの逃走がこれに続く。

『資本論』の隠喩的文体は多くの痛烈な皮肉を呼び起こした。それは反論の余地のないいんちきさを証言するものなのだろう。科学的形式化の厳格さに従う力がないことの告白となるのだろう。思弁的な、もっと悪いことに文学的なノスタルジアの消し去ることのできない特徴の予告となるのだろう。多くの読者は、一義的で正確な定義が欠落していること、専門用語の多くの変化や変わりやすさに落胆してしまうこととなる！　実際、マルクスによって書かれたもの《エクリチュール》は、ことばの不確実性によって論議を呼んでいる。その結果、多くの誤読が生じる恐れがある。

エンゲルスはフランス語の窮屈さに怒り、「ますます不可能な〔狂人用〕拘束衣」のような「近代フランス語で思想に生気を与える」ことに絶望的である。「マルクスはドイツ語でこんなふうにはけっして書かなかったはずだ[☆5]」！　ドイツの言語は思想の運動と、形式と内容との相互関係とを結合する。だから、マルクスは、まるで概念的な不充分さは教養の記憶によって訂正することができるかのように、「ドイツ的学問」ないしは「ドイツ的な弁証法的方式」を引き合いにだす。すべての理論的知識を包含する「学」(Wissenschaft)は、フランス的意味の「科学」(science)の重い実証的内包を背負わせられてはいない。その「ドイツ的」特殊性は豊かな哲学的遺産を想起させる。[★6]その特殊性は言語、文体、構成の諸問題を提起するが、それらの問題は、その審美的な次元から見ると、もうひとつの異なる合理性と異なる知の形態の存在を示唆する、ある作品の統一性のなかに、かりそめの回答を見いだすのである。「たとえどんな欠陥があろうとも、僕の著書の長所は、それがひとつの芸術的総体をなしているということなのだ[☆7]」。この発言は、満たされない小説家の気取った文言として軽々しく受け取るべきではない。マルクスの隠喩《メタファー》に富んだ創造性は、分析的と同時に総合的、科学的と同時に批判的、理論的と同時に実践的な認識の必要性を表わしている。ある時は近道で、ある時は遠廻りして、創造性のなさにたいする無念さを表わすと同時に、形式化された言葉にたいする猜疑心を表わしているのである。隠喩に富んだ思考は理論的懐胎の局面において、かけがえのない機能を果たすと考えるカール・コルシュは、このことをよく理解していた。☆8

ここで問題は、皮相な中傷者たちの科学者マルクスに、来たるべき科学革命の先駆者マルクスを対置させることではない。しかしながら「英国的科学」の影響のもとで、マルクスは、資本という奇妙な対象の制約を受けて考察した。その奥深い理解のためには、もうひとつ別の因果関係、異なる諸法則、別の時間性、要するに、もうひとつ別の学問的性格の在り方が要求されることとなった。「ドイツ的学問」がその在処を示しているのだ。ほかでもなくここを掘り下げなければならないのある。マルクスを、ある時は俗流経済学者（「芸術的総体」について彼が気がかりを公言していたにもかかわらず）に、またある時は歴史の悲劇詩人に仕立てるやっつけ告訴状をそのまま受け容れるかわりに、われわれはそこを読み、討論し、解釈しなければならない。彼が今日われわれが当面している認識論的激変を予見することができなかったことは明らかだとしても、商品についての神学的な屁理屈にたいする彼の部分的な回答は、彼が生きた世紀の学問的地平を越えるものであった。

☆5　エンゲルスの一八八三年六月二十九日のゾルゲ宛書簡、およびマルクスの一八七三年十一月二十九日のエンゲルス宛書簡。

★6　本邦訳において、‘science’ ないし ‘Wissenschaft’ には、「科学」、「学」、「学問」といった訳語が充てられる。これは、フッサールの『ヨーロッパ諸学の危機と超越論的現象学』（中公文庫、一九九五）の訳者木田元の流儀と同様である（同訳書、五四九ページ）。あるいはライプニッツにおけるように、‘science’ のラテン語の語源 ‘scientia’ に帰って、「知」ないし「知識」という訳語もまた可能であろう。

☆7　マルクスの一八六三年七月三十一日のエンゲルス宛書簡。〔邦訳全集31巻書簡集、一一一ページ。〕

☆8　Richard Boyd はこの機能を成熟した諸科学に拡大する。彼によれば、隠喩は、一定の適応諸条件のもとで、「科学的理論における言語メカニズムのかけがえのない構成部分」なのであり、「未来研究の戦略」を暗示するものとなるであろう。

一九八〇年の論文で、マヌエル・サクリスタンは「マルクス主義の危機」がいかに多様なマルクス読解に不均等にしろ影響しているかを明らかにしている。六〇年代の科学主義的読解はスターリン主義の解体の余波をまともに受けた。それだけではない。(「ゼロ成長」にたいする怪しげな熱中の影響下で)すべての合理主義にたいする告発もあった。政治の分野では、ソルジェニーツィン効果が広がり、それがブレジネフ停滞政治の影響、中国大文化革命の幻滅、インドシナの戦争による裂傷、「イラン革命」の不透明さと重なった。こうした衝撃のもとで、コレッティのような一部の人々は、その前夜まで彼らが主張していたこととは反対に、二つの意味が重なり合う科学概念をマルクスのなかに発見した。すなわち、学的言説の支配的イメージに対応する実証科学の「通常」の概念と、本質の認識を諦めることのない「学問」(Wissenschaft)の概念である。

サクリスタンは遅すぎる発見に皮肉をこめて驚いている。実証主義的科学主義をマルクスのせいにしないようにするためには、マルクス語彙辞典に、すなわち、英米-仏の科学とドイツ的学問(deutschen Wissenschaft)の相異に注意を払うだけで充分であった、と指摘している。注意深い読解によって、少なくとも、マルクスを魅了する実証科学への誘惑と、それにただちに対抗する形の全体性と単一性の認識への誘惑という、二重の誘惑が明らかになるはずだ、というのである。エンリケ・ドゥセルは正しくもこう書いている。「通常科学に、すなわち現代受容されている──たとえばポパー的な意味で──科学に与えられている意義に基づいてマルクスを判断するなら、われわれはもはやマルクスのなかに科学的合理性の実践についてなにひとつ理解することはできないにちがいない」[☆9]。

マルクスがどのような学問を実践しようとしたのかは、いくつかの手紙が明らかにしている。「ドイツ的な意味での[im deutsche Sinn]学問としての経済学はこれから作られるものである[★10][……]。僕の本のような著作のなかでは、構成、もろもろの関連はドイツ的学問[deutschen Wissenschaft]の勝利をなしているのである[☆11]。外見[仮象]や物神崇拝にたいして批判的なこの学問は、現象的な形式を超えて「内的な諸関係」を見ている。「ドイツ的学問」(deutschen Wissenschaft)はいかなる理論的排外主義をも示すものではない。マルクスはじつにあまりにも英国的実証科学の諸成果にたいして感嘆と尊敬の念をもっていたので、それらの成果を軽蔑することはできなかった。これらの実証諸科学は、認識の運動への不可欠な契機《モメント》なのである。それに自己満足しなければの話であるが。

　サクリスタンによれば、ヘーゲル継承はマルクスをして「彼の知的作業の認識論的地位を正確にする」のを妨げる、学問の折衷的な表象を伝えるものである。一八四三年初めのルーゲ宛の手紙で「絶対科学」の法外な要求が告発されているが、それよりも批判に近い形のマルクスの「ドイツ的学問」は、英国経験主義とフランス合理主義が執拗にその反抗心を表わしていたところの思想伝統のなかに位置づけられる。[☆12]大事なことは、それぞれの側を解明するという口実で全体性を捨ててしまわないことであり、それだけでなくゲーテの学問が芸術と再結合されるような流儀で、特異性のなかに普遍性を再発見することである。「知識には内面性が、反省には外面性が欠けているから、反省よりも知識のなかですべてを把握することはもはやできないのであるから、もしわれわれがなんらかの全体性にいたる方法を期待できることを願うのであれば、われわれには学問を芸術のように考えることが必ずや求められてくるのである。そして、われわれが学問を追求しなければならないのは、普遍性のなか、過剰のなかではない。芸術がつねに個々の作品のなかで全面的に自己を表現するものである以上、学問もまた、個別的対象のそれぞれにおいてつねに全面的である自己を示さなければならないだろう」[☆13]。このような学問は、ありあまる自由を勝手に自分のものとすることができる。通常の学問にたいする無益な軽蔑心（「粗野な英国的科学」やダーウィンの「ベイコン哲学」）や「自分で習得する〈こつ〉」にたいするヘーゲル的侮蔑心をいだかないように用心しなければならない。この〈こつ〉は学問の発

☆9　Enrique Dussel, *Hacia un Marx desconocido*, Mexico, Siglo XXI, 1988.

★10　邦訳全集29、一八五八年十一月十二日付のマルクスからラサール宛書簡、四四三ページ。

☆11　一八五八年十一月十二日、および一八六六年二月二十日の書簡。〔邦訳全集31、書簡集、一五二ページ。〕

☆12　マルクスの「ドイツ的学問」は、ヘーゲル経由で師エックハルトやヤーコプ・ベーメの影響を継承する。「結合法的学問」が「形式論理学」よりもすぐれているのと同じく、哲学的と呼ばれる学問がよりすぐれた「預言学問」の始まりでしかないというユダヤ神秘神学の漠然とした系譜をそこに見いだすこともできるだろう（Abraham Aboulafia, *Épître des sept voies*, Paris, Éditions de l'Éclair, 1985）。

展に不可欠の契機《モメント》なのである。「普通の意味で学問は存在するし、存在するのは観念論的な巨人たちに与えられた叡智だけではない。覚えたり教えたりすることができる〈こつ〉をもって仕事をするとしても、その〈こつ〉を利用することによって、結果的には全同僚から抗議をうけるおそれもある。教えることが可能な（伝達可能な）〈こつ〉を通じても検証不可能なことは、あらゆる種類の学問よりもすぐれた利点を表わすかもしれないが、それはまさに学問となることはないだろう」[☆14]。

それ自身のカテゴリーを練り上げる作法についてあれこれ考える批判は、既成の学問に回答を与えるものである。マルクスが持続的に自分の任務を「政治経済学批判」として構想したのはこのためである[☆15]。

Deutschen Wissenschaft?　「ドイツ的」学問?

このドイツ性は何に由来するのだろうか?　ドイツの有名な政治的「立ち遅れ」、すなわち、ドイツ統一や国家建設の政治的立ち遅れ、小領主によって分断され束縛された社会の経済的立ち遅れ、技術的および科学的な立ち遅れに由来する。英国とフランスが自由競争資本主義の時代に他に先駆けて突入していたのにたいし、ドイツは取り逃がした約束の機会についての神話をあれこれ反芻していた。道具的理性の出現にたいするロマンティックな猜疑心が生まれる理由はおそらくここにあるだろうが、ともかくそれまでは国土およびその起源についての冷静な理性と熱い神秘の謎とのあいだで、猛り狂った流血の乱痴気騒ぎがあったのである。

世界のいろいろな要素の入り混じった不均等な発展のなかで、時の不調和と諸矛盾の非同時性のなかで、立ち遅れはまた「前進」の条件でもある。マルクスはこのことを完全に自覚していた。「われわれドイツ人は近代諸国民と革命をともにしないでただ王政復古だけをともにしたのであった」[☆16]。フランスにおける政治革命がドイツの哲学革命のあとに続くが、その立ち遅れは特殊な利点を生みだす。「古代諸民族が自分たちの前史を空想のなかで、すなわち、神話のなかで経験したように、われわれドイツ人は自分たちの後史を思想のなかで、すなわち哲学のなかで経験した。

われわれは現代の歴史的な同時代人ではないが、その哲学的な同時代人なのである。ドイツ哲学はドイツ史の観念的な延長である。〔……〕先進諸国民のもとでは近代的国家状態との実践的な決裂であるものが、こうした状態そのもののまだ一度も存在しないドイツでは、さしあたって、その状態の哲学的反映との批判的な決裂となっている」。社会的発展と哲学的発展とのこの不同調は、なんら驚くにあたらない。政治的遅れは社会的前進に変わり、ブルジョワジ

☆13　Goethe, *Notes pour l'histoire de la théorie des couleurs.*〔高橋義人・前田富士男訳『色彩論』（工作舎、一九九九）〕このドイツ的学問の問題は、フィヒテにおいても同じように提起されている。フィヒテにとって『知識学』（*Wissenschaftslehre*）は「カント哲学と同様、超越論哲学です。それは、従来のように、〔絶対者を〕物のうちに置いたり、主観的な知のうちに置くという本来不可能なことはしません。知識学は両者の統一のうちに絶対者を置くのです。――この点において、知識学はカント哲学に酷似しております」。この知識学を除いては、事実的明証性以外の明証性、言い換えれば、理性の本質的な、あるいは「発生的」な明証性に反して、実存するすべてのものの偶然性によって侵食された明証性を「知の世界」に期待することはできない。だから、明証性を「要求」できるのは数学であり、数学の代表者のなかには、おのれを「笑うべき」ものとされてまで、哲学を超えようという態度が認められる――これは無駄な試みであるが――のである。すなわち、実証諸科学の事実的な明証性は、取るに足りないものであるどころか、その代わりに、仮設‐演繹的な諸科学と異なり、明証性それ自体に対する批判を唯一発展させることが可能な哲学を頼りにして、発生的な明証性に到達することができるのである。「私たちの仕事は、諸学の境界を混乱させることにあるのではないということも確かです。数学と他のすべての学は第一の学ではなく、自立的でもないこと、それら自身の可能性の原理はより上位の他の学のうちにあるということが承認されればよく、数学ならびに他のすべての学はそのことを知っていなければなりません。そもそも現実的な諸学のうちにあるものは、事実的に明証的な諸原理に他なりません。これにたいして知識学はまったく発生的な明証性を導入し、そこから事実的な明証性を演繹しようとします。したがって、知識学は、核心において、その精神と生から言って、従来の学的な理性使用のすべてとは明らかにまったく異なっております」（Fichte, *La Théorie de la science*, Exposé de 1804〔山口祐弘訳『一八〇四年の知識学』『フィヒテ全集13』（哲書房、二〇〇四）、一八〇四年知識学第二回講義、二四九ページ、同第二回講義、二六六―二六八ページ〕）。

☆14　論集 *Sobre Marx y Marxismo*, Barcelone, Edicion Icaria, 1984 に再録の Manuel Sacristan, “El trabajo cientifico de Marx y su nocion de cencia.〟出版の日付は重要である。ポパーにたいする熱中はこの時最高潮に達していて、数年前までは非常に権威をもっていた「マルクスの学問」は、ふたたび「似而非科学」の地獄に落ち込むからである。

☆15　マヌエル・サクリスタンは、引用の仕方が、『資本論』第一巻において、学問についての青年ヘーゲル派の哲学の痕跡をとどめていることを指摘している。彼によれば、全体の最終プランが（『剰余価値学説史』という）まさしく批判的な部分と、最初の三部作の系統的部分を切り離すにいたったにもかかわらず、この労作の副題（「政治経済学批判」）もまたそのことを証明しているのである。ここでサクリスタンは間違いを犯しているように見える。「批判」は経済諸学説の歴史的説明に向けられているのでなく、概念的作業の全体を貫いているのであるから、『資本論』は、その副題に完全にふさわしいものとなっているのである。

ーの「遅れ」はプロレタリアートの「前進」に変わる。こうして、「シュレージエンの蜂起は、フランスと英国の労働者蜂起の終わったところから、プロレタリアートの本質の自覚から、はじまっている」。ドイツ的時代錯誤《アナクロニスム》の弁証法は、政治的遅れを理論的前進に、政治的遅れを社会的前進に転化するのである。

ドイツ的学問の起源へ

へーゲルに倣って、マルクスは実証科学なるものの排他的合理性に抵抗する。英国諸科学が全体性に背を向けて細分化された運用成果の実用的実証性に没入しているのにたいし、「ドイツ的学問」はそれ自身のうえに認識の批判的視点を置く。それは、新しい規律的要請に対する、悦ばしい知識の御しがたいノスタルジックな懐古主義なのではない。むしろそれは、技法の難問において自分のことを思い出してもらうような脱全体化された、否定的で、満たされない全体性の存在を表わしているのである。[☆17]

科学と哲学とのあいだの分裂がまだ成し遂げられていない時代に、『精神現象学』、『哲学の集大成《エンツィクロペディー》・要綱』、『論理の学』は、普遍的学問の絶望的な試みを代表している。知性〔悟性〕および精密科学が不活性な物質世界の機械的な諸法則を言い表わすことしかできないのにたいし、「ドイツ的学問」は絶対知の野望を永久化するわけなのである。[☆18]

苦《にが》い近代性の一面的数学化に、またその先行例に直面して主張されるのが、この「もうひとつの知」なのである。非道具的な合理性の探究が、彼なくしては哲学が消滅してしまうスピノザへと導かれるのは不可避である。これこそまさに、へーゲルの『論理の学』とともに、マルクスによるところの学問の最初の源泉なのである。早くも一八四一年に、マルクスは、一冊のノートのなかに『神学－政治論』の長いくだりを、次の驚くべきタイトルのもとに書き写している。

カール・ハインリヒ・マルクスの
スピノザ『神学 - 政治論』
ベルリン、一八四一年☆19

マルクスのこの『神学 - 政治論』にたいする関心は、その時代の政治と法律への関心とともに、一貫したものである。スピノザは神学の後見から哲学を解放しようと欲する。哲学をであって、科学ではない。当時、神学と哲学とのあいだには決定的な境界線が走っており、後者は、分析的かつ論述的（discursive）な認識（今日ではただこれだけが科学的と見なされる）だけではなく、「概括的、直観的」認識を抱懐するものであった。それは、世界を認識するだけでは満足せず、救済という至高の倫理的目的を対象としなければならないのである。「論述的なものと直観的なもの、断片的なものと概括的なもの、感情を抑制するものと感情を爆発させるもの」という合理性の二つの形態を切り離す

☆16　Karl Marx, *Critique de la philosophie du droit de Hegel.*〔邦訳全集1、「ヘーゲル法哲学批判」、四一六ページ、同、四二〇ページ、「批判的論評」、四四一ページ。〕エンゲルスは、およそ四十年後、『ユートピア社会主義と学問的社会主義』〔一般には『空想から科学への社会主義の発展』の標題で知られる〕のドイツ語初版への一八八二年の序文でこの考えに立ち返っている。「学問的社会主義は本質的にはドイツの産物であって、その古典哲学が意識的な弁証法の伝統を生き生きと保持していた国民のもとでのみ」、すなわち、「ドイツ人のもとでのみ成立することができたのである」。「英国とフランスで生まれた〔……〕状態にドイツの弁証法的批判が加えられた時、そこではじめてほんとうの成果を得ることができたのである」〔邦訳全集19、一八五ページ。大内兵衛訳（岩波文庫、一九六六）、二四ページ〕。
☆17　Georges Labica, *Le Statut marxiste de la philosophie*, Paris, PUF, 1977 を見よ。「われわれがすでに出遭ったことのある理論と実践の「学問的」結合の意志は、そこにもっとも具体的な表現を見いだす。だが、この結合は、哲学の概念そのものを休息の状態にはさせない新しい問題構制をもたらす。というのは、ここではただ素描されただけの一種の哲学の可能性の状態について、再びおのれに問いかけることになるからである」（p. 45）。晩年のマルクスとロシアに関する Theodor Shanin の労作をも見よ。
☆18　人がそれ自体のために追究するこの哲学的学問は、事物の理由を気にかけない知識とは異なり、たえず変化するものの真理性を追究する。自然学と数学が哲学に帰属する領分でしかないのにたいして、アリストテレスにあっては、この哲学という学問は〈存在を存在として論ずる学問〉なのである（Aristote, *La Métaphysique*、また Alexandre Koyré, *La Physique d'Aristote* を見よ〔アリストテレス『形而上学』における第一哲学の定義である〕）。

ことを拒否するスピノザは、科学と倫理を結びつける理性の実践を提唱するのである。[☆20]

この新しい結合は「第三の型の認識」を規定する。「漠然とした経験」あるいは偏見に充ち不適切な「伝聞」を通じての認識、この第一の型（あるいはジャンル）の認識は、なによりもまず、それを包む曖昧なしるしによっておのれを規定する。諸原因に拠る合理的な認識、この第二のジャンルの認識は、特異な本質の認識にまだ接近できない一般的な共通の概念をもたらす。一部のある人々にとっては直観的で神秘的な認識、他の人にとってはよりすぐれた合理的認識、この第三の型の、直観的であると同時に合理的な認識は、神への知的愛である。この認識は本質に接近し、われわれ自身の、神の、他の事物の適切なる観念を集結させる。特異性の探究は第二の型の認識とは対立する。「われわれが特異な事物を認識すればするほど、ますますわれわれは神を認識する」。この認識を生産すること、それは、おのれを生産し、おのれ自身を認識するそれ自身の能力についての観念を生産することなのである。それゆえ、主体と自己発展としての真実をかいま見ることである。「われわれがわれわれの特異な本質を規定する運動と休息の組み合わせを発生論的に再構築した時にはじめて、第三のジャンルの認識はそれ自身成就されたことになるだろう」[☆21]。

事物の認識に帰せられる神の特性の適切な観念から開始するこの認識は、認識の対象と方法がいっしょに転換されるようにして、たった一瞥しただけで「回路の多様な連鎖」をたぐり寄せる。直観的な学問が合理性のすぐれた形態を表わすとしても、理性《ラティオー》の通常の形態を短絡させることはできないだろう。というのも、その方法は内在的な本質に直接接近することではないからである。それゆえ、対象を外在的に説明し「その非本質的な大きさ」を説くことからはじめて、次いで直観が新しい総合のなかで因果関係についてのすべての情報を把握し直すことができるようにしなければならない。「第三のジャンルの認識によって事物を認識する努力あるいは欲望は、第一のジャンルの認識からは生まれないが、第二の型の認識から生まれることは可能である」。そして「この第三のジャンルの認識からは、可能なかぎりのもっとも高い充足感が生まれるのである」。実証科学の飛躍的発展に夢中になったスピノザは、予防のためとはいえ、実証科学の成功から孵《かえ》った科学万能主義的イデオロギーをそれでもやはり認めないのである。

第一の型の認識は想像や表象のレヴェルにとどまっている。第二の型の認識は現実の部分的な側面しか与えない。それにはいまだに、「その特異な本質において事物を把握すること」に欠けるところがあるからである。第三の型の認識は、数学的および物語叙述的な批判的一体性を維持している。自己を媒介とした認識である直観的契機が学問の客観化の過程に栄誉を与えるのだ。その際、事物は「たんにその普遍的な法則によってではなく、その特異な本質によって理解される。そして事物を決定している諸原因は、機械的で推移的なものとしてではなく、論理的で内在的なものとして理解される」。神はもはや抽象的な存在ないしは概念として現われず、具体的な全体性と特異性として現われる。哲学者は、要するに、「以前にはその外的な側面しか知らなかった自然の内的構成にまで、視線を届かせることができるのである」[☆22]。

☆19 イルミヤフ・ヨヴェルはこのタイトルの尋常でない性格を明らかにしている。「カール・マルクスによる？ もしそうならこれは完全な盗作である。このノートにはマルクスがスピノザから引き写したのでない文章は、一文たりとも含まれていない。しかし、これは、哲学的占有という行為なのかもしれない。というのも、実際スピノザの思想は、〔……〕マルクスのちの思考の基盤であり続けたようだからである。〔……〕スピノザはまずもって、ヘーゲルへの対抗物であり矯正手段だった。ヘーゲル的な「精神（Geist）」は高尚で半ば宗教的な高みへ侵入するものとマルクスには思えたが、スピノザは自然と人間の概念を回復させ、それらをヘーゲル的な高みから具体的で自然的な存在へ引き下ろす梃子となった」（Yirmiyahu Yovel, *Spinoza and Other Heretics*, 2 vols., Princeton University Press, 1989.〔ベンサイドは、フランス語訳 *Spinoza et autres hérétiques*, Paris, Seul, 1999 を使用している。Y・ヨベル『スピノザ 異端の系譜』（小岸昭ほか訳、人文書院、一九九八）、第二部・第四章「スピノザとマルクス」、三八九―三九〇ページ〕）。〔ヨヴェルが明らかにしているように、一六五六年にオランダのユダヤ教会から破門されたスピノザは、いかなる宗教的既成権威からも独立したモラルの在り方を探った。それが、『神学‐政治論』、遺著『エティカ』の思想史的意味なのである。その際、神なる超越的存在をも、「神即自然」（Deus sive Natura）として、「汎神論化」＝「唯物論化」せずにはおかなかった。マルクスも、トロツキイも、それからベンサイドも、この異端の系譜に連なるユダヤ人思想家であった。スピノザの生涯と思想についての最新の研究については、スティーヴン・ナドラー『スピノザ――ある哲学者の人生』（有木宏二訳、人文書館、二〇一二）を参照。〕

☆20 *Spinoza and Other Heretics*, vol. 1, p. 154; *Spinoza et autres hérétiques*, *op. cit.*, p. 203.〔前掲邦訳、第一部・第六章「もう一つの救済としての知」、二一二ページ。〕

☆21 André Tosel, *Du matérialisme de Spinoza*, Paris, Kimé, 1994, p. 53. この第三の認識のジャンルについては、同じく次を見よ。Gilles Deleuze, *Spinoza, philosophie pratique*, Paris, Éditions de Minuit, 1981〔鈴木雅大訳『スピノザ――実践の哲学』（平凡社ライブラリー、二〇〇二）〕; Étienne Balibar, *Spinoza et la politique*, Paris, PUF, 1985.

「物それ自体の愉悦の感情」によって、合理的知は審美的愉悦ともはや切り離されない。スピノザにたいする恩義を認めるヘーゲルは、しかしながら、媒介と否定とを欠いた、生気のない一方的な全体性の概念についてスピノザを批判する。「なぜならスピノザは、一方的にしか否定を認めなかったので、彼の体系のなかには、主観性、個体性、個性の原理、存在のなかの自我意識の契機は見いだせないのである」。理論は、その理論がある国民にとって彼らの欲求の実現であるかぎりで現実となる。新しい知の創始者であるスピノザの内在論哲学は、人間をそれ自身の本来の創造者とする歴史性の媒介をいまだに提起してはいない。

ヘーゲルによってスピノザを、スピノザによってヘーゲルを補正するマルクスは、その手順を通じて、「人間がその創造の世界で自分自身を凝視する」ところの自然との関係を研究することになる。「北西通路」の先駆者であるマルクスが、諸学の、自然諸科学と人間諸科学への分割を、法令によってではなく、現実の歴史的過程という形で、人間化された自然と自然化された人間の学という「唯一の学問」において自己解消せしめる定めにあるひとつの契機として考察するのは、このためなのである。[☆23]

いわば、新しい学（scienza nuova）である。[★24]

『資本論』は、現実の内在的で傾向的な諸法則に含まれる解放の動力学を解読するのである。否定の学として、『政治経済学批判』はアカデミックな知の仕分けと分類における他の諸学のなかに位置を定める局部的な学ではもはやない。それは、厳密にいえば、経済的なものが全体性を規定する特有の——資本主義的——社会のなかの認識を全体化する運動を把握し直すことを可能にする契機となる。事実判断と価値判断は、「第三の型の認識」におけるように、そこでふたたび結合され直すわけなのである。[☆25]

実際に、歴史的解放はその対象にとって外的な道義的至上命題からはじめることはできないであろう。闘争はユートピアの幻影にも意志の焦燥感にも従うものではない。拘束についての意識的な承認と条件づけられた努力の展開によってはじめて、闘争は解放感を達成することができる。内在性についてのこの解放的な弁証法を申し分なく掌握するヨヴェルは、自分の論理を徹底的に推し進めてまでマルクスのラディカルなスピノザ主義に従うことを拒否する。ヨヴェルは乗り越えられなかった超越性の罠にふたたび落ち込んだといってマルクスを批判する。マルクスは「救済を歴史化し、人類全体をその主体と見なすがゆえに、なんらかの世俗的な終末論に手を染めざるをえない。救済はもはや決定論的蓋然性を計算することによって予測されることはできない。禁じられていた目的論の影がふたたび地平線に姿を現わす。論理的に言って、マルクスがなしうるのは、歴史的事実としてわれわれは目標に近づきつつあると断言し、資本主義の高まりとその生得的な葛藤を弁証法的に分析することによって自分の主張を根拠づけ、そこに新時代の萌芽を読み取ることである」[☆26]。

スピノザ的実体の歴史化は、カント的な自然的目的論に基づいてそっくり敷き写された歴史目的論に再結合するように見える。「被造物の自然素質はすべて、いつか完全かつ目的にかなって解きほどかれるよう定められている」[★27]。

☆22　Yirmiyahu Yovel, *Spinoza and Other Heretics*, vol. 1, p. 166; *Spinoza et autres hérétiques, op. cit.*, p. 219.〔前掲邦訳、二二七―二二八ページ。〕

☆23　この「北西通路」(le passage du Nord-Ouest) について、ミシェル・セールは、当然のことながらライプニッツを引き合いに出している。「すでに古典時代のはじめに、諸学は分割され、分裂した大陸との比較で分類されていた。ほかでもなくこのイメージをライプニッツは嘲笑し、諸学を分類するためには、海の隠喩で表現するほうがよりこのましいと主張した。ライプニッツによれば、剣の助けを借りて海を大洋や海盆に分類するのはひじょうに容易だからであった」(Michel Serres, *Le Passage du Nord-Ouest*, Paris, Éditions de Minuit, 1986, p. 164〔青木研二訳『北西航路〈ヘルメスV〉』(法政大学出版局、一九九一)、一九〇ページ〕)。ライプニッツも、マルクスも、同じ闘いを?

★24　「新しい学」(scienza nuova) をわざわざイタリア語で綴っているところから、ジャンバッティスタ・ヴィーコ(一六六八―一七四四)の『新しい学』(一七二五、一七三〇、一七四四年刊の諸版がある)を念頭に置いている。マルクスは、『資本論』第一巻第四篇「相対的剰余価値の生産」の注(89)(邦訳『資本論』第一巻b、六四二ページ)が示しているように、ヴィーコの読者であった。

☆25　ヨヴェルにとって『資本論』は明らかに「スピノザ主義的足跡のなかに」ある。重要なのは、「倫理的ヴィジョンと強烈な人間の願望を、あたかもそれらが点と線と物体であるかのように論ずる」〔*Spinoza and Other Heretics*, vol. 2, p. 98. 前掲邦訳、第二部・第四章「スピノザとマルクス」、四一五ページ〕ことである。情念の幾何学の次には、社会的諸抗争の動力学的幾何学がくる。

☆26　Y. Yovel, *Spinoza and Other Heretics*, p. 100.〔前掲邦訳、四一七―四一八ページ。〕

★27　『カント全集14』(福田喜一郎訳、岩波書店、二〇〇〇)、五ページ。

『世界市民的見地における普遍史の理念』の第一の命題によって、鏡状の循環円は実際には厳格に締めつけられているにちがいない。たとえカントが、それなしには政治的空間も政治的行動ももはや考えられない「意思の自由」の問題をただちに提起しなかったとしても、である。普遍的な自然法則の規定と、決定すべき人間のこの能力とをいかにして結合するのか？　自然の輪郭描写は、諸個人においても、諸世代においても具現されることはない。それは、諸世代の連鎖や進歩を形成する知の累積的な伝達のなかに書き込まれる。自然の意図についての不確かな認識はもはや意思の自由を無効にすることはない。歴史が混沌とした諸事実の蓄積であり、堆積であったならば、合理的な選択という考えそれ自体があらゆる意味づけを失うことだろう。先読みや最終地点に向けての緊張感が存在するかぎりで、「提供すべき努力の目標」は、規定された自由を活気づけるのである。[☆28]

さらに、マルクスにあっては、必然と自由の二律背反が闘争の不確実性において解決される。

学問についての論争において歴史的に位置づけられる文化を割り当てる際に、「ドイツ的学問」がその拠りどころとされたことは、実証主義の伝統がゆるぎないものとして頑固に踏みとどまってきた科学性の根源が何であったのかについて注意を喚起するものである。スピノザ、ヘーゲル、マルクスが、フランスでは無知や敵対心や誤解の対象となった理由はしばしばいくつかの共通の根源をもっている。[☆29]

マルクスの思想形成におけるスピノザの役割が多くの研究の対象となったとしても、ライプニッツの役割はそれほどには知られていない。しかしながら、スピノザ的な通路は、蓋然性の論理学や可能性の形而上学、法則と理性、必然性と偶発性、恩寵と自由のあいだの一致を求めるなかで、「まさにデカルト的」と自称したライプニッツへと繋がっているのである。[★30]　起源的なわずかな衝撃によって弾みがつくデカルト的機械論にたいして、ライプニッツは起こったことについての何事にも還元できない偶発性を対置する。すなわち、不確かなことはわれわれの無知の幻覚ではなく、何事も幾多の可能性の現実からは逃れられない、とするのである。[☆31]

デカルトの分析的議論とは異なって、全体性の優位は、〈普遍的調和〉（l'Harmonie universelle）からその諸断片を導きだす。『モナドロジー』は、あらゆる事物をその個体性と同時にその統一性においてみる、神の見地を再構成している。それは、そのためにも一般的から特殊的、可能なものから現実的なものへと進む論理を必要とする。数の数学には接

☆28　フッサールにも無限の開かれた「合目的性への過程」の意味で目的論的歴史観がみられるが、しかし、これは機械論的宿命論をも必然的な歴史の進歩をも含意するものではない。

☆29　フランスにおけるスピノザ受容の歴史は、その大部分が「哀れなスピノザ」にたいするマルブランシュの敵意にはじまり、マッシヨンの酷評や、「長い鼻、青白い顔のこの小さなユダヤ人」に対して向けられたヴォルテールの酷い詩によって続けられた、長いあいだの誤解の歴史である。アヴランシュの司教からベールにいたるまで、十七世紀の信心篤き者や十八世紀の不信仰者は、この異質の思想をついぞ理解することができなかった（Paul Janet, "Le spinozisme en France," *Revue philosophique*, février 1882 を見よ）。誤解に基づいて受け容れられなかったのはヘーゲルもそうであり、ヘーゲルは同じような無理解に直面した。ヘーゲルの体系が「事実の論理主義的弁護論」だとさんざんにこきおろされたのにたいして、エドガール・キネによって始まる伝統において、カントはクリピュール（Cripure）たちの第三共和制の構成要素たる合法的に認容された哲学者であった。〔Louis Guilloux（一八九九―一九三五）の一九三五年刊の小説『黒い血』（*Le Sang noir*）の主人公である片田舎の「哲学教授」François Merlin がカントの『純粋理性批判』（*Critique de la raison pure*）のくだりを頻りに引用することから、町中が彼を「クリピュール」（Cripure）なる渾名で呼んだ話にヒントを得て、「クリピュール」の言い廻しが使われたものと思われる。〕

★30　ライプニッツとスピノザを繋ぐ論点については、Matthew Stewart, *The Courtier and the Heretic: Leibniz and Spinoza, and the Fate of God in the Modern World* (New York/London, Norton, 2006)〔マシュー・スチュアート『宮廷人と異端者――ライプニッツとスピノザ、そして近代における神』（桜井直文・朝倉友海訳、書肆心水、二〇一一）〕が啓発的である。ライプニッツは、一六七六年晩秋、パリでの外交使節勤めからドイツに帰還する際、スピノザをデン・ハーグに訪ね、討議している。スピノザの死の直前であった。

☆31　Georges Friedmann, *Leibniz et Spinoza*, Paris, Gallimard, Idées, 1975; Yvon Belaval, *Leibniz. Initiation à sa philosophie*, Paris, Vrin, 1969; Émile Boutroux, *La Philosophie allemande au XVII siècle*, Paris, Vrin 1948 を見よ。*Marx penseur du possible* でアリストテレスの意義を適切に展開するミシェル・ヴァデは、ライプニッツの可能性の形而上学で足踏みしているわけではない。しかし、彼は註記で、ニコライ・ハルトマンがライプニッツとヘーゲルを中世以来たった二人の偉大なアリストテレス主義者と見なしていることに注意を促している。彼はまた、自らの学位論文「マルクス、ブルーノ・バウアーの助言に関して」の口頭審査の準備のために、より特殊的にはアリストテレス、スピノザ、ライプニッツについて研究したことを想起している。この経路を深めてはいないとしても、ヴァデはそれを無視しているわけではない。マルクスは、「近代人においてはライプニッツとヘーゲル、古代人においてはアリストテレスとヘラクレイトスのように機械論的自然観を斥けた哲学者たちに属している」（p. 265）。洞察力鋭いレーニンは、その「信心に凝り固まっているところ」や、政治においては、その「ラサール的」――調停者的――側面にもかかわらず、ライプニッツの重要性を強調する人々のうちのひとりである！

近不可能な「偶然的諸真理」に近づく「諸概念の数学」である。しかしながら、それらの真理獲得を期待することはない（なぜなら直観的な総合的認識は神にしか属していないからである）にしても。

スピノザと同様、ライプニッツは、一般的なものの排他的学問の思想に抵抗する。一般的なものは抽象的であり、具体的なものはつねに特異なものである。物質から生命への運動において、おのおのの個別的存在は、ある観点からの全面的世界を表現する。普遍性と個別性はそこにおいて両立する。生きた単位としてのモナド〔単子〕は、形式的な結合関係から免れ、「実際的時間」の特異性によってリズムをとる歴史のなかに沈潜する。この移行は、「特定の時間と場所」において指定された歴史的真理の在り方を設定する。すなわち、この真理はもはや可能的なものではなく、起こったもろもろの出来事にかかわっている。[☆32] Sub ratione generalitatis〔一般性の見地の下で＝事物を一般的な見地のもとで見る〕（自然のままの必然性によって支配される）可能性と、sub specie individuorum〔不可分者の相の下で＝事物を分割不可能なものの相のもとで見る〕（仮設的な必然性によって支配される）可能性とは区別される。あらゆる可能諸世界は偶発的であり、おのおのの可能性の種類は個別的な知の対象となる。すなわち、単純なる可能性にたいしては「単純叡智の知」（la science de simple intelligence）が、現実的出来事にたいしては「直視の知」（la science de vision）が、（一定の状況の下で突発するような）条件的出来事にたいしては「中間知」（une science moyenne）があり、これは条件下の未来についての知（la science）ではなく「偶発的な可能性一般」の知（la science）である。単純叡智の知が可能的と必然的な真理に適用され、直視の知が現実的と偶発的な真理に適用されるのにたいし、中間知は可能的と偶発的な真理を研究の対象とする。[☆33]

生《き》のままの（あるいは絶対的な）必然性と仮設的必然性、すなわち、müssen〔でなければならない〕とsollen〔であるべきである〕のこのような区別は、ヘーゲルやマルクスにおける必然性の概念についてしばしば起こる誤解を予防するのに力を貸すものである。ライプニッツにはつねに、見いだされるべき意思の大義があり、この意思がわれわれを類的存在にするのであるが、しかし厳格な論理的必然性からは免れることはできない。与えられ、真に存在するすべてのことは、ひとつの選択とひとつの意思、数の抽象に還元できない道義的必然性を想定する。神は知性と意思との総合

である。神の選択は必然であり、同時に可能なのである。☆34

デカルトが知性と神の意思、知恵と善意を切り離すのにたいして、ライプニッツの目的論は、論理的および機械的な原因のヒエラルヒーを神において完成させるために、学問と信仰を結びつける。実際、これこそまさに、この「ドイツ的学問」の野望なのである。言い換えれば、有限の偶発的な事柄へのもろもろの数学の応用であり、モラルと学問の、規定性と自由の再発見された連携なのである。このような学問の地平のもとで、普遍的なものについての分析的知は、特殊的なものについての直観的なヴィジョンのなかに根拠をもっているのである。後者こそ、神に固有なものなのである。「有限の大きさについての一般的学問」である代数学は、たんに「大きさの学問よりもさらに上級の部門」☆35である無限の学問への研究方法を探究するものにほかならない。

『フィヒテの体系とシェリングの体系のあいだの差異』において、ヘーゲルはのちに『哲学の集大成《エンツィクロペディー》』で諸学のなかの学となるところのものの基礎を据える。いわゆる人間の諸科学は、ヘーゲルにとって、自然の諸科学よりもすぐれている。歴史はその総仕上げなのである。というのは、人間にとって、その自我意識の対象でないようなものはなん

☆32　Michel Fichant, postface à *De l'horiozn de la doctrine humaine*, Paris, Vrin, 1993を見よ。

☆33　Leibniz, *Essai de Théodicée*, Paris, Garnier-Flammarion, 1969, p. 428.〔佐々木能章訳『弁神論』、『ライプニッツ著作集6』（工作舎、一九九〇）、一五一―一五二ページ。〕

☆34　「要するに、神的知性しか考えないとすれば、ライプニッツのテーゼは次のように要約することができるだろう。存在することができるのは諸個人だけであるが、同一の二人の個人はいない。したがって、神にとってさえも、実存する真実は、同一のものに自己を解消することはできない。しかし他方で、論理的で自然のままの純粋必然性は同一なものへの還元に基づいて成り立っている。それゆえ実存的な真実は自然のままの必然性を免れる。そして、それはどのようにして行なわれるのか？　真実の偶発性を認可する選択によってである。神は、避けがたい事柄の選択としての絶対的に必然的な真実と、実存的な真実とを識別する〔……〕。神は、無限の可能諸世界のなかから選択して、同じように、「無限の法則のなかから、一方にとってふさわしい法則、他方にとってふさわしい法則」を選んだのである」（Yvon Belaval, *Leibniz...*, *op. cit.*, p. 162）。

☆35　ライプニッツ、一七九四年一月二十四日付のJ.-P. Bignon宛書簡。

の価値もないからである。精神が世界の認識を通して、おのれ自身について、またおのれ自身によって受け取る認識は、学問の究極目的である。

自然哲学と生命認識についてのヘーゲル的理念は、もろもろの知の分裂と無差別的共棲とに対立する。この考えは、ロマン的美学においても、この世紀のあいだじゅうまとわりついていた分類熱においても、解消されるものではない。もろもろの科学的論述の断片化に反対して、知の縦横無尽の循環を確立し、認識を普遍化する運動を掌握し直すように努める。「精神としてこのように発展をとげたおのれを知る精神が、学問なのである。学問とは精神の現実の姿であり、精神が自分本来の場で築き上げた精神の王国である。〔……〕こうした学問ないし知の生成過程を述べるのが『精神現象学』である」[☆36]。

それゆえ「数学的真理」は学問の最後のことばになることはできないだろうし、もっぱらその契機のひとつになることができるだけだろう。「数学的証明の運動は対象の内容にかかわるものではなく、事物の外部的作用なのである」。実証諸科学は、「存在そのものの生成と、事物の本質ないし内的本性の生成とは区別される」という哲学的認識を共有する。哲学的認識は、「第一に、二つの生成を含んでいて、数学的認識は存在の生成しか含まない」。哲学的認識は、第二に、これら二つの特定的運動を統一もする。「運動はそのように二重過程であり、それによって全体が成立する時、それぞれが他を必要とし、したがって、それぞれが自他の二つの視点をもつ。この二つがたがいに解体しあって、全体の要素になる」[☆37]。それゆえ哲学にたいする実証諸科学の自負心には根拠がない。実証諸科学は、その目的が貧弱で、その素材が不十分であることをもって、「欠陥のある」、非のある認識を自慢しているのだ。実際、数学の目的は、「非本質的で没概念的な関係」としての大きさ以外にはありえない。それは、「表面をなでるだけで事柄の本質や概念に触れることのない」知の運動にかかわるのである。なぜなら、「実在的な存在は、数学で考察されるような空間的存在ではない」からである。数学が、「非実在的な真理」しか達成できず、「固定された死んだ命題」で満足しなければならないのはこのためである。「空間をその次元に分割し、そうして、それぞれの次元の関連性を規定する」ものが「概念なのである」[★38]。

ここから「もうひとつの知の必然性」が現われる。「哲学が本質的なものであるかぎりでの内容規定」を狙いとする哲学的知について。「哲学の要素は、その契機を生み出し、その契機を貫くひとつの過程であり、ほかでもなくこの運動の全体が積極性とこの積極性の真理を形成する。それゆえ、この真理にはそれ自体のなかの否定的なものも——それだけ取り出せば、捨てて顧みる必要のない間違ったものも——含まれる。消えてゆくような要素も、むしろそれ自体が真理にとって不可欠なものと見なされるべきであり、真理から切り離されて、どこかしら真理の外に置き去りにされる固定的なものの規定として考察されるべきではないが、逆に、真理のほうも、反対側にじっとしている、生命なき肯定体と見なされるべきではないのである」[★39]。

☆36　Friedrich Hegel, *Phénoménologie de l'esprit*, Paris, Aubier, 1992, t. I, p. 23.〔長谷川宏訳『精神現象学』（作品社、一九九八）、一六—一七ページ。〕哲学と学問とのこの関係は『精神現象学』で詳細に展開されている。「学問というものは、声高なドグマティズムの代わりに、〔……〕自己確信のドグマティズムを観念的に述べたてるものではなく、〔……〕学問的方法というものは、内容と不可分に結びつきつつ、自らの力で進行のリズムを決定していくものだが、そのありさまを本格的に表現するのが、〔……〕論理の哲学〔フランス語原文では「思弁哲学」[la philosophie spéculative]〕である」(t. I, p. 50 et 58〔前掲邦訳、三五、三七ページ〕)。十九世紀の知の分類については、Patrick Tort, *La Raison classificatoire*, Paris, Aubier, 1989 を見よ。諸学に関するその著述をみると、エンゲルスは、分類熱と偉大なドイツ的総括へのノスタルジアとのあいだで心が引き裂かれているようにみえる。諸学から「理論」への移行は彼にとってはなおも、ドイツ的学問の領域を特徴づけるものなのである。「経験的な自然研究はすでに膨大な量に及んで、実証的認識材料を積み上げており、これを個々の研究領域で系統的に、内的連関に従って秩序づける必要は、そのためいやでも拒否しがたいものとなっている。同じく拒否しえぬこととなっているのは、個々の認識の領域を相互に正しい連関にもちきたすことである。ところが、そうしようとすることで自然の科学は理論の領域に歩み入ることになるのであって、この領域では経験の方法は用をなさず、ここではただ理論的思考だけが手助けとなりうる。ところが、このような理論的思考は、素質という点からだけ生まれつきの性質であるにすぎない。この素質を延ばし、育てあげてゆかねばならないが、これを育ててゆくためには、従来の哲学を研究する以外のどんな手段も今までのところではないのである」(Paris, Éditions sociales, 1977, p. 41〔邦訳全集20、『自然の弁証法』、三六一ページ。秋間実・渋谷一夫訳『自然の弁証法』（新日本出版社、一九九九）、二〇〇—二〇一ページ。後者は、新ＭＥＧＡ版に基づいている〕)。

☆37　Friedrich Hegel, *Phénoménologie de l'esprit*, *op. cit.*, t. I, p. 37.〔長谷川宏訳『精神現象学』、二六—二七ページ。〕

★38　前掲訳書、二七—二八ページ。

★39　同前、二九ページ。

「哲学を学問の形式に近づけること――この目的が達成されれば、哲学はその原義である知への愛というその名を降ろして、実際に本物の知にいたることができるであろう――これが私の狙いとするところである」[★40]という、『精神現象学』の当初の計画に従っていえば、ここに「英国的」実証諸科学と「ドイツ的学問」（あるいは哲学）のあいだの関係の転換の理由があるのである。

この意欲的な目標は、哲学の歴史を科学以前の地獄に委ねることの拒否を表わしている。哲学を学問の形式的拘束に服従させることによって哲学を救うこと、これは、同時に、その隙をうかがう無内容な形式主義から諸科学を救うことである。「哲学は形式的で内容のない知と思われがちだが、なんらかの知識や学問において内容上真理とされるものも、哲学によって生み出されないかぎり真理の名に値しないということ、また、哲学以外の学問が、哲学を欠いたまま理由づけをどんなに重ねたとしても、哲学なしではおのれのうちに生命も精神も真理も獲得できないことが、充分に分かっていないからである」[☆41]。ヘーゲルは『論理の学』でふたたびここに立ち返ってくる。「哲学が学問でなければならない以上、そのために数学のような従属的な学問から方法を借りることはできない」[★42]。「学の概念を説明的に基礎づけたり解明したりすることによってできることは、せいぜいこの概念が表象の前にもたらされ、それについての歴史的な知識が生み出されることにすぎない。だが、学、いっそう精確には論理学の定義の証明は、それが発現する右の必然性のなかにしかない。なんらかの学が定義から絶対的に始める場合、その定義が含みうるのは、承認され周知になっているものとして学の対象や目的のもとで人が表象しているものの明確で本格的な表現にほかならない。人がそのもとでまさにこのことを表象するということは歴史的な断言である」[★43]。真理と確実性、主体と客体、概念と現実は、漸近的に、混同される傾向をもっている。この傾向的運動が真理の諸関係を生み出すのである。

ヘーゲルは非‐知を突き止めることでは満足しない。彼は論理学のなかに時間を取り入れる。論理学を時間的に位置づけるが、だからといって相対主義に屈することはない。認識の歴史性は実際には認識の相対性を除去する。思弁的な学問の概念は、カントのコペルニクス的革命をさらに急進化する。カントにとって、自己自身についての人間の知は、それ自身の振舞を規定するだけでなく、知の別の在り方をも規定するのである。

ヘーゲルによれば本質が「存在の真理」であるのと同じく、価値は資本の真理であり、その変態のかなたにある、「非時間的な過去」である。個別的な使用価値の否定としての価値形態は、非実体化された本質であるが、しかしながら、物質財の現実の交換には無関係の「純粋な関係」に還元することはできない。関係として価値形態は、それ自身の測定可能な内容を規定する。本質が実存においておのれを現象化するのと同じく、価値は資本のなかでおのれを現象として表わす。だが、現象の世界は、即自的世界の逆さまにされたイメージである。「現象としての世界の北極は、即自的に世界の南極である」[☆44]。現実は本質と実存との統一性であり、価値と資本との統一性である。ほかでもなくこの関係こそ、学問がその解明を任務としているのである。

だが、どんな学問なのか？

『資本論』では、認識の運動は、ヘーゲル論理学の「広大な三段論法[★45]」に従っている。この運動は、搾取と、その諸関係の基礎に横たわっている線型の時間との機械的諸関係から出発し（第一巻）、流通の循環的置換の化学的諸関係

★40　同前、四ページ。
☆41　*Ibid.*, p. 58.〔同前、四四ページ。〕
★42　山口祐弘訳『論理の学I』（作品社、二〇一二）、六ページ。武市健人訳『大論理学』上巻の一（岩波書店、一九五六）、四ページ。
★43　山口訳『論理の学I』、二九―三〇ページ。武市訳・上巻の一、三三ページ。
☆44　Friedrich Hegel, *Logique*, II, p. 156.〔山口訳『論理の学II』（作品社、二〇一三）では「現象世界における北極は自体的かつ対自的には南極である」（一五一ページ）。武市訳『大論理学』中巻（岩波書店、一九六〇）、「現象する世界においての北極は即且向自的には南極であり、またその逆である」（一八一ページ）。〕
★45　「広義の三段論法」（le vaste *syllogisme*）という言葉遣いから、アリストテレスが『分析論前書』で記述したような狭義の三段論法を想起してはならないだろう。『政治経済学批判要綱』の「序説」が説いているように、政治経済学批判の方法とは、古代ギリシャから知られていた「分析‐総合」なる対概念で表わされる「総合」が発展した「上向法」にほかならない。アリストテレス的命題論理学において、三段論法と総合法は重なり合う。

を経て（第二巻）、さらに、再生産の諸関係と有機的時間へと到達する（第三巻）。「機械的機制の特徴をなすのは、結合される物の間にどのような関係が起ころうと、この関係はそれらには疎遠であり、それらの本性にはかかわりをもたない。機械的な考え方、機械的な記憶、習慣、機械的な行動様式とは、精神がとらえ行なうものに精神独特の浸透と現前が欠けているということである」[☆46]。機械的な客観がどのような規定性とも無関係な全体であるのにたいし、この規定性と、したがって「他のものへの関係とこの関係の様式」[★47]は化学的客観の本性そのものに属している。「化学主義〔化学の基本的考え方〕自身は、無関係な客観性と規定性の外在性との最初の否定である」[★48]。化学的結合においては、混合比の変化が進むにつれ、「そのような質的な結節と飛躍が現われ、二つの物質が混合比の特別の点で特殊な性質を示す化合物を形成する」[☆49]。選択的親和性の概念は、このような化学的諸関係から起こるのである。この結節と飛躍をもって、化学作用の時間は、もはや機械論と同質の線型的時間ではないのである。

しかしながら、化学主義は、生きたものの具体的な総合に導く抽象化の険しい道のりを分かちもっている。「〈生命〉の理念はきわめて具体的で、いうならば実在的な対象にかかわる。そのため、〈論理学〉の通念に従えば、このような生命を問題にすることは論理学の領域を踏み越えるものであるかのように見られかねない」[☆50]。

それでも、現実的なものは生きている！　資本もまたしかり。

したがって、〈論理学〉と〈生命〉の二律背反を乗り越えるためには、通念を越えてゆく論理学が必要となる。生きているものの論理学である。「生きているものの自己規定はその判断〔根源的分割〕ないし有限化であり、それに従って生命体は、前提された客観性としての外のものに関係し、それとの相互作用のうちにあるのである」[★51]。

生きているものは、なるほど、「個別的」であり、他に還元できない特異性である。

『資本論』においても、また『論理の学』においても、ほかでもなくもっぱら再生産によってのみ、「生命は具体的なものである生きたものとなる。生命は再生産をその真理とし、そのなかではじめて感情と抵抗力をもつ」[☆52]。「他のどの学問においても」――と『論理の学』の緒論は述べている――「それが論じる対象とその学問的方法とはたがいに区別されている」[★53]。ところが学問の概念そのものは、論理学の対象であり到達点を構成している。それゆえ論理学は「思考一般の学問」であり、「通常の意識」のなかで作用する、形式と内容、真理と確実性のあいだの分離を乗り越えるものである。「論理的諸形式の無内容さはむしろそれらを考察し、論ずる仕方にのみある。これらが固定的な諸規定として分裂し、有機的な統一のうちで統合されないことによって、それらは死んだ形式にとどまるのであり、それらの生きた具体的統一である精神をそれらのうちに宿らせないのである。〔……〕。しかし、論理的理性それ自身が実体的なものないし実在的なものなのであり、いっさいの抽象的な諸規定を自己のうちでとりまとめ、充実している絶対的で具体的なそれらの統一であるものなのである」[★54]。

このように概念把握された論理学は、もはや「抽象的に普遍的なものとしてだけではなく、特殊なものの豊饒さを包含する普遍者なのである」[☆55]。『論理の学』＝『大論理学』は、二つの部分に分割されているが、〈存在〉〔有〕論と〈本質〉論は双方がたがいに「主観的〈概念〉論理学」にたいして向き合っている。すべては、即自存在と対自存在、本質と実存、内面と外面、可能性と実効性のあいだの動態として生ずる。全体性としての〈生命〉は、「その真理のなかに存在していることを明らかに」し、自然と歴史の二律背反《アンティノミー》を除去する光である。そこから結果的に「思考する運動」としての知の概念が現われる。通常の経験的論理学は「合理的なものの非合理的な認識」しか生みださないが、

☆46　*Ibid.*, p. 407.〔山口訳『論理の学III』（作品社、二〇一三）、一五八ページ。武市訳『大論理学』下巻（岩波書店、一九六一）、一九四ページ。〕
★47　山口訳III、一七六ページ。武市訳・下巻、二一七ページ。
★48　山口訳III、一八一ページ。武市訳・下巻、二二三ページ。
☆49　Friedrich Hegel, *Logique, op. cit.*, p. 421.〔山口訳I、四〇〇ページ。武市訳・上巻の二（一九六〇）、二六五ページ。〕
☆50　*Ibid.*, II, p. 469.〔山口訳III、二一四ページ。武市訳・下巻、二六六ページ。〕
★51　山口訳III、二二二ページ。武市訳・下巻、二七七ページ。
☆52　*Ibid.*, II, p. 478-479.〔山口訳III、二二三ページ。武市訳・下巻、二七八ページ。〕
★53　山口訳I、二三ページ。武市訳・上巻の一、二五ページ。
★54　山口訳I、二八―二九ページ。武市訳・上巻の一、三二ページ。

『論理の学』は、マルクーゼによれば、「歴史性の理論の土台」を構成するのである。〈自然〉と〈歴史〉の分離をなくすことによって、人間は「もっとも大きな跳躍[☆56]」を成し遂げるのである。

それゆえヘーゲルはこの道を切り拓く。「展開された質量、すなわちその諸法則の完全で抽象的な無関心性は、機械的機制の領域でしか起こりえない。そこでは具体的な物体は、それ自身抽象的な物質にすぎない。その質的な区別は、本質的に量的なものをその規定性としてもっている。〔……〕これに対して、抽象的な物質のそうした大きさの規定性は、物理的なものにおけるもろもろの質の大きさやそれに伴う争いによって、さらには有機的なものにおけるそれらによって早くも攪乱される。とはいえ、ここでは、質そのものの争いが登場するだけではない。質量はここではいっそう上の関係に従属させられ〔……〕る。自然科学は、さらに、それらの大きさと有機的な機能との関連についてなにかを洞察しなければならない。それらの大きさは、有機的な機能に完全に依存しているのである。しかし、運動は、内在的な質量をたんに外的に限定された大きさに引き下げることの第一例である。〔……〕しかし、精神の領域では、質量に固有の自由な展開が起こることは、ますます少なくなる。たとえば、アテネ〔アテーナイ〕の国制のような共和的な体制、あるいは民主主義によって置き換えられた貴族政といったものは、一定の大きさの国家でしか起こりえないこと、発達した市民社会においては、多くの個人がさまざまな職業に従事しながら相互関係のうちにあることを、人はよく洞察する。しかし、そのことによって質量の法則やそれ固有の形式が与えられるわけではない。精神的なもののうちでは、〔……〕強さの違いが現われる[★57]」。マルクスはこのメッセージをしっかりと受け取った。悟性の予測する力が底をついてしまったところで、学問をする仕方に向けて舵を切ったのである。

『論理の学』で度量について割かれた章は、諸関係を測定し評価し記述し計算することだけにみずからを限定することができない認識の探究にとりかかるためにも、悟性の（道具的理性の）安全地帯を飛び越えよという呼びかけで終わっている。このドイツ的あるいは哲学的な学問は、「何が起こるかの説明であるべきではなく、起こったことの真実性を認識しようとすべきであり、そして、真なるものに基づいて、説明のなかでたんなる生起として現われるものをさらに把握しなければならない」[☆58]のである。

起こったことの真理とは？　出来事と真理はたがいに固く結ばれている。認識は発生する差異を展開するものだ。幾何学（その空間は抽象であり空白である）のイメージにそった諸学としての分析的（実証的）学問は基本的には大きさの比較から出発する。総括的認識はさまざまな規定の統一性を実現する。こうして、学問の円環（終わりを始めに連れ戻す媒介作用）のなかの円環においては、「この連鎖の諸断片が個別諸科学である。そのおのおのは先行するものと後続するものをもつ」[★59]。だが、これらの断片は〈絶対理念〉のなかでふたたび結合しあう。資本が資本の論理的な端緒をなす単純な商品単位に回帰するのと同じく、理念は、「まずいっさいの規定は解消したものとして、あるいは抽象によって捨象されたものとして現われるが、そうした存在の純粋な直接性」[★60]に回帰する。具体的な全体性としての資本は、これもまた、商品の完成された存在なのである。

おのれ自身を理解する概念の学である論理学は、「他の領域と他の学の始元にもなる」[★61]のである。それは新しい学なのか？　超学問《メタ》なのか？

☆55　Friedrich Hegel, *Logique*, t. I, p. 33 et 45.〔山口訳I、四〇ページ。武市訳・上巻の一、四五ページ。〕論理学は、それが形式の科学を甘受し、過程であるところの静力学にそれを還元するかぎりで、形式的である。その諸要素の相互的な外在性は思考の科学であるべき論理学を、たんなる「計算」に還元する。これとは反対に、ヘーゲルの『論理の学』は、抽象から具体への概念の発展を表わし、この概念が対象に対しての概念の外在性として本質／実存の二元論を乗り越えることによって、「事物の論理」に到達するところにある。だから、「『論理の学』の対象はその対象を思考することになるが、この対象をまえもって与えることはできない」。対象は対象自身を考えながら考えることしかできないのである。きわめて正確にいえば、これが資本にたいしての批判の役割なのである。言い換えれば、前もって与えられた思考としての科学ではなく、自己自身を考えることによって自己消滅する対象なのである。

☆56　Herbert Marcuse, *L'Ontologie de Hegel et la théorie de l'historicité*, Paris Gallimard, Tel, 1991, p. 204. 同じく、ジェイモナートにとってもヴィーコにとっても、これとは別の型の合理性を認めるよう強いるのが歴史なのである。

★57　山口訳I、三五八―三五九ページ。武市訳・上巻の二、二一〇―二一一ページ。

☆58　Friedrich Hegel, *Logique*, II, p. 257.〔山口訳III、二〇ページ。武市訳・下巻、二一―二二ページ。〕

★59　山口訳III、三〇五ページ。武市訳・下巻、三八三ページ。

★60　山口訳III、三〇五ページ。武市訳・下巻、三八三ページ。

第三の型の学問だ、とスピノザは言う。
偶発性の学問だ、とライプニッツは明確にする。
思弁的な学問だ、とヘーゲルは付け加える。

マルクスは「ドイツ的学問」だと概括してみせる。その新規さは、「近代の形而上学において、そして一般に古代人および近代人の通俗哲学によってなによりも否認されてきた古い諸学問のひとつ」[☆62]にふたたび結合する。弁証法、そのことばが覆い隠されてしまっている。残念なことに、「人は、弁証法を、主観的才能に基づき、概念の客観性には属さないものであるかのように、ひとつの技巧と見なすことが多かった」[★63]。そうではなく、弁証法が「ふたたび理性にとって必然的なものとして承認され」たことはきわめて重要なことと考えなければならない。勝利に浮かれる実証的精神と科学主義は、およそヘーゲルのこの挑戦を許そうとすることはなかった。ヘーゲルの弁証法は、学問と虚構の、真理と誤りの境界線を新たに曇らせる恐れがあったが、知と権力の取り決めにたいする叛乱を鼓舞した。

二十世紀は、学問の概念を隔離し孤島扱いしたり、哲学や批判とのその境界線をいったり来たりする動揺を経験したり、学問的な不偏不党性への疑うべくもない社会学的負い目を暴き出したり、比較民族学と比較人類学の道を通じて、そこにあるいっさいの学問的性格を否定するのはいかにも傲慢となるような他の思考方法を探索したりして、この挑戦に立ち向かってきた。われわれが長いあいだ歴史的に時代遅れになりつつある科学的パラダイムの収益で生きてきたことが明らかとなったのだ。

ヘーゲルの弁証法的論理学は復活している。人はいま、思考の諸法則は思考される対象にたいし外的なものではないということ、思考の運動は外的な活動からは生じてこないということを特徴とする、「学問をあつかう新しい概念を相手にしている、とヘーゲルは述べていた。その実際的な運用を離れて思考のルールはないし、その対象にたいして外的な方法はない。この論理がまさに歴史性の理論の基礎なのである。しかし、マルクスはどのようにして、その論理的真髄を保持し、同時に、その裏側である歴史哲学を排除しうるのか？　その体系に立ち返ることによってである。闘争によってリズムを与えられた歴史の根本的に内在的な理論によって、事物の論理学がその代わりに修正される。歴史性の理論がその論理学の基礎となるのだ。

変わりなく残っている課題は、新しい別の学問の仕方にむけた努力なのである。[☆64] 啓蒙主義の合理化の流れに逆らって、ヘーゲルはこの点ではあまり変わらなかった。一八一八年十月の開講の挨拶は、「国民全体を救い」だしたばかりのドイツ国民はその立ち遅れによって哲学戦線の前衛に躍り出たという考え方を打ち出している。「この学問〔哲学〕は、ドイツ人のもとへ逃げだし、そこでだけ生きのびている」[★65] と。知が臆見や単純な確信の領域に落ち込んでいる時、彼は真理の方向を変えない。「かつてもいまも、私が哲学的な努力を傾けて成し遂げようとしていることは、真理の学問的認識である[☆66]」。「哲学的な意見」などはない。そう言いたければ、言わせておこう！

この真理への願望に沿って、まず「法則、一般的命題、存在するものについての思想としての理論をめざし、生み出す」ところの、経験の学問を見分けるべきである。思弁的学問は、それらの経験的内容を無視することはない。それらの一般的要素を認め、活用する。同じカテゴリー、同じ思考形態、同じ対象を保持するが、悟性の抽象化によっ

★61　山口訳III、三〇六ページ。武市訳・下巻、三三四ページ。

☆62　Friedrich Hegel, *Logique*, II, p. 557, 572.〔山口訳III、二九二ページ。武市訳・下巻、三六六ページ。ベンサイドの勘違いではないかと考えられる。それぞれの邦訳書で再調査したが、ベンサイドが引用している個所は『論理の学』の下巻第三部「理念」の第三章「絶対理念」からの引用であり、本注の引用個所も含め、同じページに記述されている。〕

★63　山口訳III、二九二ページ。武市訳・下巻、三六六ページ。

☆64　Catherine Colliot-Thélène が書いているように、『論理の学』の第二部（本質論）は、「物、法則、力、必然、因果関係、相互作用など、普通の学問の基本的カテゴリーの不変性を思弁的思考の火のなかで試す。この試練は、これらの知識の有効性の欠如ではなく、それらの知識が提案する理解力の限定的な性格を明らかにする〔……〕。言い換えれば、それは、ヘーゲル的思弁がその有効性を疑問視する普通の諸学の有限の知識ではなく、科学的イデオロギーなのである」（*Le Désenchantement de l'État*, Paris, Éditions de Minuit, 1992, p. 38）。

★65　長谷川宏訳『哲学の集大成・要綱』第一部『論理学』（作品社、二〇〇二）、五九ページ。

☆66　Friedrich Hegel, préface à la deuxième édition du *Précis de l'encyclopédie des sciences philosophiques* (1827), Paris, Vrin, 1987, p. 15.〔前掲邦訳『哲学の集大成・要綱』第一部『論理学』、「第二版への序文」、一五ページ。〕

て生まれる逆説を解決するためにそれらを変形させる。それは内在的な止揚であり、「悟性を規定する際の一面性や限界が、あるがままの否定の相のもとに現われる。有限なものはすべて、自己を止揚する (sich aufheben) 特徴をもっている」。「思弁的な、もしくは実証的に合理的な契機は、それらの対立関係において規定の統一性をとらえる」[☆67]。

それゆえ、実証的な、あるいは「英国的な」経験的諸科学があり、

そして、「思弁的」、「哲学的」、あるいは「ドイツ的」学問があるのである。

なぜならば、「哲学のすべては、まさに唯一の学問を構成するからである。しかし、哲学をいくつかの特殊学問の総体と見なすことも可能である」。しかも、これが、哲学的なエンツィクロペディー[★68]と、たんに「とりとめなく集められた諸学の集合体」である「普通のエンツィクロペディー」を区別するのである。

ヘーゲルにとって、この区別の問題は決定的に重要である。これは近代性の魅力喪失に抵抗することであった。「形式的で、抽象的で、空疎なその思想」をもって、啓蒙の時代は宗教からすべての内容を、とりわけ宗教が内蔵していた真理への渇望を、取り除いてしまった。それ以来、「生気のない使い古された合理主義というある種の味気ない水のような一般性や抽象性は、申し分なく仕上げられた特定のキリスト教的内容とドグマが特別なものをもっているなどという考え方を容認することはできないのである」。生まれつつあるロマン主義の両面価値性《アンビヴァレンツ》を予告する伝統は、幾何学的理性の専横に対し異議を申し立てるのだ。使い古された生気のない合理主義の味気ない水だって？　二十世紀も、この味気ない水にこと欠くことはないであろう。

先行きの不確かさがもっとも深刻で、懐疑がもっともはびこっていたそれぞれの時期に、マルクスとレーニンは『論理の学』＝『大論理学』を自分たちの再資源として活用した。マルクスは一八五八年、新たなアメリカの危機にたいする興奮のなかで、『要綱』の下書きを書いていた。レーニンは一九一四年八月のあと、みずからの思考世界が社会主義インターナショナルの破綻とともに崩壊する脅威のもとにあった。マルクスにとって『論理の学』の思いがけない再読は、『資本論』の重要な手がかりを与えてくれた。レーニンにとって『論理の学』ノートは、大胆な十月

の戦略的一手に備える精神的予備演習をなすものであった。

聖なる実証諸科学を前にしても武装解除しない「哲学的学問」という考え、これはヘーゲルのたしかに聞き取りにくい青天の霹靂であった。これにマルクスの青天の霹靂がこだまし、跳ね返った。いったいどうして、この学問を排除せずとも、「科学の既成概念を転覆させ、そこからはみだしてしてしまう」この「別の知の思想[☆69]」が聞き届けられなかったのか？　いったいどうして耳を劈《つんざ》くようなこの雷鳴が執拗に誤解され、理解されることがなかったのか？「『資本論』はなによりも破壊的な作品である。それが、科学的客観性という道を経て、革命という必然的な帰結へと至るからというよりも、言葉ではさほど言い表わしていないが、科学という観念そのものを覆す理論的な思考様式を内包しているから、破壊的なのである。実際、科学も思想もマルクスの作品から傷つかないまま引き出されることはできない。それは、科学が科学自体の根底的な変革として、実践のなかでつねに問われている変革の理論、そしてこの実践のなかでのやはり理論的な変革として指し示されるかぎり、もっとも強い意味でそうなのである[☆70]」。誤解によってマルクスが知の既成の代表者たちの認知を受けるに値したとはいえ、このマルクスの学問的な「第三のことば」は、激しい「断絶の決断」、「つねにいま現在の必要性」としての「永続革命」への強い勧告を促す、マルクスの「短いが直接的」な政治的「第二のことば」と固く結びついているのである。

☆67　*Ibid.*, p. 75.〔前掲邦訳、一八五ページ。訳者は、‘aufheben’を「揚棄」「止揚」と訳すのを回避しているが、その訳し方には従っていない。同、一八九ページをも参照。〕

★68　‘Enzyklopädie’は、今日では「百科事典」などを意味する用語になっているが、本来は、「パイデイア」（学知＝教養）が「円環状に」関連し結合しあった状態を意味した。日本で近代西欧哲学の導入に功績のあった西周は、「百学連環」と訳している。

☆69　Jacques Derrida, *Spectres de Marx, op. cit.*, p. 64.〔増田一夫訳『マルクスの亡霊たち』（藤原書店、二〇〇七）、八六ページ。〕次をも見よ。Tony Smith, *The Logic of Marx's Capital*, State University of New York Press, 1990, & *Dialectical Social Theory and its Critics*, New York, 1994. また次をも参照。Roy Bhaska, *Dialectic, the Pulse of Freedom*, London, Verso, 1994.

☆70　Maurice Blanchot, *Les Trois Paroles de Marx*, in *L'Amitié*, Paris, Gallimard, 1971.〔「マルクスを読む」（原題「マルクスの三つの言葉」、安原伸一朗・西山雄二・郷原佳以訳『ブランショ政治論集　1958-1993』所収、月曜社、二〇〇五）、二〇四ページ。〕

批判の永続性

スピノザから、ライプニッツから、ヘーゲルから、マルクスは、実証諸科学のたんなる総和には還元することのできない学問の思想を受容している。しかしながら、分水嶺は移動した。近代諸科学の急成長のもとで、重要なことは、もはやただたんに哲学と神学を区別することなのではない。哲学の内部には、また（『ドイツ・イデオロギー』で四角四面のイデオロギーとして扱われた）思弁哲学と（「哲学の突破口」のほうに向かって運動する）実践の哲学のあいだには、亀裂がすでに走っている。肝腎なことはたしかに、もはやただたんに世界を解釈することではないとしても、それでも哲学の突破口は、科学とイデオロギーの対立関係に還元されるものではない。歴史に投げ出された第三の認識の型は、批判理論と戦略思考に転化するのだ。

こうしてマヌエル・サクリスタンはマルクスにおける三重の学問概念を引き出す。

――科学（実証的あるいは英国的）

――批判（彼によれば青年ヘーゲル派的発想の）

――ドイツ的学問（deutschen Wissenschaft）

マルクスによれば、革命的理論となった学問は、『政治経済学批判』のなかでこの三つの次元を接合する。[☆71]「資本主義的生産の内在的諸法則が諸資本の外的な運動のうちに現われ、競争の強制法則として実現され、したがって推進的な動機として個別資本家の意識にのぼる仕方は、まだここで考察するべきことではないが、〔……〕競争の科学的な分析は資本の内的な本性が把握されたときにはじめて可能になるのであ」る。[☆72]パリでの『経済学・哲学草稿』から『資本論』まで、理論は一貫して「批判的」であることに変わりはない。

一八四五年に計画され、見事な粘り強さで進められた政治経済学批判は、その赤い糸なのである。政治経済学批判は、経済科学の堅固な諸部面を扱う際に、そこに残留する哲学的なノスタルジアをなにも表わしていない。用語は変わらないにもかかわらず、その概念は、哲学の批判的形態から学問の批判的形態へ、あるいは「哲学の理論的実践としての批判からコミュニズムの理論的実践としての批判へ」と変化している。青年期の書簡のなかで主張された「現存する秩序への情け容赦ない批判」も一貫しており、とりわけ思弁的なあるいは教義的な知のすべてに対置された理論と実践の統一性もそうである。哲学の批判的生成は実践の方向をめざし、批判の武器を武器の批判と結合する。というのは、概念的な戦場において、批判は、事実によって現実に到達しようとする科学万能論的幻覚に対して、また、現実をその象徴的表象において吸収してしまう観念論的幻想にたいして向けられた、同時に相反する効果をもつところの白兵であるからである。

それは「批判者のふりをして嘲弄する」ことにも通じるだろう。

「聖人のふりをして破門する」[☆73]代わりに。

☆71　Lucien Sebag はこの理論的三幅対について別の説明を提案する。すなわち、「革命理論は一度にユートピアとして、学問として、そしてわれわれの考える実践の内容の日常的な開示として現われる」（*Marxisme et structuralisme*, Paris, Payot, 1964, p. 68）。そこには（英国的）科学と（開示としての）批判が見られるが、ドイツ的学問は、先読み的な認識としてのユートピアのために消えてしまう。この問題提起の一環として、アンリ・マレーは、マルクスにおいてうまく捨象されなかったユートピアの、制御されないままの帰還と理論装置全体にたいする、その影響という刺激的な読解を提案している（Henri Maler, *Congédier l'Utopie*, Paris, Harmattan, 1994, et *Convoiter l'impossible*, Paris, Albin Michel, 1995）。

☆72　「資本主義的生産の内在的諸法則が、諸資本の外的運動のうちに現われ、競争の強制法則として貫徹し、それゆえ推進的動機として個々の資本家の意識にのぼる際の仕方は、ここでは考察されないが、しかしもともと明らかなことは、競争の科学的な分析が可能なのは、資本の内的本性が把握されているときにかぎられるのであり、それは、天体の視運動が、その現実の、しかし感性上、知覚しえない天体の運動を認識する人にだけ理解されうるのとまったく同じだという点である」（*Marx-Engels Werke*, t. XXIII, p. 335〔邦訳『資本論』第一巻b、五五〇ページ。ベンサイドはドイツ語原文を省略なしで全文引用している〕）。

☆73　Karl Marx, *Correspondance*, Paris, Éditions sociales, t. I, p. 458.〔英語版の注（59）によれば、この引用の出典は一八四六年十二月二十八日付のマルクスのアンネンコフ宛書簡である。書簡（以下の邦訳は英語版に拠る）によれば関連する記述は以下のとおり。「彼〔プルードン〕は社会主義的感傷とか彼が感傷と見なしているものを批判してはいません。彼は聖者として、法王として貧しい罪人を破門し、小ブルジョワ生活や愛する家庭の哀れな家父長的愛の幻想を求めて賛美歌を歌うのです」。邦訳全集27、三九八ページ。〕批判概念の変化については、次をとりわけ参照されたい。Henri Maler, *Congédier l'Utopie*, *op. cit.*, p. 34-42.

批判の概念はフォイエルバッハ経由でマルクスにたどり着く。論考『百科全書《アンシクロペディー》』の〈批判〉でマルモンテルは書いている。「批評家は何をすべきか？　知られた事実を観察し、その事実の関係と距離をできるだけ規定すること、不完全な所見を訂正すること、一言でいえば、人間精神にその弱さを納得させ人間がむだに使い果たすわずかな力を有効に使うようにさせること、それゆえ、君の仕事は自然に問い質すことであって、自然に語らせることではない、といって、経験を自分の考えに従わせようとする者に反対することである」。世俗化された理性の歯止めとして、批判は、その個別分野をみだりに拡大しようとして細分化された諸学の力にたいする妄想に制限を設ける。ベールの辞典によるところの「判断し区別する技術」は、理性の諸特性と理性から漏れることとのあいだの分岐線を引くことである。誤りだとか真理だとかは法廷のもとにおいてしか意味をもたない。それを超えたところで、物理的モンスターと精神的モンスターの気味悪い世界が始まるのである。「周辺の学問」としての批判は、それゆえ道具的諸科学の悪しき意識として、そのきざしをきわめて早期に現わすわけなのである。[☆74]

フォイエルバッハとともに、可能性の諸条件にたいする従来からの批判の問題は、すでに普遍の個別への具象化、類の個への具象化にたいする問題提起として姿を現わす。このとき批判は、歴史の終わりという凋落しつつある視界を乗り越えるという新たな使命を受けた。「まさにここから、批判的姿勢は生まれる。すなわち、それは、ヘーゲルの絶対知は歴史のすべての光を消してしまったわけではないし、〈精神〉の太陽は世界の光をすべて吸い込んでしまったわけではない、という事実の確認である。太陽がいまなお世界中を照らしているというのなら、思弁の太陽が輝いたあとも世界がまだあるというなら、これこそ、まぎれもない太陽の死ではあるまいか！　ヘーゲルの死とともに、〈批判〉が、〈理念〉の実現においても溶けてなくなっていないことに驚いた世界で目覚めるわけだ〔……〕。〈批判〉は、それゆえ思弁の光を失ってしまい、終夜灯しか〔……〕残されていないこの世界の終夜灯となるだろう！」[☆75]。

体系の留め金をよりうまくほどくために、〈批判〉はことの始まりを体験する。『論理の学』＝『大論理学』のあまりにも完全に締め切られた概念の循環を、批判は打ち砕く。可能性の領野をこじあけるために、かぎりなく滑らかなその全体性にひびを入れる。それは、新しい教義というよりも、「理論的な姿勢」であり、学問の基体化のなかで現実の理解力を固定させてしまうことを拒否する、歴史との論争的な関係である。政治経済学批判に転化した批判は、ドグマや教義の陳述に還元できない、ある種の否定的学問とならなければならないだろう。どんなに小さな息抜きもおのれに拒否するこの批判は、それがけっして最後の言葉にはならないだろうし、せいぜいのところ、思考を、戦略的な飛翔を遂げる際の闘争の発端へと導くことであることを知っているのである。

この批判は、実証的諸科学の必然的な契機とドイツ的学問の脱全体化された全体性とのあいだの関係を取り結ぶ。最悪のイデオロギーとなる、新しい体系の回路封鎖を禁じることによって、批判はこの関係を媒介する。この阻止する役割を自覚するサクリスタンは、その関係から「通常科学[★76]」のためのあらゆる結果を引き出そうとはしない。この「通常科学」は、マルクスにあってはしばしば、支配的専門学問分野（化学、物理学、天文学）を参照的喚起として援用する際に現われる。これらのモデルを経済学や歴史学にまで拡大敷衍することにどんな価値があるというのか？「ドイツ的学問」がその頂点を占めているようにみえる理論的三位一体は、どのような学問の仕方を表わすというのか？　批判とドイツ的学問とのあいだ、通常科学とドイツ的学問のあいだ、批判と通常科学とのあいだにある、補完と対立、包摂と支配の関係はどういうものなのであろうか？　そこで批判は、通常科学がもつ貧しい限界にたえず注意を促しながら、堂々巡りの思考を邪魔する役目を引き受けるのだろうか？　通常科学は、その限界を内に包みながら止揚するとされる「ドイツ的学問」の諸断片なのだろうか？「ドイツ的学問」は、批判の視野を断片的知のあい

☆74　「批判はまさに周辺の学問である」。Michel Serres, *Le Passage du Nord-Ouest*, *op. cit.*

☆75　Paul-Laurent Assoun et Gérard Raulet, *Marxisme et théorie critique*, Paris, Payot, 1978, p. 36.

★76　"science normale" = "normal science" は、アメリカの科学史家・科学哲学者のトーマス・S・クーン（一九二二—一九九六）が、その著『科学革命の構造』（一九六二）において導入した概念で、ごく通常の科学的実践において、規範的に遵守されている一定の「パラダイム」に基づいた科学の在り方を指す。

だをとりもつことに限定されるのだろうか？

猛烈なスピードの回転ドア！　部分と全体の、主体と客体の、絶対と相対の、特異と普遍の、理論と実践の断片化された二律背反を忌避する批判は、学問における聖なる三位一体の貧しい親類というよりもむしろ、道具的合理性の勝ち誇った亡霊に襲われる弁証法的合理性の〈精霊〉とでもいうべきものであろう。

　これらの筋立ては、かつて一度も肯定的に定義されたことのない学問的認識の概念を規定する。これらの筋立ては、また、古典科学と俗流学問の区別に、まさに政治経済学批判という内容を与えるのである。学問に実証的なものとか通常的（分析的）なものしかないのだとすれば、真理や誤謬についてその範囲を厳格に定められたもろもろの分野のなかに、すなわち、良き学問と悪しきイデオロギーのあいだに可能な第三の道はないということになるだろう。もし学問にドイツ的（総合的）なものしかないのだとすれば、古典的なものも俗流のものも含め、すべての学問は、ドイツ的学問の体系への加盟許可を受けなければならないであろう。俗流護教論のくどくどと述べる不毛性とは反対に、古典の肥沃な内容は公開的な全体化という批判的緊張感を隣り合わせにしている。古典経済学とその真理ならびにそのはっきりした間違いにたいする批判は、商品生産の一般化が『資本論』の学的抽象化にその内容を与える時に、すでに論ずべき課題のなかに書き込まれている。その際、現在の理解は、過去の理解を率先指揮する位置にある。展開された形態は、その形態がそれらの唯一義務づけられた運命ではないことを示す萌芽的な諸形態の秘密のヴェールをはぐのである。

　現在が過去の認識を指図するのだとすれば、「ドイツ的学問」は、それ自体にたいして透明な全体化のなかで歴史が成就することを予告する、一種の凋落しつつある知ではないのであろうか？　批判は差し迫るこの不吉な終焉を払いのける。現在は、過去の下書きをその高みから制御支配することで自己満足しない。現在は、現実の瞬《またた》きをじっと観察し、未来の頂きで、未完の可能性の燦《きら》めきをじっとうかがっているのである。

ヘーゲル論理学とのマルクスの「偶然」の再会（一八五八年の再読）は、思弁的な再墜落を予告するものではない。「正しい学問的な理解」を丹念に練り上げることを可能にするものだ。「ドイツ的学問」は本質の認識を諦めることはない。それが特異性の学問への切望を永続化するかぎりで、その「形而上学はマルクスの学問にとって実り豊かなものであった」。「この前批判期の見事なプログラムは、社会的な学問と革命的な知にたいするマルクスの貢献の成功と挫折を記すものなのである」[☆77]。

成功と挫折のこの混合は何から成っているのか？　近代的諸科学の通常性のなかにこの混合を定着させるために、ヘーゲル的根源からマルクスを引き離してしまうことはナンセンスであろう。人を戸惑わせるような多くの点で、マルクスの「学的」実践は、マルクスをして、「彼自身の実証諸科学についての独創的な形而上学考案者」に、「その独自の形而上学、現実についての一般的で明瞭なその観方の考案者であることがあまり頻繁には現われてこない特徴を示す科学者」[☆78]に仕立てあげる。学問の支配的な姿の内部で起こった最初の断絶、一八四四年以後の、経済学にたいする「汚辱」という特徴づけは、一八五八年のヘーゲル的再湧出がなければ不毛なものにとどまっていたであろうというのである。

しかしながら、サクリスタンが主張することとは反対に、この「ヘーゲル回帰」は、一般的な認識論や合理化された形而上学といったような「ドイツ的学問」に向けた「批判」の最終的な止揚を意味するものなのではない。マルクスの『資本論』というタイトルへのこだわりは、決心のつかない理論的緊張感を証言するものである。マルクスの心は、実証科学のもつ肥沃な内実と弁証法的知についての根強く残る不満とのあいだで引き裂かれたままである。「批判」はこの両者を和解させることを可能にする。それは悪しき妥協なのか、それとも、しだいに彼独自の物神化へと押し流される途上で道具的理性を引きとめようとする有益な抵抗なのだろうか？

☆77　Manuel Sacristan, *Sobre Marx...*, *op. cit.*, p. 364.
☆78　*Ibid.*

資本の言説に注意深く耳を澄まして脱神秘化し脱物神化する作業である（政治経済学の）批判は、実際には、真理に重ねて真実をいう使命をもつものなのではない。『資本論』の第一巻と第二巻のなかで、この批判は、外観をずたずたに引き裂き、仮面を剝ぎ取り、商品と労働の二重の存在を暴き、生産の謎に深く浸透し、流通の変貌を解明する。第三巻で、批判はしまいに資本の神秘への襲撃に着手する。

生産手段の使用における節約《エコノミー》は「資本に固有な力として、また資本主義的生産様式に特有な、それを特徴づける方法として現われる」。「この表現の仕方（Vorstellungweise）は、事実の外観がそれに一致し、また資本関係が、労働者を、彼自身の労働の実現の諸条件にたいする完全な無関心、外的存在および疎外の状態（Ausserlichkeit/Entfremdung）に置くことによって、実際に内的関連（innern Zusammenhang）を覆い隠しているだけに、なおのこと奇妙には感じられない」[★79]。労働者は搾取手段として自分に逆に降りかかってくる生産手段にたいして、無関心を示すことしかできない。労働者は、彼の労働の社会的性格（他人の労働）にたいして、自分にとって「疎遠な力」（als zu einer fremden Macht）[★80]にたいするもののようにふるまうのである。けれども、ことがらは「一方では労働者すなわち生きた労働の担い手と、他方では彼の労働諸条件の経済的な、すなわち合理的で節約的な使用とのあいだの疎外および無関心にとどまるものではない」[★81]。「労働者の生命および健康の浪費」、「彼の生存諸条件そのものの切り下げ」[★82]は、利潤率を高めるための条件となる。こうして資本はますます、資本家をその機能者とする「社会的な力」、「また個々の個人の労働が創造しうるものとはもはやまったくなんの関係ももたない社会的な力――しかし、物として、そしてこの物による資本家の力として社会に対立する、疎外され自立化された社会的な力であることを示す」。資本の社会的な力と、個々の〔産業〕資本家たちの私的な力とのあいだの矛盾は、ますます激しいものとなる[★83]。資本―利潤、土地―地代、労働―労賃は、「社会的生産過程のいっさいの秘密を包括する三位一体的形態である」。具体的形態として、利子は「資本主義的生産様式を独特なものとして特徴づける」[☆84]利潤と剰余価値を隠すのである。

貨幣が貨幣を生み出すA―A′〔『資本論』原文では、G―G′〕増殖という驚異の現象は、「資本の内容のぬけのからの形態」であり、「そのもっとも乱暴な形態における資本の神秘化」である。利子生み資本においては、貨幣として固定され、堆積された労働生産物に帰属する資本物神の観念が完成され、「生まれつきの秘密の性質」によって、また「幾何級数的」に剰余価値を生み出す、どのような想像力も及びがたい力がそこに備わっているのである。★85

これらの「隠れた《オカルト》性質」★86のぐらつきは、経済学者たちの間違った意識、社会的な諸関係を「これらの物そのものの諸属性」に、「生産関係そのものをひとつの物」★87に転化させる、信じられないが現実の神秘化的な性格を説明している。批判は、それゆえ、歴史的に特定された社会におけるそれ自身の宗教的な表象に対抗する絶えざる労働である。資本主義的過程は、それ自体固有の生産諸関係の枠のなかでの社会的生産過程の特定の形態である。この過程は、この生産諸関係とその過程の担い手たちである資本と賃労働を生産し再生産する。この生産の担い手たちがそこにおいて自然と相互に結び合う関連の全体こそ、その経済的構造から見ての社会だからである。これらの物質的諸条件は、諸個人が（彼らの生活の再生産過程で）取り結ぶ一定の社会的諸関係の担い手（Träger）でもある。★88

資本の活力は生産手段と労働の実際的な社会化の諸条件を準備する。それゆえ、それは、別様に組織された社会において、労働と剰余労働のあいだのいっそう制限された相関関係、言い換えれば、社会的に利用可能な時間のさらに大きな解放と、必ずしも量的でない蓄積の論理に基づくその時間の利用の方向転換とを可能にする物質的手段と萌芽

★79 邦訳『資本論』第三巻ａ、一四五ページ。
★80 同前、一四六ページ。
★81 同前、一四七ページ。
★82 同前、一四七ページ。
★83 同前、四四七―四四八ページ。
☆84 Karl Marx, *Le Capital*, livre III, t. I, *op. cit.*, p. 103.〔邦訳『資本論』第三巻ｂ、一四三〇ページ。〕
★85 邦訳『資本論』第三巻ａ、六七九ページ。
★86 邦訳『資本論』第三巻ｂ、一四三七ページ。
★87 同前、一四五三ページ。
★88 同前、一四三八―一四三九ページ。

とを作りだすのである。「社会の現実的富」(das wirkliche Reichtum) は、実際には、絶対的労働時間に依存するのでなく、その生産性に依存する。「自由の王国は、事実、窮迫と外的な目的への適合性とによって規定される労働が存在しなくなるところで、はじめて始まる」[★89]。すなわち、生産の領域を超えて、ではなく、総再生産の必要に迫られて、労働することがなくなった時に、ということである。言い換えれば、必然性を超えて、ではなく、必然性と自由との弁証法それ自体のなかで、ということである。

それゆえ、人を惑わすような流通の表面では、資本は、資本物神 (Kapitalfetisch)（物神化された資本の資本家的物神）として現われる。利子資本の形態での資本は、もっとも疎外されたその独特な形態をおびている。最後に、地代において、土地所有が（剰余価値の）「部分相互の疎外および骨化」を呼び起こす。その結果として徹底した神秘化、社会的諸関係の一般化された物化 (Verdinglichung)、素材的な生産諸関係とその歴史的・社会的規定性との絡み合いが生まれる。マックス・ヴェーバーなら魔法の解けた世界をそこにみるであろうが、マルクスは、反対に、おもちゃ箱をひっくり返したような、魔法にかけられた世界の怪奇現象に驚嘆するのだ。そこでは貨幣、国家、学問、芸術という物神が、イースター島の彫像のように、じっと動かない石のなかで立ち上がる。そこではなにもかもが逆立ちして歩く。その世界ではムッシュー・ル・カピタルとマダム・ラ・テール〔資本氏と土地夫人〕が社会的な登場人物として、また同時にただの物として、輪になって幻想的な死の踊りを踊るのだ。生産の担い手たちは、彼らが毎日動き廻っている「仮象の姿」になって、まったくわが家にいるような心安さをおぼえるのである。これが諸物の人格化と諸人物の物化 (chosification) なのである。[☆90]

これこそ近代の日常生活の悪魔のような宗教感情なのである。

社会的諸関係の物象化と勝ち誇る商品の物神化は批判の役割と限界を規定する。「生産関係の物化の叙述、および生産当事者たちにたいする生産諸関係の自立化の叙述では、われわれは、それらの関連が、世界市場、その商況、市場価格の運動、信用の期間、商工業の循環、繁栄と恐慌との交替によって、生産当事者たちにとっては、圧倒的な、不可抗的に彼らを支配する自然法則として現われ、彼らにたいして盲目的な必然性として作用するその仕方・様式には立ち入らない。なぜなら、競争の現実の運動はわれわれのプランの範囲外にあるのであり、われわれはただ、資本主義的生産様式の内的組織のみを、いわばその理念的平均において、叙述すべきだからである」[☆91]。物神崇拝はたんなる仮装の姿ではない。そうであったなら、通常の学問はそれから仮装衣装を取り去り、その隠れた真実を暴き出せば充分であろう。それが現実の悪しき映像でしかなかったならば、その対象を立て直し、対象の中身それ自身を明らかにする良い眼鏡があれば充分であろう。しかし、物神崇拝の表象は、それらの関係を歪める鏡のなかで切り離しがたく結びついた主体と客体の相互幻覚のうちに休みなく営まれる。それゆえ問題は、すべての誤った意識を一度で晴らし、その対象の持ち主であり所有者である主体の明晰な主権性を保持する学問を打ち立てることではない。誤った意識は頭のなかで決定されるものではない。それは自動生産の状況それ自体の結果、生まれるものなのである。誤った意識を生みだす諸関係が存続するかぎり、疎外は闘うことはできても、それを廃止することはできない。全体に普及した商品物神崇拝のとりこになる世界では、学問の聖櫃《せいひつ》（l'arche de la science）によってイデオロギーが凱旋的に脱出する途はない。批判は、真理を占有したり真理についての真理を言ったりする力は自分自身にないことを認める。はびこる狂気と神話のしげみに対抗して休みなく更新される批判の闘いは、終わることはないだろう。この闘いは、視界からも消えそうな小さな空白地点にいたるしかないが、政治的事件はえてしてそういう地点で発生するものである。

それゆえ批判は、イデオロギーを相手にして、お役ご免になることはけっしてないが[☆92]、批判は、脱神秘化し、反抗し、現実的な幻想脱却と迷いからの覚醒の諸条件を据えること以上のことはできないのである。

★89　同前、一四四〇ページ。

☆90　「魔法にかけられた世界」とは、一六九一年にオランダ人バルタザール・ベッカーによって発表された古代異教宗教と「未開人」宗教の比較分析のタイトルである。Alfonso Iacono, *Le Fétichisme, histoire d'un concept*, Paris, PUF, 1992 を見よ。〔邦訳『資本論』第三巻b、一四五三―一四五九ページ。〕

☆91　Karl Marx, *Le Capital*, livre III, t. III, *op. cit.*, p. 208.〔同前、一四六〇ページ。〕

この続きは闘争において演じられる。そこでは批判の武器は、もはや武器の批判としてとおることはできない。そこでは理論は実践となる。そして思考は戦略的となるのだ。

まず商品にひそむ魔力を暴き出すことを狙いとした「資本の学」は、方法の叙説からはじめることはできないだろう。それは「学問以前の学問」をむなしく追求し、あいかわらず仮象の虜にとどまることを意味するであろう。☆93 Schein（仮象）とWesen（本質）の隠れん坊では、事物をあるがままのものとする本質は、その事物の現象的な実存に相容れない形で対立する。それは内部から、仮象の営みを規制する。現象の世界が法則の世界であるのに対して、内実の規定は現象とその法則とを、価格と価値とをいっしょに結びつける。こうして実体のあらわれは仮象の構成部分となり、すべての学問は、ヘーゲルが時に「砂漠」と語った実体が仮象よりも内容豊かであるにもかかわらず、外観の理論を伴うことになる。

唯一測定可能な大きさを超えて、科学は、仮象を通過するものとして提示される。というのは、「もし事物の現象形態と本質とが直接に一致するなら、あらゆる科学は余計なものであろう」★94 からだ。

――「競争の科学的分析が可能なのは、資本の内的本性が把握されているときに限られるのであり、それは、天体の視運動〔観測者から見た運動〕が、その現実の、しかし感性上知覚しえない天体の運動を認識する人にだけ理解されうるのとまったく同じだという点である」★95。

――「われわれがこの章で研究する諸現象は、その充分な展開のためには、信用制度と、世界市場――この世界市場は、一般に、資本主義的生産様式の土台および生存環境をなす――における競争とを前提する。しかし、資本主義的生産のこれらのいっそう具体的な諸形態は、資本の一般的な本性が把握されたのちにだけ、包括的に叙述することができる」★96。

――「俗物や俗流経済学者の考え方が何から出てくるか、ということが明らかになるだろう。〔すなわち、それは〕彼らの頭脳のなかではつねにただ諸関係の直接的な現象形態が反射するだけで、諸関係の内的な関連が反射するのではないということから出てくるのだ。もしも内的な関連が反射するとすれば、いったい何のために学問というものは必

☆92　次を見よ。Georges Labica, *Le Paradigme du Grand Hornu*, Paris, PUF, La Brèche, 1988, et Patrick Tort, *Marx et le problème de l'idéologie*, Paris, PUF, 1988.「それゆえ脱神秘化することは、せいぜいのところ、それが学問の事業にかかわっている時でさえも、幻惑のヴェールにとらわれた生産者の領域ではなく、専門家、理論家、イデオローグの領域において関係の真実を生みだすことにしか役立つことはない。というのは、それは、その否定しがたい力にはてしなく屈従する、幻想の非反省的要素のなかで、その活動を通じて、生き生きと続けることだからである。だから、現実のもっとも近くで生き行動する人々は、今では逆説的なものとしてもはや現われてこない必然性の名のもとで、最初の、しかももっとも多くの外観の犠牲者なのである」(p. 96)。

☆93　Jacques Bidet は、『資本論について何をなすべきか?』(*Que faire du Capital?*) のなかで、価値概念を定義する社会的諸関係への物神崇拝理論の節合の立証に専念している。『資本論』ドイツ語版からフランス語版への発展は、「理論的成熟」過程に従って、特異な／特定的／普遍的、あるいは主体／客体のような若干の哲学的カテゴリーを除去する方向へ進むという。ここから、「商品生産のイデオロギーの構造的カテゴリー」として物神崇拝の三つの解釈が生まれる。すなわち、

a——物象化として、

b——価値形態として、

c——「構造的」解釈として、

物象化としての物神崇拝は、「転倒された存在」と同時に「存在の転倒された表象」を表わす。この解釈は、主体／客体関係の古典的な問題提起に再び落ち込んでしまう意味で、後退的解釈であろう。『資本論』の長所は、これとは反対に、社会的諸関係の体系の担い手(Träger)ないし当事者のために、アルチュセールの有名な「主体なき過程」であるが、その「主体の全体化されたこのカテゴリーを崩壊させる」ところにある。価値形態による解釈は行動の論理と当事者の意識のずれのなかにはまり込むことになるだろう。要するに、構造的解釈によれば、生産者は、まさに生産者としてではなく、交換者としてしか接触することはないのである。

『資本論』第一巻でマルクスは、社会関係が価値の仮面をつけずに現われる四つの透明性の場合を想像している。その場合、現実は意識の直接的な与件であり、そういう学問を生みだすことはもはや必要なくなるであろう。ところが、誤った意識は、たんなる悪しき信仰ではなく、外見を超えて、唯一学問的な分析だけが訂正することが可能な誤った予見なのである。実際に、なぜこの法則は生産者に気づかれないのか？　なぜなら生産者の領域は私的生産者の経験の領域を超えているからである。したがって、ことばの強い意味で、市場を支配し労働の交換をつかさどる価値法則が必然的に生産者に気づかれないままであるかぎりで、物神崇拝は存在するのである。

★94　邦訳『資本論』第三巻b、一四三六ページ。

★95　邦訳『資本論』第一巻b、五五五ページ。

★96　邦訳『資本論』第三巻a、一九〇ページ。

要なのだろうか？」[★97]。

――「価値法則がどのように貫徹されてゆくかを、逐一明らかにすることこそ、学問なのです。だから最初から、この法則に矛盾するように見える諸現象を「説明」しようとすれば、学問以前の学問を持ち出さなければならないことになるでしょう。リカードゥの誤りはまさに、彼が価値について論じている第一章で、まず逐一明らかにしなければならない、ありとあらゆるカテゴリーを、与えられたものとして前提し、これらの範疇が価値法則に適合していることを証明しようとしたことにあるのです〔……〕。思考過程そのものが諸関係のなかから生まれ出て来る、つまり、それ自体ひとつの自然過程なのですから、物事をじっさいに把握する思考はいつも同じであるほかないわけで、その違いは発展の成熟、だからまた思考を行なう器官の発達の成熟の度合に応じて段階的なものでしかないのです。それ以外はいっさい馬鹿話です。俗流経済学者というのは〔……〕、内的連関の暴露にたいして、現象面では事態がちがうではないかと言いつのって、大発見でもしたような気になるのです。これは実際には、仮象にしがみつき、これこそ究極のものである、と言いつのっているのと同じことなのです。それでは、いったい何のために学問がいるというのでしょうか[☆98]」。

これらの断片的くだりと書簡は、現象から本質へ、仮象から現実態への矛盾した関係についての定項を引き出しているのである。残るのは直接的な経験的認識である。すなわち「感覚による知覚」、「諸現象」、「外観」、「眼にみえる運動」、「直接的な表現形態」、「様相」等々。これにたいし、「学問に基づく認識」は、「深い本性」、「現実の運動」、「本質」、「内的な現実的運動」、「内的な関連」、「法則」、「事物の内的構造」等々にかかわっている。

「表面と深部」、「幻覚と現実態」、「諸断片と構造」の対の組み合わせは、同じく近似的な表現である。感性鋭い知覚と内部構造のあいだ、現象と実在的な運動のあいだ、仮象と実体のあいだ、感覚的知覚と内的構造のあいだ、現象と現実の運動のあいだ、仮象と本質のあいだ、視覚的運動と内的連関のあいだ、様相と法則のあいだで、概念の、生産と経過処理としての学問（学問の対象の生産であって、隠れた実態の暴露ではない）のすべての作業は遂行される。

この現実についての思考の働きは、アルチュセールがもっぱらエンゲルスを批判した混同の繰り返しのようにみえる。学問的作業は、思考の現実の――仮象への批判に従順な、しかしそれでもやはり現実の問題構制的関連を出現させることになるだろう。現実的運動は、まさに諸惑星の運動なのであり、その方程式の運動なのではない。「学問以前の学問」を提供しようとしたとしてリカードゥを責めるマルクスは、思考と現実との混同の対蹠地で、生産と経過処理としての学問的作業を無視しているといって批判するのである。だが思考は、「漸進的な差異化[☆99]」の過程における現実の受け取り手としてとどまっている。対象の奥深くで行なわれるこの差異化、対象のなかでの主体のこの懐胎はトートロジー的反映という鏡の罠にかかるのを防ぐ。実践を媒介として、理論は、概念の幽霊をつかむ代わりに、「事物を現実的に把握する」ことができる。

それゆえマルクスは、仮象と本質、形式と内容、幻想と現実、現象と隠された基層、表示と内的関連を対置する。それらの二律背反《アンティノミー》が学問的認識の必然性と可能性を基礎づけるのである。「内的関連」への接近は、仮象の脱構築を経て行なわれるのである。

人間相互の関係が「物と物との関係という幻影的な形態[★100]」をとり、人間の社会的行動が「生産者によって管理される代わりに人間を支配する事物の行動」という形態をとる時、物神崇拝はそれ自身のなかに神秘化だけでなく、また支配を伴うことをもはや無視することはできない。資本主義以前の社会の人格的支配とは異なり、物化された支配は

★97　一八六七年六月二十七日付のマルクスからエンゲルス宛書簡、邦訳全集31、書簡集、二六二ページ。
☆98　Karl Marx, *Le Capital*, livre II, *op. cit.*, p. 10; livre III, t. I, p. 301.〔邦訳『資本論』第一巻b、五五〇ページ、『資本論』第三巻a、一九〇ページ、『資本論』第三巻b、一四三六ページ、一八六八年七月十一日付のクーゲルマン宛の書簡（邦訳全集32、書簡集、四五四―四五五ページ）。〕
☆99　これはまさに、一八六八年のクーゲルマン宛の書簡で、しかも『資本論』第一巻の刊行後は、『一八四四年パリ草稿』を想起させる言葉で、再度強調された唯物論的公準である。
★100　邦訳『資本論』第一巻a、一二四ページ。

非人格的なものとなる。物神崇拝の結果である疎外は、歴史的概念となり、もはや人類学的概念とはならない。『資本論』第一巻で、物神崇拝は「資本主義的生産様式が一般に、労働者に相対する労働条件および労働生産物に与える、独立化され疎外された姿態[★101]」だとはっきりと指示している。物神崇拝は労働と労働者の疎外を直接伴っている。「彼自身の労働は彼自身から疎外され、資本家に取得され、彼のものではない生産物として対象化される[★102]」。『資本論』第三巻では、物神崇拝と疎外（英語では古フランス語の **étrangement**、ないし近代フランス語の **étrangéité** に相当する **estrangement**）の関係は何度も想起されている。「資本はますます〔……〕社会的な力、しかし、物として、そしてこの物による資本家の力として社会に対立する、疎外され自立化された社会的な力であることを示す[★103]」。

これらの疎外された物神崇拝的な関係には、想像的なものは何もない。価値および諸価値は抽象物でなく現実的なものであり、資本主義的社会諸関係の現実的な特殊な形態なのである。形式から内容へ、仮象から本質へのこれらの関係において、最初のことばはけっして幻想の同義語なのではない。それゆえ、批判という学問的な仕事は、開眼させたり利口にしたりするための虚構から現実への行程に還元されるものではない。重要なのは、現実的なものそれ自体を解明することである。こうして価値形態は、幻覚として一掃されるのでなく、秘密として暴き出されるものなのである（『資本論』第一巻）。

神秘化の意味は、なによりもまず、社会的事象の自然的事象への転化にある。問題がただたんに幻想であるのなら、すぐれた認識論は、その幻覚を払いのけることに逢着するであろう。至高の意識、デカルト的判明さ、神的啓示、自由契約、あるいはまたヘーゲル的な世界の専有は、ついに限界にいたることになるだろう。ところが、賃金形態は、賦役とは異なり、同じ仮象とはいっても、全額と想定される賃金の支払いの背後で未払いの労働時間を隠す。さらに、その本来の必要な機能を遂行しながらも、流通過程は生産の秘密を隠す。総再生産において資本がさまざまな機能や多種多様な資本に分割されることが、全体として資本の循環を覆い隠し、原始的な収用や剰余価値の強奪という本来の犯罪の証拠をあいまいにし、その結果、貨幣の物神崇拝をいっそう強化する。

活動の場を変更し、資本家的錬金術の秘密の実験室に浸透し、その神秘に打ち克つことができるのは、商品資本が全般化し、生産資本が商品・金融資本を自らに従属させる時だけである。それゆえ、このような認識は、その社会学的規定性に機械的に従属されることはない。この認識は、その本来の学問的な実践という政治的地平と、永続的に、批判的に、また反省的に相対することを、その規定性に求めるということもないのである。

マルクスは自分自身の「発見」をどのように評価するのか？　そして「ドイツ的学問」の観念と、いかなる関係を保とうとするのであろうか？

一八六七年八月二十四日のエンゲルス宛書信でマルクスは書いている。「僕の本のなかの最良の点は次の二点。（１）（これには事実のいっさいの理解力が基礎になっているが）第一章ですぐに強調されているような、使用価値で表わされるか交換価値で表わされるかに従っての労働の二重性、（２）剰余価値を利潤や利子や地代などというその特殊な諸形態から独立に分析しているということ。ことに第二巻ではこれが明らかになるだろう。これらの特殊な諸形態をいつでも一般的な形態と混同している古典派経済学におけるこれらの形態の取扱いは、ごった煮のようなものだ★104」。

一八六八年一月八日のエンゲルス宛の書信ではこうも強調している。「（１）以前のすべての経済学が、地代や利潤や利子という固定的な形態をもっている剰余価値の特殊な諸断片を、はじめから、与えられたものとして取り扱っているのとは反対に、僕は、まず第一に、すべてのこれらのものがまだ分解しないでいわば溶液状態で存在しているところの、剰余価値の一般的な形態を取り扱っているということ。（２）商品が使用価値と交換価値との二重物だとす

★101　邦訳『資本論』第一巻b、七四三ページ。
★102　邦訳『資本論』第一巻b、九七四ページ。ベンサイドは要約的に引用している。
★103　邦訳『資本論』第三巻a、四四七―四四八ページ。
★104　一八六七年八月二十四日付のマルクスからエンゲルス宛書簡、邦訳全集31、書簡集、二七三ページ。

れば、商品に表わされる労働も二重の性格をもっていなければならない、という簡単なことを経済学者たちは例外なく見落としていたのだが、他方、スミスやリカードゥなどにおけるようなたんなる労働へのたんなる分解はいたるところで、不可解なものにぶつからざるをえない、ということ。これこそは、じつに、批判的な見解の秘密の全部なのだ。（3）はじめて賃金が、その背後に隠れている関係の非合理的な現象形態として示され、このことが労賃の二つの形態である時間賃金と出来高賃金とによって精確に示される、ということ[★105]」。

最後に、一八八〇年の覚書でマルクスは「ヴァーグナーが見おとしていること」を強調している。（1）「私の場合にはすでに商品分析において、商品が現われる二重の仕方にとどまらないで、ただちにその先に進んで次のことを示している。すなわち、商品のこの二重性の存在のうちに、この商品をその生産物とする労働の二重の性格、つまり、有用労働、すなわち使用価値を作る具体的な労働様式と、および抽象労働、どんな「有用な」仕方で支出されるかにかかわらない労働力の支出としての労働という二重の性格が表示されるということ〔……〕」。（2）「つぎに商品の価値形態の、最終的にはその貨幣形態の、それゆえに貨幣の発展においては、ある商品の価値が他の商品の使用価値に、すなわち他の商品の現物形態に表示されるということ」。（3）「剰余価値そのものは労働力の「特殊的な」、もっぱらそれだけにそなわっている使用価値から引きだされるということ」。（4）「それゆえ、私にあっては使用価値はいままでの経済学におけるのとはまったく違った仕方で重要な役割を演じていること、しかし注意すべきことだが、考察されるのは、その考察が「使用価値」と「価値」の概念または語についてあれこれと理屈をこねることからではなく、与えられた経済的形態の分析から生まれてくる場合につねに限られているということ[★106]」。

それゆえ、マルクスによれば、彼自身の学問的な発見は以下の点にあるといえよう。

——剰余価値の（依然として未分化な）一般的諸形態を明らかにしたこと、

——労働の二重の性格を明らかにしたこと、

——資本（ならびにその必然的帰結としての賃金）を社会関係として理解したこと、

――使用価値はたんに交換価値のなかに解消されるのではなく、固有の重要性を保持することを理解したこと。

これらの発見は、

――経験的な混沌（「野菜のごった煮」）との関連で一般的形態の位置、

――商品ならびに労働の弁証法的な二重化の位置、

――運動の全体性に含まれた社会関係の位置、

を赤裸々にするのである。

これらの発見は、歴史的時機の特異性や分析療法の病理学的事例のような、具体的なものの総合的知識をめざす「ドイツ的学問」に照らしてみると、その全容が明らかになってくる。

全体によって部分に内部から光をあてることは、ある時代の意識それ自体についての最大限可能な学問的意識を引き起こす。スミスとリカードゥは、経済世界の明らかな無秩序のもとで、ある秩序をかいま見た。彼らは、この秩序が、なんらかのよりすぐれた意思に従うどころか、自分たちの儲けを最大限引き出そうとする諸個人のあいだの交換と取引から発生することを理解した。市場の不規則な運動に内在する規則性を押しつける一種の風変わりな牽引力がこの「無秩序の秩序」を表現するのである。

こうして「政治経済学批判」は、もうひとつ別の学問の仕方を開始する端緒となる。それは経済の実証科学の創設にも、ドイツ的学問への思弁的帰還をも、さらには批判の否定性にも還元されることはない。革命的理論である政治経済学批判は、その魔力に打ち克つことができないままに物神崇拝の幻影にまっこうから立ち向かうのである。「科学らしい科学」あるいは「物神的科学」に昇進した自然諸科学のいかがわしさを告発したグラムシは、この風変わりさを完全につかんでいた。それが即自的学問でも即自的方法でもないこと、抽象的な学問的性格の基体化がなお

★105　邦訳全集32、書簡集、一〇―一一ページ。
★106　邦訳全集19、「アドルフ・ヴァーグナー著『経済学教科書』への傍注」、三七一ページ。

も物神崇拝の悪しき様相であることを確信して、彼は、知の多様性を単一言語へと導く学問としてのエスペラント語やヴォラピュク語〔ドイツのシュライアーが考案した英語を基本とした国際語〕の幻想と闘った。同じ理由で、彼は、ブハーリンの『史的唯物論』のなかに「自然諸科学あるいはそれらの諸科学のいくつかの直系である」科学の実証的概念を見いだして憤慨している。精確さ、規則性と規範性の探求が「そういうわけで歴史的弁証法に取って替わられている」。ところが、「科学的に」予見できるのは、闘争だけなのであって、その時機でも、その結果でもない。☆107

闘争しか予見することはできないのだ！

「似而非《えせ》科学」にたいする攻撃のなかでマルクスの理論をフロイトの理論と結びつけたポパーの狙いは、ある意味で、的を射たものであった。これらの認識論は、葛藤を目標としている（一方は階級闘争、もう一方は欲望の闘争）が、それらの認識論は、唯一それを考えている事実の表明を休みなく変更する。☆108 同様に、クラウゼヴィッツにとって、戦争についての知識は、学問としても技術としても、把握することはできなかった。仕方なくそれは、戦略になることを定められた理論なのかもしれない。すなわち、軍事的戦略、分析的戦略、政治的戦略である。

「マルクスの学問」は、彼の時代の認識の台座の上にしっかりと位置を占めているわけではない。その対象（資本の社会的諸関係と経済的リズム）、その時間性の非線型的な論理、それ自身がたがいに矛盾する驚くような「諸法則」の制約のもとで、その学問は、もうひとつ別の合理性を切望するのだ。

「預言的学問」なのか？

「第三の型の認識」なのか？

「諸概念の数学」と「もうひとつの知の必然性」なのか？

これらすべての定式は、不条理のなかの条理なるものに先鋭な感受性を有しているもうひとつの知への訴求として鳴り響いている。戦略的思考はどこで繰り広げられるのだろうか？　この戦略的思考のためにも、「あいまいな」、「判明的ではない」、おのれの姿を見せることよりもおのれの姿を隠すことにたいしてより注意深い理論を、われわれ

はこれから創造しなければならないだろう。☆109

☆107 Antonio Gramsci, *Cahier de prison 6, op. cit.*, p. 17, *Cahier de prison 8, op. cit.*, p. 369; *Cahier de prison 11, op. cit.*, p. 202. [Edizione critica italiana, *Quaderno del carcere 6*, p. 690, *Quaderno del carcere 8*, p. 1059-1060, *Quaderno del carcere 11*, p. 1403.]

☆108 *Positions* に復刻された「フロイトとラカン」に関する一九六四年一月の文章で、アルチュセールはこの近親関係について強調している。「精神分析は、その唯一の生き残りのあいだで、もうひとつの戦争に専念する。それは、人間がけっして始めたことがないふりをしている、記憶も覚えもない唯一の戦争であり、人間がまえもってつねに勝ったと考える戦争である。きわめて簡単に理由をいえば、人間文化のなかの文化として、人間は戦争で生き残り、生き、子どもを生むことしかない。瞬間ごとに、孤独のなかで、また死に抗して、ひとりひとりが自分自身のために、投げ、捻じ曲げ、却下した人間の後裔たちのそれぞれにおいて、哺乳類の幼虫を主体をもつ人間の子どもにする強制的な長征を駆け巡ることに没頭する戦争である」（*Positions*, Paris, Editions sociales, 1982）。

☆109 「あいまいで、漠然とした、暗い、不明瞭な認識の理論を、アデロ認識論を、創造する必要があるだろう」（Michel Serres, *Éclaircissements*, Paris, Flammarion, «Champs», 1994, p. 215）。［アデロはかつてギリシャでアデロスと呼ばれたデロス島が語源で、この島が雲や霧に隠れて見えにくかったところに由来する。］

第8章　新しき内在

マルクスは時に、自らのノートや下書きを、客観的真理の適応としてではなく、「学問的な試論」や思想の推移や足取りとして示してみせる。それというのも、「価値法則がどのように貫徹されてゆくかを、逐一明らかにすることこそ、学問なのです。だから最初から、この法則に矛盾するようにみえる諸現象を解説しようとすれば、学問以前の学問を持ち出さなければならないことになるでしょう。〔……〕俗流経済学者は、内的連関性の暴露にたいして、現象面では事態が違うではないかと言いつのって、大発見でもしたような気になるのです。これは実際には、仮象にしがみつき、これこそ究極のものである、と言いつのっているのと同じことなのです。それでは、いったいなんのために学問が必要だというのでしょうか?[☆1]」。大いなる経験主義的錯覚とは正反対に、学問は仮象のなかにおのれの姿を現わすことはないのである。

「学問以前の学問」を述べようとすること、これこそまさに罠なのである。

実際、内的関連性は、諸現象の表面的で、月並みな意味での因果的な関連性とは異なった、論理的な秩序のなかで生ずる必然的な諸規定の運動を明らかにするものである。だから、学問的作業は、『資本論』の第一巻では、謎の解明のようにみえるのである。労働時間による価値の大きさの規定は「相対的な諸商品価値の現象的運動の下に隠されている秘密」[☆2]である。この規定は、「学問的洞察」がそこから生じるためには、その前に「完全に発展した」商品生産が必要である。「学問的分析」は「現実の発展とは反対」の道をたどる。この分析は「あとから始まるのであり、

〔……〕発展過程の完成した諸結果から始まる」。

貨幣が鞭打ちのように激しくぶつかりあうなかで、世界は怒り狂う。その驚くべき事態を白日のもとに暴くためには——とマルクスは第一巻第二篇の最後で述べている——市場の喧騒に背を向け、「表面で行なわれていてだれの目にもつくこの騒々しい流通部面を立ち去って、〔……〕生産という秘められた場所」に降りてゆかなければならない。ここでは「剰余価値の生産という、この近代社会の大秘密がついに暴露されるにちがいない」[☆3]。活気づいた貨幣崇拝が「商品を流通させているかにみえる」魔術幻灯を批判する学問こそ、交換の「誤った仮象」を剝ぎ取ってみせるのである。

生まれたばかりのブルジョワ経済学が——とマルクスは述べる——「わが国（ドイツ）において」不可能になってしまったのは、このためである。「それゆえドイツ社会の固有の歴史的発展は、この国での「ブルジョワ」経済学の独創的育成をいっさい排除したが、しかし、この経済学にたいする批判のほうは排除しなかった。そもそもこのような批判がある階級を代表する以上は、それが代表できるのはただ、資本主義的生産様式の変革と諸階級の最終的廃止とをその歴史的使命とする階級——プロレタリアート——だけである」[☆4]。プロレタリアートの誤った意識のなかにさえ「真実を軸に展開された意図」を読み取ったルカーチは、この社会決定論を極端な結論にまで推し進めた。その経済学批判によって表象される階級のイメージは、それによって解決される問題よりも多くの問題を提起してしまう。それは古典学問の視野を制限する階級的観点は、古典学問の内部にある障害物、深部に潜む否定的な限界を構成する。

☆1　Karl Marx, Friedrich Engels, *Lettres sur Le Capital*, Paris, Éditions sociales, 1972, p. 102 et 131. とくに一八六七年六月二十七日付のマルクスの〔エンゲルス宛〕書簡、および一八六八年七月十一日付のマルクスのクーゲルマン宛書簡。〔邦訳全集32、書簡集、四五四—四五五ページ。〕

☆2　Karl Marx, *Le Capital*, livre I, t. I, *op. cit.*, p. 70.〔邦訳『資本論』第一巻a、一二八ページ。〕

☆3　Karl Marx, *Le Capital*, livre I, t. I, *op. cit.*, p. 136.〔同前、三〇〇ページ。ただし、フランス語版の「剰余価値の生産という、この近代社会の大秘密」は、当該邦訳では「貨殖の秘密」となっている。〕

☆4　*Ibid.*, t. II, p. 221.〔邦訳『資本論』第一巻a、「あと書き（第二版への）」、二一ページ。〕

し、その相対的観方を押しつける。だから「他の個所でスミス自身もっと深く正しい展開を行なっているが、これは勝利を収めないで、この途方もない誤りが勝利を収めた」[☆5]。俗流経済学者の頭脳のなかには、「つねにただ諸関係の直接的な現象形態が反射するだけで、諸関係の内的な関連が反射するのではない」。しかも「もしも内的な関連が反射するとすれば、いったい何のために学問というものは必要なのだろうか?」[★6]。

学問と非学問のあいだの不変の境界線を描くために、アルチュセールは『資本論』第二巻へのエンゲルスの序文を論拠とした。序文のなかでエンゲルスは、古典経済学者における剰余価値の問題とラヴォワジエとプリーストリーにおける酸素の問題を比較して、こう述べている。いずれも剰余価値や酸素を生産したが、「彼らが手もとに何をもっているかを知らずに」そうしたのだ、と[★7]。生産することは発見することではない。人が急いでその解決方法をみようとするところに、マルクスはなおもひとつの問題をみるのである。労働と労働力の区別に失敗したスミスとリカードゥは、彼らが手もとに何をもっているかについてけっして知ることはなかったのである。

剰余価値の概念はコペルニクス的革命を意味するのか、それとも認識論的断絶を意味するのか? その晩年にエンゲルスは、この分化に、諸学の歴史の進化論的で累積的な考え方を対置する。「科学史は、このたわごとを徐々に取り除いてゆく、あるいはそれを新しい、しかし、しだいに不合理ではなくなるたわごとに置き換えてゆく歴史です」、と。学問のあまり勝ち誇った感じのないイメージか? 繰り返し起こるたわごとに結末をつけずとも、しだいにたわごとが減少するにつれて、古代人に反対せずに古代人とは反対のことをパスカルの謙虚さをもっていうことも可能となるような、あのシシュフォスのような批判の作業か? しかし、剰余価値の発見は、ヘーゲルをもって、あるいはスピノザをもって終わったわけではないのだ。「こういう御仁たちみなに足りないのは弁証法です。いつもこれが原因で、あれが結果としかご覧にならない。〔……〕彼らにはヘーゲルなどこの世に存在しなかったのです」[☆8]。

開かれた全体性と矛盾

　マルクスのヘーゲルにたいする恩義は、まるでこの危なっかしい接近が形而上学的な再転落を意味したかのように、再三問題視されてきた。『要綱』の作成に熱心に取り組んでいた一八五八年一月十四日、マルクスは、エンゲルスに「ほんの偶然のことから、ヘーゲルの『論理の学』をもう一度パラパラめくってみた」と述べ、「もしいつかまたそんな仕事をする暇でもみつかったら、ヘーゲルが発見はしたが、同時に神秘化してしまったその方法における合理的なものを、印刷ボーゲン二枚か三枚で、普通の人間の頭にわかるようにしてやりたいものだが」★9と書いている。残念ながら、マルクスには、ついぞその時間は見つからなかった。

　しかし、レーニンも、この点では欺かれることはなかった。一九一四年八月四日以後、人類史のなかのひとつの大転換期に立ち会った彼もまた、ヘーゲル『論理の学』のほうにふたたび立ち返った。レーニンの結論も、抗弁の余地のないものであると同時に挑戦的な意味あいを含んでいた。ヘーゲルを迂回して直接マルクスにゆけると思う人は、マルクスについてなにも理解することはできないのだ、と。

　古典物理学に倣《なら》って、実証科学はもろもろの還元を通じて作動する。首尾一貫した完全な循環運動のなかではとらえることのできない全体性は、生きているものの神秘にたいするロマン派的心情や抒情的魅力に疑いをもつ、すぐれて学問以前のカテゴリーのようにみえる。マルクスの理論における「別の論理学」は、全体性の諸契機の連接

☆5　Karl Marx, *Le Capital*, livre II, t. I, *op. cit.*, p. 198.〔邦訳『資本論』第二巻、三四一ページ。〕
★6　一八六七年六月二十七日付のマルクスからエンゲルス宛書簡、邦訳全集31、書簡集、二六二ページ。
★7　邦訳『資本論』第二巻、エンゲルスの序文、二六ページ。
☆8　一八九〇年十月二十七日付のエンゲルスからコンラート・シュミット宛の書簡。〔邦訳全集37、書簡集、四二六―四二八ページ。〕
★9　一八五八年一月十六日頃付のマルクスからエンゲルス宛書簡、邦訳全集29、二〇六ページ。したがってベンサイドが一月十四日付としているのは不確定的である。

(Gliederung) を展開する特定の分化した全体性に立ち返ってくる。『精神現象学』の「まえがき」で、ヘーゲルは、分析的悟性への「忌避」を吹き込むこれらの諸媒介の概念的な射程を強調する。この忌避は、「媒介と絶対の認識がどういうものかを知らないために生じたものだ。媒介とは自己同一のものが自ら運動することにほかならず、おのれと向き合う自我が向き合うなかで自分に還ってゆくという純粋な否定の力であって、運動という点だけからみれば、単純な生成の運動なのである[★10]」。

私的なものと公的なものの違い、経済的なものと政治的なものの分離、法と力の区別を上からの命令で廃止することによって、抽象的な同一性への全体化は、一方的に、部分を全体に服従させてしまう。同じように、階級、人民、党、〈国家〉を同一化することによって、全体化は全体的な力による強制へと変質してしまうのである[☆11]。

ヘーゲルにあっては、具体的な全体化は節合され媒介される。統一性が暴力に依拠している体制とはちがって、すべてはそのすべての契機の総体である。マルクスにあっては、それは傾向的諸法則と有機的な因果関係から生じる。『資本論』の開かれた大円環は、それ自身、分化と矛盾を通じて「自己運動する自己自身との同等性」を再生産する。媒介をいう者はだれでも、形式的に宣言された和解ではなくて、法、モラル、諸制度、相互の差異、抗争と対立の論理を考えなければならない。

この没全体化された全体性は、機械論的モデルから借りた同一性、因果性、時間についての通常の概念と断絶する。この全体性は諸関係の論理に属しており、その論理のなかでは全体性の特定の諸要素がそれらの要素自体を相互に規定しあうことになる。この「循環する知」は、「たとえすべてを、すべてのすべてを知ることができたとしても」、依然として認識の永遠の更新を保証する、この無限の運動を分かちもつのである[☆12]。

この開かれた全体化は必然的に、本質的に、多元主義的である。

諸関係と媒体の問題。

全体性はどこから始まるのか？

どの末端から全体性を取り出すのか？　その暗闇を突き通し、内部からそこに光をあてることのできる入口をどこに見いだすのか？　どのようにして交換というすさまじい輪舞を中断させ、商品の変態の循環を打ち砕き、生産と流通と再生産の連鎖を止め、あるときは貨幣、あるときは機械と労働力、そして最後に商品、そして新たに貨幣という資本の役割の悪魔のような入れ替えがおこなわれ、その間同じ資本の他の部分が変貌と変質の同じ営みを逆方向でくりひろげるという、この流れをどのようにして一時停止させるのか？

どこから始めるのか？　マルクスにとっても、ヘーゲルにとっても、プルーストにとっても、これが頭からなかなか離れなかった同じ問題である。全体性はひとつひとつの鎖の環、ひとつひとつの断片、ひとつひとつの鎖の部分にまとわりついている。しかし、全体を要約し明らかにするのはそのうちのひとつである。〔ヘーゲルの〕存在（有l'être）であり、〔プルーストの〕マドレーヌ〔フランス菓子の名称。マルセル・プルーストの小説『失われた時を求めて』で主人公たる「私」が紅茶に浸して口にするマドレーヌが過去の記憶を呼び戻す重要なキーワードとなっている〕であり、そして〔マルクスの〕商品である。月並みで無垢の、ごく単純な割れ目のはいった商品は、使用価値と交換価値、抽象労働と具体労働、剰余労働と利潤がそこから漏

★10　長谷川宏訳『精神現象学』（作品社、一九九八）、一三ページ。

☆11　アドルノは、道徳的および審美的な価値の、問題を含まない体系に縮小された穏やかなこの全体性を、正しくも忌避する。彼はこれに否定、細目、断片の活動を対置する。無媒介の悪しき全体化に反対して、サルトルは「没全体化された全体性」について、アンリ・ルフェーヴルは「開かれた全体性」について語っている。

☆12　Maurice Blanchot, *L'Amitié*, Paris, Gallimard, 1971, p. 62. すべてと個別のうち支配的なのは何かを知ることに強い関心を示すヘルダーリンの問いにたいし、サルトルはこう答える。「すべて（le Tout）が存在したとしても、闘争が起こることはないだろう。というのは、詳細（le détail）が必然的にそのすべてに含まれるであろうからだ。そして、存在するのがもろもろの単体の総和（une somme d'unités）だけであったとしても、今度は詳細が単体となり、問題が提起されてくることはないからだ。すべてがけっして全面的な総合的単体ではない（すべてがけっしてまったくすべてというわけではない）場合にしか、また、詳細がまったく孤立分離していない（詳細がまったくもって詳細ではけっしてない）場合にしか、闘争が起こることはないのだ」（Jean-Paul Sartre, *Cahier pour une morale*, Paris, Gallimard, 1983, p. 92）。Roy Bhaskar にとって、非公開の全面性あるいは悪しき全面性は思弁的哲学を特徴づけるものである。彼もまた開かれた体系的な全面性の考えを取り上げている。

れ出る一種の魔法のくるみように自分の殻をひらくのである。これと同じように、マドレーヌの割れ目から「スワン家の方へ」や「ゲルマントの方」〔プルースト『失われた時を求めて』第一巻および第三巻の標題〕が浮上してくるわけだ。これらの損なわれた部分から流れ出てくる商品あるいは記憶に関するもろもろのカテゴリーは、生成する世界のもっともすばらしい全体性をあきらかにするのである。[☆13]

「真理は自ら生成するものであり、自分の終点を前もって目的に設定〔……〕する円環なのである」とヘーゲルは『精神現象学』のなかで書いている。[★14]『論理の学』ではいっそう明瞭に説明される。「徹底性の精神は、なによりもまずすべてが立脚している根拠としての始元を探求し尽くすことを要求するように思われる。それどころか、始元をしっかりと証明されること以上には進もうとせず、逆にむしろ、もしそうならなければ、それに続くすべてのことを放棄することを要求するように思われる」[☆15]。しかしながら、「哲学において始元を見いだすのは難しいという意識が生まれたのは、最近になってのことである」、とヘーゲルは指摘している。[★16]始元は「純粋存在」（「純粋有」）であるが、全体性の運動のなかで、純粋存在はただちにもうひとつの存在（有）、すなわち無を招請する。そのとき割れ目の入った全体性は、失われた一体性を必死に求めて、動きを開始する。

価値は価格のなかで消えてなくなりはしないし、剰余価値は利潤のなかで消えてなくなりはしないが、資本は商品の具体的な発展を構成する。なぜならば、「始元であるものからの前進は、ただ始元がさらに規定されることとしてのみ見なされるべきであり、始まりであるものは後続のもののすべての基礎にあり続け、そこから消え去ることはない」[★17]。この進行によって、「始元は、直接的で抽象的なもの一般であるというこの規定性のうちに有する一面的なものを失う。それは媒介されたものとなる。そして、それによって学的進行の線はひとつの円環となる。――それと同時に明らかとなるのは、始元であるものは、始元のところではまだ展開しておらず、内容をもたないものであるから、そのうちでは真に認識されることはないということであり、学、それも完全に展開した学がはじめて完全で内容に満ち、初めて真に基礎づけられた始元の認識であるということである」[★18]。具体性の道を見いだすためには、片輪の一面的な始元、抽象的で不完全な始元が必要であった。内包と内容とがある道を見いだすためには、内容のない認識から、無理解からはじめる必要があった。その諸契機が充実して展開される「完全」な認識は、知を機械的に追加することではなく、「終わりが始めであり、帰結が根拠、結果が原因である。それはすでに成ったものになることである。そのなかではすでに実存しているものが実存するにいたる[☆19]〔……〕」というように、認識の活動性に依存しているのである。それゆえ、終点に照らしてみれば、ほかでもなく提起し前提する弁証法においては、始めるために始元は闇から現われるが、だからといってその始元が絶対的出発点に、新しい円環中の円環に、ふたたび出遭うことはないのである。あらゆる生成は始めであり終わりである、とレーニンは強調するが、それは「無規定的な始元から遠ざかることによって規定を加えつつ進んで行く歩みの一歩一歩は、また始元へと接近することでもある」[★20]からである。

☆13　*Introduction à la lecture de la science de la logique de Hegel* (Paris, Aubier, 1987) の著者たちは次のように主張する。始元が難しいのは「近代哲学が主体のカテゴリーにもたれかかろうとするからである」。著者たちによれば、この始元が、主体の諸哲学の系統性に触れることになるからである。「だから、出発点での選択の難しさは、その内容が根拠をなすとされる系統的連関とは独立して価値をもつことができないことからきている」。この問題は、概念論に依存する、存在（有）と認識の諸関係が解明されるまでは、乗り越えられない。しかしながら、われわれは、「始元の分析のなかで明らかとなる諸困難は、それ自身として恣意的であることに起因している」という彼らの見解を共有するものではない。少なくとも、問題は特定の恣意性であって、可能性としての恣意的始元というものは同じ価値を分かちもつことはない。だから、『資本論』は貨幣や価格からはじめることはできないのである。マルクスは商品からはじめることを決心するのに長い時間をかけた。*Introduction* の著者たちは、「根拠としての始元」という仮設や「その絶対的直接性における始元」という仮設を相次いで提起することによって、この恣意性の概念を修正している。最初の仮説によれば、「論理過程の循環はこの始元にその真の地位を与え、その一方的な規定の難問を取り除き、その必然性を明らかにする。それは具体的な規定の展開がはじまる抽象的世界の循環だと言ってもよい。そして同時に、結果の具体的普遍は抽象的普遍にその意味を与え、必然性をそれにゆだねる」。二番目の仮説によれば、「始元はそれ自体として矛盾している。というのは、始元は必然的に直接性と媒介性という二つの性格を表わすからである」(p. 27-41)。

★14　長谷川宏訳『精神現象学』、一一ページ。

☆15　Friedrich Hegel, *Logique*, I, *op. cit.*, p. 24.〔山口訳1、「第二版への序文」、二〇ページ。武市訳・上巻の一、二一ページ。〕

★16　山口訳I、五一ページ。武市訳・上巻の一、五七ページ。

★17　山口訳I、五六ページ。武市訳・上巻の一、六三ページ。

★18　山口訳I、五六ページ。武市訳・上巻の一、六四ページ。

☆19　*Ibid.*, p. 61, et II, p. 453.〔山口訳III、二〇〇ページ。武市訳・下巻、二四六ページ。〕

『資本論』の始元にあったのは商品である。循環の過程において、商品は、「過程全体」の最後で、資本の有機的生活のなかに具体的に再現されるまえに、当初の抽象化から遠ざかってゆく。その鍵をわたす終点に行き着くためには自分をさげすむことが必要である。この始元には開始の時の土台はなにもないのである。始元は、それ自身の生成が生成するにつれて、おのれを始元自身に転化するのである。というのは、「起源は終わり」でもあるからである。

全体性は、それ自身の矛盾の衝撃の勢いで、成育する。「諸商品の交換過程は、矛盾し互いに排除し合う諸関連を含んでいる。商品の発展は、これらの矛盾を取り除くのではなく、これらの矛盾が運動しうる形態を作りだす。これが、一般に、現実的諸矛盾が自己を解決する方法である。たとえば、ひとつの物体が絶えず他の物体に落下し、しかも同時に絶えずそれから飛び去るというのは、ひとつの矛盾である。楕円は、この矛盾が自己を実現するとともに解決する運動諸形態のひとつである」[☆21]。「より高次の合理的運動」のために、外見では分離したことばがたがいに交わされるのであるが、存在（有）と無は生成のなかでそれらの一体性と真理とを現わすのと同じく、資本の運動は、商品の二分化、実際的な矛盾、その敵対関係を含んだ発展、形式的生成を通じての現実的な矛盾の解決など、その隅々にまで現われる。危機の見通しに向かって、またその再始元でもあるかもしれない終点に向けて差し出された亀裂する全体性は、全体性の原理そのものなのである。

マルクスの語彙においてしばしば交換可能な矛盾（Widerspruch）、敵対関係（Gegensatz）、抗争（Konflikt）は、弁証法と歴史の論理を混同することなく節合している。こうして論理的であると同時に歴史的なこの矛盾は、法則の概念に組み入れられるのである。「必然的な内的連関」として、法則は「矛盾が切り離す」ものを「再結合」する。だから商品は、矛盾する統一体として姿を現わし、商品交換の法則はその形態の内的矛盾の法則である。『資本論』第一巻でマルクスは、（可能な最大限の剰余価値と可変資本の最大の縮減のあいだの）「矛盾する諸傾向」を明らかにする。全体性を現象的なものおよび合理的なものから切り離す障害物を打ち砕く矛盾は、概念化の過程を可能にする。二種類の矛盾を区別する必要があるのはこのためであるが、それらの矛盾は、一方の矛盾の他方の矛盾の反映ではないし、合

理的全体性は現象的な全体性の反映ではない。すなわち、実在の具体の反映と思考の具体の反映なのである。[☆22]

『資本論』での矛盾の用語は、あるときは資本家同士の利害の対立、あるときは資本家と労働者のあいだの抗争、あるときはまた生産と消費の（生産と剰余価値実現の）対立あるいは生産関係と生産力の対立、そして最後に資本と封建的遺制との対立を指している。このようにそのつど使い方が異なるのは、資本主義的生産様式に内在する諸矛盾とこの制度とそれ以前の諸制度の遺物との諸矛盾とを区別するためである。最初の矛盾は、資本主義制度に固有のものであり、階級闘争で現われる。とはいえ、この矛盾は根本矛盾を表わすものであろうか？　モーリス・ゴドリエはそうは考えない。一方では、生産力の発展とその社会化のあいだの主要矛盾、他方では生産手段の私的所有は、直接的には目にみえないものである。だから、主要矛盾は構造に内在する矛盾ではなく、競合する二つの構造（および二つの論理）のあいだの矛盾であって、構造の危機はもっぱら「概観」を表わすにすぎないというのである。意図したものではない構造的矛盾は、資本主義的生産様式と、私的所有に基づく諸関係の内部の、「内在的」な、「克服することが困難」な限界を表わしている。だから、資本主義的生産様式全体は「まさに相対的な生産様式でしかなく、その限界は、絶対的なものでないために、その様式自体の基礎のうえに、その様式のための絶対的価値を有することになるのである」。絶対的価値は、その生産力の発展のある段階で姿を現わすが、その際、「資本それ自体」は資本主義的生産の紛れもない障害に転化するのである。[☆23]

生産関係に内在する最初の矛盾は、「その矛盾自体の内部にそれ自身の解決のすべての条件を含んでいない」。それ

★20　山口訳III、三〇三―三〇四ページ。武市訳・下巻、三八一ページ。なおこのくだりは『レーニン全集』38所収「ヘーゲルの著書『論理学』の摘要」（二〇〇ページ）のレーニンの抜書の翻訳も参照している。

☆21　Karl Marx, *Le Capital*, livre I, t. I, *op. cit.*, p. 89.〔邦訳『資本論』第一巻a、一七六ページ。〕弁証法については次を見よ。Hegel, *Logique*, I, *op. cit.*, p. 99, et II, *op. cit.*, p. 557.〔英語版『論理の学』＝『大論理学』の事項索引などから判断して、邦訳で対応する参照個所は、山口訳I、第一章「存在」、九三ページ、山口訳III、第三章「絶対理念」、二九一ページ以降がそれにあたると考えられる。〕

☆22　Gérard Duménil, *Le Concept de loi économique dans le Capital*, *op. cit.*, p. 361-362.

☆23　*Ibid.*, p. 269.

らの条件は階級闘争のなかで外面化する。このためマルクスは、対立物の同一やヘーゲルが自分のイデアの宮殿を築き上げるために乱用した「魔法を操る人」に訴えることを拒否した。資本は物に石化した全体性ではなく、生きていて動く社会関係である。割れ目ができ、ひびが入り、傷ついた全体性は、穏やかな同一性には還元できない実在的な諸矛盾にとらわれているのである。[☆24]

焦点合わせとしての規定

価値、階級、資本にかんして、マルクスのうちに、ほっと胸をなでおろすような便利な定義を見いだすことはむずかしい。けっして終わることなく再開する全体性の不完全な始元は、網羅的な規準の空しい目録の作成を禁ずる。全体の部分への復元は、即座に使い果たされてしまう運命にある一方的な抽象化ではなく、具体に接近する特定の抽象化からはじまる。詭弁家のリズムと不整脈《アリトミー》の関係のようにして、ヘーゲル的な規定は、全体性の背景についての対照による天啓のような意味をもっている。なぜなら、「純粋な光と純粋な闇は二つの同じ空虚である。規定された光――そして光は闇によって規定される――のうちでのみ、したがって曇った光のうちでのみ、また規定された闇――そして闇は光によって規定される――のうちでのみ、照らされた闇のうちでのみ、あるものは区別されうる。曇らされた光と照らされた闇がはじめて区別をそれ自身のうちにもち、したがって規定された存在、定在であるからである」[★25]。それゆえ、ヘーゲル的論述は、「思考規定が内面で生き生きと運動するのにまかせなければならない」[☆26]ひとつの過程として構想されているのである。

それ自身の肯定性にしばられる定義は「存在しているということ」(l'étant)のカテゴリーであり、規定性は生成のカテゴリーであり、「肯定的なものとして措定された否定」[★27]である。この対立関係において問われていることは決定的に重要である。それは、物自体が認識不可能であるという状態から逃れること以上でも以下でもない。「諸事物が自体的とされるのは、他のものに対してあるということ〔対他存在〕がまったく捨象されるかぎりにおいてである。すなわち、総じてそれらがいっさいの規定をもたず、無として考えられるかぎりにおいてである。この意味では、人が物自体とは何かを知ることができないのはもちろんである」★28。抽象的な定義はいつもとらえられない世界を取り逃がしてしまう。こういう定義は、存在するものの現象性をその本質的に重要な闇の中から取り去ってしまう。これとは反対に、規定のたえざる運動は存在（有）とその複製を再結合させる傾向をもっている。「形而上学の諸定義は、それの前提や区別や帰結と同様、存在するもの、しかも自体的に存在するものしか主張し生み出そうとはしない。他のものに対してあること〔対他存在〕は、あるものの自己との統一のうちでは、その自体と同一である。他のものに対してあることは、あるもののうちにそのようにある。このように自己に反省した規定性は、それゆえ、予見であり、ふた

☆24　そこに実在的な敵対関係ではなく厳密に論理的な敵対関係をみるカール・ポパーやルーチョ・コレッティが主張することとはまるで反対である。コレッティによれば、論理的な敵対関係は（プラトンからヘーゲルにいたる）観念論的伝統に属するものであり、存在／非存在（有／非有）の対立関係を際限なく繰り返すものである。ポパーにとって、マルクスは二つの型の矛盾をいっしょくたにすることによって学問の共同体から排除される。これとは反対に、ジャン＝ピエール・ポティエにとって、価値論、物神崇拝論、ヘーゲル流の弁証法的矛盾は、たったひとつのものである。ルイ・ファウストは、賢明にも、矛盾する回答は必然的に悪しき回答であるのかどうかを問いかける。彼の質問は、カストリアディスに向けられたものである。というのは、カストリアディスにとって、マルクスは二つの矛盾した命題、すなわち、価値は資本主義以前に存在したという命題と、価値は資本主義とともにはじめて現われたという命題とのあいだで動揺する間違いを犯したというものである。カストリアディスは矛盾不在の言説の伝統的な先入観につまずく。ところで、ファウストは、「合理的な回答こそ矛盾した回答である。矛盾の支配に到達するためには矛盾からのがれるのでなく、矛盾を提起するだけで充分である〔……〕。資本主義以前にも、価値はなく、同時に価値はあるのだ」と述べる。だが、価値はない。なぜなら全体に普及した商品生産によって確立された社会的な必要労働時間が存在しないからである。それゆえ問題はまだ価値の前史、その突然の出現である。資本主義以前には、価値は「労働時間一般の結晶」なのである（*Marx, logique et politique*, Paris, Publisud, 1988）。

★25　山口訳Ⅰ、八一ページ。武市訳・上巻の一、九四ページ。

☆26　Hegel, *Logique, I, op. cit.*, p. 85.〔『論理の学』＝『大論理学』の対応個所は特定できなかった。〕; *Encyclopedie*, add§24.〔長谷川宏訳『哲学の集大成・要綱』、第一部「論理学」、緒論、第24節、九二ページ。〕

★27　山口訳Ⅰ、一〇四ページ。武市訳・上巻の一、一二四ページ。

★28　山口訳Ⅰ、一一四ページ。武市訳・上巻の一、一三六ページ。

たび単純な存在する規定性であり、よってふたたび質の規定であることになる。言い換えれば、われわれはもう一度規定性にかかわりあうことになる」[☆29]。

規定は慣習であるとか辞書にあるかどうかの問題ではない。それは、「他の規定との関係の多面化と多様化」によって豊かにされるからである。価値はけっして定義されることはないが、それ自体闘争によって歴史的に規定されるところの、社会的に必要な労働時間によってつねに規定されるのである。だから始元（商品、価値、剰余価値）はつねに終点（資本、利潤、階級闘争）を前提する。必然的な内的関連として、価値法則は労働時間による価値の規定を指しているのだ。「価値は労働であり、この内的関係は価値概念の構成部分であり、その性質から切り離すことはできない。だから、その作用が他の多くの要因を通してはじめてはっきりと表われ、このために偶発的な性格を帯びるすべての外的な規定性と対比すれば、それは絶対的必然性となるのである。価値は労働でありその度量は労働時間の度量だと私が言うとき、この規定性は実際には価値概念そのものの表明となんら違いはないのである」[☆30]。

マルクスは、定義の静止的で分類的な論理に対置される、規定の力学的なこの論理の正当性をはっきりと主張する。「ここでは、諸物が包摂される諸定義が問題なのではない。一定の諸カテゴリーで表現される一定の諸機能が問題なのである」[☆31]。コンラート・シュミットのように、マルクスの非弁証法的な読者を惑わす「誤解」（なんとしても定義を追求しようとする）を取り除くために、エンゲルスは『資本論』第三巻への序文でふたたび釘をさしている。「彼の論評は、マルクスが〔理論を〕展開しているところを、定義づけを与えようとしているかのように考え、また一般にマルクスのもとで、永遠に妥当する完成した定義を求めるべきであるとする思い違いに基づいている。事物およびそれらの相互関連が固定的なものとしてでなく、変化しつつあるものとしてとらえる場合には、それらの思想的模写すなわち諸概念もまた同様に変化や変形をこうむるということ、それらは硬直した定義に押し込められるのではなく、それらの歴史的および論理的形成過程のなかで展開されるということは、まったく自明のことである」[★32]。

もろもろの概念は全体性から生じる。一般的には生産様式、特殊的には資本主義的生産様式にこれらの概念を関連づける考え方に立てば、「階級」ないしは「生産的労働」の概念は、一般的規定あるいは特殊的な規定に対応し、広義の、あるいは狭義の意味を帯びることになる。☆33 概念（使用価値／交換価値）の相互規定性は、実在においては矛盾して現われる、論理的および歴史的な二重の参照点を表現する。この相互規定性は、利用されたカテゴリーの歴史的および体系的な、二重の普遍性を参照するように指示する。こうして、資本主義的生産関係に固有の生産的労働の概念は、この労働の内容についてのいかなる参照点を含むものではなく、抽象的労働のレヴェルにとどまっている。固有の生産的労働として、抽象労働は、俗に起こる混同に反して、労働の有用性と生産性を区別することを余儀なくさせるのである。

物質的富の生産という第二の規定（Nebendstimmung）は、抽象的富（あるいは利潤）の追求においてなくなることはない。労働の合目的性とは関係なしに行なわれる剰余価値（結晶化された社会的労働時間）の強奪である第一の規定は、「決定的な特徴」ないしは資本主義的生産様式の「特有の差異」として、この合目的性と節合される。☆34 生産だけの

☆29　Friedrich Hegel, *Logique*, I, *op. cit.*, p. 109 et 121.〔山口訳I、一一五―一一六ページ。武市訳・上巻の一、一二四、一三六、一三八ページ。〕「規定性は否定である――これがスピノザの哲学の絶対的原理である。この真実で単純な洞察が実体の絶対的な統一を基礎づけている。しかし、スピノザは規定性ないし質としての否定のもとにとどまっている。彼は絶対的なすなわち自己を否定する否定としての否定の認識に進んでゆくことはしない」（II, p. 191〔山口訳II、一八五ページ。武市訳・中巻、二二三ページ。そこで、ヘーゲルはスピノザ哲学とライプニッツ哲学について論じている〕）。マルクーゼはここで論理学と歴史哲学のあいだに結ばれる関係について強調する。「規定のカテゴリーは、変形として、また変形のなかで存在（有）を特徴づける。このカテゴリーは、もはや静止状態でとらえるのではなく、他の存在しているもの（l'étant autre）〔他の現存在（他定有）〕との関係において休みなく運動するものとしてとらえることによって、即自存在（即自有）を具体化する。存在（有）の充実は「つねに即自存在（即自有）の規定への解消」としてはじめて成就されるからである。この解消はただたんに生成のなかにはなく、けっして完遂されることはない。そうなると規定は、当為としての存在（当為としての有 un devoir-être）でしかないからである」（Herbert Marcuse, *L'Ontologie de Hegel et la théorie de l'historicité*, *op. cit.*, p. 64）。

☆30　Gérard Duménil, *Le concept de loi économique dans le Capital*, *op. cit.*

☆31　Karl Marx, *Le Capital*, livre II, t. I, *op. cit.*, p. 209.〔邦訳『資本論』第二巻、三五八―三五九ページ。〕

★32　邦訳『資本論』第三巻a、二六―二七ページ。

☆33　この問題については、Maurice Godelier, *L'Idée et le matériel*, *op. cit.* を見よ。アリストテレスが労働力のなかに価値の秘密を発見できないとしても、それは社会的労働の抽象的時間によって計測可能な価値についての社会的に同一の考えがまだ存在していないからである。

見地からみると、非生産的な商業労働は、それによって商業資本が生産の領域で生みだされた剰余価値の一部をおのれのものとすることができるかぎりで、流通と総再生産の見地からみて「間接的に生産的」なものに転化する。その規定は、資本の細分化、その機能の配分、その結果生まれる社会的分業となるように指示する。

抽象と具体の関係は、直接的には、規定性から生ずる。一方的（思弁的）抽象化とは反対に、特定の抽象化は、映画のようなすばらしい隠喩《メタファー》が「内部の有機的関連性」による「カテゴリーの歴史的な焦点合わせ」として描くことを可能にする。[☆35] 肯定の意味での性急な定義は、即時の肯定性への渇望を満足させる。辛抱強い否定の労働においては、欠乏の不在や除去によって規定が生じる。[☆36]

矛盾は分化からはじまる。商品から商品と貨幣への分化は『資本論』第一巻の冒頭から生じている。次に商品のほうが今度は「二倍に増」える。同じく、流通は売りと買いに分化する。だが、分化は無関心な分離ではない。その表現はたがいに依存しあっている。だから、商品はまずもって有用性の対象であることなしには価値をもつことはできない。交換価値はいわばそれ自身の条件として使用価値を含意し、前提とする。換言すれば、使用価値と交換価値は、商品において結合しており、二つの別々の論理的全体性に属しているのではあるが、有用性は価値にとって不可欠なのである。[☆37] 使用価値は、物それ自体の物質的規定の全体を包括する、際限なく具体的な思考体系とみずからを関係づける。これとは反対に交換価値は、『資本論』で論述されている体系の根本的な概念のひとつ」を構成する。交換価値としての商品は、結晶化された社会的労働の一定量を表わすが、使用価値としての商品もまた、社会的需要に対応しなければならない。競争を媒介することによって、それが同時に交換価値と使用価値であることは可能だが、交換価値と使用価値は同一のものになることはけっしてないのである。「供給と需要が商品の必要性を反映する」のは、ここにおいてである。

二分化に固有の、生産レヴェルでは静止的な矛盾は、流通と再生産のなかで解消される。この運動のもろもろの原理は、『資本論』第一巻で次のように提起されている。「あらゆる社会的生産過程は、〔……〕同時に再生産過程である。生産の諸条件は同時に再生産の諸条件である」☆38。しかしながら、これはまだ単純再生産のことである。『資本論』第二巻は次のように説明している。「単純再生産はひとつの抽象である」が、それは、資本主義的条件のもとで「拡大された規模での蓄積や再生産の不在は奇妙な仮説である」からであり、この仮説は、年ごとに反復されて、その違いが刻み込まれる蓄積や拡大再生産の現実によって、きっぱりと否定されるからである。「自己を増殖する価値としての資本は、階級関係を、賃労働としての労働の定在に基づく一定の社会的性格を、含むばかりではない。資本はひとつの運動であり、さまざまな段階を通るひとつの循環過程――この過程自体がまた循環過程の三つの異なる形態を含む――である。それゆえ資本は、運動としてのみ把握されうるのであって、静止している物としては把握されえない」★39。

そこで『資本論』のプランとその対象とのあいだの関係が生まれる。

「『資本論』の方法の循環性」は「あらゆる合理的認識、あらゆる理論に固有の循環性」の見本である。認識の循環性はその認識の対象の循環性を再生産する。交互に入れ替わる変態としての商品は、「それぞれの契機が出発点、通過点、および復帰点として現われる」★40ように、次の段階へすみやかに飛躍するために古着を脱ぎ捨てる。拡大再生産

☆34　Jacques Bidet は、二つの規定の関係を傾向的な構造関係として解釈する（*Que faire du capital*, Paris, Klincksieck, p. 102）。

☆35　Galvano Della Volpe, *La Logique comme science historique*, Bruxelles, Complexe, 1977, p. 164 et 184.

☆36　Ray Bhaskar は、「肯定のなかに否定を、存在のなかに不在を、形象のなかに骨格を、中心のなかに周辺を、形態によって曖昧にされた内容を、死によって覆い隠された生きたものを」探究することを強調することによって、この不在の弁証法をすばらしい形で展開している。こうして不在は、隠されたもの、空虚なもの、欲望、欠乏と欲求を内包している（*Dialectic, the Pulse of Freedom*, London, Verso, 1993）。

☆37　Karl Marx, *Le Capital*, livre I, t. I, *op. cit.*, p. 71 *sq.*〔『資本論』第一巻には引用されているような文章は見つからない。英語版『哲学の貧困』、『政治経済学批判要綱』にも見当たらない。英語版ではこの文章は引用符でくくられていない。ということは、ベンサイドは、たしかにマルクスのなんらかの著作に基づいているにしても、自分自身の所見を綴った可能性が大きい。この注の部分は、英訳者による文面を邦訳しておいた。〕

☆38　*Ibid.*, p. 49.〔邦訳『資本論』第一巻b、九六六ページ。〕

★39　邦訳『資本論』第二巻、一六七ページ。

の開かれた円環は、〔さいころ投げのような〕不確定的事象における哀れな反復という事態を止揚するのを可能にする。

この生成は、ヘーゲルが「まったくどうでもよい変化」と呼んだ活気のない「累進性」、成長ないしは増大といったものではない。質と量とを重ね合わせたこの生成は、変革であり、止揚であり、革命である。無関心ならざる変化として、変革する分と同じだけ保存する。なぜなら、前進に向けたすべての革命的な夢は、その保存と贖罪の役割を担っているからである。「自己を止揚するものは、それによって無となるわけではない。無は直接的なものであり、それに対して止揚されたものは媒介されたものである。〔……〕したがって、止揚されたものは同時に保存されたものである」★41。こうして、この否定の否定は、「私有を再建しはしないが、しかし、資本主義時代の成果を基礎とする個人的所有を作りだす。すなわち、協業と土地の共同占有と労働そのものによって生産される生産手段の共同占有とを基礎とする個人的所有を作りだすのである」☆42。

特定的具体性の学問

数学の尊大さと数学がその誇りを引き出している「不完全な認識」とにたいするヘーゲルの容赦ない態度は知られている。この知（数学）の目的は大きさにある。概念が空間をその次元に分割し諸関係を規定するのにたいして、大きさは「非本質的」な差異なのである。その時機を生みだし歩むところの全体性としての運動は、「肯定性とこの肯定性の真理性を構成する」のにたいし、定量の規定は相互的な外面性の規定である。単純な計算において、形式論理学は思考を犠牲にして自己確立をはかろうとする。

しかしながら定量は、存在（有）が始元時の非規定性から現われる質を起点にすることによってはじめて考えられるものである。質は変化への道を先導する。定量は、質的な差異にたいして無関心な生成から生じてくる。だが、自己自身を否定する定量は質の回復を志向する。☆43「質の真理」は、定量であったり、またその逆であったりするところにある、すなわち、「止揚されたものとしての直接的な規定性」[☆44]にある。こういうわけで、量は最初は質と対立するものとして現われるが、現実には、「さしあたり、量そのものは、質に対立したものとして現われる。しかし、量はそれ自身ひとつの質であり、自己に関係する規定性一般であって、それにとって他なる規定性、質そのものから区別される」[☆45]。だから、定量は質の真理性である。こうして『資本論』において、具体労働に無関心となった労働の捨象がその量化の条件なのである。マルクスにとっても、またヘーゲルにとっても、重要なことは、質的なものの転位および明示としてだけでなく、その否定／包摂として量的なものを考えることである。

『論理の学』は「それ自身の内部」で規定される存在（有）を追跡する。すべての運動と、その運動を通じて存在（有）が反映される規定は、それとしての止揚（質）、止揚の不在（量）に従って、また、質的に定義された量、すなわち度量として、存在（有）の領域に閉じ込められたままである。そうなると量はもはや質の外に出ることはない。量はたんに「否定に転化した質」あるいはまた「存在（有）に無関心になった規定」にすぎない。さらに、交換価値は使用価値を廃止しないし、抽象労働は具体労働を廃止しない。交換価値は否定的となった使用価値であり、これとまったく同じように、抽象労働は否定的となった具体労働である。純粋な状態の量は質にたいするその無関心によって区別されるが、質の間では、量は自己自身にたいして無関心であるものとして位置づけられている。これとは反対

★40　同前、一五九ページ。
★41　山口訳I、九七ページ。武市訳・上巻の一、一一四—一一五ページ。
☆42　Karl Marx, *Le Capital*, livre I, t. II, *op. cit.*, p. 207.〔邦訳『資本論』第一巻b、九九五ページ。〕
☆43　「総括するならば、定量とは止揚された質である。しかし、定量は無限であり、自己を超えてゆく。それは自己の否定である。それがこのように超えてゆくということは、それゆえ、自体的には、否定された質の否定、質の回復である」(Friedrich Hegel, *Logique*, I, *op. cit.*, p. 263〔山口訳I、二六一ページ。武市訳・上巻の二、八六ページ〕)。
☆44　Friedrich Hegel, *Logique*, I, *op. cit.*, p. 363-364.〔山口訳I、三四八ページ。武市訳・上巻の二（一九六〇）、一九七ページ。〕J. Biard et. al., *Introduction à la lecture de la Science de la logique de Hegel*, t. III, Paris, Aubeir, 1987, p. 45, 80, 123, 160.
☆45　Friedrich Hegel, *Logique*, I, *op. cit.*, p. 363-364.〔山口訳I、三五〇ページ。武市訳・上巻の二、一九八—一九九ページ。〕J. Biard et al., *Introduction à la lecture de la Science de la logique de Hegel*, t. III, Paris, Aubeir, 1987, p. 45, 80, 123, 160.

に、現実のすべての大きさは、量と質の統一体であって、そこでは量はそれを修正するために質が取り上げられる際のバイアスである。というのも、度量は一方的な量化に還元されないからである。度量は、量と質の弁証法である。質的に不特定の価値の一面的な量化（どのくらい?）にとりつかれた（きわめてヘーゲル的なところの少ない）計量経済学者の頑迷でありふれた無理解はここから生まれる。

度量理論において大きさは、外延的と内延的との二重の意味をもっている。マルクスにあってはこの二重性は、法則と異なる意味の受容という問題に繋がってくる。因果関係にかかわる量的法則を超えて、構造的関係にかかわる「質的法則」が生じてくる。「剰余価値は資本家が機械によって置き換えた労働力から生まれるのではなく、逆に、資本家が機械によって取り替える労働力から生まれるという法則が貫徹する」[☆46]のである。あまり完全とはいえない搾取率が量的には増大するのにたいし、利潤率は構造的には低下することになる。経済学は、還元できない形で不均等な経済空間を均等化することによって、まさに質を量化することをめざすのである。経済学は時間という「共通の度量」のお蔭でその目的を達成する。マルクスは「労働の尺度は時間である」、あるいは「時間は労働の尺度である」[☆47]という、この還元に同意しているようにみえる。奇妙な定式である。なぜ時間は労働によって度量可能なのであろうか? 通約不可能性を避けてトートロジーに陥ってしまう危険を冒してでも、労働の尺度は労働の時間であるというのはもはや正確ではないのではないか? アダム・スミスは商品の価値を、労働によって動員された異なる質（労働の苦痛度や資格などの）を捨象して、労働の量に帰着させる。マルクスは、労働力（もはやたんなる労働ではなく）の価値をその再生産にとって社会的に必要な労働の時間によって計測することによって、言語使用域を変える。時間はもはや画一性を想定した一種の標準計器の指示対象ではなく、生産、交換、抗争のなかでおのれを自己決定する社会関係である。競争と市場は、具体労働を抽象労働に還元するのを引き受ける。そうなると、もはや質の問題にならない。「量だけですべてが決定される」[☆48]。

すべてが、か? それでも具体労働と使用価値は消えてなくなることはなかった。それらは危機においてたがいに拒否しあう。時間を「労働の尺度」として簡潔に特徴づけることに成功したとしても、マルクスは、尺度（度量）は質に無関心な量にかかわるのでなく、「質的に特定される量」として存在（有）にかかわっていることを忘れていない。尺度（度量）において「質的なものは量的なものとなる」。そういうものとして、「度量はまだ質的なものと量的なものとの現存する統一体」でしかないし、あるいはまた、「質的なものと量的なものとの直接の統一体」でしかないのである。直接的で外面的な度量から出発してはじまる度量の分析が、「一方では、量的なものを抽象的にさらに規定すること（自然の数学）に進んでゆかねばならないであろう。他方では、このような質量の規定と自然的な事物の諸性質との関連を、少なくとも一般的に示さねばならないであろう」のはこのためである。「なぜなら、具体的な対象の概念から現われる質的なものと量的なものの連関をはっきりと証示することは、具体的なものを扱う特殊な学に属するからである★49」。

この「具体的なものに関する特殊的な学問」は資本の認識としての政治経済学批判を、あるいは、夢の解釈としての精神分析を予告している。資本の物質代謝のような生きたものの物質代謝は機械論や化学観にとっては有効な度量とは異なる、特殊な度量方法を必要とするのである。「展開された質量すなわちその諸法則の完全で抽象的な無関心性は、機械的機制の領域でしか起こりえない。そこでは、具体的な物体は、それ自身抽象的な物質にすぎない。

☆46　Karl Marx, *Le Capital*, livre I, quatrième section.〔邦訳『資本論』第一巻b、七〇〇ページ。〕Gérard Duménil は以下のように強調している。「構造の質的次元に関する法則という用語が頻繁に使われることはけっしてあいまいさを放置させるものではない。マルクスがこのような関係を法則として考察したことはまったく明らかなことである」。さらにこう強調する。「われわれはもっとも頻繁に二つの構造、すなわち質的構造と量的構造に準拠してきた。この二つの型の規定の結合は、全体性の概念的性質に特徴的なものである。この概念の内部では、これらの規定は切り離すことはできないが、量的な規定の存在は、質的規定の存在を前提しないのである」（*Le Concept de loi économique dans le Capital*, *op. cit.*, p. 57 et 79）。

☆47　Karl Marx, *Grundrisse*, I, *op. cit.*, p. 204.〔邦訳『資本論草稿集②』、三四二ページ、および一八五八年四月二日付のエンゲルス宛書簡。〕

☆48　Karl Marx, *Misère de la philosophie*, *op. cit.*〔邦訳全集4、『哲学の貧困』、八三ページ。〕

★49　山口訳I、三五八ページ。武市訳・上巻の二、二一〇ページ。

〔……〕これに対して、抽象的な物質のそうした大きさの規定性は、物理的なものにおけるもろもろの質の大きさやそれに伴う争いによって、さらには有機的なものにおけるそれらによって早くも撹乱される」のである。[☆50]

『資本論』のプランは、機械論から化学観を通って生命へと、ヘーゲル的論理の諸契機を踏襲する。度量の考え方を抽象的な量化に執拗に還元することによって、価値の価格への転化について酷評する著述家たちは、彼らが『論理の学』の第三篇に注意を払っていれば、多くの誤解を避けられたはずである。形式的な必然性と可能性が現実的なものとなって絶対的な必然性に解消されるのと同じように、形式的度量（あるいは特定の量）は実在的な度量となって存在（有）から「本質の生成」へと導くのである。度量一般が「独立した異なる事物の質を形成するもろもろの度量のあいだの関係を表象するのを運命づけられて」いるとしても、形式的度量は「空間と時間のようなもろもろの抽象的な質」に対応するのであるが、これにたいし「実在的な度量」は、時間と空間がその諸契機となるところの「物質的存在の規定性」（固有の重さ、化学的属性）に結びついているのである。度量過程の最後に、「存在（有）はその変態の循環を成就するであろう」。その直接性は、本質の生成のなかで消えてなくなるであろう。[☆51]

質的に規定された量として、量を自己規定する度量は、量が規定する対象に内在している。この循環する論理が、多くの細分化を通じて、あらゆる物と物自身の度量としての人間の難問に立ち返らせるのである。

論理的順序、歴史的順序

マルクスにあっては、歴史の審級と論理の審級とがたえず競合しあっている。「この矛盾した組み合わせがどうしても必要なのは〔……〕結合された二つの形態が、それぞれ基本的には異なる性質の二つの論理的な全体性に属しているからである。（経済学とは関係のない）使用価値は、物それ自体の物質的な規定のすべてを包摂する際限なく具体的な思考体系においてしかこれを考えることができない。これに反して、交換価値は『資本論』をその論述とするところの、この体系の根本的な概念のひとつを構成する。すなわち、配合された抽象、あるいはそう言ったほうがよければ、要素によって要素が組み立てられている具体化である」☆52。こうして変化の操作をつかさどる時間は、発展の心臓部そのものに刻み込まれるのである。

『資本論』は論理を時間として位置づけ、経済的リズムに論理的な形式をもたせる。

こうして規定性は度量と再結合する。なぜなら、もろもろの価値は一見したところ、それ自体不変な共通の度量を、すなわち不変的な一般に相当する商品を要求するからである。ところが、「商品として」のすべての価値は、闘争によって変化する社会的な大きさをもっている。その対象によって規定される度量は対象とともに変化する。もろもろの質が時間において表現されるようにみえるのにたいし、実際には時間自体が生まれつつある状態の新しい質であるのはこのためである。また、自然現象を含め現象をたんなる度量に還元することがけっしてできないのもこのためである。悟性による度量活動は度量可能なものだけを実在的なものと認めるが、これにたいし実在の度量は、身体の内部で、固有であると同時に度量可能なものは何かを知ることにある。運動が可能な限り迅速な画一的運動によって計測されるのと同じく、度量はつねに度量が計測するものと同じ系列に属している。つまり、「もろもろの大きさを計る大きさ」なのである。

きわめて正確にいえば、度量のこの反射法則性は、商品分析におけるマルクスの問題なのである。他の価値を測る価値は何か、そしてどのようにして労働（時間）は価値形態のなかに結晶化された労働（時間）を計測することがで

☆50　Friedrich Hegel, *Logique*, I, *op. cit.*, p. 372-373.〔山口訳I、三五八ページ。武市訳・上巻の二、二一〇ページ。〕

☆51　J. Biard et al., *Introduction à la lecture de la Science de la logique de Hegel*, *op. cit.*, p. 231. 著者たちはきわめて正しくも次の点を強調している。「こうしてわれわれは、『論理の学』において展開され説明されているような度量のカテゴリーについて、ヘーゲルが真の関係の在り方、すなわち、質的なものと量的なものとの弁証法的で概念的な関係の在り方について検討し明確に説明すること、要するに、自然についてのガリレオ的な数学化の暗黙の前提とフッサールが考えたことを乗り越えることをヘーゲルが自分の課題としたとの考えに導かれるのである」(p. 233)。

☆52　Gérard Duménil, *Le Concept de loi économique dans le Capital*, *op. cit.*

きるのか？　労働時間は運動を量化するが、消費された労働はそれ自体この運動の利害関係者である。交換において使用価値は、「等価物を形成することによって一定の量的関係のなかで配合される[☆53]」物体のようにしてたがいに取って替わるのである。

生成した対象と対象の歴史を区別することは、論理と歴史を区別することに還ってくる。ジンドリッヒ・ゼレニーによれば、『資本論』第一巻の第一篇は商品構造を研究対象にしており、第二篇は商品の歴史的展開について立ち返ってくる。しかし生成した対象と対象の生成とを対立してとらえることは、論理的構造と歴史的展開を過度に単純化することになる。ガリレオ的‐デカルト的学問の存在論的表象と両立しないこの関係は、スピノザ、ライプニッツおよびヘーゲルにたいするマルクスの負い目を再び想起させるものである。ひとつの形態の発生起源はその歴史的発生起源と混同されることはない。形態の発生論は、それの「観念的な表現」でしかない。こうした区別には「進化的な適法性」（内在的法則）と外的因果性（外在因）の区別が対応する。二つのアプローチの相互補完性は、貨幣の歴史的唯物論的な分析で説明される[☆54]。

マルクスは、まず目に見えない実在的な諸構造を明らかにすることに打ち込んだ。彼の構造理論は彼に発生論と進化論の鍵を与える。発展を遂げた形態（人間の解剖）は発展の遅れた形態（猿の解剖）の秘密を暴露する。だが、こうして再構成された観念的な発生論は、具体的な社会構成体が生産様式とは異なっているのと同じように、実在の歴史とは異なっている。経験的経済学が、目に見えない構造を解明することなしに表面の現象から系統的に出発するのにたいして、剰余価値率の利潤率への転化は、知力を指揮命令する。カテゴリー間の論理的関係もまた年代学的である。しかし、「この年代学の時間はおしなべて構造と構造の関係の論理によって規定される[☆55]」。理論は、起源の概念を構造の概念と歴史の概念に二分化する「観念的な発生論」である。そこでは構造が歴史を前提する。だから自由な労働者は以前の歴史的進化の「要約」なのである。資本主義的生産は「生きた労働能力を、商品として市場で、流通のなかで見いだされる」との前提から出発する。同じく、商品は、「富の一般的、基礎的な形態としてすでにそこに見いだされる」。交互にではあるが、流通を「資本主義の形成の理論的（論理的）前提とすることによって、また、貨幣から出発することによって、われわれの分析は歴史的過程に再結合する」。〔貨幣と商品としての労働能力との〕対立[☆56]は、労働者を「純粋な労働能力」に還元するような「一定の歴史的過程」によってあらかじめ条件づけられているのである。

論理的順序と歴史的順序の関係の逆転は『資本論』において明確に述べられている。「われわれの研究が進むにつれて、商業資本と同じく利子生み資本もまた、派生的形態として見いだされるであろう。それと同時に、なぜそれらが歴史的に資本の近代的な基本形態よりも先に現われるかということも述べられるであろう」[★57]。いったん成熟に達した資本主義的生産様式において、構造は自律的な仕方で再現されるように見える。だから「通常の事態の進行」のなかで、労働者は「自然の諸法則」の作用に、「生産のメカニズムそのものによって保証され永続化される資本への従属」に、委ねられているようにみえる。搾取関係が国家の乱暴な介入のおかげで力で押しつけられている「資本主義的生産の歴史的発生期においては」、事態はそれとは別の形ですすむ。したがって、（構造的と）なった関係および関連としての「通常の事態の進行」は、歴史的発生期の具体的な生成とは明らかに対立するのである。

☆53　Jacques d'Hondt, *La Logique de Marx*, Paris, PUF, 1974, p. 101. また Eugène Fleischmann, *La Science universelle ou la logique de Hegel*, Paris, Plon, 1968, p. 120, et Eli de Gortari, *Dialectica de la fisica*, Mexico, 1986, p. 66 をも参照のこと。

☆54　六〇年代のマルクスの構造的な読み方は当時支配的であった歴史主義の流れに抗する形で行なわれた。だからといってアルチュセールがすっかり一新したというきわめてフランス的な錯覚に屈する必要はないだろう。研究のひとつの流れは、Otto Morf や B. A. Grousine によって五〇年代にすでに開始されていたのである。Grousine はとくに『資本論』における二重の分析方法と、「歴史的な関係と関連」と（構造的に）「転化した関係と関連」のあいだの節合を強調した。O. Morf, *Rapports entre histoire et théorie économique chez Marx*, Berne, 1951; B. A. Grousine, *Logique et historique dans le Capital*, Moscou, 1955; Ilienkov, *Dialectique de l'abstrait et du concret*, Moscou, 1960; K. Kosik, *La Dialectique du concret*, Prague, 1963 を参照のこと。Jindrich Zeleny, *La Structure logique du Capital* の初版は一九六二年にチェコ語で発行され、ドイツ語版は一九六八年に刊行された。

☆55　Maurice Godelier, *Rationalité et irrationalité en économie politique*, Paris, Maspero, 1967, t. I, p. 119, et t. II, p. 48.

☆56　Karl Marx, *Manuscrits de 1861-1863, op. cit.*, p. 44 et 95.〔邦訳『資本論草稿集④』（大月書店、一九七八）、一三六―一三七ページ、同、五五ページ、一三七ページ。〕

『資本論』第三巻でマルクスは、第一巻で行なった約束を果たしている。構造的秩序は、普遍が特殊化される媒介運動に従って、抽象から具体、一般から特殊へと進むことによって、新しい規定で豊かにされる。ヘーゲルが「感性的なものの優しさ」と名づけたことの裏をかくように、思考は、否定の一面的な表われとして抽象的に営まれ始める。しかしながら、もはや直接的でも経験的でもないが思考され特定された具体に向けてのその発展のなかで、抽象は、その概念化の条件として存続するのである。一面的な経済的カテゴリーは、実在的な関係の「抽象化されたものでしかない」[☆58]。多くの規定の統一体（そして単純な外的機械的結合体ではなく）として、内在的総合（差異の即自的統一体）は、これらの抽象化されたものの「非・真理性」をふたたび浮き上がらせる。ほかならぬこれが、第一巻で発見された剰余価値の強奪から出発する階級理論と同時に、第二巻の再生産の図表から出発する恐慌論を構築しようとする無駄な試みを破綻させながら、第三巻が達成していることなのである。

「科学的分析の進行においては」、一般的利潤率の形成は、産業諸資本およびそれらの競争から出発して、「のちにはじめて商人資本の介入によって訂正され、補足され、修正されるものとして現われる」。ところが、歴史的発展の進行においては、「事態はまさに反対である」[☆59]！　現実の歴史は構造の反転であり、またその逆である。歴史的にみて商業資本は商品の価格を規定し、一般的な利潤率は流通の分野で形成される。だが、発達した資本主義的生産様式においては、「剰余価値の利潤への転化、利潤の平均的利潤への転化」は、論理的には、途中に流通過程を経ながら商品の構造から、生産から総再生産へという道を通って行なわれる[☆60]。

歴史的順序と構造的順序とのこの逆さまの接合は、『資本論』第三巻の第二十章（「商人資本にかんする歴史的スケッチ」）において鮮やかに表われる。商人資本は資本の歴史的にもっとも古い自由な存在様式である。それ以前の社会構成体においては、商人資本は「資本の典型的機能」として現われる。これとは逆に、とくに資本主義的となった生産の枠組においては、「以前のその自立した実存から、資本投下一般の特殊な一契機に引き下げ」られる。商人資本は「生産資本の代理人」として機能するだけである。論理的および構造的な順序に応じて、「(流通過程の) 両極」――流通がそのあいだを結びつける異なる生産領域――「を支配する」ようになるまえに、資本がなによりもまず年代記的－歴史的順序に従って、流通過程から出現した。[☆61] それゆえに、この二つの順序の逆転によって、「近代経済の真の学問は、理論的考察が流通過程から生産過程に移行するところではじめて始まる」のである。また、それゆえに、

★57　邦訳『資本論』第一巻a、二八二ページ。

☆58　一八四六年十二月二十八日のアンネンコフ宛のマルクスの書簡。「ですからプルードン氏は、〔経済的カテゴリーを〕神秘的に転倒させることによって、現実の諸関係をこれらの抽象の化身とのみ考えるのです」〔邦訳全集27、書簡集、三九四ページ〕。マルクスはさらに書いている。「価値とそこに含まれる価値表現の関係の内部で、普遍的抽象は具体的なもの、――実際的に――実在的な感性的なものの属性としては価値をもたないが、これとは反対に、具体的に感性的なものはたんなる現象的な形態としてしか、あるいは、普遍的抽象の、特定された実際の実現形態としてしか価値をもたないのです。たとえば、等価の服に含まれる仕立て屋の労働は、布の価値表現の内部では、人間労働以上のものとしての一般的な属性をもつことはないのです。反対に、人間労働であるということは、その本質として価値をもっている。言い換えれば、仕立て屋の労働であるということは、その本質そのものの現象的形態としてしか、あるいはその本質そのものの、特定された実際的な実現形態としてしか価値をもたないのです。普遍的抽象が具体的なものの属性として重要であるというかわりに、具体的に感性的なものが普遍的抽象の現象形態としてしか価値をもたないというこの逆転、この逆転が価値表現を特徴づけるのです。それが同時に、その理解を困難にするのです」(『資本論』初版への付録、価値形態、Paul Dominique Dognin, *Les sentiers escarpés du Capital*, Paris, Cerf, 1977, I, p. 131-133)。

☆59　Karl Marx, *Le Capital*, livre III, t. I, *op. cit.*, p. 297.〔邦訳『資本論』第三巻a、四八五ページ。〕

☆60　「商品の価値はどのようにして商品の生産価格に転化するのか？　この問題への答えは次のことを前提する。(1) 労働力の、日価値の賃金または、日労働の価格への転化が述べられていること。(2) 剰余価値の利潤への転化、利潤の平均利潤の転化などが述べられているということ。これはまた、資本の流通過程がまえもって述べられていることを前提する。というのは、そこでは資本の回転などがある役割を演じているからだ」〔邦訳全集31、書簡集、一八六七年六月二十七日付のマルクスからエンゲルス宛の書簡、二六二ページ〕。もうひとつ別の手紙でマルクスは、異なる資本量のあいだで社会的剰余価値を振り分ける価格の形成について説明し、次のように結論を出している。「最後に、われわれはいろいろな現象形態に到達したが、これらの形態が俗流経済学者にとっては出発点として役立つわけだ。すなわち、土地から生ずる地代、資本から生ずる利潤(利子)、労働から生ずる賃金、というのがそれだ。ところがわれわれの立場から見れば、事態はいまでは違った様相を呈している。外見上の運動は解明されている〔……〕。最後に、かの三つのもの(労賃、地代、利潤(利子))は、それぞれ土地所有者、資本家、賃金労働者という三つの階級の収入源泉なのだから、――結びとして、いっさいのごたごたの運動と分解とがそこに帰着するところの階級闘争〔……〕」〔邦訳全集32、書簡集、一八六八年四月三十日付のマルクスからエンゲルス宛書簡、六三―六四ページ〕。

「叙述の仕方は、形式上としては、研究の仕方と区別されなければならない」。現実主義的な研究の方法は、「ドイツの弁証法的方法における叙述の方法とは異なっている」。マルクスは「不幸にも」とつけ加えている。[☆62]

論理的順序と歴史的順序との不一致は一八五七年の〔『政治経済学批判要綱』への〕「序説」でも強調されているところである。『資本論』では「科学的分析の進行においては、一般的利潤率の形成は、産業諸資本およびそれらの競争から出発して、のちにはじめて商人資本の介入によって訂正され、補足され、修正されるものとして現われる。〔……〕歴史的発展の進行においては、事態はまさに反対である。はじめに諸商品の価格を多かれ少なかれその価値によって規定するものは商業資本であり、また、はじめて一般的利潤率が形成されるのは、再生産過程を媒介する流通の部面である。最初は商業利潤が産業利潤を規定する」。[☆63]第三巻の第二十二章まで、マルクスは商業と商人資本が歴史的に資本主義的生産様式以前のものであるにもかかわらず、その論理的（あるいは構造的）規定に基づく「資本主義的生産様式の限界のなかで商人資本」を考察している。構造はそれ自身の発生の鍵をにぎっている。商人資本は以前の生産様式において資本の特殊な機能として現われ、その際、生産は生産者自身のための生存手段の直接的生産にとどまっているが、「資本が生産自体を独り占めにする」（これが資本主義的生産の本性である）やいなや、資本はもはや特殊な機能をもつ資本にほかならないのである。それゆえ資本は、資本が「生産それ自体を意のままにする」ずっと以前から資本の「歴史的形態」として現われるのである。

資本主義以前の経済においては、生産は商業において商品に転化し、資本は流通過程で立ち現われてくる。その際資本は、流通がそれらのあいだを結びつける異なる生産領域であるところの「両極を支配する」ようになる前に、自らを形成しなければならない。流通過程の当初の相対的なこの自立化には、二つの意味がこめられている。自立化はまず、流通が直接的にはまだ生産を意のままにしないことを示唆している。生産過程は、弁証法的転倒の最後のたんなる局面として流通を自らに合体させる。このとき流通は生産の一通過局面である。すなわち、「たんに商品として生産された生産物の実現、また生産物の諸商品として生産される生産的諸要素の補塡にすぎない」。商人資本は、再生産運動における資本の諸形態のひとつとして現われる。

資本主義社会の初期の段階では、商業が産業を支配する。ついでその関係は逆転する。しかしながら古い条件を解体し、貨幣の流通を増殖し、生産それ自体を少しずつ減らすことによって、生産を交換価値の支配に従わせはじめるのは商業である。この解体的作用の効果性と速度は、当該の経済の抵抗に左右されることは明らかである。したがって商人資本の自立的発展は資本主義的生産の発展度に反比例する。かくして、ヴェネツィア人、ジェノヴァ人、オランダ人においては、利潤は仲介商人の利潤であって輸出業者の利潤ではない。商人資本は「純粋」であり、生産の「両極からは分離され」たものとして現われる。仲買商業の独占は独占形成のはしりである。そのかわりに、仲買商業の独占は、それによって関係を取り結ぶ諸国民の経済的発展につれて衰えてゆく。実際に量的な交換関係は、商品生産のために社会的に必要な労働によって統一された商空間が存在しない限りでは、はじめは「まったく偶然」にすぎないのである。生産物は、それら生産物が交換されうるもの、すなわち同じ第三者の表現であるかぎりにおいて、「商品の形態」を帯びるのである。その際、継続的な交換、および交換のためのより規則正しい再生産は、「偶然性をしだいに取り除く」。

高利資本についても商人資本と同様である。「それは、双子の兄弟である商人資本とともに、資本の大洪水以前的

☆61　Karl Marx, *Le Capital*, livre III, t. I, *op. cit.*, p. 337.〔邦訳『資本論』第三巻 a、五五〇—五六六ページ。〕一八九四年八月十一日付のエンゲルス宛書簡で、アントニオ・ラブリオーラは、いわば商品の構造的な「抽象的発生」と「具体的発生」（英国の蓄積史）を区別している。

☆62　『資本論』ドイツ語版のあとがき。〔邦訳『資本論』第一巻 a、二八ページ。邦訳全集23 a、『資本論』第一巻 a、二二ページ。ただしそのあとの引用——実在論的な研究の方法は「ドイツ的弁証法的である」（同前、一九ページ）叙述方法とは異なっている——は、『資本論』の方法について評した論文（ペテルスブルク『ヨーロッパ報知』）の趣旨をマルクスが読み取って紹介している文章である。「不幸にも」の字句も、マルクスが付け加えたようになっているが、実際は同じ論評中に挿入されているものである。〕Pierre Macherey, "A propos du processus d'exposition du *Capital*," in *Lire le Capital*, Paris, Maspero, t. I, 1965 et 1969.〔ピエール・マシュレー「『資本論』の叙述過程について」、アルチュセールほか著『資本論を読む』上巻（今村仁司訳、ちくま学芸文庫、一九九六）所収〕をも参照のこと。

☆63　Karl Marx, *Le Capital*, livre III, t. I, *op. cit.*, p. 297.〔邦訳『資本論』第三巻 a、四八五ページ。〕

形態に属して」いる。高利資本の実存にとって必要なのは、「諸生産物の少なくとも一部分が商品に転化し、同時にまた、商品取引とともに貨幣がそのさまざまな機能において発展しているということ」だけである。☆64 資本主義的生産様式以前の時代においては、高利資本は、本来の資本主義経済ではもはや存在しないであろう二つの「特徴的な諸形態」で存在した。すなわち、浪費家の貴族たち（土地所有者たち）への貨幣貸付けによる高利と、自分自身の労働諸条件（生産諸手段）を所有している小生産者たちへの貨幣貸付けによる高利、である。この二つの貸付けの形態は債務者の破産によって「大量の資本の貨幣への集積」を引き起こす。利子生み資本の特徴的形態として、高利資本は小生産の支配に対応する。銀行家は尊敬され、高利貸しは憎まれる。というのは銀行家は金持に貸し、高利貸しは貧乏人に貸すからである。資本主義的生産様式では、高利はもはや労働力と生産手段の分離というその機能を果たすことができない。

民衆の目から見て典型的な資本の古い形態である利子生み資本ないし高利資本では、剰余価値の生産は依然として経済の「隠れた資質」にとどまっている。この「隠れた資質」は資本主義的生産形態が完全な発展を遂げたあかつきに、その正体を白日の下に明かすであろう。そのときマルクスは大声で叫ぶであろう。「それは資本主義的生産様式の内部構造をまったく見誤ることであり、土地は、資本とまったく同じく、資本家にしか貸し付けられないことをまったく見ぬけないことである。〔売ることと貸し付けることの違いが〕本質的に重要なことのように見えるのは、事物の現実の構造の全面的な無理解によってしか説明がつかないのである」、と。

ここにきてわれわれは、ただたんに決定論的な脈絡の糸をふたたびたどることを可能にすることによって、現在が過去の秘密を暴くものと想像することがいかに誤りであるかを理解するのである。現在は、資本がそれによって当初の異なる諸形態を支配したり再定義したりする目覚しい転倒の犠牲を払って、生産様式の内部構造から必然的に生まれる誤解を払拭するのである。学問としての物神崇拝の否定としての政治経済学批判は、いま幕を開けたばかりの現在に深く根を下ろしている。「近代経済の真の学問は、理論的考察が流通過程から生産過程に移行するところではじめて始まる」[☆65]。現在を生き延びることができないのと同じく、控えめに言って一時的な、この好奇心をそそる学問は、その研究対象に先行することはできないだろう。

☆64 Karl Marx, *Le Capital*, livre III, t. II, *op. cit.*, p. 253.〔邦訳『資本論』第三巻b、一〇四一ページ。〕
☆65 Karl Marx, *Le Capital*, livre III, t. II, *op. cit.*, p. 345.〔邦訳『資本論』第三巻a、五六六ページ。〕

第9章　歴史的論理の窮境

一般的にはいわゆる人文〔人間〕諸科学、特定的には歴史学につきまとう問題にたいするマルクスの独創的な回答は、ほとんどすぐに聞かれなくなった。第二インターナショナルが結成されるや、俗流ダーウィニズム（進化論）がダーウィンによって切り開かれた道から遠く離れてしまったのと同じように、労働運動は、その運動がかかえる問題から遠く離れてしまった正統多数派を抱え込むことになったからである。それに並行して、批判のもつ破壊的な射程は、いわゆる「方法」をめぐる大学での論争と、ビスマルク治下のドイツの歴史的妥協に応用された社会学の大きな影響力とによって押さえ込まれることとなった。

マルクスが他界した年であり、ディルタイが『精神科学序説』を刊行した年である一八八三年に、「方法論争」は爆発した。大学で科学〔学問〕に昇格した心理学、社会学、経済学の飛躍的発展に伴い、知の二つの対象と二つの方法のあいだの区別が確立された。すなわち、自然に関する説明的諸学と精神の理解的な諸学（ディルタイ）、法則定立的な諸学と表意文字的〔個性記述的〕諸学（ヴィンデルバント）、自然諸科学と文化諸科学（リッカート）の区別である。前者は規則性の関係を定式化するものとされ、後者は「個別的概念」〔歴史的個体〕を対象とするものとされた。

歴史が特殊な学問のもつもろもろの逆説に閉じこもるのを避けるために、一部の歴史家は当時、基礎的なものに、典型的なものに、偶発的なものや具体的な人格や事件叙述の無意味さの排除に、歴史認識を還元しようとした。ほかの歴史家は、これとは反対に、「歴史的出来事を説明するのが歴史の固有の任務」だとして、自分たちの学問の伝記的性格を受け入れた。[☆1] 中間的な立場を擁護するエードゥアルト・マイヤーは、内在的な目的論的偶然と、因果関係の外因としての諸要因から結果的に生ずる相対的偶然とを区別した。この方法論的な区別は、歴史に特有の因果関係の考え方を打ちたてようとするものであった。

歴史的因果性と客観的可能性

ヴェーバーの考えでは、「歴史に固有の因果性の概念の扱い方」にたいするこのような信頼は、まったく空しいものである。結果は原因の歴史的意味を明らかにするというマイヤーの「目的論的依存関係」の原理は、現実には、「歴史的有効性」についての不明瞭な理解を明らかにした。〔現在にまで〕影響が及んでいる事象だけが歴史叙述において正統な位置を占めるのだとすれば、発展を再現するための参照点として役立つのはどのような「最終状態」なのかを知る問題を避けてとおることはできない。出来事のもつ重要な負荷は、実際には、人がその出来事を位置づける時間の規模に左右されるのである。

ヴェーバーは、生理学者フォン・クリースから「客観的可能性」の概念を借りた。マラトンの闘いは、宗教的‐神権政治の文化の可能性と古代ギリシャ精神の可能性という、いくつかの可能性のなかから選択する結果になったが、これと同じように、ワーテルローやゲティスバーグの闘いはいくつかの可能な将来のうちから判定を下した。闘いの結果は宿命的ではなく、決まるものなのである。闘争は、因果的脈絡に刻み込まれた二つの客観的可能性のどちらかを決定する。因果性の命ずる諸関係を見分けるために、歴史家は、正義が刑法上の有罪性を決める際に直面する時と

☆1　前者の立場については、Karl Lamprecht, *Moderne Geschichtswissenschaft*, 1905、およびその弟子の K. Breysig, *Der Stufenbau und die Gesetze der Weltgeschichte*, 1904. E. Meyer, *Zur Theorie und Methodik der Geschichte*, 1902〔最後のマイヤーの著作については、次注のヴェーバー論文とともに、森岡弘通訳『歴史は科学か』（みすず書房、一九六五）に収録〕を見よ。

同じ困難に直面する。死の原因は、診断書を作成する医師にとって、個人責任性を決定する判事にとって、また社会的諸要因を扱う政治指導者にとって、みな同じというわけではない。フォン・クリースと判事たちの判断に着想を得て、ヴェーバーは、適合的な因果関係の概念に留意し、「歴史的省察と生じた結果によって、これらを一体のものとして把握した一定の複雑な諸条件のあいだの関係」を検出することを提案する。この適切な因果関係の概念は、「複雑な諸条件と発生する出来事」☆2のあいだの恣意的な（非適合的な）関係を示唆する、偶発的な因果関係の概念とは対立するものである。客観的可能性あるいは歴史的可能性のカテゴリーは「生成の規則」をわかりやすいものにする。

偶発的生成の規則とは何か？　偶然の出来事の法則とは何か？　マックス・ヴェーバーは法則の概念そのものに固有の困難性があることを承知している。「量化するのが不可能であるために、数的表現を受け容れる余地のない規則性をそれに含めることが可能かどうかは、法則の概念それ自体の広狭にかかっている」。歴史的現象は「自然の精密諸科学の狭義の法則的諸関係に属するものではけっしてなく、規則に沿って表現される適切な因果関係的連関、それゆえ客観的可能性のカテゴリーの応用に属しているのである」。ところが、学問研究は、法則の探究以外の目的をもっていないようにみえる。

この概念の内容についていま一度意見を糾合させる必要がある。因果関係の表明として、学問における法則は、複雑な資料の単純化によって作動する。そういうわけで、「もろもろの〔相関連し〕凝集した状態を結びつける」法則には、「将来の状態にたいして法則を適用するいかなる余地もありえない」とゲオルク・ジンメルは書いている。普通認められている法則と因果関係のあいだの同義性を証明するものはなにもない。それらの区別は、自然領域における普遍的な因果関係と、精神の諸領域における特異な因果関係との混同を払拭するのを可能にする。だから、ジンメルは、ひとつの原因のあとに、同一の結果がついてくるかわりに、「多様な結果」がついてくることもありえる複雑な世界を想像している〔『歴史哲学の諸問題』〕。だからといって、因果関係が偶発的継起のために消えてなくなることはない。

こうしてジンメルは、比較できないユニークな出来事に「個別的因果性」[☆3]の概念を適用するのである。〔反復的な〕法則論的規則性が不在の場合に、「歴史の諸法則」という表現は、必然的に類似する相対的意味をもつから、「哲学的な問題状況」との比較において考えるべきものである。「複雑な全体性」の普遍的な規則を提供するとの主張によって棄却された歴史の諸法則は、特異な諸事象の混沌《カオス》を解きほぐすことで満足しなければならない。人間の歴史は世界の生成の自立した一章を構成するものではない。「歴史法則の概念は、この法則の概念が含意する論理的制約に満足を与えることができないかぎりでは、この概念は部分的だが正確な知識の発展のなかで自滅する」し、ことほどさように、「人が法則に、あるいはたんなる出来事のシークエンスにかかわりあうのかどうか」を正確に知るのは難しいようにみえるのである。

「歴史的諸法則」は、なおも発見すべき学問上の法則の未熟な萌芽的形態を表わしている時もあるし、歴史的諸法則が歴史的特異性の合理的なわかりやすさを表現する時もある。諸関係を推し測る代わりに、そこにこめられたもろもろのメッセージを解釈する包括的な認識モデルとしてそれらを打ち立てることは魅力的なこととなる。しかしながら、それは、諸出来事のちぐはぐな総和がそれらの出来事にある意味を与えるのを可能にするという条件で、ということである。実際に歴史の統一性は、むしろ、「ある消失点」、最後の審判と同じように接近困難な、「無限へと投げ返された限界点」のようにみえる。だから、われわれは事後に自己を発見する偉大な歴史の意匠を想像することができるのだ。われわれはまた「なんらかの目的へ方向づけられた」歴史という仮説を拒否することもできるのである。目的論的構想が「歴史のイメージを活性化する」としても、「それを設定する主体のない目的」に固有の有効性を与えることは相変わらず困難である。それゆえ特異なものとしての特異性や個別的なものとしての個別性は、まさにこの難

☆2　Max Weber, *Études critiques pour servir à la logique des sciences de la culture* (1906), dans *Essais sur la théorie de la science*, Paris, Plon, 1965, p. 294.

☆3　Georg Simmel, *Die Probleme des Geschichtsphilosophie, Eine erkenntnistheoretische Studie*, Leipzig, 1923 (édition française: *Les problèmes de la philosophie de l'histoire*, Paris, PUF, 1984, p. 136-139).〔『ジンメル著作集1』『歴史哲学の諸問題』(生松敬三・亀尾俊夫訳、白水社、一九七七)。〕

問の核心部分を構成するのである。

進歩の概念の一般的な受け容れ方は最終状態に向けた行進についての評価を前提とするものであるが、ジンメルのこの接近方法は、進歩の概念にたいする批判を伴っている。自由主義的オプティミストにとって、いっさいの変化は進歩に相当し、その進歩はどんなに悪くみても「立ち遅れ」や「緩慢な動き」によって妨害されるにすぎない。だから、一時的な足踏みや後戻りにもかかわらず、「水面下の脈絡」が進歩に向けたこの運動の持続性を保証しなければならないのである。言い換えれば、厳格な決定論のもとで偶発性を潰してしまうのは、まさに「歴史的進歩への信仰」であり、それにたいする宗教的崇拝なのである。形而上学的前提で満たされたこの抗しがたい進歩観は、それ以上に、「進歩が応用される観念的実体は独特のもの」で、同質的で、不均等でもなく、分節的で、必ずしも同時代のものではない矛盾や不同調なリズムを経ていることを想定している。[☆4]

歴史的唯物論（その「歴史の統一性のアプリオリ〔先験的〕な考え方」）を厳しく批判し、その「経済的な単為発生」という機械論を糾弾する際に、ジンメルは事実上その時代の正統派社会民主主義の聖典に批判の矛先を向けていた。「時間の力を思い起こせといわんばかりに」、勝ち誇ったように歴史的唯物論に反撃を加えた。八〇年も前に、エンゲルスがすでに「歴史は何ごともなすことはない」と述べていたことをジンメルは無視しているようにみえる。こうして彼は、時間の概念的革命を始動させたのであった。ヴェーバーもジンメルもその概念革命の重要性に疑いをもたなかった。

しばしば繊細で、独創的な思いがけない発見に溢れるこの議論は、マイヤーからヴェーバーへ、ディルタイからジンメルへと続けられるのであるが、当時の支配的な合理性と歴史認識との関係を問題視させるものでもあった。しかしながら、この時点で、『資本論』の雷鳴が、部分的には文献テキストを知らなかったという単純な理由によって、また部分的にはイデオロギー的難聴症の理由によって、これらの著述家たちに知るところとはならなかったのは驚くべきことである。彼らの直観、彼らの命題、彼らの洗練趣味はアカデミックな芳香を保ち続けている。それはまさに、彼らのあいだで起こった個別学問間の比較関係と彼らの研究のしきたりとにかんする方法上の諍《いさか》いなのであった。彼らの歴史的理性にたいする批判がけっして問題の根本に届くことがなかったのは、このためである。実際に、社会関係のリズム、継続と断絶という時間の構造に遡ることなしに、その「歴史的論理の窮境」（マックス・ヴェーバー）[★5]、その必然性、因果関係、偶然のカテゴリーにいかにして取り組むというのだろうか？

この先駆的探究が、マルクスをしてもうひとつの合理性の端緒にまで導いたのである。どこで歴史は政治と結び合わされるのか？　どこで認識は戦略的になるのか？

実際に思弁的歴史哲学を拒否するためには、時間と因果性の新しい概念化が求められる。『資本論』は、物理学によって確立された「鉄の必然性」にも似た「社会発展をつかさどる自然法則」を発見したと称されている。しかしながら、政治経済学は、自らを機械論的な因果性のモデルに還元することを容易には許さない。政治経済学との接触で、もろもろの法則は、構造的で同時に偶発的な本質因果性に属する「奥深い諸傾向」に転化する。

マルクスが想起した自然の発展法則は、それを読んでマルクスが大いに感激したダーウィンへの敬意のしるしであ

☆4　「ヘーゲル法哲学批判」以来、マルクスは、「ヘーゲルの進歩観の虚偽性」を突きとめていたし、保守主義という、その政治的帰結を見てとっていた。歴史的進歩への崇拝は、実際にきわめて保守的である。

★5　“la détresse de la logique historique”が原文。ベンサイドが参照しているヴェーバーの原論考は、“Kritische Studien auf dem Gebiet der kulturwissenschaftlichen Logik,” in J. Winkelmann (hrsg.), *Gesammelte Aufsätze zur Wissenschaftslehre*, 1922, 7. Aufl., Tübingen: Mohr, S. 215-290 である（参照個所は、S. 268-269）。注（2）から見てとれるように、ベンサイドはフランス語訳本（*Essais sur la théorie de la science*, tr. par Julien Freund, Libraire Plon, 1965）を参照している。この訳書は、当該個所を“la détresse de la logique de l'histoire”と訳している（p. 272）。前掲森岡訳（一八一ページ）では、「歴史の論理学がいまなおどんなに悪い状態にあるか」（Wie sehr die Geschichtslogik noch im argen liegt）なる部分を仏訳者は前記のように訳しているわけである。このようなヴェーバーの「歴史的論理」ないし「歴史の論理学」にかんする認識は、本章標題としても採用されている。本注に関するヴェーバー学についての情報は、そのほとんどを折原浩教授のご教授に負う。佐々木の不充分な認識への教授によるご回答については、「折原浩ホームページ」の二〇一四年十一月四日付の「マックス・ヴェーバーにおける「歴史‐文化科学方法論」の意義――佐々木力氏の質問に答えて」を参照されたい。

る。ところが、ダーウィンの理論は因果性の一般的関係を確立するものではなかった。この理論は、発展のもろもろの理由をさらにいっそう複雑にすることによって自己発展をはかるものである。遺伝によって伝達可能な構造上の逸脱の「ほとんど無限」の数と多様性は、発展の「法則」に、政治経済学の困難に匹敵するような困難を作りだすのである。遺伝が支配すると想定される普遍的諸法則の非規定性に直面して、ダーウィンはさらに「遺伝的諸傾向」の偉大なエネルギーを想起した。エンゲルスは、「帰納法の重みでふらふらのロバ」にとっては面食らうような、発展法則の独創性を明らかにした。すべての「歴史法則」と同様に、この法則は反経験主義および反実証主義の概念に由来している。発展のもつ果てしない偶発的な差異は必然性に勝るものなのである。このように帰納法的推論によって発展を証明する可能性がないことは、階級、ジャンル、種の概念を相対化するのである。

（『資本論』の執筆最中の）一八六六年、ピエール・トレモーの著書（『人類およびその他の生物の起源と変形』、パリ、一八六五年）[★6]をめぐってマルクスとエンゲルスとのあいだに起こった書簡を介しての論争は、マルクスが決定論に傾きつつあり、これにたいしエンゲルスは別の因果形態が暗中模索のなかから現われることに鋭敏であったことを如実に物語っている。マルクスはトレモーの諸テーゼに関心をしめす。この問題に熱中したイデオロギー的理由は、包み隠しできないほど明瞭なものである。それは、ダーウィン進化論の不確実性によって脅かされた進歩観を救済することである。「ダーウィンにあって純粋に偶然的だった進歩がここでは［トレモーの著作では］必然的」である、と。これにたいするエンゲルスの答えは辛辣であった。トレモーの理論にはなんの値打ちもない、「彼は地質学も理解してないし、ごく普通の文献－史料批判の能力もない」。それは土壌の一面的な影響に基づいた俗流決定論なのである。著者トレモーは「交配によって是正された新旧の土壌の影響を有機体の種または人種の改変の唯一の原因だと説明」する場合には、「僕はもちろん、この人物にそこまでついていく理由があるとはみない」と述べた。ダーウィンはこれと反対に、必然性と偶然性のあいだの密接な繋がりを解明したのである。抵抗する気がなかったわけではないが、マルクスは慎重にこの論争から撤退することにした。[☆7]

しかしながら、進歩と進化の傾向的法則の問題は、これで解決されたわけではない。進化も、政治経済学も、無意識も、機械のように振る舞うことはない。神経症に関するフロイトの比較行動学は、ガリレオの因果性や彼の線型時間には還元できない不在の原因や象徴的な構造のもつ特有効果を探究することになるだろう。

内在因と自由な必然性

アリストテレスにとって、「原因は、物があるがままのものになっているところの物の本質」であり、あるいは物質であり、あるいは運動の起源であり、あるいは最後に物がそのためにつくられるところの目的である。ガリレオ以来、原因は、「原因が立てられると結果がそれに続いて起こり、原因が除去されると結果も除去される、そういうものである」。この機能的な関係は、（立てられたものとそれに続いて起こるものとのあいだの）持続的で等質的な時間性とともに測定可能な大きさのあいだの対応関係を想定している。諸関係（諸法則）を研究するための理由（なぜ?）を断念することによって、ガリレオの因果性は、新しい合理性および運動の新しい表象の骨組を作成する。ある物は、人がその原因を認識する時にすでに合理的に認識されているのである。いわゆるニュートン的にこの仮説を拒否することは、アリストテレス的な形而上学を犠牲にして、近代的学問のこの説明的モデルをさらに先鋭化することに通ずる。しかしながら、学問の対象を数学的処理の可能な相関性に還元することは、学問的認識の範囲の限定を伴ってくる。

諸関係の固有な生産性を表現するには不適切な機械論的モデルに異論を唱えて、まずパスカルが彼なりの諸関係の

★6　Pierre Trémaut, *Origine et transformations de l'homme et des autres êtres*, Paris, 1865.

☆7　Karl Marx, Friedrich Engels, *Correspondance*, t. VIII, Paris, Scandédition-Éditions sociales, 1981. 一八六六年八月七日付のマルクスからエンゲルス宛書簡〔邦訳全集31、書簡集、二〇八ページ〕、同年十月二日付のエンゲルスからマルクス宛書簡〔同前、二一四―二一五ページ〕。同年十月三日付のマルクスからエンゲルス宛書簡、同年十月五日付のエンゲルスからマルクス宛書簡〔同前、二一八ページ〕。

理解とある種の「偶然の幾何学」(Géométrie du hasard) の夢をもって、続いてスピノザとライプニッツが、新しい合理性の早熟の「異端者」として現われる。[☆8] スピノザにおいては、causa sui〔原因それ自体〕はたんなる相関関係ではなく生産である。Cause intransitive〔内在因〕としての神の表象は、デカルト理論の概念的な枠組を粉々に飛散させる。有限で形式的で、事物にたいして外的な外在因がトートロジーに閉じ込められるのにたいし、全体性は、原因となる／原因とされる、相互に内在的な関係のなかで展開され、そこではいずれの最終地点も原因であると同時に結果である。ライプニッツにとって、「表現」(表現的な因果関係) は因果性の独特な様式を構成する。世界は機械ではない。そこではすべてが力であり、生命であり、欲望である。「耐えられない宿命性を引き起こす原因となる」どころか、原因と結果の関連は、むしろそこからおのれを解放する手段を提供するのである。力と作用の媒体、対立する諸特性の統一体として、「傾向」の概念は、主導的な思想となるのである。

マルクスは、ヘーゲル論理学を経由して、これらの異端的見解を継承する。実際に、因果性の概念は、「すでに物理世界にかんするかぎりは、さらに精神世界にかんするかぎりはなおさらのこと、きわめて信用できないもの」と見なされているが、「経済学は客観的精神の視点として精神世界に属しているのである」。[☆9] 本質論においてヘーゲルは、充分な理由と、「機械的作用の様式」としての「狭義の因果性」とをライプニッツのように区別している。法則は「自由な必然性」であり、ひとり「自由な機械観だけが法則に従属する」。ヘーゲルはここでスピノザのあとに続く。本質は自然的な必然性に従って振る舞うことはない。意識的作用 (行為) は必然を自由に変える。おのれを法則として認知する (傾向的) 法則は、自然的法則や機械的法則とは区別される。機械的因果性から目的観への移行はこの違いを浮き彫りにする。「目的論はもっぱら機械論に対立させられる。後者においては、客観のうちに措定された規定性は本質的に外在的なものとしてあり、自己規定が示されることのないものである。作動因 (causa efficiens) と目的因 (causa finalis)、たんに作用的な原因と目的因の対立はこの区別に関係する。この区別は、具体的な形でとらえられると、世界の絶対的本質は盲目的な機械的機制としてとらえられるべきか、あるいは目的に従って自己を規定する知性とし

て考えられるべきかという問題を提起するのである」。[☆10]
因果性の関係は、なによりもまず、「原因と結果の関係である。言い換えれば、形式的な因果性の関係」[★11]として表わされる。そこでは、「原因と結果をもつというこの規定以外のものではない」[★12]。結果を生みだすことをやめた原因は同時に原因であることをやめるであろう。この直接的な因果性の関係がトートロジーであるのにたいし、それが「遠隔の」（あるいは媒介を経た）原因である時は、事態は別の形で進む。「根底にある事象はいくつもの中間項を通って形式の変化をこうむるが、この変化は事象がその過程で保持する同一性を覆い隠す」[★13]のである。遠隔の因果性の例は、「歴史的論理」に属していることは明らかである。これは、その父が戦争で弾丸に当たって死んだあとで明らかになる若者の才能は、この弾丸の結果なのか、それとも多くの遠い、ほかの事情の結果なのかという問題である。こうして、むしろ銃撃は「そもそも原因ではなく、可能性の諸事情に属する個別的契機にすぎない」[★14]と見なされるのである。
物理的諸関係における形式的因果性の欠陥を強調したあとで、ヘーゲルはその話題を拡大する。「主としてなお注意されるべきことは、身体的・有機的生命と精神的な生命の関係に因果性の関係を適用するという不適切なことである。ここでは、原因と呼ばれるものはもちろん結果とは別の内容をもつものとして示される。それも、生命体に作用するものは生命体によって自立的に規定され、変えられ、変貌させられるからであり、生命体は原因を結果にいたら

☆8　Elhanan Yakira, *La Causalité de Galilée à Kant*, Paris, PUF, 1994.
☆9　Henri Denis, *Logique hégélienne et systèmes économiques*, Paris, PUF, 1984, p. 148.
☆10　Friedrich Hegel, *Logique*, t. II, *op. cit.*, p. 435.〔山口訳III、一八四ページ。武市訳・下巻、二二六ページ。ベンサイドが引用しているくだりのあとには次の文面が続く――「決定論を伴う宿命論と自由の二律背反は、同様に機械論と目的論の対立に関係する。なぜなら、自由なものは概念が実存の形を取ったものだからである」。〕
★11　山口訳II、二一三ページ。武市訳・中巻、二五六ページ。
★12　山口訳II、二一五ページ。武市訳・中巻、二五八ページ。
★13　山口訳II、二一七ページ。武市訳・中巻、二六一ページ。
★14　山口訳II、二一八ページ。武市訳・中巻、二六一―二六二ページ。

しめることはなく、すなわち原因を原因としては止揚するからである」[★15]。必然が偶然へと特別な形で復帰することを通じて、「むしろ逆に、そのようにそれだけでは些細なこと、偶然的なことは、内的精神によって初めて動機として規定されているのである」[★16]。「口実のようにして、ちっぽけな偶然によるあれこれの原因を利用したのは、出来事それ自体であるということによって」、人は「真理にさらに接近するのである！」[☆17]。このような転倒は「結果のうちで消滅する」形式的因果性の限界を示している。特定の因果性の関係においては、これとは異なった方向に進む。原因はその結果のなかでふたたび生まれ、同じく原因のなかで消失する結果は「そのなかで新たに生じる」[★18]のである。

機械論において、因果性は形式的外面性によって特徴づけられる。前提されたがいに制約しあう諸実体の作用ないしは「相互作用的」因果性は、別の秩序を表わす。だが、この実体のおのおのは他方にたいして能動的であると同時に、また受動的であるところの実体である。このように「実体間のすべての差異はすでに消失」しているから、相互作用は「空虚な様式」にすぎないものとなる。ひとつの原因それ自体が結果のなかの原因として再現される際に、すなわち、おのれ自身を否定する原因が本質的に結果へと転化し、「そのこと自体によって、原因」となる時、この空虚は止揚される。「したがって、相互作用は因果性自身にすぎない。原因は結果をもつだけではなく、結果のなかで原因として自己自身と関係しているのである。これによって、因果性は、その絶対的な概念に戻って」いる[☆19]。それは「内的な同一性」であり、「実在的な必然性」である。必然性と因果性とはこのために、この交互作用のなかで消えているのであるが、それまでは偶然性が自由になるところの概念の主観的論理学を待たねばならない。

本質の論理学において、因果性の前に法則が介在してくる。因果性は現実を規定し、法則は現象を規定する。「法則は現象の自己同一性への反省」[★20]であり、「現象の自己反省したもの」であり、その「否定的な統一」である。それゆえ法則は、現象の外にも、現象を超えても存在しない。法則は現象にたいし、「直接的に内在的」であり、あるいはむしろ「現象と法則がひとつの全体性を構成する」。「本質的関係」を表象する法則（「非本質的な世界の真理は、さしあたり、それにとって他の、自体的かつ対自的に存在する世界である」[★21]）は、概念の主観的論理学のなかの「機械論」〔相互作用的な因果性は「化学論」〔化学の基本的発想〕の見出しで、複雑な新陳代謝は「目的論」の見出しで現われる〕の章で、「自己自身に点火する運動の変わることなき源泉」として、あるいは「自由な必然性」★22として再現するであろう。

客観的論理学に属する法則と因果性は、それらが盲目的「機械論」に属しているかぎりで〔その機械論がその特異性において主体によって認められないかぎり〕、「運命とかめぐり合わせ」として現われる。これにたいし、合目的性は固有のものとして主観的論理学に属している。だから、ヘーゲルの目的観は「純粋に外的」な規定性にたいする自己規定性として機械論と対立するのである。「決定論を伴う宿命論と自由の二律背反は、同様に機械論と目的論の対立に関係する。なぜなら、自由なものは概念が実存の形を取ったものだからである」☆23。こうして、目的論的活動性の規定は全体性のカテゴリーと関係づけられるのである。というのは、「終わりは始元を構成」し、結果は前提を構成して、原因と結果は「生成したものの生成」を構成するからである。

★15 山口訳II、二一八ページ。武市訳・中巻、二六二ページ。
★16 山口訳II、二一九ページ。武市訳・中巻、二六二ページ。引用箇所はフランス語版と英語版では翻訳上の落差が大きいが、ドイツ語原文からの邦訳のみを示した。
☆17 Friedrich Hegel, *Logique*, t. II, *op. cit.*, p. 226.〔山口訳II、二一九ページ。武市訳・中巻、二六五ページ。〕
★18 山口訳II、二二三ページ。武市訳・中巻、二六八ページ。
☆19 *Ibid.*, p. 236.〔山口訳II、二二八ページ。武市訳・中巻、二七四―二七五ページ。
★20 山口訳II、一四三ページ。武市訳・中巻、一七一ページ。
★21 山口訳II、一五三ページ。武市訳・中巻、一八三ページ。
★22 山口訳II、一七四ページ。武市訳・中巻、二一五ページ。
☆23 *Ibid.*, p. 435.〔山口訳III、一八四ページ。武市訳・下巻、二二六ページ。〕

機械論的必然性と容認的必然性

ヘーゲルは『精神現象学』のなかで、主体と客体、存在と思考、有限と無限の概念は「それらの統一性の外」にあるところのものを指していることを強調している。ところが、「道具をなにかに適用することは、そのなにかをそれ自体としてあるがままのなにかにしておくのでなく、そのなにかのなかに変形や変化を取り入れる[☆24]」ことなのである。意見やイデオロギーや虚構に直面する学としておのれを知る知であり、おのれを考える学であるところの意識は、本質的には両義的であって、「一方は対象の意識であり、他方は自己自身の意識」である。それゆえ学問は、意見や虚構にたいして無関心な、もうひとつの絶対ではなく、この差異の関係のなかに刻み込まれたそれらのもうひとつの相対である。肯定的な自己満足のなかで再措定されるのではなく、学問は、それ自身の否定性によって規定されるのである。

この運動によって意識は、認識の対象として意識の対象を生みだす。この対象は、理性のキマイラ〔とっぴな思いつき〕なのではない。その「在ること」、知の対象との関係は、主体－客体として絶対のなかに解消される。「実体は主体である」。内部は外部である。目的は手段である。主体は非・主体である。対立物のこの媒介された同一性は、至上権者たる主体性を脱構築する。われわれは、マルクスにおいて、社会関係（構造の担い手―― Träger ――である諸個人）の物象化された性格と世界を変革する主体的意志のあいだの関係のなかに、この主体性を再発見するのである。この矛盾する統一性を忘却することによって、一方では、抽象的で構造主義的－客観主義的な一面的解釈（主体の根本的除去は構造的な機械装置の観想のなかで成就される）に導かれ、他方では、人間主義的－主意主義的な一面的解釈（人類の危機をその革命的指導の危機に還元する）に導かれるのである。

ところが、マルクスはきわめてはっきりと書いているが、「労働過程の立場からは客体的要因および主体的要因として、生産諸手段および労働力として、区別される同じ資本構成諸部分が、価値増殖過程の立場からは不変資本および可変資本として区別される」[☆25]。生産手段と労働力が生産の客体的および主体的要因として区別されるとすれば、それらは生産過程の現実においては統一されたままであり、同じように、使用価値と交換価値は、商品のなかで、資本の価値増殖過程における不変資本と可変資本として統一されているのである。資本それ自体は、この客観性とこの主観性の分化された統一体である[☆26]。主観の客観へのこの内在的な包摂なくしては、構造はどうしようもないほどじっと動かないものとなるだろう。ことばに熱気がなければ、言語は氷河のように冷たく固まってしまうだろう。もろもろの階級、党、個人の行動がなければ、抗争と闘争がなければ、もろもろの社会構成体は出口のない危機の系統的繰り返しを運命づけられることになるだろう。

結局、大衆が歴史を作るとしても、この「作る」行為は意志や意識の普通の表象とはうまく折り合わない。主体とは階級なのか？　そういってよいかもしれないが、それは騒々しく、矛盾を含んだ、分裂症気味の主体なのである。主体とは、ルカーチが頭に思い描いた党なのか？　そういってよいかもしれないが、これは妄想や無意識の間違いや恐ろしい悪夢に襲われることもある主体だ。〔マルクス主義の〕通俗化は、長いあいだ、盲目的な市場メカニズムにたいし、歴史における期待された意識の到来として、前史的な混沌から歴史的調和へのついに発見された移行として、計画化という指導される未来図を対置してきた。情け容赦のない一世紀は、この教訓的ともいえる予見を、科学的にも政治的にも、苛酷な試練に遭わせたのであった。

神の全知能力を失った理想としての客観性は、控えめに言っても、われわれの歴史の身の丈に合わせた「われわれ

☆24　Friedrich Hegel, *Phénomenologie de l'esprit, op. cit.*, t. I, p. 65.〔長谷川宏訳『精神現象学』、「はじめに」、五一ページ。〕

☆25　Karl Marx, *Le Capital*, livre I, t. I, *op. cit.*, p. 160.〔邦訳『資本論』第一巻a、三五七ページ。引用文の「労働過程の立場」は、ベンサイドの原文では、「使用価値の生産の立場」となっている。〕

☆26　グラムシにおいて「客観的」とは、「歴史的に主観的」に対置される「人間的に客観的」にほかならない。人間が客観的に認識するのは、「ひとつの統一的な文化体系のなかに歴史的に統一された全人類にとって、その認識が現実的であるかぎりにおいてである」(*Cahier 11, op. cit.*, p. 214 [Edizione critica italiana, *Quaderno del carcere 11*, p. 1415-1416])。

にとっての客観性」となった。その逆に、主体は、もはや師としての神とか神の対象の領有者ではなく、さらにへりくだっていえば、神の労働と神の所産でできた主体である。それゆえ誤謬に陥りやすい主体なのである。そして、それでも依然として大したものである。社会的事象を物とみなす意図を公言したにもかかわらず、歴史学、経済学、社会学は、主体を考慮から外《はず》すことに、あるいはもっと正確には闘争を考慮から外《はず》すことに、一度として成功したことはない。戦争の知識（地形、兵站、戦略）がその程度次第でその進路を変えうることを知ったクラウゼヴィッツは、学問の知識よりも理論の知識のほうを選んだ。理論と実践的操作の相互作用に基づく実験的対話もまた「紛れもない戦略」の実施なのである。

歴史的事実は、客観的でも主観的でもない。「もはや機能不全になるや[☆27]」、それはただ見せかけの客観性に落ち込むことで終わる。

だが歴史は（きわめて）ゆっくりとしか冷めることはない。

歴史の時間はもはやニュートン的な絶対的指向対象ではない。脱構築され再構築された時間は、すべての概念が現象の連続性を前提することが確認されるならば、「認識の崩壊」の危険を冒してでも、おのれを多元化しおのれを切断する。法則は自らを時間的に位置づける。歴史の漠然とした世界に投げ込まれたその偶発的な必然性は、手で触れるたびにたえず変化する迷路の仕切り壁のように、変化に富んでいる。交換、搾取、支配の諸関係によって打ち砕かれ調和の乱された時間にさらされた歴史は、新たな調和と不調和をたえず作りだす、「律動《リズム》的規定性の過程」のようにみえる。不規則なシークエンス、非周期的な形態、予見不可能な事態の再発、フラクタルな動機、特定の複雑さを表わすすばらしい姿形、〔種々の形態がある〕「トポロジー、舞踊振付法（chorégraphies）、系譜学」のようなみごとな星雲は、「真に多次元的で動力学的な新しい論理[☆28]」を予告するものである。

こうしておのおのの個人は、有機的な周期、経済的な周期、生態学的な周期、長期的な気候学的、地質学的、人口学的な諸傾向などに基づく一種の伝記的物語という復元的な時の持続性にかかわりあって生きている。事物、社会、存在（有）は変化するから、文節で区切られたこれらの変化を超越するすべての時間概念は、懐疑的なものとなる。選択と進化と歴史はただちに、それらが生みだす時間において実現される時間の諸概念となる。それらの複雑性を動力学的に時間として位置づけることは、時間の不可逆性にこの体系をあてはめることになる。

線型的な時間と因果性との結合を打ち壊すことによって、われわれは機械論的決定論の罠をしくじらせたが、その結果、目的観の罠に落ち込むことはなかったか？　その罠に外的な従属ではなく、「内的な合目的性」や内在的な推進力をみるために、目的観からその宗教的な特徴を少しでも取り除きさえすれば、そういうことは起こらない。ヘーゲル的目的観とスピノザ的内在性との対立関係は、最初の原因も最終的原因もない時間の関係を考案するなかで、また社会的紛争の引力のような必然性のなかで、解消されるのである。

同時代における学問の発展に照らしてみれば、このような試行錯誤ははっきりみてとれる。ニュートンの宇宙は決定論的であり、その時間は等質的で可逆的である。彼の科学は確実性について語っている。十九世紀の後期に、ダーウィン的生物学、カルノーとクラウジウスの熱力学の法則、マルクスの政治経済学批判という、三つの主要な新機軸がニュートンの世界の魅力的な調和を揺るがした。進化と変革の「学問」としてのこの三つの革新は、不安定と不均衡、傾向的あるいは確率論的な諸法則、矢のような時間の流れや時間の非対称性に直面することとなった。語られたのはもはや確実性ではなく、不確実性と規定的なものの選択についてであった。こうして三つの革新は、認識論的土台の根本的な転倒を予告したのであった。

時計のように正確な時の刻みから雲の動きのようにはっきりとわからない時の動きへの、この大きな移り変わり、

☆27　Jean-Paul Sartre, *Cahiers pour une morale*, *op. cit.*, p. 45.
☆28　Roy Bhaskar, *Dialectic, the Pulse of Freedom*, *op. cit.*, p. 53 et 90.

壊れた対称性をもつ表象に向かってのこの偉大な変移は、必ずしも成就されているわけではない。われわれにわかっているのはただ、古典的法則はもはや機能せず、イリヤ・プリゴジンが述べているように、「蓋然性は無知ではなく、科学がもはや確実性と同じ韻を踏むように同調しあうことのない新しい合理性」が姿を現わしつつある領域があるということだけである。進化につれて、起こったことや創造性についての知識は、「自然の根本的諸法則のなかに独自の通路を切り拓く」のである。厳密な研究と流行の影響の狭間で、苦痛を伴う懐胎期にあって、この新しい合理性のためには、画一的な時間の流れを滑らかに写しだす鏡を打ち砕くことが求められる。時間は独自のリズムと独自の破局を、独自の関節部分と独自の腹部を再発見するのだ。

それは新しさに満ちたクリーナーメン（clinamen 傾向）であり、戦略的な機会に満ちた大きなカイロス（kairos 時機）ともいえるであろう。機械論的な原因と確率論的な偶然とは、たがいに交差しあい、排除しあうことなく結合しあうのである。「分岐点では、預言は蓋然論的性格をもつ一方で、われわれはいくつかの分岐点のなかから特定の法則について語ることができる」☆29だけなのである。

それでも機械論的因果性は廃止されるわけではない。リズムによって媒介された機械論的因果性は、複雑な（傾向的）法則のなかに取り込まれ、（全体と部分の相互規定という）全体論的構造のなかに嵌まり込む。この開かれた系統的因果性はもはや決定的に重要な経験を知らないし、歴史を締めくくったり矛盾を清算したりすることができない。その独自の因果性を生みだすこの体系は、もはや原因を示しておのれを説明することができない。スピノザ的実体のような causa sui〔原因それ自体、直訳的には「それ自身の原因」〕のように、この体系は、自己生産の生産として果てしなく自己自身を前提する。こうして因果性の根本的に内在的な考え方は、「歴史的必然」の二律背反《アンティノミー》を明らかにするのである。

必然ということばの曖昧性は、実際に起こるかもしれないことを同義反復のように可能だと考える哲学者たちが、結局はすべては必然的であると思ってしまうことに大きな責任を負っている。これとは反対にライプニッツは、絶対的ないしは幾何学的必然性（müssen）と、仮定的ないしは当為《モラル》的必然性（sollen）を区別する。絶対的に必然的であるということは、それ以外になりようがないことであり、仮説的に必然的であるというのは、ひとつの選択を想定することなのである。盲目的（絶対の）必然性と当為的《モラル》（仮説的）必然性とのこの対立関係は、ライプニッツをして、矯正し罰する正義を救うことを可能とする。盲目的必然性と幾何学的偶然との媒介として、神の行為は、実際に当為的行為によって解決される。それゆえ、われわれは必然性ではなく、ただたんに「心が傾いている」にすぎないのだ。この決定的な相異によって、「確かな未来」と「必然的な未来」とのあいだで、「条件つきの出来事」を正当と認めることができる。こうして、運命と無関心との中間のことばとして、「必然性なしに傾く」ところの自由は、文字どおり歴史的な「未来予測可能性」(futuribilité) の根拠となるわけなのである。[☆30]

歴史的必然の不確かさは、「生じた出来事のなかにそれを必然的なことだと考えさせたり、それ以外のすべてのことはそういう出来事に代わっては起こりようがなかったと考えさせたりする余地がなにもない」、そういう出来事の偶発性によって証拠立てられる。「予見されたことが起こらない」ということは、「ありえないことではない」[☆31]。著しく「傾きかけている」「条件つきの必然性」は、もはや偶発性と対立関係にはないのである。おのおのの事態は、その事態が存在するためにはもうひとつ別の事態を必要とするかぎりで、偶発的なのである。それらが一体化し、たが

☆29　Ilya Prigogine, *Les Lois du chaos*, Paris, Flammarion, 1994. 三〇年代以降、ホワイトヘッドは科学的演繹法と歴史的予見のあいだの違いを強調している。古典的科学は一般性にかかわり合っている。科学的法則についてのわれわれの認識は、嘆かわしいほど欠陥をもっているし、現在と過去の重要な事実についてのわれわれの認識は、きわめて貧弱なものである。その実証的な概念における自然諸法則についての「純粋に記述的」な性格には、内在的な法則あるいは支配的法則（そのあいまいさは、ことばのアリストテレス的な意味で、形而上学によって見捨てられた道に導くからである）がかかえる困難性に比べれば、魅力的な単純さという利点があった。法則は観察された事実の表明の同義語となっているが、統計学は、安定性とか計算間違いのおそれとかを持ち込む以外には、将来についてなにも語ることはできないのである。

☆30　Georges Friedmann, *Leibniz et Spinoza*, *op. cit.*, p. 314-322.

☆31　Leibniz, *Essai de Théodicée*, *op. cit.*, p. 356.〔佐々木能章訳『弁神論』上（工作舎、一九九〇）、一六〇―一六一ページ（第一部、パラグラフ〔53〕）。「ある出来事が起きたからといってその出来事が必然的なものになるわけではなく、これとはまったく別の事態にもなり得たということが把握できるからである」（佐々木能章訳では「未来生起性」futurition）。〕

いに維持しあうなかで、現実的なものと可能なものとは、ひとつの偶然的な存在（有）を形成するのである。個別的な存在（有）の必然性は、存在（有）の全体性との関係においてしか発生することはない。絶対的な偶然がありうるとすれば、それは、ビュリダンの致命的な逆説[★32]によって例示される「平衡状態の無差別性」〔均衡的無差別〕という極端な場合においてだけである。条件つきの必然性の未来は、規定されていると同時に偶発的でもある。だからライプニッツは、確実なことと規定されていること、確実性と必然性、「いかなる選択の余地も許さない」形而上学的必然性と「もっとも賢明な人間に最良のものの選択を余儀なくさせる」当為的必然性におけるいっさいの混同を拒否する。

必然性と偶然性はじつによく関係しあっている。矛盾を伴わないことは可能であり、その反対が不可能であることは幾何学的に（絶対的に）必然的である。それゆえ、すべてのことは、その創造においては幾何学的に必然的である。デカルトは唯一絶対的必然性に執着する誤りを犯したかもしれないし、スピノザは、ときには「必然性の地点に立って穏やか」であるにもかかわらず、「まったく幾何学的な必然性によって[★33]」、すべてを最初の原因から演繹する誤りを犯したかもしれない。当為的《モラル》必然性は、強制なしにおもむくところに傾くものである。というのも、神の意志は、原因に則《のっと》るというよりも（強制にたいして）容認的であるからであり、その理性は可能なものの根源であるからなのである。「私が認めている予定説はつねに傾かせるが、けっして掟のように強くない」のである[☆34]。世界を「現に存在する事物の全体的連続、全体的集合[★35]」という意味にとれば、別の世界が他の時間と場所で存在しえたと言えないために、神は、可能な世界のなかでももっとも完全な世界、選ばれうる最良の世界を選んだのである。こうしてライプニッツは、罪と悪、罰と救済という神学問題に答える。だが、可能世界の最良のものの、あるいは〈普遍記号法〉の閉ざされた全体性は、無限なゲームの開かれた組み合わせ論とはけっして符合することはないのである。

可能なものは不確かな必然性によって支配され、不確かな必然性は可能なものによって支配される。可能なもろもろの世界は、それぞれ特異性でみれば、本質的には偶発的なものである。その偶発性が選択を必要とするかぎりでは、同一でない個体として、また絶対的な必然性を免れた実存的な真理としてしか存在することはできないであろう。[☆36]『人間的学説の地平について』(*De l'horizon de la doctrine humaine*) や『普遍的復権』(*La Restitution universelle*) は極限まで推論を展開している。有限数の真理と生じうる誤謬から不可避的に生じることは、「人類が存続するとすれば、すでに言われたことを、逐語的に言うこともはやできない」ということになる。有限数の要素から出発すると、言語の組み合わせは当然の帰結として枯渇してしまうから、結局のところ、他者がすでに作ってしまった小説を作ることはできないことになる。それ自体が同一の有限な要素で構成された無限の言明において、論理的には繰り返しは避けられないし、「意味のない繰り返し」は、それらの繰り返しを個々に隔てる大きな時間的間隔を置いてはじめて、新たな発言にみえるのである。しかしながら、これらの繰り返しの姿形は、不変の諸要素によって制約されている。それは、人類が、「われわれが知っているような人間とともに」果てしなく存続することを想定している。これらの人間が自己変革するとなると、これは逆に、時間の対称性を打ち壊し、新しい可能性の分野を切り拓き、仮想上の組み合わせをその分増やすことになるだろう。これがまさに、生活上の数々の発明や数々の進化の分岐点や歴史的諸事件とともに過ぎてゆくことなのである。

　有限で同一の諸要素の無限の体系の場合においてさえも、ライプニッツは刷新を排除しない。「人類がきわめて長期に持続する」ことをつねに想定すれば、このためには、いくつかのメッセージが繰り返され、他のメッセージは仮想状態で残るだけで充分である。大部分の繰り返しは「言われる可能性はあったが、けっして言われたことのない」

★32　「ビュリダンの驢馬」のことで、同じような条件下に置かれた藁の餌の中間に置かれた驢馬は決断がつかず、飢え続ける状況を指示する。ジャン・ビュリダンは十四世紀前半にパリ大学総長に選出されたスコラ哲学者。
★33　佐々木能章訳『弁神論』上、パラグラフ〔32〕、三六ページ。
☆34　Leibniz, *Essai de Théodicée, op. cit.*, p. 47.〔前掲訳書、序文、四〇ページ。〕
★35　前掲訳書『弁神論』上、第一部、パラグラフ〔8〕、三六ページ。
☆36　Yvon Belaval, *Leibniz*, Paris, Vrin, 1969, p. 162.

ことのもつ限りない仮想性を維持する。ライプニッツは、彼の論理的繰り返しのモデルを極端に推し進め、惑星年においてのように「完全な再現」はけっして起こることのない実在世界の行動に、このモデルを対置するのである。ことばとして歴史は、開かれた「偉大な表明[☆37]」である。

不確かな必然性は、それが未完成であることから生まれる。

歴史が物語となるような果てしなく長い本のなかで、かつての歴史は、可能な公的歴史がすべて使い古されてしまった時にはじめて戻ってくるであろう。私的な歴史も同じである。詳細に入ってゆけばゆくほど、それだけ本が長くなることをのぞけば。『普遍的復権』の限界への移行は調子を変える。論理と理性の体系のもとでは、繰り返しは避けがたい。感覚でとらえる真理と実存の経験との体系においては、繰り返しはもはや避けがたいものではない。「理性ではなく経験に由来する感覚でとらえる真理は、果てしなく多様化される[☆38]」。実存する特異な歴史的真理は、時間を超えた可能性ではなく、恐ろしく現世的で物質的な出来事にかかわっているのである。

ライプニッツが「実際の時間」を無視し、組み合わせから歴史への移行を前にして躊躇するかぎり、『人間的学説の地平について』は、繰り返しを免れるいかなる余地も与えるものではない。『普遍的復権』は、この完全な周期性を排除する。特異なすべての命題は歴史的である。その真理は、「特定の時間と場所」で存在したか、存在するにちがいないことである。ヴァルター・ベンヤミンの『歴史哲学に関するテーゼ』における最後の審判のように、L'Apocatastase（万有帰神説・普遍救済説）は、〈普遍的歴史〉の懐古的秘密が暴露されるような、最後の大包囲網から脱け出すための近寄りがたい脱出地点となるのである。

現実の歴史の経験は、永遠の回帰の周期を打ち砕き、進歩の課題の「最良」の予告者をかいま見させるところの取るに足りない変化にたいし、開かれたままになっている。「たとえはっきり感じ取れる事実にかんするかぎり、以前の一世紀が戻ってくるとしても、しかしその世紀がすべての点で完全に戻ることはないだろう。なぜならば、感じ取れないとはいえ、そこには区別があるだろうし、それらの区別はどんな本によっても充分記述されることはないからである。それは継続が実際に無限の部分に分割され、その事物の各部分には、いくら長くても一冊の本によって記述することのできない無限の被造物の世界があるからである〔……〕。そしてそのために、事物は、いくら感じ取れないものとはいえ、もろもろの革命の結果として、最良のものに向けて、少しずつ前進することも起こりうるからである。〔……〕そのうえ、ここからわれわれは次のように結論づけることも可能である。すなわち、人類は、つねに同じ心の琴線を揺るがす神の予定調和に適合していないという理由で、いつもこの状態のままにとどまっていることはないだろう、ということである。むしろ、適合をもたらす自然的理性に従って、少しずつであれ、またときには飛躍によってであれ、最良に向けて事物は前進するにちがいないと思わなければならない。というのは、たとえ事物がしばしば最悪に向かって進むようにみえても、われわれがよりよく飛躍するためにときには後退するような仕方で、事態が生じることも考えておかねばならないからである」。[☆39]

繰り返される失敗の鉄の周期にとらわれて、ライプニッツの後塵を拝しながら自らの言葉を再発見するブランキは、過ぎ行く時機の壊れやすい灯心にしがみつき、〔獄中作『天体による永遠』の〕「分岐路の章」がそれでも希望に向けて開か

☆37　Leibniz, *De l'horizon de la doctrine humaine* (1693), Paris, Vrin, 1993, p. 52.
☆38　Leibniz, *La Restitution universelle* (1715). In *De l'horizon de la doctrine humaine*, *op. cit.*, p. 65.
☆39　Leibniz, *La Restitution universelle* (1715). In *De l'horizon de la doctrine humaine*, *op. cit.*, p. 74-75.『天体による永遠』（*L'Eternité par les astres*〔浜本正文訳、岩波文庫、二〇一二〕）でブランキは、（自分では知らずに?）ライプニッツと同じような推論を展開している。ブランキにあっては、失敗の永遠の回帰という鉄の周期は、それだけが「希望に向けて開かれている」「分岐路」の章によって打ち切られる。同様に、ライプニッツは、『万有神帰説』（*L'Apocatastase*）の最終版では、初稿にあった以下の一節を残しておかなかった。「個々人の生命そのものがほとんど細部にわたって同じ状況を再び通過する日がやってくるだろう。たとえば私自身、ハイネ河の河辺にあるハノーバーと呼ばれる町に住んで、同じ意味をもつ手紙を同じ友人たちに書いていた」。われわれは実際に、ブランキのなかに、彼が経験した数々の挫折や『天体による永遠』を書いたトーローの城砦での幽閉からの永遠の甦りというその思想の一語一語に再会するのである。分岐路についてのブランキの主題は、実際に、時間の可逆性にかんする熱力学の諸成果のもつ同時代的性格を有している。つまり、時間によって打ち砕かれた対称性は、可能なものが枝分かれする幾多の分岐路によって説明されるのである。リゾームが流行となるずっと前に、アンリ・ルフェーヴルが「鉄格子の中」での発展によって説明した、枝分かれし、茂みの中を動き回るジグザグの歴史の輪郭が姿を現わしている（*Logique formelle, logique dialectique*, Paris, Editions sociales, 1947）。

れている、と宣言したのである。

「現実的なものは可能である」[★40]。ヘーゲル論理学においては、現実的なものの即自存在（即自有）は可能性の性格を完璧にもっている。可能性は二つの契機を含んでいる。ひとつは、「自己自身に反省した存在である」[★41]という積極的な契機であり、もうひとつは、可能性を、「他のもの、現実性を指示し、現実性において自己を補完するという」「否定的な意味をもつもの」として規定する、消極的な契機である。その積極的な在り方に従えば、可能性はたんに論理的あるいは形式的である。「自己矛盾しないものはすべて可能である」[★42]。「自己のうちに反省した現実性」として、可能性は貧弱であり、存在の存在（有の有）、すなわち自己同一性を同義反復のように記録することで自己満足する。それゆえ積極的な意味で可能であるということは、「矛盾律と同じように、皮相で空虚である」。

この空しい同一性の命題を超えて、可能性は同時にひとつの矛盾であり、ひとつの可能性である。それは形式的なものから現実的なものとなる。形式的／現実的な可能性（あるいは形式的／現実的な必然性）のヘーゲル的な区別は、絶対的な必然性と憶測にすぎない必然性とのライプニッツ的対立関係に反響する。現実的なものの潜在的な力は、その直接的に規定されたものをつねに超えるものである。実際にすべての具体的な現実は二重の資格をもつ可能性である。一方では、事実に属する規定性は他の可能な規定性に比べ、偶発的である。すなわち「現実性はそれ自身ひとつの可能性にすぎない」[☆43]。他方で、可能性は現実性にみえるところの本質的なものである。

このように描かれる必然性はもはや偶発性の排他的な対立物ではないが、きわめて正確に言えば、その他者であり、その影であり、その必然性である。「それゆえ実在的な可能性と必然性は、見かけのうえで区別されているにすぎない。それは、はじめて生まれるものではなく、すでに前提されており、基礎にある同一性である」[★44]。それゆえ実在的必然性は「同時に相対的である」。実際にそれは前提から始まり、その出発点を構成するのは、偶発的なもの、あるいは偶然的なものである。「実在的な現実的なものそのものは規定されたものであり、さしあたりその規定性を直接的な存在として、それが実存するさまざまな諸事情であるという点にもつのである。しかし、規定性としてのこの直接的な存在はまたそれの否定であるものでもあり、自体的にあることないし可能性である。それゆえ、それは実在的な可能性である」[☆45]。それゆえ実在的な可能性は必然性に転化するが、しかし、そのためにこの必然性は、「自己のうちに反省していない、可能なものと現実的なものの統一[★46]」から出発することとなる。現実的な必然的存在は、ある制限された現実性であって、この現実性は「それが制限されていることのために」、他の見地からみれば、同じく「偶然的な現実」なのである。結局、「絶対的必然性」として指示されているものは、「必然と偶然の統一[★47]」にほかならないのである。

偶然性、あるいは存在（有）になりえないなんらかの実存。けれども、なぜ偶発的なものがあるのかを理解することは、すぐにもそれを偶発的なものとして見えなくさせてしまう。こうして偶発的なものは消滅する運命にある。それゆえヘーゲルにとっては、偶然性の必然性が存在し、双方は一方が他方に落ち込むことによってたがいにおのれを規定しあうのである。ある事物の偶然性はそれが孤立していること、それゆえ、それが（他律的意思の役廻りを演ずるスピノザの石のように）外的な制約に従属していることと関係しているが、これにたいし自由な必然性は、自律した規定性の完全な関係として存在する。必然性はもはや外的および形式的な決定論の合理的な概念ではなく、むしろ

★40 山口訳II、一九二ページ。武市訳・中巻、二三一ページ。
★41 山口訳II、一九二ページ。武市訳・中巻、二三二ページ。
★42 山口訳II、一九三ページ。武市訳・中巻、二三二ページ。
☆43 Herbert Marcuse, *L'Ontologie de Hegel, op. cit.*, p. 103. 現実性と可能性のこの二次元性を真剣に考えたムージルは、現実についての意味が存在するとすれば、仮想的なものについての意味の存在もまた根拠があり必然的である、と指摘する。同様に、「現実的なものの動きそれ自体のなかで」、現実は「必然性のように、可能性のなかの可能性によって形成される」とマルクーゼはコメントしている。
★44 山口訳II、二〇一ページ。武市訳・中巻、二四二ページ。
☆45 Friedrich Hegel, *Science de la logique, op. cit.*, t. II, p. 208.
★46 山口訳II、二〇一ページ。武市訳・中巻、二四三ページ。
★47 山口訳II、二〇二ページ。武市訳・中巻、二四六ページ。

「原因それ自体の能力」を示唆するものなのである。だから、学問の（「そしてより剴切には哲学の」）任務は、「偶然性の仮象のもとに隠れている現実態を認識する」ことにあるのである。

この必然的なものと可能なものとの弁証法は、必然性の機械論的概念の罪をマルクスになすりつけることに熱中して、途轍もない決定論者マルクスを激しく批判する人たちにとっては、とうてい理解できないものである。マルクスの見地は、彼の博士論文『デモクリトスの自然哲学とエピクロスの自然哲学との差異』ですでに明らかである。「ひとつの点は歴史的にも確かである。すなわち、デモクリトスは必然性に仕え、エピクロスは偶然性に仕えていることである。そして両者のいずれも、論争の激しさをもって対立する立場を拒否する。〔……〕偶然は可能性以外の意味をもたないひとつの現実態である。ところが、恣意的な可能性はまさに実在的な可能性の対極にある。〔……〕実際に必然性は、有限な性質において、相対的な必然性として、決定論として現われる。相対的な必然性は実在的な可能性から演繹することができない。このことは、それがこの必然性を媒介するもろもろの条件、原因、理由その他の脈絡だからである。実在的な可能性は相対的な必然性の説明なのである。偶然は可能性の意味しかもたないひとつの現実態であるが、抽象的可能性はまさしく現実的なものの可能性の対極なのである」。なぜなら、渦と喧騒に満ちたデモクリトス、エピクロス、ルクレティウスの原子論的思考は、不連続性に、破壊に、そして新しいものが原因と結果の連鎖のなかに紛れ込んでくるところのクリーナーメンに、適《かな》っているからである。「その衰えによって、原子が宿命の法則を断ち切り、果てしなく原因が継起することがないようにする運動を呼び起こさないとすれば、地上で生きとし生けるものに与えられたこの自由はいったいどこからやってくるというのか？」[☆48]。

水も漏らさないいかなる完璧な障壁も、必然性と、その偶発性であるところの法則との関係によって規定された偶発性とを切り離すことはない。だから、「価値の大きさの価格への転化とともに、この必然的な関係は、一商品とその商品の外部に実存する貨幣商品との交換比率として現われる。しかし、この比率においては、商品の価値の大きさが表現されうるのと同じように、与えられた事情のもとでその商品が譲渡される際の価値の大きさ以上または以下の大きさも表現されうる」[☆49]。多くの事情は歴史的発展の進路についても同じようにかかわっている。このように階級間の力関係は、それ以前の歴史、社会的獲得物、組織能力、社会運動の記憶と教養にかかっている。それゆえ階級間の力関係は恣意的なものではない。資本主義的生産の諸法則に比べ、同じように偶発的である。この与えられた規定性の在り方に関連する偶発性は原因がないわけではない。「客観的偶然」の逆説的な概念は、ここでは歓迎されるであろう[☆50]。ユージン・フライシュマンは、偶発性、過誤、偶然が「社会の合理的秩序の観点からみると必要」であると強調する。すなわち「偶発性がなければ、理性も必然性もないだろう」からである。彼は「偶発性の必然性にかんするこの断固たる立場にもかかわらず、ヘーゲルはいまも汎論理主義者であり純粋に演繹的な哲学者として扱われている[☆51]」と皮肉をこめて指摘している。

同じ指摘は、同じ理由で、マルクスの「決定論」なるものに応用されることになる。偶然性と必然性の関係は経済危機の問題提起によって申し分なく説明される。『資本論』でマルクスは何度か経済危機の論理的可能性を取り入れている。第一巻では「販売と購買との分裂」に伴い、その「内的な統一」が危機によって強められる。「これらの形態は、危機〔恐慌〕の可能性を、とはいえただ可能性のみを、含んでいる。この可能性の現実への発展は、単純な商品流通の立場からはまだまったく実存しない諸関係の全範囲を必要とする[★52]」。その可能性、とはいえ可能性のみであ

☆48　Lucrèce, *De la nature*, Paris, Garnier-Flammarion. 1964.

☆49　Karl Marx, *Le Capital*, livre I, t. I. *op. cit.*, p. 88.〔邦訳『資本論』第一巻a、一七三ページ。〕ユージン・フライシュマンによれば、「弁証法的な偶然性の概念には十分注意する必要がある。ある事物は、それが別のようでもありえたという理由で偶然的とみなされる。だが、諸事物は実際に存在し、それらが別のようでもありえたにもかかわらず、別のようにはなっていない。反対に、それらの事物は、それが想起させ、それらの現実態を説明しているひとつの原因によって実現された可能性であるとの理由で、必然的にそれらがそうあるとおりのものである。可能性（偶発性）、必然性および現実態という三つの概念は、もっぱら捨象の概念を借りて切り離すことは可能である。可能性の見地は、現在と過去を考慮の外に置くことによって未来を展望する。現実態は現在であり、そして必然性は、（いまあるものとけっして別のものにはなりえない）過去の特性である」（*La Philosophie politique de Hegel, op. cit.*, p. 35）。

るが、『資本論』第二巻では生産周期と流通周期の差（新商品は、それ以前の周期の商品が売りに出される前にも市場で投売りされるかもしれない）として、あるいは、流通資本の周期と固定資本の周期のあいだの非周期性（その不規則な動きが産業周期を引き立たせる）として、ふたたび現われる。まだ実際的な危機となっていない、潜在的な力をもつ危機はここから生まれるのである。

ここで可能なものから現実的なもの、仮想的なものから実際的なものへの移行を説明しなければならない。この問題で、従来の経済学者は、ある時は「機械仕掛けの神」を気取った純粋な偶然で自己満足するか、ある時は危機を販売と購買の分裂から演繹することで自己満足する。これは、マルクスが皮肉っているように、もっとも抽象的な形で「危機を危機によって」説明することに帰着するのである。買う行為と売る行為の分裂は、ただ危機の可能性を規定するにすぎない。可能性から現実性への移行を規定するものは、『資本論』の第一巻にも第二巻にもなく、総再生産の部面でそれは見いだされるのである。

ミシェル・ヴァデは正当にもここから次のような結論を引き出している。「歴史的必然性についてのマルクスの思考は同時に歴史的可能性についての思考であった」[☆53]。同じ運動として同時に、ということである。「歴史的に必然的」(historisch notwendig)――資本主義の倒壊、搾取の廃絶、無階級社会の樹立――として明らかにされていることは、まずもって可能であるゆえに必然的なのである。自然的必然性に反して、この必然性は歴史的である。これを外部の盲目的な必然性として、運命の力に従って適用される一種の合法的あるいは神の掟として理解することは、単純な誤解を意味することになろう。

ジンドリッチ・ゼレニーにとって、『資本論』は、純粋に論理的な過程にも、純粋に歴史的な過程にも属するものではなく、外的な因果性とは異なる内的な合法則性に支配される先述の二つの過程のあいだの関係に属している。機械的で量的な「ガリレオ的因果性」は消滅していないが、マルクスは、彼には「無縁」な異なる行動形態を構想する。

「内的関連のもっとも変化に富んだ形態」を獲得するために、マルクスは因果的な思考のさまざまな在り方を実験する。マルクスが追求する法則は、もはや力学的な関係の法則ではなく、「内的」で内在的な法則（「交換の一般法則」、「競争の強制的法則」、「資本主義的生産の内在的法則」）、あるいはまた見かけはたがいに対立しあう「二つの事物のあいだの内的で必然的な関連」なのである。こうして力学的な原因は、媒介のための科学的説明においてその特権的地位を失うのである。☆54

ジェラール・デュメニルは『資本論』のなかに法則が現われる場合を綿密に調査した。彼はとくに自然法則の概念

☆50　これは Michel Vadée の見解である。「経済的必然性と生産の諸法則によって、いっさいを教条的に説明しようとするマルクス主義の決定論的解釈は、個別的な人間の意志が組み込まれる客観的偶然の役割を覆い隠している」（*Marx penseur du possible, op. cit.*, p. 149）。マルクスの偶然性は実際にはクルノーのそれに匹敵するものである、すなわち、一連の独立した偶然のあいだの出遭いだという考え方は、あまり喜ばしいものではない。クルノーとは異なり、マルクスにとって、一連の因果性は、それらの因果性がその諸相にすぎないところの世界に由来するものである。孤立した場合の明らかな偶然と、それらの場合を全体性のなかに記録する内部法則とのあいだの関連は、統計結果によって表わされるとの印象をときにはもたれるものである。だからこの部面は「どのような個々の場合をみても、偶然によって支配されている競争の部面である。それゆえ、そこでは、これらの偶然のなかに自己を貫き、これらの偶然を規制する内的法則は、これらの偶然が大量に総括される場合にはじめて目に見えるようになるのであり、それゆえ、そこでは、この法則は、個々の生産当事者たち自身には依然として目に見えもしなければわかりもしない。しかしさらに現実的生産過程は、直接的生産過程と流通過程との統一として、新たな諸姿容を――そこでは、ますます内的連関の脈絡が消えうせ、生産諸関係がたがいに自立化し、価値の構成諸部分がたがいに自立的な諸形態に骨化する、そのような新たな諸姿容を――生みだす」（*Le Capital*, livre III, t. III, p. 236〔邦訳『資本論』第三巻b、一四五五―一四五六ページ〕）。おそらくこの主張に Adolphe Quételet（*Du système social et des lois qui le régissent*）の影響をみる必要があるだろう。一八五一年のマルクスのノートにその痕跡がみられ、『資本論』（livre III, t. III, p. 236〔邦訳『資本論』第三巻b、一五一〇ページ〕）で「規制的諸平均」が想起されている。

☆51　Eugène Fleischmann, *La Philosophie politique de Hegel, op. cit.*, p. 233.

★52　邦訳『資本論』第一巻a、一九二ページ。

☆53　Michel Vadée, *Marx penseur du possible, op. cit.*, p. 19.

☆54　これはまた、レーニンによる『論理の学』の読み方でもある。「因果性にかんするヘーゲルの所論を読むと、なぜ彼がカント主義者たちのたいへんお好きなこのテーマにこのように比較的わずかしか足をとめていないのか一見奇異に思われる。なぜか？　なぜなら、彼にとって因果性は、普遍的連関の諸規定のひとつにすぎないからである〔……〕」〔レーニン「ヘーゲルの著書『論理学』の摘要」、邦訳全集38、一三三ページ〕。

のあいまいさを明らかにした。偶然的な交換関係において社会的に必要な労働時間は、「規制的な自然法則として強引に優位を占める」。マルクスは何回か価値法則を「盲目的な自然法則」[★55]と呼んでいる。生産の内的な社会的関連は「圧倒的な自然法則」という形で不可欠なものとなる。こうした表現において、法則は「個人的恣意」との関連で「自然的」と称せられている。[★56]この法則の公言された自然性は、その法則の影響を受ける生産者たちでその知覚を表現する。だが自然化する知覚は、商品の物神化と物象化過程の結果である。「資本主義的生産では、総生産の関連〔相互依存関係〕は、盲目的な法則として生産当事者たちに自己を押しつけるのであり、彼らの結合された理知によって把握され、それゆえこの理知によって支配された法則として、その理知が生産過程を彼らの共同の管理のもとにおいたのではないからである」[☆57]。自然法則は、その法則が「生産それ自体の各個別的な当事者にとって目に見えず理解できない」ものであるかぎりで、盲目的である。自然法則は、結合された生産者の理性によって支配され管理されて、おのれを法則としては否定する（歴史的で、もはや自然的でない、意識的でほとんど盲目的でない）法則と対立する。だから法則の概念は、二つの現象の力学的な因果性の関係ではなく、流通と交換の表面で知覚しうる「偶然の事態」を超えた本質の論理学を指示しているのである。

マルクスが「固定した社会法則」に言及する場合、また、彼がこの問題に関連して物理的諸法則の「鉄の必然性」を想起する場合、固定性と必然性はまったく相対的な形で理解しなければならない。それらの法則の見かけの自然性と、それらの法則を規定する社会的歴史的現実態のあいだで、矛盾は作動する。これが自然的なものとして立ち現われる歴史的諸法則である。困難が再燃する。法則が一般性および規則性の種類に属しているとしても、「歴史的法則」とは何であろうか?

歴史は出来事の特異性によって織り成されている。歴史は、起こらなかったかもしれないことが起こるかぎりではじめて成立する。根本的に内在的な歴史的法則は、社会関係として、極端な偶然性にたいして、またそれに逆らってその必然性を強調する。この意味で歴史的法則は、極端な因果性の形式主義と対立する。だから、「階級闘争は資本による労働者の無慈悲な搾取と真っ向から対立するが、その結果がどんなに利益になっても、労働力の価値は、労働者階級に分け前としておちる生活の糧の生産に必要な労働時間によって規定されたままである。いずれの場合も、この極端な規定性は、法則の内容が一字たりとも乱されることなく、偶発的に機能するのである。ところが反対に、この法則は、外部の原因に責を帰すべき激動を経ながら、抽象労働／価値の必然的関係の維持によって、自己の力強さを発揮するのである」。デュメニルは適切にも法則と概念とのあいだの緊密な類縁関係を強調している☆58。概念的な法則の作用は、たがいに独立した外的な偶発的原因の多様性とは反対に、ひとつの過程の内在的（内的な）必然性を表現するのである。「諸商品の価値どおりでの交換または販売は、合理的なものであり、諸商品の均衡の自然法則である。この法則から出発して逸脱（écarts）を説明すべきであって、逆に、逸脱から法則そのものを説明すべきではない」☆59。

多くの批評家は、法則が目に見える現象の統計的一般化ではなく、法則がそれらの現象の変化を支配する目に見えない制約となっているところの『資本論』の違和感をもたせるこの論理で躓《つまず》くのである。より現代的な語彙では、この内的あるいは内在的法則は構造的な、あるいは深海にしか見られないような法則と見なされてしまうかもしれない。商品の物神崇拝は、その法則の内在性を、文字どおり支配された生産者が立ち向かわなければならない不思議な力と制約に転化する。同じようにして、「競争は個々の資本家にたいして、資本主義的生産様式の内在的諸法則を外

★55　邦訳『資本論』第三巻b、一五四六ページ。ただし、「盲目的な」はエンゲルスの補填語彙。
★56　同前、一五四八ページ。
☆57　Karl Marx, *Le Capital*, livre III, t. I, *op. cit.*, p. 269.〔邦訳『資本論』第三巻a、四三五ページ。〕
☆58　Gérard Duménil, *Le Concept de loi économique dans Le Capital*, *op. cit.*, p. 49.「われわれの精神において、価値概念と価値法則のあいだにどんな違いをわれわれは維持しなければならないのか？　一見したところ、この違いは、ごく些細なことのようにみえる。最初われわれの関心をとらえた逆説――『資本論』第一篇の「価値法則」の用語の不在は、説明の開始を見いだすのである。価値概念を詳説することは、その諸法則（ないしは法則）を明言することである。このことは、「価値はあれこれのことだ」とか「価値法則はあれこれのことだ」とかの言い廻しが最初はだいたいにおいて均等なものと見なされるおそれがあるために、ありきたりのどうでもよいこととして表われる〔……〕」。こうして法則の内在性は概念との関係で定義されるのである」（p. 40）。
☆59　Karl Marx, *Le Capital*, livre III, t. I, *op. cit.*, p. 203.〔邦訳『資本論』第三巻a、三一八ページ。〕

的な強制法則として押しつける」。商品はその価値からずれた価格で売られることもありうるが、しかし「この逸脱は、商品交換の法則の侵害として現われる」[☆60]のである。

概念の規定と同じく、ひとつの法則の内容は、最終的なものではない。それは、単純生産の関係およびその抽象化されたものから総再生産の具体的な複雑性へと導く規定の過程に属している。生産のレヴェルで表わされるほぼ力学的な法則は、全体的過程のレヴェルで一種の有機的で、豊かで、矯正された、複雑な法則となる。それはもはや文字どおりの経済的な法則ではなく、それ自体がたがいに相容れないところの異様な歴史的法則なのである。[☆61]

傾く必然性と傾向的諸法則

経済的法則の歴史的法則へのこの変身は、生産の自然的諸法則の「鉄の必然性」を手直しするために『資本論』初版の序文で導入されている傾向的法則という馴染みのない概念によって予告されているものである。『資本論』第一巻では、「労働力の価格はつねにその価値に縮減される」という法則は、「一定の限界のもとでしかその実現を許さない」障害物と出遭う。この法則にたいしては、たんなる外部の機械的な諸要因、その法則を抑制する一種の摩擦が真っ向から対置されてくる。

第三巻では、傾向の概念はもはや偶然のものとして現われることはない。傾向の概念は物理的ないしは自然的な諸法則に対しての経済的諸法則の相違を明示する。「資本主義的生産全体として、一般的な法則は支配的傾向として自己を貫徹するのは、つねに、きわめて複雑な近似的な仕方においてのみ」である。一般的な剰余価値率は、「すべての経済法則と同様に傾向として」[☆62]のみ存在するのである。

この傾向的法則の概念はそのすべての重要性を担っている。第三巻の第三篇では、「利潤率の傾向的低下の法則」(Gesetz des tendenziellen Falls der Profitrate) に関連して、「法則に真っ向から反対する諸原因」はもはや外部の障害物や機械仕掛けの歯止めではなく、「この法則の内的諸矛盾」(Entfaltung der innern Widersprüche des Gesetzes) の結果である。法則の傾向的性格は、爾後、経済法則がそれによって法則として自らを否定しない内部の諸矛盾を表現する。「そこには、反対に作用する諸影響——一般的法則の作用をさまたげてそれを廃除し、そしてこの一般的法則にたんに一傾向という性格のみを与える諸影響——が働いているにちがいない」[★63]。こうして、「同じ諸法則が、社会資本については、増大する絶対的利潤総量と下落する利潤率とを生み出す」[★64]のであり、「総資本に比べての可変資本の相対的な減少およびそれゆえ加速される蓄積となって現われる」[★65]のであり、「一般的利潤率の傾向的低下」と「資本の加速的蓄積」[★66]を引き起こすのである。こうして、「同じ諸原因から利潤率の減少と利潤の絶対的総量の増加とが同時に生ずるというこの二面的な法則」[☆67]として現われる。傾向的な法則は同じように強制的である。この法則はこれに反対する諸要因によって廃除されることはなく、それら諸要因を通して貫徹される。剰余価値率の上昇は一般的法則を無効にはしない。それはただ結果的には「この法則がむしろ傾向として、すなわち、反対に作用する諸事情によってその絶対的貫徹を妨げられ、遅らされ、弱められる法則として、作用するようにする」[★68]。「外観上矛盾する二つのもののあいだの内的で必然的な関

☆60　Karl Marx, *Le Capital*, livre I, t. I, *op. cit.*, p. 162 et 286.〔『資本論』第一巻b、一〇二二ページ、『資本論』第一巻a、二〇七ページ。〕
☆61　「だから経済法則は歴史的法則の様相を呈するのである。経済的法則にとって、歴史的変化は、残存すること以上のものを表象する。法則は変化それ自体のなかに触れてはならないものがあることを表現し、概念体系の説明的価値の永続性を表わしている」(Gérard Duménil, *Le Concept de loi économique*, *op. cit.*, p. 150)。
☆62　Karl Marx, *Le Capital*, livre III, t. I, *op. cit.*, p. 177 et 191.〔邦訳『資本論』第三巻a、二七五、二九六ページ。〕
★63　同前、三九三ページ。
★64　同前、三七〇ページ。
★65　同前、三七二ページ。
★66　同前、三八〇ページ。
☆67　Karl Marx, *Le Capital*, livre III, t. I, *op. cit.*, p. 245, 232, 233, 238.〔邦訳『資本論』第三巻a、三九三、三七〇、三七二ページ、三八〇、三七二ページ。〕
★68　同前、三九七ページ。
★69　同前、三八〇ページ。

連」★69として、この法則もまた、「傾向として作用するだけであり、その作用は、一定の事情のもとでのみ、また長期間の経過中にのみ、はっきり現われてくる」☆70。その内部矛盾は、資本それ自体が資本主義的生産の本当の障害であることを表している。第三巻の第三篇は、論理的には、法則の二重性格そのものが解消される限界と範囲をまさに構成する恐慌の不可避性についてで終わる（「それであるからこそ、諸恐慌」★71とマルクスは簡潔に締めくくっている）。

「傾向諸法則」は、「自然主義的意味や思弁的決定論の意味でなく、「歴史主義的」意味で、すなわち「特定された市場」が、あるいはその市場の展開する諸運動のなかで有機的に生き生きと結合された環境が存在する限りにおいての諸法則のことである」☆72。グラムシはこのカテゴリーの射程をよく理解している。「傾向法則の形式論理学的原理の発見は、〔……〕新しき内在性、必然性と自由についての新しい考え方を暗に意味するものではないのか？　リカードゥの諸発見を普遍化し全歴史に広範囲に適用することによって、言い換えれば、それらの発見から独創的に新しい世界観を引き出すことによって、実践の哲学が、まさにこの翻訳を行なったのだ、と私は思う」。

マルクスが因果性の別の形態や預言性の別の様態、現実的なものと可能なものの新しい分節化を探究しようとするのにたいし、批判の役割にたいして盲目的なアルチュセールは、唯々諾々として通常科学の指示に従うようマルクスに注意を促す。アルチュセールは、傾向的法則を、複雑性によって妨げられ一種の外部的な摩擦によって抑止される力学的な法則に還元する。マルクスの術語はむしろ、ガリレオ的合理性とその対象（政治経済学）が必要とする異なる合理性との分裂を証言している。マルクスは、事情によって法則が緩められたり弱められたりすることについて依然語っているにもかかわらず、それでもその内在性の論理学に従って「法則の内部的諸矛盾」を取り上げているのである。このような試行錯誤は、批判を媒介とした実証科学とドイツ的学問とのあいだの未解決の緊張関係を示している。試行錯誤は、（『資本論』への「あとがき」の）決定論的誘惑と（「超歴史学」に対する論争の）開かれた歴史的発展のあいだにある諸矛盾を明らかにしている。また、ヘーゲル的な「反定立的諸傾向《アンチテーゼ》」の伝統における、力学的で形式的で外的な因果性と、傾向的で内在的で内的な法則とのあいだの、根本的な論理的偏差を強調するものである。

経済学のように完全には規定されていない依然として開かれた体系において、経験的規則性と出来事の一貫した相関関係は、実際には、傾向として現われるのである。因果的な判断とは異なり、「合法的」判断は、けっして社会関係の力学的な理解に到達することはできないが、そういう理解のために本質的に重要な、歴史的に限定された諸傾向を表わすのである。☆73

「傾向的法則」のあいまいさと場合によってはありうる機械観的解釈について自覚しているエルンスト・ブロッホは、それらを切り離そうと努め、法則と傾向を対置させるところまで進む。傾向とは、「不都合な法則」ではない。法則は繰り返しのうえにおのれを閉ざしている。傾向は刷新におのれを開いている。「傾向は、その方向性とその先取り的予見性の奇妙な先在性が表現される構造である。言い換えれば、傾向は、ある目的の内容がまだ実現されていないところの在り方である」☆74。グラムシは「傾向性は、〔……〕現実においてこの傾向への逆作用的に働く諸力に依拠しうるものでない〔……〕。「傾向的」の意味は、方法論的ではない、現実の「歴史的」性格をもっているにちがいないようにみえる」と強調する。『資本論』のあらゆる俗流の機械論的解釈への警告として、利潤率の低下傾向は、「相対的剰余価値の生産という別の法則の矛盾する側面」を表わす、ともグラムシは指摘している。この相対的剰余価値の増大を可能にする技術進歩は、同時に、資本の有機的構成を増大させ利潤率を引き下げる結果を伴う。この矛盾した法

☆70　*Ibid.*, p. 247, 238, 251.〔同前、三九七、三八〇、四〇五ページ。〕
★71　同前、四五一ページ。
☆72　Antonio Gramsci, *Cahier de prison 10, op. cit.*, p. 53. [Edizione critica italiana, *Quaderno del carcere 10*, p. 1247.]〔なお、グラムシがリカードゥの概念として使っている determined market（英）、marché determiné（仏）、mercato determinato（伊）を「特定された市場」と訳すことについては適訳かどうか検討の余地がある。〕
☆73　Roy Bhaskar, *Dialectic, the Pulse of Freedom, op. cit.*, p. 226 et 404. Henri Maler は法則と傾向のあいだの同一性と差異の関係を発展させ、法則は必然的な傾向として現われ、傾向は法則の必然的な形態として現われると述べる。Lucien Sève は、歴史的法則を傾向的性格によって定義し、必然性を「複数の可能性を含み、それによって傾向的性格を獲得する本質的な関係ないしは過程の客観的論理として定義する」。
☆74　Ernst Bloch, *Experimentum mundi*, Paris, Payot. 1981, p. 138-142.

則は、狭い生産領域における抽象的な搾取関係に関する第三巻ではもはや機能しない。多くの資本間の競争によって機能することを別とすれば。

多くの註釈者たちが形式的な逃げ道（法則でない法則）とか学問の任務放棄と見なしていることは、現実には、「政治経済学批判」やその対象に内在する諸法則やその限界それ自体に固有のひとつの必然性を表わしている。これらの新しい因果性の射程範囲をもっともよく理解しているのは、ここでもまたグラムシである。「ますます大きな相対的剰余価値の生産のなかに集約される傾向的法則の逆作用的に働く諸力は、たとえば、技術的には、物質の弾力的抵抗力の拡張によって、また社会的には一定の社会におけるまずまずの失業率によって与えられるという諸限界をもっている。すなわち、経済的矛盾は政治的矛盾となり、この矛盾は実践の転倒によって政治的に解決される」[☆75]。傾向的低下の法則から資本主義の差し迫る自動崩壊の理論を引き出そうとする人たちは、マルクスによるところの傾向性と経済法則から政治的戦略への移行が意味するところのことを思い違いしているのである。歴史的な視野に立って理解される傾向的低下の法則は、それを乗り越える、ないしはそれをうまく回避する試みとして、アメリカ化とフォーディズム現象の根底においてふたたび見いだされるのである。

政治的態度の明確な批判的作品が論争において歪められた事実に立ち返ったエンゲルスは、その死の二年前にフランツ・メーリング宛に書いた。「われわれはみな、まずは、政治的、法律的およびイデオロギー的な表象一般は基本的な経済的事実から導き出されるという、必然性の上に主な強調点を置くべきであった。だが、そうすることでわれわれは、次に、内容のために形式的側面を、すなわち、これらの表象が自らを構成する特有な在り方を無視したのである」。ところが、この形式的側面は、必然性それ自体に影響し、この必然性を「鉄の必然性」として手直しし、それを「偶発的な必然性」として問題化するのである。したがって、ヘーゲルを読んでいたレーニンも注目しているように、偶然は必然的であり、必然性それ自体は、偶然として自己を規定するのである。

出来事にかかわる特異な歴史的必然性とは何なのか？　難問を難問で答える人は、それは傾向的法則のように歴史的必然性に属していると、思い切ったことを言うかもしれない。歴史は、指揮命令の法則と同じ分だけ、容認の法則を知っているのだ、と。[☆76]

「自由な必然性」とスピノザは言う。

「傾く必然性」とライプニッツは言う。

それに偶発的な必然性も。

歴史的必然性は根っからの偶然性をもっている。それは隠れているものであって、最後にしか自分の姿を現わさない。進歩のように、歴史的必然性は、後験的にはじめて自己自身になる。進歩は、その内部の後退を経た一般的運動として、そういうものとして確立される。必然性は不可能な最後の審判の回顧的な観点でしか、完全に規定されることはない。

そして歴史はいつまでたっても終わることはないのかどうか？

そして歴史の封鎖状態は極限仮説でしかないのかどうか？　必然性は、偶然性の条件下で無期限の執行猶予状態にあり、同様に進歩は、あとで検討するという永続的な留保つきのままである。これが、ヴァルター・ベンヤミンの『歴史哲学に関するテーゼ』の第三テーゼが示唆していることである。「たしかに、人類は解放されてはじめて、その過去を完全なかたちで手に握ることができる。言い換えれば、人類は解放されてはじめて、その過去のあらゆる時点を引用できるようになる。人類が生きた瞬間のすべてが、その日には、引きだして用いうるものとなるのだ――その日こそ、まさに最終審判の日である」[★77]。

☆75　Antonio Gramsci, *Cahier de prison 10, op. cit.*, p. 86 et 112. [Edizione critica italiana, *Quaderno del carcere 10*, p. 1279, *ibid.*, p. 1282-1283.]

☆76　カントに照らして、この区別を提案する Françoise Proust は、こう付け加える。容認法則（Erlaubnisgesetz）は「始めないことを正当化しない。この法則曰く、始まりはいつも過度に、充分すぎずに始まったし、いつも早すぎるか遅すぎるかで始まった」（*Kant, le ton de l'histoire*, Paris, Payot, 1991）。

このありそうにもない日が、否定神学の航海を締めくくる。

そのとき、そのときにのみ、過去のカテゴリーとしての必然性は、もはや廃止されえない生成となった可能性として現われるのである。将来のカテゴリーである可能性は、依然として潜在的な必然性である。現在のカテゴリーとしての現実態についていえば、必然性と可能性とを切り離しがたく結びつけている。

この現在が政治の時間である。言い換えれば、マルクスの「二番目のことば」である時間、「短く直接的」な時間、辛抱できないほど有り余る時間である。というのは、「過剰がその唯一の尺度だからである」。

時間、そこでは——とベンヤミンは言う——「政治が歴史に対して優位を占める」のである。

★77　野村修訳「歴史の概念について（歴史哲学テーゼ）」のテーゼIII、『ベンヤミンの仕事2』、三二九ページ。浅井健二郎編訳『ベンヤミン・コレクション1』、六四七ページ。

第10章　カオスの舞踏振付[★1]

政治経済学批判は、マルクスを、その論理的行動が古典的モデルからは外れている未知の領野へと導くことになる。彼を深くとらえている因果性の理念をいまだに止揚しないまま、彼の資本についての理解は、均質的空間と線型的時間の表象からの決別をうながすこととなる。

その後の科学的発展は、次のような暗中模索の成果を明らかにした。十九世紀の半ばに、論理的には異質ではあれ、同時期に起こった三つの革命的発見が、ニュートン的パラダイムを徐々に侵食するのに貢献したのである。すなわち、ダーウィン的進化論、エネルギーの保存と散逸の諸原理、マルクス的政治経済学批判である。これらの転換の「諸科学」は、事実に基づく確実性についてはもはや語ることなく、確率、選択、岐路といったことを語る。これらは、不安定と不均衡、非周期的運動と〔方向性をもった〕矢のような時間に直面するわけである。

古典的法則は一定の諸領域ではもはや機能せず、それらの領域では、新しい合理性が形成され、出来事とか創発とかがふたたび力を取り戻す。そこで、確率は、もはやラプラス的力学におけるような観察者の立場と結びついた無知のしるしなのではなく、不確かなシステムに内在する特性を表わしている。無知の意味そのものが転換しているのである。それは、科学なるものの新しい表現を規定するために、余剰なものであることを止めてしまっているのである。

★1　「舞踏振付」（chorégraphie[s]）とは、特殊な記号を用いて舞踏の動きを記述する方法のことをいう。ここでは、「秩序」（コスモス）から外れた「混沌」（カオス）を表現するのはどのような学問的方式があるのかについて思索している。

リズムによって媒介されるので、力学的な因果性は廃止されるわけではない。それは、複雑な構造の法則性と、それから全体とその諸部分とのあいだの相互規定性のなかに刻み込まれる。そのシステム的因果性は、歴史を決定的に締めくくって、矛盾を消滅させてしまう決定的な経験を免れている。際限なくそれ自体を前提するこれらのシステムは、古典的理性が知らなかった独自の理性をもっている。これ以降は、力学的な原因と確率論的な偶発性は、排除しあうことなく、たがいに結合しあうのである。☆2

古典的均衡理論において、システムは、攪乱的諸要素を解消させることによって、その動力学的安定性を取り戻そうとする。不均衡の論理においては、動力学的安定性と構造的不安定性は両立できる。必要とされる数学的諸道具が駆使できずに――そのことに彼ははっきりと不平を漏らしている――、マルクスは、再生産の循環的図式のもつ動力学的安定性と、そのシステムの構造的不安定性（技術的、社会的、政治的変化）とを精確に結合しようと試みる。危機は、そこから数多くの分岐点や合流点や臨界点として理解される。時間の対称性は、規定される可能性のうちのどれが優位を占めるのかを予見することができないまま、壊れてしまうのである。

カオスの足跡

ガリレオ的宇宙の理解しやすさは、厳密な因果的構造を前提としている。諸法則や規則性が支配する世界に賭けて、ある因果的形而上学が、他のものを追い払うのである。しかしながら、この古典的理念の勝利は、（相対的に）短期間しか続かなかった。十九世紀後半以降揺らいだこの理念は、両大戦間に、重大な文化的衝撃（戦争と「西洋の没落」）と（物理学における量子力学と社会科学における精神分析学をめぐっての）科学的論争との重層的影響のもと、ぐらつくことになる。ある程度は、モラル的危機が、科学上の大混乱に先んじている。一九一八年に、シュペングラーは、因果性に運命を対立させている。「一方〔因果性〕はわれわれに解剖することを要求し、他方〔運命〕は創造することをわれわれに要求する。こうして、運命が生と結びつき、因果性が死と結びつくこととなる」[☆3]。

あらゆる科学思想はその説明の仕方において因果性を含んでいる。しかしながら古典物理学は、それに狭義の意味を与える。科学的思考と決定論的因果性は同義語となる。自然的出来事は、厳格に、そして完全に、決定される。すべての現象は、効果のなかに保存される原因の必然的な結果なのである。すべては、少なくとも理論的には、予見可能である。摩擦が不在なので、過去は完全に現在を決定する（そして逆も成り立つ）。ラプラスのデーモンの隠喩は、二つの別個の瞬間におけるニュートン的動力学の二つの命題のあいだの論理的な等価性に基づいたこの決定論を例証しているのである。「われわれは、宇宙の現在の状態はそれに先立つ状態の結果であり、それ以後の状態の原因であると考えなければならない。ある知性が、与えられた時点において、自然を動かしているすべての力と自然を構成しているすべての存在物のおのおのの状況を知っているとし、さらにこれらの与えられた情報を分析する能力をもっているとしたならば、この知性は、同一の方程式のもとに宇宙のなかのもっとも大きな物体の運動も、またもっとも軽い原子の運動をも包摂せしめるであろう」[★4]。この定式は、すばらしく簡潔に、パノプチコン的〔すべての部分を一目で見わたせる〕で全知の神のようなもっともすぐれた（「充分に広範な」）頭脳の持ち主の眼には、もっとも大きな物体ももっとも軽い原子のひとつに統合された物理学の理念を表現している。

微分方程式は、われわれがその全構成要素の初期的な位置や速さを知ることになるひとつのシステムの予見可能な発展を決定しているのである。ラプラスはこの仮説的理念の限定的性格を自覚している。物理学体系の働きは、実践

☆2　分岐点において、予見は確率論的特性を明らかにする。分岐の諸点のあいだでは、「われわれは決定論的法則を語りうるであろう」(Ilya Prigogine, *Les Lois du chaos*, Paris, Flammarion, 1994)。

☆3　当時は非合理主義やほとんど宗教上の転向に適した時代であった。一九二一年以降、フォン・ミーゼスは、量子理論のなかに因果性を破棄する機会を見ていた。Walter Schottky は同じ年に、「ありとあらゆる近代自然科学にとっての根本問題としての量子理論における因果性の問題」と題する反因果性の宣言を発表した。Franco Selleri, *Le Grand Débat de la théorie quantique*, Paris, Flammarion, «Champs», 1994, p. 50-52.

★4　Laplace, *Essai philosophique sur les probabilités* (1812). 内井惣七訳『確率の哲学的試論』（岩波文庫、一九九七）、一〇ページ。

的には数学的モデルからは外れ、「偶然と確率の科学」を要求する。因果的構造は存続するが、それは近似的なものにすぎず、「規則どおりの原因」と「偶発的な原因」とに二分されるのである。

もし古典的決定論の表現が、一般的にはラプラスのデーモン的「知性」と結合されるとしても、決定論の用語が普及したのはもっとあとのことで、クロード・ベルナールの仕事以後のことなのである。ベルナールにとっては、方法論的賭けが決定的なのである。「決定論《デテルミニスム》の原理が生命にかかわる諸現象の研究を支配するのは、それ以外のすべての自然現象の研究におけるごとくである」。さらに彼にとって重要なことは、生気論の形而上学的後遺症に対抗する実験的研究方法の正統性を確立することであった。生命にかかわるおのおのの現象は、おのおのの物理的現象と同様に、「その現象が現われるのを可能とするか、あるいはそれが現われないように食い止めるかの物理－化学的諸条件」によって決定されるのであり、「ある現象のすべての決定的条件が必然的にその現象を引き起こす」のである。「原因についての旧式であいまいな唯心論的概念と置き換えなければならないのは、これなのである」。魔術的原因のような暗愚の残存物に対抗して、生物の諸法則を基礎づけようと決意したこの弁護論は、その対象固有の制約のもとにとどまったままである。マルクスが経済的な合法則性の特異な概念を追求している時、クロード・ベルナールは「決定的な諸条件」や「指導的な諸力」のカテゴリーのもとで、生物学で非力学的な、因果に関する報告を書いている。「生きている物体において」、と彼は書いている、「指導的な、あるいは進化的な諸力が、形態論的に死活的に重要なものであるが、他方、その実行的な諸力は、野生の物体においてと同じようである」。こうして「組織された物質」を誕生せしめる「形態論的法則」は、一般的な物理－化学的諸力を従属させるのである。[☆5]

古典的な預言可能性の夢は、有機的ないし経済的な諸体系の論理を前にして無力さを感じるのだが、今度は、物理学や数学の領域そのものへのいくつかの攻撃を受けることになる。十九世紀末には、アダマールの幾何学やポワンカレのトポロジーが認識論的土台を揺るがす。測地線は、初期諸条件にたいするそのシステムの感度が本質的となるモデルに従属している。「等傾角線的錯綜」は、その分析的束縛から視覚的想像力を解き放って、「無限に目の詰まった編み目でできた一種の格子、織り目、網目」を描き出す。その時、決定論的預言は不可能となる。「われわれの目から漏れるきわめて小さな原因が、われわれが目撃せざるをえない、相当に大きな効果を規定するので、その時、われわれは、その効果が偶然の仕業にちがいないというのである。もしもわれわれが自然の諸法則や初発の瞬間の宇宙の状況を精確に知っているのなら、われわれは、同じ宇宙の状況のその後の瞬間を預言することができるだろう。けれども、つねにそういうふうにはならないし、初期段階での小さな差異が、最終的な諸現象においてはきわめて大きな差異を生みだすことも起こりうる。最初の段階の小さな誤差が、最終段階においては巨大な誤差を生みだすことにもなる。預言は不可能になり、われわれはそこに偶然による現象を見てしまうことになるわけなのである」[☆6]。初期諸条件に敏感なシステムの行動を描き出したポワンカレのトポロジーは「カオスの足どりの痕跡」を突き止めることとなる。

同じ時期に、人口統計に関するヴォルテラの研究は、ひとつのシステムの未来はもっぱらその現状によって左右さ

☆5　Claude Bernard, *Rapport sur la marche et les progrès de la physiologie générale en France*, 1867. *Leçons sur les phénomènes de la vie communs aux animaux et aux végétaux*, 1878 をも見よ。物理学的および生理学的な決定論に関する論争は、哲学的な争点との関連を免れないことは言うまでもない。「指導的な諸力」と「実行的な諸力」を区別することによって、クロード・ベルナールは、控えめな自由間隔をととのえることも意図している。決定論は、「実行期間」においては絶対的に重要であり、「その現象の指導的な期間」においては自由な行為が絶対的に重要である。Boussinesq はそれに並行して、その体系が安定している際に、微分方程式の厳格な決定論と、特異な解決方法の分岐点で実行されるであろう断続的な自由とを結びつけることによって、同じような妥協の道を定式化している（*Conciliation du véritable déterminisme mécanique avec l'existence de la vie et de la liberté morale*, 1878）。*Les Lois du chaos* で Prigogine はこれと同じような命題を提出している。

☆6　Henri Poincaré, *Science et méthode*, Paris, 1908.〔吉田洋一訳『科学と方法』（岩波文庫、改訳版一九五三）〕「小さな誤り」という表現は、あらゆる種類の原因、あらゆる進化がもともと先行のものとは異なる種類の結果を生みだす表現であるのにたいし、たんなる不正確さのことを意味するとほのめかしてしまうおそれがある。Pierre Duhem は、まさにこの点に関して、一九〇六年の *La Théorie physique* で、現在のカオス〔混沌〕理論の先駆けを思わせるようなすばらしい文章を書くことによって、この問題の射程範囲を漠然とではあるがただちに理解した（Pierre Duhem, *La Théorie physique*, Paris, Vrin, 1906, p. 206-211〔小林道夫ほか訳『物理理論の目的と構造』（勁草書房、一九九一）、一七五―一九一ページ〕）。

れるのであって、先行の状態には左右されないという「制限仮説」に異議を唱える。彼の「遺伝力学」の思想は、決定論的論理のなかに不確定的な歴史的次元を取り入れている。☆7

ヨーロッパ諸学の危機

ガリレオの世界においては、連続的で均質的時間が、数学的機能がその形式的表現を提供する因果的な諸関係の秩序を支えている。量子論的非連続性が、この線型的時間の基準を揺るがし、宇宙の因果的な表象を攪乱する。量子論の確率論的発想は、ある物体がある状態から別のある状態への飛躍を突然経験するという「トンネル効果」を明らかにする。われわれがもっとも小さな物体に向かって進めば、このような効果の可能性は増大する。「線型的に一義的に継起する事態のなかに現象を秩序づける」ことは、もはや実践的には不可能となる。原因から結果への時間の連鎖がこのように断ち切られるという事態は、ニールス・ボーアをして、「因果性についての古典的理念」とともに、「通常の因果性」に固有の、同時に因果的で時間‐空間的に記述する方法を「最終的に放棄する」必要性を確信させる。もっとラディカルなハイゼンベルクは、「量子力学が因果律（Kausalgesetz）を決定的に無効にした」と宣言することによって、シュペングラーの諸テーゼに対する科学的保証を与えたのであった。

この大混乱は相当なものであった。抽象的な均質的時間の連続性に基づく原因と結果の二つの対は、その証明を与えていたように見えた。科学的予見性のもつ欠陥は、唯一初期与件が不完全であることに責を帰すべきであるかのように思われていたのだった。「隠れた変数」の目録とより幅広い計算能力とで、結局のところ、この不可視の境界線を突破することに終わるだろうと考えられた。ところが、量子力学は、偶然をもっと深いレヴェルへと組み入れてしまい、そこでは知識を蓄積的に増やすだけでは偶然を追い払うことができないということになってしまった。そうなると、古典的な因果性は物理的現実性の一部分しか描かないことを認めざるをえなくなる。確率の波動の概念を取り入れることは、ある種の非決定論の受容を正当化するように見える。少なくともこの概念は、決定論と不確定性とのあいだの関係、言い換えれば、恣意的ということはないが同時に予見もできないような事態についての説明を余儀なくさせる。☆8

対象と計量の道具のあいだの制御不能な作用がもはや標準的なシステム全体のなかで原因について描写することを許さないとすれば、近代科学は崩壊してしまう恐れがある。このような見通しを前にして、アインシュタインをとらえた合理主義的眩惑は理解することができる。この挑戦は、古典的な合理性の領域からは排除されているように見える（歴史学的、生物学的、経済学的、生態学的な）不確かな諸現象の批判的探究を促す。プログラム化された進歩の閉塞した世界は、事実という壁を前にして、無力なメシアの時ならぬ侵入を原則的に排除していた。ところが、原子は、「事実の世界というよりもむしろ潜在性と可能性の世界」☆9を突如明らかにするのである。

しかしながら、理性がそこから落ちれば大怪我をさせてしまうような非決定論的な深みを跨ぐ道は狭い。量子論的不連続性に直面して、それを相補する観点は、ボーアによれば、神秘的な漂流に委ねるというよりもむしろ、「因果

☆7　これはPainlevéの大きな怒りの原因となった。「物質的体系の未来を預言するためにはそのすべての過去を知らなければならないだろうという考え方は、科学の否定そのものである」（Paul Painlevé, *De la méthode dans les sciences*, 1910）。

☆8　「波動力学によれば、配置点の空間的規定性はつねに不確実性と結びついている」（Max Planck, *L'Image du monde dans la physique moderne*）。ニールス・ボーアは、量子力学が原子についての諸現象の詳細な分析を勝手気ままに放棄するのではなく、「このような分析が原理的に排除されることを認める」ことを勧めるものであることを強調する。プランクとボーアは「本質的に統計的」な、あるいは弱まった蓋然論的な因果性という殻に自ら閉じ籠もっているように見えるかもしれない。が、彼らは、現実には、Kausalgesetz（因果律）の概念それ自体の全般的な再吟味を求めているのである。「因果性の原理は、個別的な原子の流れを支配するきわめて特殊な諸法則を理解するためには、おのれがあまりにも狭すぎる枠組であることを暴露したのである」。原子の流れを個別化させることは、すべての法則形態からこれらの流れを逃れさせることはないが、この法則はもはや古典的な因果性の法則と重なり合うことはできない。Niels Bohr, *Physique atomique et connaissance humaine*, Paris, Gallimard, «Folio/Essai», 1991〔井上健訳『原子理論と自然記述』（みすず書房、新装版二〇〇八）〕およびErwin Schrödinger, *Physique quantique et représentation du monde*, Paris, Seuil, 1992を見よ。

☆9　Werner Heisenberg, *Physique et philosophie*, Paris, Albin Michel, 1961.〔河野伊三郎・富山小太郎訳『現代物理学の思想』（みすず書房、一九六七）〕

性の概念の論理的な一般化」を目指すものなのである。同じように、古典的因果性にたいする異議申し立ては、コジェーヴの見解によれば、恣意的宇宙に通ずるものなのではない。可能な結果のおのおのは、定まった確率に従うのである。というのは、現代物理学は「精確な因果論的決定論の思想」を拒絶しながらも、結局は「統計学的決定論と近似的な因果的決定論」の思想を受け入れるからなのである。移行過程の不可分割性についてのどのような満足のゆく説明も、実際、古典的な決定論的記述の枠組においては与えられないからなのである。したがって、因果関係のために時間の不連続性から結論を引き出すことによって、合理性をよりよく救い出すためにも、肝腎なのは脅かされた合理性を改良することなのである。☆10

この論争は物理学の枠を大きく超え出るものであった。非決定性は、学問と神話との奇妙な共謀を正当化してしまいかねない。アインシュタインが、刷新された、局部的、微分的、瞬間的な「近代的因果性」を頑固に擁護したのはこのためである。この開かれた因果性は、古典的パラダイムを再検討するのに寄与することによって、起こった出来事がゲームのルールを不断に修正しようとする非線型の歴史的因果性とふたたび結合するのである。☆11

スターリン的恐怖《テロル》政治が歴史を学問的に研究するという主張を精神錯乱だと一喝し、その法廷が「客観的有罪」の概念を不条理だと攻撃した同じ時期に、量子力学は、主体と客体のあいだの境界線を掻き乱すのである。ある決定のもろもろの動機を完全には知ることができないという事実確認において、物理学者は政治家に先行する。与件は、審理にあたって変化すると言うのである。

こうして今度は物理学的認識のほうが、戦略的展開を呈することとなる。

一九二〇年代に、支配的であった因果性パラダイムが異議申し立てを受けるなかで、物理学の危機が、モラル的危機および政治的危機に、次いで、経済的危機に結びつくこととなった。フロイト（『文化の中の居心地悪さ』*Malaise dans la civilization* 一九三〇年）、コジェーヴ（『決定論《デテルミニスム》の理念』*L'Idée de déterminisme* 一九三二年）、ホワイトヘッド

(『観念の冒険』*Aventures of Ideas* 一九三三年)、ポパー(『科学的発見の論理』*The Logic of Scientific Discovery* 一九三四年)、カルナップ(『科学の統一』*The Unity of Science* 一九三四年)、フッサール(『ヨーロッパ諸学の危機』*Die Krisis der europäischen Wissenshaften* 一九三五年)[★12]の諸著がほとんど同時に出現して、科学的合理性を定義し直し、その一体性を救済しようと試みたことは意義深いことである。

これらの企図のなかで、フッサールのものはもっとも悲壮である。諸学の「絶対的基礎」を放棄することなく、フッサールは、「仮説的科学となった」既存の諸学に由来する科学の一般的理念の歴史的位置転換を認める。デカルト的革命のかずかずの難問、あるいはもっと正確には、この「ヨーロッパ諸学の危機」の根底には、幾何学や数学的物理学の理念が数世紀間にわたって有害な影響を及ぼしたことを考慮すれば、「絶対的基礎をもつ学問とするための哲学の全面的改革」の試みの欠落があるのである。[☆13]

破局が近づくにつれて、三〇年代の世界は、計算する理性の爆発と白昼の魔術師の暗い報復のあいだで引き裂かれた。「世界のなかで自己喪失してしまった存在の学問」であるかぎりでの実証科学の行き詰まりは、ひとつの時代の終焉を予告するものなのである。「懐疑主義と非合理主義と神秘主義に屈服」しそうになっているこの「危機」(Krise)

☆10　Niels Bohr, *Physique atomique et connaissance humaine, op. cit.*, et Alexandre Kojève, *L'Idée du déterminisme dans la physique classique et dans la physique moderne*, 1932. すべての科学的表象にたいする不連続の可能な結果を意識している René Thom は「連続体の形而上学」の正当性を主張する。「基本的な信念は、宇宙とその諸現象、および諸現象の基体の連続性のなかにある。そしてまさに、破局理論の本質は外見的な不連続性を基底のゆっくりとした進化の表われに導くことなのである」(*Prédire n'est pas expliquer*, Paris, Flammarion, «Champs», 1993)。

☆11　*Les Théories de la causalité* (Paris, PUF, 1971) のなかで F. Halbwachs は、ある理由によって、原因と結果を直線的に結びつける「単純因果性」、相互作用的因果性と循環的因果性、原因を結果と切り離すことが不可能な、ある種の諸現象に内在する「理由」を叙述する「等質の、あるいは形式的な因果性」、レヴェルの変化——考察された現象を説明する目に見えない時間の大部分である隠れた基底メカニズム(物理学では肉眼で見える巨視的レヴェルに代わる顕微鏡でしか見えないレヴェル、生物学では細胞レヴェルに代わる遺伝子レヴェル)——を含意する「深層的(bathygène)因果性」を区別する。

★12　ベンサイドは一九三五年としているが、掲載雑誌の『フォロソフィア』はベルグラードからの一九三六年刊行。

のなかで、フッサールには、われわれ自身に根本的に立ち返ること以外に出口は考えられなかった。☆14 まずは、「世界を喪失させてしまう」覚悟をして、括弧でくくり、「次に自己自身の普遍的自覚において世界を再発見し」、そうしていまだに意味をもちうるものを救済しなければならない。

これは、たとえ科学をする仕方の悲痛な修正をやるという代価を支払ってでも、なされねばならない根幹部なのである。なぜなら、「たんなる事実学は、たんなる事実人しかつくらない」からである。実証主義的パラダイムは、この苦悩の核心部にある。災厄の入口で発せられた、苦悩に満ちた問いは、より強い疼きを伴い、おそらくはより絶望的にわれわれの耳元で鳴り響く。「われわれはそこに安らぎを見いだすことができるのだろうか？　歴史的出来事が見せかけの空しい飛躍と苦い失望のたえまない連鎖以外のなにものでもないこの世界で、われわれは生きていくことができるのだろうか？」　事実なるものへの人類の化石化に抗して、理性の批判的作業は実証主義的モデルに立ち向かうことから始まる。「科学が、われわれの実証的諸科学を方法論的に支配しているこの客観性の意味で厳密に基礎づけられているとしたその真理の理念を内包するといったことは、必ずしもつねに真実ではなかった〔……〕。とくに人間に特有の諸問題が科学の領域から追放されているといったようなことは、必ずしもつねに真実ではなかった〔……〕。したがって、われらの時代の科学の実証主義的概念は、歴史的には余剰的概念と見なされているものなのである。実証主義的概念は、形而上学の概念のなかに含まれているあらゆる問題を見捨てるにまかせてしまっているのである」。これらの問題の信用性を回答もないままに失わせることによって、また「合理的科学によって支配され、体系的に合理的であろうとする全体性」の理念を鍛え上げることによって、さらに、この「驚くべき新しさ」を強制的に押しつけることによって、近代科学は「哲学をいわば斬首してしまった」のであった。

われわれが首を失ってしまい、道具的合理主義が恨みがましい非合理主義へと寝返りをうつリスクを冒してまでなのである。実際、一面的合理主義は、「最大の危険」の道、「懐疑主義的洪水のなかで溺れてしまう」危険に道を拓いてしまう。眩惑的な晴れ間が見え隠れするにもかかわらず、この洪水は止むことがなかった。背徳的技術とモラリスト的見解の悪辣な協力関係は、その惨憺たる災厄を証明してしまっている。

「真剣に学問的な」認識のためには、直接的で単純に相対的な経験のなかで構築が可能なものの乏しい蓄えから出発して、世界とその因果性とを体系的に組み立てることが求められる。（客観的世界として最初に組み立てられた）物体の世界の数学的理念化と、計測技法の前例にない開発のお蔭で考えうるものとなったガリレオ的革命のこの「普遍的な因果様式」は、仮説、帰納、予見の可能性を根拠づける。あらゆる征服がそうであるように、この「知識の新時代」は、その分担として犠牲を押しつけることにもなった。その強行軍は、道中にたくさんの安定のための錘を放つのを余儀なくさせた。「近代性の最大の発見者」たるガリレオとともに、切り離された自閉的な物体の世界という不安を抱かせる考えは、「いわば全装備して、はじめて登場した」わけである。数学的理念性の世界は、現実のあるい

☆13　Edmund Husserl, *Méditations cartésiennes*, Paris, Vrin, 1936.〔浜渦辰二訳『デカルト的省察』（岩波文庫、二〇〇一）〕一九三〇年代の初めから、ホワイトヘッドは同じように科学の理想の限界を強調し、哲学的機能を復権させた。科学は当時転換点にあった。「物理学の安定した基礎原理は沈下した」。生理学は完全な認識の道として強調された。「科学的思考の古い基礎原理は意味のつかめないものとなった」。十七世紀の科学の爆発的台頭と至上の地位をもつ数学の出現は、自然の合理的秩序にたいする本能的な信条と事物の性質の分析による真理への接近を前提としていた。近代的諸学の相続財産への主要な寄与は、「新しい科学的情報」や「科学者のアマチュア精神から職業精神への移行」と結びついた「新しい発明方法」のなかにある。その結果、知の分野には大激変と「科学の勝利の乱痴気騒ぎ」が起こったのである。物理学の危機と量子論革命は迷いから覚めることをどうしても必要としていた。未曾有の「真実の諸関係」は、科学の新しい表象に向けて運動を起こすことを強く求めた。「私は、これらの講演からなる学説を有機的機械観の理論と呼ぼう〔……〕。この理論において、分子は、一般的な法則に合致して、盲目的なコースについてゆくことができるが、分子が置かれている状況の一般的な有機的計画と合致して、内在的なその特徴のレベルでは、それらの分子は異なっている〔……〕。個別的実体は、その独自の歴史がもっと幅広く、もっと深く、もっと完全な構図をもつ歴史の不可分の部分であるのだが、その個別的実体は、もっと幅広い構図の諸側面がその固有の存在を支配するのを見ることができるし、またもっと幅広いこの図式の動機がそれ自身のなかにそれ自身の存在の動機として反映されるのを見ることができる。これが有機的機械観の理論である」（A. N. Whitehead, *La Science et le monde moderne*, 1926, Monaco, Éditions du Rocher, 1994, p. 101. *Aventures d'idées*, 1933, Paris, Cerf, 1993, p. 215 も見よ〔前者には、上田泰治・村上至孝訳『科学と近代世界』、『ホワイトヘッド著作集6』（松籟社、一九八一）、後者は、山本誠作・菱本政晴訳『観念の冒険』、『著作集12』（一九八二）の邦訳がある〕）。

☆14　Edmund Husserl, *La Crise des sciences européennes et la phénoménologie transcendantale*, Paris, Gallimard, «Tel», 1989.〔細谷恒夫・木田元訳『ヨーロッパ諸学の危機と超越論的現象学』（中公文庫、一九九五）〕

は可能な経験の唯一の世界、「日常のわれわれの生活世界」になるのである。

もともと細分化されていたこの合理的世界は、規律立った諸科学の利益のために「厳密な学としての哲学」の終焉を予告する。「自分のいるべきところにいた場合には」、数学においても、物理学においても、合理性と普遍性の新しい理念は相当に進歩したのであるが、「これらの諸科学のモデルとしての役割をどこまで拡張するのが適切であったのかを知る問題となると、その理念は別様になる〔……〕。精密自然諸科学の客観主義を形而上学的に絶対的な認識の保証として基礎づけるのを急いだために」、デカルトは、行為や能力として彼が固有に所持していることや、意図的活動として彼に可能なことについて、純粋自我を系統的に問い質す」ことをせずに、あまりにも遠くへ行ってしまったのだった。それゆえ、デカルトのラディカルな客観主義は、抑制の効かない主観主義という裏面をもってしまうこととなる。

知識の「専門分化し規律立った諸科学」(sciences disciplinaires) への (「〈ブルジョワ的職業〉への」(en «métiers bourgeois»)[★15] とフッサールは言っている！) 分裂は、「それらのなかで生きていた大きな意味の喪失」を意味する。諸科学は、「その語の単独の真実の意味における」諸科学から、「それと気づくことなく、奇妙な新種の技法」に、「教え学ぶ学科」に転化してしまった。告知される哲学の終焉の対極で、このフッサール的批判は、「最後の普遍的な瞬間における原創設の学として」、言い換えれば、危機の瞬間に、「隠れた不条理という汚点をもつ」啓蒙の合理主義に直面して、到来が緊急に求められるニーチェの「厳密な学」(strenge Wissenschaft) として、哲学のノスタルジアをふたたび呼び起こしているように思われる。

実証的な知の敗北者および犠牲者の名において、「ドイツ的学問」はこうして、数学化不可能な、「充満」の「第二の幾何学」を奪われた、「形態の幾何学」の貧困を倦むことなく歎くわけなのである。フッサールは、明敏に、「古い合理主義の再興」はないだろうと確信していた。その行き詰まりは、代わりに、「共同の精神、人民の意志、諸民族の理念的・政治的目標」――これらは「特異な人格性の領域において」しか意味をもたない諸概念を類比的外挿として「ロマン主義と神話」に由来するものであるが——に関する神秘的言説のために、いっさいの合理主義の拒否を正当化する危険を伴っていた。

ところで、「理性とは広大な表題である」。それは切り刻まれた断片のなかで枯渇してしまうということはない。一九三五年〔正しくは一九三六年〕の、脅威を受けた合理性のこの悲壮な擁護は、文字どおり、生死にかかわる問題なのであり、その論拠が必ずしも問われている争点にふさわしいものにはなっていないだけになおさらのこと悲痛である。「地上に昇る」省察を主張するものであったにもかかわらず、「生の素朴さへの回帰」なるものは、誠実さというジャーゴンと誼《よしみ》を結んでしまう。☆16

予告されている倦怠という大きな危険は、衰弱へと方向転換する。精神的憎しみと野蛮とは、いつも逢引する。それにひきかえ、たとえ隘路が必然的に哲学的（あるいは理論的）再生に通じているとしても、それは、「危機」(Krise) への本来的に哲学的な解決法というわけではないのである。

めまぐるしく渦巻く論理

ガリレオから四世紀経って、秩序の科学のかたわらで無秩序の科学が強く求められている。不変で精確な諸法則に

★15　ドイツ語原文では "'bürgerlichen' Berufen" (*Die Krisis der europäischen Wissenschaften und der transzendentale Phänomenologie, Husserlina*, Bd. VI (1954), §35. S. 139). 邦訳では「「市民的な」職業」と訳されている。前掲邦訳書、二四四ページ。

☆16　Edmund Husserl, *La Crise des sciences européennes ...*, *op. cit.*, Paris, Gallimard, «Tel», 1989. *Ibid.*, p. 219-223, p. 376.〔前掲邦訳『ヨーロッパ諸学の危機と超越論的現象学』、第五十六節後半部分、三五三―三五七ページが主として参照されている。〕「学問の実存的概念」を自己の目的に設定したハイデガーは（『存在と時間』において）存在の問題を「あらゆる学問的な探求を鼓舞するものである」〔第一章第十一節〕として定義する。実証科学の危機は、ピエール・ブルデューが「歴史主義的存在論」と呼んだ、逆説的な存在論のなかで解決される。

支配された諸体系のとる行動を預言することは、必ずしもつねに可能というわけではない。「固有のカオスを生みだす」ことのできる秩序は、もはや法則と同義語ではない。それは法則不在の無秩序なのである。単純なシステムのための決定論的法則と複雑なシステムのための統計的法則との用心深い共存に基づいて、各システムはその独特の規則に従っているとすることもまたもはや真実ではない。古典的決定論によって公準として仮定された宇宙の一体性とその組織の均質性は、局地的、地域的な法則がたがいに浸透し合っているシステムおよび部分システムの入り組んだ絡み合いのなかでは、もはや自ずからそうはならない。不均質のレヴェルを支配する「横断原理」は、宇宙を全体として統一的科学の対象として保持するために必要になる。

知識のベイコンの時代は黄昏を迎える。

科学の近代的考えはぐらついているのだ。

過去にたいする未来の相対的自立性がもはや経験の再生産性を保証しない限り、実験的方法は、その帰納的原理において、また説明と預言のあいだに公準として要請された対称性において打撃を受ける。[☆17] 古典的科学の同じ地盤で、システムの理論と決定論的カオスは、新しいパラダイムの未完性の輪郭と、拡張された合理性に向けた通路を描く。

アダマールの測地学、ポワンカレの等傾角線の錯綜、ピカールの「遺伝力学」は、なによりも初期条件に目配りをして諸システムへのアクセスを探究したものであった。しかしながら、予見不可能性は、一般的に、乱流や渦の何ものにも還元できないほど不確かな性格というよりもむしろ計測の不備のせいにされた。乱流の予見不可能性が、動力学的に安定した状態と動力学的に不安定な状態との混合に、しかもそのことだけに原因があるとされるまでには、いまだしばらく時間がかかるであろう。均衡状態から別の状態への劇的進化においては、非線型性が重要となる。初期条件に鋭敏なシステムにおいては、初期前提の小さな変異は、時間に沿って指数的に増大する差異を導き出してしまう。数週間経過しての時間を予見するためには、たとえば、十億光年離れた電子の効果を考慮に入れることができなければならないだろう。システムの行動は、決定されているにしても、もはや預言不可能なのである。

一九八六年、ロンドンの王立協会開催のある学会は、カオスを定義するために、「決定論的システムにおいて起こる確率的行動」の概念を取り上げた。確率的（stochastique）はランダムな行動を表現する学者的言葉遣いである。「ストカスティコス」（στοχαστικός）とは、ギリシャ人のあいだで、その標的に達するために偶然の諸法則を見つけだしたり、利用したりする技法の達人のことを指している。カオスは、その言葉どおりに、「ひとつの法則によって支配される法則なき行動を特徴づける」。カオス的動力学は、時間の不可逆性において、可能なものが発芽し孵化し衰弱するところの一連の分岐点や合流点を削る。ヴェルサイユ的反動の衝撃のもとで、ブランキは、敗北の永遠回帰という亡霊を追い払うために、すでにこれを利用した〔獄中作の『天体による永遠』〕。「岐路の章」だけが、彼にとって、歴史的期待に開かれているように見えたのだ。不安定性の研究にポワンカレが導入した岐路の概念はそれ以後、物理学者や数学者のもとでぜひとも必要なものとなった。

古代の原子論者たちは、このようなカオスの嵐について詩的直観をもっていた。デモクリトスは「必然性の実体」として渦に見事に言及している。ルクレティウスは太陽光線の中で混沌として動き廻る微粒子を注意深く観察するように勧めている。なぜなら「このような運動が、〔……〕眼にこそ見えないが、隠れひそんでいるということを示しているからである」。「多くの物質が眼に見えない打撃を受けて運動を起し、進路を転じ、彼方と此方とあらゆる方向に跳ね返されては、ふたたび戻ったりしているところが見えるであろう」。それだから、海に吹き込む風は「おそろしい波のうねり」を引き起こす。だからまた、「雲が凝集するのは、この天の上空において、きわめてわずかに連結しあい、それでもたがいに結びついて塊っていられるほどの、やや希薄に過ぎる多くの原子が、浮遊中急に集結できるような場合」であり、これら原子は「小さな雲」を形成させ、次いで合体し集合し、風に動かされて、「ついに烈しい嵐が発生する」[☆18]。ガスと液体の渦巻によって、果てしなく変化する気象上の形象によって、輪っかとか震えとか、

☆17　「われわれの理論が決定論的である時でさえも、そのすべての預言は再現可能な諸経験に導くわけではないことをカオスはわれわれに教えている」（Ian Stewart, *Dieu joue-t-il aux dés*, Paris, Flammarion, «champs», 1994）。

お下げ編みや巻き毛編みへの関心が再生した。

一八六〇年代に、熱力学と進化論とが矛盾する展望を切り開いた。クラウジウスは、エネルギーの保存と、エントロピー（あるシステムにおける熱エネルギーの拡散の割合を示す度量）という「途轍もなく抽象的」な概念によって、エネルギーの減損の外見的には両立しえない諸原理を両立させることとなった。彼は、物質的世界において、すべてのエネルギーが規則的に供給される低温の熱に変換する際、エネルギーの拡散、無秩序の増大、最終的消滅にいたるまでの偏差の平準化といった普遍的傾向があることを証明した。

一方で、物理世界は不断に衰えてゆく。

他方で、生命のある世界は改良され、進歩する。この世界は、進化論的生物学を「歴史の基礎科学[☆19]」となし、いっそう高い次元、いっそう大きな不均質性、よりいっそうの組織性への反対傾向を発展させることによって、エントロピーの暗い裁定に反対するように見える。

閉鎖的な物理システムにおいて、最終的状態は初期諸条件によって一義的に決定される。エントロピーはつねに正である。秩序は継続的に破壊される。時間の矢は、諸現象の不可逆性を確固たるものとする。開かれた（生きた）システムは、物質とエネルギーのそれらの環境との恒常的な交換によって基本的に特徴づけられる。そこでは熱力学の傾向は、負のエントロピーの導入によって絶えず妨げられる。こうして有機体は「途方もなく非蓋然的な」状態に維持される。伝統的な物理学と化学、静力学的構造と時計類の運動は、閉鎖的システムを表現している。生きた有機体、火の揺らめき、エコロジー的集合は開かれたシステムを表現している。

進化論と熱力学のあいだの矛盾は、その第二原理〔エントロピー増大の法則〕が閉ざされたシステムにしか適用されない場合には消失する。自己組織、秩序の増大およびエントロピーの縮減が両立する開かれたシステムにあっては、（豊かなエネルギーを有する物質を供給させることによって）高水準の組織を維持することが熱力学的には可能なのである。

古典的科学の還元主義的な諸方法に対抗して、現代諸科学は全体性（globalité）を復権させる。相互取引、相互作用、組織、目的論の重要性を再発見する。本来の科学的仕事とは縁がない、典型的に形而上学的な概念と長くとられていた全体性が回帰するのである。古典物理学の分離可能な因果の連鎖は、有機体を全体として理解し、組織された複雑なシステムを理解するには不充分であることを明らかにしている。システムがひとつの統一された全体であるかぎり、攪乱が起こっても実際には内部の相互作用に起因する新たな定常状態に行き着くものである。もしもそのシステムがそれぞれ独立した因果の鎖に分化されているとするなら、特化された諸部分は独立したものとなり、規制はなくなる。新しい様式の数学的思考を求める、新しい問題が浮上するわけである。

ベルタランフィの理論生物学は、クロード・ベルナールと、ホワイトヘッドの「有機的力学」に明示的に言及している。力学的物理学が、部分的過程、構成部分、線型的因果性の連鎖に連携するのにたいし、生命の動力学は、開かれたシステムに特徴的な成長や自己規制にかかわる。静力学的モデルや力学的構造に還元できない細胞や有機体は、定常状態を復活させるために規制された、破壊と再生の持続的過程の特徴をもつ。これこそまさに「生きたシステムの主要な謎[☆20]」である。しかしながら、一見して、「生気のない、抽象的で、空虚」に見えるものの、システムの精彩を

☆18 Lucrèce, *De la nature, op. cit.*, p. 56 et 211.〔ルクレーティウス『物の本質について』（樋口勝彦訳、岩波文庫、一九六一）第二巻、六七―六八ページ、第六巻、二八五―二八六ページ。ルクレティウス『事物の本性について』（藤沢令夫・岩田義一訳、筑摩書房版、世界古典文学全集21所収、一九六五）、第二巻、三一五ページ、第六巻、四一六ページ。〕

☆19 Stephen Jay Gould, *Un hérisson dans la tempête, op. cit.*, p. 25. 二十世紀のはじめに、Bernard Bruhnes は、エネルギーの進化と段階的変化のあいだの矛盾のなかに、生きた有機物による段階的変化の有益な、とはいっても段階的変化をなくしてしまうには不充分な鈍化作用（一種の可逆効果）をみたのである（Bernard Bruhnes, *La Dégradation de l'énergie*, Paris, Flammarion, 1909）。

☆20 Ludwig von Bertalanffy, *Théorie générale des systèmes*, Paris, Dunod. 1993, p. 168.〔長野敬・太田邦昌訳『一般システム理論——その基礎・発展・応用』（みすず書房、一九七三）、一八三ページ。〕

欠くこの概念は、にもかかわらず、見たところ「組織としての世界」を提供する「有機的革命」の「隠れた約束に満ちた」核心なのである。

システム理論は、メタボリズム〔代謝作用〕、等価合目的性（équifinalité）、ホメオスタシス〔定常性〕、目的論といった特殊カテゴリーを運用する。メタボリズムは、吸収同化や有機的交換（Stoffwechsel）の拒絶という作用のことを指している。閉鎖システムにおいては、最終状態は初期状態によって一義的に決定される。開かれたシステムにおいては、最終状態には、異なる初期状態に基づいて、異なる道をとおって、到達することが可能である。本質論的決定論にたいして、等価合目的性はあらゆる戦略的な思考を構成するものとして現われる。最後に、ホメオスタシス的行動は、試行と錯誤の揺れに従って、循環する情報連鎖に対応したこのシステムの適用を言い表わす。遡及効果において、単一方向的な因果の列は、規制の輪のなかに自らを封じ込める。[☆21]

ベルタランフィは、システムを、相互に、そして方程式の集合に従った環境と作用する一定数の構成要素によって定義する。彼の形式的定義は、かつての生気論的で形而上学的な痕跡がある諸概念に新たな光を当てることになる。「近代科学の中心問題は、現実性のあらゆる分野における動力学的相互作用なのである。その一般的な諸原理はシステム理論によって定義されなければならない」。[☆22] システム的全体性についての科学的研究としての、彼の「一般システム理論」は、サイバネティックス〔ノーバート・ウィーナーによって創始された数学理論〕（の遡及効果や循環的因果性の諸現象を研究する）、情報およびゲームの理論（敵対の動力学および合理的競争）、決定の戦略的理論、ならびに諸関係についての数学的トポロジーや多変数の諸現象の構成成分分析といった分野の仕事において、近代思想の根本的傾向を表現するのである。伝統的な物理学と化学は、動力学的均衡状態に向かう閉鎖システムを扱う。開かれたシステムの理論は幅広く生命現象や社会現象へと応用される。生きたシステムは、実際、入口と出口との、建設と破壊との、それらの環境との連続的諸関係によって支配される。

「科学的な態度と考え方の全般的な変化」は、生物学と社会諸科学の影響のもとにその姿を現わす。切り離された因果の鎖によって支配される力学の世界という科学的イメージは解体する。女王のように勝ち誇るテクノロジーの病的礼賛に反対して、その複雑性が新しいカテゴリーと新しい概念を要求する「大規模組織」というヴィジョンが姿を現わす。法則定立的科学の説明的諸原理によって貶められ、計量経済史的研究の優遇によって影が薄くなっている物語的諸学の包括的物語は、新たに知識の運動における正統な位置を要求している。

　戦争の直後に、ジョン・デズモンド・バナールは、科学の支配的パラダイムのこの変化の兆候についてしっかりと記述している。「当面の難局を知っている人々のうちだれも、物理学の危機が簡単な手品か既存の諸理論の手直しによって解決されると思ってはいない。抜本的な変化が必要になっている。その変化は物理学を超えてもっとずっと遠くまで進んで行かなければならないだろう。新しい世界の見通しは視界に現われてはいるが、それが最終的な形態をとる前に、さらなる経験と討論とが必要である〔……〕。その次元には新しい存在の起源と進化についての説明が含まれていなければならない。そこにおいては、生物科学と社会科学の収束しつつある諸傾向の上に協同歩調がとられねばならないだろうが、そこでこの傾向の正規のモデルは進化の歴史と合流するのである」[☆23]。科学的認識の統一性は、これ以後、カルナップにおいてのようには、物理学的言語のヘゲモニーによってはもはや保証されない。その統一性は控えめにいって諸分野と諸言説の同型性から生じるのである。科学と技術の社会的実践の結果、自然諸科学と精神諸科学とのあいだの隔たりは、自然の人間化と人間の認知された自然化によって削減される。ラプラス的決定論の三つの支柱――知的な理解可能性の理念と結びついた自然的因果構造への信念、数学的諸法則の預言的能力への信条、機械論的還元主義の豊饒性への信頼――がぐらつく。秩序の科学のかたわらで、無秩序の科学が出現する。不変の諸法則に支配されるシステムの行動は、もはやつねに予見可能なものではない。「それ固有のカオスを産み出しうる」

☆21　ホメオスタシス（定常性）とアロメトリ（相対成長）は遡及効果と規制の原理に属するカテゴリーである。アロメトリ方程式は物体のサイズとその代謝的過程のあいだの単純な関係を表現する。

☆22　Ludwig von Bertalanffy, *Théorie générale des systèmes*, *op. cit.*, p. 86.〔前掲邦訳、八二ページ。〕

☆23　John D. Bernal, *Science in History*, London, 1957.〔鎮目恭夫訳『歴史における科学』（みすず書房、一九六六）〕

秩序は、もはや法則と同義語ではない。無秩序はもはや法則の埒外にはないのである。[24]

長いあいだ、われわれは、機械論的決定論は単純なシステムに適用可能であり、それから統計的決定論は複雑なシステムに適用可能だと妥協することで満足してきた。それぞれの領分を尊重し、それらの平和共存を組織すれば充分であった。ところが、諸システムはたがいに重なり合い、融合する。進化の歴史的な特異性は、物理学の正規モデルを貫通する。古典的決定論によって仮定された統一的な宇宙に代わって、遠近法主義的に折り込まれた異なる組織水準、局地的および地域的法制を備えた、密接に絡み合った諸システムおよび諸部分システムが現われる。こうして、熱力学の第二原理は、エネルギーの段階的変化にさらされる単独に分離された諸システムにおいてと、また有機的交換が機能する生命ある諸システムにおいてとでは、同じようには適用できないのである。科学の概念そのものが問われているのだ。科学的理念がそれ自身の冒険の条件として普遍的な知的理解可能性の決定論的原理を当てにしているかぎりでは、預言能力の放棄はこの原理にまともに抵触することになる。ところが、「われわれの理論が決定論的である場合には、そのすべての預言が再現可能な経験に通じることがないことを、カオスはわれわれに教えているのである」。[25]

商品の仮面舞踏会

十九世紀の半ばに物語的学問の文字どおり突然の出現が見られた。一八五〇年ころの、いわゆるデヴォン紀論争は、本物の「歴史に位置を与えられたもの」として古生物学者たちによって歓迎された。[26]「歴史の基礎の科学」としての進化論的生物学はその最初の歩みを記すのである。[27] 一八五六年に刊行された『古代遺物案内』の著者クリスチャン・ユルゲンセン・トムセンの研究は先史の分野を切り拓いた。一八六七年、パリの万国博覧会はじめて道具のコレクションを含む「仕事の歴史パヴィリオン」を受け入れた。同じ年、先史時代に関する第一回国際会議が開催された。

ダーウィンの弟子のジョン・ラボックは『先史時代』において、「旧石器時代」や「新石器時代」なる新語を導入した。一八七〇年に〔ルイス・ヘンリー・〕モーガンは『人間家族の血族関係および近親関係の体系』を発表した。一八五四年にブリュッセルで第一回国際統計学会議が開催された。「人文統計学」の先駆者であるアドルフ・ケトレーは一八六四年に亡くなったのだが、「平均的人間」に関する研究調査は未だ幼稚なものであった。一八四〇年代および五〇年代は同じくエネルギー保存と電磁気に関する情熱的な研究によって特徴づけられたが、数学的トポロジーや相対性諸理論、まして量子論革命は、依然として到来してはいなかった。マルクスの理論は、飛躍的発展のまっただなかにある歴史研究と大転換の前夜にあった物理学が交差する、こうした興奮に満ちた状況のなかで生まれたこれらの沸騰として位置づけられるのである。『資本論』第一巻は一八六七年に出現したが、それは『種の起源』の八年後、クラウジウスの法則発表の二年後である。資本の秩序立った無秩序は、これまた、異なる合理性の発見を必要としているのである。

実際、古典経済学は、ニュートン的物理学から直接啓発されたものである。ロックのある国会議員への基本的書簡「利子の引き下げと貨幣価値の引上げの結末に関する考察」（一六九一年）は、厳密に、ニュートンの『プリーンキピア』（一六八七年）と同時代のものである。[☆28] 空間の物理的抽象にたいしては、仕事と豊かさを貨幣関係を通じて同一単位で測れるものとする市場の経済的抽象が対応する。均質で空虚な物理的時間にたいしては、循環と蓄積の直線的時

☆24　Ian Stewart, *Dieu joue-t-il aux dés, op. cit.*, p. 17. 支配的なパラダイムによって統一された唯一の学問という考え方から、その同型性によって予防的条件のもとでの諸概念の循環や交換を可能にするような異なる諸学という考え方へ移行することが合理的に見えるとしても、学問する異なるあり方は、やはりその学問の個別的対象の面倒な拘束のもとにあることには変わりないのである。

☆25　Ian Stewart, *Dieu joue-t-il aux dés?, op. cit.*, p. 407.

★26　「大デヴォン紀論争」については、Martin J. S. Rudwick, *The Great Devonian Contovery: The Shaping of Scientific Knowledge among Gentlemanly Specialists* (The University of Chicago Press, 1985) が十九世紀の英国地質学者による「日毎」の論争の動向を活写している。トーマス・S・クーンが称賛していた科学史書の傑作。

☆27　Stephen Jay Gould, *Un hérisson dans la tempête, op. cit.*, p. 25 et 88.

間が対応するが、その際、偶然的な変動や自然災害だけはその調和を乱す。均衡のユートピアは古典力学および古典経済学の共通の相続財産なのである。交換の増大によって生まれた、市場の均質な経済的で通貨的な時間－空間は、継続の規則に還元される計測および法則の可能性の土台を基礎づける。それによって、労働と資本の物理的に計測可能な性格に立脚した、また、物理的因果性のうえに敷き写された経済的因果性が登場するわけである。古典的思想によって本質的に構成された「設立された市場」の概念は、交換の空間と、通貨的－法律的な規制制度の単位を物理的に考え、商品関係の単純な経験的発展との対比におけるその理論的差異を記録することを可能にするのである。この単位が経済法則の出現そのものと一体となるわけなのである。

ヴァルラスの新古典派経済学は、それにエネルゲーティク★29の功績を統合しようと努めることによって、決定論的均衡の伝統の一環をなしている。経済学の対象としての古典的市場モデルを維持するための彼の努力は、新古典的研究プログラムに可能な救いの道を提供するように見えるカオスの経済学まで続く。☆30カオスは（部分的には）経済に由来し、経済に帰ってゆく。その代わりに、市場の不安定さや証券取引の喧騒は、つねに理論家たちに回帰を動機づけた。量子力学の影響のもとで、確率的過程は、三〇年代の計量経済学の革命とともに経済学を支配するようになった。一九六三年に、ブノワ・マンデルブローは、それ以後「フラクタル幾何学の起源」のひとつと見なされた価格変動に関する論文を発表した。価格の非力学的変化、とりわけその非連続的変動を意識して、直線的変化の考え方を棄てたのである。ランダムであることはもはや偶然の摂動ではなく、経済的経験の構造的に基本的なものと理解されるのである。一年後、時期尚早のフラクタル宣言がこの立場を推し進めた。常識に逆らって彼は、経済的時間とニュートン的時間の根本的相異を強調した。気象現象と価格の非周期的変化は、「第二型の非決定論」の動的地盤を探査するように促した。「これらの新しいモデルは必然的に古いモデルとは異なってくるだろう。換言すれば、それらは科学における非決定論の新局面を認めさせることになるだろう。この変化は回答の詳細に影響するだけでなく、ある質問がある回答を受け取れるくらいにうまく定式化されるようにするための、それから、その質問が提起されるに値するようにするための諸条件それ自体に影響することになるだろう」[☆31]。

逆に、カオスあるいはシステムの諸理論が、古典物理学のパラダイムによって強く特徴づけられ、またそのメタファーから育まれた学科を大混乱させることになるのは避けられないことであった。新古典経済学によれば、純粋に完全な競争関係のシステムのなかでは、あらゆる市場に供給と需要の同等性を保証し、全般的均衡を永続化することができる価格体系が存在するであろう。この均衡状態は数学的決定論の連鎖と同じくらい理想的で仮定的なものである。この静的アプローチでは、成長の分析も、変動についての動力学的認識も統合することを許さない。完全な競争がめざすとされる自然発生的均衡は、誤った競争から結果的に生ずる恐慌の発生をシステムにとって外発的な諸要因に帰属させてしまい、発展の内在的諸法則となすことはない。

これらの危機は、新古典的な均衡の法則においては発生する余地はない。

しかしながら、これらは、地球が回転するのと同じくらい確実に勃発するのだ！

抽象的空間の代わりに、政治経済学批判は、池や泉や井戸や排水溝において切断された、激しく揺さぶられるトポロジー、すなわち、その裂け目や断層によって不等価交換の代謝が組織される埋め込みや嵌め込みで接合された空間を発見する。ローザ・ルクセンブルクは世界市場の空間的不均質性の動力学的機能を明らかにした。だが国内市場の

☆28　「十八世紀にわれわれが見るであろうところの古典経済学は、十七世紀に生まれる学的認識に関する諸概念の大転換の成果のひとつである」（Henri Denis, *Histoire de la pensée économique*, Paris, PUF, 1977）。「一定の時期に文化には、すべての知の可能性の諸条件を定義するたったひとつのエピステーメーしかない」（Michel Foucault, *Les Mots et les choses*, Paris, Gallimard, 1966〔渡辺一民・佐々木明訳『言葉と物――人文科学の考古学』（新潮社、一九七四）〕）。

★29　ルートヴィヒ・ボルツマン（一八四四―一九〇六）らの「アトミスティク」に抗して、特異なエネルギー論による自然哲学論を提唱した。主唱者はフリードリヒ・ヴィルヘルム・オストヴァルト（一八五三―一九三二）。

☆30　Philop Mirowski, "From Mandelbrot to Chaos in Economic Theory," *Southern Economic Journal*, juillet 1980. Richard Goodwinn, "Economic evolution, Chaotic Dynamics and Marx-Keynes-Schumpeter System," in *Rethinking Economics*, G. Hodgson and E. Screpantis, 1991 も参照のこと。

☆31　Benoît Mandelbrot, "Towards a Second Stage of Indeterminism in Science," *Interdisciplinary Science Review*, vol. 12, n° 2, 1987.

不均質性それ自体（原料、輸送へのアクセス、労働力の存在と適性）は、恒常的に、資本の機動性によって活用され、資本の投下や配置は最良の収益性を追求して移動する。そして、そこから蓄積を促す諸手段のひとつである、エコロジー的略奪と地域の不均等発展という諸現象が新たに発生する。同じく、政治経済学批判は、均質的時間ではなく、鼓動、喘ぎ、発作などでとぎれとぎれに時を刻むリズミカルな時間、増加もするし減少もする時間を探究する。資本のこの不確かな確率的行動を前にして、古典的理性はその文法を喪失するのである。

力学的方程式と経済学的方程式とは同じ論理から由来するものではない。社会的交換の分野では、「われわれは大きさのあいだにいかなる不変の関係が存在することも認めない。われわれがその規定に成功する唯一の大きさは、一般性のない歴史的な意味しかもっていないのである」。われわれが現在の諸条件の決定に成功するとしても、量的な預言を発表することは不可能であろう。「経済的諸問題を量的に論ずることは、経済史としてしか成立せず、けっして経済理論としては成立しないのである。〔……〕それらが今日の価格において表現される限りにおいてしか、今日の評価を推し量ることはできないのだ」[☆32]。ところが、今日の価格は過去に遡って昨日の価値を決定する。商品の生産にとって社会的に必要な労働時間は、アポステリオリに、市場での価格形成に示される。価値と価格との循環的関係は、多くの経済学者たちを惑わし、転換という用語で考えるようにさせるのであるが、マルクスにあっては、情報理論の様式に基づいて働くものなのである。価格についての情報が価値を事後規定するからである。「価格は価値とは区別される。それはたんに名目的なものが実質的なものと区別されるというばかりではない。つまり、金銀で表わされた呼称によってだけでなく、価値は、価格がたどるもろもろの運動の法則として現われるということによっても区別されるのである。だが両者はたえず異なっており、両者が一致することはけっしてないか、またはまったく偶然に、そして例外的にしかない」[☆33]。スピノザの実体がそれを規定する諸性質よりも「本性において」（そして年代においてではなく）以前のものであるのと同じく、価値は、論理的には、価値を規定する価格よりも以前のものなのである。

事実、経済は、開かれた非線型のシステムに似ている。計量経済学的モデルは、投資や技術変化、通貨危機や株価の暴落といった手強い不確定性を同化させることが大の苦手である。戦略的推論においては、単一の安定した均衡状態にある価格という仮説はもはや成り立たない。開かれたシステムとしての経済は、それ自身の境界線をかすませている「外部的なるもの」の問題に不断に直面することとなる。こうして、アーサー・ピグーのような新古典派にとって、「遠い先の満足を得るための願望の弱さ」が国家の補正的な介入を正当化する。私的当事者は、ひたすら私的利益や不利益だけに応じて行動し、環境汚染、健康、失業のような、社会的周辺産物や外的効果を考慮に入れた資源の最良の配置を決定することができない。[☆34] 私的産物と社会的産物の区別は決定的に重要であり、隠れていた実態を明らかにする。市場の機能低下は、内在的であって、ハイエクにとっては貴重な誤った情報に還元することのできない矛盾を表わすのである。

その特異な研究対象――政治経済学――の制約のもとで、『資本論』の難問は、学問をする仕方やその限界性に力点を置くこととなる。それらの難問は、今日ではその実り豊かさがはっきり表われているものの、十九世紀の認識論的地平においては回答のないままに取り残された諸問題を提起することになった。しかしながら、ニュートン的経済学者マルクスというような我慢ならない伝説は、永い生命を維持している。「マルクスが歴史の諸法則としてモデル化しようと試みたという物理諸法則なるものは一度たりとも存在したためしはない。ニュートンが三体運動を預言できなかったとするなら、マルクスは三人の行動を預言できただろうか？　微粒子や人間の大集合体の行動における規

☆32　Ludwig von Mises, *Calcul économique et régime socialiste*, Londres, 1938. しかしながら、フォン・ミーゼスの論拠は、オーストリア学派の他のエピゴーネンの論拠と同じく、経済の主観主義的基礎の探究の一環である。

☆33　Karl Marx, *Grundrisse*, I, *op. cit.*, p. 72 et 128.〔邦訳『資本論草稿集①』（大月書店、一九八一）、一〇六ページ。〕

☆34　Arthur Cecil Pigou, *L'Économie du bien-être*, Londres, 1912-1920. 経済学を開かれた体系と考えることは、恐慌が突発したり、解決される際に内因的および外因的要因に関する討論のように、一部の論争の用語の変更にいたるのである。開かれた体系においては、結果が絶えず原因になり、こうして、内因－外因の二者択一に基づいて技術革新や戦争を分類することはもはや大した意味がなくなっているのである。

則性のすべては、統計的なものでなければならないし、そのことはきわめて異なる哲学的嗜好を有している。思い返せば、量子論以前的決定論が質権者の三つの球をそれぞれ別個に切り離して維持する以外には、イデオロギー的破綻を阻止できなかったことを、われわれは知ることができる」[☆35]。このような不用意な主張とは反対に、マルクスは社会関係が三つ以上の球や三つ以上の物体を結合することをきわめてよく知っていた。経済学は彼にとって、政治学から自律した、閉ざされたシステムではなく、一種の「遺伝力学」であり、闘争の不確定的決定性のなかで記述されるひとつの歴史を語るものなのである。それゆえに、商品の受難の道において、今日の価値は、純粋に経済的な直線的因果性によってではなく政治的・社会的な諸関係によってそれ自体が条件づけられた、明日の価格の遡及効果によって測られるものなのである。諸規定の論理的な循環性とホメオスタシス的〔生理現象の均衡を保とうする傾向をもつ〕システムにおけるのと同じような、現在（価値）に基づいて絶えず動く将来（価格）の永続的な先取りとが現われる理由はここにあるのである。

マルクスを決定論的カオスの先駆者に変貌させてしまうのは、アナクロニズムであると同時に馬鹿馬鹿しいことであることは言うまでもない。その代わり、科学的文化の進化とそれが描こうとする世界のヴィジョンとによって、その困難性、その公然たる行き詰まり、その周知の試行錯誤を解明することは正当である。デモクリトスとエピクロスの原子論へのマルクスの関心は、近代の原子論についての疑問に彼を備えさせることとなった。マルクスが決定論的表象に共感を示しているように見えるとしても、結果的に彼が執着したのは〔飛ぶ〕矢のように引き裂いて進んで行く未来の営みなのである。「そうすると、限界はどこにも存在しえず、矢の飛ぶ先は、たえず先から先へと延びてゆくこととなるであろう」[☆36]。

闘争の喧騒にあれほど先鋭であったあのマルクスが、依然として決定論者であるというのはいったいどういうわけなのか？　ジャン＝ポール・サルトル、カール・ポパー、そしてジャン＝イヴ・カルヴェスが一致して主張することとは反対に、マルクスは哲学的決定論の代表者なのではない。[☆37]『資本論』の内部的で内在的な諸法則、経済諸法則は、歴史的で、変化し、修正可能なものである。それ自身による以外に他のものによって規定されえない事物の本性は、休眠中の権限や権力、潜在的能力、仮想性や潜在性の抗争を伴う発展によって、また意志も決定的知性もない相互依存と相互作用の営みによって、自らを規定するのである。

こういった展望のもとで、社会諸科学は進化の諸科学に属し、そこで変動パラメーターの規則のもとに置かれている未来は、不確定であることなしには予見することができないのである。そこでは歴史的特異性が未来を分割し多くの回路へと枝分かれさせる。実在的なものの燦めきについての、預言的というよりもむしろ包括的な歴史認識はそこから生まれる。おのおのの状況に多くの可能な出路を提供する叉状の点や分岐路が開かれるには、それではあまり充分ではない。

ヘーゲルが論理学を時間的に位置づける際の方法に従って歴史学を経済学に取り入れたマルクスは、めまぐるしく旋回する経済学を考えた。そのうちの円のなかの円および目が眩むような形象が今日ではカオスの物理学者を魅了している。「実際に近似周期的な経済循環は観察されてきた。技術発展のより高い水準において、われわれは二つか三つの充分高い発展水準の重ね合わせをもつことはできるが、そこでは不規則変数や初期諸条件に鋭敏な乱流の経済学がなければならない。われわれがいまこのような経済のなかに生きていると主張することは理不尽なことではない」。

☆35　Ian Stewart, *Dieu joue-t-il aux dés?, op. cit.*, p. 66.

☆36　Lucrèce, *De la nature, op. cit.* 〔樋口勝彦訳『物の本質について』、第一巻、五四ページ。藤沢令夫・岩田義一訳『事物の本性について』、第一巻、二一〇ページ。〕

☆37　「マルクスが決定論者であったかどうかという問題については、私にとって回答は問題を含むほどのものではない。回答はきっぱりとしたものである。すなわち、マルクスが決定論を知っており、それを拒否したかぎりにおいて、決定論者ではない、ということである」(Michel Vadée, "Marx était-il déterministe?", revue *M*, n° 73, octobre 1994, en réponse à un article d'Ivon Quiniou, "Marx penseur déterministe," paru dans *M*, n° 71, juin 1994)。

☆38　David Ruelle, *Hasard et chaos*, Paris, Odile Jacob, 1991, p. 110.

だから、「もっと量的な分析を行なおうとすれば、経済の循環や他の変動が一般的な成長の土台の上に生じる事実にすぐに躓いてしまう」。[☆38]『資本論』において、時間の概念的組織化は、異なる周期性（生産時間とは異なる労働時間、生産・流通・再生産の非同期的循環、固定資本と流動資本の分節化されたローテーション）のこの重ね合わせをまさに証明した。この概念的組織化は、価格による価値の一時的な規定の遡及効果のもとで、均衡の暫定的量化と恒常的に逆行する、不均衡の乱流経済の不規則的変動を理解せしめるわけである。

マルクスの動力学的経済学はすでに初期諸条件に敏感な不安定体系として提起されている。これは、それ自身の限界内においてであるが、一般システム理論、エコ動力学、エコロジー思想を予告している。資本は自己自身に回帰し、ねじれと屈折のなかで自己を打ち砕く。社会的諸関係は、くだかれたこれら諸形態において、驚愕せしめる舞踊振付法（chorégraphie）を提示するのだ。[☆39]このカオス的動機が『資本論』の弁証法的論理の動機なのだ。クロード・ベルナールの「指導的な諸力」のように、その傾向的諸法則は、単一の力学的因果性のために長いあいだ軽視されてきた多重因果性（機能的、構造的、相互的、形態論的、環状的、偶発的、換喩的、象徴的など）を復権させる。価格の曲線は仮想上の価値の周辺に編入される。現実的な価値に到達するための市場価値の同等化は「市場価値の不断の動揺によって獲得される」。価値法則は、古典物理学の抽象的法則と異なり、「内的連関」および「隠れた内部構造」としてぜひとも必要になる。「無秩序の秩序」としての価値法則は、市場の異常行動をチェックする一種の奇妙な吸引装置のように、仮象のゲームを内部から調整する。期待に開かれた分岐路の特異な地点で、飛んでいる最中の可能性に矢を命中させる巧みな射手の狙いである戦略的選択が適用されるのである。

目的論にかんするしばしば不明瞭な論争は、別の形で明らかにされる。マルクスは「自然の諸科学における目的論」にダーウィンが加えた「致命的な一撃」を熱烈に歓迎した。この歓喜は、スピノザにたいする彼の称賛とともに、一貫したものである。スピノザの実体の哲学は、「自然はあらかじめ定められた目的以外にいかなる目的ももたず、最終的原因などは人間の作りごとにほかならない」という言説が示しているように、目的因に訴えることをいっさい排除するのである。

ダーウィンにおいてマルクスが支持することは、世界の歴史に摂理に基づく運命や目的をゆだねる古い宗教的目的論にたいする闘争である。だが、最終状態の安定性によって自動規制され、条件づけられ、方向づけられた体系的な行動はまったく別の意味において、目的論的と言われるかもしれない。システム理論は、古い困難性に新たな光を投ずる。「ドイツ的学問」は専一機械論的因果性だけのために目的論を放棄したことはなかった。カントはこの目的論を厳密な「内的合目的性」だと主張した。シェリングは自然を「自己自身から出発し、自己自身でおのれを組織する組織された全体」と呼んでいる。概念についてのヘーゲル的学説は生命あるものの目的論を展開する。「目的論はすぐれて機械論と対立する。機械論においては、対象のなかで措定される規定性は本質的には外的なものとして、他のいかなる規定も現われないひとつの規定である〔……〕。目的論的活動性についてであるが、そこにおいては、終わりは始元であり、結末は土台であり、結果は原因であって、それは行き着いたものの成り行きなのである〔……〕と言うことができる」。ひとつの目的に向かって差し伸べられ、実在的過程の内在性に刻み込まれた行動と考えれば、それはもはや世俗化された目的論なのであり、同時代の科学の自動組織化にたいする功績、環状の調整、ホメオスタティックな制御は、その内容を一新させずにはおかない。

マルクスにあっては、価格と価値の関係、流通それ自体の前提としての貨幣の役割、抽象労働の前提としての市場の役割は、機械論的見地から、そのように理解された目的論的見地への移行と同じ兆候なのである。主体としての資本、有機的交換、価値の自己決定性は、厳密に内在的な動力学がいかなる外部性も存続させないひとつの全体性の諸契機のように見える。同じく、個別的な資本の平均利潤は、生産から直接抽出された剰余労働によって直接規定されるのではなく、アポステリオリに、総資本に強奪された総剰余労働の量によって規定される。個別的資本はこうして

☆39　「天気図にあるような乱気流、低気圧の高気圧への移動。諸関係の集合体、行き過ぎる天使雲。もう一度、炎のように燃える舞踊」(Michel Serres, *Eclaircissements*, Paris, Flammarion, «Champs», p. 180)。

総資本におけるその分け前に比例した分け前を受け取るのである。

この観点からは、資本の秩序は目的論的である。目的因（ならびに組織化、全面性、指向性といった諸概念）を清算することによって、古典的な決定論的パラダイムは、物理諸科学にとって格別に実り豊かなものであった。これとは反対に、生気論は、目的論的ノスタルジーの疑いをかけられたままであった。しかしながら、生命あるものの科学に固有のこの誘惑は、それなりの流儀で、遡及的機能とシステムの相互性の結果を説明していた。一方通行の力学的因果性は最終状態の探究によって調整された適応的行動を表わすものではない。こうしてこの目的論は、ひとつの運命の成就ないしは外的に固定された目的の追求としてではなく、停滞状態の探究に内在する自動調整としてふたたび現われる。この最終状態に照らして諸出来事を解釈することが可能世界のなかでの最良の世界の宗教的幻想にとっては好都合であるにもかかわらず、この合目的性は、擬人法的方向とは別の方向を採ることが可能である。「未来に向けた依存」の手がかりとして、この合目的性は「逆の因果性」の結果を意味し、その来たるべき諸条件はこの過程の方向性を規定することになるわけである。[40]

資本を慢性的な不均衡状態にある動力学的社会関係と見なすマルクスは、いまだにそれらを解読することができないままに、「時間の砂上のカオスの足跡」[41]をかいま見る。計算の改良だけではアクセスできない、意味の充満した世界や歴史的特異性の道に沿った彼の学問は、まずもって商品形態への批判なのである。世界を解釈することだけがもはや重要ではないとしても、何が重要だというのか？世界を変えることにはちがいない。

マルクスは時に、まるで啓蒙主義の実証的確実性があいまいな解釈学的不確かさに最終的に勝たなければならないかのように、哲学が一科学となると予告している。こうして『資本論』への序文は、物理学の自然諸法則に感動的な敬意を表することから始まっているのであるが、社会的生産としての認識の論争的性格を強調することで終わっている。「政治経済学の領域では、自由な学問的研究は、他のすべての領域で出会うのと同じ敵に出会うだけではない」。地上の隷属状態に囚われているこの自由な研究は、学問と学者の英雄扱いされるイメージに合わせて、下品な形で、戦場にとどまっている。そこで自由な研究にたいして、「人間の胸中のもっとも激しくもっとも狭小でもっとも厭うべき情念を、私的利害というフリアイ〔復讐の女神〕を、戦場に呼び寄せる」[☆42]。こうしてある意味で、またある程度において科学的な政治経済学批判は、それ自身が完全に物神崇拝の囮をまぬがれることなく、思いなしのもつイデオロギー的幻覚と真っ向から対決することを定められている。政治経済学批判は、「有機的力学」のこれから先の複雑さ、秩序ある無秩序についての認識の動揺、要するに、別のやり方で学問する仕方を想起させ、呼び寄せるわけなのである。

〈諦めたり、規則を定めたりするのを断念する代わりに、断続的で不規則な運動に直面したこの思想は、その後、巨大な努力を代償に、秩序と無秩序とをたがいに排除し合うに任せるのでなく、それらをまとめて構想することに成功したのである。無秩序はいつも規定された秩序の攪乱であり、それとまったく同じように、秩序はつねに特定された無秩序の調整役なのである。このようにして価値法則の逆説は、あらゆる意味を見いだすわけなのだ。[★43]〉

☆40　グラムシは、目的論のこの両義性を鋭く見抜いている。「「歴史的使命」の概念において、目的論の根源は見分けられるものであろうか？　事実、多くの場合に、この概念は曖昧で神秘的な意味あいを帯びているが、他の場合には、カントの目的論概念に続いて実践の哲学によって擁護され正当化されることも可能な意味あいをもっている」(*Cahier de prison 11, op. cit.*, p. 224 [Edizione critica italiana, *Quaderno del carcere 11*, p. 1426])。

☆41　Ian Stewart, *op. cit.*

☆42　Karl Marx, préface à la première édition du *Capital, op. cit.*〔邦訳『資本論』第一巻 a、初版への「序言」、一二ページ。〕

★43　山型括弧〈 〉内のパラグラフは原著初版と英語訳には見当たらず、あとの版で著者によって付け加えられた。

第11章　物質の懊悩（政治的エコロジー批判）

生産力主義の悪霊か、それともエコロジストの守護天使か？

マルクスを官僚制的生産力主義とそのカタストロフィー的破局に責任があると考えるにせよ、好機到来とばかりに「緑だ」と主張するにせよ、彼のなかに、その弁護論を力づけるような幾多の小さな語句を容易に見つけだすことはできるだろう。青年期のテキストから「ヴァーグナーに関する覚書」にいたるまで、彼の著作群はたしかに統一のとれたものではない。だが、現在の試練にかけてみるなら、啓蒙的通俗化の重い構築物として長いあいだ塞がれていたいくつもの道筋が新たに切り拓かれてくる。

その時代のプロメテウス的幻想について、マルクスの責任を免除することは、まさしく時代錯誤であろう。それから、行き過ぎた工業化や一方通行の奇抜な進歩観の無頓着な歌い手に彼を仕立てあげるのは、これまた不当だろう。彼が提起した諸問題と、その後の社会民主主義的な、あるいはスターリン主義的なエピゴーネンたちによってもたらされた回答を混同することはできないだろう。この点については、他の点と同様、ソ連邦の官僚主義的反革命がひとつの断絶を刻印したことはまちがいない。

ヴェルナツキイ、ガウゼ、カシャーロフ、スタンチスキイの研究は、一九二〇年代の「生活様式の転換」の期待の約束のなかに組み入れることもできたであろう先駆的なエコロジーの道を切り開いた。時代性はことを雄弁に物語っている。一九三三年にスタンチスキイは投獄され、彼の大胆な試みは打ち砕かれ、彼の思想はソヴェトの大学で禁止になってしまった。強行的集団化の生産力主義的な熱狂、工業化の加速への熱中、スタハーノフ的狂騒は、批判的エコロジーの革新的試みとは相容れないものとなった。体制のイデオローグたちが「一国社会主義建設」を考え出した時、そのような建設は、世界環境のもろもろの制約のなかでソヴェト経済の発展を考えるように導いたであろう。そのためには、権力の簒奪と特権の固定化とは絶対に矛盾する優先性と成長の在り方とに基づいた民主主義的な選択が求められただろう。結局、人間と自然の相互依存というある種の考え方、社会的であることと自然的であることという二重の規定性についての意識は、人間を「もっとも貴重な資本」ととらえた官僚主義的主意主義とまっこうから衝突することになった。

第二次世界戦争後の、批判的エコロジーのルネサンスは、その目的自体と和解した人類が永遠のために時が満ちる時〔救世主の到来の時〕を享受するという、歴史の贖罪的目的にたいする信仰を打破するのに寄与した。イデオロギー的堆積物に風穴を開け、かつて放棄された理論的鉱脈を再発見するという条件下で、現在のもろもろの問いは、昨日の問いをこれまでとは異なった形で理解することを可能にしているのである。

人間的自然存在

マルクスは、生産関係を、労働を媒介とした人間の自然との関係および人間同士の関係と切り離しがたいものとして理解する。生きたものの他に還元することのできない性質は、自然の社会化のなかで消えてなくなることはない。だから、「人間史全般の第一の前提は、いうまでもなく、生身の人間諸個人の生存である」[★1]。早くも一八四四年の『経済学・哲学草稿』で、自然は「人間の非有機的な体」[★2]として描かれている。人間的自然存在として、「人間は直接に自然物である」。一方で、生きた自然存在として、人間は、「自然的諸力、生命力を具え」ており、他方で、「肉体的、

★1　『ドイツ・イデオロギー』、邦訳全集3、一六ページ。廣松版、二三ページ。渋谷版、一六ページ。

感性的、対象的な」存在者として、「動植物と同じようにひとつの受苦的な、制約され制限された存在者である[☆3]」。それゆえ、労働は物質的富の父であり、自然はその母であるという『資本論』の定式は、偶然に発せられたものではない。それは厳密な連続性をもって記述されているのである。

実際、若きマルクスのこのアプローチは、政治経済学の長い批判的道程の幕開けとなるものである。人間の自然への帰属は、より正確に言って、その「自然存在」への帰属は、生産過程のなかで消費された人間の労働力がもともとは生の力であることを意味する。自然存在は「人間的自然存在」なのである。この人間においては、自然的規定性は廃止されることなく、自己否定される。商品の物神崇拝は人間的諸関係を事物に変えるだけでは満足しない。この物神崇拝は、自然的なものを「動物的なもの」に貶める。役割と価値の逆転は一般的である。「そこで、こう結論せざるをえない。人間（労働者）は、食べる、飲む、産む、（さらにつけ足すとするとたかだか）住む、装う、といった動物的な動きのうちでなんとか活動の自由を感じるだけであり、反対に、人間的な働きのうちでは動物のように感じている、と。動物的なものが人間的なものになり、人間的なものが動物的なものになっているのだ[☆4]」。人間性を豊かにする代わりに、資本によって規定された欲求は、一方的で強制的である。人間にとりついているのは欲求であって、その逆ではない。この自由は、本来の、あるいは自然的な獣性ではなく、自らがさらにずっと獰猛であることをきわめてよく示すことができる社会的な獣性に立ち返ることを否定するのである。

人間において人間性を否定することは、その解放の条件として人間の自然性の復活を措定する。それゆえに、人間主義《ヒューマニズム》と一貫した自然主義との同一性を強調したあとで、若きマルクスは、単純に、コミュニズムを「完成された自然主義」と呼んだ。

この問題構制《プロブレマーティク》は、仕分けられた合理性の分野としての政治経済学批判に、錯覚を起こさせるような自律性に繋がる。剰余労働を生産する生きた人間の能力は、結局のところ、「経済外的」な事実を参照するように指示されている。「唯一の経済外的事実は、人間は、自分の時間の全部を必需品を生産するのに必要とするのではないということ、人間は、生存のために必要な労働時間を超えて、自由に処分できる自由な時間をもっており、だからまたそれを剰余労働にあてることができるということである」[☆5]。マルクスは、注目すべき粘り強さをもって、この生きた労働の豊かさを強調するが、その生きた労働の激しさは経済計算の枠をはみだし、その度量範囲を突き破るほどのものなのである。

一八四四年の著作において、この論理は哲学的意識の解消に伴って弱まることはなかった。それとは反対に、この論理は同じ道を歩み続ける。

（１）根本的な一元論の原理を措定するマルクスは、生命あるものの優位を強調し、物質にたいするその惨めな依存性へと呼び戻された精神を屈辱と考える。まずもって食べて服を着ることだ、とヘーゲルは述べる。人間はまず歩き呼吸する物体である、とマルクスはそれに輪をかける。「人間はもともと自然である」、「対象的な自然物」である、と。すべてはそこから出発する。

（２）古典哲学の二律背反《アンティノミー》（唯物論と観念論の、自然と歴史の）はこの根本的一元論において解消される。マルクスはまことしやかな対立の悪循環を打ち砕く。ある種現代的なエコロジーが自然主義と人間主義《ヒューマニズム》の論争を蘇えさせるのにたいして、これとは反対に、マルクスは「徹底した自然主義」と人間主義が一体のものでしかないと主張する。唯物論と観念論の形式的な矛盾はその一体性において解消されるのである。この内面の統一性の見地からみるなら、「世界史の行為を把握できるのは自然主義だけだ、ということも見てとれる」[★6]。この結果、主体と客体の転倒、主観と主観性の、客観と客観性の概念そのものの転換が生じる。すなわち、「自分の外に対象をもたない存在は対象的な存

★2　『経済学・哲学草稿』、邦訳全集40、四三六ページ。長谷川宏訳『経済学・哲学草稿』（光文社古典新訳文庫、二〇一〇）、「第一草稿」、一〇〇ページ。

☆3　Karl Marx, *Manuscrits de 1844*, Paris, Éditions sociales, 1962, p. 136-138.〔邦訳全集40、「第三手稿」、「ヘーゲル弁証法および哲学一般の批判」、五〇〇ページ。長谷川宏訳、「第三草稿」、一八五―一八六ページ。〕

☆4　Karl Marx, *Manuscrits de 1844*, *op. cit.*〔邦訳全集40、四三五ページ。長谷川宏訳、「第一草稿」、九八ページ。〕

☆5　Karl Marx, *Grundrisse*, I, *op. cit.*〔邦訳『資本論草稿集②』、三九二ページ。〕

★6　邦訳全集40、五〇〇ページ。長谷川宏訳、「第三草稿」、一八五ページ。

在物ではない」★7のである。対象性は主体の〔……〕不完全性と他者性を仮定する。

（3）人間の自然への本来的な帰属性、より正確に言えば、人間の「自然存在」は、それがまず「自然的な諸力、生命力を具えたもの」であることも言外に意味する。生産過程において「労働力」としてあらわれるものはもともとは「生命力」なのである。この自然的規定性は労働力の社会的規定性のなかで持続する。その自尊心がどうであろうとも、人間は相変わらず動物であり植物である。利潤が「無から」生じるように見えるのにたいして、搾取と剰余価値の理論は、『資本論』において、その「無」の謎を解明する。だが、それ自身の再生産に必要なもの以上のものを提供する労働力の能力は、同時に、「生命力」の不可思議な属性を表わすのである。

（4）その最初の規定性にたいする人間の他に還元できない「依存性」は、あらゆる欲求の体系の出発点である自然的欲求のなかに現われる。それは、全体にたいする部分の関係として、人間の不完全性の自然にたいする関係を表現する。その有限性は、欠乏によって、人間におのれを想起させることをやめないのである。そしてまず、人間を現実に立ち戻らせ、人間をしてその悲惨な物質的条件を「認め」させるのをやめない身体上の癒やしがたい負担となって現われる飢えによって。☆8

（5）低められたものは高められなければならない。マルクスは、すでに馬鹿を装う用意のできた天使を起き上がらせる。人間は自然物であるが、だがそれは「人間的自然物」である。この人間性において、自然は、消えてなくなることなしにはおのれを否定しない。自然は自らを引き裂き、分化するが、自ら折れることはない。存在と無が生成においてたがいに結合するのと同じく、自然的なものと人間的なものとはその特異な生成であるところの歴史においてたがいに結合するのである。なぜなら、「自然は、客観的にも主観的にも、あるがままの姿では、人間の本質にかなうものではない」★9からである。それゆえ自然的普遍性とは異なるその特定性において、人間はその歴史性によって独特に規定される。歴史は人間の生成活動である。乗り越えられないアンティノミーにおいて自然に自らを対置するどころか、「歴史こそが人間の真なる自然史なの」★10は、このためである。

その後さらに理論的手直しを進めたにもかかわらず、若きマルクスの分析視点は変わることはない。生産のすべての形態のもとで、人間の労働力はつねに「自然力の外化」として概念把握される。労働において人間は、「自然素材そのものにひとつの自然力として相対する」。人間は「自分の外部の自然に働きかけて、それを変化させることにより、同時に自分自身の自然を変化させる」〔同前〕。そして人間は「自分自身の自然のうちに眠っている諸力能を発展させ」〔同前〕るのである。☆11

人間によって媒介されない自然的即自への、また自然にたいする意識の正当化のためにもちだされる独立性への批判は真正面からのものである。歴史は、（ショウペンハウアーにおけるような）混沌とした諸事実の組み合わせでも、（ヘーゲルにおけるような）統一された有意義な構造でもない。分節化された全体性としての世界は、その世界にある意味を与えるいかなる統一的なイデアの支配のもとに置かれることもない。自然の有限性を思い起こさせる最後のものである、すぐれて反ユートピア的事実性としての死は、いっさいの形而上学といっさいの弁神論の無力さを示すものである。その限界点で人間的自由の規定性それ自体は終わる。死が哲学的領域外にとどまっているのもこのためである。死について言うべきことは多いが、考えるべきことは少ない。

『経済学・哲学草稿』および「フォイエルバッハに関するテーゼ」によって切り開かれた道は、十年後には『政治経済学批判要綱《グルントリッセ》』（*Grundrisse*）の堂々たる展開に到達する。資本による絶対的剰余価値の創造は、流通の圏域がたえず

★7　邦訳全集40、五〇一ページ。長谷川宏訳、一八七ページ。

☆8　Dyonis Mascolo, *Le Communisme, révolution et communication ou la dialectique des valeurs et des besoins*, Paris, Gallimard, 1953; Agnès Heller, *La Théorie des besoins chez Marx*, Paris, UGE, 1978; Philippe Bayer, *Besoin radical et contradiction radicale chez Marx*, texte policopié, Poitiers, février 1992.

★9　『経済学・哲学草稿』、邦訳全集40、五〇一―五〇二ページ。長谷川宏訳、「第三草稿」、一八八ページ。

★10　邦訳全集40、五〇二ページ。長谷川宏訳、「第三草稿」、一八八―一八九ページ。

☆11　Karl Marx, *Le Capital*, livre I, Paris, Flammarion, «Champs», t. I, 1985, p. 139.〔邦訳『資本論』第一巻a、三〇四ページ。〕

拡大されてゆくことを条件としている。それゆえ、資本に基づく生産のひとつの条件は、「たえず拡大されてゆく流通圏域が生産されることであって、その範囲が直接に拡大されるのであろうと、あるいは同一の範囲内で、より多くの地点が生産点として作りだされるのであろうと、どちらでもよい」。こうして世界市場を作りだそうとする傾向は「直接に、資本そのものの概念のうちに与えられている」のである。

他方では、生産諸力の増大に基づく剰余価値の生産のためには、第一に、「すでに存在する消費が量的に拡大すること」、第二に、現存の諸欲求がより大きい範囲に普及されること、第三に、「新たな欲求が生産され」、「新たな使用価値が発見され創造されること」によって、「新たな消費の生産」が求められる。その結果、「諸物の新たな有用的属性を発見するための全自然の探求」、「あらゆる異郷の風土・地方の生産物の普遍的交換」、「自然諸対象」に新たな使用価値を付与するような「新たな加工（人工的な）」が生まれる。利用できる新たな対象を発見するための、また旧来の対象の新たな使用属性を発見するための、またそれらの、原料等としての新たな属性を発見するための、「地球のあらゆる意味での開発」、したがって、「自然科学の最高度までの発展、同様に、社会そのものから生じる新たな欲求の発見・創造・充足」である。いわゆる資本主義的生産に伴い、「自然ははじめて、純粋に、人間にとっての対象となり、純粋に、有用性をもつ物象となり、独自の威力と認められることをやめる。またそれどころか、自然の自立的な諸法則の理論的認識が、自然を、消費の対象としてであれ生産の手段としてであれ、人間の諸欲求に服従させる、そのための狡知としてしか現われない、ということにさえもなる[★12]」。

資本に基づく生産は、普遍的な産業と同時に自然および人間の諸属性の全般的な開発利用の一体系を作りだす。それ自体として天上的なものとして、それ自体として正当化されるものとして、社会的生産と交換のこの圏域の外に現われるようなものは、いっさいなくなる。このようにして、唯一資本がはじめて、「市民社会〔ブルジョワ社会〕を、そして社会の成員による自然および社会的関連それ自体の普遍的取得を、作りだす」のである。ここから資本の「偉大な文明化作用」が生じるのである。この社会段階に比べれば、それ以前のすべての段階は、人類の局地的諸発展として、自然崇拝として現われるにすぎない。資本のこの力学が「民族的な制限および偏見」を覆し、乗り越えてゆくのである。それは「生産諸力の発展、諸欲求の拡大、生産の多様性、自然諸力と精神諸力の開発利用ならびに交換を妨げるような、いっさいの制限」[★13]を取り払ってゆくものである。

資本がこの種のひとつひとつの限界を「観念的には」超えているからといって、資本が「それらの制限を現実的に克服した」ということにはならない。資本の生産は、「たえず克服されながら、また同様にたえず措定される諸矛盾のなかで運動する」。資本が指向する普遍性は、もろもろの制限を資本自身の本性に見いだすのである。これらの制限は、資本の発展のある一定の段階で、「資本そのものがこの傾向の最大の障害」[☆14]となるものなのである。

この決定的な文章は、資本主義的生産様式につきまとう矛盾の心臓部を深く洞察するものである。

（1）絶対的剰余価値の創出は、拡大再生産に固有の歴史的加速化と全般的に普及した商品生産のグローバライゼーションの鍵を構成する。それらは「資本の概念のなかに直接的に与えられている」。一八五八年にこのような理解力をもっていたことは、理論的先取りの驚くべき能力を表わしている。

（2）交換価値が使用価値との矛盾する統一性のなかで優位を占めることによって、自然とそのもろもろの制約にたいして距離をとる（「根絶する」）のを可能にする。生産の「契機」は直接的には他律的で、間接的には相互依存的な生産のあいだの必然的な媒体となった商品の契機に従属する。その結果、自然の諸条件や規制から解放される農業の変態が生じることになり、商品生産の苛酷な法則のもとに落ち込むのである。残念ながら、マルクスはこうした理解

★12 同前、一六―一八ページ。『政治経済学批判要綱』において、マルクスが「科学力」（wissenschaftliche Power = Scientific Power）に言及し始めていることに注意。たとえば、『資本論草稿集②』、二九七ページなどの使用例を事項索引「科学力」で見られたい。科学の産業資本主義的開発と利用についてのマルクスの着目について注目した最初のマルクス主義経済学者のひとりはエルネスト・マンデルであり、その指摘は、彼の『後期資本主義』（一九七二、邦訳・柘植書房・全三冊、一九八〇―八一）の主要論点のひとつである。佐々木力著『21世紀のマルクス主義』（ちくま学芸文庫、二〇〇六）、一五二ページ以下参照。

★13 邦訳『資本論』第一巻a、一七―一八ページ。

☆14 Karl Marx, *Manuscrits de 1857-1858, op. cit.*, t. I, p. 346-349.〔邦訳『資本論草稿集②』、一四―一六ページ。〕

力を原料、エネルギー、環境に拡大しなかったが、しかしながら、マルクスの弁護のためにも、彼の時代のもっとも発達した諸国においても、農業が依然として決定的な位置を占めていて、工業化には幾多の限界が伴っていたことを忘れないようにしよう。『資本論』は、現代の金融帝国主義の出現に先立っているのである。☆15

(3)「相対的剰余価値の生産」と生産性の利益追求は、ただたんに、生産領域の不断の拡大と生産性本位の前方への脱出を必要とするだけではなく、流通分野での比例した同時的拡大と欲求の不断の変形を必要とする。生産の無制限の増大は、実際には、消費の量的拡大だけによっては吸収することはできない。それは「新たな欲求の生産や新たな使用価値の発見と創出」を促す。だから、資本の固有の論理は、いわゆる消費社会の飛躍的発展を予告するのである。

(4) 生産と流通がたがいに誘い込むこの渦巻は、「自然全体の利用」という未曾有の結果をもたらす。この「利用」〔ないし開発〕(exploitation)という言葉は、ここでは、人間労働の「搾取」(exploitation)を類推させる必然的に軽蔑的な意味を帯びてはいない。この用語は、自然的な障壁や風土的な特殊条件とは別の、「事物のなかにある新たな有用な質の探究」と欲求の(それゆえ人間それ自身の)普遍化を促す、実り豊かなダイナミズムを強調している。その結果、飽くなき好奇心、物質における「新しい質」の熱心な探究、科学と社会的欲求それ自体の前例にない発展が生まれるのである。しかしながら、搾取の概念を自然に適用することは、たんなる偶然とは言えないであろう。この概念はひとつの矛盾を突き止めており、正統派によっていち早く放棄されてしまった幾多の道を示唆するものだからである。そしてヴァルター・ベンヤミンは、最大の危機がその危機の意味を先鋭化させた時機に、その矛盾を再発見することができたのであった。「いまや労働は、要するに自然の搾取だと理解されており、そして人々は、自然の搾取をプロレタリアートの搾取とは反対のものと見なして、素朴に満足している。〔……〕。ところが腐敗した労働概念のほうは、自然を自分の付録にしてしまう。ディーツゲンの表現でいえば、自然は「無料でそこにある」というわけだ」。労働と自然についてのこれらの相補的な考え方は、「生産物は労働者自身にどんな効能があるのか」という考え方や、労働は「自然を搾取することからははるかに遠い」ものであり、「自然の胎内に可能性としてまどろんでいる創造性を自然自体が発現する」[☆16]のを助けるという考え方と対立する。労働はもはや強制された活動ではなく、より真実を言えば、労働というよりもむしろ、自由な創造的活動なのである。

（5）資本の叱咤のもとで、「自然および人間の特性の世界的な利用体系」の形成は、自然の非神聖化の過程を揺るがしている。この非神聖化が不可抗力的に、魔法から解かれた時の疎外された形態をとるとしても、この事実確認は、魔法にかけられた世界にたいする過去に執着したノスタルジアの形跡をなにひとつ含むものではない。資本はただ依然として宗教的な物神崇拝の形態のもとで、その神秘的な悪夢から解放された人間的存在の還俗化の前提条件を造りだす。

（6）その飛躍的発展によってもたらされたこのプロメテウス的熱狂は、自然の脱神秘化からその「普遍的専有」へと直接的に移行し、人間的諸関係の全面的な社会化のなかで資本の一方的に「文明開化的」な影響力を歓迎する。不可思議で専横な力として長いあいだ耐えてきた自然は、最終的に「人間にとって純粋な物」、「純粋な有用性の問題」に還元される。科学そのものは、自然の秘密をよりうまく盗み取り生産と消費にそれらを奉仕させるために自然の諸法則に服従するふりをする。

（7）文明の本質的に重要な指標のひとつは、その普遍化の程度にある。「世界市場を造りだそうとする傾向」は、伝統の窮屈な障壁を抗しえないほどまでに打ち壊し、地平線を引き裂く。この傾向は、「民族的な先入見」を取り返しのつかないほどに覆し、自然の魔術師のような神格化に終止符を打つ。「一貫していっさい」を破壊し、革命化し、欲求の拡大と多様化に道を開く解放的な資本のエネルギーにたいして、『共産党宣言』が称賛をもって強調している

☆15　Ted Benton, "Marxism and Natural Limits," *New Left Review*, novembre 1989.
☆16　Walter Benjamin, *Thèses sur le concept d'histoire*, *op. cit.*, these XI.〔野村修編訳「歴史の概念について」、『ベンヤミンの仕事2』、三三八ページ。『ベンヤミン・コレクション1』、六五六ページ。〕

ことを、人はふたたび想い起こすのである。なぜなら、人間は時を超えた本質ではなく、自然環境とも、同様に社会環境とも相互の交流と豊富化の関係のなかで人間を規定する、人間自身の諸欲求の統一体であるからなのである。それゆえ欲求の量的および質的な発展は、その一般的および個別的な人格の充実化である。ここにはロビンソン・クルーソー的痕跡はなにもないし、もともと自然との初歩的調和のなかで生きる人間性にとって心残りとなるものはなにもないのである。

（8）マルクスは「進歩」の盲目的弁護論に賛同するわけではない。欲求の発展はたしかに人格の力強い充実化を図るものである。だが、資本の制約によるそれらの欲求の限定、労働の疎外、商品の物神化は、それらの欲求を片輪な欲求にしてしまう。それゆえ自然の脱神格化は、解放者的なそぶりを見せはじめ、新たな物神崇拝物の専横や、魔力を解かれた商品関係のむきだしの実態に、すぐにも屈することになる。問題の普及は欠陥のある普及であり、このような欠陥をもつ普及は、それ自身でそれ自身の限界に転化した資本の障壁とぶつかることによっておのれを否認することをやめないのである。

こうした展開は自然概念に関するマルクスの立場の変移を解き明かしている。ロマン派的自然主義や疑わしい自然神話にたいする彼の早熟の嫌悪感は、多くの性急な解釈者たちにとっては、自然を専有し支配することについての奔放な意思をマルクスのせいにするには充分なのである。しかし生産力第一主義の俗流社会主義者たちとは異なり、マルクスは自然が「無償」で提供されるとはけっして考えてはいない。だから「人間史全般の第一の前提は、いうまでもなく、生身の人間諸個人の生存である。それゆえ確認されるべき第一の事実は、これらの個人の身体的組織、および、それによって与えられる、その他の自然にたいする彼らの関係である。われわれは、ここではもちろん、人間そのものの肉体的特性にも、人間によって見いだされた自然諸条件、すなわち、地質学的、山岳誌的＝水理学的、気候的およびその他の諸関係にも立ち入ることはできない。すべての歴史記述は、これらの自然的基礎から、および歴史の経過における人間の行動によるそれらの変形から出発しなければならない☆17」。

ルカーチが主張することとは反対に、自然的規定性は歴史的社会化のなかで消えてなくなることはない。「人間の非有機的な肉体」としての自然は、若きマルクスにあっては、スピノザの実体に類似している。だから、マルクスは物質的富の源泉を労働だけに還元しないのである。労働はその父であり土地はその母であるという定式は、生物的なものと文化的なものの継続性についてのダーウィンの証明によっていっそう強化されたが、この定式はエンゲルスによって文字どおりに採用されているものなのである。「労働はあらゆる富の源泉である、と経済学者たちは言っている。自然が労働に材料を提供し、労働がこれを富に変えるのであるが、その自然とならんで——労働は富の源泉である」[☆18]。『ドイツ労働者党綱領評注』はいま一度釘をさしている。「労働はすべての富の源泉ではない。自然もまた労働と同じ程度に、使用価値の源泉である。そして労働そのものもひとつの自然力すなわち人間労働力の発現にすぎない」[☆19]。

アルフレート・シュミットは、マルクスにとって自然は社会的カテゴリーには還元できないことを納得ゆくように主張している。「物質に本来具わる諸性質のうちで、運動が第一の、またもっとも主要な性質である。すなわち、たんに力学的および数学的な運動としてだけでなく、さらにそれにもまして物質の衝動、生気、緊張としての——ヤーコプ・ベーメの表現を借りるならば——物質の懊悩としての運動がそうなのである。〔……〕この唯物論は、さらに発

☆17　Karl Marx, *L'Idéologie allemande, op. cit.*〔『ドイツ・イデオロギー』、邦訳全集3、一六—一七ページ。廣松版、二三ページ。渋谷版、一六ページ。〕

☆18　Friedrich Engels, *Dialectique de la nature, op. cit.*, p. 171.〔『自然の弁証法』、「猿が人間化するにあたっての労働の役割」、邦訳全集20、四八二ページ。秋間実・渋谷一夫訳『自然の弁証法』（新日本出版社、一九九九）、一〇六ページ。後者は、新MEGA版によっている。〕このアプローチは、マルクスをして、リービッヒのエコロジー的直観を好意的に受け入れる気にさせようとしたものである。というのは、生産性の減退の概念を受け容れなかったにもかかわらず、マルクスは、略奪農業と返済農業の区別ならびに大農村経営と小規模農業、都市の大密集地帯とばらばらに分散化された都市化の対立関係に敏感であったからである。

☆19　Karl Marx, *Critique du programme de Gotha, op. cit.*〔邦訳全集19、一五ページ。望月清司訳『ゴータ綱領批判』（岩波文庫、一九七五）、二五ページ。〕

展してゆくにつれて一面的になる。〔……〕感覚世界はそのはなやかさを失い、幾何学者の抽象的感覚になる。肉体的な運動は、力学的または数学的運動の犠牲にされる。〔幾何学が、主要な学であると宣言される。〕こうして唯物論は人間嫌いとなる。この人間嫌いの、肉体をもたない精神を、この精神自身の分野で、克服しうるためには、唯物論は自分自身の肉を自分で断ちきり、禁欲者にならなければならない。唯物論は、ひとつの悟性的存在として登場するが、また悟性の仮借ない首尾一貫性を展開する」[☆20]。この若々しい文章は、実際に物質についての力学的でない考え方を展開している。力学と数学は運動の諸契機であり、その具体的な全体性は、飛躍、生気、緊張によって想起される、生命あるものの論理を伴っているのである。

自然は人間にたいして外的および従属的ではありえないし、同じように人間も、支配的主体を気取ることはできない。正当な権利としての諸主体と認識の諸対象の対立は、主体と客体の弁証法的統一とは掛け値なしに無縁である。はじめに抽象的に、かつまた恣意的に排除された自然を経済計算で「内部化」することが、理論的にはほぼ考えられないのはこのためである。歴史的展開は一般的な交雑の（帰化／人格化の）過程である。こうして、「雑種的な諸事物」（自然力であると同時に社会力）と「社会関係としての学」とについての理解は、「フォイエルバッハに関するテーゼ」以来、受動的な唯物論ならびに神秘主義的な活動主義を最初から拒否したことに繋がってくるのである。マルクスの実践的なカテゴリーは物質と知覚との「雑種」である。

その意味で彼もまた、けっして近代人であったことはない[☆21]。

マルクス主義の危機に関する通俗的な言説は、まるで期限切れの「認識論をベース」にしたスコッチ・ウイスキーのように、彼の生きた世紀の偏狭で堅苦しい視界のなかにマルクスを閉じ込めてしまう。彼は狭い決定論的で機械論的な哲学の晩生《おくて》の化身のようである。この手っ取り早い特徴づけは、『資本論』に内在する論理とその構造にまっこうから衝突する。

早くも『聖家族』で、ヘーゲルの悟性批判に着想を得た物質の非機械論的な考え方は、抽象的な幾何学化に反対し、「自然についてのフランス的科学」にたいして距離をとる。ヤーコブ・ベーメとドイツ弁証法の神秘的な根源についてはまったく偶然に言及されたわけではない。資本主義経済の幾多の謎は経済の部面だけで解決されることはないだろう。

この仕事は、「物質の懊悩」、生活の非生活への痛ましい侵入を証言している。「労働は、使用価値の形成者としては、有用的労働としては、あらゆる社会形態から独立した、人間の一実存条件であり、人間と自然とのあいだの物質代謝を、それゆえ、人間的生活を、媒介する永遠の自然必然性である」[☆22]。労働において人間は客体化されるだけではなく疎外される。その身体は人間から盗みとられ、その存在は経済的機能に還元される。労働の自然諸条件との切り離しは、土地とその労働で生きる人間としての人間の自然条件の消滅に導くのである。しかしながら、「労働時間自体は、そのものとしてはただ主体的にだけ存在し、活動の形態でだけ存在している」。「主体的に表現すれば、労働者の特殊的な労働時間は直接的に他のすべての特殊的な労働時間と交換することはでき」ないということを「意味」する[☆23]。この一般的交換が可能になるためには、「交換はそれ自身とは異なる形態をとらなければならない」。一言で言えば、抽象的になること、自己を客体化すること、自己を疎外すること、諸個人を「たんなる労働の器官」とする一般

☆20　Karl Marx, *La Sainte Famille*, *op. cit.*, p. 155.〔『聖家族』、邦訳全集2、一三一―一三二ページ。引用文中の「抽象的感覚」は、ベンサイドの原文では「抽象的物質性」となっている。また、〔 〕内の文章は省略されている。本章の標題として使用されている「物質の懊悩（悩み）」（tourments de la matière）という表現は『聖家族』第六章（邦訳全集2、一三三ページ）に出てくる。ヤーコプ・ベーメに淵源する語句らしい。〕Alfred Schmidt, *Le Concept de nature chez Marx*, Paris, PUF, 1994〔元浜清海訳『マルクスの自然概念』（法政大学出版局、一九七二）〕を見よ。

☆21　この主題については、Bruno Latour, *Nous n'avons jamais été modernes*, Paris, La Découverte, 1991を見よ。また、*Écologie et politique*, 1991, n°. 5に掲載のBruno LatourとCatherine Larrèreの論文を参照のこと。

☆22　Karl Marx, *Le Capital*, livre I, t. I, *op. cit.*〔ベンサイドの原文では‘externe’となっているが、‘éternel’を誤って転記したものと思われる。邦訳『資本論』第一巻 a、七三ページ。〕

☆23　Karl Marx, *Grundrisse*, I, *op. cit.*, p. 153.〔邦訳『資本論草稿集①』、一五九―一六〇ページ。〕

的な抽象労働にすることである。

そのとき「時間はすべてであって、人間はもはやなにものでもない」。

「人間はたかだか時間の残骸であるにすぎない。……」[★24]。

抽象労働を媒介して、経済的抽象化に還元できない特異性の、生きた、個体的成分は、共通の尺度に転化する。この成分は結局おのれに反逆することになる。というのは、人間の自然との必然的な関係として、「人間の労働力は、ごく単純には、その個人のなかで生きているところのもの」だからである。生きているものの個体性を強調することによって、マルクスは、抽象的形式的な普遍化にたいし、なんとしてでも抵抗することの根拠を据えるのである。「生命力」は、商品の運命に還元され、企業の専横のもとにおかれた労働力となって姿を現わしてくる。それゆえもろもろの経済学的カテゴリーはけっして自足的なものではない。使用価値は交換価値において自己を否定する。生命にかかわる目的論の経済学的な目的論への転倒が今度はおのれを転倒する。価値の価値実現それ自体を造りだすことができない流通の無力さは、秘密の生産実験室で、すなわち、剰余価値を生みだす身体の秘密の実験室で検証すべきことを示唆している。

ミシェル・アンリはそこに資本それ自体が生みだされる「仮象の領域と主観性の秘密の領域」とが遊離するきっかけをみている[☆25]。剰余労働を造りだす生きた人間の能力は、結局のところ、「経済外的」な現象、マルクスが強調するところの「唯一の経済外的事象」なのである。再生産の厳密な制約を超えて時間を利用するこの能力は、それゆえ、（自然の）生きたものの決定的な特性に帰せられてくるのである。この横溢する「生きた労働」は自然の規定性の謎を想起させるものである。「労働は物質を加工する生きた火であり、物質の中のはかなく死滅しつつあるものであり、生きた時間による事物の情報伝達である。〔……〕生きた労働は、これらの事物を取り戻し、死んだものを蘇えらせ、それらの事物の可能な功利性から現実に有効な功利性へと転換しなければならない。労働の炎によってなめられ、諸器官に変形され、その息吹によってそれ自身の役目を遂行するように促されるこれらの事物もまた、消費されるのである」。

資本においては、死者が生者をとらえる。

労働においては、生は生をうかがう死に対して執拗に叛逆する。

実際に、若い婦人服製造女工メアリ・アン・ウォークリーの死に関する『資本論』のなかの一見挿話ふうの叙述の展開[★26]は、完全に的を射たものである。骨折り仕事の分野における生と死についてのこの現象学は、非神話化（覚醒）の必要性を共有するものである。「蓄積の諸法則を十分に解明するためには、作業場外での労働者の状態、すなわち彼の栄養状態および住宅状態にも注目しなければならない」[☆27]。なぜなら、「労働者の永続的な定在は資本とその世界との基礎」であり、資本は「労働という生き血を求める吸血鬼の飢え」[★28]にほかならないからである。搾取はまず生きた身体の服従であり損傷である。『資本論』のいくつかのくだりが肉体的に拷問を受けたプロレタリアの殉教者名簿のような体裁で書かれているのはこのためである。

「有機的交換」や物質代謝（Stoffwechsel）の概念は早くも『経済学・哲学草稿』に現われる。この概念は、機械論的因果性に逆らって生まれつつある生態学を予告する生きたものの論理をあらかじめ参照させるものである。マルクスは、運動する全体性および主体と客体の統一として概念把握されたドイツの自然哲学を継承して、この概念に到達するのである。『資本論』の作成と同時代のヤーコプ・モレスコットの著書『植物と動物における物質代謝の生理学』

★24　マルクス『哲学の貧困』、第一章「科学的発見」からの引用。邦訳全集4、八三ページ。
☆25　Michel Henry, *Marx, une philosophie de la réalité*, Paris, Gallimard, «Tel», 1991, t. I, p. 241.
★26　英国の女工で二十歳にして死にいたらしめられた人物（一八四三—一八六三）として、邦訳『資本論』第一巻a、第三篇「絶対的剰余価値の生産」、第八章「労働日」、四三五—四三六ページで言及されている。
☆27　Karl Marx, *Le Capital*, livre I, t. I, *op. cit.*, p. 427.〔邦訳『資本論』第一巻b、一一一七ページ。〕
★28　邦訳『資本論』第一巻a、三六八、四四〇ページ。

(*Physiologie des Stoffwechsel in Planzen und Tieren* 一八五一年)、『生の循環』(*Der Kreislauf des Lebens* 一八五七年)、『生の統一性』(*Die Einheit des Lebens* 一八六四年)は、シェリングの自然哲学に着想を得た自然科学的唯物論を擁護し、変革と交換の一大過程として自然を分析している。この伝統の影響を受けたマルクスは、労働の「生きた火」によって媒介された人間と自然の有機的交換を、「社会的存在の戦略的な結節点」[☆29]と考えるのである。

ヘーゲルにあって〈自然〉は、即自的に規定された存在(有)ではなく、それ自体で絶対〈精神〉に立ち返る前の普遍的抽象化としての疎外された理念の契機である。〈論理〉と〈精神〉のあいだの媒介として、自然は、それ自体が単一性への傾向をもつ三つの契機、すなわち、空間と時間、物質と運動のカテゴリーが属する力学の契機、普遍性、特殊性、特異性のカテゴリーが接合されるところの物理学の契機、そして最後に、増大する具体性の順序に沿って、地質、植物および動物的自然に再分割される有機的(あるいは生きたものの)自然学の契機に分割される。〈自然〉のこの哲学によれば、力学と自然学は生きたものの具体的な有機性の契機に属するものであって、科学的合理性の完成されたモデルなのではない。同じく、〈生〉は概念の論理学に属しており、概念論理学においては、全体性の完成の契機、すなわち、〈理念《イデー》〉の完成の契機に属しているのである。

『資本論』の論理もまた、生産(時間の直線的機械的組織によって特徴づけられた)、流通(時間の物理的循環的組織によって特徴づけられた)、および総再生産(生きたものの有機的時間性によって特徴づけられた)という契機を駆けめぐる。これらの規定された抽象化に沿って、資本は、生きた存在、さらには「吸血鬼」としての姿を少しずつ現わしてゆくのである。複数の資本間の競争は「有機的交換」の物質代謝を連想させる。だから、『資本論』第三巻で、身体と血塗られた流通のメタファーが増えるのは偶然ではない。

この生きたものの論理は、進歩の歯車の力学的なイメージとはうまく折り合わない。その時代のテクノロジー的オプティミズムと訣別して、マルクスは歴史の進路に規則正しい歩調で行進する統一のとれた進歩の考え方を拒否する。マルクスはどちらかといえばむしろ「物質的生産の発展の、たとえば芸術的生産との不均等関係」について、あるいはまた、「生産関係は法律関係として不均等な発展をはじめる」事実について強調している。より根本的には、マルクスは「進歩の概念は、通例の抽象の形で把握されるべきではない」[☆30]と勧告しているのだ。

進歩がとがめられるのはそういうものとしてではなく、その抽象化と形式主義のためである。「文明のあらゆる進歩、言い換えるならば、社会的生産諸力のあらゆる増大、さらに言い方を変えれば、労働そのものの生産諸力のあらゆる増大——それは科学、発明、労働の分割〔分業〕と結合、交通手段の改善、世界市場の創出、機械装置などから生じてくる——は、労働者を富ませないで、資本を富ませ、それゆえ、ただ労働を支配する力を増大させるだけであり、ただ資本の生産力を増大させるだけなのである。資本は労働者の対立物であるから、それらのものはただ労働にのしかかる客体的な力を増大させるだけである」[☆31]。

支配的なイデオロギーによって称えられる進歩の表象にたいするこの批判は、けっして偶然的なものではない。この批判は、歴史の進路によって担保された未来にたいし満足げに信頼を寄せる、生産力主義の学者たるマルクスという紋切り型の考えに反論するものである。「賃労働者と資本家とを生みだした発展の出発点は、労働者の隷属状態であった。その進展の本領は、この隷属の形態変換に、すなわち封建的搾取の資本主義的搾取への転化にあった」[☆32]。資本の規定性の従属下にある進歩は、たえず自己自身を否定する、留保つき条件つきの潜在力としての進歩のままである。だから、「資本主義的農業のあらゆる進歩は、たんに労働者から略奪する技術における進歩であるだけでなく、同時に土地から略奪する技術における進歩でもあり、一定期間にわたって土地の豊度を増大させるためのあらゆる進

☆29　André Tosel, "Philosophie de la praxis et ontologie de l'être social," in *Idéologie, symbolique, ontologie*, Paris, Éditions du CNRS, 1987. アルフレート・シュミットは、この有機的交換の概念が、啓蒙運動の文化的視野とは関連のない、人間と自然との諸関係の新たな理解力をマルクスのなかに持ち込んだことを強調している（*op. cit.*, p. 112〔前掲邦訳『マルクスの自然概念』、「（B）人間と自然の物質代謝の概念——歴史的弁証法と《否定的》存在論」、七七ページ〕）。

☆30　Karl Marx, *Grundrisse*, I, *op. cit.*, p. 44-46.〔邦訳『資本論草稿集①』、三一—三二ページ。〕

☆31　Karl Marx, *Grundrisse*, I, *op. cit.*, p. 247.〔邦訳『資本論草稿集①』、三七二ページ。〕

☆32　Karl Marx, *Le Capital*, livre I, chapitre XXVI.〔邦訳『資本論』第一巻b、一二二〇ページ。〕

歩は、同時に、この豊度の持続的源泉を破壊するための進歩である」[★33]。より一般的には、「労働の生産性は自然的諸条件とも結びついており、この自然的諸条件は、生産性――社会的諸条件に依存するかぎりでの――が増加するのに比例して豊度を小さくしてゆくこともよくある。それだからこそ、これらの異なる部面において、こちらでは進歩が、あちらでは退歩が、という相反する運動が生じるのである」[☆34]。この決定的なくだりは、資本主義的「進歩」の両義性を強調するだけでは飽き足りない。それは、無制限の搾取と自然の制約との矛盾する関係にこの両義性を接合する。労働者が自然存在であるかぎりで、原料、用具および環境が結局のところ「有機的交換」の利害関係者であるかぎりで、自然の規定性は社会的規定性にたいしてその制約を行使し続けるのである。マルクスが「自然諸条件」の枯渇およびその「収益性」の低下によって社会的生産性の「進歩」が無効になると予想するのはこのためである。だから、人間の自然存在としての人間の有限性と「依存性」はマルクスの記憶にしっかりと残っているのである。「一方では、以前の人類史上のどの時代も想像しなかったほどの工業力と科学力が生まれている。他方では、ローマ帝国の末期に起こったと記録が伝えている惨事をはるかにこえる衰退の徴候が存在している。現代では、あらゆるものが自身の反対物をはらんでいるようにみえる。人間の労働を短縮し、実り多いものとする驚くべき力を付与された機械、それが働く人を飢えさせ過労におとしいれているのを、われわれはみている。新しい富の源泉は、なにか不思議な、怪しい呪文によって欠乏の源泉に変えられてしまう。技術の勝利は、人格の喪失を代償としてあがなわれたようにみえる。人類が自然を支配してゆくのと同じ歩調で、人間はますます他人の奴隷、または自分自身の非行の奴隷にされるようにみえる。学問の清らかな光でさえ、暗い無知の背景のうえでなければ輝きでることができないようにみえる。われわれのあらゆる発明や進歩は、物質的な力に知的な生命を与える一方、人間の生命を愚鈍化して物質的な力に変える結果となるようにみえる」[☆35]。

生産力主義の裁判で、マルクスはどう考えても御しやすい被告にはみえない。彼は「生産力」の概念にあいまいさがあるとして非難されている。[☆36] しかしながら、彼にあっては、生産諸力は、与えられた生産様式において生産諸力の具体的な錯綜とは無関係に、進歩の一面的要因を構成しているわけではない。生産諸力は、自らをその反対物に、破壊的な諸力に変えることによって自己否定することも、自らの知識と新たな社会的協働の諸形態で豊かにすることもできるのである。

生まれつつある労働者運動を台なしにする進歩主義イデオロギーの秘密を暴露する労働の物神崇拝は、「ブルジョワ的言い方」に属するものである。「人間があらゆる労働用具と労働対象との第一の源泉たる自然にたいして、はじめから所有者としてたいし、この自然を人間の所有物として取り扱うかぎりで、人間の労働は、使用価値の源泉となり、したがってまた富の源泉となる。ブルジョワが、労働にはこうした超自然的な創造力が具わっているかのような造りごとを生みだすのは、はなはだもっともである。なぜなら、あらゆる社会状態と文化状態のもとで、自分の労働力以外になんの財産ももたない人間が、対象的労働条件の所有者となっている他の人々の奴隷とならなければならないのは、まさに労働が自然によって制約される結果だからである」[★37]。

しかしながら、「一方では唯物論的哲学の前提および歴史理論と、他方では経済理論のいくつかの基礎概念のあいだには溝がある」[☆38] という。これらの概念は進歩の抽象概念に関する批判的直観に比べて後退を記すものだとも言われる。自然の規定性は経済的カテゴリーの厳密な社会的規定性のなかで消えてゆく傾向をもつからなのだそうである。

★33　邦訳『資本論』第一巻b、八六四ページ。

☆34　Karl Marx, *Le Capital*, livre III, t. I, *op. cit.*, p. 272.〔邦訳『資本論』第三巻a、四四〇—四四一ページ。〕

☆35　Karl Marx, *Speech at the Anniversary of the Peoples Paper*, 1856.〔「一八五六年四月十四日ロンドンにおける『ピープルズ・ペーパー』創刊記念祝賀会での演説」、邦訳全集12、三—四ページ。〕

☆36　「人間存在の諸条件の生態学的構想は、生産力を適切に明確化することによってマルクス主義に容易に結びつけることができたかもしれない。これはマルクスがやらなかったことである」とMartinez-Allierは書いている。

★37　邦訳全集19、一五ページ。望月清司訳『ゴータ綱領批判』(岩波文庫、一九七五)、二六ページ。

☆38　Ted Benton, "Marxism and Natural Limits," *loc. cit.*

この思い違いによる混同がマルクスをして、いくつかの文献にあるエコロジー的危機についての理解を歪めることになるというわけなのである。

要するに、時代に囚われていたマルクスとエンゲルスは、自然の諸限界を認めることには気乗りがしなかったというわけだ。マルサスとの論争で、彼らは、マルサスに理があったように思われる時でさえ、本能の制御のための社会的条件を造りだすためにも、社会変革はなおさらのこと喫緊になるだろうと主張するのである。だから彼らは、人口問題のはらむ深層について意見を表明するのを避けるのである。エンゲルスはこの問題を経済問題に還元することを強く勧告することに甘んずるのだ。「われわれは総じて経済学のお蔭でそうなったように、この理論のお蔭で土地と人類との生産力に注意を払うようになったし、この経済学上の絶望を克服してからは、人口過剰にたいする恐怖を永久にもたないようになったのである」[★39]。彼は、資本が自己自身でおのれに造りだす「障壁」に固有の、過渡的な社会的限界を認めるが、政治経済学の弁護論的なアリバイと見なされる「自然の限界」を拒否するのである[☆40]。

土地のもつ自然の長所を「原料」の機能に還元することは、このカテゴリーを批判的に深めることさえも禁ずることになる。原料は、すでに工業的な生産工程に従属する農業の道具的な進化のなかに記述されている。「農作業の工程においては、加工工程とは異なり、人間労働は原料に望ましい加工の方向を与えるために利用されるわけではない。人間労働はむしろまず、そのお蔭で種子や家畜が成長し開発されるような環境条件を支え規制するために消費される。この型の作業工程には加工の要素はあるが、この場合の加工は、人間労働の適用によってではなく、与えられた有機的諸装置によって意味が生みだされるのである。したがって、農業やその他の生態規制的な作業工程は、生産的な加工作業工程のもつ構造とはきわめて異なる、志向性をもつ構造をもっている」[☆41]。これとは反対に、マルクスは、すべての作業工程を生産－加工型と同一視しているという。ところが、狩猟、採集、採掘が一見生態規制というよりもむしろ生産に属するとしても、「こうした活動においては、主要な、また副次的な原料の位置は、その利用は意図的な操作とは絶対的に、あるいは相対的に独立した、自然的に与えられた素材や存在によって守られているのである」。

だから単純な専有は、それが著しく依存する自然諸条件を変えることはないのである。

最後に、作業工程と加工業についてのマルクスによる概念化は、欠陥のあるものだといわれる。テッド・ベントンによれば、それにはいくつかの理由がある。

（a）諸道具と原料の物質的性質は遅かれ早かれ、人間の意向に応じてその利用‐加工を制限することになる。

（b）たとえそれらの道具が以前の作業工程の産物であるとしても、それらの道具は、それが媒介された形であっても、自然の専有に同じくらい依存し続けるのである。

（c）労働力の消費として、労働それ自体は、自然的規定性の制約のもとにおかれたままである。

したがって、マルクスは、操業不可能であり自然的に与えられた諸条件の相対的自立性を過小評価したというわけである[☆42]。この非難はエンゲルスのいくつかの文献のなかで表明された生産力主義的信条を論拠にしていることは疑いない。「いままで人間を支配してきた、人間をとりまく生活諸条件の全範囲が、いまや人間の支配と統制に服する。人間は、自分自身の社会的結合の主人になるからこそ、またそうなることによって、いまやはじめて自然の意識的な、ほんとうの主人になる。これまでは、人間自身の社会的行為の諸法則が、人間を支配する外的な自然法則として、人間に対立してきたが、これからは、人間が十分な専門知識をもってこれらの法則を応用し、したがって支配するようになる」[☆43]。デカルト的理性の道具的な論理が、ここで抒情的な飛翔を始めるのである。ハイド氏がジキル博士の姿で現われるのだ。

★39　エンゲルス『国民経済学批判大綱』、邦訳全集1、五六四ページ。

☆40　世界人口会議によって媒介された人口統計に関する論争において、マルサスに関する議論は否定しがたい今日的意義をもっている。この問題については *Les Spectres de Malthus*, collectif, Paris, ORSTOM-EDI-CEPED, 1991; C. Reboul, *Monsieur Le Capital et Madame la Terre*, EDINRA, 1989; Hervé Le Bras, *Les Limites de la planète*, Paris, Flammarion 1991; ならびに Maxime Durand のすぐれた論文 "Pour en finir avec Malthus," *Critique communiste*, n°139, automne 1994 を見よ。

☆41　Ted Benton, "Marxism and Natural Limits," *loc. cit.*

☆42　*Ibid.*

散逸するエネルギーを求めて★44

早咲きのエコロジスト・マルクスに対置する形で生産力主義者マルクスを引用文で仕立てあげるのは、愚かなことかもしれない。彼のかかえる諸矛盾をしっかりと受けとめ、これらの矛盾を真剣に取り上げるほうがずっとましである。この問題性を含む個所については、解釈の違いに基づくもろもろの戦略が対立しあっている。周囲の科学的および技術的オプティミズムを共有するとしても、マルクスは彼の属する世紀の夢想家でも素朴な時代の落とし子でもない。マルクスが『資本論』第一巻を仕上げた年は、ヘッケルに「エコロギー」(Ökologie = écologie = ecology)の概念が現われた年〔一八六六年〕でもあった。★45

今日のエコロジーは、その規模の大きさ（海、湖、森）はどうであろうと、有機体(organisme)および生命圏の一定の機能的単位を示すエコシステム、すなわち部分集合の科学として定義されている。リンネによって提案された「自然の経済学」、植物相と風土に関するフラースの研究、リービッヒの近代農業批判、ウォーレスの動力学的相互作用における生きた有機体の理解、そしてヘッケルの『有機体の一般形態学』〔一八六六〕などの近代科学が発展を遂げるにつれて、この研究対象はゆっくりと浮上してきた。「資本主義という征服者のような略奪的な動力学によって襲われた社会においては、自然の利用の効果性を拡大し増大する公然たる目標のもとに、自然の歩みをより深く理解しようとする欲求が現われる。エコロジーはこの必然性と必要性から生まれてくるであろう。同じ自然的均衡が社会の歩みと自然の歩みとをつかさどるという考え方は、それが経済学の基礎となったように、エコロジーの基礎となるであろう☆46」。

エコロジーによって、エルンスト・ヘッケルは、「われわれがそのなかで生存競争の諸要因をより広く認識することが可能な、外界との有機体の諸関係の学」と理解している。しかしながら、学問と進歩にたいする信頼がむしろ強い時代に生まれたエコロジーは、動植物のエコロジーとして、また海洋学や湖沼学として強く求められ、枝分かれすることになる。一八五〇—六〇年代以後、エネルギー諸理論の飛躍的発展は、エネルギー流出の定量化となって現われてくる。この定量化は、地球によって遮られ、新たに空間に放射された太陽エネルギーの割合と、植物が炭素に転換しうる割合の決定を構想可能なものとするのである。

社会的拡大再生産（資本主義的生産様式においては資本の蓄積の形態を帯びる）は、マルクスの考えでは、それ自身の再生産のために消費されるものよりも多くのエネルギーを提供する労働力の驚くべき能力を根拠としている。しかしながら、マルクスはこの謎を解明しようとはしない。

一八八〇年にウクライナの社会主義者セルゲイ・ポドリンスキイは「社会主義と物理的諸力の統一」と題する短い論文を『社会主義評論』(*Revue socialiste*) に発表し、次のような問題を正面から提起した。「マルクスによって定式化され、社会主義者たちによって受け容れられている生産の理論によれば、人間労働は、物理学の言語で自己表現することによって、その生産物のなかに、労働者の力の生産のために消費されたはずの量よりもさらに大きな量のエネルギーを蓄積する。この蓄積は、なぜ、またどのようにして行なわれるのか?」そしてどんな驚異的現象によって、人間労働は、それ自身の再生産に必要な時間よりも多くの時間、機能することができるのであろうか? ポドリンスキイはエネルギーの配分の諸法則や太陽光放出の恒常性を想起しているのである。人類は、「太陽エネルギーのこの配分に一定の変更を生みだすことはできる」。なぜなら、人間は、とりわけ農業と自然の生物学的生産性を改良すること

☆43　Friedrich Engels, *Socialisme utopique et socialisme scientifique*, Paris, Éditions Sociales, 1960.〔邦訳全集19、「空想から科学への社会主義の発展」、二二三ページ。大内兵衛訳『空想から科学へ』（岩波文庫、一九六六）、八九ページ。全集20巻、『反デューリング論』、第三篇「社会主義」、「2　理論的概説」、二九二ページ。〕

★44　原文は“À la recherche de l'énergie dissipée”で、マルセル・プルーストの大作『失われた時を求めて』(*À La Recehrche du temps perdu*) を念頭に置いているであろう。また、「散逸する」は「浪費される」をも含意しているかもしれない。

★45　Ernst Haeckel, *Generelle Morphologie der Organismen* (Berlin, 1866) が初出とされる。それ以前の書簡中で使用されたとする説もある。

☆46　Jean-Paul Deléage, *Histoire de l'écologie*, Paris, La Découverte, 1991. p. 58.

によって、「地上に蓄積された太陽エネルギー量を増やし、散逸したエネルギー量を減らすことが可能」だからである。フランス農業のエネルギー収支に基づいて、人工草原一ヘクタールを耕すために消費されるカロリー〔熱量〕が、その時代の生産諸条件においては、約四〇カロリー回収されることを彼は証明したのである。

それでは、この減衰要因は何なのだろうか？

熱力学の諸法則によれば、宇宙のエネルギーは不変であるにもかかわらず、散逸する傾向をもっている。エントロピーは、他のエネルギー形態に転換不可能なますます増大するエネルギー量を指定する。一八四〇年代にジュール、マイヤー、ヘルムホルツによってほぼ同時に定式化された（エネルギー保存の）第一原理は、閉ざされた体系のエネルギー量は不変であることを強調している。一八二四年にカルノーが予見し（『火の動力』*La puissance motrice du feu*）[★47]、一八六五年にクラウジウスによって定式化された第二原理は、すべてのエネルギー変換は段階的低下を伴うことを主張している。（その量的保存が）けっして破壊されることのないエネルギーは、熱に転換されるまで（質的な散逸の）形態を変えるのであるが、その代わりに、その熱を労働に完全に転換することはできないのである[☆48]。ポドリンスキイは開かれた体系と閉ざされた体系を区別しない。彼は（社会的ダーウィン主義と論争したにもかかわらず）、熱力学と自然淘汰との関係をこれ以上取り上げない。彼の考えでは、貧困はエネルギー不足の結果ではなく、まずは不平等と浪費に関連のある社会的現象である。しかしながら、彼は、競合し合う二つの過程に関する仮説、すなわち、光合成によってエネルギーを蓄積する植物の過程と、エネルギーを放出する動物の過程という仮説を表明することはない。第一の過程が勝る時はストックがあり、第二の過程が勝るときはストックはない、というわけである。ストック不足の動物的過程をともにする人間はその有用労働によってエネルギーの生産と蓄積のバランスを変更する。人間の労働力とその利用は社会関係における剰余価値の原因となるが、それの最終的な源泉を構成するものではないというのである。人間労働は結局はたんなるエネルギー変換器として作用するであろう。だから、社会的生産過剰は、植物や化石のエネルギーのストック不足がもともとの原因なのだというのである。

一八八〇年四月八日付のマルクス宛の書簡で、ポドリンスキイは、「剰余労働と現代の物理学諸理論を調和させる試み」として自分の分析方法を提示した。彼はエネルギーと「社会諸形態」の相互関係についての仮説を提出する。新古典派と対応して、ポドリンスキイは熱力学的な見地から経済過程を分析する。エネルギー保存の理論は、人間労働が無からエネルギーを引き出すことはできず、ただたんに現存するエネルギーの放出を変更して欲求の充足にそれを応用することができるだけであることを示唆している。それゆえ、生きた存在は、（植物の）蓄積と生活体系によって吸収される太陽エネルギーの散逸のあいだの不安定な均衡の当事者となるだろう。「われわれはここで、人呼んで生活のサイクル（Kreislauf des Lebens）を全体として構成する二つの並行過程に向かい合っているのである。植物は太陽エネルギーを蓄積する特性を有するが、これにたいして植物物質を摂取する動物は、蓄積されたこのエネルギーの一部を機械的作業へ転換し、そのエネルギーを空中に散逸させるのである。植物によって蓄積されたエネルギー量が動物によって散逸されたエネルギー量よりも大きければ、たとえば植物的生活が動物的生活に比べ、明らかに支配的であった石炭の形成期においては、ある種のエネルギーのストックを有することになる。これにひきかえ、動物的生活が圧倒的に優勢である場合には、エネルギーのストックはみるみるうちに放出され、植物的生活それ自体は、植物界によって設けられたぎりぎりの限界まで後退しなければならない。だから、エネルギーの蓄積と散逸のあいだには一定の釣り合いがなければならない。地上の表面のエネルギー収支は多少とも安定した大きさに対応するが、エネルギーの正味蓄積は、ゼロにまで落ち込むか、または、いずれにしろ植物支配の時期よりもずっと低いレヴェルに落ち込んでしまうかである」[☆49]。

このようにポドリンスキイは労働生産性のエネルギー的解釈の方向に進路をとっている。人間労働が「食糧の同化吸収によって蓄積されたエネルギーの五分の一を筋肉エネルギーに転換する能力をもっている」ことを確信して、彼

★47　サジ・カルノー『熱機関の研究』（広重徹訳・解説、みすず書房、一九七三）。
☆48　Bernard Brunhes, *La Dégradation de l'énergie*, Paris, Flammarion, 1909.

はこの関係を「経済係数」と呼んでいる。そこから彼は、人間の身体は蒸気機関よりも効果的なエネルギー変換装置として働くとの結論を引き出すのである。「人類は、熱や他の物理的力を労働に転換するだけではなく、さらに、逆のサイクルを実現する、すなわち、労働をわれわれの欲求の充足に必要な熱や物理的諸力に転換するのに成功する機械であり、こうして人間労働は、言ってみれば、熱に変換された自分自身の労働によって自前のボイラーを温かくする力をもっているのである」。労働のエネルギー的生産性が経済係数と少なくとも同等であるという条件で、労働は生存のために消費されるエネルギー量よりも大きなエネルギー量を蓄積することができるというのである。どんな社会であれ、これが第一の物質的基礎となる。[☆50]

政治経済学批判とエコロジーの出会いがなかったことに責任があるとしばしば感じていたエンゲルスは、冷酷な学者という定評を甘んじて受け容れる。[☆51] 一八七五年から八六年にかけての、『反デューリング論』、『フォイエルバッハ論』、『自然の弁証法』は、異論の余地のない実証主義的傾斜を代価として、方法と内容の一致に明確な形を与えようと試みている。「もしわれわれが世界図式構成を、頭のなかから導き出すのでなく、頭をたんに媒介として現実の世界から導き出し、存在の諸原則を現に存在しているものから導き出すとすれば、そのためにわれわれが必要とするものは、哲学などではなくて、世界とこの世界に起こっている事柄とにかんする実証的な知識である。そして、そこから生まれてくるものも、やはり哲学などではなくて、実証的科学なのである」。[☆52]『自然の弁証法』の悪評は、当然のことながら、「いまや全自然は概略説明され理解された連鎖と過程の体系としてわれわれの前に横たわっている」という自然と学問的信条から「演繹された」、「弁証法の諸法則」の名高い公式化に負っている。書簡の相手であるウクライナ人の諸テーゼにかんしてマルクスから相談をもちかけられたエンゲルスは、きっぱりとした回答を与えた。エネルギー保存の原理が「すべての伝統的な考え方の修正を必要としている」ことを自ら納得はしているものの、（世界の本質はエネルギーであるとする）エネルギー論的提案を拒否した。「ポドリンスキイの話は、僕は次のようなものだと思った。彼の本当の発見は、人間の労働は太陽のエネルギーを人間の労働がない場合よりも長いあいだ地球の表面に固着させて作用させることができる、ということだ。彼がそこから引き出した経済学的な推論はすべてまちがっている。……〔ポドリンスキイは〕非常に価値のある発見から出発しながら、脇道に逸脱してしまったのだが、それは、彼が社会主義の正しさの新たな自然科学的証明を見いだそうとして、そのため物理的なものと経済的なものとをごちゃ混ぜにしてしまったからなのだ」。[☆53] この発見の重要性を歓迎しながらも、エンゲルスはその発見から引き出された結論を拒否したのである。この判断のなかには最良のものと最悪のものとが混ざり合っている。

その理由は基本的には二つある。

第一の疑念の理由は直接的にイデオロギー的なものである。エンゲルスは、エントロピー理論から派生する、「熱的死滅の停止」に関する宗教的な外挿の諸命題に照準を合わせているのである。自然の諸限界に関するマルサスの言説の現実化や、生命空間の問題性を予告するヘッケルの人種テーゼと並行して、熱力学の諸成果は当時実際に神秘主

☆49　Serge Podolinsky, "Menschliche Arbeit und Einheit der Kraft," *Die Neue Zeit*, 1883. Podolinsky については、Jean-Paul Deléage のほかに次を見よ。Joan Martinez-Allier et Klaus Schlüman, *La ecologia y la economia*, Mexiko, EFE, 1991; Martinez-Allier, "la confluence dans l'éco-socialisme," in *L'idée du socialisme a-t-elle un avenir?*, Actuel Marx, Paris, PUF 1991; Tiziano Bagarolo, "Encore sur marxisme et écologie," *Quatrième Internationale*, mai 1992.

☆50　Joan Martinez-Allier et Klaus Schlüman, *La ecologia y la economia*, *op, cit.*, p. 66-72 を見よ。

☆51　*Le Statut marxiste de la philosophie*, *op. cit.* において G. Labica は、一般的に認められている考えと紋切り型の考えとが、エンゲルスの人間的および理論的な、しかしながら同時に決定的で魅力的な個性への接近可能性をむずかしくしていることについて適切にも注意を向けている。Rabica はエンゲルスの貢献を副次的と見なす「マルクス主義的」研究に固有の危険について強調している。

☆52　Friedrich Engels, *Anti-Dühring*, *op. cit.*〔『反デューリング論』、邦訳全集20、三六ページ。粟田賢三訳・上巻、六一ページ。〕

☆53　Friedrich Engels, *Lettres sur les sciences de la nature*, Paris, Éditions sociales, 1973. p. 103.〔邦訳全集35、一八八二年十二月十九日付のエンゲルスからマルクス宛の書簡、一一〇ページ。〕エンゲルスとエネルギー保存については、Eric Alliez と Isabelle, Stengers の大変興味を引く論文 "Énergie et valeur: le problème de la conservation de l'énergie chez Engels et Marx," séminaire du Collège international de philosophie, 1984.

義的な投機を育んでいた。後者の法則は、とりわけ悲観主義的な目的論によって利用される。これらの黙示録的な見通しに対して、エンゲルスは物質的実体の永続性を擁護しようと努める。彼は第二原理（エネルギーの漸進的低減★54）を拒否しながらも、第一原理（エネルギーの保存）には賛同し、エントロピーの放散を認識の暫定的な限界と結びついた仮象と見なしている。「宇宙空間に放射された熱は」――それを発見することが将来いつかは科学者の課題となるであろう――「ある別の運動形態に転化する可能性をもち、その運動形態のもとに熱はふたたび集積し活動的になりうるはずだということである。またこのことによって死滅した太陽が灼熱した蒸気になることをはばんでいた主要な困難は解消するのである☆55」。いったんは失われ再発見されるこのエネルギーの仮説はたんなる思いつきではない。この仮説は、量的な保存と質的な段階的減下を両立させることの困難と、同じく、熱力学のエントロピー的見通しと進化の創造的な見通しとを結び合わせることの困難とに対応している。全方向に放射される巨大なエネルギー量の再集積化がありうるかどうかの問題を、物理学者たちはふたたび長いあいだ自らに提起することになるであろう。一部の物理学者は、閉ざされたシステムにおける段階的低下を進んで認めるが、物質的宇宙がまさしく閉ざされたシステムであるということについて自問する。ウィリアム・トムソンは、「いま、物質的世界で起こっているよく知られた作用がその従属下にある諸法則の支配の下では不可能な」作用を検討している。もっと一般的に言えば、エネルギーの保存については確信をもつが段階的低下には懐疑的な知的エリートは、この前世紀〔十九世紀〕末に、何かが毎日失われるとしても、その何かがあとで取り戻されるし、放散されたエネルギーはふたたび蓄積されるだろうと執拗に考えたのである☆56。

熱の変換に関するジュールの諸発見とライエルの地質学の具体的展開をわがものにしようとしたエンゲルスとしては、「宇宙における運動量は不変である」というデカルトの命題を固く守るのである。彼は「力」の概念よりもこの概念を好んだにもかかわらず、エネルギーの概念そのものについては留保つきで歓迎する。一方で、この概念は、運動の関係の総体の片方の様相、すなわち、反作用でなく作用をつかむだけであり、他方で、「物質にとって外的な何か」について疑わしい形で言及するからである。エンゲルスはエネルギーの転換を、「すべての転換における運動の量的等価性」の法則を強調することによって異なる運動の形態のあいだでの変換として理解している。彼はそこに、このときまでは自然におけるすべての運動の統一性という哲学的仮説にすぎなかったことがらが「科学的事象」に格上げされたことさえ見ている。それでも彼は、クラウジウスの諸原理を認めることを頑固に拒絶するのである。「ニュートンの引力と遠心力——形而上学的思考の実例。すなわち問題は解決されたのではなく、やっと提起されたばかりなのであって、しかも、これが解決として講義されている。——クラウジウスの熱の散逸も同様である」[★57]。エントロピーの法則は、彼にとっては明らかに、宗教的なものの回帰がそこから流れ込む恐れのある突破口のように見える。これが『自然の弁証法』のなかの物理学に関する註釈のライトモチーフなのである。「一見失われてしまったようにみえる熱がどうなるのかの問題にいたっては、いわば一八六七年（クラウジウス）以降になってやっと明確な形で提起されたばかりである」[★58]。

エンゲルスは、この問題が解決されるまでには長くかかるであろうが、それが「解決されるだろうということは確

★54　ベンサイドは「エントロピーの漸進的増大」についての第二法則をこう理解しているように思われる。

☆55　『自然の弁証法』、序論、全集20巻、三五八ページ。秋間・渋谷訳、一〇四ページ。」エネルギー保存は、それが解決される時と同じくらい多くの問題を提起する。「一部の学者（ポワンカレやデュエムの場合がそれにあたるが）にとって、エネルギー保存（不変なまの何かがある）は、その真理の唯一の物差しが繁殖力であるところの研究原理である。他の学者（オストヴァルトのような）にとって、異なるエネルギー形態のあいだの質的相違は妥協を許さないものであって、したがって、力学は他の学問のなかの一学問でしかないのである。さらにまた、他の学者にとっては、エネルギー保存は、すべてのエネルギー形態を力学的エネルギーというたったひとつの形態に還元する可能性を伴っている。それゆえ、歴史的文脈に位置づけてみると、エネルギー保存の発見は、他の学問がそれに従わねばならないような型式を構成することができないものである。この発見はむしろ、その立役者たちのだれもが自分の学問的な考え方を基礎づけるために素早くつかんで利用することのできない問題を構成しているのだ。エンゲルスはこうした立役者たちのうちのひとりなのである」(E. Alliez et I. Stengers, "Énergie et valeur...," *loc. cit.*)。

☆56　Bernard Bruhnes, *La Dégradation de l'énergie*, *op. cit.*, p. 370-374.

★57　『自然の弁証法』、邦訳全集20、五七七―五七八ページ。秋間・渋谷訳、七ページ。

★58　同前邦訳全集20、五八八ページ。秋間・渋谷訳、五五ページ。

実であって、それはちょうど自然にあってはいかなる奇跡も起こらないこと、星雲球の原初の熱がなにかの奇跡によって宇宙の外から分けあたえられたのではないことが確定しているのと同様である」〔同前〕ことを想定している。「輻射されてしまった熱がふたたび利用できるようになることが見いだされるまでは」〔同前〕、循環過程は再現されないであろう。クラウジウスが証明していることは、世界は創られたが、創造された物質もまた消滅されうるものである、ということである。クラウジウスがその第二原理についてどんな言い方をしてみても、「エネルギーは彼にあっては〔……〕量が失われるのではないにしても、質からいえばそうなのである」[★59]。「世界という時計もねじを巻かれるはずであって、巻けばそれは動きだし、ついには平衡に達してしまうが、この時これをふたたび動きださせることができるのは、奇跡といったものだけだろう！[☆60]」。

そこに賭けられている問題は明らかである。エンゲルスは、目的論的な結果が現われる可能性があったために、熱力学の第二原理を斥ける。科学者の仮定上のイデオロギーの名での科学的発見を批判することによって、彼は自分自身からイデオロギーの部面に身を置く。その口調は信仰告白の口調となる。「物質が運動しているのは、ある永遠の循環過程においてである。〔……〕物質のどんな有限な存在様式も、すべてはそこでは等しく一時的でしかないような循環過程であって、その過程においては永久に変化し続け、永久に運動し続ける物質と、その物質が運動し変化するさいの法則とのほかには、永久なものはなにもないのである」。しかしながら、「ある太陽系のたったひとつの惑星上で有機的生命の諸条件が造りだされるまでにさえいかに長くかかるにせよ、また諸生物のさなかから思考力のある脳髄をもった動物が進化してきて、短期間だけ生存しうる諸条件を見いだし、やがてまた無残にも絶滅してゆくその時までに、いかに数多くの生物がこれに先だって出現し、また滅亡しなければならないものにもせよ、われわれは確信する、物質はどんなに変転しても永久に物質であり続け、その属性のどのひとつも失われることはありえず、またそれゆえに物質は、それが地球上である日その最高の精華、思考する精神を再び絶滅してしまうであろうその同じ鉄の必然性をもって、この思考する精神をいずれかの場所、いずれかの時にふたたび生みだすにちがいないことを[☆61]」。

熱力学の特殊創造説的な誘惑にたいして、エンゲルスは、物質の永久性に関する宇宙論的信条によってこれに答える。こうして彼は、科学的知識の有効性をそれぞれの応用分野に関連したもの以外は認めないという自分自身の勧告を二重に蹂躙するのである。「われわれの公認の物理学・化学・生物学の全体は、ひたすら地球中心的であり、地球のためにのみ計算されたものである」[☆62]。この健全な原理は、エンゲルスが、その特殊な諸法則については（いまだ）未知のより広大な（開かれた）システムのレヴェルで散逸するエネルギーのありうべき回収について思索せずに、この（閉ざされた）システムのレヴェルでクラウジウスの諸法則を認めることを可能にするはずのものであった。進化の理論は、壊滅状態からよみがえった宇宙という観方に反論する更なる有効な論拠を彼にもたらしえるはずであった。ウィリアム・トムソンが一八五二年に「自然における力学的エネルギーの散逸の普遍的傾向」にかんする反響を呼んだ論文を発表したのにたいして、進化論は、ダーウィンによれば、生存競争における環境諸条件へのよりすぐれた適応性という意味を含んでいた。物理学者たちのほうは、熱力学の諸法則に反するこの生命諸力の増大という考え方にたいして意図的に沈黙する態度を示したのである。一部のものは生命力学を散逸したエネルギーの精神的エネルギーへの変換によって説明することで、二つのアプローチの両立性を救いあげようとした。

この矛盾は、一方では、社会的なものの物理的なものへの還元に由来するが、エンゲルスはその危険をよく感じていた。開かれたシステム、情報、有機組織の諸理論は、その後、熱力学と進化の創造性のあいだの当時は面食らうような矛盾にたいする回答としての諸要素をもたらした。自然淘汰は、合理性の発展を促し、連帯や支援の行動を特別に重視する本能と同じ理由で社会的本能を淘汰する。「それ以後の自然淘汰の結果は、種の改良にもっとも適さない

★59　同前、五八八―五八九ページ。秋間・渋谷訳、六八ページ。

☆60　Friedrich Engels, *Lettres sur les sciences de la nature, op. cit.*, p. 292.〔この脚注にある出典は間違いで、引用文は『自然の弁証法』に出てくる。邦訳全集20、五八九ページ。秋間・渋谷訳、六八ページ。〕

☆61　*Ibid.*, p. 291.〔邦訳全集20、三五八ページ。秋間・渋谷訳、一〇四―一〇五ページ。〕

☆62　Friedrich Engels, *Dialectique de la nature, op. cit.*, p. 241.〔邦訳全集20、五四六ページ。秋間・渋谷訳、一二一ページ。〕

要素の除去をとおしてかつては事態をつかさどっていたのだが、それが自然淘汰それ自体と融合することによって、原初的で、よりよく知られた別の結果に逆らうような事態が思わず発生することになるのである。こうして人は除去から保護へ、根絶から支援へと移り変わる。それ自身の歴史的進化のなかで、自然淘汰は最終的に自己自身を否定することになる」。これこそ、人間に拡大された淘汰の論理の内部での「可逆効果」ないしは「断絶なき逆転」とパトリック・トールが名づけたものである。[☆63]

より一般的に言えば、進化は熱力学的傾向を部分的に中和するか、ないしは手直しする。だから可逆効果は、宿命論やわれわれの時空規模や抗いがたい熱死滅を甘受することをせずに、再生不可能なエネルギーの加速的消費から生まれる生態学的な諸帰結を直視することを可能にするのである。植物の光合成は太陽エネルギーのおよそ一％しか利用せず、工業システムは消費されたエネルギーの五〇％以上を無駄に放出し、エネルギー支出のたった一〇％から二〇％が対達成目標比で正当と見なされている。それゆえ情報の発展（知識と社会的協働）と結びついた可逆効果は、エネルギー消費からの収益性を高めたり、再生可能エネルギーに訴えたり、ストックの復元よりもゆっくりとしたエネルギー消費によって、エントロピー的諸傾向を阻むことを可能にするのである。

身体的労働、社会的労働

エンゲルスの二番目の批判は認識論にかんするものである。

ビューヒナーやモレスコットの俗流唯物論に対する彼の論争と軌を一にして、エンゲルスは、「社会主義の正しさについての新たな証拠を発見」しようと考えたことで、ポドリンスキイを批判する。階級闘争において決定されることとは、技術の潔白を弁護したり、エコロジー政治学を科学的に根拠づけたりするために介入する専門家の口論に還元しうるものではない。マルクスが何度も「ただひとつの学」に融合すべきものとして社会科学と自然科学の使命を予告したとしても、この傾向は長期間続く過程である。さしあたってエンゲルスは、「物理学と経済学を混ぜ合わせ」たり、そのいずれにも特有の「力」の概念を混同したり、「自然諸科学の理論を社会に適用する」ことに同意しない。労働力と資本を「ジュール」〔エネルギーの絶対単位〕で評価する可能性を排除するエンゲルスは、ヴァルラスや新古典派の学者が思想的に立脚する様式のエネルギー・ドグマティズムや諸個人をたんなるエネルギー変換装置に還元する考え方と闘った。

　したがって、ポドリンスキイの誤りは、経済学を物理学の言語に不当に翻訳するところにある。彼の創意に富んだ仮説は俗流唯物論の拒否と「社会に自然諸科学の理論を応用するその意図」との犠牲となっている。『反デューリング論』や「反ビューヒナー論」のための論考（『自然の弁証法』）でエンゲルスは、物理学と経済学の混同に実際にたえずぶつかった。エネルギー概念と熱力学へ道を切り開いた仕事の概念そのものは、機械装置の経済学を考えるために一八二〇年代の物理学に現われた。☆64 この概念は、その利用を最適化するために人間と機械双方の生産と消費を計測しようとすることによって、物理学と経済学を理論的に接合するものであった。それはまた、生きた諸力に関するライプニッツの推論にある偉大な普遍力学の問題性とも再び結びつくのである。

　一七七八年の『人間の力』(*La Force des hommes*) に関するクーロンの論考は、「人間がその力を使う際の、いろいろなやり方に基づく日々の労働によって提供しうる行動量を決定する」ことを対象としたものである。労働の合理化過程において重要なことは、例外的な成果を測ることではなくて、「正当な日ごと労働」を成就する平均的人間の通常の能力を測ることである。だから、労働の抽象化（クーロンの平均）によってその法則をしだいに押しつける価値の社会的尺度は、労働の経済的効果を表現する結果／疲労の関係を最大限化するという明白な気遣いのもとで、労働の身体

☆63 Patrick Tort, *La raison classificatoire*, Paris Aubier, 1991, p. 406-408.

☆64 仕事の概念は、一八二九年にコリオリによって物理学において公的に導入されていた。この点については、François Vatin, *Le Travail, économie et physique, 1780-1830*, Paris, PUF, 1993 の仔細な研究を見よ。〔物理学における「仕事」(travail) は、経済学においては「労働」といわれることもある。〕

的量化に行き着く。人が報酬を与えようと意図するのは、実際には、社会的労働力にたいしてではなく、身体的疲労にたいしてである。人間をエネルギーを変換する機械と考えることを別とすれば、「通常の労働日」を規定する商業上の物質代謝以外に、それを評価することができるものはなにもないのである。[☆65]

十九世紀初頭の物理主義的熱中は、古典経済学の勝利が確定してからはじめて行動を起こした。さまざまな労働の共通の尺度を追求したナヴィエは、成就された労働の内容とは関係ない機械の容量を測ることができる「自動通貨」のようなものについて語っている。コリオリはこれにたいして、物理的形式主義と経済的意味とを区別することからはじめている。仕事はまず「機械の動作の正しい物差しであり、有用な仕事としての能率はその効果性の物差し」なのである。努力のことも努力の結果のことも指し示すために利用される仕事のことばは、あいまいなままである。仕事が物理的に自己を保存するとしても、その生産効果を実現することによって仕事が散逸する程度に応じて、経済的には一部分が失われるのである。[☆66]こうして人は、啓蒙の力学的知識に基づいた技師たちの物理－経済的計画の限界に触れるのである。資本主義的飛躍に直面した彼らの考え方は、最大限に彼らの可能性から引き出され、新しい熱力学的思考の到来を求めていた。「時間の問題の扱い方は、経済を経由した古い物理学から新しい物理学へのこの移行の中心にある……。生きた力の仕事への転化を考えることは、実際には不可逆的な過程を、言い換えれば、理論的に言っても喪失なしには起こりえないエネルギー的転換を構想することである。本来的には物理的ではなく、物理－経済的思考のカテゴリーである仕事の概念はやがて熱力学が概念化することになるであろう時間の矢をあらかじめ想定している[☆67]」。

経済－生理学的な大きさとして「作動量」を規定することを提案することによって、クーロンは機械論的唯物論と聖書神学的象徴体系を混ぜ合わせる。これにひきかえマルクスは、抽象労働の見地から見れば必要不可欠な、同時に具体労働の見地から見れば不可能な労働力の量化の社会的矛盾のなかに位置を定める。「人間的力の消費」としてのナヴィエの「自動通貨」と形式的に類似性があるにもかかわらず、マルクスの労働価値概念は場を変え、エネルギー次元を社会的次元に統合することによって物理学と経済学との等価性を打ち壊す。不均質な商品と労働力としての商品とのあいだの共通の尺度を見いだすという目標はそのままであるとしても、政治経済学批判は物理学と経済学の混同に反対して構築される。それゆえに、理論的な再転落と後退のように見えることに対するエンゲルスの警戒心はよりよく納得されるのである。

そして、マルクスとは異なり、エンゲルスが自然の科学と人間の「科学」、社会的規定性と自然的規定性とのあいだに距離を設けておくべきだという点を強調するのは、このためなのである。政治経済学批判は、彼にとっては、歴史と文化の側に立っている。複雑性の諸科学（システム理論やカオス諸理論）が科学的知識についての新しい全体論的パラダイムを称えているかぎりにおいては、この論争は流行遅れになったようにみえるかもしれない。十九世紀にひとつの科学のその対象との特有の関係を断固として擁護する態度は、もろもろの科学的手順をそのイデオロギー的外皮から解き放つために必要な闘いと同じような特徴を分かちあっている。それゆえ一般に認められている考え方に逆らって、性急なエネルギー論的熱中に名を借りた経済学と物理学との融合を彼が拒否する時の、あるいはまた、スペンサー流の「生存闘争」の人文諸科学への拡張にたいして彼が叛旗を翻す時の、エンゲルスの正しさは認めなければならない。彼の言説はいまもなお、諸学の分類において支配的であった、自然諸科学と人文ないし社会諸科学（彼

☆65　この物理学者の理想は、科学アカデミーによって一七八九年に公表されたラヴォワジエの覚書でじつによく説明されている。「重さにして何冊の本が演説を暗誦する人間、楽器を奏する音楽家の努力が対応するのかについて知ることは可能である。熟考する哲学者、物を書く文人、作曲する音楽家の仕事における力学的なものを評価することさえ可能であろう。純粋に精神的な（moraux）ものと見なされるこうした結果には、なにか身体的で肉体的なものがあり、それがこの関係のもとではそれらの結果を肉体労働者の結果と比較することを可能にするのである。したがって、フランス語が、仕事という共通の名称で、精神の努力と肉体の努力、書斎の労働と報酬目当ての仕事を混同してしまったのには、なにほどかの的確さがなきにしもあらずなのである」。

☆66　*Francois Vatin, Le Travail..., op. cit.*, p. 78. コリオリは、物理学がまだエントロピーの法則を知らない時に、仕事＝労働の経済的な段階的低下を知覚していた。だから彼は、仕事＝労働と労働力の決定的区別を予告する、仕事＝労働それ自体と「仕事＝労働の生産能力」との重要な区別を打ち立てることに導かれるのである。

☆67　*Ibid.*, p. 91.

は政治経済学を「歴史科学」として語っている）への大分類の一環なのである。「さまざまな運動形態の研究こそ」[☆68]は、自然諸科学（力学、物理学、化学）の主要対象なのである。力学は量しか知らないし、物理学と化学は量から質への転換に立ち向かう。生きた有機組織は、「たしかに、三位一体がもはやそこではばらばらに切り離されることのない、力学、物理学、化学全体をひとつに包括するすぐれた統一体」である。問題はまさに、政治経済学批判やエコロジーや歴史学のような複合的な知識が分類上の根拠に基づいて分離される知識といかにして接合するのかを理解することである。彼の研究を信用するとすれば、エンゲルスはマルクスよりも、堅実かつ実証的な諸科学の自立性を尊重するほうに傾いているようにみえる。商売から身を引いてロンドンに身を落ち着けてから、エンゲルスは、「数学と自然科学について」完全な「羽がわり」[☆69]をやる仕事にとりかかったと告げている。しかしながら、彼は、あらゆる観念論的誘惑に抗して、数学を含む学問的知識が人間の欲求を媒介にして歴史のなかに深く根づいていると主張する。

結局、エンゲルスは経済学を物理学の言語で翻訳しようとし、物理学的な仕事概念（「運動の尺度」として）とその社会的概念とを新たに混同しているとしてポドリンスキイを批判している。この批判は、肉体労働者の労働は社会的産物としてよりもむしろほとんど自然的産物として富を生産する奇跡のような能力をもっているという肉体労働者についてのあまりにも単純すぎる理想化に対する（とりわけ『ゴータ綱領批判』における）マルクスの論争に反響する。提供された労働と公正な財産の社会的配分のあいだの関連は、搾取の根源にメスを入れるかわりに、見せかけの分配社会主義にいたる恐れがある。

それだけにエンゲルスは、経済的領域に無頓着に移植される熱力学が労働価値論を脅かす恐れがあるとみて、なおさらのこと強く反応したのである。彼は経済的労働と力学的仕事の区別を維持しようと努める。エネルギー理論と価値理論のあいだの形式的な類縁関係をしっかりと記憶にとどめた彼は、両者の混同が、エントロピー法則の延長によって、消極的な剰余価値という考え方に、言い換えれば、利潤と蓄積の謎への回答として搾取関係の一貫性それ自体をおびやかす「丸損」という考え方にいたる恐れがあることをよく理解している。社会的交換のエネルギー的量化を通じて、実際に、労働者は彼が自分の生産的労働によって取り戻すことができる以上のエネルギーを消費するという結論に到達する恐れがあるのである。この場合、蓄積をまったくの物理的天引きとか自然資源のストック減とか考えないかぎり、蓄積の謎はすべてもとのままである。ポドリンスキイの仮説の不条理に反論するエンゲルスは、人間のエネルギー生産効率が必然的に一以下である場合、人間が自分の労働によって、その人間の消費に含まれるエネルギーを超えるエネルギーを開発することはできないことを強調する。経済活動は消費された人間労働よりもエネルギー的には高い生産に申し分なく導くことは可能であるが、それは人間に固有のエネルギー的生産性のためではなく、労働力の社会的搾取、天引き、さらに、その取得と配分とが労働の組織によって社会的に媒介されるところの他のエネルギー資源の転換によってである。

だから、歴史的に規定された生産様式の特有の枠組においては、ポドリンスキイの仮説は労働価値論を脅かすことはない。蓄積された資本はまさに未払い労働の結晶化である。このアプローチによって、社会的抗争の原動力や力学を明らかにし、敵対する利害を区別し、甘受することができるのである。熱力学の諸原理に照らして、エンゲルスは「エネルギー収支の記帳が労働価値理論に学問的な基礎を与えた」というようなどんなエネルギー価値説をも断固として拒否した。「生産費から見ての、一個のハンマーや螺旋や縫針のエネルギー価は計測不可能なのだ。経済的な諸関係を物理的な量で表わそうとすることは、僕の見解では、まったく不可能なことなのだ」☆70。だが一方の規定性は、他方の規定性を排除しない。異なるレヴェルでもろもろの単位が機能する。特有の生産諸関係の枠組における価値論の有効性は、別のレヴェルの持続時間をもつエネルギー収支の利点を無効にすることはないのである。

☆68　一八七三年五月三十日のエンゲルスからカール・マルクス宛書簡。〔邦訳全集33、書簡集、六九ページ。〕
☆69　Friedrich Engels, Introduction à *l'Anti-Dühring, op. cit.*〔邦訳全集20、一一ページ。岩波文庫版・上巻、二〇ページ。〕
☆70　Friedrich Engels, Introduction à *l'Anti-Dühring, op. cit.*, p. 69.〔『反デューリング論』の序文および序説には「エネルギー価値説」にたいする批判は見あたらない。Jean-Paul Deléage et Daniel Hemery, *L'écologie, critique de l'économie* によれば「生産コストに基づくハンマー云々」の引用文は、邦訳全集35、書簡集、一八八二年十二月十九日付のエンゲルスからマルクス宛の書簡、一一〇ページ。〕

諸階級の抗争的関係は、ストックとストック減のあいだの隠れた底辺の矛盾を体現するが、その際、人間労働は変換装置の役割を演ずる。同じく、階級的搾取の廃止は自動的に性の抑圧の終焉を意味しないし、同じく、最初の抗争の決着はこの矛盾を解決するには充分ではない。言い換えれば、エコロジー的大災禍は、資本主義的競争のカオスだけに起因するわけではない。官僚主義的エコシド〔動植物相の体系的破壊を意味し、cide はラテン語の動詞'caedo'（殺害する）に由来する〕は少なくとも同等な災害を起こす力をもっている。根本的なエコロジーが必然的に反資本主義であるとしても、この必然だけではたしかに充分ではないのである。

こうした批判はエンゲルスをして内容豊かな仮説を思いとどまらせた。そしてこれは、彼自身がエコロジー的問題を引き出すことに成功しているだけに、なおさらのこと残念なことである。「猿が人間化するにあたっての労働の役割」にかんする有名な論考で、エンゲルスはとりわけ次のように書いている。「われわれは、われわれ人間が自然にたいしてかちえた勝利にあまり得意になりすぎることはやめよう。そうした勝利のたびごとに、自然はわれわれに復讐する。〔……〕こうしてわれわれは、一歩進むたびごとに次のことを思い知らされるのである。すなわち、われわれが自然を支配するのは、ある征服者がよそのある民族を支配するとか、なにか自然の外にあって自然を支配するといった具合に支配するのでなく、――そうではなくて、われわれは肉と血と脳髄とごとく自然のものであり、自然のただなかにあるのだということ、そして自然にたいするわれわれの支配はすべて、他のあらゆる被造物にもましてわれわれが自然の法則を認識し、それらの法則を正しく適用しうるという点にあるのだ、ということである。〔……〕しかし、そうなればなるほど、人間はますますまたもや自分が自然と一体であるということを感じるばかりか知るようにもなるであろうし、〔……〕あの精神と物質、人間と自然、魂と肉体との対立という不合理で反自然的な観念は、ますます不可能になってゆくであろう」[★71]。こうして彼は、進歩のもろもろの両義性について鋭い認識を表明するのである。「生物進化におけるどんな進歩もすべて同時に退歩でもある。進歩は一方向的な進化を固定化し、それ以外のたくさんの方向への進化の可能性を排除してしまうからである」[☆72]。進歩は、それゆえ時間の流れの画一的な基軸に基づく前進と後退という形で推し測ることはできない。むしろ、一時的に見捨てられた可能性と、けっして死滅することのない潜在性との比較という形で推し測ることができるのである。

発展はたんなる量的増大ではけっしてない。それはつねにひとつの選択でもある。

だからこそ進歩は、中・長期的な損失には無関係な、直接的利得の計量にこれを還元することはできないのである。ところが、資本は、過去の生産様式の一方的な合理性をとことん追求する。これまでの生産様式は「すぐさま役だつごく直接的な労働の効果を達成することにしか眼中におかなかった。それから先の、もっとあとになってはじめて現われ、なんども繰りかえされ集積されることによって効果を生ずるような労働の諸結果は、まったく等閑視されていた」[★73]。実際に、「今日の生産様式のもとでは、自然や社会について考慮されることは、主として、いちばん最初の、いちばん分かりやすい結果だけである」[☆74]。直接的な成果とさらに先の効果の「共通の尺度」の問題を提起することによって、エンゲルスは、世代間の欲求と富との通約性という厄介な問題を強調する。エネルギーの計算はこの問題だけに回答をもたらすことはできないが、その代わりに貴重な指示を与えることはできる[☆75]。

一九二〇年代に、この考え方は、エコロジー的共同体を構造的に特徴づける二重の熱力学的過程（太陽エネルギーの蓄積と散逸）にとって不可欠となった。ソヴェト連邦の研究者たちは当時、構想中の思想の尖端にあった。一九二六年にヴラジーミル・ヴェルナツキイは『生命圏』（*La Biosphère*）において、全体性としての地上生活を研究している。

★71　『自然の弁証法』、「猿が人間化するにあたっての労働の役割」、全集20、四九一―四九二ページ。秋間・渋谷訳、一一七―一一八ページ。

☆72　Friedrich Engels, *Dialectique de la nature, op. cit.*, p. 316.〔同前、「生物学」、全集20、六〇八―六〇九ページ。秋間・渋谷訳、一五二ページ。〕

★73　前掲「猿が人間化するにあたっての労働の役割」、全集20、四九三ページ。秋間・渋谷訳、一一九ページ。

☆74　Friedrich Engels, *Dialectique de la nature, op. cit.*, p. 182-183.〔同前、全集20、四九四ページ。秋間・渋谷訳、一二〇ページ。〕

☆75　ヴィルヘルム・オストヴァルトは、エネルギーの至上課題の名のもとに進歩を、エネルギー利用可能性の増大、他の代替エネルギーによる人的エネルギーの置き換えおよびエネルギー利用における熱力学的生産性の増大として定義し直すことを試みた。

この著書は彼にとって、グローバル・エコロジーの父と見なされるに値するものだった。一九三〇年にこの著書は『社会批評』でのレーモン・クノー署名の書評の対象となった。クノーは「惑星の化学的諸現象と切り離すことのできない諸関係における生命の量的研究の重要性」を強調した。ヴェルナツキイは、食糧扶養型式やエネルギー源を変えることのなかにしか解決策のない不安な段階的低下について強調している。エコロジーに従事する多くの研究・教育機関が若きソヴェト共和国に開設された。

一九三〇年に第四回全ロシア動物学者大会は、「その応用のためだけではなく、理論的な見地からのエコロジーの格別の重要性」を記録している。大会は、農学と教育学の高等学校においてエコロジーにしかるべき位置が与えられるよう要求した。一九三一年にカシャーロフは、共同体のエコロジーに関する教科書『環境と共同体』を刊行し、『エコロジーと生物群集学ジャーナル』の発刊にはずみをつけた。人口とエコロジー的地位に関するガウゼの論文は「生きた共同体の力学的で発展的な構造を、異なる人口に合わせた諸戦略、すなわち、攻撃、防御、身のかわし、逃避、協働、共生、寄生などの戦略の豊かさ全体において[☆76]」研究するものであった。ヴェルナツキイやガウゼの研究はソ連邦の外でもほとんどただちに知られ、再認識されるところとなったけれども、ウクライナ人、ヴラジーミル・スタンチスキイの研究については同じように知られることはなかった。[★77]スタンチスキイは、「生命圏に生きる物質の量は、生きた世界の経済的土台」を構成する、「無機栄養植物によって転換された太陽エネルギー量に直接依存する」ことから出発した。生命圏はそれ自体、下部体系（生物群集）によって構成される。各個の生物群集（生物共同体）の力学的な均衡は、それまで実際には無視されていた、「無機栄養と有機栄養の構成物のあいだ、草食獣類と肉食獣類のあいだ、宿主と寄生物のあいだ」の明確に釣り合いのとれた関係が存在することによって説明される、というのである。一九三一年の論文でスタンチスキイは、理論上の生物群集（生物共同体）の年間エネルギー収支をしめす数学モデルを提出した。[☆78]彼の知的冒険は一九三三年に打ち砕かれた。官僚主義的な迫害の犠牲者となった彼は、左遷され、やがて投獄され、彼の考えは長期間、封印された。

ソヴェト連邦諸国におけるこの先駆的なエコロジー――一九三一年の科学技術史国際会議はその豊かな内容を表わすものであったが――は、二〇年代に推進された「生活様式の変革」に寄与しうるものであった。しかしながら、このエコロジーは官僚主義的反動を免れなかった。それでも、そうなるにはいくつかのもっともらしい理由はあったのである。

――一貫したエコロジーは、強行的集団化と加速工業化という生産力主義的な妄想とも、三〇年代のスタハーノフ的熱狂とも、折り合わなかった。

――体制のイデオローグたちが「一国社会主義建設」を考え出した同じ時期に、エコロジーは、世界的環境のもつ幾多の制約のもとでソヴェト経済の発展を考えることを強いた。

――エコロジーは優先性や発展様式についての真に民主主義的な選択を求めたが、これが官僚主義的特権の固定化と権力の簒奪とは直接相容れないものとなった。

――最後に、人間と自然の相互依存というある種の考え方、その二重の社会的および自然的な規定性についての意識は、人間を「もっとも貴重な資本」と発令した官僚主義的主意主義と真っ向から衝突した。

したがって、生まれつつあったソヴェト・エコロジーは、新しい芸術、脱都市様式化、前衛的教育学の運命を味わうことになった。官僚主義的テルミドールのあとでは、生活を変えることはもはや問題ではなくなり、問題は、工業とスポーツでの生産力主義の競争優先的な行動原理に従って、資本主義それ自体の成果に「追いつき追い越す」ことであった。

☆76　Jean-Paul Deléage, *Histoire de l'écologie*, *op. cit.*, p. 166-172.

★77　ヴラジーミル・スタンチスキイの生涯と科学思想については、今日ほとんど知られていない。Stanchisky の綴りは、Stachinsky である可能性もある。実際にベンサイドは、回想録 *Une Lente impatience*, Stock, 2004, p. 410, n. 1 で後者の綴りで当該科学者の人名を表記している。だが、この注目すべき科学者は、むしろベンサイドの本書の記述によって注目されるようになった。このようなマルクス主義とエコロジーにかんする所見をベンサイドが開陳し始めたのは、アムステルダムにあるマルクス主義の教育研究機関（ＩＩＲＦ）において、一九九二年夏、「マルクス、生産力主義、エコロジー」について講義した際であった。

であった。

　しかし、鋭い洞察力のある読者は、開かれた展望を見抜いていた。ヴェルナツキイを紹介するにあたって、クノーは生物学的時間と天文学的時間の差異を強調した。『社会批評』の別の号でオーストリアの経済学者ユーリウス・ディックマンは、「自然資源の枯渇」と当時地球を襲った社会的大混乱の激しさとのあいだの関係を追求した。社会主義は生産諸力の猛烈な発展の結果ではなく、むしろ、資本によって浪費された「自然資源の貯蔵タンクの収縮」によって押しつけられた必然性だと、彼は示唆するにいたったのである。ディックマンは総再生産の諸関係を次のように強調した。「生産諸力の成長力について完全にだまされるのは、再生産の見方をないがしろにするからである」[☆79]と。彼によれば、資本主義の今日の局面を特徴づけていることは、生産力の飛躍的発展の邪魔となる桎梏ではなく、「永続的な再生産の諸条件」を犠牲にした「配慮のない」生産力の発展であり、これが人類の生存の諸条件そのものを掘り崩しているのである。労働生産性の持続的な増大という可能性については、強い懐疑心をもって考察しなければならないのはこのためなのである。

経済的道理のエコロジー的不条理

　世界戦争の真っ只中でレイモンド・リンドマンによって提唱された（自然におけるエネルギー交換単位としての）エコシステム〔生態系〕の概念は、近代エコロジーの時代の幕開けとなった。経済のグローバライゼーションと「世界エコロジー」の出現との関連は明白であった。「世界の生産空間の創設は、世界のエコロジー的統一の担い手となっている」。この傾向は生化学過程、気候変動、人口動態の推移における激変の危険についての自覚の成長を促した。「人類文明は、限りない増加傾向のすべての特徴を備えた一連の相互依存的な循環過程を含んでいる——たったひとつの特徴、すなわち、地球上および生態圏の豊かな無機物からくる資源を供給する、かけがえのない、本質的に重要な自然過程というたったひとつの特徴を除けば、すべての、である。この循環の内部でそこへ進もうとする人間活動の諸部門のこの傾向と、自然の部門の乗り越え困難な諸限界とのあいだの抗争は不可避的なものに転化する」[☆80]。不況、六日間戦争、原油価格の高騰などによって顕著に示された歴史的脈絡のなかで、一九七〇年代は、エコロジー環境の保全を求める意識の目覚め、ルネ・デュモンのようなアウトサイダーの叛乱、ならびにローマ・クラブの公式の警鐘によって特徴づけられた。われわれの文明が死を免れないのだということを思い出したわけだ。

今日では、もっとも富める諸国の成長と消費のモデルが惑星全体に普及することができないことは明らかである。これらの諸国で一食料カロリー〔熱量単位〕を生産するためには、八から一〇化石燃料カロリーが消費される。この速度で行くと、「エコロジー的危機」の危険は実際上避けがたくなる。「人類の歴史の時間性が生態環境の歴史の時間性にたいして優位に立つなら、そのとき、生態系の非生産という形で、あるいは増大するエントロピーの方向で、敷居は最終的に乗り越えられてしまう」[☆81]。

しかしながら、論争はこれで終わったわけではない。

生命圏の研究は、その釣合いや細かい調整の脆《もろ》さを立証しようとする傾向にある。だから、自然の制約からの解放（われわれはこれをわれわれの自由として誇りをもって主張するのであるが）は、取り返しのつかない変調のために償わされる恐れがある。だが、利用可能な物質とエネルギーの量に限界があるという考え方を既得のものと考えるべきであろうか？

動物と人間のエネルギー消費は植物あるいは化石エネルギーの形態で蓄積された太陽エネルギーのストック減を生

☆78　Jean Batou, "Révolution russe et écologie (1917-1934)," *XXe siècle*, 35, 1992.
☆79　Julius Dickmann, "La véritable limite de la production capitaliste," *La Critique sociale*, n. 9, septembre 1933. クノーによるヴェルナツキイの書評は、一九三一年十月、同誌の第三号に発表された。
☆80　Deléage, *Histoire de l'écologie, op. cit.*, p. 270 で引用されている B. Commoner の文章から。
☆81　Jean-Paul Deléage, *op. cit.*, p. 250.

じさせるという仮説によれば、工業上の選択、人口動態、すでに引き起こされている損害などがこのストック減を途方もなく加速させている。しかしながら、その結果われわれがエネルギーの絶対的な欠乏の脅威を受けていることにはならない。人類的なレヴェルでいえば、供給されたエネルギー量は、太陽熱の消滅ないしはビッグ・クランチ〔大危機〕まで膨張するエネルギー消費に対応するには充分であろう。したがって、予告されているエネルギーの欠乏は相対的である。もしエネルギーが「蓄積された時間」のようなものでもあるなら、問題はそれこそ時間の問題である。危険は燃料切れの危険ではなく、再ストックするよりもずっと早くストック減となる一定のエネルギー形態の払底の危険である。たしかにこれは、エネルギー政策、エネルギー経路の選択、再生可能なエネルギーへの優先順位を第一級に重要な問題と考えるには十分な重大性を含んでいる。だが、衰退しつつあるイデオロギーやロビンソン・クルーソー的独居生活に屈する十分な理由とはならない。人類が別のエネルギー源を発見し別の消費の在り方を明確にすることはいつでも可能である。

それまでに同意に基づくエネルギー消費の意識的自己制限は、完全に想定可能であり（ぜひとも必要である）。問題がこの意識とこの同意にあることは明らかである。一貫したどんなエネルギー政策の選択も、実際には、一方の側に要求された犠牲が他方に許された無責任を埋め合わせ汚名をそそぐような、そういう不平等の永続化に甘んじることはできないだろう。

選挙による事態の急変はこの際、別として、エコロジー論争には、本質的に重要な社会問題を容赦ない形で提起するメリットはある。実際に一部の回答は、資本主義的あるいは官僚主義的な生産力主義にたいして批判的であるだけではなく、たしかに反生産力主義的であり自然主義的でもある。こうした論理でいけば、結局、人類はますます老化し、ますます多数に膨れ上がって、生きることに利益や喜びを感じるなどとどこにも書かれていない以上、あれこれの病気を根絶することによって、医学の進歩は自然に基づく人口動態の調整を狂わせてしまうのではないかという残念な考え方に導かれる恐れがある。糧をもたらす恵みの自然に帰ろう、という悔悛の考え方のなかには、宗教感情があまりかけ離れたところにあるわけではない。

この危険な障害は新しいものではない。一八五〇年に、マルクスは、懐古的な中世趣味に典型的なダウマーの著書『新しい世界時代の宗教』(*Die Religion des neuen Weltalters*) の書評を『新ライン新聞』に書いている。ダウマーは、自然と女性は「人類と雄《おす》とは異なり、真に神性なものである」と書いている。人間的なものの自然的なものへの、男性の女性への従属は、「真性であり、唯一の恭順であり、もっとも気高いものであり、そして実際に存在する唯一の徳能と献身」である。こうした転倒した観点は正当性のかけらを含んでいる。近代科学と近代技術は、公共空間と知の世界からの女性の排除との相関関係において必要不可欠とされてきた。そういう方法やカテゴリーには男性独占の考え方が沁み込んでいる。マルクスもダウマーと同じく、反動的な自然主義の強調点を見破っている。だが、マルクスの回答は辛辣をきわめたものだ。「自分に向かって進んでくる歴史的悲劇に直面して、ダウマー氏は、いわゆる自然、すなわち牧歌的で田園恋愛詩調の愚鈍に逃げ込んでいる〔……〕。彼は、キリスト教以前の古い自然宗教を近代化された形で再建しようと試みている〔……〕。女性たちの才能は結婚によって成就され、ついで子どもの世話に従事し、六十歳まで授乳する可能性をもつなどと言うことによって、ブルジョワ的貧困で女性たちを慰めようとしている。ダウマー氏はこれらすべてを男性の女性への従順だと呼んでいる」。このようにして、異教徒の自然崇拝をよみがえらせ母性の自然機能の名のもとに女性解放と闘う用意のできた自然主義的エコロジーの闇の様相は現われるのである。[☆82]

エコロジーにかかわる出来事は、その持続期間が長い、いやきわめて長い。時間の記憶と、一定の生産様式における社会的交換の記憶との共通の物差しは自明のものではない。通約不可能性というこの無際限的性質に落胆したジャン゠バプティスト・セーは自然資源を経済的合理性に接近できない彼岸の世界に委ねてしまった。「自然資源は無尽蔵である。というのは、それなくしてわれわれは無償で自然資源を手に入れることはないだろうからだ。増えたりもしないし使い尽くされたりもしない自然資源は、経済諸科学の対象にはならない」。この理屈はまったくの堂々巡りである。自然資源が無償であるなら、それは自然資源が稀少ではないということである。自然資源が稀少でないならば、それは無尽蔵である。ゆえに《エルゴー》、いわゆる自然の豊かさは経済的豊かさではないのである。

セーは稀少資源の管理として「経済学」を前提している。ところが、彼の無償概念は自然的富の（彼独自の考え方に基づく）「経済外的な」領域に外から持ち込まれた、（有限な財の交換と結びついた）経済的カテゴリーである。特定の生産様式の範囲内で、経済的にタダといわれているものは、別の異なる時間・空間の世界においても、無償でありうるであろうか？

（少なくとも古典経済学や新古典経済学が理解しているような）エコロジーと経済学との争いは、二つの不均質な時間性の分離の問題に立ち返ってくる。すなわち、資本と労働力の再生産によってリズムをとる経済的時間性と、蓄えられた時間でもあるエネルギー消費のストックによって支配される生態学的時間性との分離の問題である。時間における気候風土と植物相に関する、「ダーウィン以前のダーウィン」と称されたニコラウス・フラースの本を読むようにエンゲルスに奨めたマルクスは、若干の農業形態による長期の災害（砂漠化）を強調している。彼は『資本論』第二巻でこの問題に立ち戻り、造林の長時間性と商品経済のそれとが裁断される問題について次のように強調している。「長い生産時間（それは相対的にわずかな範囲の労働時間しか含んでいない）、それゆえ長い回転期間のために、造林は、不利な私経営部門に、それゆえまた不利な資本主義的経営部門になる。この資本主義的経営部門は、〔たとえ個々の資本家に代わって結合資本家が現われても、〕本質的に私的経営である」[☆83]。

エネルギー量の計算にまだ到達することなく、また肥料のエネルギー・コストを勘定に入れることもなく、リービッヒは早くも一八四〇年に収奪型農業から復旧型農業への見込みある移行を追求した。植物によって炭素に転換された太陽エネルギー分を特定することが可能になった。一八八〇年代初め、ポドリンスキイはエネルギー問題を経済学批判に取り入れようと努めた。『エネルギー備蓄と人間のためのその利用について』という一八八五年の小冊子で、クラウジウスは「炭素の問題」に関連して警鐘を鳴らした。「われわれはいまからこの備蓄を消費し身上つぶしの相続人として振る舞っている」、と。

しかしながら、エネルギーの転化と放出にかんする幾多の発見は、経済理論には即座に反響を及ぼさなかった。「政治的エコロジー批判」にたちはだかる障害物は相当のものがあり、資本主義の飛躍的発展は分業と道具的理性の力の上昇傾向を促した。生憎なことに、マルクス主義の普及は同じような結果に導いた。第二インターナショナルの正統派の理論家たちの多数は実際に、自然を最高主権者たる人類に無償で提供された授かり物と理解していた。実証主義と科学主義がその授かり物を必要としていたのだ。

当座の喜びと明日への無頓着という形で、資本は日々生きている。ただ官僚主義だけが近視眼的なその利己主義と張り合う恐れがある。永久だとするその主張にたいして、政治的エコロジーは、仮借ない審判を下す。商品の物神崇拝についての既得の考え方にたいして、政治的エコロジーは恐ろしく効果的な反神話を構成する。だから、市場は、供給ではなく需要を充たすのだ。だから、通貨は実在的なものではなく、その想像上の表象であるのだ。だから、共同の有用性は個人的な有用性の総和に還元することはできないのだ。だから、経済的なものは必然的に社会的なもの

☆82　緑の原理主義と宗教原理主義の類似関係は場当たり的なものではない。アンドレ・ゴルツはこの症状を示す文章を引用している。「崩壊が広がる失敗の原因がどこにあるのかをあえて預言するのは不遜なことかもしれない。世界は、それ自身の負担で世界が生きてきた豪奢な生活の犠牲者であるが、そうすることで世界は生まれ変わりもし、最終的にはやや少ない住民と美しさと豊かさをもってやや多い釣り合いを取り戻すであろう。大きな貧しさはこの豪奢な生活の必然的な結果となるであろう〔……〕。ただ貧しさだけがわれわれを救うことができる〔……〕。すなわち、禁欲の強制。そして、豊かさが手の届くところにある限り、だれも自ら進んで貧しい状態を選択しない以上、この貧しさは、避けがたい運命として確立されることになるにちがいない」(Jürgen Dahl, "La dernière illusion," *Die Zeit*, 23 novembre 1990 をゴルツは *Capitalisme, écologie, socialisme*, Paris, Galilée, 1991 で引用している)。浪漫的な生態学の曖昧さにたいして、ゴルツは、高い使用価値と耐久性をもつできるだけわずかな量の財をもって物質的な欲求を最高に充たすエコロジー的合理性を対置する。つまり、このために最小限の労働、資本、自然資源を動員することによってである。「最大限の経済的収益性を追求することは、これとは逆に、最大限の効率性をもって実現された最大限の生産物をできるだけ高い利潤をもって売ることであるが、このためには最大限の消費と需要とが求められるのである」。

☆83　Karl Marx, *Le Capital*, livre II, t. II, *op. cit.*, p. 225.〔邦訳『資本論』第二巻、三八八ページ。〔　〕内の文章はフランス語版でも英語版でも省略されている。〕

を含意しないし、その日の利潤は必然的に明日の雇用をつくりだすことはないのだ。最後に、だから、商品経済の圏域は、生命圏に相当しないのだ。すなわち、商品経済の圏域は、部分的な合理性が全体の合理性を犠牲にして機能する小さな泡でしかないのである。☆84

「商品還元主義」は、あたかも現実の通貨流量が相互交換を行なっている関係で、同じ論理に従っているかのような事態を造りだす。商品調整による調和を回復するためには、生態環境保全のための社会的費用を「内部化」〔企業が公害対策費を価格内に算入すること〕すれば、こと足りることになる。このような解決方法は、「すべての財の公分母」としてのエネルギーが「商品領域に属しているか否かにかかわりなく」、共通の尺度に基づいて商品の最適化をはかることと自然環境を再生することとが両立可能であるという考え方を仮定している。すべての物質財はその物質財がうちにかかえるエネルギー量によって表わすことは可能だというのである。☆85

具合の悪いことに――とルネ・パセは異論を唱える――「経済圏と生命圏とはこれまで一度も同じ論理に基づいて機能してこなかったし、経済圏が生命圏の存在を脅かすことがなかったというこの事実をこんなにも長いあいだ知りえなかったとしても、今日の事態にさして変わりはないということである。何千年（ときには何百万年）にもわたって繰り広げられ調和がはかられてきた自然のリズムのなかに、経済管理のために短期間の最大化施策による断絶が取り入れられているが、この断絶の影響が感じ取られるのはこれから先の数世代によってである」。☆86 このような批判は、政治的良心も社会的気配りもないオートマトン経済の分野とは無関係な、非商品的な尺度を頼りにしている。これはエコロジー的で社会的な規定の全体性において経済を再び紛糾させることになるだろう。通貨情報を完全に取り替えることなしには、物質収支やエネルギー収支のような諸基準は商品取引の合理性についての未知の情報を提供することになるだろう。こういうわけでエコ社会的全体のなかに経済的なものを挿入するためには、「強制を伴う規範的管理」が求められてくる。言い換えれば、需要によって規定された長期的な市民的選択が商品取引のオートマティズム（自動作用）にたいして優位を占めるべきであろう。

持続可能な発展についての誤った概念のなかにある時間次元と同じく、「規範的管理」の概念は、一部の人にとっては、官僚主義的計画化の亡霊を甦えさせるものである。これが、ラディカル・エコロジーに反対するリベラル派の主要な不満のひとつである。盲目的な競争の結果に反対することによって、それは全体主義的計画化の古ぼけた幻影を呼び覚ますというのである。実際に規範的なエコロジー的管理は社会主義的計画化と同じリスクを冒す恐れがある。それは新たなテクノクラートの権威主義の形態を帯びるかもしれないし、あるいは、創造すべき民主主義的な自主管理の形態を帯びるかもしれない。

ルネ・パセの見解は申し分なく筋が通っている。長期的な予測、再生不可能な資源の節約、新しい消費様式の明確化は、生産様式それ自体の大転換を伴うものであり、短期的な商品取引規準の独裁とは両立しない。根本的な政治的民主主義のみが、直接的な共通の尺度のない領域においては、ある種の折衷案の導入を可能にするだろう。問題の中心点はじつにここにある。「エコロジー経済が従来的なオーソドックスな経済に対して効果を発揮させる根本的事実は、通約不可能性にほかならない。われわれはわれわれが消費する物財にたいして、現実的なエコロジー保全のための費用を考慮したうえでの通貨価値を充てることはできないのである」。しばしば長期的に、いやきわめて長期的にのみ知りうる、こうした費用は、幾世代によって評価されるべきものであって、これらの世代にたいし、われわれが与えることができるのは、われわれの優先基準や判断基準にほかならない。

☆84　「自然が、与えられた熱流量（太陽熱の放射）に基づいてストック（生物量）を最大にするのにたして、経済は、商品でない自然ストックを使い果たすことによって商品流量を最大にするが、どんな経済的収支にも現われない自然ストックの低減は、こうした流量にたいしていかなる補正作用を及ぼすこともないのである。自然が相互依存と循環性の論理に従うのにたいし、経済的決定は、消費や結果の変化に対応する単純な直線的因果関係に依拠する。ところが、経済領域においてこの論理にしたがって導入されるすべての要素は、生活圏の異なる仕切りのなかで発散され、そこで自己の作業を遂行し続けるのである」（René Passet, "Limites de la régulation marchande," *Le Monde diplomatique*, juin 1992）。

☆85　René Passet, *L'économie et le vivant*, Paris, Payot, 1979.

☆86　René Passet, "Régulation marchande au temps des pollutions globales," in *Le monde est-il un marché?*, Actuel Marx, Paris, PUF, 1991.

先に述べた費用を、時とともにそれ自体変化する尺度の手段の助けを借りて、どのように記帳するのか？　一部の人々はこのことから「通約可能性は存在しない」[☆87]ときっぱりと結論づける。通約可能性は「経済学」から割愛された部面では存在できないというのである。その合理性についての歴史的関連性を明らかにしたエコロジー的見地からの政治経済学批判は、その社会的批判をいっそう強化する。こうして、ジョージェスク＝レーゲンは古典派経済学の観方の不公平を強調することに甘んじることなく、この観方が均衡という形式とは異なる仕方では考えることができないこと（すでにヘンリック・グロスマンによって暴露された）を明らかにするのである。この無力さは、時代遅れの認識論の特徴を伴っているものだが、経済的過程を閉じられたシステムとして理解する分析的経済学は、この認識論に依然忠実である。[☆88]

閉ざされたシステムとしての商品経済の構築は、実際には、このように限定された対象にたいして内部的な要因と「外部的」な要因とのあいだの乖離を伴っている。だから、「外因性」は完全な競争という理想に比べ非能率として扱われ、環境はその特殊ケースのひとつとして扱われる。環境に関連する物財やサーヴィスの通貨評価は、不十分な形でしかその「真の価値」を顕わにしない。なぜなら、商品の社会的通約性の基礎となる生産と交換、抽象労働を経験することなしに、このような評価を「正しく」確立することはできないからである。すでに、ピグーによる「福祉経済学」は、もはや商品取引の尺度ではなく国家による社会的経費の評価、すなわち、直接的に政治的な判断を表わす税を提案しているという。彼にとって税は、その導入によって完全な競争を再建すると見なされる一種の価格標識に匹敵する。こうした内部化の幾多の試みは、別の時間次元に基づいて生命圏に加えられた持続的な損害というよりも、むしろ、商品取引基準に近似的に転化された公害を考慮に入れている。社会的経済の幾多の下絵に対して、競争合理化論や最大限利潤追求論は、諸企業が経費を外在化し利得を内部化するようたえず駆り立てる。したがって、「環境規範」を経済外的に打ち立てることは、結局のところ、民主主義的仲裁に依存する不確かな活動にとどまるのである。[☆89]

あらゆる富の惨めな尺度

アンドレ・ゴルツが利潤率の傾向的低下に環境的基礎を与えた時にやったように、異なる合理性を混同することなく結合して活用することは可能である。生産性の低下や自然資源にかんする枯渇は、間接的には、資本の有機的構成の上昇を誘発させる恐れがある。だが、環境の効果は、資本主義的蓄積に特有の諸傾向への無媒介な侵入を造りだすものではない。この効果は、それが形成されるにあたって特有の概念的なカテゴリー（有機的構成、剰余価値、平均利潤率）を媒介にして現われるが、その際、エネルギー収支はこの形成に直接介入することはできない。経済学的レヴェルとエコロジー・レヴェルのあいだの非通約性は絶対的なものではない。通約不可能性は資本主義的生産様式の枠組において同じように実在的なものであり、そのことによってそれの歴史的限界をも証言しているのである。

すでに長々と引用した『政治経済学批判要綱』の一節は、この点についてのマルクスの見解の豊かさを示している。工業生産が発展を遂げるにつれて、また労働の組織が複雑化し、労働それ自体が蓄積された社会的知識をさらに組み入れるにつれて、「富の創造」は、「富を生産するために直接消費される労働時間」とますます乖離する関係を維持するのである。富の創造は「科学の一般的状態とテクノロジーの進歩とに依存している」。「現実の富の姿は、充用される労働時間とこれの産物のあいだの途方もない不比例のなかに、また同じく、まったくの抽象にまで還元された労働とこの労働が監視している生産過程の猛威とのあいだの質的な不比例のなかに、はっきり現われる」のである。生き

☆87　William Kapp, *Les coûts sociaux dans l'économie de marché*, Paris, Flammarion, 1976.
☆88　「これは現実についての正しい解釈よりもかけ離れた考え方ではない。たとえ経済的過程の物理的側面だけを考えるとしても、この側面は循環的というよりもむしろ単指向性のものである。この角度で見ても、経済的過程は低エントロピーの高エントロピーへの、あるいは取り返しのつかない浪費への一貫した転化によって構成されている」（Georgescu-Roegen, *The Entropy Law and the Economic Process*, London, 1971）。
☆89　William Kapp, *Les coûts sociaux dans l'économie de marché*, *op. cit.*

た労働者は労働それ自体とますますよそよそしくなる。労働者は生産過程の「主作用因」であることをやめ、「生産過程と並んで」[90]現われるのである。

この転化の爆発的な結果はあらゆる富の尺度そのものが（そしてその結果、孤立し再分化された労働をたがいに結びつけるすべての社会関係の共通の尺度が）取るに足りない「惨めな」ものに転化する。「現在の富が立脚する、他人の労働時間の盗みは、新たに発展した、大工業それ自身によって創造されたこの基礎に比べれば、みすぼらしい基礎に見える。直接的形態における労働が富の偉大な源泉であることをやめてしまえば、労働時間は富の尺度であることを、だからまた交換価値は使用価値の尺度であることを、やめるし、またやめざるをえない〔……〕。だから、一面からみれば資本は、富の創造をそれに充用された労働時間から（相対的に）独立したものにするために、科学と自然との、また社会的結合と社会的交通との、いっさいの力を呼び起こす。他面からみれば資本は、すでに創造された価値を価値として維持するために、そのようにして創造されたこれらの巨大な社会力を労働時間で測って、これらの力を、必要とされる限界のうちに封じ込めようとする」[91]。このみすぼらしい基礎は、人間同士の関係ならびに人間の自然との関係の崩壊という異常事態が全般的に拡大する傾向をその内部に抱えているのである。

われわれは現在こういう状況にあるのだ！　構造的な大量失業、不完全雇用と脱落者の一般化、地球的規模での社会的排除は、「強大な社会的諸力」の尺度としての労働時間が不適当であることを明々白々な形で表わしている。エコロジーの立場からの批判は、こうした診断に加えて、ましてや労働時間が、人間と自然の交流を調整するためには、あるいはまた世代間の連帯の絆を打ち立てるためには、あまりにも「惨め」すぎる尺度の単位のように見えることを指摘している。言い換えれば、経済学とエコロジーのそれぞれに固有の時間性と基準をあっさり混同し、相互依存的だが独特な知識の領分を融合させることが危険であるとしても、経済学とエコロジーは、通約可能性がないことにたいする共通の批判、労働時間に基づく尺度の危機の拡がりにたいする理解、さらに社会関係の別の新たな調整方法の必要性という点でひとつの流れに合流している。労働の変態、労働力の浪費の加速化、地球的規模のエコロジー的危機の理解に必要なパラメーターのあいだの、形式的ではなく論理的で有機的な絆を確立することに成功するならば、この合流は、新しい理論的結合の出発点となるかもしれない。

経済学の限界を強調することによって、エコロジーの立場からの批判は、ホアン・マルティネス＝アリエルによれば、マルクス主義理論の二つの欠陥を明らかにしている。

(1)「エコロジーの観点は生産力概念を問題視するが、経済的価値の新しい理論を提案していない」。この観方は、「明確な経験的座標軸」をそれに与えることによって、生産力概念についてのより適確な定義を与える。この生産力概念を無批判的に受け入れたことが、コミュニズム社会においては、ありあまる豊饒という切り札が分配の諸矛盾や通貨外の情報の問題を除去するといった根拠のない妄想を養うことになった、というのである。実際にマルクスはこの生産諸力をほとんど定義してはいない。概念の諸規定から出発して、マルクスは、大部分の時間を原料、技術的装備、労働の組織ならびに学問的な知識の発展とその生産の制度的諸条件を含め、綿密な調査を記述することで満足している。したがって、社会諸階級や生産的労働と同じく、生産諸力は、異なる生産様式に共通する広義の意味でそれを考察する、あるいは資本主義的生産様式に固有の意味でそれを考察するとすれば、同じ内容と同じ意味とをもってはいないのである。資本の観点からみて生産的な生産諸力は、人類の未来にとって破壊的な自分の姿を現わしてくることもありうる。

(自然および技術の)もっとも抽象的な規定から(社会的な労働関係、学問的知識の生産と応用などを含む)もっとも具体的な規定へと移行するにつれて、生産諸力や生産諸関係だけに矛盾が関連してくるのではない。矛盾は生産諸力の心臓部にさえ刻み込まれ、成長や開発のような概念を稼動させる。それは実際には「発展なき成長」であって、

★90　邦訳『資本論草稿集②』、四八九—四九〇ページ。
★91　同前、四九〇ページ。

そこでは道具的理性に基づく量的熱中によって、その社会的な合目的性が否定されるのである。

異なる別の時間域における潜在的に生産的な諸力の実際的には破壊的な諸力への転化という考え方は、生産諸力の発展とそれを妨げる生産諸関係の発展とのあいだの対立関係についての機械論的図式よりも内容豊かであることに異論はない。この考え方は、進歩の幻想の一面的な抽象化に対立する「分化した進歩」（エルンスト・ブロッホの言葉遣いによれば）として、進歩の概念そのものの批判的彫琢に道を開くのである。

（2）エネルギー計算のなかに「もろもろの価値論への批判にたいする貢献」を追求することによって、ホアン・マルティネス＝アリエルは自分自身の信仰告白を部分的には裏切っている。「われわれエコロジー経済学者は新しい価値説を提案しない。われわれは価格、カロリーという表現形式においてであれ、あるいは生産時間という表現形式においてであれ、通約可能性に異論を唱えるものである[☆92]」。たがいに不均質な時間性の通約不可能性を主張しながらも、彼は必要な結論をそこから引き出すことはしない。労働価値論は新たな経済の学を打ち立てることを主張するものではない。この労働価値論は、消極的な知、すなわち、それが止揚されるなかで消えてゆくことを運命づけられた、特定の対象（別個の領域としての経済学）に内在する政治経済学批判にとどまっている。これに反して、エコロジー的批判は、物質収支あるいはエネルギー収支という表現形式において、場の切り替え、生命圏という見地からの経済学の止揚を求める。エコロジー的批判は、別の論理的部面に位置づけられ、それ自身の規定性のレヴェルでは無効にすることのできない価値説とは別の合理性に属しているのである。

生きた存在をその有機的な単位として復権させることについては詩的で誘惑的な仮説としてガイヤ〔ギリシャ神話の大地の女神〕が姿を現わす。人間はもはやその環境から切り離されることなく、全体に対する部分として縺れ合っている。だが女神は女神であることに変わりはない。人間中心主義の公然たる拒否は、その意に反して、そうあるべきものとしてふたたび神秘的で母性的な女性になった自然が、ふたたび人間の形になる魔法をかけられるのをかきたてる。陰険な宗教感情がガイヤの父自らの不安を感じる言葉のなかにたくみに入り込んでくる。「私はけっしてガイヤを感覚をもつ存在、神の代理人と想定したことはない〔……〕。ガイヤについて最初の本を私が書いた時」――とジェイムズ・ラヴロックは書いている――「この本が宗教的な作品と見なされるという考えはけっしてもたなかった。その本の主題は学問であると思っていたが、多くの読者の考えが異なっていたことはなんの疑いもない。当時、私が受け取り、いまも引き続き届いている手紙の三分の二は宗教信仰の文脈におけるガイヤの意味に関したものである」[☆93]。

エコシステムの混乱の要因として人間的自由を告発することは、予想外の「新たな結合関係」に導く恐れがあるだけになおさらのこと、ラヴロックの不安は当を得ているように見える。というのは、権威的な産児制限、強制的な不妊手術、生殖技術の拒否（商品取引の論理に対応したものとしてではなく、むしろ人工に対置される自然の名のもとでの）、母性としての機能のもつ自然性という口実のもとでの堕胎と中絶の権利に反対するキャンペーンは、「新しい結合関係」の同じような諸前提を構成しているからである。より一般的に、ラディカルな自然主義が反人間主義的「リアリズム」に帰着する恐れがある。

かつては、まるでそれ自体として悪の原因であった――大都市の貧困区域や第三世界の貧しい人々にたいするわれわれの人間主義に基づく懸念、死や苦痛や苦悩についてのほとんど卑猥なとも言える脅迫観念、これらの思考のすべては、自然世界の粗野でゆき過ぎたわれわれの支配の問題から精神を逸《そ》らす」[☆94]。

方向と優先順位を変えること。

コペルニクス革命およびダーウィン革命の終幕。

プロメテウスの偉大な夢の終焉。世界の中心から無制限の世界へ放逐された人間は、もはや人間の秘密でも、その

☆92　Joan Martinez-Allier et Klaus Schlüpman, *La ecologia y la economia, op. cit.*
☆93　James Lovelock, *Les Âges de Gaïa*, Paris, Laffont, 1990. この主題については R. Lockhead et C.-A. Udry の論文 "La vie en retour...d'une rupture," *La Brèche*, numero spécial du 17 janvier 1992, Lausanne を見よ。
☆94　*Ibid.*

パスワードでもない。人間の貧困、人間の苦痛、人間の死は、ライプニッツがひどく心を悩ました、知性も意志もない大きな均衡の攪乱と急変でしかない。そのすべての被造物に公平に開かれた優先権をガイヤの心のなかに与えるためには、すさまじい利己心、人間としての動物の野望と驕《おご》りが必要であった。この論理に従えば、結局自然が責任をかぶることになる。自然と人間との関係がつねに人間同士の関係の媒介を経験するのだとすれば、人間にたいする自然の公然たる優位性はきわめて特殊な社会的利害関係のアリバイのままである。リオの〔一九九二年の〕地球サミットは搾取、従属、支配の社会的諸関係のなかでエコロジーがもつ錯綜する意味をそれなりの仕方で説明したのである。

いくつかの開発の可能性をはらむとはいえ、エコロジーは、そのための魔法の合言葉ではない。「エコ開発」〔écodéveloppement とは、経済と生態環境的要素とのバランスを考慮した開発のこと〕がもろもろの科学、技術、生産と消費の選択肢の意識的で共同的な制御、したがってエコロジーを歪んだ進歩のたんなる下支えの役割に矮小化するのを拒否する、根本的に民主主義的な選択と総合的な分析方法を求めるのにたいして、「エコクラシー」(écocratie)〔エコ環境行政〕は、これとは対照的に、専門的知識を口実として、市民の戦意喪失と責任解除を永続化する、改良主義的でテクノクラート的環境保全主義の諸形態をとる恐れがある。エコロジーは、どんな基準に応じて、だれが決定するのか?の問いに答えることはできない。科学者共同体が分裂すると、専門の学識経験者は、彼らだけで論争を解決することはできない。

エコロジーは政治を免れない。自然主義的エコロジーと政治的エコロジーの二者択一は根本的諸問題を先送りする。そこでは誤った証拠が実態を覆い隠す恐れがある。エコロジーという用語それ自体が、明確に規定され確立された科学の一学科だという考えを信頼できるものと見なす傾きがある。しかしながら、ポパーですら、マルクス主義や精神分析学と同じ資格で、反駁不可能諸学の、したがって非科学、のひとつにエコロジーを数えたことだろう。エコロジーとして想定される科学の特定の対象は、その範囲を定めるのはたしかに容易ではない。エコロジーがその対象を明確にし既成の部分的な諸学科と和解するにせよ、またエコロジーが有機的全体性の認識としておのれを受けとめ、また、すべて同時にメタ歴史、メタ科学、そしてメタ形而上学をもって自らを任ずる傾向があるにせよ、その範囲の特定は難しい。

エコロジーは、前記の二つの傾向のあいだにあって、経済学と既存の理論とのその関係をより控えめに定義すべきであろう。長期的な観点からみて、ジャン・ポール＝ドゥレアージュはエネルギー諸体系を異なる生産体制にも共通する重大な決定因と見なしている。だからひとつのエネルギー体系がさまざまな生産様式を自らに従属させることも可能である。こうして、核エネルギーは、資本主義市場経済ならびに官僚主義的な指令経済の力関係を規定することにもなるだろう。[☆95] 長期にわたる歴史的研究作業によって育まれたこの仮説は、その逆説的な諸結果を分かち合っている。マルクスを経済決定論の廉で批判するピエール・ショニュやエマニュエル・ル・ロワ・ラデュリのような一部の著者は気候学的、地質学的、人口統計学的なウルトラ決定論に与《くみ》し、歴史的にこれ以上なにも言うべきことはないといったような、偶然の予期せぬ出来事に事態を矮小化するまでにいたっている。生産様式のあいだの相違が消えてなくなったり、人間的なレヴェルでの本質的に重要な社会的選択の余地がぼかされたりするような、長期的な時代区分を提案する、エコロジーとエネルギーにかかわるウルトラ決定論は、同じような結果にいたることであろう。政治経済学批判は、一般エコロジーという接岸する海岸のない底なしの大海に呑まれてしまうというのだ。風車のエネルギーか核エネルギーかの選択は、不可逆的に、数世紀にわたってもはや制御できないひとつの冒険に人類を巻き込んだとしても、著しく条件づけられ、おそろしく限定的ないわゆる政治責任は、もはや周辺でしか行使されることはない。われわれに残されている問題は、ただ、略奪による成長の諸結果を緩和し、最終的な破局を払い除けるために祈ることのみだというわけなのである。

ここでは祈るかわりに、話題を思い切って切り替え、政治的エコロジー批判の名で、「人間的自然存在」としての人類のために、さらに自由な責任感と責任ある自由を引き受けることにしよう。

☆95 Jean-Paul Deléage, Jean-Claude Debeir, Daniel Hemery, *Les Servitudes de la puissance, une histoire de l'énergie*, Paris, Flammarion, 1987.

人間主義《ヒューマニズム》と一貫した自然主義の同一性を強調した若きマルクスは、コミュニズムを「完成された自然主義」として想定していた。「自己疎外の根本因たる私有財産を積極的に破棄する試みであり、人間の力を通じて、人間のために、人間の本質をわがものとするような試みとしてのコミュニズム。それは、人類がこれまで発展させてきた富の全体のなかから意識的に生じてくる、人間の完全な回復であり、社会的な人間の、つまり人間的な人間の、完全な回復である。このコミュニズムは人間主義と自然主義とが完全に一体化したものである。人間と自然との抗争、および、人間と人間との抗争を真に解決するものであり、実在と本質、対象化と自己確認、自由と必然性、個人と類とのあいだの葛藤を、真に解決するものである。それは、歴史の謎を解決するものであり、解決の自覚である」[☆96]。

幾多の哲学的アンティノミーのこの歴史的止揚は、学問的認識にとって思い切った結論を伴っている。「だとすれば、社会とは、人間と自然とをその本質において統一するものであり、自然の真の復活であり、人間の自然主義の達成であり、自然の人間主義の達成である。〔……人類の〕歴史そのものとは、自然史の――自然が人間になる歴史の――現実的な一部分だ。自然の学はのちには人間の学になるし、人間の学は自然の学を内に含むことになる。こうして、ひとつの学が出来上がるのだ」[☆97]。マルクスは科学性（学問的性格）を絶対的モデルとして自然の実証科学を打ち立てる学者である、という考えに甘んじるものはだれでも、こうした遠近法に狼狽せざるをえない。この遠近法は、専門研究的なものであれ、個性記述的なものであれ、実験諸科学と人文・自然・社会諸科学の重要な分類上の境界線をひっくり返してしまうからである。自然の全面的社会化、言い換えれば「自然の人間への転化」という考え方は、自然諸科学が人間の学にその基礎を置くことを求められていることを示唆している。しかしながら、これはマルクスが言っていることではない。むしろマルクスは、第三の道、すなわち、自然科学を「包摂」する人間の学問を自然科学が「包摂」するという、相互的な包摂の方向を示唆しているのである。この認識論的信条《クレードー》は認知的戦略を表現している。不徹底な自然主義が人間の諸学問をメタ自然科学に従属させるのにたいし、「貫徹された自然主義」は社会化された自然を真の認識の対象とするのである。

マルクスは（『経済学・哲学草稿』をてがけてから）数カ月後、『ドイツ・イデオロギー』でこの問題に立ち返っている。「われわれはただひとつの学、歴史の学しか知らない。歴史は二つの側面から考察され、自然の歴史と人間の歴史とに区分されうる。両側面は、しかし、人間が生存するかぎり、自然の歴史と社会の歴史とは相互に制約しあう」[★98]。この思想はフォイエルバッハとの訣別という特徴をもっている。人間の歴史に先行する自然などというものは「最近誕生したばかりのいくつかのオーストラリアの珊瑚島上といったところを除けば、今日もうどこにも存在しない」[★99]のである。自然はすでに人間労働によって人間化され歴史化されている。自然をたんに地球やその直接的な環境だけではなく宇宙として理解するならば、この推測はまちがっている。自然はヴィーコと彼の『新しい学』から着想を得た考え方のなかに関連性をもっている。そこでは、自然の認識可能な部分はまさに労働によって人間化された自然の部分である。すなわち、実践がその再認識可能な「しるし」を刻んだところの自然である。

この観方からすると、自然と社会との最終的な乖離はありえないであろう。社会的規定性は自然の規定性を無効にしないという彼自身が繰り返し主張したことに反して、マルクスは社会的限界の外においてはどんな自然的限界も存在しないと考えているように見える。これは少なくとも、歴史的発展の一定の段階において自然を社会的カテゴリーに還元したルカーチの解釈である。「自然はひとつの社会的なカテゴリーである。すなわち、社会的発展のある特定の段階で自然として妥当するものは何か、このような自然は人間といかなる関係をもち、自然と人間との対決はいかなる形態で行なわれるか、したがってまた自然がその形式と内容、範囲と対象性にしたがって意味するものは何か、これらのことはつねに社会的に制約されているのである」[☆100]。観念論の能動的な部分を受け容れるこの解釈は、歴史的実践の結果として機能するその自動有機組織体にその部分を還元することによって自然を主観化するのである。これ

☆96 Karl Marx, *Manuscrits de 1844, op. cit.*〔『経済学・哲学草稿』、「第三草稿」、邦訳全集40、四五七ページ。長谷川宏訳、一四五ページ。〕

☆97 *Ibid.*, p. 96.〔邦訳全集40、四五八—四五九、四六五ページ。長谷川宏訳、一四九、一六〇ページ。〕

★98 『ドイツ・イデオロギー』、邦訳全集3、一四ページ。廣松版、二三ページ。渋谷版、一四ページ。

★99 『ドイツ・イデオロギー』、邦訳全集3、四〇ページ。廣松版、一九ページ。渋谷版、五一—五三ページ。

とは逆に、スターリン化されたマルクス主義の実証主義的正統派は、歴史的実践を客観的な自然的関係のたんなるひとつの側面に還元する。

この二つの誘惑は、自然と歴史の不確かな関係が死と生との、「死んで運動する物質」（エンゲルス）の普遍的形態としての自然と、生きた物質の力学的な自動有機組織体としての歴史との、これまた問題性を含む関係をそのなかに覆い隠してしまうという、乗り越え不可能な困難性の反映である。マルクスは、その時代の認識論的遠近法に沿って、その後、カルナップがすべての科学的推論は物理学モデルに還元することが可能だとの見解に基づいてやることになるような、学問の一体性を打ち立てるようなことはしていない。彼はさらに物理諸科学と歴史諸学の大分割を甘んじて受け入れてもいない。彼は実在の矛盾のなかに身を落ちつける。学問の統一は恣意的にそれを宣言することでできるものではない。学問の統一はそれ自体、主体と対象のあいだで媒介される統一化の歴史的過程だからである。

このように理解された、「唯一の学」の視点は、むしろ現代の奥深い諸傾向によって裏書きされている。それは、情報理論やシステム理論のお蔭で可能となる生きたものの諸科学と社会諸科学との接近、エコロジー・システム（生態系や生物圏）に関する開かれた経済的部分システム間の交流と対比、構造的弁証法と解釈学、形態諸科学などに表われている。☆101

政治経済学批判は経済の一般的な学問を創設しようというものではない。それはあくまで資本への批判であることを望んでいる。この理由で、政治経済学批判は、自然的規定性によるかずかずの制約を究めつくし、物質の懊悩に決着をつけることはできないだろう。

政治エコロジー批判のほうはといえば、政治経済学批判を厳密に吸収することはできない。そのかわりに双方が異なる時間性に基づく実り豊かな関係を取り結ぶことはできる。それらの対話は厳密に言って、「方法論的個人主義」の規範とも、諸世代間の普遍主義的、利他主義的な関係を原理的に無視する私的利益の打算とも両立しない。「公準として要請された合理性や功利主義的打算に基づいて行動する当事者間の交流にもっぱら依拠する経済理論は、汲めども尽きせぬ資源の世代間の充当を取り扱うことはできないのである」[☆102]。

通貨の通約性がないのであれば、この関係は倫理的、審美的、あるいはごく簡単に政治的な表現形式で考えるべきである。汲みつくし可能な資源の利用と分配にかんしていえば、経済効果と社会的基準を切り離すことは実際には不可能である。こうしてわれわれは短絡的な経済、乱暴な商取引的論理をむきだしにした経済という考え方をほとんど認めなかったもろもろの思想にふたたび出会うのである。われわれは「社会的経済」について語る〔一七九三年の〕国民公会の議員クペ・ド・ロワーズから、また「モラル経済」について語る歴史家エドワード・P・トムソンから新たにメッセージを受け取っている[☆103]。社会的ないしモラル的なこの経済は、通貨を唯一の尺度とする経済、同じくエネルギーを唯一の尺度とする経済に還元することはできない。この経済は民主主義的選択によって（社会的経済とモラル的経済の）両端を握り締める。自然の全面的な社会化と同様に、人間の全面的自然化という幻想をすてるならば、その頑固な現実のなかに、その矛盾は現われてくるのである。

物質の懊悩から免れるのは不可能である。

この認識は、（情報、自動有機組織、負のエントロピーの）暗い熱力学的預言とは矛盾する進化の原理を取り入れる。問題は、種の進化においてと同じように、集合的意識のこの「可逆効果」が経済学とエコロジーとのアンティノ

☆100　Giorgy Lukacs, *Histoire et conscience de classe*, Paris, Éditions de Minuit, 1965.〔城塚登・古田光訳『歴史と階級意識』（白水社、一九七五）、三八六ページ。〕

☆101　経済学と（力学的諸科学に準拠する）「生命の諸科学」のこうした類比は、二十世紀の初めから、K. Boulding, Daly, René Passet, James Lovelock, Benoît Mandelbrot など異なる研究者によって強調されてきた。

☆102　Joan Martinez-Allier et Klaus Schlüpman, *La ecologia y la ecomomia, op. cit.*, p. 209.

☆103　*La Théorie des besoins chez Marx* で Agnès Heller も同じく、欲求のカテゴリーは、まさにそれが欲求の歴史性を通じて、自然的なものと社会的なものを縫い合わせている点で、経済学の限界に背反していると強調している。したがって、欲求のカテゴリーは経済学の将来の一種の批判的カテゴリーとして、またコミュニズムの将来に向けての一種の過渡的カテゴリーとして機能している。

ミーを解決することができるかどうかである。言い換えれば、モラル経済、そして最終的には政治的経済が、再生可能な新エネルギーが発見されるまで、あるいは非生産的な形で放出された大量のエネルギーのリサイクル手段が発見されるまで、自然資源の更新、公認された天引き課税、環境の自動浄化の速度を調和させることができるかどうか、である。

「社会の現実的富と、社会の再生産過程の恒常的な拡大の可能性とは、余剰労働の長さに依存するのではなく、剰余価値の生産性、および剰余価値が行なわれるための生産諸条件の多産性の大小に依存する。自由の王国は、事実、窮迫と外的な目的への適合性とによって規定される労働が存在しなくなるところで、はじめて始まる。それゆえ、それは、当然に、本来の物質的生産の領域の彼岸にある。未開人が、自分の諸欲求を満たすために、自分の生活を維持し再生産するために、自然と格闘しなければならないように、文明人もそうしなければならず、しかも、すべての社会諸形態において、ありうべきすべての生産諸様式のもとで、彼〔人〕は、そうした格闘をしなければならない。彼の発達とともに、諸欲求が拡大するため、自然的必然性のこの王国が拡大する。しかし同時に、この諸欲求を満たす生産諸力も拡大する。この領域における自由は、ただ、社会化された人間、結合された生産者たちが、自分たちと自然との物質代謝によって——盲目的な支配力としてのそれによって——支配されるのではなく、この自然との物質代謝を合理的に規制し、自分たちの共同の管理のもとにおくこと、すなわち、最小の力の支出で、自らの人間性にもっともふさわしい、もっとも適合した諸条件のもとでこの物質代謝を行なうこと、この点にだけありうる。しかしそれでも、これはまだ依然として必然性の王国である。この王国の彼岸において、それ自体が目的であるとされる人間の力の発達が、真の自由の王国が——といっても、それはただ、自己の基礎としての右の必然性の王国の上にのみ開花しうるのであるが——始まる。労働日の短縮が根本条件である」[☆104]。

自由の王国で歴史は終焉を迎えるという預言者的な考え方をマルクスのせいにするのは、陳腐な決まり文句である。

この陳腐さは、宿命論と混同された「必然性」についてのありふれた解釈に根拠がある。われわれがすでに見たように、マルクスにあっては、必然性は将来の実証的・積極的な確実性ではなく、資本に内在する限界についての消極的・否定的な知覚である。政治的エコロジー批判は、政治経済学批判をさらに強化するものである。資本はこれらの限界の鉄の循環のなかで生きながらえ、やがて解体するかもしれない。資本がレヴェルや次元を変える時には、かならず激しい痙攣を伴う。というのも、資本は人間同士の関係や自然との関係を調和させることができるような新しい社会的尺度を生みだすことができないからである。

商品としての労働力の搾取と、社会関係の社会的労働時間の共通の尺度への還元は、慢性的な大量失業、新たな不安定状況《プレカリテ》と脱落者《マルジナリテ》の境遇、過剰生産の危機をつうじて、さらには抽象労働に還元不可能な社会的活動の募りゆく通約不可能性をつうじて、『政治経済学批判要綱』で予測された機能喪失を明らかにしている。これはかつて、その商品価値が、その生産に社会的に必要な労働時間との考えられうる関係を抜きに、投機的に決定される芸術作品について言えることであった。いまでは知的労働と科学的労働についてますます同じことが言えるようになっている。「労働は生産過程のなかに内包されたものとして現われるというよりは、むしろ人間が生産過程それ自体にたいして監視者ならびに規制者としてかかわるようになる。〔生産過程が科学の応用領域になる程度に応じて、科学はその代わりに生産過程に依存するようになる」〔……〕。「精神的労働の産物——科学——は、つねにその価値よりもはるかに低く評価されている。というのは、それを再生産するのに必要な労働時間が、それの最初の生産に必要な労働時間にまったく比例しないからである」☆105。政治経済学は、まさにこの不均等な時間性のあいだの通約不可能性（資本の循環と自

☆104　Karl Marx, *Le Capital*, livre III, t. III, *op. cit.*, p. 199.〔邦訳『資本論』第三巻b、一四四〇—一四四一ページ。〕

☆105　Karl Marx, *Manuscripts de 1861-1863*, *op. cit.*〔英語版の註（93）では、Marx, *Grundrisse*, p. 705; *Theories of Surplus-Value*, vol. 1, trans. Emile Burns, Lawrence & Wishart, London, n. d., p. 343 からの引用となっている。要するに、ベンサイドが引用している一九六一—六三年の『資本論草稿集』には見あたらなかったものと思われる。引用文の「労働は生産過程のなかに〔……〕」は英語版『政治経済学批判要綱』、資本にかんする章・ノートVII、六三七ページからのもの。また、「精神的労働の産物〔……〕」の引用文はフランス語版『剰余価値

然の循環、世代間の時間の関係）の問題、そしてエコロジー的批判の正しさを裏づける、それ自身の尺度の悲惨な性格の問題に突き当たるのである。

学説史』、邦訳全集26、Ⅰ、補録、「科学の経済的役割に関する、労働と価値とに関する、ホッブズの所説」、四四一ページに見える。なお、引用文中の［　］内の文章は英語版『政治経済学批判要綱』でもフランス語版『剰余価値学説史』でも正確に対応する文章を特定するにはいたらなかったが、ここでは英語版『政治経済学批判要綱』の趣旨に沿って翻訳しておいた。

なお、資本主義体制内部で、科学と技術がいかにして開発され、利用されるかという問題は、マルクスが、一八五八年以降、『政治経済学批判要綱』、一八六一―六三年の『資本論草稿』、『資本論』それ自体、さらには『剰余価値学説史』で取り組んだきわめて枢要なトピックである。あるいはひょっとして、この問題構制《プロブレマーティク》は、一八四四年のパリでの『経済学・哲学草稿』から始まっていると見ることも可能である――「自然科学は、一見して非人間化を完成せざるをえないものではあるが、産業を媒介としたその活動は、実践的に人間の生活に深く入り込み、人間の生活を改革して人間の解放を準備するものとなっている」（長谷川宏訳、一五九ページ）。ちなみに、ベンヤミンは、実証主義的科学観とマルクス主義的自然科学観の対比について、こう書いていた。「人類が自然に呈示する問いは、人類の生産水準によっても条件づけられている。この点こそまさに、実証主義が挫折する点にほかならない。実証主義は技術の発展にただ自然科学の進歩しか認識せず、社会の退歩を認識することができなかった。この発展を条件づけているものには資本主義が決定的なところで一枚嚙んでいるということを、実証主義は見落としたのだ」（浅井健二郎編訳『ベンヤミン・コレクション2』ちくま学芸文庫、一九九六、五七二ページ）。ベンヤミンはパリの『パサージュ論』初期覚書集で書いている。「この問題を、弁証法的方法は」「進歩のイデオロギーの内にいるかぎりは把握できないのであって、進歩のイデオロギーをあらゆる部分で克服するような歴史哲学においてのみ把握できるのだ」（『ベンヤミン・コレクション6』二〇一二、六三三ページ）。しかしながら、こういった大問題への本格的な取り組みは後生の課題であろう。その際、資本主義体制批判思想としてのマルクス主義的「政治経済学批判」は大きな役割を演ずるであろう。」

《解説》現代マルクス主義におけるダニエル
——『時ならぬマルクス』の成立とその思想史的地平

佐々木 力

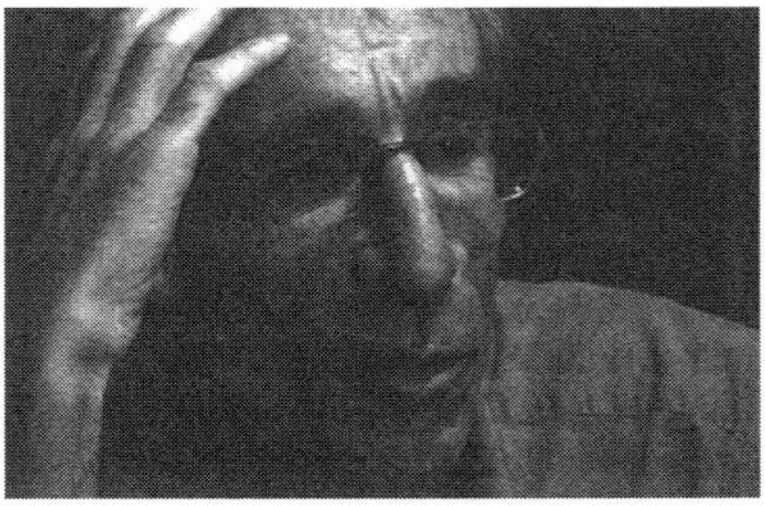

預言者とは、なにより平和のうちにある、まどろみを覚醒させる者である。そのメシア的焦燥は、見張であり、夜警であり、衛兵なのだが、告知される行く末——遅れたり、やって来なかったりする——の完全に現実性のある経験なのである。

Daniel Bensaïd, *Une Lente impatience*, p. 411.

1 ダニエル・ベンサイドとはいかなる人物か？

ユダヤ教の聖典、すなわちキリスト教の旧約聖書には、「ダニエル書」と題された預言者にかんする書がある。バビロンに捕囚されたユダヤ人のうち、ダニエルという名の智恵にすぐれた青年について記した文書にほかならない。ダニエルは、捕囚という苦難と迫害のなかにあって、信仰者にたいし信仰を堅持し民族の最終的勝利を希望し続けることを説いた。バビロンの王は王の前に召し出されたダニエルにたいして命じた。「父王がユダから捕らえ帰ったユダヤ人の捕囚の一人ダニエルというのはお前か。聞くところによると、お前は神々の霊を宿していて、すばらしい才能と特別な智恵を持っているそうだ。賢者や祈禱師を連れて来させてこの文字を読ませ、解釈させようとしたのだが、彼らにはそれができなかった。お前はいろいろと解釈したり難問を解いたりする力を持つと聞いた。もしこの文字を読み、その意味を説明してくれたなら、お前に紫の衣を着せ、金の鎖を首にかけて、王国を治める者のうち第三の位を与えよう」（新共同訳『聖書』日本聖書協会、一九八九、「ダニエル書」五13―16）。こう命じられたダニエルは、王宮の白壁に書かれた文字を解読してみせ、王に不都合なその内容を歯に衣着せず語り、王が約束したとおりの報償を授けられた。しかし、王自身は、その内容が告げたとおりに、その同じ夜、殺されてしまった。[1]

人は宗教的な超越的思考を単純に非合理な所行と理解するかもしれないが、それは真理の半面でしかない。超越的思考がその〝管制高地〟の高みから世俗の権勢を見下す機能をも同時にもつという、真理のもう半分の側面を忘れてはならない。先ほど言及した預言者ダニエルについての挿話が典型的にそうなのである。

本書『時ならぬマルクス――批判的冒険の偉大さと逆境（十九―二十世紀）』（*Marx l'intempestif: Grandeurs et misères d'une aventure critique (XIX-XX siècles)*, Paris, Fayard, 1995）は、私の見るところ、一九九一年暮れにソ連邦が解体したあと、今日までに刊行されたマルクス主義の理論書しては最高の本である。標題に沿って本書を特徴づけてみる――「十九世紀ヨーロッパを舞台に大胆な政治的思想的冒険の試みとして企てられたマルクスによる資本主義批判の思想は、その偉大さで際立っていたし、そして二十世紀には栄光に輝き、同時に悲惨な現実をも伴なうことを余儀なくされた。いま、時節外れに思われかねない時代の最中《さなか》にあって、マルクス思想の学問思想的バランスシートを提供しようとする。この解釈のもとで、現代のマルクス主義はかならずや再生するであろう」。

著者は、ユダヤ系フランス人ダニエル・ベンサイドである。先の文面で、ユダヤ教の聖典のなかから「ダニエル書」の文章を引用したゆえんである。私は本書の著者ダニエルを現代マルクス主義最高の理論家のひとりに数える。そして本書は彼の理論的主著である。ダニエル・ベンサイドは、第二次世界大戦終戦直後の一九四六年三月二十五日、フランス南東のスペインにほど近い都市トゥールーズに生まれ、二〇一〇年一月十二日の火曜日にパリで亡くなった。六十三歳の死であった。

ベンサイドについては、邦訳書も数点あり、また彼の生涯について書かれた文章も存在するし、二〇〇二年秋には東京大学の招きで、講演と学術交流のために訪日もしているので、ある程度は知っている人もいるかもしれない。だが理論家としての彼の全体像となるとほとんど知られてはいないのではあるまいか。私は彼の東方の盟友として交信をし、パリの地で一九九七年夏にはじめて出会ってから、ヨーロッパの各地で会っては会話をし、そして彼が東京を訪問した時にも親しく接することができた。彼の人物像と彼のマルクス主義理論の特性について、多少詳細に紹介してみることとする。

ダニエル・ベンサイドについて書かれた日本語の文書としては、つぎがある。

(1) フランソワ・サバド「追悼　ダニエル・ベンサイド　新しい時代に適応した革命的マルクス主義のために闘う」(『かけはし』二〇一〇年一月二十五日号、所載)
(2) ホセ・マリア・アンテンタス「ダニエル・ベンサイド、われわれの時代の革命家」(湯川順夫訳『21世紀マルクス主義の模索』つげ書房新社、二〇一二、所収)
(3) 佐々木力「ダニエル・ベンサイド(1946-2010)を追悼する」(『環境社会主義研究会通信』第1号、二〇一一、所載)
(4) 佐々木力「ダニエル・ベンサイドとパリ・コミューン」(渡部實編訳『未知なるものの創造――マルクスの政論』同時代社、二〇一三、所収)

1　ヴァチカンのシスティーナ礼拝堂を飾っているミケランジェロの創作になる天井画の一画には預言者ダニエルを描いた絵がある。二〇一四年十二月、私は古代ギリシャの数学者アルキメデスの事蹟を訪ねて、南イタリアはシチリア島のシラクーサを訪問したのだが、ジャンバッティスタ・ヴィーコのナポリを経由して、最後の訪問地としてローマに滞在し、十二月十九日午前、システィーナ礼拝堂を飾る旧約・新約聖書に取材した絵画群を見学することができた。当然目的は天井画の一画を占める「預言者ダニエル」を見るためであった。ミケランジェロによって見事に描かれたダニエルは、もっとも若々しく、もっとも聡明に見えた。私は、ダニエルにもっともよく対面できる一画に陣取り、約三〇分ほどじっと動かずに、そのユダヤ人預言者のフレスコ画を見つめた(裏カヴァーの装画参看)。

サバドはベンサイドの政治的側近というべき活動家であり、日本語に訳された追悼文は、ベンサイドの死の直後にその当日に綴られている。アンテンタスは政治的盟友にしてバルセロナ自治大学社会学教授である。

ベンサイドは、二〇〇四年には回想録を公刊している。一九九〇年ころには、「死にいたる病」に罹患していることを知らされていたであろうから、来たるべき終焉を意識しての自伝であった。それから、没後に彼を追悼する国際会議が二〇一二年一月にアムステルダムでもたれ、その報告集とでもいうべき論集が前記サバドの編集で刊行されている。

(5) Daniel Bensaïd, *Une Lente impatience*, Paris, Stock: Une ordre d'idées, 2004.(= LI)
(6) *Daniel Bensaïd, l'intempestif* sous la direction de François Sabado, Paris, La Découverte, 2012.(= BI)

回想録は『緩慢なる焦燥』とでも訳されるべき標題をもっているが、その題名は、ジョージ・スタイナーの「緩慢なる焦燥、ともかく、なにかが近くやってくる」なる一文からヒントを得ている。「メシア的焦燥」、ないし革命理論家としての「焦燥」を表現している。正直に自らの生と学問について叙述していて、すばらしい出来である。エッセイ集『時ならぬダニエル・ベンサイド』は、本書の標題『時ならぬマルクス』から借題している。

ベンサイドは、ユダヤ系フランス人であるが、自伝で告白しているように、「せいぜい半分ユダヤ人」と自覚していたようで、モンテーニュからプルーストまで同様の事例がみられると註記している(LI, p. 382)。自らの「精神的父」としては、アブラハム・レオン、アイザック・ドイッチャー、エルネスト・マンデルらを挙げ、さらにその精神的系譜を、ハインリヒ・ハイネ、モーゼス・ヘス、カール・マルクス、ローザ・ルクセンブルク、レフ・ダヴィドヴィチ・ブロンシュテイン、アブラハム・ヨッフエ、ダヴィド・リヤザーノフ……にまで遡っている(LI, p. 385)。レフ・ダヴィドヴィチ・ブロンシュテインとはトロツキイの本名にほかならない。さらに別の精神的系譜としては、スピノザ、ハイネ、マルクス、フロイト、ローザ・ルクセンブルク……などの名前を挙げている（LI, p. 391）。無論、言及された系列のなかには重複した人名もある。全員がなんらかの意味でユダヤ民族の血を引いている人々である。

本書の基調になっているのは、ヴァルター・ベンヤミンの「歴史の概念について」（「歴史哲学テーゼ」とも称される。ベンヤミン自身がしばしばそう呼んでいた）の思想であると言っても過言ではないであろうが、そのベンヤミンの歴史哲学について、東京で私と議論しているうち、ベンサイドは、ユダヤ神学の基本を理解することなく、その根本を理解するのは不可能であろうと述懐していた。さらに、自伝中で、その歴史哲学の歴史的背景として、一九三九年にヒトラーとスターリンのあいだで締結された独ソ不可侵条約があるとも指摘している（LI, p. 343）。最近、未來社から、『［新訳・評注］歴史の概念について』が公刊されたが、訳者にして評注を綴った鹿島徹は、この著作がスターリン主義思想との決別を刻印した書であるととらえている。剴切であろう。手ひどい裏切りや敗北を経験しての危機意識が、先鋭な「歴史哲学テーゼ」に結晶したのだという解釈である。

ベンサイドは、こう自らを特徴づけている。「無神論的国際主義者として、私は、人種的にも、宗教的にも、言語的にも、ユダヤ系と自覚してはいない」（LI, p. 391）。

私は専門職業的に、数学史家・科学史家として、師や友人と呼べる人々が、トーマス・S・クーンにしても、ナタリー・デイヴィスにしても、あるいはロシュディー・ラーシェドやルーイス・パイエンソンにしても、ほとんど偶然にしてユダヤ系なので、私自身が、「ユダヤ系日本人」（！）なのでは、と思わされることがある。半ば冗談気味に。

いずれにせよ、本書の著者のベンサイドは、血筋としてはユダヤ系であったにしても、「啓蒙の子」としてマルクス主義的理論家の系譜に属している。ただし「異端的系譜」に連なるマルクス主義者であった。その先駆者として、彼は、トロツキイ、アントニオ・グラムシ、ホセ・カルロス・マリアテギー（José Calros Mariategui）、カール・コルシュ、エルンスト・ブロッホ、後期のルカーチ、後期のアルチュセール、それからアンリ・ルフェーヴル、リュシアン・ゴルドマン、エルネスト・マンデルの名を列挙している（LI, p. 293, n. 1）。ホセ・カルロス・マリアテギーの名前は日本ではほとんど知られていないだろうが、ペルー共産党の創党者にして、ラテン・アメリカで屈指のマルクス主義理論家として著名であった。トロツキイ派のメンバーにはならなかったものの、その派に近い立場を採った。

ブラジル出身で、現役のマルクス主義理論家としてフランスで活躍しているミシャエル・レヴィ（Michael Löwy）は、ベンサイドの年長の盟友として知られているが、彼を包括的に特徴づけて「異端的コミュニスト」としている（BI, p. 20-30）。ベンサイドが「異端的コミュニスト」として現代マルクス主義理論を紡いだ経緯をたどってみることとする。

2　ベンサイドの「異端的マルクス主義者」としての生の軌跡

ベンサイドは戦後の一九四六年にトゥールーズで生を享けた。それほど裕福な家庭ではなかったようである。トゥールーズという町は、近世フランス数学史を専門とする私にとっても無縁ではない。地元の高等法院に勤めながら非凡な数学者として世界に名を馳せたピエール・ド・フェルマー（一六〇七／〇八―一六六五）がその地に生きたからである。十七世紀のことで、デカルトよりは十歳ほど年少ではあるが、ほぼ同時代に生き、ライヴァルとして鎬《しのぎ》を削りあった。フランスは近世以降リセ（高等中学校）での教育がすぐれていることで知られるが、少年ベンサイドは、リセ・ピエール・ド・フェルマーで学んだ。ボクシングに志すなど多少変わっていた父親を一九六〇年に癌で亡くした。ところが、翌六一年、ベルナールという名の級友が少年ダニエルに『共産党宣言』を貸し与え、読書を勧めた。さらにはアネットという名の、両親が共産党員の少女が今度はマルタン・デュ・ガールの『チボー家の人々』の読書を促すこととなる。このような経緯で、少年ダニエルは、六一年、「共産主義青年」（La Jeunesse comministe=JC）のメンバーになる。ほどなく「共産主義学生連合」（Union des étudiants communistes=UEC）において活躍することとなる（BI, p. 8）。こうして秀才少年ベンサイドは、十五歳にしてコミュニストになるのである。

一九六四年にはリセ・ピエール・ド・フェルマーの準備クラスに進級する（LI, p. 51）。大学やグランド・ゼコルに進学するための受験準備のクラスであろう。六六年春には、高等師範学校の二つの分校が入学への道を開くこととなる。ひとつは、カシャンにある技術教育高等師範学校（ENSET, École normale supérieure de l'enseignement technique, à Cachan）であり、もうひとつが、高等師範学校サンクルー校である。ところが、前者の口述試験の段階で当局はベンサイドの入学を認めないことに決定した。ベンサイド自身のことばでは、「シェイクスピアの言語にとってトゥールーズ・アクセントがうまくは順応しない」（LI, p. 62-63）結果、英語の口述試験がうまくゆかなかったがゆえであった。それで後者のパリ市郊外のサンクルーの高等師範学校に入学することになった。

一九六六年、「共産主義青年」のなかの一部のグループは、親組織のフランス共産党に叛旗を翻し、新たに「革命的共産主義青年」（Jeunesses communistes révolutionaires=JCR）の結成に踏み出すこととなる。その中心は、その年に二十五歳になったアラン・クリヴィンヌであった。たしか、フランス共産党の議会選挙政策中心で、ヴェトナムでの民族解放戦線（FNL）支援の生ぬるさ、そしてアルジェリア革命にたいする煮え切らない姿勢への不満が根本要因だったと私は理解している。ベンサイドにもその知らせは届き、秋になって、夜汽車でパリに上るや、ほとんどためらいなくその正式の一員としてのパリの活動家となる。その青年組織のメンバーのなかにはトロツキズムについて通じていた若者もいたには相違ないが、組織それ自体として、トロツキズム思想を支持したり、国際組織としての第四インターナショナルとの連携に踏み切ったりはしなかったようである。

ベンサイド青年が高等師範学校で専門的に学びたいと希望したのは、哲学や聖職に通じる学問ではなかった。それらは彼にとってあまりに抽象的であった。代わりに希望したのはフランス現代文学であった。ともかくプルーストやブランショなどの作品を多読したようである。東京での私との対話でも、自らの嗜好としてフランス文学があるのだと告白したものであった。実際、ベンサイドのフランス語は〝読める〟文体である。哲学者としては、トロツキズムにごく近い論調を打ち出していたモーリス・メルロ＝ポンティの著作に親しむようになった。マルクーゼの『一次元的人間』などの本も熱心に読んだようである。ともかく、ベンサイドにとって、高等師範学校での正規の授業ではなく、コミュニスト青年としての政治的生活が第一義となったことはまちがいない。実際、一九六七年になって開催されたJCRの創設大会で、彼は指導部の一員に選出されている（LL, p. 73）。その組織には、ハンナ・アーレントの『全体主義の起原』第三巻で援用されることになるソ連邦における強制収容所の実態を暴いた著書があるトロツキスト、ダヴィド・ルッセの子息のピエール・ルッセや、女性活動家の中心であり、六八年夏にその年のパリでの「五月革命」について報告するために来日したジャネット・アベールらがいた。帰属した高等師範学校での一年後の一九六七年には、「レーニンにおける革命的危機の概念」なる論文を執筆したようである（LL, p. 112）。それほどアカデミックな主題ではない（！）とベンサイド自身断っているように、日本の高等教育の現場ではほとんど想像もできないことと言わねばならないだろう。

こうして迎えたのが、一九六八年であった。この年のパリ大学ナンテール校でのヴェトナム反戦運動を中心とする学生の急進化を刻印する「三月二十二日運動」は、突発的に起こったわけではない。それ以前、パリのJCRのメンバーを中軸とするフランスの学生たちが、根元的な民主化とヴェトナム反戦を呼びかけるドイツの学生たちに呼応し、ベルリンでのデモに出かけ、その息吹《いぶき》をパリに持ち帰っていたのである。アメリカン・エクスプレスのパリ支店に抗議デモを敢行した学生が逮捕されるや、運動は急速にパリの学生たちのあいだに拡大することとなった。

学生の街頭闘争は、労働者のゼネストにまで発展し、いわゆる六八年五月のパリ革命の勃発となる。ベンサイドは、パリ大学ナンテール校での「三月二十二日運動」から始まり、パリでの街頭闘争を先頭で闘うことになる。闘争に参加したのは、JCRのメンバーだけではもちろんない。マオイストも大きな思想的影響を与えた。のちに哲学者として活躍するアラン・バディウは毛沢東思想の支持者であった。「三月二十二日運動」の担い手のなかにはアナキストも少なからずいた。パリの「五月革命」が終熄したのは、六月末のドゴール大統領の非常事態宣言によってであった。JCRは内務相により解散命令を受けることになる。それ以後、一九八〇年代までのベンサイドは、六八年五月革命の「息吹」のなかを生きたと言っていいだろう。一九六九年四月にはJCRの元メンバーたちが、「共産主義者同盟」

(League communiste) を結成することとなる。一九三八年にトロツキイによって創立された第四インターナショナルのフランス支部（SFQI）を名乗っていた国際主義共産党 (Parti communiste international) を統合する形でである。真剣な討議を経て、同盟員の八〇％がトロツキスト国際組織への参加を支持したという (LI, p. 130)。

トロツキスト国際組織の一員としての再出発は、ベンサイドにとって大きな意味をもつこととなった。フランスのトロツキイ派（共産党左翼反対派）の歴史は、一九二三年のレーニン生前の時代まで遡及することができる。トロツキイが書記長スターリンとは別の「新路線」を打ち出した時期からの連続した歴史を誇りうる組織なのである。一九六〇年代におけるその代表はピエール・フランクであった。そしてベルギーには、マルクス主義経済学の研究者にして第四インターナショナル統一書記局を中心的に指導していたエルネスト・マンデル（一九二三―一九九五）がいた。地理的にブリュッセルとパリが近いこともあり、ベンサイドはマンデルと頻繁に交流をなすこととなる。「エルネスト・マンデルは、われわれを政治経済学批判へと導き入れ、フランスでは未知の、開かれた、コスモポリタンで、戦闘的なマルクス主義をわれわれに発見せしめることとなった」(LI, p. 110)。

第四インターナショナル統一書記局（USFI）は、ヨーロッパのトロツキスト諸組織とアメリカの社会主義労働者党（SWP）の協議によって合同し、一九六〇年代前半に始動した国際機関で、マンデルはその一角を担っていた（SWPがインターナショナル組織を離れた現在では、「統一書記局」なる名称は通常は使用されない）。そのことをもって別のセクト主義的トロツキストは、「マンデル主義」(mandélisme) のレッテルを使用することがある。ミシェル・パブロ（ギリシャのトロツキスト）や、ファン・ポサダス（アルゼンチン）や、ピエール・ランベール（フランスの極端なセクト主義者、「ポストモダン思想」を流行せしめた哲学者のリオタールは彼の支持者であった）のような権威主義的教祖《グル》(gourou autoritaire) のイメージを臭わせながら、とベンサイドは多少微苦笑気味にそのことに言及している (LI, p. 363)。ベンサイドは、セクト主義とドグマティズムを極度に嫌う傾向として、マンデルや自らの思想を特徴づけている。「教師にして思想家 (maître-penseur) というよりもむしろ考えさせる (mettre-à-penser) 人として、エルネスト・マンデルは、われわれにとっては、理論的教師、二つの世代のあいだの架け橋なのであった」（LL. p. 362-363）。ベルギーのアントワープのユダヤ人家庭に生まれたマンデルは、左翼反対派と交流をもっていた父の影響、それから同じくユダヤ人で早くからベルギーのトロツキスト組織（「ちっぽけな組織」とマンデルは回想している）を立ち上げたアブラハム・レオン（一九一八―一九四四）の教えを受けるようになった。マンデル少年は十代半ばからのトロツキスト活動家で、ナチス・ドイツによって三度も拘束されたものの、三度とも逃亡に成功したエピソードで知られる。レオンは、ナチスによって逮捕され、結局、アウシュヴィッツの強制収容所送りとなり、その地のガス室で殺害された。ガス室の入口まで連れて行かれると、病身でもあった彼は、動ずることなく、自ら潔くガス室に飛び込んだと言われる。

一九九八年五月、偶然にして、私は、パリ第七大学ほかでの科学史講義のためにパリを訪問しており、『共産党宣言』一五〇年記念の国際会議をも目撃することになるのであるが、経済学者の伊藤誠教授らとその締めくくりのソルボンヌの講堂での集会に参加することとなった。ちょうど隣の席にはヴェトナム出身の経済学者が座り、ブリュッセルのマンデル宅を訪問した体験を私に語ったものであった。私は、マンデルの主著『後期資本主義』（ドイツ語原著一九七二年刊）に言及し、彼の「教え子」なのだと吐露すると、その経済学者曰く、「マンデルの住居には、『ディー・ノイエ・ツァイト』（新時代）のバックナンバーなどもすべて揃っていた。彼の印象は高貴《ノーブル》だということである」と教えてくれるのであった。ベンサイドは、その総括集会において枢要な講演者のひとりに選出され、雛壇で輝いていた。その当時は、すでに世界最高のマルクス主義理論家のひとりとして認知されており、トロツキスト諸組織はもとより、フランス共産党の機関紙『リュマニテ』の常連寄稿者となっていた。その会議のために発行された『リュマニテ』の記念号にも、ベンサイドへのインタヴュー記事が一面いっぱい肖像写真付きで掲載されていた。ひとえに本書刊行の意義が認められたためであろう。

「マンデルと日ごとに接することはもろもろの知識の源なのであり、マルクス主義の基本の永久的手ほどきなのであった」。ちなみに、マンデルは国際主義者らしく、「多言語を操れ、ほとんど無差別に、ドイツ語、英語、フランス語で書くことができた。さらにまたイタリア語的語法でいっぱいの奇妙なスペイン語も話した。しかし彼は母語であるフラマン語で夢を見るのだとも語っていた。彼の輝きと彼の威光は、ドイツ、ラテン・アメリカ、アングロサクソン世界で明白であった」(LI, p. 363)。ベンサイドは、マンデル以上に多言語に通じたジェリー・フォリー(Gerry Foley)なる名前のアイルランド出身のトロツキスト活動家について、彼は五十ほどの言語を読み、話すことができるのだ、と紹介している。私もフォリーとニューヨークで会ったことがある。彼の仕事机には数十の辞書が置いてあった。私に向かって彼は、「自分ができるのはインド・ヨーロッパ諸語だけで、日本語はおろか、挑戦してみた中国語にも挫折した」と述べ、下手であっても英語で会話する私に劣等感を披瀝してみせるのであった。私はそれにしても数十のヨーロッパ諸語を操るというのは嘘ないし誇張だろうと高をくくっていた。ところが彼を訪れたラテン・アメリカの同志とスペイン語で話しているのを聞いて、私は驚いた——ほとんど母国語のように流暢にスペイン語で会話していたのであった。

『ミニのカストロと呼ばれて——デブリンの自伝的闘争記』というタイトルの書物が刊行され(サイマル出版会、一九七〇)、話題になったことがある。著者はアイルランドの戦闘的活動家ベルナーデット・デブリンであるが、彼女は先述のフォリーの友人である。私はデブリンの英語の演説を滞米時代の一九七七年夏に聴いたことがある。まさしく魂に染み通る演説とはこのようなものをいうのであろう、と感歎しないわけにはゆかなかった。同時に、ヨーロッパの雄弁文化の在り方について多少知った思いがした。

私は、マンデルとは、米国滞在中の一九七〇年後半、ニューヨーク市マンハッタンの南にあるニュー・スクール・フォー・ソーシャル・リサーチ(生前のハンナ・アーレントが教壇に立っていた)で講演に列した際に会ったのを皮切りに、一九八〇年代初頭、経済学についての学術会議参加のために訪問した東京の渋谷で、そうして一九九五年六月にはベルギーで会ったことがある。最後には車椅子に乗っていたが、私に自らの長文論考が掲載された英語雑誌を進呈してくれるのであった。最後のベルギーでの会議では、「〈オールドマン〉の時代と現在とでは、ヒロシマへの原爆があったかどうかの相違だけだ」と発言したのが印象的であった。「オールドマン」（「じいさん」が日本語訳だろうが、若干ニュアンスが異なる。「親父《おやじ》」といった感じに近い）とはトロツキイを指す。中国トロツキストのあいだで「老人《ラオレン》」と呼ばれたのはトロツキイと同じ一八七九年秋生まれの陳獨秀である。私がマンデルとベルギーで会ったほぼ一月後の七月二十日に心臓病の発作を起こし、彼は逝った。マンデルの伝記『エルネスト・マンデル――引き延ばされた叛逆者の夢』（Jan Willem Stutje, *Ernest Mandel: A Rebel's Dream Deferred*, tr. by Christopher Beck and Peter Drucker, Verso, 2009）が刊行されている。私は数学史上の恩師故マイケル・S・マホーニィ教授を追悼する学術会議のために二〇〇九年五月に赴いたプリンストン大学の書籍ストアで平積みになっているのを見いだして購入し、眼を通すことができた。

こうしてベンサイドは、六八年五月革命を闘ったのであったが、それが彼の生涯の軌跡を決めたと言っても過言ではないだろう。彼は自らを「六八年世代」の代表と見なしていた。ナンテールでの運動が掲げた旗幟として、彼は「反帝国主義、反官僚、反資本主義」（LI, p. 80）なる定式にまとめている。六九年の共産主義者同盟の立ち上げにも積極的にかかわった。ところが、その組織は、七三年六月、「オルドル・ヌーボー」（新秩序、今日の国民戦線《フロン・ナショナル》 Front national の前身）と呼ばれる民族主義的極右翼の集会に武装して抗議したため、解散措置の憂き目に遭ってしまい、指導者と見られていたクリヴィンヌとルッセは逮捕されてしまった。しばらくして、その組織は、革命的共産主義者同盟（LCR）の新組織名で再出発し、その機関紙『ルージュ』が七六年三月に日刊化される過程で、ベンサイドは大きな役割を果たすこととなる。

七五年夏にはポルトガルで革命が勃発し、ベンサイドは熱心にそれにかかわった。自伝にも書いているように、彼は、フランスの左翼の運動で重要な役割を果たすのと同時に、ラテン・アメリカの諸国にも頻繁に飛んで、アルゼンチンやブラジルのトロツキスト組織だけではなく、左翼運動全体の前進のために巨大な役割を演ずることとなる。

二〇〇一年一月から世界社会フォーラムがブラジル南部の都市ポルトアルグレでほぼ毎年のように開かれるようになったことは周知であろうが、どうしてその都市かというと、そこの市長の座に一九九七年から二〇〇一年（選挙された年で計算すると一九九六―二〇〇〇年）まで就いていた人物であるラウル・ポント（Raul Pont）がトロツキストであり、ベンサイドの友人であるからなのである。したがって、ベンサイドが非現実的な少数派の仲間に支持されるにすぎないロマン主義革命家であったとみるのはまったくの誤りなのである。彼の回想録『緩慢なる焦燥』のなかほどの八ページには貴重な写真を見ることができるが、そのひとつは、二〇〇四年二月ポルトアルグレで撮影されたグループ写真であって、ベンサイドはラウル・ポントらと一緒に写っている。

*

一九八〇年代になると、世界資本主義の舞台で新自由主義の攻勢が進み、七九年にマーガレット・サッチャーが英国首相に就任し、米国では八一年にロナルド・レーガンが大統領に選出されることになる。新自由主義を代表する攻勢的政治家であった。フランスでも、六八年五月の再来どころではない思想的雰囲気が漂い始める。

ベンサイドの回想録には一九八〇年に出版された二冊の本が言及されているが、それらの標題自身が新自由主義の強烈な姿を浮き彫りにする。ひとつは、Lucio Colletti, *Le Déclin du marxisime*, PUF（LI, p. 280, n. 1. ただし本書の書誌情報によれば、一九八四年刊。一九八四年刊が正しいと思われる。）であり、もうひとつは、André Golz, *Les Adieux au prolétariat*, Galilée（LI, p. 288, n. 1）である。標題だけ訳しておけば、前者は『マルクス主義の没落』であり、後者は『プロレタリアートよ、さらば』である。八〇年代の始まりを印象的に告げる書物と言えるであろう。

本書が真剣なマルクス主義分析の対象にしたのは八〇年代の政治・経済・思想であったことをベンサイドは漏らしており、そのことにまちがいはないが、一九八八年に時代を刻印する書物として、五月革命から二十周年を記念して彼は同志のクリヴィンヌと共著で『五月、しかり！――叛逆者と改悛者』（*Mai si! Rebelles et repentis*, Avec Alain Krivine, La Brèche）を公刊している。八六年にはともに五月革命を闘った同志であったアンリ・ヴェーバーが革命組織の隊列を離れ、社会民主主義者に「転向」している。ヴェーバーは、ベンサイドにとって六八年革命の直後に共著を出版した仲であった。

ベンサイドは、かなり長期の準備期間を経て、一九八九年から九一年にかけて、三冊の本を出版した。八九年刊の『私、革命』(*Moi, la Révolution*)、九〇年刊の『ヴァルター・ベンヤミン、メシア的衛兵』(*Walter Benjamin sentinelle messianique*)、それに、九一年刊の『戦い疲れたジャンヌ』(*Jeanne de guerre lasse*)である。最初の本は、一九八九年のフランス大革命二百周年を記念して出版された。最後の本は、フランス救国のヒロイン、ジャンヌ・ダルク(一四一二―一四三一)についての史話である。この本の執筆のために、ジャンヌが戦ったオルレアンを起点とする戦跡を著者は訪ね廻ったらしい(LI, p. 44, n.1)。

第二番目のベンヤミン論は、注目すべき著作である。時代が告げ知らせる敗北感にいかに耐えて克服し、どのように歴史を見直すべきかについて深く省察した本だからである。ちなみに、本書のクリヴィンヌへの贈呈本は、私の所蔵するところとなっている。クリヴィンヌが「俺には難しくてわからない」と私に譲ってくれたからにほかならない。

ベンサイドは、これら三冊を、歴史と追憶のための「歴史哲学」＝「歴史的理性批判」に関する三部作と位置づけている。「三冊本は、歴史と回想についてのある種の三部作をなしている。ヴァルター・ベンヤミンの歴史哲学にかんするテーゼは、それらの要《かなめ》である」(LI, p. 381)。フィリップ・コルキュフ(Philippe Corcuff)は「現在主義の挑戦に直面しての哲学的根源性のアクチュアリティ」なるベンサイドを追悼しての論考において、ベンヤミンの思想との出会いは、ベンサイドにとって「ベンヤミン大陸の発見」であったとしている(BI, p. 55-66)。革命への企図は、直線的に進撃するといったふうには進行しはしない。一定の挫折とか敗北をも経験し、陣営を立て直して再出発を余儀なくされることがある。ベンサイドは、ベンヤミンを介しての再起から、パスカル的賭にこの自らの新たな挑戦に意味を見いだす。すなわち、「メランコリックな賭」(pari mélancolique)にほかならない。

ベンサイドは、この「ベンヤミン大陸の発見」を介してのコミュニズムへの迂回路を「異端者の茨の道、メシア的合理性の廻り道、事件の論理の険しい小道」と形容している(LI, p. 412)。それにしても、なぜジャンヌ・ダルクについてまで本を執筆したのだろうか?と人はいぶかるかもしれない。たしかにベンサイドは、トロツキストにしてジャンヌについて書いた唯一の人らしい。ジャンヌは十九歳にしてキリスト教の異端者として焼き殺されてしまった。それにしても、なぜジャンヌ・ダルクなのだろうか？　けれどもマンデルも探偵小説論を書いている事実を人は知っておく必要がある。

レヴィは、先述の「異端的コミュニスト」なるエッセイのなかで、ベンサイドの生涯の大きな転機は一九八八―九〇年にあったとしている（BI, p. 20-23）。その時期、まちがいなく、自らの生にとっての危機、フランス政治の危機、世界の政治システムの危機をベンサイドは体験した。自らの致命的な病の告知、フランス政治における新自由主義の攻勢の開始、それにベルリンの壁の崩壊とソ連邦解体という三重苦による危機の自覚である。

カトリーヌ・サマリは、「コミュニズムを擁護して」なるベンサイドを追悼するエッセイ（BI, p. 133-146）のなかで、彼によるコミュニズムの異端的な新定式は三段階を経て獲得されたと述べている。彼女によると、第一段階は、シャルル・ペギー（Charles Péguy 一八七三―一九一四）という名の社会主義者で、フランスの特異なナショナリストにして、ローマン・カトリックについての特異な宗教理解を示した人物の発見であり、次の第二段階でのエルンスト・ブロッホ（一八八五―一九七七）の浩瀚な主著『希望の原理』（一九五四―五九）との取り組みを通じて、そうして最後の第三段階に、ベンヤミン（一八九二―一九四〇）の歴史哲学テーゼに到達した。そういった境涯の果てに書かれたのが、自らのベンヤミン論なのであった。日本では、ペギーについてはほとんどまったく知られていない。彼はオルレアンの貧しい家庭に生まれながら、高等師範学校に入学し、卒業しないまま、そのエリート校を去った。のちに社会主義者になったものの、ジャン・ジョレスら指導者の裏切りに接して、思索を深め、詩作し、著述するようになった。結局、第一次世界大戦で戦死してしまった。ペギーについては、ベンヤミンが「フランス作家の現在の社会的立場について」なる一九三四年の論考において、かなり立ち入った紹介を試みている。それによれば、「ペギーは高等師範学校の生徒として不快な大騒ぎを起こした最初の人で」、都会のエリート層のなかにあっても自らの田舎出の出自への執着を捨てず、「攻撃の矛先は、支配者たちだけではなく、自分たちの出身母体である民衆を裏切った学卒者や知識人の一団にも向けられ」た（浅井健二郎編訳『ベンヤミン・コレクション5』ちくま学芸文庫、二〇一〇、五〇五―五〇九ページ）。さらにベンヤミンは、

「ボードレールにおける第二帝政期のパリ」（一九三七―三八年成立）のなかで、ヴィクトル・ユゴーについての的確な評価の点でペギーに言及している（浅井健二郎編訳『ベンヤミン・コレクション4』二〇〇七、二九一ページ）。サマリは、ベンサイドにとってのペギーの意義をこう総括している。「歴史的決定論とか、無限定の進歩といった概念に抗して、ダニエルは、ペギーを通して「親近さとか、反響とか」に向かっての開放性を発見することとなる。それらは、時を横切るのであり、時代を伝達するのであり、失われた瞬間を甦らせ、輝きを喪失してしまっている星々に輝きを取り戻させるのだ」（BI, p. 138）。

ソ連邦崩壊について、その「リヴァイヤサン国家」の内部的問題としてだけ人がその原因を考えるとすれば、短見というべきだろう。サッチャー、レーガン、中曾根康弘、それに自由社会主義者と形容すべき、ミッテランが世界の政治経済の舞台に登場し、世界資本主義市場の巨大な圧力によって、万力で締めつけるようにして世界史上最初の「労働者国家」を絞め殺したというのが実情なのである。七〇年代前半に日本の左翼の一角は内部崩壊を遂げてしまっていた――連合赤軍、内ゲバ等々を想起されたい。七九年、日本は「ジャパン・アズ・ナンバーワン」などとおだてあげられ、それに引き続く八〇年代に、たいていの日本人は社会主義イデオロギーとはおさらばしてしまった。その二十年に及ぶ時代の当然の帰結であるかのように、九〇年代からは「失われた二十年」の長期の今日の衰退期に通じる時代を迎えることとなるのである。

簡明に表現し直せば、ベンサイドは一九九〇年前後に生涯最大の危機の時期を迎えた。彼は回想録のなかで「危機は三重であった」と書いている。「マルクス主義の理論的危機、革命的企図の戦略的危機、それから、普遍的解放の主体の社会的危機であった。思想的でモラル的な意気消沈せしめる壊滅状態に、多重の〈さらば〉が折り重なった。武器よ、マルクス主義よ、革命よ、プロレタリアよ、さらば」（LI, p. 278）。

このような深刻な危機にベンサイドはどう応《こた》えようとしたのか？　彼もその一員であったトロツキズムの基本的な歴史的教義として「永続革命論」がある。そのもっと深い根底には「不均等・結合発展の法則」なる定式が横たわっている。そのことについて簡単に述べて、いよいよ『時ならぬマルクス』そのものについて解説することにしよう。

ピエール・ルッセは、アムステルダムの国際教育研究所の所長を一九八二年から九二年まで務めた人物であるが、ベンサイドを顕彰する二〇一二年のその研究所での会議で「永続革命」についてこう述べている。「永続革命の理論は、帝国主義時代のはじめに、不均等・結合発展（développement inégal et combiné）の分析によって育まれたものである。この過程はいつも働いている――嗚呼《ああ》、いかにして――、だが帝国主義的支配の諸様相は変容している。これがトロツキイによって基礎づけられた理論の現在的妥当性の問題への明白なる応答がなぜ存在しないかの理由なのである。それは、現実のコンテクストのなかで再考されるべきなのである」（BI, p. 117）。一九〇五年の第一次ロシア革命を実体験したトロツキイによって一九〇六年に定式化された「永続革命論」とは、ロシアの来たるべき社会主義革命は、プロレタリアートによって闘い取られうる、しかし、その革命はヨーロッパの先進諸国の革命によって支持されないかぎり延命しないだろうという二重の考えを基本とする。その革命論を歴史的唯物論によって支える「不均等性」とは、ロシアの政治経済が極度に後進的であると同時に、その地のプロレタリアートの意識がきわめて先進的であることを含意し、同時に、いかに先進的な主体性をもった労働者階級とその党が存在したにしても、その地のプロレタリアートとヨーロッパの他の地のプロレタリアート、それから彼らが担う政体間の「結合」なくして、社会主義政体としては健全に維持しえないことを示唆する。この大胆な理論こそ、保守派の論客によって「トロツキズム」と呼ばれた思想であった。なお、その理論のトロツキイ自身による叙述については、『ロシア革命史』第一巻の最初の部分、一九三〇年刊の『永続革命論』（森田成也訳、光文社古典新訳文庫、二〇〇八）、さらに詳細な理論的彫琢と現代的意義については、ルッセも引用文献として掲げているレヴィの著書『結合・不均等発展の政治学――永続革命論』（Michael Löwy, *The Politics of Combined and Uneven Development: The Theory of Permanent Revolution*, Verso, 1981; New version, Haymarket Books, 2010）を見られたい。この革命論が、マルクスとエンゲルスの歴史的唯物論の具体的－現実的適用として考案されていることに注意されたい。このトロツキスト的永続革命論に基づいて、ベンサイドが、フランスの政局だけではなく、ラテン・アメリカの左翼政治とも長期間かかわったことを知っておく必要がある。自らの回想によれば、彼は一九八〇—九〇年代に年に二、三回はブラジルに飛んだらしい（LI, p. 312）。

一般に、革命的政治方針を組み立てる時には、歴史的な客観的条件を冷厳に分析すると同時に、政治にかかわる主体の側の成熟度も勘案する必要が出てくる。トロツキズムの革命論が、単純に極左急進主義的な「世界同時革命」とか、あるいは「世界一国（！）同時（！）革命」とか、極端に主観主義的であると見なしていた人物がいて、その素朴な誤解に驚愕させられたことがある。それからトロツキズムの基本的スローガンが「反帝国主義、反スターリン主義」だと信じている人がいる。単純な誤解である。トロツキイ自身は、ソ連邦を「労働者国家」と見なす姿勢を変更させたことはない。しばしば自分の賛同者のなかにソ連邦を「国家資本主義国家」と見なす論客が現われると、彼らを絶対に自分と同じ隊列にいるものとは見なさなかった。マンデルにとっても、ベンサイドにとっても、基本的姿勢に変更はなかった。たしかにベンサイドは「スターリン主義的な官僚的反革命」といった言葉遣いをした。しかしルッセが註記しているように、そういった「反革命」なるものは、ロシア革命の後退局面でのテルミドール的事態として起こったことなのであり、ソ連邦国家官僚一般にも、彼らよりははるかにまともで進歩的なヴェトナムやキューバの指導部にも、ベンサイドは悪辣な批難の言葉を発したことはなかった。スターリンとその側近官僚による大テロルにはまったく容赦しなかったが——。キューバにかんしては、ベンサイドの大学での同僚のジャネット・アベールが専門的研究をなしている。ある会議で、キューバにはブルジョワ民主主義的な選挙制度がないことをもって強く批判した若い同志が発したことばにたいして、アベールは、その同志がキューバの現実を知らないことをもって、「反革命だ！」の声をもって断定的に答えたものであった。それから、フランス共産党をはじめとする各国共産党に対しても是々非々の態度をとった。ルッセによれば、スターリン主義官僚による「反革命」とは、「反対の意味での革命なのではなく」、「革命にたいする逆作用なのであり」、「忍び寄ってくる、非対称的な、敷居や踊り場での反作用」なのである（BI, p. 112）。簡略に言えば、共産党は「中間主義の位相」（phase du centrisme）にいるのである。トロツキイ自身によるソ連論については、一九三六年にノルウェーで亡命の旅の途中で書かれた『裏切られた革命』（藤井一行訳、岩波文庫、一九九二）を読まれたい。「裏切られた」の語彙から、その書がスターリンとの個人的確執に敗北した「ルサンチマンの書」（！）と見ている人がいるらしいが、とんでもない誤解である。トロツキイ自身が標題として考えたのは『ソ連とはなにか、そしてどこに行きつつあるか？』であった。その書は、スターリン支配下のソ連邦の現状の比類のないマルクス主義的分析なのである。ベンヤミンは「歴史の概念について」の異稿断片にこう書いた。「ファシズムを厳密に吟味することを可能にするような歴史理論の不可欠性」（浅井健二郎編訳『ベンヤミン・コレクション7』二〇一四、六〇七ページ）。われわれは同様に、「スターリン主義を厳密に吟味することを可能にするような歴史理論」を必要としている。旧ソ連邦の在り方ほど学問的分析を必要とすることがらはない。その政体の歪曲と解体とをスターリンを「大悪党」に仕立てあげることによって説明する考えほど安易な方途はない。トロツキイの『裏切られた革命』こそがマルクス主義歴史理論の規範とならなければならない。

ベンサイドは中国革命にも大きな関心を寄せ、パリでの中国革命に関する大集会に参加し、「マオイストだけに任せておくにはあまりに重要な問題」との理解を示したという（BI, p. 107）。彼はフランス・マオイストの哲学者バディウと議論を闘わせている。トロツキイが、ソ連邦を労働者国家と規定し、その観点を変えなかった理由には、共産党員も当然階級的に同一の隊列を構成すると見なしていたという基本的姿勢がある。

ちなみに、前掲のレヴィによる『結合・不均等発展の政治学――永続革命論』によれば、中国革命も、歴史理論としては、永続革命の路線で展開された。スターリンの公的指令に逆らった形で、そして毛沢東の独自の「不断革命」の形で。レヴィは、一九二七年の都市革命の蔣介石による鎮圧後、農民に依拠した武装闘争を支持したトロツキイの左翼反対派の一員としてヴィクトル・セルジュの名前を挙げている（The 1981 & 2010 Versions, at p. 83）。トロツキイ自身も部分的には農民の武装闘争を、都市革命から後退を余儀なくされた路線として支援していたのであるが、革命の主体は都市労働者であると考え続けた。その点で、予想を誤った。だが、反面、中国革命は、アイザック・ドイッチャーによれば、「二重の代行主義」(double substitutionism) に陥ってしまった (The 1981 Version, p. 129) ——農村の貧農階層が、都市労働者を「代行」し、そして労働者階級を中国共産党が「代行」するという。総じて、中国革命においては、武装した農民を従えた知識人が決定的な役割を果たすことになった。この事実は、「人民中国」に独自の〝歪み〟として現代政治にまで影響を及ぼしている。レヴィの本の一九八一年版第四章「後進資本主義における社会主義諸革命」においては、第二次世界大戦後のユーゴスラヴィア、中国、ヴェトナム、キューバの諸革命を永続革命論の観点から説得的に考察している。レヴィの書物は、二〇一〇年新版によれば、二十一世紀のラテン・アメリカ政治に生きて作用している。なお、『結合・不均等発展の政治学』には、ドイツ語版・朝鮮語版が存在するという (The 2010 Version, p. 146)。

歴史的唯物論者は、なによりもリアルな現状の認識から始めなければならない。現代中国についての皮相な「急進主義的」対処策——まさに〝観念論的〟な!——を披瀝する前に、人はまず現状をリアルに理解せねばならぬ。サバドは、ベンサイドの国際政治思想的観点が、つねに具体的状況のもとで、具体的分析を介して築かれたものだと述べている (BI, p. 160)。本書でも紹介されている、マルクスがロシアの女性革命家ザスーリッチに対応した時に示した柔軟な態度に倣ったかのように——。ただし、「革命的で、批判的で、開かれた」一般的姿勢は堅持した。そうして、一九八〇年代に到来した新自由主義的グローバライゼーションに適合的な「新しい時代、新しい政治的プログラム、新しい党」のために思索を深めた。こうしてベンサイドは古典的マルクス主義の根源にまで帰ってゆくこととなった。

3 『時ならぬマルクス』の思想史的意義

そこで、本書『時ならぬマルクス』の思想史的地平を確認する段取りとなる。

「危機の八〇年代」に深く沈潜しながら、ベンサイドは「主義《イズム》」なしのマルクスに立ち向かうという研究プログラムに挑むことになる (LI, p. 279)。その手順が必要になったのは、強力な新自由主義的攻勢にマルクス主義が充分に対応しうるかという問いに自ら答えようとしたためであった。彼はそうして発見することになる。「マルクス主義の危機だって?」――二〇〇一年刊の『現代マルクス事典』の編集責任者によると、「マルクス主義それ自体が、基本的に危機の思想なのだ」(LI, p. 292; Eustache Kouvélakis, "Crises du marxisme, transformation du capitalisme," dans *Dictionnaire Marx Contemporain*, sous la direction de Jacques Bidet et d'Eustache Kouvélakis, PUF, 2001, p. 42.)。本書の序論「聞こえない雷鳴」のエピグラフの第一番目に、フッサールの『ヨーロッパ諸学の危機と超越論的現象学』のフランス語版を一九七六年に公刊したジェラール・グラネルの序文中の一文が掲げられているが、当該訳者は、マルクスの『資本論』が近代史の通常の展開を遮った事実について言及し、そのうえで「ヨーロッパ的人間性の危機」を深く認識した哲学者フッサールと彼の「危機」書を歴史のなかに位置づけている。まさしくマルクスはフッサールに先立つ「危機の思想家」なのである。ベンサイドは、マルクスの思想的特徴を次のように描いている。マルクスの創造性は「新しい認識の気遣いを、同時に、分析的で総合的、科学的で批判的、理論的で実践的であると表現した」(LI, p. 442)。

　私自身、マルクスとエンゲルスのいわゆる古典的マルクス主義の哲学的思想をつぎのように特徴づけたことがある。彼ら二人は、まずヘーゲルの先鋭に批判的な弁証法的思想の継承者として出発しながら、「唯物論的」であることをも自覚するようになる。ヘーゲルのような思弁的ドグマに陥ることなく、ザッハリヒに事態を認識しようとして。あくまで、観念論への抵抗の決意として。だが、彼らは、のちにマルクス主義「哲学」の呼称として流布した「弁証法的唯物論」(dialektischer Materialismus)なる語句を一度も用いたことはない。その術語を最初に用いたのは、マルクスらの文通相手であったドイツの労働者著作家ヨーゼフ・ディーツゲンであり、一八八七年のことであった。マルクスとエンゲルスはドイツ古典哲学の最高峰であるヘーゲルの思索姿勢の最良の遺産継承者であろうとする。そうであるがゆえに、『フォイエルバッハ論』の末尾は次の文で締めくくられている――「ドイツの労働者階級の運動こそ、ドイツ古典哲学の相続者である」(拙著『マルクス主義科学論』みすず書房、一九九七、二〇ページ)。ベンサイドの本書の基調と符合するのではないか、と私は考えている。

顧みれば、一九六〇年代に支配的なマルクス主義思潮は、共産党勢力が保持していた、「弁証法的唯物論」という名のしばしば「ディアマート」とも略称されて揶揄される極度に貧弱な思想形態を中心としていた。ベンサイドも「プティ・ペール」による「不朽の冊子」『弁証的唯物論と史的唯物論』に言及している (LI, p. 419)。「プティ・ペール」とは、無論、スターリンを指し、その哲学教科書は、『ソ連共産党（ボリシェヴィキ）歴史小教程』（一九三八）の一章として、レーニンの『唯物論と経験批判論』（一九〇九）への註釈として書かれた。拙著『マルクス主義科学論』の第二章「スターリン主義科学哲学の成立」は、レーニンによる「愚著」（丸山眞男が私宛書状で用いた形容語句）を顕彰し、聖典化される歴史的経緯を再構成した論考である。

本書は、マルクスの歴史理論、階級概念の認識、それに科学観という三部門について、マルクス批判家の現代的議論と対質させせながら詳細に論述した本である。パリの出版社フェイヤール (Fayard) の編集者オリヴィエ・ベトルゥネ (Olivier Bétrouné) との友好的関係のもとで、一九九三—九四年に書き上げられた。その編集者に原稿を見せ、三巻仕立ての書物として刊行すべく考えていたところ、ベトルゥネ氏は一冊本として公刊する意向を示したのだという (LI, p. 417)。結局、ほぼ同時期に別の出版社から刊行された『時の不調和』(*La Discordance des temps: essais sur les crises, les classes, l'histoire*, Édition de la passion) を別著としてまとめ、本書が世に問われることとなった。私が、公刊からほぼ二年後に著者当人と会った時に、著者が告げていうには、たちまち五千部が売れたという。

本書には、哲学史的議論が充満している。私なりにその骨格的筋をまとめ直せば、スピノザの汎神論的な異端的哲学は、「北西通路《パサージュ》」を経て、ライプニッツ的定式化となって結晶し、十八世紀後半からのカントに始まるドイツ古典哲学運動のなかで発酵し、大きく開花する。その思想運動はヘーゲルによって頂点をきわめる。マルクスの、若き同志エンゲルスと歩調を合わせての、いわゆるヘーゲル左派、とりわけフェイエルバッハを介しての現実の歴史への回帰への巨大な歩みは、ドイツ古典哲学の頂点をも越える新しい思想体系を構築せしめることとなる。その体系は、一八四四年パリで綴られた『経済学・哲学草稿』を皮切りに、一八六七年にハンブルクの出版社から第一巻が公刊された『資本論』体系として結実する。マルクスが『資本論』への歩みを踏み出すための大きな足がかり的一歩として、ベンサイドが注目するのが、ヘーゲルの『論理の学』（別名『大論理学』）である。その第一巻「客観的論理学」は第一部「存在論」（一八一二）と第二部「本質論」（一八一三）に分けられ、第二巻「主観的論理学」は「概念論」（一八一六）を内容とする（邦訳はいずれも全三巻で構成される。岩波書店版『大論理学』の上巻は二分冊）。管見によれば、ドイツ古典哲学の頂点に位置する書は――『精神現象学』（一八〇七）よりもむしろ――『論理の学』である。

私は一九六七年の秋から東北大学の数学徒であった二十歳の時分、数学学習のかたわら、『大論理学』を読了し、その直後、『資本論』全三巻の読書にまで進んだ。その年は、ちょうど『資本論』第一巻刊行から百周年にあたっていた。東北大学にその記念のための講演に来た向坂逸郎の話を私は聴いた。私がひもといたのは、岩波書店刊の記念版であった。本書の邦訳に携わる過程で、その追体験をする思いがした。

ベンサイドによるマルクスの思想の再構成の試みは、『政治経済学批判要綱』（*Grundrisse*）をはじめとする『資本論草稿集』などのマルクス文献学の近年の成果を全面的に採用しながら――ただしフランスのマルクス学は、『ドイツ・イデオロギー』や『自然の弁証法』のテキスト編纂問題にかんして、かなり鷹揚なようだ（私自身は、個々の文面の読み方は最新のに従うべきであるにしても、マルクスらの文献を神格化しなかったトロツキイの盟友ダヴィド・リャザーノフの編纂姿勢が正しいものと見なしている）[2]――、さらにはベンヤミンの先鋭な歴史の読解の仕方をバネとして、二十世紀前半のドイツ哲学の高揚による作品をも批判的射程に収めることとなる。本書第3章で展開された、ハイデガーの『存在と時間』（一九二七）の批判的読解は、その一斑にほかならない。

総じて、このようなマルクス思想の再構築を試みながら、第一部「歴史的理性の批判」では、ポパーらのマルクス

2　大村泉・渋谷正・窪俊一編著『新MEGAと『ドイツ・イデオロギー』の現代的探究』（八朔社、二〇一五）は労作である。廣松渉が『ドイツ・イデオロギー』編纂問題について発言し出した時の印象は峻烈であった。その版の不充分性の指摘やディジタル・オンライン版の意義についての本書の言説には説得力がある。

歴史論の曲解の批判を行ない、さらには英米で一定の影響をもった「分析的マルクス主義」の論調をも批判してゆく。第二部「社会学的理性の批判」では、プロレタリアート階級など、一九八〇代以降のフランス社会では社会学的虚構にすぎないといった論点を突き崩す。そのような論点は、当該社会を見る政治的観方に依存するのだという批判を論拠としてである。最後の第三部「科学的実証性の批判」では、マルクスの「政治経済学批判」の理論的プログラムは、ライプニッツからヘーゲルまでに結晶した「ドイツ的学問」の航跡を受け継ぐものなのだという立場から近代科学の展開の軌跡を見れば、科学自体がニュートンの時代の機械論哲学から大きく変容しながら発展し、たとえばベルタランフィの「一般システム理論」のように生命の理解をも無理なくなしうる地平にまで到達しており、その観点からは、現代焦眉の問題であるエコロジー的危機に対処する立場をもマルクス主義は獲得しうるのだという結論の、「物質の懊悩」(Les tourments de la matière) を標題とし、「政治的エコロジー批判」をサブタイトルとする最終第11章で締めくくられることとなる。「物質の懊悩」は、マルクスとエンゲルスの『聖家族』中で使用された語句で、自然が苦難の状態にあることを含意し、地球のエコロジー的危機を指す。

以上が本書の概観であるが、マルクス思想の生きた原型を、それへの現代的な諸批判と対質しながら、再構築してみせた書物として特徴づけられる。その際、たとえば歴史論にかんして、カントとヘーゲルの「普遍的歴史」批判をマルクスらの当然の出発点として据える。そのうえで、ジンメルやヴェーバーの議論が取り上げられるにしても(第9章参照)、彼らのよりもマルクスやエンゲルスのが卓越しているといった単純な論法は採らない。況《いわ》んやマルクスの論敵に単純に悪罵を投げかけるといった論断はなさない。むしろ、後世の彼ら論者から充分学んだ末に、現代に生きたマルクス主義思想とはいかなるものか、あるいはもっと適切には、いかなるものであるべきかを措定するのに役立てるのである。ベンサイドの本書での課題は、簡明にまとめれば、「死んでしまった」とされるマルクスの生きた像を現代に蘇生させ、思想の「根拠地」を構築することなのである。そういった「根拠地」から、現代資本主義に挑戦するいかなる主義《イズム》が出てくるのかまでは議論を進めない。本書の英語版序文の標題は「千のマルクス主義からなる群島」と名づけられている。また、別のあるところでは「千と一つのマルクス主義」が可能だとも述べている。無論、アラビア語の有名な物語の標題『千夜一夜物語』（アルフ・ライラ・ワ・ライラ、アラビア語のライラは「夜」の意味）に由来する表現である。

ベンサイドは、現実の政局の変わり目に当たって、多くの現代マルクス主義的政論をものした。それらは、マルクス自身の政論を彷彿させる先鋭な出来であったとしても、たとえばレーニンの戦略論の具体性にまでは到達してはいない。後者のような政治的課題は後生に委ねたと言っても過言ではない。本書の卓越性は、ヘーゲルらのドイツ古典哲学の思想的地平の高さを所与のものとして据え、その末に、マルクス思想の原型を「根拠地」として現代に生きた形で提示してみせた点にあるのである。反資本主義の旗幟は掲げているにしても、その旗幟を抱えて、どう進撃するかまでは少なくとも具体的な形では議論していない。この点はしっかりとわきまえておくべきであろう。

もう一度確認しておく。本書は、ソ連邦解体の直後という現代マルクス主義の未曾有の危機の時代に胚胎され、マルクス自身の思想の源基にまで遡及して、現代に生きうる思想形態として再構成せしめた力作である。それゆえ『時ならぬマルクス』というタイトルには大きな意味がある。

先にも言及したフィリップ・コルキュフは、反資本主義新党（この党については後述）の党員にして、ベンサイドの理論的後継者の有力なひとりであるが、彼の最近の文業を見れば、いかにベンサイドが現代思想の最前線に立っている人物であるかが忖度可能である。コルキュフは、二〇一二年に『マルクス二十一世紀——註釈付テキスト』(Philippe Corcuff, *Marx XXI siècle: Textes commentés*, Édition Textuel «petit encyclopédie critique»)の序論「資本主義的悩みの種のなかの異端的マルクスのアクチュアリティ」なる啓発的言説を書いている。そこで、著者は、現代フランスの思想家について紙面を割き、こう述べている。「まことに幸いなことに、二十世紀末から二十一世紀初頭の「マルクス主義的」星雲のなかにもまた、すばらしい異端的アヴァンチュールが存在している。たとえば、哲学者のダニエル・ベンサイドにとって、開かれたマルクス主義は、ドゥルーズ、フーコー、ブルデュー等との対話を豊かにしうるだけではない。ジャック・ビデや、今日ではエマニュエル・ルノーの主宰のもとの評論誌『アクチエエル・マルクス』〔「今日的マルクス」の意味〕(Presses universitaires de France が出版している)によってなされている有益な仕事もが認められねばならない」(p. 10)。現代フランスの思想家の綺羅星のなかにしっかりとベンサイドは数え入れられているのだ。コルキュフは、自らの思想的遍歴についても若干記している。「私はなかんずく、反資本主義者であり、もうひとつの世界主義者(altermondialiste)であり、絶対自由主義者(libertaire)である。私は、一九七〇年代末から一九八〇年代初頭のリセ生徒と大学生の青年期に「マルクス主義者」であると自認するようになった。だが、その後は長年、哲学者のモーリス・メルロ＝ポンティ(一九〇八―一九六一)によって一九六〇年に定式化されたマルクス的ないし「マルクス主義的」資産の改めての位置づけの適切で先駆的な指針に従うようになっている」(p. 13)。そうして、メルロ＝ポンティ『シーニュ』(一九六〇)の序文が引用されている。メルロ＝ポンティが現象学的哲学のフランスでの独創的推進者であり、同時にトロツキズムに近いマルクス主義的思想家であったことは周知であろう。いまやベンサイド的思想が、トロツキズム――すなわち古典的マルクス主義――を深化・発展させるだけではなく、それをも超えて豊かに展開されている様子がかいま見られると言っても過言ではないだろう。

ちなみに、ジャック・デリダは、ベイサイドを現代最高のマルクス主義理論家のひとりと高く評価していた。そのことは、『言葉にのって』(林好雄・森本和夫・本間邦雄訳、ちくま学芸文庫、二〇〇一)のマルクス主義にかんする対話者としてベンサイドを選んでいることからも、またベンサイドのアカデミズム世界における支援者であったことからも理解される。

*

私は本書の思想史的地平を現代マルクス主義思潮の最高の成果にあるものと考えるだけではなく、二十一世紀初頭の現代思想の大方をも凌駕しうる観点を基本的に打ち出しえていると見なす者なのであるが、本書の邦訳に本格的に踏み出そうと考えて読み進めた関連書を手がかりにして、本書の思想的地平を確認する作業を試みてみたい。

二〇一四年が明けると、ギリシャとフランスに学問的旅をしながら、私は中国人哲学者の楊耕《ヤン・ゲン》による『为马克思辩护』（第三版、北京・中国人民大学出版社、二〇一〇）の英語版 Yang Geng, *Defense For Marx: A New Interpretation of Marxist Philosophy* (Istanbul/Berlin/London/Santiago: Canut International Publishers, 2013) を読んだ。邦題は『マルクスのための擁護——マルクス主義哲学の新解釈』となる。著者の楊耕は一九五六年に生まれ、二〇〇三年以降、北京師範大学で教職に就いている。著者は、一九七八年以降の改革開放によって、中国に新しいマルクス主義哲学が生まれているのだと主張する。そうして毛沢東時代に基本的教科書としてひもとかれたスターリンの哲学教科書『弁証法的唯物論と史的唯物論』を信奉した時期は過去のものとなり、たとえば、ルカーチの『歴史と階級意識』の実践的唯物論が生命力を発揮しうる時代が到来しているのだという。これだけなら、それほど注目すべき本とは思えないかもしれないが、自らの実践的唯物論の立場から、デリダの哲学や、ポストモダニズムの思潮を批判してみせ、ポストコロニアリズムの歴史的位置づけをも試みる。さらには、ポスト・マルクス主義の諸潮流をも批判してみせるのである。私は本書を現代中国のマルクス主義論壇の一角を知る意図のもとに読んだ。

夏前に、英国のケンブリッジ大学のニーダム研究所をアカデミック・ヴィジターとして訪問したあと、これまで赴いたことのないオックスフォードを訪れ、ベストセラーであるという評判の Thomas Piketty, *Capital in the Twenty-First Century* (Cambridge, Mass./London: Harvard University Press, 2014) を購入し、北京に帰還して、読了した。ピケティは一九七一年生まれであるが、私は、著者がパリの経済学教授であり、標題が『21世紀の資本』であるからには、マンデルの本も、それから、わがベンサイドの書物も、少なくとも参考文献に挙げていると考えて購入したのであったが、マルクス主義の観点に立つ本ではなく、資本主義体制を批判的に擁護した本であった。せいぜい格差拡大に異議申し立てしている程度にすぎない。中国科学院大学の同僚の若手講師は、すでにその本のことについて知っていた。「典型的ブルジョワ経済学者だ」という評価であったが、しかし凡俗な本ではない。かなりしっかりした豊富な統計資料を用い、社会・政治運動が高揚した時代には累進課税率が高くなることを証明していた。すなわち、階級闘争が衰退すると、有産階級への課税率も低くなり、したがって不平等が露骨に拡大する。そう認識するのみならず、世界的グローバライゼーションの時代には資本も国際化するので、国際資本に対する課税をも実行すべきことが説かれていた。これは一九九八年七月に始動した国際的社会運動アタック（ＡＴＴＡＣ）を政治経済理論的に後押しする考えである。ただし現代の枢要な焦眉の課題である地球環境問題についての言及がほとんど見られない。逆に、そのことが、反面教師的に現代資本主義体制の苦境がなんであるかを告げ知らせてくれていると私は思う。フランス語原典は二〇一三年刊であり、みすず書房から邦訳が出版されている。

以上、現代マルクス主義論、現代資本主義論についての近年の著書を通して、ベンサイドの『時ならぬマルクス』の思想史的地平を浮き彫りにしようと試みた。ベンサイド自身、マルクス伝を編纂しており、彼の『カール・マルクス――近代性の聖刻文字《ヒエログリフ》』（*Karl Marx: Les hiéroglyphes de la modernité*, Paris, Textuel, 2001）は、たくさんの図版とマルクスとエンゲルスからの重要な引用文からなった本であり、繙読が勧められる。本書『時ならぬマルクス』が、やはり思想的深さと現代的アクチュアリティの点で、凌ぐことない著作であることを、廻り道を通ってではありながら、説得力をもって示しえたのではないかと考える。

*

ベンサイドの最終的な資本主義批判の旗幟は、「エココミュニスム」（écocommunisme）であった、とレヴィは述べている。その呼称はベンサイド自身によって創られた（BI, p. 25）。私が知るかぎり、その思想は一九九二年には定式化され始めている。私自身、ソ連邦解体の翌年である九二年に「環境社会主義」なる概念を使い始めている。「現存社会主義」体制の改革の企図に賭けるのではなく、現代資本主義の最弱点にどう切り込むかという考えへの転換が重要な契機になっていたと思う。ベンサイドは二〇〇二年の来日時に、地球環境問題に資本主義的解決策はないという点について、「自分は断固としたセクト主義者である」ときっぱりと言ってのけた。管見によれば、環境社会主義のプログラムは、トロツキイによる「不均等・結合発展の法則」（植民地帝国主義の時代に対応する）の発見以降の、歴史的唯物論の発展形態にほかならない。私は、現代帝国主義を「自然に敵対する帝国主義」(Imperialism Against Nature) と規定する。

二〇〇九年二月初旬、フランスのトロツキズム運動、あるいは左翼勢力全体にとって画期的なことが起こった。ＬＣＲが解党し、新たに青年労働者たちが中心になって「反資本主義新党」(Nouveau parti anticapitalist=NPA) が創党されることとなったのである。私は、すばらしいことが起こっている、と即座に思った。ＬＣＲは第四インターナショナル・フランス支部であったが、ＮＰＡはもはやそうではない。当初はＮＰＡも第四インターナショナルの支部組織としての地位を持続させる方向も模索されたらしい。だが、サバドが書いているところによれば、「ＮＰＡを大きな政党」に成長せしめるために、「ベンサイドは、インターナショナルに直接連携することがないといった方向を受け容れた」(BI, p. 166)。すなわち、個々のメンバーがトロツキスト・インターナショナルを支持することはあっても、ＮＰＡは特定の思想や国際組織との関連を自由に考えるということである。[3]

第四インターナショナルはトロツキイらによって一九三八年九月初旬、第二次世界大戦の勃発が必至な情勢を受け

3　ＮＰＡと同様の組織形態をもつドイツの「左翼党」(Die Linke) も注目される。この党の在り方については、木戸衛一『変容するドイツ政治経済と左翼党──反貧困・反戦』（耕文社、二〇一五）から多くを学ぶことができる。「左翼党」は、ただしくは「緑の人びと」(Die Grünen) を意味する「緑の党」に倣った党名で、「左翼の人びと」の意味だろうが、スターリン主義から決別した多元主義的政治組織である。この党の担い手としては、とりわけ、社会民主党の元党首のオスカー・ラフォンテーヌとラディカルなマルクス主義女性闘士ザーラ・ヴァーゲンクネヒトの存在が注目される。彼らは、最近、連れ合い《バートナー》になったようである。同書、一二四ページを見よ。同党内には、私が知るかぎり、少なからざるトロツキストもいる。奇妙な「弁証法的唯物論」という呼称のみならず、「マルクス-レーニン主義」もが、スターリン主義とほぼ同義であることが留意されるべきである。このことは、ソ連邦史についてのわが師、渓内謙先生が断定的に公言していた。左翼党は、そのような哲学思想的拘束にかんしてかなり自由である。対照的に、日本のマルクス主義諸党派は、哲学思想的原則で結束した小世界観的組織の趣きを呈している。「小教祖」がはびこるゆえんであろう。

て創設された。それ以前は、共産党組織の「左翼反対派」を名乗っていた。だが、その新インターナショナルが、公然とスターリンの党から独立を宣言したわけである。ファシズムに有効に対抗するためには待つことはできない、とトロツキイが判断したからであった。未曾有の迫害の策がとりわけスターリン周辺から打ち出された。メキシコシティ在住のトロツキイ自身がスターリンの遣わした刺客によって一九四〇年八月二十日に襲われ、翌二十一日に絶命した。

戦後のトロツキズムの代表的論客であるマンデルも、次の世代のベンサイドも、第一にマルクス主義者ではあっても、断じてセクト主義者ではない。というより、そういった思想の姿勢を嫌悪し、峻拒した。「党建設者同盟」であったLCRをして大衆的労働者政党であるNPAが成長する方向へとベンサイドは賭けたのだ。少なくない反対もあったようであるが、そのような大衆的政党を建設するためにこそ、少数者の革命的マルクス主義者組織で奮戦してきたのではないのか、とベンサイドは応対したようである。このような考えの一般的背景として、一九九〇年代後半から、社会党、共産党、緑の党、トロツキスト二党の五党派が、左派統一戦線を常時組み、さらにトロツキスト諸党派がたとえば大統領選挙での総計で共産党の三倍を凌ぐ票数を得ていたことを知っておく必要があるだろう。

ミシャエル・レヴィは、ベンサイドよりも年長の一九三八年生まれで、いまはフランスで活躍しているのであるが、その著『エコ社会主義——資本主義的エコロジー破局への根元的オールターナティヴ』(*Écosocialisme: L'alternative radicale à la catastrophe écologique capitaliste*, Mille et une nuits, 2011)の序文「大洪水の前に　エコ社会主義、今日的な政治的挑戦」をこう書き出している。「エコ社会主義とは、ひとつの本質的確認に基づいた政治的潮流のことであり、その確認事項とは、この惑星のエコロジー的均衡の保全、各種の生きもの——そこにはわれわれ人類も含まれる——に適合的な環境の維持が資本主義的体制の膨張的で破壊的な論理とは両立しえないということである」(p. 7)。「大洪水の前に」とは、地球温暖化によって人間の住む陸地の水位が大洪水を引き起こすほどに上昇することを指し、旧約聖書の「ノアの洪水」を臭わす。こういった書き出しで始まる本文が印刷所に廻った直後に、三月十一日の東日本大震災のニュースがパリにも届いた。本文は、地球温暖化にどう社会主義者が対処すべきかの議論が中心になっていた。そこで、レヴィは、追記をものすことを余儀なくされた。「追記。印刷にかかろうとする時に、日本のフクシマでの核カタロストロフの恐るべきニュースが届くことになった。日本人にとっては、その歴史において第二回目の核の熱狂の犠牲となるわけなのである。その災厄がどの程度になるかはわかっていないが、ひとつの転換点になることは明白である。市民レヴェルでの核エネルギーの歴史において、フクシマの前とそのあととがあることとなろう」(p. 19)。そして、二〇一一年四月の日付をもつこの追記はこう締めくくられている——「もうひとつの世界は可能だ!」(Une autre monde est possible!)人は「もうひとつの世界は可能だ!」という一文が世界社会フォーラムのもっとも枢要な一般的スローガンであることを知っていると思う。英国首相のサッチャーは「オールターナティヴなど存在しない」(There is no alternative)と豪語したと言われる。本解説の読者は、さらにいまや、このスローガンに現代マルクス主義者の最高峰のひとり、わがダニエル・ベンサイドの思想が滲透していることを悟るに相違ない。私自身は、第四インターナショルというロシア革命の時代に拘束された時期の国際組織の時代は過ぎ去り、脱皮と再出発の時が到来しつつあると考えている。世界社会フォーラムこそ、インターナショナルによりふさわしい組織形態だとも思っている。

ベンサイドは、アカデミズムの世界ではパリ第八大学の哲学の日本の大学でのほぼ准教授に相当する地位'maîre de conférence'に就いていた。ジャック・デリダやミシャエル・レヴィが資格審査委員であったらしい(LI, p. 10, n. 1)。彼は大学での地位などには無頓着であった。ただし、私がまちがっていなければ、亡くなる時は教授になっていた。

本解説の読者は、ベンサイドの国内組織内での役職的地位、それからインターナショナル内での地位が相当に高いものであったと想像するにちがいない。たしかに、一九八八年ころ、深刻な危機を体験し始めるまでは、私が知るかぎり、そうであったかもしれない。だが、一九九〇年代以降は、彼は組織内での公的な指導者としての役職にはいっさい就かなかっただろう、と私は推測している。その時期以後、ベンサイドはたくさんの数の著作を出版している(追悼論文集『時ならぬダニエル・ベンサイド』〔BI〕の巻末には四十冊の本の一覧が掲げられている)。彼が、フランスなりブラジルで、大きな尊敬を受けたのは制度的な地位によってではなく、彼の思想から発せられる威厳によってであった、と私は思う。そもそも彼は「指導」なる概念を忌み嫌っていた。彼は組織間の駆け引きとかをすることに関心を示さなかった。それから、「私はとりわけ些細なものであれ権力への嗜好をもっていない。指導することは私に聖なる反発を抱かせる。私は人にやらせるよりも自らなすことを好む」（LI, p. 451）。この感覚は、われらの世代、フランスで言えば「六八年世代」、日本で言えば「全共闘世代」の特異な価値観によるものと私はみる。それから、近代科学にたいする批判的考えを一般的にもっているのも、われらの世代の特徴である。本書中で、ベンサイドが、フッサールの『ヨーロッパ諸学の危機と超越論的現象学』を共感を込めて援用しているゆえんである。世界システム論の提唱者イマニュエル・ウォーラーステインによれば、一九六八年に人のものの観方にかんしての巨大な分水嶺が走ったのだという。

*

つぎに、本訳書ができる経緯について若干記しておくことにする。私は本書のフランス語原典に遅くとも一九九七年には接し、著者当人にもパリで会った。そうして、二〇〇二年秋にベンサイドは、東大の招きで、連れ合いのゾフィー（彼女も六八年に彼の政治的同志としての経歴を踏み出したようである）と一緒に東京を訪れた際、到着した翌早朝、恵比寿の日仏会館に会いに訪れた私に本書の出版されたばかりの英語版『われらの時代のためのマルクス』（*Marx for Our Times: Adventures and Misadventures of a Critique*, translated by Gregory Elliott, London/New York: Verso, 2002）を、同年刊のクセジュ文庫の『トロツキズム』（*Les Trotskysmes*, PUF: トロツキズムが複数になっていることに注意）三冊と一緒に私にサイン入りで贈呈してくれた。後者が三冊なのは、中国の老トロツキイ派の人々への寄贈本も含まれていたからなのである。そして私は、より得意な英語の版を一語も忽《ゆるが》せにすることなく精読した。ベンサイドが私に告げていうには、英語版は上出来だということであった。私は、本書フランス語版が出たあとも、英語版を熟読した直後にも言及し、紹介する労をとった。関西の編集者からは、日本で邦訳出版すべきだとの意見も寄せられた。だが、だれか社会科学や人文科学専攻の専門家で邦訳してくれる研究者が現われ出てくるものと信じきっていたので、自分が邦訳の企画に参加すべきものとはまったく思わなかった。

ところが、東北大学医学部を卒業した会津人の渡部實氏（本書の訳者のひとりではあるが、先輩でもあり、敬称をつけさせていただく）が、私が北京勤めを始めるや、二〇一三年三月にメイルを送ってき、ベンサイド著の『未知なるものの創造』を日本人読者向けに編集し直し、邦訳出版するので、彼について日本人で一番よく知っているのは私だろうからなにか連帯の挨拶のようなものを書いてはくれないだろうかと打診された。私は「ダニエル・ベンサイドとパリ・コミューン」なるエッセイを綴った。『未知なるものの創造』に先立って、五月には、つげ書房新社からベンサイド著／シャルブ画による『マルクス［取り扱い説明書］』（湯川順夫・中村富美子・星野秀明訳）が出版された。エンゲルスは、マルクスの偉大な理論的貢献は、歴史的唯物論と剰余価値学説であると見なしていた。その前者については、ベンヤミンの観点を受容した本書が縷々説くところであるが、後者について簡明に解説した書が、シャルブなる風刺漫画家[4]の挿絵付きの『マルクス［取り扱い説明書］』（*Marx, mode d'emploi*, avec Charb, Zone, 2009）なのであった。若い反資本主義新党活動家へのマルクス政治経済学批判入門書として執筆されたのであろう。「ソーシャル・キラー」として社会を腐敗せしめている資本を探偵仕立てで追い詰めるベンサイドの筆致は先鋭にして愉快であり、そして湯川氏ほかによって作成された訳文も上出来である。

同年夏に休暇のために帰日した私は、渡部氏を中心とする前記訳書の出版を祝う会をも兼ねた小さな食事会に出席し、慶應義塾大学でフランス語・フランス文学を専攻した小原耕一氏とも会えた。その食事会のあと、渡部・小原両

4　ベンサイド『マルクス［取扱説明書］』の痛快な挿絵を描いたシャルブ（本名ステファヌ・シャルボニエ）は週刊誌『シャルリー・エブド』の編集責任者であったが、二〇一五年年初のイスラーム原理主義者によるパリでのテロ襲撃の犠牲となってしまった。中国の英語による国際放送CCTVニューズの一月十五日早朝の特集番組によれば、シャルブは、偶然的な犠牲者のひとりだったのではなく、主要標的だった。無論、問題の根元は、ムスリム「過激派」だけにあるのではなく、現代資本主義の国際的差別構造それ自体にある。いずれにせよ、シャルブ哀悼（一九六七—二〇一五）！

氏と私の三人で懇談した際、渡部氏からベンサイドの主著である本書邦訳の企図を打ち明けられ、協力を要請された。私は了承した。二〇一四年になって勤務先の北京に訳稿が届くようになった。その後の、訳文の最終的作成にかんする、渡部・小原両氏の訳者としてのかかわりは尋常なものではなく、各種原典の邦訳書の探索に限らず、私の年長者として、さまざまな体験を滲み出させて奮戦することとなった。そして、公刊されたような訳書が出来上がった。訳注は訳者三名によるものである。分担は敢えて記さなかった。ただしグラムシのフランス語からの引用に附随して記載されたイタリア語原著の情報はすべて小原氏によるものである。

ベンサイドは脚注で参照を求めてある文献情報の精確さにかんしてはかなり鷹揚であり、私が読書中にその再確認を要請しても彼は返答に窮するといったこともあった。そのことについては、英訳者も気づいていたようで、英語版では、章末の注は、より精確に拡充されている。本訳書は、邦訳書情報をも提供するようにと努力し、さらに先述のように訳者らによる新注記も充実させるべく図っている。訳文の作成に関する訳者両名の貢献は既述のとおりであるが、翻訳に当然ありうる過誤については、監訳者である私がそれらの最終責任を負うべきである。

ベンサイドは、「小教祖」ないし「小山の大将」と呼ばれるような理論家ないし活動家ではだんじてない。本書に盛られた思想がとくに不振極まる人文・社会科学系の研究者たち、それから有為の一般読者に受け容れられるように願っている。日本の出版社には、流行思想を紡ぎ出す著作家の本は刊行しても、ベンサイドのような本格的な旗幟鮮明な理論家の本には手を染めないといった〝麗しき〟美風が存在しているらしい。だが、思ってもみられたい。フランスでは、新自由主義的政治経済思想が滲透しているとはいえ、社会民主主義の党が政権を担っているのにたいし、わが国では八〇年代から九〇年代初頭にかけて、六八年世代が総崩れとなり、その結果、現在では、アジア・太平洋十五年戦争にたいする反省なしの明確な右翼政権を誕生せしめてしまっているのだ。

それでは、本書はベンサイドの哲学者としての哲学的主著なのであろうか？　そうではない、と彼は答えると私は思う。年少の盟友のサミィ・ジョシュア（Samy Johsua）が述べているように、「友人たちがよく知っているように、ダニエル・ベンサイドは〈哲学者〉なるタイトルを断固拒絶した」(BI, p. 31)。日本の読者はひょっとするとこの言明を不思議に思うかもしれない。哲学の教師をパリの大学でやっていた人物が、「哲学者」であることを認めないわけはないだろう、と。けれど、ベンサイドの姿勢は当然である。私は歴史的唯物論を確立せしめた書と規定される『ドイツ・イデオロギー』をのちに同僚となる廣松渉の編訳版で精読して以来、哲学なる学問は観念論の観点を採るのでないかぎり、不可能ではないかと考えるようになったからである。それからまた、いかなる意味でも、ある種の哲学者がなりたがる「教祖《グル》」的身分を嫌悪するからである。

*

私は科学史に関する拙著『科学革命の歴史構造』(岩波書店、一九八五、その文庫版・講談社学術文庫、一九九五)上巻をベンヤミンの「歴史哲学テーゼ」(第Ⅵテーゼ)をエピグラフとして掲げることで始めた。そもそもベンヤミン思想の重要性を戦後の日本に伝えたのは、ドイツ語を教えにきていたザイフェルトなる名前のドイツ人トロツキストであった。私はその事実を確かめようと、京都を訪問した折、野村修氏に会っている。ベンヤミンの女性の友人がトロツキズムに親しんでいる人で、そのこともあって彼は一九二〇年代中葉から、少なくともトロツキズムにたいする友好的態度を生涯保持することとなる。ベンヤミンはトロツキイの愛読者であった。実際、『ロシア革命史』に言及している(『ベンヤミン・コレクション4』、六一九ページ)。また、「一度は数のうちならず」(一九三四)なる小エッセイにおいては、『わが生涯』から引用している(浅井健二郎編訳『ベンヤミン・コレクション6』二〇一二、二七五ページ)。一九二七年の「ロシアにおける新しい文学」においては、トロツキイ「の本『文学と革命』(初版一九二三年刊)は、プロレタリア礼賛のあらゆる方向性に対する挑戦であり、一九二三年から二四年まで党によって公認されたものだった」と書いている(『ベンヤミン・コレクション5』、三二七ページ)。さらに「シュルレアリスム——ヨーロッパ知識人の最新のスナップショット」という標題の一九二九年のエッセイ(浅井健二郎編訳『ベンヤミン・コレクション1』一九九五、所収)においては、トロツキイの『文学と革命』を援用している。ベンヤミンはさらに『共産党宣言』に言及し、「この宣言が現在何をするよう命じているのか、それを把握している人間は、目下のところシュルレアリストたちだけである」(前掲「シュルレアリスム」、五一八ページ)と明言している。ちなみに、ベンサイドは回想録のなかで、前記マニフェストにサインしなかった著名人の名をわざわざ挙げている——「〔アンドレ・〕ジッド、〔ガストン・〕バシュラール、マルタン・デュ・ガールは否であった〔署名しなかった〕」(LI, p. 356)。ここの文面は、ベンサイドに似合わず恨みがましい!

そして、極めつけとして、ベンヤミンが、一九三一年六月初めにブレヒトらとトロツキイに関して討論したことが日記のなかに記されている。「ブレヒトは、〈トロツキーはヨーロッパの現存する著述家のなかで最も偉大な人物だ、という主張には充分な根拠がある〉と考えている。われわれはトロツキーの本から知っているエピソードを、いろいろ語り合った」(浅井健二郎編訳『ベンヤミン・コレクション7』二〇一四、一四九ページ)。もっとも、ベンヤミンは、そうしてブレヒトも、マルクス主義的著作者であっても、特定の党派に帰属していたわけではない。「私は体制批判者であり、また、いかなる党派にも属していませんが」(同前、七八ページ)。これは、一九三四年七月四日の言明である。そして、三八年七月二十五日の日記の一断片——「ぼくは亡命の身であり、赤軍が来るのを待っている。ぼくはロシアが発展する方向に付いていく。トロツキーの著作にも同じように付いていく。彼の著作はある嫌疑が存在することを証明している。つまり、ロシアの事態を懐疑的に観察することを要請する、正当な嫌疑が存在することを。そのような懐疑的態度は、古典的懐疑主義者たちの精神に即したものなのだ。万が一、ある日この懐疑が裏づけられたなら、現体制と闘わなければならないだろう——しかも公然と」(強調は原文、前掲訳書、二三五—二三六ページ)。すばらしい政治的判断力だ! 一九三八年八月初旬の日記には、ブレヒトの発言として、「ロシアではプロレタリアートに対する独裁政治が支配している」、しかし、「この独裁政治との関係を断つことは避けなければならない」という言辞を記録して、自らのスターリン体制についての所見を記している。「私はこの組織体を、深海から引き上げられ、角のある魚、あるいは他の怪物の姿をした、造化《ぞうか》の戯れによるグロテスクな生き物に準《なぞら》えた」(同前、二四一—二四二ページ)。

だがベンヤミンはアメリカへの亡命途上、スペインのとある峠の村で自ら生命を絶ってしまった。トロツキイの暗殺から一カ月余りが過ぎた一九四〇年九月二十六日のことであった。そのニュースを耳にした盟友ブレヒトはうたった――「僕は耳にしたんだ。君が自分自身に向かって手を振り上げた、と。殺戮者に先手を打って」(同前、二四五ページ)。一九九一年暮れ、今度は、赤軍で武装した政体としてのソ連邦が消滅してしまった。

私は、前掲拙著『科学革命の歴史構造』の下巻最終第六章「マルクスの科学論――その再構成」において、マルクスの意味での「科学」とは「ドイツ的学問」の意味なのであり、「批判的」と解釈すべきことをうたった。また、私は先述の『マルクス主義科学論』のなかでこう記した(三五六ページ)――レーニンは『哲学ノート』において、「こういった感想を書きとめた――「ヘーゲルは、大まじめに次のことを〃信じ〃、考えたのである。すなわち、唯物論は哲学としては不可能である」。じつは、私はヘーゲルとほとんど同意見なのである。そして、マルクスもエンゲルスもそう考えていたものと信ずるものである。〈観念論〉(Idealismus)を〈理想主義〉と訳すなら、なおさらそうであろう」。「哲学者」なる肩書きを拒否したベンサイドもまた「マルクスの学び《まね》」をなしていたのであろう。

それでは、ベンサイドは、なんのためにマルクス思想の再構成を試みたのだろうか? 端的に言えば、マルクス的意味での革命のためであろう。ベンサイドの危機からの脱出の際にもっとも決定的役割を果たした文章は、ベンヤミンの「歴史哲学テーゼ」であったことは縷々記した。そのテーゼXIVはこう締めくくられている「同じ跳躍が、歴史の自由な空のしたでなされるならば、それは弁証法的な跳躍であり、マルクスが理解する意味での革命にほかならない」(野村修訳)。

同様にマルクス主義的な意味でも、「革命」なる概念を神格化しても理想化してもとらえてはならないだろう。ベンヤミンは「ブレヒトの『三文小説』」(一九三五年成立)において書いている。「ドストエフスキーにとって大事なのは心理学だった。つまり彼は人間の内なる犯罪者を露わにしてみせた。ブレヒトが問題とするのは政治である。つまり彼は、商売《ビジネス》の内なる犯罪を露わにする」(浅井健二郎編訳『ベンヤミン・コレクション2』一九九六、三六七ページ)。ブレヒトの政治とはいかなるものなのだろうか？「人間たちのあいだの諸関係を、資本主義経済における蹂躙《じゅうりん》と隠蔽から、再び批判の光のもとに引っぱり出すことを、何よりも試みたマルクスは、この試みによって風刺の教師に、いや、ほとんど風刺の巨匠と呼びうるものとなったのだった。ブレヒトはこの教師が教える学校に通った」（同、三七〇ページ）。われわれもまた、いまだにマルクスから学ぶべきことはたくさんある。

コミュニズムの「革命」もまた、同様の「不正」や「悲しみ」と無縁ではないことをも私たちは二十世紀に学んだ。だが、一様に抽象的に絶望してはならない。私たちは、しばしば絶望しながらも、つねに「希望する人《ホモー・スペーランス》」（Homo sperans）でもあり続ける。その革命は、強権的な世俗の資本主義的権力を廃絶する意志をもって、唯物論的歴史性とともに精細に分析され、現実的に捕らえられなければならないのだ。ただし、マルクス主義において、弁証法的思索を展開し抜くことも、それから唯物論的な歴史考察を推進することも甚《いた》く困難であろう。コミュニズムの現実的達成はそれ以上だろう。いな、そうではないかもしれない。ベンヤミンによれば、ブレヒトは「極端」だと思われているコミュニズムについて、「コミュニズムは極端なものではない。極端なのは資本主義だ」と語っていたという（『ベンヤミン・コレクション5』、三六一ページ）。人々がごく普通にそう思う日が到来するかもしれない。マルクスは、その政治社会状態は理念としてではなく、運動として可能になると考えていた。だが、ベンサイドは言うにちがいない——だからこそ、コミュニズムは挑戦するに値するのだ、と。

ベンヤミンの遺稿に一九二一年ころに成立したものと見なされる小篇「宗教としての資本主義」が存在する（『ベンヤミン・コレクション7』所収）。マックス・ヴェーバーらによってヒントを与えられた、近代資本主義が特異な政治経済体制であることを浮き彫りにした刺激的エッセイで、私の手元には単行本化されたイタリア語の小冊子（ドイツ語原文付き）もある（W. Benjamin, *Capitalism come religione*, Genova: il melangolo, 2013）。この小冊子の著者紹介には、「ベンヤミンは二十世紀最大の哲学者のひとりである」と謳われている。ブレヒトの「極端なのは資本主義だ」は、けっして強弁ではないのである。さらに、ベンヤミンのもうひとつのイタリア語小冊子『歴史哲学テーゼ』（Benjamin, *Tesi di filosofia della storia*, Milano-

Udine: Mimesis, 2012）も私の手元にある。附録断片として、「アンゲルス・ノヴス」（新しい天使）、「破局と進歩」、「宗教としての資本主義」もドイツ語全集からの編訳として収録されている。ベンヤミンの歴史観は、このまま近代資本主義的「進歩」が続行されれば、文明は破局を迎えるとの予測に基づいている。前記「破局と進歩」の元となった「セントラルパーク」から引用すれば、「進歩の概念を、破局の観念に基づかせなければならない。〈このままずっと〉事が進むこと、これがすなわち破局なのである。破局とはそのつど目前に迫っているものではなくて、そのつど現に与えられているものである」（『ベンヤミン・コレクション1』、四〇三ページ）。

　ミシャエル・レヴィは、自らベンヤミン論をものしている思想家なのであるが、彼のエコ社会主義論は、マルクスやエンゲルスだけではなく、このベンヤミンの資本主義的進歩がすなわち破局的「破壊」に直行するという歴史観に依拠している。このような進歩を文明の「破局」と結びつけて思考するマルクス主義者として、ローザ・ルクセンブルクとウィリアム・モリスの名前を挙げたあとで、「私はヴァルター・ベンヤミンを付け加えている」と述べている（M. Löwy, *Écosocialisme, op. cit.*, p. 168）。

　ベンヤミンは「歴史哲学テーゼ」の「異稿断片」において、こうも書いている。「革命は世界史《ヴェルトゲシヒテ》の機関車である、とマルクスは言う。だがおそらく、実際はそうではない。革命とは、おそらく、この列車に乗って旅している人類が引く非常ブレーキなのだ」（『ベンヤミン・コレクション7』、三八一ページ）。この言明の真理性を疑う者は、地球環境を襲っている現今の深刻な危機のことを考えてみるがよい。

　本書においてベンサイドがめざしたことは、第一に、近代社会の学問的理解が「ドイツ的通路」を通って頂点をなしたヘーゲルの哲学的到達点がいかなるものであったかを確認することであった。ドイツ古典哲学の頂点ヘーゲルは、なぜにその最高峰を極めえたのだろうか？　その弁証法的思索の方法によってである。弁証法とは、根源的《ラディカル》な懐疑主義によって媒介されており、強力な論争相手を想定して自らの思想の土俵に取り込んだ論争術、対話論法の謂いである。マルクスはそのヘーゲル的弁証法を自らの武器とし、二十世紀前半のドイツの危機の時代にベンヤミンはその批判性を復権せしめた。ベンサイドはその先鋭な弁証法的思考を二十世紀末の未曾有の危機の時代に蘇生せしめたのだ。第二に、そのヘーゲル的達成を現実的に実現し、乗り越えるという事業はマルクスによって開始されたと見なし、その一般的構えは「歴史的唯物論」であったと考えた。現実の学問的事業は「政治経済学批判」ととらえられた。その成果は『政治経済学批判要綱』から『資本論』への諸著である。だが、そこでマルクス主義的事業は〝上がり〟になったのではない。さらに、ベンサイドはその革命的プログラムの最高形態は二十世紀前半にはトロツキイによって継承されたと考えた。そして、マルクス主義思想を体現する二十一世紀的形態は「エココミュニスム」であろうと示唆し、この世を去った。現代の先鋭な時代感覚をもつ人なら、キリスト教にせよ、マルクス主義理論にせよ、それらの「教会」にまつられている偶像なり、ご神体なりを仰ぎ、「聖典」を熱心に読み、呪文を唱えていれば、それで済むとは考えまい。ベンサイドは、自らのマルクス主義理論を構築するにあたって、他の論客が書いたもの、他人の発言に誠実に耳を傾け、そして理解した。そのうえで自らの意見を言い、書いた。そうして現実の具体的解決が求められている改良的諸問題に立ち向かった。あわよくば、革命による解決にも挑戦した。この先鋭にして開かれた姿勢こそが重要である。

4 『時ならぬマルクス』を超えて

こういちおう認識したことで、ベンサイドの再構成したマルクス主義を神聖化してはならない。そうするとすれば、まるで、「いつも勝てることになっている〈歴史的唯物論〉と呼ばれる人形を手にした」(「歴史哲学テーゼ」I)人物と同じになってしまいかねないだろう。われわれはせいぜい比較的まともな出発点、出撃拠点に立てたにすぎない。なされるべきことはほとんどこのあとにある。われわれは現代マルクス主義再建の手がかりの探究にわずかに足跡を記したにとどまることを確認せねばならぬ。

ベンサイドによって到達されたマルクス主義の思想史的地平が私自身のとかなり符合することを述べたが、脱帽してばかりはいられまい。自伝『憂鬱なる焦燥』には、広島の悲劇に言及した文章が出てくる。「ゲルニカの、ドレスデンの、なおさらヒロシマのテロ爆撃は、近代国家の大テロリズムの基盤的行為としても見られるのである」(LI, p. 204)。ゲルニカとは、バスク地方の町の名で、一九三七年春、フランコ軍を支持するドイツ空軍の爆撃によって破壊された。その直後、その蛮行の報に接したパブロ・ピカソは「ゲルニカ」を描いた。私は、一九七〇年代後半にニューヨークの近代美術館でその名画を見、さらに九三年には今度はマドリードでふたたびそれを見た。ドレスデンは、一九四五年二月、徹底した空爆に遭い、中央部が灰燼に帰したドイツの都市である。ベンサイドは、こうも書いている。「しまいに、ヒロシマの衝撃の波紋、ナチの収容所の啓示、一九五六年のフルシチョフ報告によるスターリン犯罪の再認識は、倫理的諸問題のための関心をマルクス主義運動のなかに呼び起こしている」(LI, p. 421)。

私は、祖国の敗戦直後の一九四七年、東北の地に生まれたのだが、長年の異国生活で深く学んだことがある。戦後日本は依然として平和希求についての世界の最先進国だということであり、そして核認識についても国民総体で高いレヴェルにあるということである。私が述べているのは、日本国民についてであって、政府についてでは断じてない。戦時の巨大な犠牲の産物だろうことはまちがいない。にもかかわらずいま、日本人は戦後日本の平和の象徴である憲法第九条改悪という最大の危機に直面しつつある。そして、ヒロシマ、ナガサキ、フクシマを経験したにもかかわらず、脱原子力を成し遂げられずにいる。凡庸な「経済人《ホモー・オエコノミクス》」(Homo oeconomicus) +「軍事狂《マニア・ミーリターリア》」(mania militaria) に罹《かか》った輩《やから》によって、単純な〝普通〟の後進国に逆戻りしつつある。敗戦前の日本の戦争犠牲者は、主として、沖縄、広島、長崎、そして東北から出た。東北人の私とヒロシマが連携しているゆえんである。沖縄の歴史認識がとてつもない深さにまで発展している。波平恒男著『近代東アジア史のなかの琉球統合——中華世界秩序から植民地帝国日本へ』(岩波書店、二〇一四)なる力作がその証拠である。「孤絶の反動日本政府」を包囲する狼煙は一個所からではなく、オキナワ、ヒロシマ、ナガサキ、トウホクからいっせいに上がるにちがいない。現代日本のマルクス主義は、そのような世界史的位置を自覚し、再建されなければならない。

原子爆弾という近代技術によって未曾有の戦禍をこうむったヒロシマとの関連で、ベンヤミンによる戦争と技術に関する省察を「ドイツ・ファシズムの理論」（一九三〇）なるレヴューエッセイから、モンタージュ風に再構成しておくこととする。「帝国主義戦争は、それがまさに最も過酷なものであり最も重大な結果を招くものである点で、一方で技術が巨大な手段をもつということと、他方で技術の道徳的解明がほとんどなされていないということとのあいだの、激しい齟齬によっても、〔その本質を〕決定されているのだ」（『ベンヤミン・コレクション4』、五六六ページ）。ここでの「帝国主義戦争」とはドイツ側の敗北に帰結した第一次世界大戦のことをいう。第二次世界大戦においては、日本も同様であった。「技術は思い違いをしたのだ。というのも、技術が英雄的な相貌だと思ったものは、ヒポクラテスの相貌、すなわち死相だったからだ」（同前、五八三ページ）。原爆を投下されたヒロシマ、ナガサキだけでなく、いまでは「原発敗戦」の地フクシマにも「死相」が到来してしまっていることと私たちは忘れてはならない。

本書は、一言で言えば、根源的《ラディカル》な思索の書である。マルクスの時代に、資本主義の危機は経済恐慌によって体現されると考えられた。現代資本主義の危機の現実的象徴は、核による破局《カタストロフ》である。本書が、われら現代日本人にも勇気を与えるゆえんである。

なお、ベンサイドは、二〇〇一年五月から、雑誌『コントルタン』(*ContreTemps: Revue de critique communiste*)を創刊し、編集主幹的立場でその編集に携わった。その刊行にかんしてもっとも深い連携関係をもったのは、コレージュ・ド・フランスの社会学教授であったピエール・ブルデュー（一九三〇―二〇〇二）であった。もっとも、ブルデューは創刊して一年後には亡くなってしまったけれど。『コントルタン』第5号（二〇一〇年第一期）は、ベンサイドが逝去したあとの最初の号にあたるが、編集部の追悼文「コントルタンにとってのダニエル・ベンサイド（一九四六―二〇一〇）」を巻頭に掲載した。そして大震災後の二〇一一年十二月刊の『コントルタン』第12号は「エコロジーと資本主義」と題する特集号を企画し、巻頭にフランシス・シテルの記事「日本と核の影」を巻頭に載せ、フクシマの事故が発する警告にどう応えるか呼びかけている。

ベンサイドはまた「理論的考察と討論のための多元的なスペースとしてルイーズ・ミシェル協会」を創設し、熱心に推し進めた。ルイーズ・ミシェル（Louise Michel 一八三〇―一九〇五）は、女性としてパリ・コミューンに参加し、思想的にはアナキストと呼べる立場に立った。黒旗をそのシンボルとして使用したことでも知られる。ニューカレドニアに流刑になっても、けっして自らの信念を曲げなかった。不退転の彼女の遺体がパリに帰還した時には、パリ市民がヒロイン的アイドルとして彼女を迎えたと言われる。

ベンヤミンには「翻訳者の使命」という一九二一年ころに新刊雑誌『新しい天使』（*Angelus Novus*）創刊号のために綴られたエッセイがある。結局、その雑誌企画は頓挫してしまい、それはボードレール『パリ風景』独仏対訳版の序文として二三年に公表された（『ベンヤミン・コレクション2』所収）。ベンヤミンは書いている――「翻訳者の使命とは、翻訳の言語への志向、翻訳の言語のなかに原作の谺《こだま》を呼び覚ますあの志向を見いだすことにある」、と。それから、「翻訳はその作品の〈死後の生（Forleben）〉の段階を示すもの」だとも書いている。本訳書が、日本の地で原著の谺《こだま》をたしかに見いだし、ベンサイドの「死後の生」のたしかな一段階を築くことをせつに希望してやまない。

旧約聖書中のダニエルは「預言者」として理解されている。ベンヤミンの遺作邦訳をひもといている最中、「歴史家とは後向きになった預言者なのだ」（『ベンヤミン・コレクション7』、五九二ページ）という文面に出会い、得心がいった。さらにベンヤミンは続けて敷衍している。「〈歴史家はみずからの時代に背を向ける。すると、彼の預言者的慧眼は、かつてのさまざまな出来事の、ますます深く過去のなかに沈み込んで見えなくなってゆく峰々から、引火するのだ〉と。まさにこの慧眼にこそ、みずからの時代が、「それと歩調を合わせている」同時代人たちにとってよりも、はるかにはっきりと現前しているのである」（同前、五〇三ページ）。過去の歴史的状況に一度は沈潜してみる歴史家の立ち位置の先鋭な批判的地位をこれほどうまく表現することはできないにちがいない。

本書第三部には、第9章「歴史的論理の窮境」が配置され、学問論的議論が展開されており、マックス・ヴェーバーも出てくる。歴史学をいかに位置づけるかをめぐって、エードゥアルト・マイヤーと論争した場面についての記述にほかならない。私の東京大学勤務時代の同僚、折原浩教授からは、前著『東京大学学問論――学道の劣化』(作品社、二〇一四)でも鼓舞していただいたのであったが、ヴェーバー在世時の歴史学学問論論争にかんして今回までもご教授を受けることになったしまった。折原浩先生に深謝申し上げる。

二〇一五年の中国春節休暇で日本に滞在しているあいだに、本訳書が未來社から公刊していただけることが決まった。かなり前には、私の哲学上の恩師の細谷貞雄先生が懇意にされ、そして現在では、折原先生が信頼されている出版社であり、ことのほかうれしく思っている。西谷能英社長、それに編集実務を真摯に進められた長谷川大和氏には深甚の感謝の辞を述べさせていただく。

本解説を始めた「ダニエル書」の最後の一文(一二13)をいまは亡きダニエルに手向け、この拙文を終えることとしたい。「終わりまでお前の道を行き、憩《いこ》いに入りなさい。時の終わりにあたり、お前に定められている運命に従って、お前は立ち上がるであろう」。

本書標題は「時流はずれのマルクス」を含意している。だが期せずして、現代日本では、米国の「ジャパン・ハンドラー」が考案し、現行政府が強引に法制化した安全保障関連法への国民挙げての抵抗運動が高揚している。本訳書が、「時宜にかなったマルクス」(Marx l'opportun)として機能せんことを邦訳にかかわった三人は念願している。

トロツキイ思想にかんして、私は、山西英一とエルネスト・マンデルの教え子であった。そして私は同時代にダニエル・ベンサイドという西方の稀有の盟友とともに生き、ともに闘ったことを僥倖に思っている。

二〇一五年八月十五日　日本の敗戦から七十周年の日に

勤務先の北京からの一時帰日中の横浜ポートサイドにて

人名索引

ア行

アインシュタイン（Albert Einstein, 1879-1955）ユダヤ系ドイツ人として出生．相対性理論の創始者で，米国に亡命．平和運動に挺身した．409, 410
アウグスティヌス（Aurelius Augustinus, 354-430）初期キリスト教の神学者・哲学者．北アフリカのヒッポの生まれで同地の司教．387 年に受洗し，新プラトン主義とキリスト教を統合したラテン教父．96, 97, 127, 129
アグリエッタ（Michel Aglietta, 1938- ）フランスの経済学者．パリ第十大学で教えた．24, 25
アダマール（Jacques Hadamard, 1865-1963）フランスの数学者で，数学の多様な分野にかかわり，関数解析学の創始者のひとり．406, 416
アリストテレス（Aristoteles, 紀元前 384-322）プラトンのアカデーメイアで学んだ古代ギリシャ哲学の集大成者．13, 99, 122, 129, 295, 301, 307, 349, 373, 383
アルチュセール（Louis Althusser, 1918-1990）フランスのマルクス主義哲学者．14, 24, 327, 329, 335, 338, 359, 363, 398, 503
アーレント（Hannah Arendt, 1906-1975）ユダヤ人政治哲学者で，『全体主義の起原』をもって著名．27, 506, 509
アロン（Raymond Aron, 1905-1983）フランスの自由主義的政治哲学者．109, 152
アンネンコフ（Pavel V. Annenkov, 1812-1887）317
アンリ（Michel Henry, 1922-2002）現代フランスの哲学者にして小説家．43, 157, 448, 449
ヴァイデマイヤー（Joseph Weydemeyer, 1813-1886）マルクスの文通者．177
ヴァイヤン（Wallerand Vaillant, 1627-1677）フランドルの画家．268
ヴァーグナー（Adolph Wagner, 1835-1917）ドイツの経済学者にして，財政学者．332, 333, 434
ヴァーゲンクネヒト（Sahra Wagenknecht, 1969- ）ドイツ左翼党のヒロイン．530
ヴァデ（Michel Vadée）87, 89, 301, 392, 393, 429
ヴァルラス（＝ワルラス）（Marie-Esprit Léon Walras, 1834-1910）一般均衡理論を確立した経済学者．424, 466
ヴァンサン（Jean-MarieVincent, 1934-2004）パリ第八大学で，ベンサイドの同僚にして同志．27
ヴァン・パレース（Philippe Van Parijs, 1951- ）ベルギーの政治経済学者．25, 74, 183, 199, 202, 217, 229, 231–35, 254, 255
ヴィーコ（Giambattista Vico, 1668-1744）イタリアの歴史哲学者．『新しい学』にはマルクス主義の原基的思想が見られるという観方もある．299, 311, 493, 501
ヴィスコンティ（Luchino Visconti, 1906-1976）イタリアの映画監督．268
ウィンスタンレイ（Gerrard Winstanley, 1609-1676）イングランド革命の最中のクロムウェル統治下にあっても，土地公有化などを主張し，農耕した最急進派ディッガーズの指導者．95
ヴィンデルバント（Wilhelm Windelband, 1848-1915）ドイツの哲学者で，新カント主義の西南学派の創成者．366
ヴェーバー（Max Weber, 1864-1920）マルクスに比肩されるドイツの歴史社会学者．253, 324,

367–71, 511, 522, 536, 541, 542
ヴェルナツキイ（Vladimir Vernadsky, 1863-1945）ロシア帝国に生まれ，ソヴェト政権にも学問的協力の姿勢をとった科学者で，今日注目を浴びている「生命圏学」（biospherology）の事実上の創始者．ソヴェト・ロシアの社会主義的政権は，1920 年代末のスターリン権力の樹立までは，エコロジー的配慮を伴っていたことに注目する必要がある．Kendall E. Bailes, *Science and Russian Culture in an Age of Revolutions: V. I. Vernadsky and his Scientific School, 1863-1945* (Indiana University Press, 1990) を見よ．434, 473, 474, 476, 477
ヴォーカンソン（Jacques de Vaucanso, 1709-1782）フランスの機械発明家で，とくに時計発明に功績があった．128
ウォークリー（Mary Ann Walkley, 1843-1863）英国の女工で，過酷な労働による彼女の夭死は『資本論』中に記述された．449
ウォルコット（Charles Walcott, 1850-1927）アメリカの地質学者．スミソニアン協会会長などを務めた．103
ヴォルテラ（Vito Volterra, 1860-1940）イタリアの数学者．407
ウッド（アレン）（Allen Wood, 1942- ）カントを中心とするドイツ古典哲学の研究者．スタンフォード大学教授．201
ウッド（エレン・メイクシンズ）（Ellen Meiksins Wood, 1942- ）カナダのマルクス主義政治学者．ヨーク大学教授を務め，『マンスリー・レヴュー』の共同編集者であった．27, 75, 192, 193
エスタブレ（Roger Establet, 1936- ）アルチュセールの薫陶を受けたフランスの教育社会学者．260, 261
エピクロス（Epiculus, 前 341 頃 -270 頃）原子論を提唱した哲学者．98, 122, 390, 428
エルスター（Jon Elster, 1940- ）ノルウェー出身の社会学者，政治学者．分析的マルクス主義者のひとりで，コロンビア大学教授を務めた．15, 25, 39–43, 45, 63, 74–77, 81, 82, 84–86, 90, 91, 93, 94, 111, 183–86, 193–95, 197–201, 204, 209–17, 243, 278, 279
エンゲルス（Friedrich Engels, 1820-1895）マルクスの無二の共同者で，マルクス主義の形成者ともいえる役割を果たした．諸所．
オストヴァルト（Wilhelm Ostwald, 1853-1932）ドイツの化学者で，エネルゲーティクの立場から原子などの実在を批判したが，一定の観点からは容認した．424, 463, 473

カ行

カー（E. H. Carr, 1898-1982）外交官を務めたあと，アカデミズムに入り，ソヴェト・ロシア史について浩瀚な著作を書いた．トロツキズムにごく近い政治的立場をとった．93
ガウゼ（Georgy Gause, 1910-1986）ソヴェト・ロシアの科学者．434, 474
カウツキー（Karl Kautsky, 1854-1938）ドイツの社会主義者で，マルクスとエンゲルスの後継者とも見られたが，レーニンらのロシア社会主義革命には反対した．13, 64, 67, 211
カシャーロフ（D. N. Kasharov）434
カストリアディス（Cornelius Castoriadis, 1922-1997）ギリシャ出身の思想家で，フランスで活躍．自由主義的社会主義者として，パリで高等教育にあたった．347
カップ（William Kapp, 1910-1976）ドイツ生まれの経済学者で，ニューヨーク市立大学などの教壇に立った．『環境破壊と社会的費用』は環境経済学のパイオニア的著作．485
カリニコス（Alex Callinicos）英国のトロツキスト理論家，政治学者．24, 25, 28

ガリレオ（Galileo Galilei, 1564-1642）イタリアの物理学者で，落体法則を数学的に定式化した．357, 358, 373, 392, 398, 404, 408, 413, 415

カルヴェス（Jean-Yves Calvez）428

カルナップ（Rudolf Carnap, 1891-1970）ドイツ生まれの哲学者．ウィーン学団の代表的一員で，論理実証主義の論客．1936年に米国に亡命し，シカゴ大学，カリフォルニア大学で哲学を講じた．36, 411, 421, 494

カルノー（Sadi Carnot, 1796-1832）フランスの物理学者で，熱力学に大きな足跡を残した．カルノー・サイクルで名高い．381, 458, 459

カンギレム（Georges Canguilhem, 1904-1995）フランスの科学哲学者．とりわけ生命科学にかんする識見は秀逸であった．ソルボンヌ大学教授，国立科学研究センターの所長などを歴任．67, 70

カント（Immanuel Kant, 1724-1804）ドイツ古典哲学の最高峰のひとり．47, 114, 115, 160, 293, 299–301, 306, 393, 401, 431, 433, 520, 522

ギデンズ（Anthony Giddens, 1938- ）英国の社会科学者．労働党のトニー・ブレアのブレーンとして著名．155, 253

キネ（Edgard Quinet, 1803-1875）フランスの歴史家．301

キルケゴール（Søren Kierkegaard, 1813-1855）デンマークの哲学者で，実存主義の創始者とされる．33

クゥヴェラキス（Eustache Kouvélakis, 1965- ）政治哲学者で，ロンドン大学キングズ・カレッジで教えている．Actuel Marx の指導的メンバー．21, 24, 519

クーゲルマン（Ludwig Kugelmann, 1828-1902）329, 337

クノー（Raymond Queneau, 1903-1976）フランスの文学者で，アンドレ・ブルトンらのシュルレアリストたちと親交をもった．実験的小説を試みるとともに，ヘーゲル哲学にも関心を寄せた．474, 476, 477

クペ・ド・ロワーズ（Jacques-Michel Coupé de l'Oise, 1747-1809）フランス革命時のジャコバン派国民公会議員．495

クラウジウス（Rudolf Clausius, 1822-1888）ドイツの自然科学者で，熱力学を集大成した．381, 418, 423, 458, 463–65, 480

クラウゼヴィッツ（Carl von Clausewitz, 1780-1831）プロイセンの軍人で，対ナポレオン戦争の経験をもとに『戦争論』を草し，没後刊行された．334, 380

グラネル（Gérard Granel, 1930-2000）フランスの哲学者にして翻訳家．トゥールーズ大学哲学教授．ヴィーコ，フッサール，ハイデガーなどの著作を仏語訳し，デリダなどに影響を与えた．9, 11, 73, 519

グラムシ（Antonio Gramsci, 1891-1937）20世紀イタリアのマルクス主義思想家．上部諸構造の研究を社会変革の重要な契機として重視し，知的・モラル的改革を唱道した．サルディーニャ島に生まれ，トリノ大学在籍中から社会主義運動に挺身．ロシア革命の影響下でトリノの工場評議会運動の理論的指導者となった．社会主義文化の週刊評論誌『オルディネ・ヌオーヴォ』（新秩序）の編集主幹となり，共産党結成に参加．コミンテルン執行委員としてモスクワに1年半滞在．1926年11月，下院議員であるにもかかわらず，ファシズム政権によって逮捕，投獄された．1937年4月25日に自由の身になったが，2日後の27日に，脳溢血で急逝した．獄中で綴ったノートは翻訳ノートを含め，33冊に及び，600余通の獄中書簡とともに，英語，仏語，独語，西語など各国語に翻訳された．ベンサイドは，ベンヤミンとともに，グラムシを20世紀の「偉大な渡し守」（序論）と評価，獄中ノート草稿にも注

目した．12, 14, 23, 31, 58, 59, 69, 71, 89, 98, 99, 117, 141, 147, 158, 159, 227, 333, 335, 379, 398–401, 433, 503, 532
クリヴィンヌ（Alain Krivine, 1941- ）フランス・トロツキズム運動の指導者．505, 511, 512
クルノー（Antoine Augustin Cournot, 1801-1877）フランスの哲学者にして数学者．116, 393
グレイ（John Gray, 1798-1850）英国の経済理論家で，マルクス『政治経済学批判』の批判の対象．206, 207
グロスマン（Henryk Grossmann, 1881-1950）ポーランド人経済学者，歴史家．オーストリア・マルクス主義者のひとり．ボルケナウ『封建的世界像から市民的世界像』の評論を書いている．123, 484
クーロン（Charles-Augustin de Coulomb, 1736-1806）フランスの物理学者にして，技術者．帯電した物体がニュートンの万有引力と同じく逆二乗法則に従うことを自らの発明になる振り秤を用いて発見したことで著名．467, 468
クーン（Thomas S. Kuhn, 1922-1996）現代アメリカの科学史家・科学哲学者．パラダイム概念をもとに，歴史的科学哲学を展開した．319, 423, 503
ゲーテ（Johann Wolfgang von Goethe, 1749-1832）古典期ドイツの文豪．68, 69, 285, 291, 293, 424
ケトレー（Adolph Quételet, 1796-1876）ベルギーの科学者で，統計学の業績で著名．社会物理学の創成をめざした．393, 423
コーエン（Gerald Cohen, 1941-2009）分析的マルクス主義の唱道者のひとり．オックスフォード大学で教鞭を執った．15, 25, 74–80, 82, 84, 87–89, 92, 93, 110, 183, 190, 193, 211, 230, 243, 248
コジェーヴ（Alexandre Kojève, 1902-1968）ロシア生まれでフランスで活躍した哲学者．ロシア革命後の 1920 年にドイツに亡命し，以後パリでヘーゲルを研究し，ソルボンヌ大学で講義した．114, 410
ゴドリエ（Maurice Godelier, 1934- ）現代フランスを代表する人類学者で，レヴィ＝ストロースの助手を務め，コレージュ・ド・フランスの教授に就任．63, 65, 82, 345, 349, 359
コラコフスキー（Lezecc Kolakowsky, 1927-2009）ポーランドの作家にして哲学者．1968 年，ワルシャワ大学を逐われ，オックスフォード大学で教授を務めた．33, 57, 63
コリオ＝テレーヌ（Catherine Collio-Thélène）現代フランスの社会科学についての哲学者で，ヴェーバーについての著作で知られる．313
コリオリ（Gaspard Gustave de Coriolis, 1792-1843）フランスの数学者・物理学者で，エコル・ポリテクニクで教育を受け，そこで教えた．回転座標系上で移動する際に，移動方向と垂直な方向に移動速度に比例した大きさを受ける慣性力を発見したことで著名．467–69
コルキュフ（Philippe Corcuff, 1960- ）ベンサイドの後継者のひとり．512, 523
コルシュ（Karl Korsch, 1886-1961）ドイツ出身のマルクス主義哲学者．14, 289, 503
ゴルツ（André Gorz, 1923-2007）フランスのジャーナリストにして社会哲学者．『ヌーヴェル・オプセルヴァトゥール』の創刊者のひとり．263–69, 271–77, 481, 485
ゴルドマン（Lucien Goldmann, 1913-1970）ルーマニアのユダヤ系家庭に生まれ，フランスで活躍した哲学者・社会学者．マルクス主義思想を独創的に解釈した．135, 273, 503
コレッティ（Lucio Colletti, 1924-2001）イタリアの哲学者．290
コント（Auguste Comte, 1798-1857）フランスの社会学者・哲学者．スペンサーと並んで社会学の祖とされる．社会発展の三段階の法則を提唱した，実証主義の提唱者．35, 37, 38, 116, 117, 159

コンドラチェフ（Nikolai Kondratiev, 1892-1938）資本主義の景気変動長派の理論提唱者．53

サ行

サクリスタン（Manuel Sacristán, 1925-1985）スペインの哲学者．290, 291, 293, 316, 319, 321
ザスーリッチ（Vera Zasulich, 1849-1919）ロシアの女性革命家，ナロードニキ運動に参加したのち，マルクス主義に転身．ロシア的共同体をめぐり，マルクスと書簡を交わす．イスクラの編集局員であった．メンシェヴィキに属し，第一次大戦では参戦を支持した．62, 92, 93, 518
サピア（Sapia）113
サラマ（Pierre Salama, 1917-2009）フランスの歴史家にして，考古学者．217, 281, 282
サルトル（Jean-Paul Sartre, 1905-1980）現代フランスの実存主義哲学の唱道者．341, 381, 428
サン＝ジュスト（Louis Antoine Léon de Saint-Just, 1767-1794）美貌と冷厳な軍事戦術でも知られ，「革命の大天使」の名を授けられた．20
シェイクスピア（William Shakespeare, 1564-1616）近世英国の大劇作家．76
ジェイモナート（Ludovico Geimonat, 1908-1991）イタリアのマルクス主義的科学哲学者．311
ジェラス（Norman Geras, 1943-2013）マルクス主義の分析的解釈に貢献した．マンチェスター大学で教えた．186–91, 193, 198
シェリング（Friedrich Wilhelm Joseph Schelling, 1775-1854）ドイツ古典哲学の異才で，若くしてフィヒテやゲーテに才能を高く評価された．その自然哲学は今日再評価の機運にある．431, 450
ジジェク（Slovoi Žižek, 1949- ）ラカン派精神分析を学んだ多産な，スロベニアのマルクス主義著作家．27
シプリアーニ（Cipriani）113
シュティルナー（Max Stirner, 1806-1856）ブルーノ・バウアーとともに青年ヘーゲル派の代表的人物．1845年刊の『唯一者とその所有』はマルクスとエンゲルスによって，『聖家族』および『ドイツ・イデオロギー』において痛烈な批判を浴びた．40, 44, 45, 47, 52, 53, 157（聖マックス 41, 44, 46, 157）
シュペングラー（Oswald Spengler, 1880-1936）数学教師で，第一次大戦後に出版した『西洋の没落』は評判を呼んだ．404, 408
シュミット（Alfred Schmidt）『マルクスの自然概念』の著者．445, 447, 451
シュミット（Conrad Schmidt, 1863-1932）エンゲルスらの文通者として知られる．339, 348
シュムペーター（Joseph Shumpeter, 1883-1950）オーストリア生まれの経済学者で，1932年以降，米国ハーヴァード大学で教鞭をとった．152–55, 211, 286
ジンメル（Georg Simmel, 1858-1918）ユダヤ系ドイツ人の哲学者，社会学者．社会のなかの個人の位置，そのモラル的基礎に終世関心を抱いた．107, 109, 368–70, 522
ジュール（James Joule, 1818-1889）英国の物理学者．458
ジョージェスク＝レーゲン（Nicholas Georgescu-Roegen, 1906-1994）ルーマニアに生まれ，アメリカで活躍した数学者・統計学者で，とくに，「生物経済学」（bioeconomics）と呼ばれる学問分野の立ち上げに功績があった．『エントロピー法則と経済過程』は，その主著．M・シェンバーグ編『現代経済学の巨星』上（岩波書店）で，「自らを語」っている．484, 485
ショニュ（Pierre Chaunu, 1923-2009）フランスの歴史家．491
ショーペンハウアー（Authur Shopenhauer, 1788-1860）ドイツの哲学者．439

スタンゲル（Isabelle Stangers, 1949- ）ベルギーの科学史家・科学哲学者．ブリュッセル大学教授．9, 16
スタンチスキイ（Vladimir Stanchisky）1920年代のソ連邦で，エコロジー重視の言説をものした．434, 474, 475
スチュアート（Mathew Stuart）301
ストゥルーヴェ（Pyotr B. Struve, 1870-1944）91
スピノザ（Baruch de Spinoza, 1632-1677）ユダヤ系オランダ人哲学者．1656年ユダヤ教会から破門され，遺著の『エティカ』で，公理論的方法を駆使して教会権力から独立した倫理教説の確立を図った．43, 120, 294–302, 312, 316, 338, 349, 358, 374, 381, 382, 384, 389, 401, 426, 430, 445, 502, 520
スミス（Adam Smith, 1723-1790）スコットランド啓蒙主義を代表する経済学者，神学者，哲学者．1776年刊の『諸国民の富』（あるいは『国富論』）により，近代西欧の古典主義経済学の祖とされる．「見えざる手」は市場による調整機能を体現する概念．39, 121, 279, 332, 333, 338, 354
セー（Jean-Baptiste Say, 1767-1832）フランスの古典期の経済学者．479, 480
セーヴ（Lucien Sève）399
セバーグ（Lucien Sebag, 1934-1965）現代フランスのマルクス主義的文化人類学者．レヴィ＝ストロースの薫陶を受けた．317
セール（Michel Serres, 1930- ）フランスの哲学的著作家．パリ第一大学（ソルボンヌ）の教壇に立った．55, 107, 299, 319, 335, 431
ゼレニー（Jindrich Zeleny, 1922-1997）チェコのマルクス理論家．358, 359, 392
ゾラ（Émile Zola, 1840-1902）フランスの作家．208
ソルジェニーツィン（Alexandr Solzhenitsyn, 1918-2008）ロシアの伝統主義的作家．『収容所群島』は1973年パリで出版され，話題となった．290
ソレル（Georges Sorel, 1847-1922）フランスの社会思想家．マルクスの影響を受けたが，プルードンにも心酔し，革命的サンディカリズムを提唱．21, 109, 134, 215

タ行・ナ行

ダーウィン（Charles Dawin, 1809-1882）『種の起源』（1859）をもって進化論を提唱．マルクスとエンゲルスのダーウィン評価はアンビヴァレンツであった．キリスト教的目的論を否定した点では高く評価したものの，マルサス主義的社会思想については批判的であった．53, 70, 71, 104–06, 111, 121, 291, 366, 371, 372, 381, 403, 423, 430, 431, 445, 458, 465, 480, 489
ダウマー（Georg F. Daumer, 1800-1875）479
ダーレンドルフ（Ralph Dahrendorf, 1929-2009）自由主義的社会科学者で，ポパーの教えを受け，英国のオックスフォード大学などで教職に就いた．152, 153, 170, 171
ダニエル（Daniel）ユダヤ教聖典，キリスト教旧約聖書の「ダニエル書」に登場するユダヤ人．紀元前6世紀にエルサレムを陥落させたネブカドネツァル王に重用された預言者．96, 499, 500, 501, 541
チャン・ハイ・ハック（Tran Hai Hac）216, 217, 219, 281, 282
ディーツゲン（Joseph Dietzgen, 1828-1888）ドイツの労働者哲学者で，「弁証法的唯物論」（dialektischer Materialismus）なる用語を1887年に最初に使用したことで知られる．ベンヤミンやベンサイドの考えでは，マルクス主義を「俗流化」させた．442, 519

ディルタイ（Wilhelm Dilthey, 1833-1911）ドイツの哲学者で，歴史学などの精神科学の哲学的基礎として，解釈学的哲学を唱えた．ハイデガーらへの影響は特筆される．38, 136, 366, 370
ディックマン（Julius Dickmann, 1895-1938?）オーストリア・マルクス主義の担い手として知られた論客だが，1938年，オーストリアからナチス支配下のドイツに追いやられ，直後にその地で処刑されたものと推測される．476, 477
ディドロ（Denis Diderot, 1713-1784）フランスの啓蒙主義哲学者で，『アンシクロペディー』の主たる編集者．39
デカルト（René Descartes, 1596-1650）フランスの哲学者にして，数学者．近世機械論哲学の創始者．300, 301, 303, 330, 358, 374, 384, 411, 413, 414, 455, 462, 504
デ・ジョヴァンニ（Biagio De Giovanni, 1931- ）イタリアの哲学者にして政治家．165, 167
デモクリトス（Democritus, 前460頃-370）古代ギリシャの原子論哲学者．98, 122, 390, 417, 428
デュエム（Pierre Duhem, 1861-1916）ユダヤ系フランス人の物理学者で，中世西欧科学史のパイオニアでもあった．『物理理論の目的と構造』には，物理学の哲学についての先鋭な知見が盛り込まれている．407, 463
デュメニル（Gérard Duménil, 1942- ）フランスの経済学者．27, 345, 349, 355, 357, 393, 395, 397
デュモン（René Dumont, 1904-2001）フランスで農業保護，振興を訴えたエコロジスト．43
デュラス（Marguerite Duras, 1914-1996）現代フランスの文学者．150
デュラン（Maxime Durand）455
デューリング（Eugen Dühring, 1833-1921）ドイツの労働者哲学者で，エンゲルスの『反デューリング論』の論敵．101
デュルケム（Émile Durkheim, 1858-1917）フランスの社会学者．社会現象の根源を哲学的に省察したことで有名．159
デリダ（Jacques Derrida, 1930-2004）アルジェリア出身のユダヤ系フランス人で，フッサールの現象学から思索を開始し，ニーチェ，ハイデガーを批判的に継承発展させる哲学的思想を開陳．西洋形而上学の伝統に先鋭な批判を投げかけ，ベンサイドを当代最高のマルクス主義思想家として高く評価した．11, 19, 21, 22, 24, 51, 65, 315, 524, 525, 529
ドゥセル（Enrique Dussel, 1934- ）アルゼンチン出身で，メキシコで哲学の教職に就いた．27, 290
ドゥルーズ（Gilles Deleuze, 1925-1995）現代フランスの哲学者で，パリ第六大学教授を務めた．19, 297, 523
ドゥレアージュ（Jean-Paul Deléage）現代フランスのエコロジー社会学者．パリ第七大学などで教えた．27, 457, 461, 471, 475, 477, 491
トゥーレーヌ（Alain Touraine, 1925- ）戦後フランスを代表する社会学者．255, 256
トセル（André Tosel, 1941- ）現代フランスの哲学者．ニースなどで教えた．22, 23, 177, 297, 451
トッド（Emmanuel Todd, 1951- ）家族統計による社会学的研究で有名．ポール・ニザンの孫にあたる．263
トムセン（Christian Jürgensen Thomsen, 1788-1865）デンマークの考古学者．422
トムソン（Edward P. Thompson, 1924-1993）現代英国の歴史家にして社会主義者．28, 211, 495
トムソン（William Thomson [1st Baron Kelvin], 1824-1907）初代ケルヴィン卿にして男爵．グ

ラスゴー大学自然哲学教授を長期間務め，総長にも就任．熱力学第二法則をクラウジウスとは独立に定式化したことで著名．462, 465
トール（Patrick Tort, 1952- ）フランスの生物学者で，国際チャールズ・ダーウィン研究所の創立者．305, 327, 466, 467
トレモー（Pierre Trémaut, 1818-1895）フランスの建築家，オリエンタリスト，写真家でもあり，広く著述した．372, 373
トロツキイ（Lev Davidvich Bronshtein=Trotskij, 1870-1940）ロシア出身のユダヤ人マルクス主義者．永続革命論の提唱者にして，1938 年に第四インターナショナルを創設．52, 57, 85, 87, 93, 297, 502–04, 507, 510, 515–17, 521, 527, 528, 530, 533, 534, 538, 542
ドント（Jacques d'Hondt, 1920-2012）現代フランスの哲学者で，ヘーゲル研究で知られる．359
トンパゾス（Stavros Tompazos）パリ第八大学で博士号を取得した社会理論家．キプロス大学教員．16, 127, 131, 142, 143, 209
ナヴィエ（Claude Navier, 1785-1836）フランスの数学者・物理学者．エコル・ポリテクニクで，フーリエから解析学を学ぶ，そこで，数学などを教えた．468
ニザン（Paul Nizan, 1905-1940）フランスの作家にして，哲学者．エマニュエル・トッドは孫にあたる．268
ニーチェ（Friedrich Wilhelm Nietzsche, 1844-1900）ドイツの古典文献学者にして哲学者．古代ギリシャの快活な精神を規準として，近代プロテスタンティズムのさまざまな欺瞞性を批判．52, 133, 134, 137–39, 143, 414
ニュートン（Isaac Newton, 1642-1727）近世英国の数学者・自然哲学者で，『プリーンキピア』（1687）の著者．13, 38, 120, 122, 128, 373, 380, 381, 403, 405, 423–25, 427, 463, 522
ネグリ（Antonio Negri, 1933- ）現代イタリアのマルクス主義活動家．25–27
ノジック（Robert Nozick）234

ハ行

ハイエク（Friedrich A. von Hayek, 1899-1992）マネタリズムの自由主義経済学者．427
ハイゼンベルク（Werner Heisenberg, 1901-1976）ドイツの物理学者で，量子力学の建設者のひとり．408, 409
ハイデガー（Martin Heidegger, 1889-1976）20 世紀最大級の哲学者とされる．フッサールの現象学，ディルタイの解釈学的哲学に影響され，伝統的な西洋形而上学批判を行なった．フライブルク大学総長時代にナチス党員になり，政権に協力した．97, 134–38, 140, 141, 415, 521
ハイネ（Christian J. H. Heine, 1798-1856）ユダヤ系ドイツ人の詩人．20
バウアー（Bruno Bauer, 1809-1882）青年ヘーゲル派の論客で，マルクスに大きな影響を与えた．44
パスカル（Blaise Pascal, 1623-1662）フランスの数学者にして，哲学者．338, 373
パセ（René Passet, 1926- ）現代フランスの経済学者で，ソルボンヌの教壇に立った．482, 483, 495
パーソンズ（Talcott Parsons, 1902-1979）20 世紀アメリカの社会学者．デュルケム，ヴェーバー学説のアメリカへの紹介者でもあった．237
バナール（John Desmond Bernal, 1901-1971）英国の物理学者で，スターリン体制下のソ連邦

にも同情的であったが，晩年その論調は弱まった．M・ゴールドスミス『バナールの生涯』を見よ．今日，古代ギリシャ史において，オリエント的要素を強調しているマルティン・バナールはその子息．421
ハーバマース（Jürgen Habermas, 1929- ）現代ドイツの社会学者にして，哲学者．フランクフルト学派の第二世代の担い手．223–25, 227
バブーフ（François Babeuf, 1760-1797）フランス革命のテルミドール下で「平等の陰謀」を企てて逮捕され，処刑された．社会主義思想の先駆者とされる．95
バリバール（Étienne Balibar, 1942- ）現代フランスの思想家・哲学者で，ルイ・アルチュセールの弟子．106, 111, 112, 297
パルヴス（Alexander Parvus, 1867-1924）ユダヤ系ロシア人思想家．ロシア革命まではドイツ社会民主党に属しながら，先駆的に永続革命論を主張し，トロツキイの歴史理論の先駆となったが，第一次世界大戦とともにドイツ愛国主義者になった．52
パレート（Vilfred Pareto, 1848-1923）イタリア出身の経済学者にして，社会学者．スイスのローザンヌ大学で教えた．227, 237
パンルヴェ（Paul Painlevé, 1863-1933）フランスの数学者で，政治家に転じ，フランス首相に二度選出された．409
ビアジョ（Biagio de Giovanni, 1931- ）イタリアの哲学者にして政治家．165, 167
ピカール（Chares Émile Picard, 1856-1941）フランスの指導的数学者．146
ピグー（Authur Pigou, 1877-1959）英国の経済学者で，厚生経済学の確立者とされる．427, 484
ビデ（Jacques Bidet, 1935- ）現代フランスのマルクス主義学者．21, 27, 327, 351, 519, 523
ビューヒナー（Ludwig Büchner, 1824-1899）ドイツの医師，自然科学者で，いわゆる「自然科学的唯物論」の主唱者のひとり．466
フィヒテ（Johann Gottlieb Fichte, 1762-1814）ドイツ古典哲学を形成した学者で，ベルリン大学初代総長．285, 293
フォイエルバッハ（Ludwig Feuerbach, 1804-1874）ヘーゲル左派出身の哲学者で，人間学的唯物論を通じて，マルクスやエンゲルスに大きな影響を与えた．129, 318, 493
フォン・クリース（Johannes von Kries, 1853-1928）ドイツの生理学的心理学についての業績で知られ，ヘルマン・フォン・ヘルムホルツの「ドイツ人最大の弟子」と呼ばれた．367, 368
フォン・ノイマン（John von Neumann, 1904-1957）ハンガリーのユダヤ人銀行家の家庭に生まれた，アメリカで活躍した数学者．強烈な反共産主義者としても知られた．197
フォン・ミーゼス（Ludwig von Mises, 1881-1973）オーストリア゠ハンガリー帝国出身の経済学者．彼の自由主義思想は，後世に大きな影響を及ぼし，フリードリヒ・ハイエクは彼の弟子にあたる．405, 427
フクヤマ（Francis Fukuyama, 1952- ）日系アメリカ人．旧ソ連邦解体後の 1992 年刊の『歴史の終わり』をもって，自由主義的で民主主義的な政体への挑戦はすべて終焉したと喧伝．18, 45
フーコー（Michel Foucault, 1926-1984）現代フランスの哲学者．医学史にも一定の貢献をなした．425, 523
フッサール（Edmund Husserl, 1859-1938）ユダヤ系ドイツ人哲学者で，当初は数学を学び，現象学的哲学を創始．ハレ大学，ゲッティンゲン大学，フライブルク大学の教職を歴任．晩年はナチスによりあらゆる学問活動を禁じられた．著書として，『論理学研究』全 2 巻（1900-01），『形式論理学と超越論的論理学』（1929），『デカルト的省察』（1929），『ヨーロッパ諸

学の危機と超越論的現象学』(1936) など．最後の「危機」書は，ドイツで出版が許されない状況のもとで書かれた．9, 11, 73, 289, 301, 357, 411–15, 519, 530
ブハーリン (Nicolai Boukharin, 1888-1938) ソヴェト・ロシアのマルクス主義革命家．20年代中葉にはスターリンと，左派トロツキイに対する統一戦線を形成したが，スターリンによって処刑された．1921年の『史的唯物論』はよく読まれたが，ベンサイドによれば，俗流マルクス主義の書．14, 69, 71, 117, 158, 159, 334
フライシュマン (Eugène Fleischmann) 391
フラース (Karl Nikolaus Fraas, 1810-1875) 456, 480
ブランキ (Louis Auguste Blanqui, 1805-1881) 19世紀フランスの革命家．19世紀フランスの重要なほとんどすべての革命に参加し，延べ33年間にわたって収監されるも屈しなかった．『天体による永遠』はトーロー要塞監獄のなかで書かれた．宇宙の在り方をペシミスティックに考察しており，ベンヤミンを震撼させ，ベンサイドをも感動させた．134, 135, 145, 387, 417
フランシスコ (Anrèas de Francisco) 278
ブランショ (Maurice Blanchot, 1907-2003) 現代フランスの哲学者，作家．「顔のない作家」の異名がある．戦前のヴァレリーに比せられる，フランスの戦後最大の文芸批評家と評されることもある．9–11, 315, 341, 505
プーランツァス (Nicos Poulanzas, 1936-1979) ギリシャに生まれ，フランスで活躍したマルクス主義者．250
プリゴジン (Ilya Prigogine, 1917-2003) モスクワで生まれたが，高等教育を受けたベルギーに定住した．散逸構造論，非平衡熱力学についての科学的知見で知られる．382, 383, 405, 407
ブリュンホフ (Suzanne Brunhoff) 279
プルースト (Marcel Proust, 1871-1922) フランスの小説家で，代表作『失われた時を求めて』をもって知られる．121, 341, 342, 457, 502, 505
プルゼウォルスキー (Adam Przeworski, 1940-) ポーランド出身の政治哲学者で，米国ニューヨーク大学教授．193
ブルデュー (Pierre Bourdieu, 1930-2004) 現代フランスの社会学者，哲学者．コレージュ・ド・フランス教授．ベンサイドとも親しかった．22, 27, 137, 233, 250, 415, 523, 540
プルードン (Pierre-Joseph Proudhon, 1809-1865) 19世紀フランスの社会主義者．マルクスの『哲学の貧困』(1847) で批判の対象になった．41, 46, 47, 156, 204, 317, 361
フルールベイ (Marc Fleurbaey) 217
ブレイ (John Francis Bray, 1809-1897) アメリカに生まれ，英国でオーエン主義者として著述した．204, 206
ブレンナー (Robert Brenner, 1943-) カリフォルニア大学ロサンジェルス校 (UCLA) の歴史学の教授で，『流れに抗して』(*Against the Current*) の編集主幹を長年務めた．25, 27, 74, 193
フロイト (Sigmund Freud, 1856-1939) オーストリアの精神科医師で精神分析学の創始者．52, 53, 334, 373, 410, 503
ブロッホ (Ernst Bloch, 1885-1977) ユダヤ系ドイツ人でマルクス主義哲学者．ナチス政権からアメリカに逃れるも，第二次大戦後ライプツィヒ大学，テュービンゲン大学教授を歴任．1954-59年刊の『希望の原理』が主著．24, 52, 72, 141, 399, 488, 503, 513
ベイコン (Francis Bacon, 1561-1626) ルネサンス期英国の政治家にして，哲学者．実験哲学の提唱者であった．105, 291, 416
ペギー (Charles Péguy, 1873-1914) フランスの詩人，エッセイスト．ドレフュス事件によって

社会的意識に目覚め，社会主義に接近．第一次大戦の対ドイツ戦で戦死．134, 513, 514
ヘーゲル（Georg Wilhelm Friedrich Hegel, 1870-1831）ドイツ古典哲学の完成者．ベルリン大学教授．マルクスらに巨大な影響を与えた．13, 34, 35, 37, 41, 44, 46, 47, 54, 55, 57, 62, 70, 98, 99, 110, 114–19, 122, 126, 138, 158–61, 177, 178, 184, 264, 285, 291, 293–95, 297, 298, 300–07, 309–16, 318, 321, 326, 330, 338–43, 345–47, 349, 352–54, 356–58, 360, 371, 374, 375, 377–79, 381, 388, 389, 391, 393, 398, 400, 429, 431, 437, 439, 447, 450, 519–23, 535, 537
ベッカー（Balthazar Becker[or Bekker], 1634-1698）オランダの政治家にして，哲学的・神学的著作をものした．325
ヘッケル（Ernst Haeckel, 1834-1919）ドイツの動物学者で，1866 年にエコロギー（Ökologie）なる新語彙を創った．456, 457, 461
ベーメ（Jakob Böhme, 1575-1624）聖霊を唯一の師とした神秘思想家．自然，歴史，政治などを包括する壮大な神智学の建設をめざした．291, 445, 447
ヘラクレイトス（Heraclitus, 紀元前 500 頃）古代ギリシャの哲学者．万物流転の言説で著名．150, 301
ベール（Pierre Bayle, 1647-1706）フランス人哲学者・思想家．プロテスタントでオランダに在住して『歴史批判辞典』を著わし，啓蒙思想の先駆となった．301, 318
ベルタランフィ（Karl Ludwig von Bertalanffy, 1901-1972）オーストリア生まれの生物学者で，郷里の近くの母校ウィーン大学，ナチス政権登場後は，ロンドン大学，カナダやアメリカの諸大学の教職に就いた．1968 年刊の一般システム理論（GST）は，閉鎖系ではなく開放系，還元主義ではなく有機体論に基づき，今日大きな注目を浴びている．419–21, 522
ヘルダーリン（J. Ch. Friedrich Hölderlin, 1770-1843）精神を病みながら，すぐれた詩を創った．341
ベルナール（Claude Bernard, 1813-1878）フランスの生理学者で，生命現象を規定する法則化可能的要素を「デテルミニスム」（déterminisme）と呼んで探究した．406, 407, 419, 430
ヘルムホルツ（Hermann von Helmholz, 1821-1894）19 世紀ドイツの総合的自然科学者．458
ベントン（Ted Benton, 1942- ）英国の哲学者・社会学者で，マルクス主義的エコロジー論がある．455
ベンヤミン（Walter Benjamin, 1892-1940）ドイツの文芸批評家・哲学者．ベルリンでユダヤ人商業経営者の家庭に生まれたが，権威主義的教育にはなじめなかったようである．近世ドイツ文学史，ボードレール，プルーストなどを研究し，さらにブレヒトと交友し，文学・文明評論を試みた．1940 年，パリ陥落直前に米国への亡命のためにスペインに逃れたが，旅の途中で自死した．野村修『ベンヤミンの生涯』（1993）を見よ．哲学思想にかんして，ベンサイドはベンヤミンを自らにもっとも近い思想家と考えていた．14, 27, 47, 71, 73, 97, 107, 109, 134, 135, 140, 141, 143–45, 147, 175, 386, 401, 402, 442, 443, 498, 503, 512, 513, 517, 521, 531, 533–37, 540, 541
ボーア（Niels Bohr, 1885-1962）デンマークの理論物理学者で，「量子論のニュートン」．287, 408, 409, 411
ボイド（Richard Boyd）289
ホイヘンス（Christiaan Huygens, 1629-1695）17 世紀オランダの数学者．ニュートンに匹敵する科学者であった．120, 121
ボードゥロー（Christian Baudelot, 1938- ）エコル・ノルマル・シュペリエールで教鞭をとった社会思想家．260, 261
ボシュエ（Jacques-Bénigne Bossuet, 1627-1704）フランスのカトリック司教，神学者．ルイ 14

世の宮廷説教師で，専制政治を支持し，王権神授説を唱えた．113
ホッブズ（Thomas Hobbes, 1588-1679）近世英国の政治哲学者で，機械論思想を国家形成原理にまで適用．59
ポドリンスキイ（Sergei Podolinsky, 1850-1891）マルクスの社会主義論と熱力学の第二法則（エントロピー増大の法則）を統一的に論じ，マルクスが関心を寄せた．「エコロジー社会主義の先駆者」．457–59, 461, 466, 467, 470, 471, 480
ボナパルト（Charles Louis Napaléon Bonaparte, 1808-1873）ナポレオン一世の甥で，ナポレオン三世を名乗った．マルクスの『ルイ・ボナパルトのブリュメール十八日』における指弾の対象．173
ボノー（Robert Bonnaud, 1929-2013）現代フランスの歴史家で，反植民地主義活動家．フランス軍のアルジェリア侵略に抗して闘った．53–55, 113
ポパー（Karl Popper, 1902-1994）オーストリアのウィーン出身で，英国で活躍した哲学者．科学哲学・政治哲学について，広く著作した．全体主義総体に敵対．14, 15, 34–38, 42, 43, 290, 293, 334, 347, 411, 428, 490, 521
ホワイトヘッド（Alfred North Whitehead, 1861-1947）英国の数学者で，ラッセルとともに『プリーンキピア・マテーマティカ』全3巻を上梓した．1924年に米国のハーヴァード大学の哲学教授として招聘され，近世西欧の機械論的自然観の狭隘さを指摘し，ユニークな自然哲学を展開した．141, 383, 411, 413, 419
ポワンカレ（Henri Poincaré, 1854-1912）フランスの数学者で，複素関数論，相対論的力学など数理科学全般に大きな足跡を残した．哲学にも一定の貢献を試みた．406, 407, 416, 417, 463

マ行

マイモニデス（Maimonides, 1135-1204）本名はラビ・モーシェ・ベン＝マイモーン（Rabbi Moses Ben Mainon），スペイン・コルドバに生まれたユダヤ教徒のラビで，哲学，医学，天文学に通じた神学者．アリストテレス主義的・新プラトン主義的著作は，ルネサンス人文主義の先駆者．97
マイヤー（Eduard Meyer, 1855-1930）ドイツの歴史家で，とくに古代エジプト史などオリエント史学に貢献した．367, 370, 542
マイヤー（Julius Robert von Mayer, 1814-1878）ドイツの物理学者．458
マキャヴェッリ（Niccolò Machiavelli, 1469-1527）近世西洋政治哲学の始祖．141
マシュレー（Pierre Macherey, 1938- ）現代フランスの哲学者で，スピノザについての研究で知られる．363
マルクス（Karl Marx, 1818-1883）ドイツ生まれの社会科学者．諸所
マルクーゼ（Herbert Marcuse, 1898-1979）ドイツのいわゆるフランクフルト学派出身の哲学者で，1964年刊の『一次元的人間』などの著作は欧米での「新左翼」形成に大きな役割を演じた．310, 311, 349, 389, 505
マルサス（Thomas Robert Malthus, 1766-1834）1798年に匿名で刊行された『人口論』は，人口の増加と人間の進歩にまつわるオプティミズムに疑問を投げかけた．454, 455, 461
マルティネス＝アリエル（Joan Martinez-Allier）485, 488
マルブランシュ（Nicolas Malebranche, 1638-1715）フランスの哲学者．301
マルモール（Jacques Malemort）260, 261

マルモンテル（Marmontel）318
マレ（Serge Mallet, 1927-1973）フランスのジャーナリストにして社会学者．統一社会党の創立者のひとりでもあった．255
マレー（Henri Maler, 1946- ）パリ第八大学の政治学教授．ベンサイドの同僚．16, 43, 73, 99, 233, 317, 399
マンデヴィル（Bernard Mandeville, 1670-1733）オランダで生まれ，英国で活躍した精神科医にして，思想家．1723年刊の『蜂の寓話』などで，利己的欲求充足が社会全体の利益になると主張した．39
マンデル（Ernest Mandel, 1923-1995）ベルギーのマルクス主義経済学者．ベンサイドの最大の師にあたる．24, 103, 269–71, 441, 502, 503, 507–10, 513, 516, 525, 528, 542
マンデルブロー（Benoit Mandelbrot, 1924- ）フラクタル幾何学理論の創始者のひとり．288, 424, 425, 495
ミシェル（Louise Michel, 1830-1905）フランスの教育者にして，アナキスト．1871年のパリ・コミューンで英雄的に活動．ニューカレドニアに流刑され，帰国後も数度の投獄にもめげず活動し「コミューンの赤い処女」と呼ばれた．ヴィクトル・ユゴーは彼女に「男まさりに」という題の讃歌を贈った．ベンサイドは，晩年，不屈の彼女を顕彰して，「ルイーズ・ミシェル協会」を立ち上げた．113, 541
ミヘルス（Robert Michels）237
ミュンツァー（Thomas Müntzer, 1490頃-1525）プロテスタンティズムの闘士で，農民戦争を率いて斬首された．95
ミル（John Stuart Mill, 1806-1873）英国の哲学者にして，経済思想家．ベンサムなどとともに功利主義・経験主義的色彩濃い思想を唱道した．35, 37, 38
ムージル（Robert Musil, 1880-1942）オーストリアの小説家．389
メーリング（Franz Mehring, 1846-1919）ドイツの初期マルクス主義者．400
メルロ＝ポンティ（Maurice Merleau-Ponty, 1908-1961）フランスの現象学的哲学者．親交のあったクロード・ルフォールらの影響もあり，トロツキズムにごく近いマルクス主義思想家でもあった．サルトルとの交遊もあり，実存主義にも関心を寄せたが，一貫してスターリン主義陣営に近い立場をとった彼とは，距離をとり続けた．ベンサイドは，メルロ＝ポンティを高く買っていた．119, 505, 524
モーガン（Lewis Henry Morgan, 1818-1881）アメリカの民俗学者で，『古代社会』の著者．423
モルフ（Otto Morf）359
モレスコット（Jakob Moleschott, 1822-1893）オランダの生理学者で，「自然科学的唯物論者」のひとり．449, 466

ヤ行・ラ行

ヨヴェル（Yirmiyahu Yovel）スピノザの研究者．43, 297, 299
ヨルク・フォン・ヴァルテンブルク（Paul Yorck von Wartenburg, 1835-1897）ドイツの貴族にして哲学者．ディルタイとの往復書簡で，歴史について論じた．136
ライエル（Charles Lyell, 1797-1875）英国の地質学者で，斉一説の支持者だが，ダーウィンの進化論にも理解を示した．462
ライト（Erik Olin Wright）分析的マルクス主義の担い手のひとり．15, 25, 74, 75, 80, 81, 155, 183, 237, 249, 250–53, 255, 265, 273, 463

ライプニッツ（Gottfried Wilhelm Leibniz, 1646-1716）ドイツの哲学者にして，数学者．「万能人」とも謳われた．285, 288, 289, 299–303, 312, 316, 349, 358, 374, 382–88, 401, 467, 490, 520, 522
ラヴォワジエ（Antoine Lavoisier, 1743-1794）フロギストン説に拠らない酸素を媒介した燃焼理論を確立した化学者で，1789 年のフランス革命勃発当時，科学アカデミー終身書記であった．革命のなか処刑された．338, 469
ラヴロック（James Lovelock, 1919- ）現代英国の化学者，環境理論家．489, 495
ラサール（Ferdinand Lassalle, 1825-1864）ポーランド地方のユダヤ人家庭に生まれたプロイセンの社会主義者．国家の援助のもとでの生産協同組合の設立と普通選挙権の獲得を主張．マルクスと交友があったが，のちに決裂．恋愛事件で決闘して死亡．100, 291, 301
ラトゥール（Bruno Latour, 1947- ）フランスの科学社会学者．実験室での科学者観察で知られる．447
ラフォンテーヌ（Oskar Lafontaine, 1943- ）ドイツ左翼党の指導者．527
ラプラス（Pierre Simon Laplace, 1749-1827）フランスのニュートン派数学者．決定論的宇宙像の提唱者．99
ラブリオーラ（Antonio Labriora, 1843-1904）イタリアの哲学者．ナポリに学び，ローマ大学教授職の地位にあった．ヘーゲリアンからマルクス主義者に転身し，晩年のエンゲルスと交流があった．「実践の哲学」という概念を創成した．109, 178, 179, 363
ラボック（John Lubbock, 1834-1913）英国の銀行家にして，考古学者．423
ラムプレヒト（Karl Lamprecht, 1856-1915）ドイツの歴史家で，とくに経済史に功績があった．367
ランシエール（Jacques Rancière, 1940- ）現代フランスの哲学者．アルジェリア出身．パリ第八大学名誉教授．アルチュセールの薫陶を受け共著で『資本論を読む』を刊行するが，のちに対立した．140, 141
リカードゥ（David Ricardo, 1772-1823）ユダヤ系の英国人経済学者．スミスを継承した古典派経済学者だが，多くの新知見をも生み出した．79, 86, 87, 249, 279, 328, 329, 332, 333, 338, 398, 399
リービッヒ（Justus von Liebig, 1803-1873）フランスのゲイ＝リュサックのもとで化学の教育を受けて，ドイツに帰還し，ギーセン大学を近代化学研究の世界的拠点としたことで著名．マルクスはリービッヒの農学思想に注目し，『資本論』第 1 巻中で言及．マルクスの農業思想については，椎名重明『農学の思想――マルクスとリービヒ』（1976）および『マルクスの自然と宗教』（1984）が卓越した解説を試みている．456, 480
リクール（Paul Ricœur, 1913-2005）20 世紀フランスの哲学者．対ドイツ戦でポーランドで捕虜．のちにパリ大学哲学教授，1968 年 5 月の時は，文学部長であったが辞任した．アメリカでも教鞭をとり，広範な影響力をもった．実存哲学と現象学を思索の基底とした．117, 119, 121, 221
リッカート（Heinrich Rickert, 1863-1936）ドイツの哲学者で，新カント派の西南ドイツ学派の代表的人物．38, 366
リンドマン（Raymond Laurel Lindeman, 1915-1942）アメリカのエコロジスト．ミネソタ大学に提出された博士学位論文は，「エコロジー」なる語彙それ自体を創ったヘッケルとは別の意味で，のちのエコシステムの概念，エコロジー運動の先駆的役割を果たすこととなった．476
リンネ（Carl von Linné, 1707-1778）スウェーデンの自然誌学者．456

ルカーチ（Lukács György, 1885-1971）ハンガリーの貴族家系出身のマルクス主義哲学者．1918年ハンガリー共産党に入党し，ハンガリー社会主義革命を担った．33年ナチス政権成立時にモスクワに亡命．45年ハンガリーに帰国し，ナジ・イムレ政権で人民教育相となる．1956年秋のハンガリー革命後，拘留された．1923年刊の『歴史と階級意識』は一世を風靡した．24, 27, 134, 135, 137, 177–79, 337, 379, 445, 493, 503, 525

ルクセンブルク（Rosa Luxemburg, 1870-1919）ポーランドの経済学者にして，マルクス主義革命家．『資本蓄積論』は帝国主義期の世界経済論として創意がある．ドイツ革命に決起しようとして殺害された．13–14, 69, 425, 502, 503, 537

ルクレティウス（Lucretius, 紀元前1世紀）ローマの詩人で，エピクロスの自然哲学をうたった『自然論』をもって著名．123, 284, 390, 391, 417, 419, 429

ルーゲ（Arnold Ruge, 1802-1850）青年ヘーゲル派の出自で，マルクスの協力者として1844年に『独仏年誌』を発行．33, 41, 176, 277, 291

ルッセ（Pierre Rousset）506, 510, 515, 516

ルノワール（Auguste Renoir, 1848-1919）268

ルフェーヴル（Henri Lefebvre, 1901-1991）フランスのマルクス主義社会学者・哲学者．1928年にフランス共産党に入党，36年ナチス批判でヴィシー政権によって公職を追放．58年，スターリン主義批判の廉《かど》でフランス共産党を除名．24, 27, 95, 137, 341, 387, 503

ル・ロワ・ラデュリ（Emmanuel Le Roy Ladurie, 1929- ）フランスの歴史家．気候史についての包括的書がある．491

レヴィ（Michael Löwy, 1938- ）ブラジル出身，フランスで活躍しているマルクス主義理論家．ベンサイドの盟友であった．16, 269, 504, 513, 515, 517, 518, 526, 528, 529, 537

レーニン（Vladimir Il'ich Lenin [Ul'yanov], 1870-1924）帝国主義期のロシアの革命家．ロシア革命をトロツキイとともに成功に導いた．57, 69, 73, 89, 90, 92, 93, 97, 178, 256, 257, 266, 276, 301, 314, 339, 343, 345, 393, 400, 506, 507, 520, 523, 527, 535

レンナー（Karl Renner, 1870-1950）オーストリアの政治家にして，著作家．170, 237

ロスドルスキー（Roman Rosdolsky, 1898-1967）オーリトリア・ハンガリー帝国領（現在はウクライナ）に生まれた，ユダヤ人社会主義活動家．20年代中葉からトロツキストになり，アウシュヴィッツにも収容されたが，戦後の1947年にアメリカ移住．大学の地位は得られなかったが，『資本論』形成史にかんする著作をものし，マンデルらに大きな影響を与えた．14

ロック（John Locke, 1632-1704）英国の医師にして，経験主義哲学者．423

ロールズ（John Rawls, 1921-2002）アメリカの哲学者で，ハーヴァード大学教授などを歴任．1971年刊の『正義論』は話題となった．192, 199, 202, 220, 221, 223, 224, 226–29, 231, 235, 246, 247

ローマー（John Roemer, 1945- ）分析的マルクス主義の中心的唱道者．イェール大学教授．25, 79, 89, 93, 111, 183, 201, 233

事項索引

（本書にとって枢要な項目を精選してある.）

ア行

カ行

サ行

タ行・ナ行

ハ行

マ行・ヤ行・ラ行

書　誌

〔I〕マルクスとエンゲルス著作文献目録はフランス語原著にはないが，訳者たち三名の判断で補った．
〔II〕他の文献一覧は著者のベンサイドによるものである．全体にわたるものと，三部それぞれについてのものが分別されている．網羅的というわけではないが，邦訳書を補ってある．

〔I〕Karl Marx-Friedrich Engels（おおむね執筆年代順に配列してある）

Marx-Engels Werke (Berlin: Diez Verlag, 1956-1989)：『マルクス＝エンゲルス全集』（大月書店，1959-1991）〔邦訳全集と略記〕．

"Differenz der demokritischen und epikureischen Naturphilosophie" (1840-41 執筆)：「デモクリトスの自然哲学とエピクロスにおける自然哲学との差異」（博士論文）邦訳全集 40.

"Zur Kritik der Hegelschen Rechtsphilosophie. Einleitung" (1844)：「ヘーゲル法哲学批判序説」邦訳全集 1.

Ökonomisch-philosophische Manuskripte (1844 執筆)：『経済学・哲学草稿（手稿）』邦訳全集 40；城塚登・田中吉六訳（岩波文庫，1964）；長谷川宏訳（光文社古典新訳文庫，2010）.

Die heiliege Familie (1844)：『聖家族』邦訳全集 2.

Die deutsche Ideologie (1845-46 執筆)：『ドイツ・イデオロギー』邦訳全集 3；廣松渉編訳（河出書房新社，1974）・小林昌人補訳（岩波文庫，2002）；渋谷正編訳（新日本出版社，1998）.

Misère de la philosophie (1847)：『哲学の貧困』邦訳全集 4.

Grundrisse der Kritik der politischen Ökonomie (1857-58 執筆)：『経済学批判要綱』＝『資本論草稿集①＆②』（大月書店，1981&93）.

Der 18. Brumaire des Louis Bonaparte (1852)：『ルイ・ボナパルトのブリュメール 18 日』邦訳全集 8；初版からの植村邦彦訳（平凡社ライブラリー，2008）.

Zur Kritik der politischen Ökonomie (1859)：『政治経済学批判』邦訳全集 13；『資本論草稿集③』（大月書店，1984）所収.

Ökonomische Manuskripte 1861-63：『資本論草稿集④―⑨』「経済学批判（一八六一――一八六三年草稿）」全 6 冊（大月書店，1978-94）.

Das Kapital, 3 Bde (1867-94)：『資本論』第一巻 a/b，第二巻，第三巻 a/b（新日本出版社，1997）；邦訳全集 23a/b, 24, 25a/b.

Theorien über den Mehrwert：『剰余価値学説史』邦訳全集 26-1, 2, 3.

Herrn Eugen Dümhrings Umwälzung der Wissenschaft (1894)：『反デューリング論』邦訳全集 20；粟田賢三訳上・下（岩波文庫，新版 1974-80）.

The Civil War in France (1871)：『フランスにおける内乱（市民戦争）』邦訳全集 17.

Kritik der Gothaer Programms (1875)：『ゴータ綱領批判』邦訳全集 19；望月清司訳（岩波文庫，1975）.

Die Endwicklung des Sozialismus von der Utopie zur Wissenschaft (1882；フランス語版 1880)：『空想から科学への社会主義の発展』邦訳全集 19；大内兵衛訳（岩波文庫，改版 1966）.

Dialektik der Natur：『自然の弁証法』邦訳全集 20；秋間実・渋谷一夫訳（新日本出版社，1999）（新 MEGA 版に基づく新訳）；*Naturdialektik*：『自然辨證法』全 2 巻（加藤正・加古祐

二郎訳，岩波文庫，1929-32）；『自然辨證法』（原光雄訳，三一書房，1949）（原光雄訳は，加藤正の遺言に基づく，前者の改訳版．両者ともに，遺稿編集者リャザーノフのエンゲルスの自然弁証法遺稿を未完の書とし，「神格化」していない点に特徴がある．ただし，ドイツ語原文の読みは新 MEGA 版がもっとも的確である）．

〔II-g〕**Ouvrages généraux**（一般書誌，すなわち本書全体にわたる文献）

Louis ALTHUSSER, *Pour Marx*, Paris, Maspero, 1965：アルチュセール『マルクスのために』（河野健二・西川長夫・田村俶訳，平凡社ライブラリー，1994）．

Louis ALTHUSSER et al., *Lire le Capital*, 2 vol., Paris, Maspero, 1965：アルチュセール『資本論を読む』全３巻（今村仁司訳，ちくま学芸文庫，1996-97）．

Louis ALTHUSSER, *Réponse à John Lewis*, Paris, Maspero, 1973：アルチュセール『歴史・階級・人間――ジョン・ルイスへの回答』（福村出版，1974）．

Louis ALTHUSSER, *Éléments d'autocritique*, Paris, Hachette, 1973：アルチュセール『自己批判――マルクス主義と階級闘争』（福村出版，1978）．

Louis ALTHUSSER, *Positions*, Paris, Éditions sociales, 1976.

Louis ALTHUSSER, *L'avenir dure longtemps*, Paris, Stock, 1992：『未来は長く続く――アルチュセール自伝』（宮林寛訳，河出書房新社，2002）．

Perry ANDERSON, *Le Marxisme occidental*, Paris, Maspero, 1977：アンダーソン『西欧マルクス主義』（中野実訳，新評論，1979）．

Perry ANDERSON, *Les Antinomies de Gramsci*, Paris, Maspero, 1978.

Perry ANDERSON, *In the Tracks of Historical Materialism*, London, Verso, 1983.

Toni ANDRÉANI, *De la société à l'Histoire*, 2 vol., Paris, Klincksieck, 1989.

Hannah ARENDT, *Les Origines du totalitarisme*, 3 vol., Paris, Seuil, 1972 et 1984：アーレント『全体主義の起原』全３巻（大久保和郎訳，みすず書房，1972-74）．

Raymond ARON, *Marxismes imaginaires*, Paris, Gallimard, 1970.

Paul-Laurent ASSOUN et Gérard RAULET, *Marxisme et théorie critique*, Paris, Payot, 1978.

Jean-Christophe BAILLY et Jean-Luc NANCY, *La Comparution*, Paris, Christian Bourgois, 1992.

Jean-Christophe BAILLY, *Adieu*, Éditions de l'Aube, 1993.

Etienne BALIBAR, *Écrits pour Althusser*, Paris, La Découverte, 1991：バリバール『アルチュセール――終わりなき切断のために』（福井和美編訳，藤原書店，1995）．

Etienne BALIBAR, *La Philosophie de Marx*, Paris, La Découverte, 1993：バリバール『マルクスの哲学』（杉山吉弘訳，法政大学出版局，1995）．

Georges BATAILLE, *La Part maudite*, Paris, Minuit, 1990：バタイユ『呪われた部分』（中山元訳，ちくま学芸文庫，2003）．

Roy BHASKAR, *Dialectic: The Pulse of Freedom*, London, Verso, 1993：バスカー『弁証法――自由の脈動』（式部信訳，作品社，2015）．

Jacques BIDET, *Que faire du Capital?*, Paris, Klincksiek, 1985：ビデ『資本論をどう読むか』（今村仁司・山田鋭夫・竹永進訳，法政大学出版局，1989）．

Jacques BIDET, *Théorie de la modernité*, Paris, PUF, 1992.

Maurice BLANCHOT, *L'Amitié*, Paris, Gallimard, 1971：ブランショ「友愛」（安原伸一朗・西山雄二・郷原佳以訳『ブランショ政治論集　1958-1993』所収，月曜社，2005）．

Ernst BLOCH, *Le Principe espérance*, 3 vol., Paris, Gallimard, 1976-1994：ブロッホ『希望の原理』全３巻（新井皓士・山下肇ほか訳，白水社，1982）．

Nicolaï BOUKHARINE, *Manuel populaire de sociologie marxiste*, Paris, Anthropos, 1967：ブハーリン『史的唯物論――マルクス主義社会学の一般的教科書』（佐野勝隆・石川晃弘訳，青木書店，1974）.

Jean-Marie BROHM et al., *Marx ou pas?*, Paris, EDI, 1986.

Bernard CHAVANCE et al., *Marx en perspective*, Paris, EHESS, 1985.

Lucio COLLETTI, *De Rousseau à Lénine*, Paris, Gordon and Breach, 1974.

Lucio COLLETTI, *Le Marxisme et Hegel*, Paris, Champ libre, 1976.

Lucio COLLETTI, *Politique et philosophie*, Paris, Galilée, 1975.

Lucio COLLETTI, *Le Déclin du marxisme*, Paris, PUF, 1984.

Auguste CORNU, *Karl Marx et Friedrich Engels*, 4 vol., Paris, PUF, 1955-1970.

Biagio DE GIOVANNI, *La teoria politica delle classi nel capitale*, Bari, 1976.

Galvano DELLA VOLPE, *Rousseau et Marx*, Paris, Grasset, 1974：ヴォルペ『ルソーとマルクス』（竹内良知訳，合同出版，1968）.

Galvano DELLA VOLPE, *La Logique comme science historique*, Bruxelles, Complexe, 1977.

Henri DENIS, *Logique hégélienne et système économique*, Paris, PUF, 1984.

Jacques DERRIDA, *Spectres de Marx*, Paris, Galilée, 1993：デリダ『マルクスの亡霊たち――負債状況＝国家，喪の作業，新しいインターナショナル』（増田一夫訳，藤原書店，2007）.

Jacques D'HONDT, *De Hegel à Marx*, Paris, PUF, 1972.

Jacques D'HONDT (éd.), *La Logique de Marx*, Paris, PUF, 1974.

Paul-Dominique DOGNIN, *Les Sentiers escarpés du Capital*, 2 vol., Paris, Cerf, 1977.

François DOSSE, *Histoire du structuralisme*, 2 vol., Paris, La Découverte, 1992：ドッス『構造主義の歴史』（上巻，清水正・佐山一訳，下巻，仲澤紀雄訳，国文社，1999）.

Gérard DUMÉNIL, *Le Concept de loi économique dans le Capital*, Paris, Maspero, 1978.

Enrique DUSSEL, *La produccion teorica de Marx*, Mexico, Siglo XXI, 1985.

Enrique DUSSEL, *Hacia un Marx desconocido*, Mexico, Siglo XXI, 1988.

Économie et société, n°s 6-7: Marx et la fin de la préhistoire, Grenoble, PUG, 1994.

Jon ELSTER, *Karl Marx, une interprétation analytique*, Paris, PUF, 1989.

Emmanuel FARJOUN et Moshe MACHOVER, *Laws of Chaos*, London, New Left Books, 1981.

Ruy FAUSTO, *Marx, logique et politique*, Paris, Publisud, 1986.

François FURET, *Marx et la Révolution française*, Paris, Flammarion, 1986：フュレ『マルクスとフランス革命』（今村仁司・今村真介訳，法政大学出版局，2008）.

Maurice GODELIER, *Rationalité et irrationalité en économie politique*, Paris, Maspero, 1966：ゴドリエ『経済における合理性と非合理性』（今村仁司訳，国文社，1984）.

Maurice GODELIER, *L'Idéel et le matériel*, Paris, Fayard, 1984：ゴドリエ『観念と物質』（山内昶訳，法政大学出版局，1986）.

Lucien GOLDMANN, *Recherches dialectiques*, Paris, Gallimard, 1967：ゴルドマン『人間科学の弁証法』（川俣晃自訳，イザラ書房，1971）.

Lucien GOLDMANN, *Marxisme et sciences humaines*, Paris, Gallimard, «Idées», 1970：ゴルドマン『人間の科学とマルクス主義』（川俣晃自訳，紀伊國屋書店，1973）.

Antonio GRAMSCI, *Cahiers de prison*, 4 vol., Paris, Gallimard, 1978-1992：グラムシ『グラムシ獄中ノート I』（獄中ノート翻訳委員会訳，大月書店，1981）（ノート 1, 2 のみで停刊）.

Henryk GROSSMANN, *Das Akkumulations und Zusammenbruchsgesetz des Kapitalistischen Systems*, 1929.

Henryk GROSSMANN, *Marx, l'économie politique classique et le problème de la dynamique*, Paris, Champ libre, 1975.

Bernard GUIBERT, *La Violence capitalisée*, Paris, Cerf, 1986.

Jürgen HABERMAS, *Après Marx*, Paris, Fayard, 1985：ハーバーマス『史的唯物論の再構成』（清水多吉監訳・朝倉輝一ほか訳，法政大学出版局，2000）.

Jürgen HABERMAS, *Discours philosophique de la modernité*, Paris, Gallimard, 1990：ハーバーマス『近代の哲学的ディスクルス』全2巻（三島憲一訳，岩波書店，1990）.

Friedrich HEGEL, *Wissenschaft der Logik* (1812-16)；*Science de la logique*, 2 vol., Paris, Aubier, 1949：ヘーゲル『大論理学』全3巻・4分冊（武市健人訳，岩波書店《ヘーゲル全集 6a/b-8》，1956-61）；『論理の学』全3巻（山口祐弘訳，作品社，2012-13）.

Friedrich HEGEL, *Encyclopädie der philosophischen Wissenschaften im Grundrisse* (1817); *Précis de l'encyclopédie des sciences philosophiques*, Paris, Vrin, 1987：ヘーゲル『哲学の集大成・要綱』全3巻（長谷川宏訳，作品社，2002-06）.

Agnès HELIER, *La Théorie des besoins chez Marx*, Paris, UGE, 1978.

Michel HENRY, *Marx, une philosophie de la réalité*, 2 vol., Paris, Gallimard, 1976：アンリ『マルクス――現実の哲学』（杉山吉弘・水野浩二訳，法政大学出版局，1991）（抄訳）.

Eric J. HOBSBAWM et al., *Storia del marxismo*, 5 vol., Turin, Einaudi.

Jean HYPPOLITE, *Études sur Marx et Hegel*, Paris, Marcel Rivière, 1955：イポリット『マルクスとヘーゲル』（宇津木正・田口英治訳，法政大学出版局，1970）.

Frantz JAKUBOWSKI, *Les Superstructures idéologiques dans la conception matérialiste de l'histoire*, Paris, EDI, 1971.

Isaac JOHSUA, *La Face cachée du Moyen Age*, Paris, La Brèche, 1988.

Karl KAUTSKY, *Karl Marx Œkonomische Lehren*, Stuttgart, 1894.

Leszek KOLAKOWSKI, *Histoire du marxisme*, 2 vol., Paris, Fayard, 1987.

Karl KORSCH, *Marxisme et philosophie*, Paris, Minuit, 1964：コルシュ『マルクス主義と哲学』（石堂清倫訳，三一書房，1975）；（平井俊彦・岡崎幹郎訳，未來社，1977）.

Karl KORSCH, *Karl Marx*, Paris, Champ libre, 1971：コルシュ『マルクス』（野村修訳，未來社，1967）.

Karl KORSCH, *L'Anti-Kautsky*, Paris, Champ libre, 1973.

Karl KORSCH, *Escritos politicos*, 2 vol., Mexico, Folios Ediciones, 1982.

Karel KOSIC, *La Dialectique du concret*, Paris, Éditions de la Passion, 1988：コシーク『具体性の弁証法』（花崎皋平訳，せりか書房，1969）.

Georges LABICA, *Le Statut marxiste de la philosophie*, Bruxelles, Complexe, 1976.

Georges LABICA, *Le Marxisme-léninisme*, Paris, Bruno Huisman, 1984.

Georges LABICA, *Karl Marx, les thèses sur Feuerbach*, Paris, PUF, 1987.

Georges LABICA, *Le Paradigme du Grand-Hornu*, Paris, La Brèhe, 1987.

Georges LABICA et Gérard BENSOUSSAN (dir.), *Dictionnaire critique du marxisme*, Paris, PUF, 1982.

Georges LABICA et Jacques TEXIER, *Labriola d'un siècle à l'autre*, Paris, Klincksiek, 1988.

Antonio LABRIOLA, *Essais sur la conception matérialiste de l'histoire*, Paris, Gordon and Breach, 1970：ラブリオーラ『思想は空から降ってはこない――新訳・唯物史観概説』（小原耕一・渡部實訳，同時代社，2010）.

Sylvain LAZARUS, *Politique et philosophie dans l'œuvre de Louis Althusser*, Paris, PUF, 1993.

Henri LEFEBVRE, *Logique formelle et logique dialectique*, Paris, Éditions sociales, 1947：ルフェーヴ

ル『形式論理学と弁証法論理学』（中村秀吉・荒川幾男訳，合同出版，1975）.
Henri LEFEBVRE, *Au-delà du structuralisme*, Paris, Anthropos, 1971：ルフェーヴル『構造主義をこえて』(西川長夫・中原新吾訳，福村出版，1977).
Lénine, *Cahiers philosophiques*, Paris, Éditions sociales, 1973：レーニン『哲学ノート』（マルクス＝レーニン主義研究所訳，大月書店《レーニン全集38》，1961）；全２冊（松村一人訳，岩波文庫，1975）.
Michaël LÖWY, *La Théorie de la révolution chez le jeune Marx*, Paris, Maspero, 1970：ロヴィ『若きマルクスの革命理論』（山内昶訳，福村出版，1974）.
Michaël LÖWY, *Paysages de la vérité*, Paris, Anthropos, 1985.
Michaël LÖWY, *Dialectique et révolution*, Paris, Anthropos, 1973.
Giorgy LUKACS, *Histoire et conscience de classe*, Paris, Minuit, 1960：ルカーチ『歴史と階級意識』（城塚登・古田光訳，白水社，1975）.
Rosa LUXEMBURG, *Introduction à l'économie politique*, Paris, Anthropos, 1970：ルクセンブルク『経済学入門』（岡崎次郎・時永淑訳，岩波文庫，1991）.
Rosa LUXEMBURG, *L'Accumulation du capital*, Paris, Maspero, 1969：ルクセンブルク『資本蓄積論』全３巻（小林勝訳，御茶の水書房，2011-13）；全３巻（長谷部文雄訳，岩波文庫，1934）.
Henri MALER, *L'Utopie selon Karl Marx*, Paris, L'Harmattan, 1994.
Henri MALER, *Convoiter l'impossible*, Paris, Albin Michel, 1995.
Ernest MANDEL, *Traité d'économie marxiste*, 2 vol., Paris, Julliard, 1962：マンデル『現代マルクス経済学』全４巻（岡田純一・坂本慶一・西川潤訳，東洋経済新報社，1972-74）.
Ernest MANDEL, *La Formation de la pensée économique de Marx*, Paris, Maspero, 1968：マンデル『カール・マルクス――〈経哲草稿〉から〈資本論〉へ』（山内昶・表三郎訳，河出書房新社，1971）.
Ernest MANDEL, *Le Capitalisme du troisième âge*, 3 vol., Paris, UGE, 1976：マンデル『後期資本主義』全３冊（飯田裕康・的場昭弘訳，第３分冊は飯田裕康・山本啓訳，柘植書房，1980-81）.
Ernest MANDEL, *Marxismo abierto*, Barcelone, Grijalbo, 1982.
Ernest MANDEL, *El capital, cien años de controversias*, Mexico, Siglo XXI, 1985.
Ernest MANDEL, *Long Waves of Capitalist Development*, Cambridge University Press, 1980：マンデル『資本主義発展の長期波動――ケンブリッジ大学特別講義録』（岡田光正訳，柘植書房，1990）.
Ernest MANDEL (éd.), *Ricardo, Marx, Sraffa*, London, Verso, 1984.
Giogy MARKUS, *Langage et production*, Paris, Denoël, 1982.
Dionys MASCOLO, *A la recherche d'un communisme de pensée*, Paris, Fourbis, 1993.
Dionys MASCOLO, *Le Communisme*, Paris, Gallimard, 1953.
Jacques MICHEL, *Marx et la société juridique*, Paris, Publisud, 1983.
Frantz MEHRING, *Karl Marx, histoire de sa vie*, Paris, Éditions sociales, 1983：メーリング『カール・マルクス――その生涯の歴史』全２巻（栗原佑訳，大月書店，1953）.
Maurice MERLEAU-PONTY, *Les Aventures de la dialectique*, Paris, Gallimard, 1955：メルロ＝ポンティ『弁証法の冒険』（滝浦静雄・木田元・田島節夫・市川浩訳，みすず書房，1972）.
Maurice MERLEAU-PONTY, *Humanisme et terreur*, Paris, Gallimard, 1947：メルロ＝ポンティ『ヒューマニズムとテロル』（合田正人訳，みすず書房，2002）.

Sami NAÏR, *Machiavel et Marx*, Paris, PUF, 1984.
Antonio NEGRI, *Marx au-delà de Marx*, Paris, Christian Bourgois, 1979：ネグリ『マルクスを超えるマルクス――『経済学批判要綱』研究』（清水和巳・小倉利丸・大町慎浩・香内力訳，作品社，2003）.
Œuvre (l') de Marx un siècle après, collectif, Paris, PUF, 1985.
Kostas PAPAIOANNOU, *De Marx et du marxisme*, Paris, Gallimard, 1984.
Jean-Pierre POTIER, *Lectures italiennes de Marx*, Lyon, PUL, 1986.
Marcel PROUST, *A la recherche du temps perdu*, Paris, Laffont, 1992：プルースト『失われた時を求めて』全７巻・13 分冊（淀野隆三・井上究一郎・伊吹武彦・生島遼一・市原豊太・中村真一郎訳，新潮社，1953-55）；全 13 巻（鈴木道彦訳，集英社，1996-2001）.
David RIAZANOV, *Marx et Engels*, Paris, Anthropos, 1967：リアザノフ『マルクス・エンゲルス傳』（長谷部文雄訳，岩波文庫，1928）；（大山一郎訳，研進社，1947）.
Jean ROBELIN, *Marxisme et socialisation*, Paris, Klincksieck, 1989.
Roman ROSDOLSKY, *La Genèse du Capital chez Marx*, Paris, Maspero, 1976. (Édition intégrale à paraître aux Éditions de la Passion.)：ロスドルスキー『資本論成立史』全４冊（時永淑ほか訳，法政大学出版局，1973-74）.
Isaac ROUBINE, *Essais sur la théorie de la valeur de Marx*, Paris, Maspero, 1978.
Maximilien RUBEL, *Marx critique du marxisme*, Paris, Payot, 1974.
Manuel SACRISTAN, *Sobre Marx y marxismo*, Barcelone, Icaria, 1983.
Manuel SACRISTAN, *Papeles de filosofia*, Barcelone, Icaria, 1984.
Pierre SALAMA et Jacques VALIER, *Une introduction à l'économie politique*, Paris, Maspero, 1973.
Pierre SALAMA, *Sur la valeur*, Paris, Maspero, 1975.
Pierre SALAMA et TAN HAIC HAC, *Introduction à l'économie de Marx*, Paris, La Découverte, 1992.
Jean-Paul SARTRE, *Critique de la raison dialectique*, Paris, Gallimard, 1961：サルトル『弁証法的理性批判』（《サルトル全集 26-28》，I・II ＝竹内芳郎・矢内原伊作訳，III ＝平井啓之・足立和浩訳，人文書院，1962-73）.
Jean-Paul SARTRE, *Situations philosophiques*, Paris, Gallimard, «Tel», 1990.
Alfred SCHMIDT, *Le Concept de nature chez Marx*, Paris, PUF, 1994：シュミット『マルクスの自然概念』（元浜清海訳，法政大学出版局，1972）.
Lucien SEBAG, *Marxisme et structuralisme*, Paris, Payot, 1964.
Lucien SÈVE, *Une introduction à la philosophie marxiste*, Paris, Éditions sociales, 1980.
Tony SMITH, *The Logics of Marx's Capital, Replies to Hegelian Criticisms*, State University of New York Press, 1990.
Tony SMITH, *Dialectical Social Theory and its Critics*, State University of New York Press, 1993.
Georges SOREL, *Décomposition du marxisme*, Paris, PUF, 1982：ソレル『マルクス説の崩解』（百瀬二郎訳，春秋社・世界大思想全集，1930）；『マルクス主義の分解』（上村忠男・竹下和亮・金山準訳『プロレタリアートの理論のために――マルクス主義批判論集』所収，未來社，2014）.
Georges SOREL, *Matériaux d'une théorie du prolétariat*, Paris-Genève, Slatkine, 1981：ソレル「『プロレタリアートの理論のための素材』へのまえがき」（上村忠男・竹下和亮・金山準訳『プロレタリアートの理論のために』所収，未來社，2014）（抄訳）.
Georges SOREL, *Les Illusions du progrès*, Paris-Genève, Slatkine, 1981：ソレル『進歩の幻想』（川上源太郎訳，ダイヤモンド社，1974）.

Stavros TOMBAZOS, *Les Catégories du temps dans l'analyse économique*, Paris, Cahiers des saisons, 1994.

André TOSEL, *Praxis*, Paris, Éditions sociales, 1974.

Patrick TORT, *Marx et le problème de l'idéologie*, Paris, PUF, 1988.

TRAN DUC THAO, *Phénoménologie et matérialisme dialectique*, Paris, 1951：チャン・ドゥック・タオ『現象学と弁証法的唯物論』（竹内良知訳，合同出版，1971）.

Michel VADÉE, *Marx penseur du possible*, Paris, Klincksieck, 1992.

Jacques VALIER, *Une critique de l'économie politique*, Paris, Maspero, 1982.

Jean-Marie VINCENT, *Fétichisme et société*, Paris, Anthropos, 1973.

Jean-Marie VINCENT, *Critique du travail*, Paris, PUF, 1987.

Yirmiyahu YOVEL, *Spinoza et autres hérétiques*, Paris, Seuil, 1991：ヨベル『スピノザ　異端の系譜』（小岸昭／E・ヨリッセン／細見和之訳，人文書院，1998）.

Jindrich ZELENY, *Die Wissenschaftslogik bei Marx und das Kapital*, Berlin, 1968; *The Logic of Marx*, tr. Terrell Carver, Oxford, Basil, Blackwell, 1980.

〔**II-1**〕**Première partie**（第一部関連文献）

Actuel Marx, Fin du communisme, actualité du marxisme, Paris, PUF, 1991.

Jesus ALBARRACIN, *La economia de mercado*, Madrid, 1991.

Eric ALLIEZ, *Les Temps capitaux*, Paris, Cerf, 1991.

ARISTOTE, *Leçons de physique*, Paris, Presses Pocket, 1991：アリストテレス『自然学』（出隆・岩崎允胤訳，岩波書店《アリストテレス全集 3》，1968）.

ARISTOTE, *Métaphysique*, Paris, Presses Pocket, 1992：アリストテレス『形而上学』（出隆訳，岩波書店《アリストテレス全集 12》，1968）.

Raymond ARON, *La Philosophie critique de l'histoire*, Paris, Vrin, 1969.

Gaston BACHELARD, *La Dialectique de la durée*, Paris, PUF, «Quadrige», 1989：バシュラール『持続の弁証法』（掛下栄一郎訳，国文社，1976）.

Gaston BACHELARD, *L'Intuition de l'instant*, Paris, 1931：バシュラール『瞬間の直感』（掛下栄一郎訳，紀伊國屋書店，1997）.

Christian BARSOC, *Les Lendemains de la crise*, Paris, La Brèche, 1986.

Christian BARSOC, *Les Rouages du capitalisme*, Paris, La Brèche, 1994.

Walter BENJAMIN, *Le Livre des Passages, Paris capitale du XIXe siècle*, Paris, Cerf, 1989：ベンヤミン『パサージュ論』全５巻（今村仁司・三島憲一ほか訳，岩波現代文庫，2003）.

Walter BENJAMIN, *Écrits français*, Paris, Gallimard, 1991.

Daniel BENSAÏD, *Walter Benjamin, sentinelle messianique*, Paris, Plon, 1991.

Henri BERGSON, *Durée et simultanéité*, Paris, PUF, «Quadrige», 1992：ベルグソン『持続と同時性』（花田圭介・加藤精司訳，白水社《ベルグソン全集 3》，1965）.

Auguste BLANQUI, *L'Éternité par les astres* (1871), Paris, La tête de feuille, 1972：ブランキ『天体による永遠』（浜本正文訳，岩波文庫，2012）.

Robert BONNAUD, *Les Alternances du progrès*, Paris, Kimé, 1992.

Pierre BOURDIEU, *L'Ontologie politique de Martin Heidegger*, Paris, Minuit, 1988：ブルデュー『ハイデガーの政治的存在論』（桑田禮彰訳，藤原書店，2000）.

Robert BOYER, *La Théorie de la régulation, une analyse critique*, Paris, La Déouverte, 1986：ボワイエ『レギュラシオン理論――危機に挑む経済学』（山田鋭夫訳，藤原書店，1990）.

Robert BOYER et Jean-Pierre DURAND, *L'après-fordisme*, Paris, Syros, 1993：ボワイエ／デュラン『アフター・フォーディズム』(荒井壽夫訳，ミネルヴァ書房，1996).
Alain BROSSAT, *La Théorie de la révolution permanente chez le jeune Trotsky*, Paris, Maspero, 1972.
Georges CANGUILHEM, *Le Normal et le pathologique*, Paris, PUF, «Quadrige», 1991：カンギレム『正常と病理』(滝沢武久訳，法政大学出版局，1987).
Centre d'études et de recherches marxistes, *Le Mode de production asiatique*, Paris, Éditions sociales, 1967.
Centre d'études et de recherches marxistes, *Les Sociétés précapitalistes*, Paris, Éditions sociales, 1967.
Gerald A. COHEN, *Karl Marx's Theory of History, A Defence*, Oxford, 1978.
Catherine COLLIOT-THÉLÈNE, *Max Weber et l'histoire*, Paris, PUF, 1990.
A. A. COURNOT, *Considérations sur la marche des idées et des événements dans les temps modernes*, Paris, Vrin, 1973.
A. A. COURNOT, *Matérialisme, vitalisme, rationalisme*, Paris, Vrin, 1987.
Charles DARWIN, *L'Origine des espèces*, Paris, Garnier-Flammarion, 1992：ダーウィン『種の起原』全２冊（八杉龍一訳，岩波書店，1990）;『種の起源』全２冊（渡辺政隆訳，光文社古典新訳文庫，2009).
Françoise DASTUR, *Heidegger et la question du temps*, Paris, PUF, 1990.
Jacques DERRIDA, *Glas*, Paris, Denoël, «Médiations», 1981.
Jean-Toussaint DESANTI, *Réflexions sur le temps*, Paris, Grasset, 1993.
Pierre DOCKÈS et Bernard ROSIER, *Rythmes économiques*, Paris, La Découverte, 1983.
Louis DUMONT, *Homo aequalis*, Paris, Gallimard, 1977.
Économies et société n°s 7/8, *Les mouvements de longue durée dans la pensée économique*, Grenoble, PUG, 1993.
Jean-Loup ENGLANDER, *Pour l'incertain*, Syllepse, 1990.
Jean-Paul FITOUSSI et Philippe SIGOGNE, *Les Cycles économiques*, Paris, Fondation nationale des sciences politiques, 1993.
Eugène FLEISCHMANN, *Hegel et la politique*, Paris, Gallimard, «Tel», 1993.
Ludwig FEUERBACH, *Manifestes philosophiques*, Paris, UGE, 1973.
Futur Antérieur, École de la régulation et critique de la raison économique, Paris, L'Harmattan, 1994.
Francis FUKUYAMA, *La Fin de l'histoire et le dernier homme*, Paris, Flammarion, 1993：フクヤマ『歴史の終わり』全２巻（渡部昇一訳，三笠書房，2005).
Jean-Louis GARDIÈS, *La Logique du temps*, Paris, PUF, 1975.
Lucien GOLDMANN, *Lukacs et Heidegger*, Paris, Denoël, «Médiations», 1973：ゴルドマン『ルカーチとハイデガー』(川俣晃自訳，法政大学出版局，1976).
Stephen J. GOULD, *Aux racines du temps*, Paris, Grasset, 1990.
Stephen J. GOULD, *La vie est belle*, Paris, Seuil, 1991.
Stephen J. GOULD, *La Foire aux dinosaures*, Paris, Seuil, 1993.
Stephen J. GOULD, *Un hérisson dans la tempéte*, Paris, Grasset, 1994.
Jürgen HABERMAS, *Connaissance et intérêt*, Paris, Gallimard, 1986：ハーバーマス『認識と関心』(奥山次良・八木橋貢・渡辺佑邦訳，未來社，1981).
Stephen HAWKING, *Une brève histoire du temps*, Paris, Flammarion, 1989：ホーキング『ホーキング，宇宙を語る』(林一訳，早川書房，1989).
Stephen HAWKING, *Commencement du temps et fin de la physique*, Paris, Flammarion, «Champs»,

1994.
Friedrich HEGEL, *La Raison dans l'histoire*, Paris, Plon, 1965.
Friedrich HEGEL, *Leçons sur l'histoire de la philosophie*, Paris, «Folio-Essais», 1993：ヘーゲル『哲学史講義』全３巻（長谷川宏訳，河出書房新社，1992-93）.
Martin HEIDEGGER, *Être et Temps*, Paris, Gallimard, 1992：ハイデッガー『存在と時間』全２巻（細谷貞雄訳，ちくま学芸文庫，1994）；ハイデガー『存在と時間』（高田珠樹訳，作品社，2013）.
Martin HEIDEGGER, *Temps et Être*, in *Questions IV*, Paris, Gallimard, 1990：ハイデッガー「時と有」（辻村公一／ヘルトムート・ブフナー訳『思索の事柄へ』所収，筑摩書房，1973）.
Max HORKHEIMER, *Les Débuts de la philosophie bourgeoise de l'histoire*, Paris, Payot, 1980：ホルクハイマー「市民的歴史哲学の起源」（角忍・森田数実訳『批判的理論の論理学——非完結的弁証法の探求』所収，恒星社厚生閣，1998）.
Edmund HUSSERL, *Leçon pour une phénoménologie de la conscience intime du temps*, Paris, PUF, 1964：フッサール『内的時間意識の現象学』（立松弘孝訳，みすず書房，1967）.
Edmund HUSSERL, *La Crise des sciences européennes*, Paris, Gallimard, «Tel», 1989：フッサール『ヨーロッパ諸学の危機と超越論的現象学』（細谷恒夫・木田元訳，中公文庫，1995）.
Makotoh ITOH, *La Crise mondiale, théorie et pratique*, Paris, EDI, 1987.
Nicolaï D. KONDRATIEFF, *Les Grands cycles de la conjoncture*, Paris, Economica, 1992, avec une présentation de Louis Fonvieille.
Alexandre KOYRÉ, *Études d'histoire de la pensée philosophique*, Paris, Gallimard, «Tel», 1981.
Siegfried KRACAUER, *History, The Last Things before the Last*, New York, Oxford University Press, 1969.
Henri LEFEBVRE, *La Fin de l'histoire*, Paris, Minuit, 1970.
Moshe LEWIN, *La Formation de l'Union soviétique*, Paris, Gallimard, 1990.
Francisco LOUÇA, *Cycles and Growth, Theories, Methods and Problems*, thèse, première version, Lisbonne, octobre 1994.
MAÏMONIDE, *Épîtres*, Paris, Gallimard, «Tel», 1993.
Jose Carlos MARIATEGUI, *Invitacion a la vida heroica*, Lima, 1989.
Giacomo MARRAMAO, *Il politico e le transformationi*, Bari, 1979.
Claude MEILLASSOUX, *Femmes, greniers, capitaux*, Paris, Maspero, 1975.
Pierre MISSAC, *Passage de Walter Benjamin*, Paris, Seuil, 1987.
Stephane MOSES, *L'Ange de l'histoire*, Paris, Seuil, 1992.
Friedrich NIETZSCHE, *Considérations inactuelles*, Paris, Gallimard, «Folio», 1993：ニーチェ『反時代的考察』（小倉志祥訳，ちくま学芸文庫《ニーチェ全集 4》，1993）.
Karl POPPER, *La Société ouverte et ses ennemis*, Paris, Seuil, 1979：ポパー『開かれた社会とその敵』全２巻（内田詔夫・小河原誠訳，未來社，1980）：『自由社会の哲学とその論敵』（武田弘道訳，京都・世界思想社，1973）.
Karl POPPER, *Misère de l'historicisme*, Paris, Presses-Pocket, 1988：ポパー『歴史主義の貧困』（久野収・市井三郎訳，中央公論社，1961）；『歴史主義の貧困』（岩坂彰訳，日経 BP 社，2013）.
Kari POPPER, *Conjectures et réfutations*, Paris, Payot, 1985：ポパー『推測と反駁』（藤本隆志・石垣壽郎・森博訳，法政大学出版局，1963）.
Karl POPPER, *L'Univers irrésolu*, Paris, Hermann, 1984：ポパー『開かれた宇宙』（小河原誠・蔭山泰之訳，岩波書店，1999）.

Karl POPPER, *La Connaissance objective*, Bruxelles, Complexe, 1985：ポパー『客観的知識』（森博訳，木鐸社，1974）.
Karl POPPER, *La Quête inachevée*, Paris, Calmann-Lévy, 1981：ポパー『果てしなき探求――知的自伝』全 2 冊（森博訳，岩波現代文庫，2005）.
Karl POPPER, *La Leçon de ce siècle*, Anatolia, 1993.
Françoise PROUST, *Kant, le ton de l'histoire*, Paris, Payot, 1991.
Françoise PROUST, *L'Histoire à contretemps*, Paris, Cerf, 1994.
Ernest RENAN, *L'Avenir de la science*, Paris, Calmann-Lévy, 1949.
Paul RICŒR, *Temps et récit*, 3 vol., Paris, Seuil, 1983-1985：リクール『時間と物語』全 3 巻（久米博訳，新曜社，2004）.
Bernard ROSIER, *La Théorie des crises*, Paris, La Découverte, 1987.
David RUELLE, *Hasard et chaos*, Paris, Odile Jacob, 1991.
Catherine SAMARY, *La Crise, les crises, l'enjeu*, Paris, La Brèche, 1987.
Michel SERRES, *Le Passage du Nord-Ouest*, Paris, Minuit, 1986：セール『ヘルメス 5　北西航路』（青木研二訳，法政大学出版局，1991）.
Georg SIMMEL, *Problèmes de la philosophie de l'histoire*, Paris, PUF, 1984：ジンメル『歴史哲学の諸問題』（生松敬三・亀尾俊夫訳，白水社《ジンメル著作集 1》，1977）.
Max STIRNER, *L'Unique et sa propriété*, Paris, Stock, 1978：シュティルナー『唯一者とその所有』全 2 冊（片岡啓治訳，現代思潮社・古典文庫，新装版 1995）.
René THOM, *Paraboles et catastrophes*, Paris, Flammarion, «Champs», 1989.
Enzo TRAVERSO, *Siegfried Kracauer, itinéraire d'un intellectuel nomade*, Paris, La Découverte, 1994.
Léon TROTSKY, *The First Five Years of the Communist International*, New York, Monad Press, 1972：トロツキー『コミンテルン最初の五カ年』（上・高島健三訳，下・三浦正夫訳，現代思潮社《トロツキー選集 1-2》，1962）.
Léon TROTSKY, *La Révolution permanente*, Paris, Gallimard, «Idées», 1964：トロツキー『永続革命論』（森田成也訳，光文社古典新訳文庫，2008）.
Max WEBER, *Histoire économique*, Paris, Gallimard, 1991.
Eric O. WRIGHT, *Interrogating Inequality*, London, Verso, 1994.
Yosef Hayim YERUSHALMI, *Zakhor*, Paris, La Découverte, 1984.
Léopoldo ZEA, *El positivismo en Mexico*, Mexico, 1984.

〔II-2〕Deuxième partie（第二部関連文献）

Actuel Marx, L'idée du socialisme a-t-elle encore un avenir?, Paris, PUF, 1992.
Actuel Marx, Le nouveau système du monde, Paris, PUF, 1993.
Actuel Marx, Paradigmes de la démocratie, Paris, PUF, 1994.
Actuel Marx, Le marxisme analytique anglo-saxon, Paris, PUF, 1990.
Perry ANDERSON, *Les Passages de l'Antiquité au féodalisme*, Paris, Maspero, 1977.
Perry ANDERSON, *L'État absolutiste*, Paris, Maspero, 1977.
Toni ANDRÉANI et Marc FERAY, *Discours sur l'inégalité parmi les hommes*, Paris, L'Harmattan, 1993.
G. ARRIGHI, S. AMIN, A. GUNDER-FRANK, *Le Grand Tumulte*, Paris, La Découverte, 1990.
Rudolf BAHRO, *L'Alternative*, Paris, Stock, 1979.
Pietro BARCELLONA, *Le Retour du lien social*, Montpellier, Climats, 1992.
Christian BAUDELOT, Roger ESTABLET, Jacques MALEMORT, *La Petite-Bourgeoisie en France*,

Paris, Maspero, 1974.

Christian BAUDELOT, Roger ESTABLET, Jacques TOISIER, P.-O. FLAVIGNY, *Qui travaille pour qui?*, Paris, Maspero, 1979.

Marshall BERMANN, *All that is Solid Melts into Air*, New York, Simon & Schuster, 1982.

Arnaud BERTHOUD, *La Théorie du travail productif et improductif chez Marx*, Paris, Maspero, 1974.

Main BIHR, *Du grand soir à l'alternative*, Paris, L'Harmattan, 1990.

Marc BLOCH, *La Société féodale*, Paris, Albin Michel, 1968：ブロック『封建社会』全２巻（新村猛・神沢栄三・森岡敬一郎・大高順雄訳，みすず書房，1973-77）；『封建社会』（堀米庸三監訳・石川武ほか訳，岩波書店，1995）.

Pierre BOURDIEU, *La Misère du monde*, Paris, Seuil, 1993.

Pierre BOURDIEU, *La Reproduction*, Paris, Minuit, 1970：ブルデュー（／パスロンとの共著）『再生産――教育・社会・文化』（宮島喬訳，藤原書店，1991）.

Pierre BOURDIEU, *La Distinction*, Paris, Minuit, 1979：ブルデュー『ディスタンクシオン――社会的判断力批判』全２巻（石井洋二郎訳，藤原書店，1990）.

Pierre BOURDIEU, *Questions de sociologie*, Paris, Minuit, 1980：ブルデュー『社会学の社会学』（田原音和監訳・安田尚ほか訳，藤原書店，1991）.

James P. CARSE, *Jeux finis, jeux infinis*, Paris, Seuil, 1988.

Thomas COUTROT et Michel HUSSON, *Les Destins du tiers monde*, Paris, Nathan, 1993.

Ralf DAHRENDORF, *Classes et conflits de classe dans les sociétés industrielles*, de Gruyter, 1972：ダーレンドルフ『産業社会における階級および階級闘争』（富永健一訳，ダイヤモンド社，1964）.

Gérard DUMENIL, *La Position de classe des cadres et employés*, Grenoble, PUG, 1975.

Louis DUMONT, *Homo hierarchicus*, Paris, Gallimard, 1979.

El marxismo y los estudios clasicos, Madrid, Akal, 1981.

Anthony GIDDENS, *The Class Structure of the Advanced Societies*, New York, 1973：ギデンス『先進社会の階級構造』（市川統洋訳，みすず書房，1977）.

Anthony GIDDENS, *A Contemporary Critique of Historical Materialism*, University of California Press, 1981.

Adolfo GILLY, *Sacerdotes y burocratas*, Mexico, 1981.

André GORZ, *Stratégie ouvrière et néocapitalisme*, Paris, Seuil, 1964：ゴルツ『労働者戦略と新資本主義』（小林正明・堀口牧子訳，合同出版，1970）.

André GORZ, *Adieux au prolétariat*, Paris, Galilée, 1980.

André GORZ, *Métamorphoses du travail*, Paris, Galilée, 1989：ゴルツ『労働のメタモルフォース』（森田俊樹訳，緑風出版，1997）.

André GORZ, *Capitalisme, écologie, socialisme*, Paris, Galilée, 1991：ゴルツ『資本主義・社会主義・エコロジー』（杉村裕史訳，新評論，1993）.

Jürgen HABERMAS, *Théorie de l'agir communicationnel*, 2 vol., Paris, Fayard, 1992：ハーバーマス『コミュニケイション的行為の理論』全３巻（上＝河上倫逸ほか訳，中＝藤沢賢一郎ほか訳，下＝丸山高司ほか訳，未來社，1985-87）.

Jürgen HABERMAS, *Morale et communication*, Paris, Cerf, 1991：ハーバーマス『道徳意識とコミュニケーション行為』（三島憲一・中野敏男・木前利秋訳，岩波書店，2000）.

Andreas HEGEDUS, *Socialism and Bureaucracy*, London, 1976.

J. KOTARBINSKY, *Leçons sur l'histoire de la logique*, Paris, PUF, 1964.

David MACNALLY, *Against the Market*, London, Verso, 1993.

Edgar MORIN, *De la nature de l'URSS*, Paris, Fayard, 1983.
Javier MUGUERZA, *Desde la perplexidad*, Madrid, FCE, 1990.
Alec NOVE, *The Economics of Feaseable Socialism*, London, Allen&Unwin, 1983.
Frank PARKIN, *Marxism and Class Theory: A Bourgeois Critique*, New York, 1979.
Alberto PLA, *Modo de produccion asiatico y formaciones économicosociales Inca y Azteca*, Mexico, El Cabillito, 1982.
Karl POLANYI, *La Grande Transformation*, Paris, Gallimard, 1983：ポラニー『大転換――市場社会の形成と崩壊』（吉沢英成・野口建彦・長尾史郎・杉村芳美訳，東洋経済新報社，1975）；新訳版（野口建彦・栖原学訳，東洋経済新報社，2009）.
Nicos POULANTZAS, *Pouvoir politiques et classes sociales*, Paris, Maspero, 1968：プーランツァス『資本主義国家の構造――政治権力と社会階級』全２巻（田口富久治ほか訳，未來社，1978-1981）.
Nicos POULANTZAS, *Les Classes sociales dans le capitalisme aujourd'hui*, Paris, Seuil, 1975.
Larry PORTIS, *Les Classes sociales en France*, Paris, Éditions ouvrières, 1988.
Christian RACOVSKY, *Les Dangers professionnels du pouvoir* (1929), Paris, Maspero, 1971.
John RAWLS, *Théorie de la justice*, Paris, Seuil, 1987：ロールズ『正義論』（矢島鈞次監訳，紀伊國屋書店，1979）；改訂版（川本隆史・福間聡・神島裕子訳，紀伊國屋書店，2010）.
John RAWLS, *Justice et démocratie*, Paris, Seuil, 1993.
John RAWLS (sur), *Individu et justice sociale* (collectif), Paris, Seuil, 1988.
John ROEMER, *A General Theory of Exploitation and Class*, Harvard University Press, 1983.
John ROEMER (éd.), *Analytical Marxism*, Cambridge University Press, 1986.
Geoffrey de SAINTE-CROIX, *The Class Struggle in the Ancient Greek World*, Duckworth and Cornell University Press, 1981.
Joseph SCHUMPETER, *Capitalisme, socialisme, démocratie*, Paris, Payot, 1983：シュムペーター『資本主義・社会主義・民主主義』（中山伊知郎・東畑精一訳，東洋経済新報社，1995）.
Joseph SCHUMPETER, *Impérialisme et classes sociales*, Paris, Flammarion, «Champs», 1984：シュムペーター『帝国主義と社会階級』（都留重人訳，岩波書店，1993）.
Georges SIMMEL, *Le Conflit*, Strasbourg, Circé, 1992.
Janis STANISZKIS, *La Révolution autolimitée*, Paris, PUF, 1982.
Göran THERBORN, *Science, Class and Society*, London, New Left Books, 1976.
Göran THERBORN, *What Does the Ruling Class When it Rules*, London, New Left Books, 1978.
Patrick TORT, *La Raison classificatoire*, Paris, Aubier, 1989.
Léon TROTSKY, *Défense du marxisme*, Paris, EDI, 1972：トロツキー『マルクス主義の擁護』（立川美彦ほか訳，現代思潮社《トロツキー選集 9》『ソヴィエト国家論』所収，1963）.
Philippe VAN PARIJS, *Qu'est-ce qu'une société juste?*, Paris, Seuil, 1991.
Thorstein VEBLEN, *Les Ingénieurs et le capitalisme*, Paris, Gordon and Breach, 1971.
Michel VOSLENSKI, *La Nomenclatura*, Paris, Livre de poche, 1980.
Max WEBER, *L'Éthique protestante et l'esprit du capitalisme*, Paris, Presses Pocket, 1985：ウェーバー『プロテスタンティズムの倫理と資本主義の精神』（改訳版，大塚久雄訳，岩波文庫，1989）；『プロテスタンティズムの倫理と資本主義の《精神》』（梶山力訳・安藤英治編，未來社，1994）.
Karl WITTFOGEL, *Le Despotisme oriental*, Paris, Minuit, 1964：ウィットフォーゲル『オリエンタル・デスポティズム』（湯浅赳男訳，新評論，1991）.

Eric O. WRIGHT, *Class, Crisis and the State*, London, New Left Books, 1978：ライト『階級・危機・国家』(江川潤訳，中央大学出版部，1986).
Eric O. WRIGHT, *Classes*, London, Verso, 1985.
Eric O. WRIGHT, *Interrogating Inequality*, London, Verso, 1994.
Eric O. WRIGHT et al., *The Debate on Classes*, London, Verso, 1989.

〔II-3〕**Troisième partie**（第三部関連文献）

Abraham ABOULAFIA, *Épître des sept voies*, Paris, Éditions de l'Éclat, 1985.
Gaston BACHELARD, *Le Nouvel Esprit scientifique*, Paris, PUF, 1934：バシュラール『新しい科学的精神』(関根克彦訳，ちくま学芸文庫，2002).
Francis BACON, *Du progrès et de la progression des savoirs*, Paris, Gallimard, «Tel», 1991：ベーコン『学問の進歩』(服部英次郎・多田英次訳，岩波文庫，1974).
Alain BADIOU, *Manifeste pour la philosophie*, Paris, Seuil, 1989：バディウ『哲学宣言』(黒田昭信・遠藤健太訳，藤原書店，2004).
Alain BADIOU, *Conditions*, Paris, Seuil, 1992.
Alain BADIOU, *L'Être et l'événement*, Paris, Seuil, 1988.
Tiziano BAGAROLO, *Marxisme ed Ecologia*, Milan, Neve Edizione Internazionale, 1989.
John D. BERNAL, *Science in History*, London, watts, 1957：バーナル『歴史における科学』(鎮目恭夫訳，みすず書房，1966).
Ludwig von BERTALANFFY, *Théorie générale des systèmes*, Paris, Dunod, 1993：ベルタランフィ『一般システム理論――その基礎・発展・応用』(長野敬・大田邦昌訳，みすず書房，1973).
J. BIARD et al., *Introduction à la lecture de la Science de la logique de Hegel*, 3 vol. Paris, Aubier 1983, 1987, 1991.
Niels BOHR, *Physique atomique et connaissance humaine*, Paris, Gallimard, «Folio/Essais», 1991：ボーア『原子理論と自然記述』(井上健訳，みすず書房，2008).
Bernard BRUNHES, *La Dégradation de l'énergie*, Paris, Flammarion, 1909.
Francisco Fernandez BUEY, *La Illusion del método, ldeas para un racionalismo bien temperado*, Barcelone, Editorial Critica, 1991.
Collectif, *Chaos et déterminisme*, Paris, Seuil, 1992.
Catherine COLLIOT-THÉLÈNE, *Le Désenchantement de l'État*, Paris, Minuit, 1993.
Jean-Paul DELÉAGE, *Histoire de l'écologie*, Paris, La Découverte, 1991.
Jean-Paul DELÉAGE, Jean-Claude DEBEIR, Daniel HEMERY, *Les Servitudes de la puissance*, Paris, Flammarion, 1986.
Gilles DELEUZE, *Spinoza, philosophie pratique*, Paris, Minuit, 1981：ドゥルーズ『スピノザ――実践の哲学』(鈴木雅大訳，平凡社ライブラリー，2002).
Henri DENIS, *Logique hégélienne et systèmes économiques*, Paris, PUF, 1984.
J. G. FICHTE, *La Théorie de la science*, exposé de 1804, Paris, Aubier, 1967：フィヒテ『一八〇四年の知識学』(山口祐弘訳，晢書房《フィヒテ全集 13》，2004).
Eugème FLEISCHMANN, *La Science universelle ou la logique de Hegel*, Paris, Plon, 1968.
Georges FRIEDMANN, *Leibniz et Spinoza*, Paris, Gallimard, «Idées», 1975.
Michel FOUCAULT, *Les Mots et les choses*, Paris, Gallimard, 1966：フーコー『言葉と物――人文科学の考古学』(渡辺一民・佐々木明訳，新潮社，1974).
Michel FOUCAULT, *L'Archéologie du savoir*, Paris, Gallimard, 1969：フーコー『知の考古学』(中村

雄二郎訳，河出書房新社，2006）；（愼改康之訳，河出文庫，2012）．
Sigmund FREUD, *L'Avenir d'une illusion*, Paris, PUF, 1971：フロイト『幻想の未来／文化への不満』（中山元訳，光文社古典新訳文庫，2007）；『ある錯覚の未来』（高田珠樹訳，岩波書店《フロイト全集 20》，2011）．
Sigmund FREUD, *Malaise dans la civilisation*, Paris, PUF, 1971：フロイト『文化の中の居心地悪さ』（嶺秀樹・高田珠樹訳，岩波書店《フロイト全集 20》，2011）．
Nicholas GEORGESCU-ROEGEN, *The Entropy Law and the Economic Process*, London, 1971; Traduction française: *Demain la décroissance*, Lausanne, 1979：ジョージェスク＝レーゲン『エントロピー法則と経済過程』（高橋正立訳，みすず書房，1993 年）．
Ludovico GEYMONAT, *Scienza e Realismo*, Milan, Feltrinelli, 1977.
Ludovico GEYMONAT, *Galilée*, Paris, Seuil, 1992.
Ludovico GEYMONAT, *Filosofia e filisofia della scienza*, Milan, Feltrinelii, 1966.
Ludovico GEYMONAT, *Storia del pensiero filosofico e cientifico*, Aldo Garzanti Editore, 1972-1976.
James GLEICK, *La Théorie du chaos*, Paris, Albin Michel, 1989.
Eli de GORTARI, *Dialectica de la fisica*, Mexico, 1986.
F. HALBWACHS, *Les Théories de la causalité*, Paris, PUF, 1971.
Friedrich HEGEL, *Phänomenologie des Geistes*; *Phénoménologie de l'Esprit*, 2 vol., Paris, Aubier-Montaigne, 1992：ヘーゲル『精神の現象学』全 2 冊（金子武蔵訳，岩波書店《ヘーゲル全集 4-5》，1971-79）；『精神現象学』（長谷川宏訳，作品社，1998）．
Werner HEISENBERG, *Physique et philosophie*, Paris, Albin Michel, 1971：ハイゼンベルク『現代物理学の思想』（河野伊三郎・富山小太郎訳，みすず書房，1967）．
Edmund HUSSERL, *Méditations cartésiennes*, Paris, Vrin, 1936：フッサール『デカルト的省察』（浜渦辰二訳，岩波文庫，2001）．
Alfonso IACONO, *Le Fétichisme, histoire d'un concept*, Paris, PUF, 1992.
Samuel JOHSUA et Jean-Jacques DUPIN, *Introduction à la didactique des sciences et des mathématiques*, Paris, PUF, 1993.
Hans JONAS, *Le Principe responsabilité*, Paris, Cerf, 1992.
K. W. KAPP, *Les Coûts sociaux dans l'économie de marché*, Paris, Flammarion, 1976：カップ『環境破壊と社会的費用』（柴田徳衛・鈴木正俊訳，岩波書店，1975）．
Alexandre KOJÈVE, *L'Idée de déterminisme dans la physique classique et dans la physique moderne*, Paris, 1932.
Bruno LATOUR, *Nous n'avons jamais été modernes*, Paris, La Découverte, 1992.
W. G. LEIBNIZ, *De l'horizon de la doctrine humaine*, Paris, Vrin, 1993.
W. G. LEIBNIZ, *Monadologie*, Paris, Livre de poche, 1991：ライプニッツ『単子論』（河野与一訳，岩波文庫，1951）；『モナドロジー』（西谷裕作訳，工作舎《ライプニッツ著作集 9》，1989）；『モナドロジー／形而上学叙説』（清水富雄・飯塚勝久・竹田篤司訳，中公クラシックス，2005）．
W. G. LEIBNIZ, *Essais de Théodicée*, Paris, Garnier-Flammarion, 1969：ライプニッツ『弁神論』（佐々木能章訳，工作舎《ライプニッツ著作集 6-7》，1990-91）．
Daniel LINDENBERG, *Le marxisme introuvable*, Paris, Calmann-Lévy, 1975.
James LOVELOCK, *Les âges de Gaïa*, Paris, Laffont, 1990.
LUCRÈCE, *De la nature*, Paris, Garnier-Flammarion, 1964：ルクレティウス『物の本質について』（樋口勝彦訳，岩波文庫，1961）；『事物の本性について』（藤沢令夫・岩田義一訳，筑摩書

房《世界古典文学全集 21》，1965).
Benoît MANDELBROT, *Les Objets fractals*, Paris, Flammarion, 1990.
Herbert MARCUSE, *L'Ontologie de Hegel et la théorie de l'historicité*, Paris, Gallimard, «Tel», 1991：マルクーゼ『ヘーゲル存在論と歴史性の理論』(吉田茂芳訳，未來社，1980).
Joan MARTINEZ-ALLIER et Klaus SCHLÜPMAN, *La ecologia y la economia*, Mexico, 1991.
René PASSET, *L'Économique et le vivant*, Paris, Payot, 1979.
Max PLANCK, *L'Image du monde dans la physique moderne*, Paris, 1963.
Henri POINCARÉ, *Science et méthode*, Paris, 1908：ポアンカレ『科学と方法』(吉田洋一訳，岩波文庫，1953).
Henri POINCARÉ, *La science et l'hypothère*, Paris, Flammarion, 1968：ポアンカレ『科学と仮説』(河野伊三郎訳，岩波文庫，1959).
Henri POINCARÉ, *La valeur de la science*, Paris, Flammarion, 1970：ポアンカレ『科学の価値』(吉田洋一訳，岩波文庫，1977).
Ilia PRIGOGINE, *Les Lois du chaos*, Paris, Flammarion, 1994.
Ilia PRIGOGINE et Isabelle STENGERS, *La Nouvelle Alliance*, Paris, Gallimard, 1983.
Ilia PRIGOGINE et Isabelle STENGERS, *Entre le temps et l'éternité*, Paris, Fayard, 1988.
Claude ROCHE, *La Connaissance et la loi dans la pensée économique libérale*, Paris, L'Harmattan, 1993.
Erwin SCHRÖDINGER, *Physique quantique et représentation du monde*, Paris, Seuil, 1992.
Jean-Paul SARTRE, *Cahiers pour une morale*, Paris, Gallimard, 1983.
Franco SELLERI, *Le Grand Débat de la théorie quantique*, Paris, Flammarion, «Champs», 1994.
Michel SERRES, *Éclaircissements*, Paris, Flammarion, «Champs», 1994.
Baruch SPINOZA, *L'Éthique*, Garnier-Flammarion, 1970：スピノザ『エチカ（倫理学)』全2巻(畠中尚志訳，岩波文庫，1951)：『エティカ』(工藤喜作・斎藤博訳，中公クラシックス，2007).
Isabelle STENGERS, *L'Invention des sciences modernes*, Paris, La Découverte, 1993.
Isabelle STENGERS, *La volonté de faire science*, Paris, Les empêcheurs de penser en rond, 1992.
Ian STEWART, *Dieu joue-t-il aux dés?*, Paris, Flammarion, «Champs», 1994.
René THOM, *Prédire n'est pas expliquer*, Paris, Flammarion, «Champ», 1993.
André TOSEL, *Du matérialisme de Spinoza*, Paris, Kimé, 1994.
François VATIN, *Le Travail, économie et physique 1780-1830*, Paris, PUF, 1993.
V. I. VERNADSKY, *La Biosphère*, Paris, Félix Alcan, 1926.
Franck-Dominique VIVIEN, *Économie et écologie*, Paris, La Découverte, 1995.
Max WEBER, *Essais sur la théorie de la science*, Paris, Plon, 1965.
Alfred N. WHITEHEAD, *La Science et le monde moderne*, Paris, Rocher, 1994：ホワイトヘッド『科学と近代世界』(上田泰治・村上至孝訳，松籟社《ホワイトヘッド著作集 6》，1981).
Alfred N. WHITEHEAD, *Aventures d'idées*, Paris, Cerf, 1993：ホワイトヘッド『観念の冒険』(山本誠作・菱本政晴訳，松籟社《ホワイトヘッド著作集 12》，1982).
Elhanan YAKIRA, *La Causalité de Galilée à Kant*, Paris, PUF, 1994.

著者略歴

ダニエル・ベンサイド（Daniel Bensaïd, 1946-2010）

現代フランスのマルクス主義理論家で、1968年のパリの五月革命以降世代を代表するトロツキイ派活動家でもあった。パリ第八大学の哲学教員を長く勤めた。本書のフランス語原著が1995年に刊行後、フランス共産党などから最高のマルクス主義理論家のひとりとして認容され、マルクス主義理論の現代的復権の功績を高く評価された。ヨーロッパとラテンアメリカで大きな影響力をふるった。2009年初春には国際トロツキスト組織から一定の距離をとった反資本主義新党（NPA）を立ち上げ、注目された。とりわけ哲学者のジャック・デリダが格別の支援者であったことも知られている。邦訳に『フランス社会運動の再生』（湯川順夫訳、柘植書房新社）、『新しいインターナショナリズムの胎動』（湯川順夫ほか訳、柘植書房新社）、『21世紀マルクス主義の摸索』（湯川順夫訳、柘植書房新社）、『マルクス［取り扱い説明書］』（シャルブ挿絵、湯川順夫ほか訳、柘植書房新社）、『未知なるものの創造』（渡部實編訳、同時代社）。

監訳者略歴

佐々木力（ささき・ちから）

1947年、宮城県生まれ。東北大学で数学を学んだあと、プリンストン大学大学院でトーマス・S・クーンらに科学史・科学哲学を学び、Ph. D.（歴史学）。1980年から東京大学教養学部講師、助教授を経て、1991年から2010年まで教授。定年退職後、2012年から北京の中国科学院大学人文学院教授。東アジアを代表する科学史家・科学哲学者。著書に、『科学革命の歴史構造』、『近代学問理念の誕生』、『科学論入門』、『数学史』（以上、岩波書店）、『デカルトの数学思想』、『学問論』（以上、東京大学出版会）、『マルクス主義科学論』、『二十世紀数学思想』（以上、みすず書房）、『21世紀のマルクス主義』、『ガロワ正伝』（以上、筑摩書房）、*Descartes's Mathematical Thought* (Kluwer Academic Publishers)〔『デカルトの数学思想』の英語版〕、『東京大学学問論——学道の劣化』（作品社）など多数。

訳者略歴

小原耕一（おはら・こういち）

1941年、東京生まれ。グラムシ研究者。国際グラムシ学会（International Gramsci Society）所属。元『世界政治資料』編集部員（1963-68）、元『赤旗』プラハ（1970-74）、ローマ（1976-81）常駐特派員。主な共訳書に、N・ボッビオ『グラムシ思想の再検討』（御茶の水書房）、A・レプレ『囚われ人アントニオ・グラムシ』（青土社）、A・ネグリ『帝国をめぐる五つの講義』（青土社）、A・ティルゲル『ホモ・ファーベル』（社会評論社）、A・ラブリオーラ『思想は空から降ってはこない』（同時代社）ほか。

渡部實（わたなべ・みのる）

1942年、会津若松市生まれ。医師（外科医）、医学博士。前日本外科学会認定医。県立会津高等学校を経て、東北大学医学部卒業。全日本民主医療機関連合会に属し、東京勤労者医療会代々木病院外科部長などを歴任。現在、老人保健施設・千寿の郷施設長として、医療、介護に従事。訳書にD・ベンサイド『未知なるものの創造』（同時代社）、A・ラブリオーラ『思想は空から降ってはこない』、同『社会主義と哲学』（以上、同時代社、ともに共訳）。

時ならぬマルクス

——批判的冒険の偉大さと逆境（十九—二十世紀）

発行——二〇一五年十二月十日　初版第一刷発行

定価——（本体六八〇〇円＋税）

著者——ダニエル・ベンサイド

監訳者——佐々木力

訳者——小原耕一・渡部實

発行者——西谷能英

発行所——株式会社　未來社

東京都文京区小石川三—七—二

振替〇〇一七〇—三—八七三八五

電話・(03) 3814-5521（代表）

http://www.miraisha.co.jp/

Email:info@miraisha.co.jp

印刷・製本——萩原印刷

ISBN 978-4-624-01194-9 C0010